Grosse / Weber / Wesemann

SGB II und SGB XII für Studium und Praxis
Band 2

SGB II und SGB XII für Studium und Praxis

Band 2
Sozialhilfe

Fachbuch mit praktischen Übungen und Lösungen

von

Michael Grosse

Dirk Weber

Michael Wesemann

Bibliografische Information der Deutschen Nationalbibliothek
Die Deutsche Nationalbibliothek verzeichnet diese Publikation in der Deutschen Nationalbibliografie; detaillierte bibliografische Daten sind im Internet über http://dnb.dnb.de abrufbar.

© 2021 Kommunal- und Schul-Verlag GmbH & Co. KG · Wiesbaden
12., vollständig überarbeitete Auflage
Alle Rechte vorbehalten · Printed in Germany
Satz: Schreibservice Bernhardt, Witten
Druck: inprint druck und service, Erlangen

ISBN 978-3-8293-1719-1

Vorwort zur 12. Auflage

Das Lehrbuch erscheint seit der 11. Auflage in drei Bänden und soll insbesondere den Studierenden und Auszubildenden an den Hochschulen, Fachhochschulen und Studieninstituten bei der Vor- und Nachbereitung der Lehrveranstaltungen sowie bei der Vorbereitung auf Prüfungen im Fach Sozialrecht helfen. Durch zahlreiche Fallbeispiele und Übungen (einschließlich der entsprechenden Lösungshinweise) aus dem Bereich der Grundsicherung für Arbeitsuchende (SGB II) und der Sozialhilfe (SGB XII) erhalten Studierende durch das Studium dieses Lehrbuches eine gute Grundlage zum Bestehen von Prüfungen. Das Werk soll den Studierenden und Auszubildenden ferner die Möglichkeit eröffnen, sich auf eine strukturierte Lösung von Prüfungs- bzw. Klausurfällen vorzubereiten.

Gleichzeitig soll es aber auch den Praktikern im Bereich der Jobcenter und Sozialhilfeträger die im „Tagesgeschäft" notwendige Fachlichkeit und Rechtssicherheit vermitteln, um im Einzelfall zeitnah und korrekt entscheiden zu können.

Die erste Auflage des Lehrbuches erschien im Jahr 2006. Seit dieser Zeit wurde das Zweite und Zwölfte Buch Sozialgesetzbuch durch eine Vielzahl von Gesetzen immer wieder inhaltlich geändert. Auch in der 12. Auflage tragen die Autoren diesen Änderungen Rechnung und haben erneut aktuelle Entscheidungen der Sozialgerichtsbarkeit sowie diverse gesetzliche Neuregelungen (u. a. auch Übergangsregelungen für den Zugang zu sozialer Sicherung aus Anlass der COVID-19-Pandemie) berücksichtigt. Gleichzeitig wurden vorhandene Ausführungen überarbeitet.

Im Übrigen hat das Vorwort der 11. Auflage weiterhin Bestand.

Verlag und Autoren freuen sich über Anregungen, Kritik und Hinweise der Leserinnen und Leser, die zur Verbesserung der Qualität zukünftiger Neufassungen des Lehrbuches beitragen.

Bielefeld und Dortmund, im August 2021

Die Verfasser

Zu den Verfassern

Michael Grosse und **Dirk Weber** sind Dozenten an der Hochschule für Polizei und Verwaltung NRW (HSPV NRW) und unterrichten schwerpunktmäßig im Fach Sozialrecht. **Michael Wesemann** ist Mitarbeiter des Kreises Lippe und dort in der Fachaufsichtsstelle tätig.

Im Einzelnen haben bearbeitet:

Michael Grosse	Kapitel 2, Kapitel 3, Kapitel 4 von Band 1
Dirk Weber	Kapitel 1 von Band 1, Kapitel 1, Kapitel 2, Kapitel 6, Kapitel 7 von Band 2, Band 3
Michael Wesemann	Kapitel 3, Kapitel 4, Kapitel 5 von Band 2

Vorwort zur 11. Auflage

Das Sozialrecht – insbesondere die Existenzsicherungssysteme des Zweiten und Zwölften Buches Sozialgesetzbuch – unterliegen einem ständigen Veränderungsprozess. Das Rechtsgebiet kommt nicht zur Ruhe. Insofern stellt es für die Autoren seit Jahren eine besondere Herausforderung dar, den Rechtsprechungs- und Gesetzesänderungen Rechnung zu tragen. Inzwischen ist der Umfang des Lehrbuches, welches auch in der Praxis erfreulichen Anklang gefunden hat, derart gewachsen, dass es ab dieser 11. Auflage in drei Bänden erscheinen soll. Ab der neuen Auflage thematisiert nunmehr der erste Band die Grundsicherung für Arbeitsuchende (SGB II), der zweite Band die Sozialhilfe (SGB XII) und der dritte Band das Sozialverwaltungsverfahrensrecht einschließlich der Rückabwicklungsansprüche im SGB II und SGB XII.

Damit erhoffen sich Verlag und Autoren eine bessere Handlichkeit und Übersichtlichkeit des Lehrbuches. Insbesondere die Praxis erhält nunmehr ein auf ihre Bedürfnisse zugeschnittenes Werk und damit eine adressatengerechte Darstellung der Rechtsgebiete.

Die aktuelle Rechtsprechung wurde erneut eingearbeitet. U. a. wurden die Auswirkungen des Urteils des Bundesverfassungsgerichts vom 05.11.2019 (1 BvL 7/16) zur Verfassungsmäßigkeit von Sanktionen im Band 1 aufgenommen. Neue Gesetzesänderungen wie z. B. der neu eingeführte § 94 Abs. 1a SGB XII wurden in der Darstellung berücksichtigt. Ausführungen zur Eingliederungshilfe für behinderte Menschen wurden (zunächst) aus dem Lehrbuch gestrichen, weil die Eingliederungshilfe für behinderte Menschen nunmehr Bestandteil der Leistungen des Neunten Buches Sozialgesetzbuch (§§ 90 ff. SGB IX) ist. Darüber hinaus ist die Eingliederungshilfe aktuell kein relevantes Lehrgebiet an der Hochschule für Polizei und Verwaltung Nordrhein-Westfalen (HSPV NRW).

Im Übrigen haben die Ausführungen zum Vorwort der 10. Auflage weiterhin Bestand.

Verlag und Autoren freuen sich über Anregungen, Kritik und Hinweise der Leserinnen und Leser, die zur Verbesserung der Qualität zukünftiger Neufassungen des Lehrbuches beitragen.

Bielefeld und Dortmund, im Juli 2020

Die Verfasser

Inhaltsverzeichnis

Vorwort zur 12. Auflage ... III
Zu den Verfassern ... III
Vorwort zur 11. Auflage ... IV
Abkürzungsverzeichnis ... XV
Arbeitsmittel ... XVIII
    Kommentare und Handbücher ... XVIII
    Lehr- und Lernbücher ... XX
    Zeitschriften ... XX
    Entscheidungssammlungen ... XXI
    Verwaltungsvorschriften und Internetquellen ... XXI

1	**Grundlagen des Sozialrechts in der Bundesrepublik Deutschland**	1
1.1	Geschichtliche Entwicklung des Sozialrechts	1
1.2	Verfassungsrechtliche Grundlagen der sozialen Sicherung	5
1.2.1	Sozialstaatsprinzip	5
1.2.2	Entwicklung vom Obrigkeitsstaat zum sozialen Rechtsstaat, Abgrenzung zum Wohlfahrtsstaat	6
1.2.3	Gesetzgebungszuständigkeit	7
1.3	**Aufbau des Sozialwesens in der Bundesrepublik Deutschland**	7
1.3.1	Träger des Sozialwesens	7
1.3.1.1	Öffentliche Träger	8
1.3.1.2	Private Träger	8
1.3.2	Leistungsarten	10
1.3.2.1	Private Vorkehrungen bzw. Leistungen	10
1.3.2.2	Öffentliche Vorkehrungen bzw. Leistungen	11
2	**Aufbau und Strukturprinzipien des Zwölften Buches Sozialgesetzbuch**	13
2.1	**Rechtsgrundlagen und allgemeine Regelungen**	13
2.2	**Aufgaben und Ziele der Sozialhilfe**	14
2.2.1	Aufgabe der Sozialhilfe	14
2.2.2	Ziel der Sozialhilfe	15
2.3	**Nachrang der Sozialhilfe (Grundsatz der Subsidiarität)**	17
2.3.1	Möglichkeiten der Selbsthilfe	18
2.3.2	Tatsächliche Hilfeleistungen Dritter	20
2.3.3	Verpflichtungen anderer	20
2.3.4	Zusammenfassung	20
2.4	**Leistungsarten**	23
2.5	**Sozialhilfe nach der Besonderheit des Einzelfalles (Grundsatz der Individualität)**	25
2.5.1	Allgemeines	26
2.5.2	Art und Maß des Bedarfs und der Leistungserbringung	27
2.5.3	Wunschrecht der Leistungsberechtigten	27
2.5.4	Ergänzende Regelungen	29

2.6	**Anspruch auf Sozialhilfe**	30
2.6.1	Anspruchsgrundlagen	30
2.6.2	Sonderregelungen für einzelne Personengruppen	31
2.6.2.1	Sozialhilfe für Ausländerinnen und Ausländer (§ 23 SGB XII)	31
2.6.2.2	Sozialhilfe für Deutsche im Ausland (§ 24 SGB XII)	31
2.6.2.3	Erstattung von Aufwendungen anderer gemäß § 25 SGB XII (Nothelfer)	32
2.6.3	Ausschluss des Anspruchs auf Hilfe und Einschränkung der Hilfe	34
2.7	**Einsetzen der Sozialhilfe**	35
2.7.1	Antragsunabhängige Leistung	36
2.7.2	Antragstellung, Verwendung von Vordrucken	37
2.7.3	Antragseingang bei anderen Leistungsträgern, Nachholen eines Antrags	37
2.7.4	Gesamtfall- und Untersuchungsgrundsatz	38
2.7.5	Verzicht auf Sozialhilfe	39
2.7.6	Ursachen der Hilfebedürftigkeit, Leistungsausschluss	39
2.7.7	Gegenwarts- bzw. zukunftsorientierte Hilfe, Schuldenübernahme	40
2.7.8	Bedarfsdeckungsprinzip	43
2.8	**Leistungen und Leistungserbringung**	46
2.8.1	Pflicht- und Ermessensleistungen	46
2.8.2	Vorbeugende und nachgehende Leistungen	47
2.8.3	Formen der Leistungserbringung (Dienstleistung, Geldleistungen, Sachleistungen), Ermessensausübung	47
2.8.3.1	Dienstleistungen	48
2.8.3.2	Geldleistungen	48
2.8.3.3	Sachleistungen	49
2.8.3.4	Gutscheine	50
2.8.3.5	Ermessensausübung	50
2.8.3.6	Leistungsabsprachen	51
2.8.4	Rechtsschutz	51
2.9	**Rückforderung, Aufrechnung, Verrechnung, Übertragung, Verpfändung, Pfändung, Rechtsnachfolge, Vererbung, Verjährung**	52
2.10	**Freie Wohlfahrtspflege und Einrichtungen der Sozialhilfe**	52
2.10.1	Institutionelle Nachrangigkeit, Verhältnis zur freien Wohlfahrtspflege	52
2.10.2	Einrichtungen der Sozialhilfe	53
2.10.2.1	Schaffung von Einrichtungen	53
2.10.2.2	Nutzung von Einrichtungen	55
2.10.3	Zusammenarbeit mit anderen Trägern	55
2.10.4	Arbeitsgemeinschaften	56
3	**Hilfe zum Lebensunterhalt nach dem Dritten Kapitel des Zwölften Buches Sozialgesetzbuch**	59
3.1	**Anspruchsvoraussetzungen**	60
3.1.1	Einzelanspruch/Einsatzgemeinschaft	60
3.1.2	Inanspruchnahme anderer Personen	61
3.1.2.1	Inanspruchnahme des nicht getrennt lebenden (Ehe-)Partners	61
3.1.2.2	Vertikale Einkommensanrechnung bei Partnern	65
3.1.2.3	Inanspruchnahme der Eltern oder des Elternteils	65
3.1.3	Ausnahme zur elterlichen Einsatzverpflichtung	67
3.1.4	Keine Einsatzverpflichtung	68
3.1.5	Erweiterte Hilfe	68
3.2	**Leistungsspektrum der Hilfe zum Lebensunterhalt**	70

3.3	Leistungen außerhalb von Einrichtungen	71
3.3.1	Regelbedarf und Regelsätze (§§ 27a, 28 bis 29 SGB XII, Anlage zu § 28)	71
3.3.1.1	Inhalt des Regelbedarfs	71
3.3.1.2	Regelbedarfsstufen nach der Anlage zu § 28 SGB XII	73
3.3.1.3	Fortschreibung und Festsetzung der Regelbedarfsstufen	78
3.3.1.4	Individuelle Anpassung der Regelsätze	79
3.3.1.5	Übung	82
3.3.2	Mehrbedarf	83
3.3.2.1	Mehrbedarf im Alter und bei Erwerbsminderung (§ 30 Abs. 1 SGB XII)	83
3.3.2.2	Mehrbedarf für werdende Mütter (§ 30 Abs. 2 SGB XII)	85
3.3.2.3	Mehrbedarf für Alleinerziehende (§ 30 Abs. 3 SGB XII)	85
3.3.2.4	Mehrbedarf für behinderte Menschen (§ 30 Abs. 4 SGB XII i.V.m. § 42b Abs. 3 SGB XII)	87
3.3.2.5	Mehrbedarf für kostenaufwändige Ernährung (§ 30 Abs. 4 SGB XII)	88
3.3.2.6	Kumulierung von Mehrbedarfen nach den Absätzen 1 bis 5 bei einer Person (§ 30 Abs. 6 SGB XII)	89
3.3.2.7	Mehrbedarf bei dezentraler Warmwassererzeugung (§ 30 Abs. 7 SGB XII)	90
3.3.2.8	Mehrbedarf bei gemeinschaftlicher Mittagsverpflegung u.a. in Werkstätten für behinderte Menschen (§ 30 Ans. 8 SGB XII	90
3.3.2.9	Nehrbedarf für Schulbücher oder gleichgestellte Arbeitshefte (§ 30 Abs. 9 SGB XII)	90
3.3.2.10	Übung	91
3.3.3	Bedarfe für Unterkunft und Heizung (§ 35 SGB XII)	92
3.3.3.1	Bedarfe für Unterkunft	92
3.3.3.2	Angemessenheit von Unterkunftskosten	93
3.3.3.3	Vorgehen bei unangemessenen Aufwendungen	96
3.3.3.4	Anteilige Berücksichtigung von Unterkunftskosten	98
3.3.3.5	Direktzahlung der Miete (§ 35 Abs. 1 Satz 1 SGB XII)	99
3.3.3.6	Pauschalierung von Unterkunftskosten	100
3.3.3.7	Bedarfe im Zusammenhang mit Umzügen	101
3.3.3.8	Bedarfe für Heizung und zentrale Warmwasserversorgung	103
3.3.4	Einmalige Bedarfe (§ 31 SGB XII)	105
3.3.4.1	Erstausstattungen für die Wohnung einschließlich Haushaltsgeräten (§ 31 Abs. 1 Nr. 1 SGB XII)	105
3.3.4.2	Erstausstattungen für Bekleidung und Erstausstattungen bei Schwangerschaft und Geburt (§ 31 Abs. 1 Nr. 2 SGB XII)	109
3.3.4.3	Anschaffung und Reparaturen von orthopädischen Schuhen, Reparaturen von therapeutischen Geräten und Ausrüstungen sowie die Miete von therapeutischen Geräten (§ 31 Abs. 1 Nr. 3 SGB XII)	111
3.3.4.4	Sonderregelung zum Einkommenseinsatz	112
3.3.4.5	Übung	113
3.3.5	Beiträge für die Kranken- und Pflegeversicherung (§ 32 SGB XII)	115
3.3.5.1	Beiträge für Pflichtversicherte und Weiterversicherte	116
3.3.5.2	Beiträge für Rentenantragsteller	116
3.3.5.3	Aufrechterhaltung einer freiwilligen Krankenversicherung	116
3.3.5.4	Berücksichtigung von Beiträgen zur privaten Kranken- und Pflegeversicherung	117
3.3.5.5	Zeitliche Zuordnung und Zahlung von Beiträgen für eine Kranken- und Pflegeversicherung	117
3.3.5.6	Vorsorgebeiträge (§ 33 SGB XII)	118
3.3.6	Leistungen für Bildung und Teilhabe (§ 34 SGB XII)	119
3.3.6.1	Grundvoraussetzungen	120
3.3.6.2	Schulausflüge und mehrtägige Klassenfahrten sowie eintägige und mehrtägige Ausflüge für Kinder in Tageseinrichtung oder Kindertagespflege	120

3.3.6.3	Persönlicher Schulbedarf (§ 34 Abs. 3 und 3a SGB XII)	121
3.3.6.4	Persönlicher Schulbedarf (§ 34 Abs. 4 SGB XII)	121
3.3.6.5	Lernförderung (§ 34 Abs. 5 SGB XII)	122
3.3.6.6	Gemeinschaftliche Mittagsverpflegung (§ 34 Abs. 6 SGB XII)	122
3.3.6.7	Leistungen zur Teilhabe (§ 34 Abs. 7 SGB XII)	122
3.3.6.8	Besonderheiten der Leistungserbringung (§ 34a und § 34b SGB XII)	123
3.3.7	Sonstige Hilfen zur Sicherung der Unterkunft (§ 36 SGB XII)	124
3.3.8	Ergänzende Darlehen (§ 37 SGB XII)	126
3.3.9	Darlehen bei am Monatsende fälligen Einkünften (§ 37a SGB XII)	128
3.4	**Hilfe zum Lebensunterhalt in Einrichtungen**	**130**
3.4.1	Notwendiger Lebensunterhalt (§ 27b Abs. 1 SGB XII)	130
3.4.2	Weiterer notwendiger Lebensunterhalt (§ 27b Abs. 2 SGB XII)	131
3.5	**Besondere Regelungen für die Hilfe zum Lebensunterhalt**	**132**
3.5.1	Darlehen bei vorübergehender Notlage (§ 38 SGB XII)	132
3.5.2	Vermutung der Bedarfsdeckung (§ 39 SGB XII)	133
3.5.2.1	Einbezogener Personenkreis	134
3.5.2.2	Wirtschafts- und Wohngemeinschaft	135
3.5.2.3	Leistungsfähigkeit	136
3.5.2.4	Widerlegung der Vermutung	136
3.6	**Einsatz von Einkommen**	**137**
3.6.1	Begriff und Zuordnung des Einkommens	137
3.6.2	Abgrenzung zum Vermögen / zeitliche Zuordnung	138
3.6.3	Persönliche Zuordnung	140
3.6.4	Bereite Mittel	140
3.6.5	Fiktives Einkommen	142
3.6.6	Ausnahmen	142
3.6.6.1	Ausnahmen nach § 82 Abs. 1 SGB XII	142
3.6.6.2	Spezialgesetzliche Ausnahmen	144
3.6.6.3	Pflegegelder nach dem Elften und Zwölften Buch Sozialgesetzbuch	145
3.6.6.4	Nichtanrechnung des Kinderbonus auf Leistungen des SGB XII	147
3.6.6.5	Steuerfreie Pauschalen nach dem Einkommensteuergesetz (§ 82 Abs. 2 Satz 2 SGB XII)	147
3.6.6.6	Zuwendungen aus dem Behindertentestament	148
3.6.6.7	Zweckbestimmte Leistungen (§ 83 Abs. 1 SGB XII)	149
3.6.6.8	Schmerzensgeld (§ 83 Abs. 2 SGB XII)	150
3.6.6.9	Zuwendungen der freien Wohlfahrtspflege (§ 84 Abs. 1 SGB XII)	151
3.6.6.10	Zuwendungen anderer (§ 84 Abs. 2 SGB XII)	152
3.6.6.11	Einkommen aus Vorleistung Dritter oder privater Darlehen unter Verwamdten	153
3.6.7	Einkunftsarten	154
3.6.7.1	Einkünfte aus nichtselbstständiger Arbeit (§ 3 VO zu § 82 SGB XII)	154
3.6.7.2	Einkünfte aus Land- und Forstwirtschaft, Gewerbebetrieb und selbstständiger Arbeit (§§ 4 und 5 VO zu § 82 SGB XII)	155
3.6.7.3	Einkünfte aus Kapitalvermögen (§ 6 der VO zu § 82 SGB XII)	156
3.6.7.4	Einkünfte aus Vermietung und Verpachtung (§ 7 VO zu § 82 SGB XII)	156
3.6.7.5	Andere Einkünfte (§ 8 VO zu § 82 SGB XII)	157
3.6.7.6	Bezugszeitraum	157
3.6.8	Bereinigung des Einkommens	158
3.6.8.1	Steuern (§ 82 Abs. 2 Nr. 1 SGB XII)	158
3.6.8.2	Pflichtbeiträge zur Sozialversicherung (§ 82 Abs. 2 Nr. 2 SGB XII)	158
3.6.8.3	Sonstige (Versicherungs-)Beiträge (§ 82 Abs. 2 Nr. 3 SGB XII)	159

3.6.8.4	Mit der Erzielung des Einkommens verbundenen notwendige Ausgaben (§ 82 Abs. 2 Nr. 4 SGB XII)	161
3.6.8.5	Arbeitsförderungsgeld und Erhöhungsbeträge des Arbeitsentgelts im Sinne von § 59 SGB IX	163
3.6.8.6	Freibetrag für Erwerbstätige (§ 82 Abs. 3 SGB XII)	163
3.6.8.7	Freibetrag für zusätzliche Alktersversorgung (§ 82 Abs. 4 und 5 SGB XII)	169
3.6.8.8	Freibetrag aus selbstständiger und nichtselbststständiger Tätigkeit der Leistungsberechtigten, die Leistungen der Hilfe zur Pflege erhalten (§ 82 Abs. 6 SGB XII)	170
3.6.8.9	Freibetrag für Personen mit Grundzeitenrenten oder entsprechenden Zeiten aus anderweitigen Alterssicherungssystemen (§ 82a SGB XII)	170
3.6.8.10	Keine Absetzung der vermögenswirksamn Leistung	172
3.6.9	Eingeschränkter Einkommenseinsatz bei Leistungen für Einrichtungen (§ 92 SGB XII)	172
3.6.10	Übungen	172
3.7	**Einsatz von Vermögen**	**177**
3.7.1	Vermögensbegriff	178
3.7.2	Sozialhilferechtlich geschütztes Vermögen (§ 90 Abs. 2 SGB XII)	181
3.7.2.1	Vermögen, das aus öffentlichen Mitteln zum Aufbau oder zur Sicherung einer Lebensgrundlage oder zur Gründung eines Hausstandes erbracht wird (§ 90 Abs. 2 Nr. 1 SGB XII)	182
3.7.2.2	Zertifizierte Altersvorsorge (§ 90 Abs. 2 Nr. 2 SGB XII)	182
3.7.2.3	Sonstiges Vermögen zur baldigen Beschaffung oder Erhaltung eines Hausgrundstücks (§ 90 Abs. 2 Nr. 3 SGB XII)	183
3.7.2.4	Angemessener Hausrat (§ 90 Abs. 2 Nr. 4 SGB XII)	184
3.7.2.5	Gegenstände, die zur Aufnahme oder Fortsetzung der Berufsausbildung oder der Erwerbstätigkeit unentbehrlich sind (§ 90 Abs. 2 Nr. 5 SGB XII)	184
3.7.2.6	Familien- und Erbstücke (§ 90 Abs. 2 Nr. 6 SGB XII)	185
3.7.2.7	Gegenstände zur Befriedigung geistiger Bedürfnisse (§ 90 Abs. 2 Nr. 7 SGB XII)	185
3.7.2.8	Angemessenes Hausgrundstück (§ 90 Abs. 2 Nr. 8 SGB XII)	186
3.7.2.9	Kleinere Barbeträge oder sonstige Geldwerte (§ 90 Abs. 2 Nr. 9 SGB XII)	189
3.7.3	Härteregelung (§ 90 Abs. 3 SGB XII)	192
3.7.4	Sozialhilfe als Darlehen (§ 91 SGB XII)	194
3.7.5	Übungen	195
3.8	**Einsatz der Arbeitskraft**	**203**
3.8.1	Zumutbarkeit einer Tätigkeit	203
3.8.2	Einschränkung der Leistung bei Verweigerung	204
3.9	**Hilfen für einzelne Tätigkeiten (§ 27 Abs. 3 SGB XII)**	**205**
3.10	**Beschränkungen des Anspruchs auf Hilfe zum Lebensunterhalt**	**206**
3.11	**Sonderregelung für Auszubildende (§ 22 SGB XII)**	**206**
3.12	**Sozialhilfe für Ausländerinnen und Ausländer (§ 23 SGB XII)**	**207**
3.12.1	Leistungsausschluss für Leistungsberechtigte nach dem Asylbewerberleistungsgesetz (§ 23 Abs. 2 SGB XII)	209
3.12.2	Weitere Leistungsausschlüsse (§ 23 Abs. 3 SGB XII)	211
3.12.3	Überbrückungsleistungen (§ 23 Abs. 3 Satz 1 bis 6 SGB XII)	213
3.12.4	Leistungen bei mehr als fünfjährigem Aufenthalt im Bundesgebiet (§ 23 Abs. 4 Satz 7 bis 10 SGB XII)	214
3.12.5	Übernahme der Kosten der Rückreise (§ 23 Abs. 3a SGB XII)	215
3.12.6	Unterrichtspflichten gegenüber Leistungsberechtigten (§ 23 Abs. 4 SGB XII)	215

3.12.7	Eingeschränkte Leistungen bei Verstoß gegen Wohnsitzauflage bzw. Wohnsitzregelung (§ 23 Abs. 5 SGB XII)	215
3.13	**Einschränkung der Leistung nach § 26 Abs. 1 SGB XII**	216
3.13.1	Einkommens- oder Vermögensminderung (§ 26 Abs. 1 Nr. 1 SGB XII)	217
3.13.2	Unwirtschaftliches Verhalten (§ 26 Abs. 1 Nr. 2 SGB XII)	217
3.13.3	Aufrechnung (§ 26 Abs. 2 SGB XII)	218
4	**Grundsicherung im Alter und bei Erwerbsminderung nach dem 4. Kapitel SGB XII**	**221**
4.1	**Leistungsberechtigter Personenkreis**	222
4.1.1	Erreichen der Altersgrenze	222
4.1.2	Dauerhafte volle Erwerbsminderung	223
4.2	**Anspruchsvoraussetzungen**	227
4.3	**Bedarf der Grundsicherung im Alter und bei Erwerbsminderung**	228
4.3.1	Leistungen außerhalb von Einrichtungen	228
4.3.1.1	Regelbedarf (§ 42 Nr. 1 i. V. m. der Anlage zu § 28 SGB XII)	229
4.3.1.2	Unterkunft und Heizung (§ 42 Nr. 4 i. V. m. § 42a bzw. § 35 SGB XII)	230
4.3.1.3	Übrige Bedarfe nach § 42 SGB XII	243
4.3.2	Leistungen in Einrichtungen	244
4.4	**Einsatz eigener Kräfte und Mittel**	244
4.4.1	Einsatzpflichtige Personen	245
4.4.2	Einsatz eigener Mittel, Darlehen nach § 91 SGB XII	245
4.4.3	Einsatz eigener Kräfte	246
4.4.4	Erweiterte Hilfe (§ 19 Abs. 5 SGB XII)	246
4.5	**Besondere Regelungen im Bereich der Grundsicherung im Alter und bei Erwerbsminderung**	246
4.5.1	Leistungsausschluss bei Verschulden (§ 41 Abs. 4 SGB XII)	247
4.5.2	Vorübergehender Auslandsaufenthalt (§ 41a SGB XII)	248
4.5.3	Mehrbedarf für Mehraufwendungen bei gemeinschaftlicher Mittagsverpflegung der besonderen Wohnform und Mehrbedarf für (Schul-)Ausbildung (§ 42b SGB XII)	250
4.5.3.1	Mehrbedarf für Mehraufwendungen bei gemeinschaftlicher Mittagsverpflegung (§ 42b Abs. 2)	251
4.5.3.2	Mehrbedarf für behinderte Menschen für (Schul-)Ausbildung (§ 42b Abs. 3 SGB XII)	251
4.5.4	Freibetrag für Einkommen aus Kapitalvermögen	251
4.5.5	Teilweiser Einkommenseinsatz einer Verletztenrente nach § 43 Abs. 3 SGB XII	252
4.5.6	Gesamtbedarf, Zahlungsanspruch und Direktzahlung, Verrechnung (§ 43a SGB XII)	252
4.5.7	Vorläufige Entscheidung (§ 44a SGB XII)	253
4.5.8	Aufrechnung, Verrechnung (§ 44b SGB XII)	253
4.5.9	Erstattungsansprüche zwischen Trägern (§ 44c SGB XII)	254
4.5.10	Keine Vermutung der Bedarfsdeckung	255
4.5.11	Kein Kostenerstaz durch Erben	255
4.5.12	Keine Darlehen bei vorübergehender Notlage nach § 38 SGB XII	255
4.5.13	Anwendung der allgemeine Regelungen des 2. Kapitels SGB XII	256
4.6	**Besondere Verfahrensregelungen**	256
4.6.1	Antragserfordernis	256
4.6.2	Leistungsbeginn	257

4.6.3	Bewilligungszeitraum	258
4.6.4	Korrektur von Bescheiden der Grundsicherung im Alter und bei Erwerbsminderung	260
4.7	**Übergangsregelung aus Anlass der COVID-19-Pandemie**	260
4.7.1	Einführung in die Problematik	260
4.7.2	Sozialschutzpakete I bis III - Vereinfachter Zugang (§ 141 SGB XII)	262
4.7.2.1	Eingeschränkte Berücksichtigung von Vermögen (§ 141 Abs. 2 SGB XII)	262
4.7.2.2	Anmerkennung der tatsächlichen Aufwendungen für Unterkunft und Heizung als angemessen (§ 141 Abs. 22 SGB XII)	264
4.7.2.3	Eingeschränkte abschließende Feststellung bei vorläufigen Leistungen oder Vorschüssen (§ 141 Abs. 4 SGB XII)	265
4.7.3	Sozialpakt II - gemeinschaftliche Mittagsverpflegung (§ 142 SGB XII)	265
4.7.3.1	Mittagsverpflegung in Schulen und Kindertagesstätten	265
4.7.3.2	Mittagsverpflegung in Werkstätten für behinderte Menschen	266
4.7.4	Sozialpakt III - Einmalzahlung aus Anlass der COVID-19-Pandemie	267
5	**Mischfälle im Rahmen des Zweiten und Zwölften Buches Sozialgesetzbuch**	269
5.1	**Einführung in die Problematik**	269
5.2	**Abgrenzung zwischen den Leistungen zum Lebensunterhalt nach dem Zweiten und Zwölften Buch Sozialgesetzbuch**	271
5.3	**Die Einsatzgemeinschaften**	274
5.3.1	Leistungen zur Sicherung des Lebensunterhalts nach dem Zweiten Buch Sozialgesetzbuch	274
5.3.2	Grundsicherung im Alter und bei Erwerbsminderung nach dem 4. Kapitel SGB XII	275
5.3.3	Hilfe zum Lebensunterhalt nach dem 3. Kapitel SGB XII	276
5.4	**Fallbeispiele**	276
6	**Hilfen nach dem Fünften bis Neunten Kapitel des Zwölften Buches Sozialgesetzbuch**	287
6.1	**Allgemeines**	287
6.2	**Voraussetzungen für die Hilfen nach dem Fünften bis Neunten Kapitel (§ 19 Abs. 3 SGB XII)**	288
6.3	**Hilfen zur Gesundheit (§§ 47 bis 52 SGB XII)**	288
6.3.1	Leistungserbringung, Vergütung	291
6.3.2	Vorbeugende Gesundheitshilfe (§ 47 SGB XII)	292
6.3.2.1	Rechtscharakter und Aufgabe	292
6.3.2.2	Voraussetzungen	292
6.3.2.3	Maßnahmen	292
6.3.3	Hilfe bei Krankheit (§ 48 SGB XII)	293
6.3.3.1	Rechtscharakter und Aufgabe	293
6.3.3.2	Voraussetzungen	293
6.3.3.3	Maßnahmen	294
6.3.3.4	Abgrenzung der Hilfe bei Krankheit zur Hilfe zur Pflege	296
6.3.4	Hilfe zur Familienplanung (§ 49 SGB XII)	297
6.3.4.1	Rechtscharakter und Aufgabe	297
6.3.4.2	Voraussetzungen	297
6.3.4.3	Maßnahmen	297

6.3.5	Hilfe bei Schwangerschaft und Mutterschaft (§ 50 SGB XII)	298
6.3.5.1	Rechtscharakter und Aufgabe	298
6.3.5.2	Voraussetzungen	298
6.3.5.3	Maßnahmen	298
6.3.5.4	Abgrenzung der Hilfe bei Schwangerschaft und Mutterschaft zu anderen Hilfearten	300
6.3.6	Hilfe bei Sterilisation (§ 51 SGB XII)	300
6.3.6.1	Rechtscharakter und Aufgabe	301
6.3.6.2	Voraussetzungen	301
6.3.6.3	Maßnahmen	301
6.4	**Hilfe zur Pflege (§§ 61 bis 66a SGB XII)**	302
6.4.1	Rechtscharakter und Aufgabe	306
6.4.2	Pflegebedürftigkeit und Pflegegrad	307
6.4.3	Die Bedeutung der Pflegebedürftigkeitsgrade für die Pflegeleistungen	315
6.4.4	Leistungen	316
6.4.4.1	Häusliche Pflege	318
6.4.4.2	Stationäre Plege	351
6.4.4.3	Leistungskonkurrenz	355
6.4.4.4	Trägerübergreifendes persönliches Budget	371
6.4.4.5	Abgrenzung zu anderen Hilfearten	371
6.4.4.6	Übungen	372
6.5	**Hilfe zur Überwindung besonderer sozialer Schwierigkeiten (§§ 67 bis 69 SGB XII)**	376
6.5.1	Rechtscharakter und Aufgabe	376
6.5.2	Voraussetzungen	376
6.5.3	Leistungen	378
6.5.3.1	Beratung und persönliche Unterstützung (§ 3 VO nach § 69 SGB XII)	378
6.5.3.2	Beschaffung und Erhaltung einer Wohnung (§ 4 VO nach § 69 SGB XII)	379
6.5.3.3	Ausbildung, Erlangung und Sicherung eines Arbeitsplatzes (§ 5 VO nach § 69 SGB XII)	380
6.5.3.4	Hilfe zum Aufbau und zur Aufrechterhaltung sozialer Beziehungen und zur Gestaltung des Alltags (§ 6 VO nach § 69 SGB XII)	381
6.5.3.5	Übung	382
6.6	**Hilfe in anderen Lebenslagen (§§ 70 bis 74 SGB XII)**	383
6.6.1	Hilfe zur Weiterführung des Haushalts (§ 70 SGB XII)	383
6.6.1.1	Rechtscharakter und Aufgabe	383
6.6.1.2	Voraussetzungen	384
6.6.1.3	Leistungen	385
6.6.1.4	Abgrenzung zu anderen Hilfearten	386
6.6.2	Altenhilfe (§ 71 SGB XII)	387
6.6.2.1	Rechtscharakter und Aufgabe	388
6.6.2.2	Voraussetzungen	389
6.6.2.3	Leistungen	389
6.6.3	Blindenhilfe (§ 72 SGB XII)	392
6.6.3.1	Rechtscharakter und Aufgabe	392
6.6.3.2	Voraussetzungen	392
6.6.3.3	Leistung	393
6.6.3.4	Landesrechtliche Regelungen	393
6.6.4	Hilfe in sonstigen Lebenslagen (§ 73 SGB XII)	393
6.6.4.1	Rechtscharakter und Aufgabe	393
6.6.4.2	Personenkreis und Voraussetzungen	394

6.6.5	Bestattungskosten (§ 74 SGB XII)	395
6.6.5.1	Rechtscharakter und Aufgabe	395
6.6.5.2	Voraussetzungen und Maßnahme	395
6.6.6	Übungen	397
6.7	**Einsatz des Einkommens und des Vermögens bei den Hilfen nach dem 5. bis 9. Kapitel des Zwölften Buches Sozialgesetzbuch**	**399**
6.7.1	Vermögenseinsatz	400
6.7.2	Einkommenseinsatz	401
6.7.3	Einkommensgrenze	403
6.7.3.1	Grundbetrag	405
6.7.3.2	Aufwendungen für die Unterkunft	405
6.7.3.3	Familienzuschlag	409
6.7.3.4	Übung zur Ermittlung von Einkommensgrenzen	412
6.7.4	Bemessung und Festsetzung des Eigenanteils	418
6.7.4.1	Grundsatz der Gleichzeitigkeit (Monatsprinzip)	418
6.7.4.2	Einsatz des Einkommens über der Einkommensgrenze (§ 87 SGB XII)	419
6.7.4.3	Übung	423
6.7.4.4	Ausnahmen vom Grundsatz der Gleichzeitigkeit (Abweichen vom Monatsprinzip)	425
6.7.4.5	Einsatz des Einkommens unter der Einkommensgrenze (§ 85 SGB XII)	428
6.7.4.6	Übungen	433
6.7.4.7	Einsatz des Einkommens bei mehrfachem Bedarf (§ 89 SGB XII)	441
6.7.4.8	Übung	444
7	**Träger der Sozialhilfe, Zuständigkeiten**	**449**
7.1	**Vorbemerkung zum geplanten Teilhabestärkungsgesetz**	**449**
7.2	**Träger der Sozialhilfe**	**449**
7.2.1	Heranziehung von örtlichen Trägern, Gemeinden und Gemeindeverbänden	452
7.2.1.1	Organisatorischer Rahmne der Aufgabendurchführung bei erfolgter Heranziehung	453
7.2.1.2	Widerspruch und Klage bei erfolgter Heranziehung zur Durchführung von Aufgaben	455
7.2.1.2	Haftung	455
7.2.2	Heranziehung der Verbände der freien Wohlfahrtspflege	455
7.2.3	Kostenträger	456
7.3	**Sachliche Zuständigkeit**	**456**
7.3.1	Sachliche Zuständigkeit des örtlichen Trägers	456
7.3.2	Sachliche Zuständigkeit des überörtlichen Trägers	457
7.3.2.1	Zuständigkeit nach § 2a Abs. 1 Nr. 1 Buchstabe a) AG-SGB XII NRW	457
7.3.2.2	Zuständigkeit nach § 2 Abs. 1 Nr. 1 Buchstabe b) AG-SGB XII NRW	459
7.3.2.3	Gleichzeitige Erebringung von Leistungen nach dem 5. bis 9. Kapitel SGB XII (§ 2 Abs. 1 Nr. 2 AG-SGB XII NRW)	459
7.3.2.4	Hilfe zur Überwindung besonderer sozialer Schwierigkeiten (§ 2 Abs. 1 Nr. 5 AG-SGB XII NRW)	460
7.3.2.5	Blindenhilfe (§ 2 Abs. 1 Nr. 4 AG-SGB XII NRW)	460
7.3.2.6	Sozialhilfeleistungen nach dem Zwölften Buch Sozialgesetzbuch und Eingliederungshilfeleistungen für die Betreuung in einer Pflegefamilie (§ 2 Abs. 1 Nr. 5 AG-SGB XII NRW)	460
7.3.3	Zuständigkeit nach § 97 Abs. 4 SGB XII	460
7.3.4	Sachliche Zuständigkeit bei der Sozialhilfe für Deutsche im Ausland (§ 24 SGB XII)	460

7.4	**Örtliche Zuständigkeit**	461
7.4.1	Örtliche Zuständigkeit für die Hilfeleistungen nach dem 3. und dem 5. bis 9. Kapitel SGB XII außerhalb von stationären Einrichtungen (§ 98 Abs. 1 Satz 1 und Satz 3 SGB XII)	461
7.4.2	Örtliche Zuständigkeit für die Hilfeleistungen nach dem 4. Kapitel SGB XII (§ 46b Abs. 1 SGB XII i. V. m. § 1 Abs. 3 Satz 1 AG-SGB XII NRW)	462
7.4.3	Örtliche Zuständigkeit für die Hilfeleistungen in stationären Einrichtungen	464
7.4.4	Unterbringung in einer anderen Familie (§ 107 SGB XII)	465
7.4.5	Örtliche Zuständigkeit bei vorläufigen Hilfeleistungen in Einrichtungen (§ 98 Abs. 2 Satz 3 SGB XII).	465
7.4.6	Örtliche Zuständigkeit bei Geburt in einer Einrichtung (§ 98 Abs. 2 Satz 4 SGB XII)	465
7.4.7	Örtliche Zuständigkeit bei einer Hilfeleistung nach § 74 SGB XII (§ 98 Abs. 3 SGB XII)	466
7.4.8	Örtliche Zuständigkeit bei Aufenthalt in Einrichtungen zum Vollzug richterlich angeordneter Freiheitsentziehung (§ 98 Abs. 4 SGB XII)	466
7.4.9	Örtliche Zuständigkeit bei Leistungen in Formen ambulanter betreuter Wohnmöglichkeiten (§ 98 Abs. 5 SGB XII)	466
7.4.10	Örtliche Zuständigkeit bei der Sozialhilfe für Deutsche im Ausland (§ 24 SGB XII)	467
7.5	**Übungen**	467

Stichwortverzeichnis ... 475

Abkürzungsverzeichnis

A.A.	anderer Auffassung
a. a. O.	am angegebenen Ort
Abs.	Absatz
AG-SGB XII NRW	Landesausführungsgesetz zum Zwölften Buch Sozialgesetzbuch für das Land Nordrhein-Westfalen
Alg	Arbeitslosengeld
Alg II-V	Verordnung zur Berechnung von Einkommen sowie zur Nichtberücksichtigung von Einkommen und Vermögen beim Arbeitslosengeld II/ Sozialgeld
AO	Abgabenordnung
AOK	Allgemeine Ortskrankenkasse
Art.	Artikel
AsylbLG	Asylbewerberleistungsgesetz
AsylVfG	Asylverfahrensgesetz
AufenthG	Aufenthaltsgesetz
Aufl.	Auflage
AuslG	Gesetz über die Einreise und den Aufenthalt von Ausländern im Bundesgebiet
AV-SGB XII NRW	Ausführungsverordnung zum Zwölften Buch Sozialgesetzbuch für das Land Nordrhein-Westfalen
BA	Bundesagentur für Arbeit
BAföG	Bundesgesetz über die individuelle Förderung der Ausbildung (Ausbildungsförderungsgesetz)
BAG	Bundesarbeitsgericht
BAnz	Bundesanzeiger
BayVHG	Bayerischer Verwaltungsgerichtshof
BBiG	Berufsbildungsgesetz
BDSG	Bundesdatenschutzgesetz
BEG	Bundesentschädigungsgesetz
BewG	Bewertungsgesetz
BGB	Bürgerliches Gesetzbuch
BGBl.	Bundesgesetzblatt
BGG	Behindertengleichstellungsgesetz
BGH	Bundesgerichtshof
BKGG	Bundeskindergeldgesetz
BMVBS	Bundesministerium für Verkehr, Bau und Stadtentwicklung
BRAO	Bundesrechtsanwaltsordnung
BT	Bundestag
BSG	Bundessozialgericht
BSHG	Bundessozialhilfegesetz
BVerfG	Bundesverfassungsgericht
BVerfGE	Bundesverfassungsgerichtsentscheidungen
BVerwG	Bundesverwaltungsgericht
BVerwGE	Bundesverwaltungsgerichtsentscheidungen
BVFG	Gesetz über die Angelegenheiten der Vertriebenen und Flüchtlinge (Bundesvertriebenengesetz)
BVG	Bundesversorgungsgesetz
bzw.	beziehungsweise
d. h.	das heißt
DV	Deutscher Verein für öffentliche und private Fürsorge

EG	Europäische Gemeinschaft
EG BGB	Einführungsgesetz zum BGB
EheG	Ehegesetz
EinglVO	Verordnung nach § 60 SGB XII (Eingliederungshilfe-Verordnung)
Erl.	Erläuterung
EStG	Einkommensteuergesetz
EU	Europäische Union
EuG	Entscheidungen und Gutachten der Spruchstellen für Fürsorgestreitigkeiten
evtl.	eventuell
FamRZ	Zeitschrift für das gesamte Familienrecht
FEVS	Fürsorgerechtliche Entscheidungen der Verwaltungs- und Sozialgerichte
ff.	folgende Seiten oder Paragraphen
FFG	Gesetz über die Angelegenheiten der freiwilligen Gerichtsbarkeit
FRV	Fürsorgerechtsvereinbarung
gem.	gemäß
GG	Grundgesetz
ggf.	gegebenenfalls
GrSiDAV	Grundsicherungs-Datenabgleichsverordnung
GV.NRW.	Gesetz- und Verordnungsblatt Nordrhein-Westfalen
HaftpflG	Haftpflichtgesetz
HHG	Häftlingshilfegesetz
HKG	Heimkehrergesetz
HIVHG	HIV-Hilfegesetz
HKStG	Gesetz über die Heimkehrerstiftung
h. M.	herrschende Meinung
HStruktG	Haushaltsstrukturgesetz
i. d. F.	in der Fassung
i. d. R.	in der Regel
i. H. v.	in Höhe von
i. S.	im Sinne
KomtrZV	Kommunalträger-Zulassungsverordnung
KWG	Kreditwesengesetz
LAG	Lastenausgleichsgesetz
LG	Landgericht
LPartG	Lebenspartnerschaftsgesetz
LPK	Lehr- und Praxiskommentar
LuftVG	Luftverkehrsgesetz
LZG	Landeszustellungsgesetz
MBl.	Ministerialblatt
NDV	Nachrichtendienst des Deutschen Vereins für öffentliche und private Fürsorge
NDV-RD	Rechtsprechungsdienst des Deutschen Vereins für öffentliche und private Fürsorge
n. F.	neue Fassung
NJW	Neue juristische Wochenschrift
Nr.	Nummer
NRW	Nordrhein-Westfalen
n. unveröffentl.	Noch unveröffentlicht
NZS	Neue Zeitschrift für Sozialrecht
o. a.	oben angeführt
OEG	Gesetz über die Entschädigung für Opfer von Gewalttaten
OLG	Oberlandesgericht

OVG	Oberverwaltungsgericht
OWiG	Ordnungswidrigkeitengesetz
PfG NRW	Landespflegegesetz Nordrhein-Westfalen
RdErl.	Runderlass
RDG	Rechtsdienstleistungsgesetz
RehaAnglG	Rehabilitationsangleichungsgesetz
RGBl.	Reichsgesetzblatt
RKnG	Reichsknappschaftsgesetz
Rn.	Randnummer
RVO	Reichsversicherungsordnung
S.	Seite
s.	siehe
SG	Sozialgericht
SGB	Sozialgesetzbuch
SGG	Sozialgerichtsgesetz
SGV	Sammlung der Gesetz- und Verordnungsblätter
SMBl.	Sammlung der Ministerialblätter
sog.	so genannt
SozhiDAV	Sozialhilfedatenabgleichsverordnung
StGB	Strafgesetzbuch
SVG	Soldatenversorgungsgesetz
u. a.	unter anderem
USG	Unterhaltssicherungsgesetz
usw.	und so weiter
VG	Verwaltungsgericht
VGH	Verwaltungsgerichtshof
vgl.	vergleiche
v. H.	vom Hundert
VO	Verordnung
VV	Verwaltungsvorschriften
VwGO	Verwaltungsgerichtsordnung
VwVG	Verwaltungsvollstreckungsgesetz
VwVfG	Verwaltungsverfahrensgesetz
VwZG	Verwaltungszustellungsgesetz
WoGG	Wohngeldgesetz
ZDG	Zivildienstgesetz
ZfF	Zeitschrift für das Fürsorgewesen
ZFSH/SGB	Zeitschrift für Sozialhilfe und Sozialgesetzbuch
ZPO	Zivilprozessordnung
z. Z.	zur Zeit

Arbeitsmittel

1. Kommentare und Handbücher

Berlit/Conradis/Sartorius	Existenzsicherungsrecht, 3. Auflage 2019
Diering/Timme/Stähler	Sozialgesetzbuch X, Verwaltungsverfahren, LPK-SGB X, 5. Auflage 2018
Eicher	SGB II, Grundsicherung für Arbeitsuchende, Kommentar, 4. Auflage 2017
Fichtner/Wenzel	SGB XII – Sozialhilfe mit AsylbLG, 4. Auflage 2009
Göppinger/Wax	Unterhaltsrecht, 9. Auflage 2008
Grube/Wahrendorf	SGB XII, 6. Auflage 2018
Hauck/Noftz	SGB X – Verwaltungsverfahren und Schutz der Sozialdaten, Zusammenarbeit der Leistungsträger und ihre Beziehungen zu Dritten, Kommentar, Loseblatt
Hauck/Noftz	Sozialgesetzbuch – SGB I – Allgemeiner Teil, Kommentar, Loseblatt
Hauck/Noftz	Sozialgesetzbuch, SGB II, Grundsicherung für Arbeitsuchende, Kommentar, Loseblatt
Hauck/Noftz	Sozialgesetzbuch, SGB XII, Sozialhilfe, Kommentar, Loseblatt
Hauß	Elternunterhalt, 6. Auflage 2020
Hohm	Gemeinschaftskommentar zum SGB II, Grundsicherung für Arbeitsuchende, Loseblatt
Jahn	Sozialgesetzbuch für die Praxis, Kommentar, Loseblatt
Kopp/Schenke	VwGO, Kommentar, 24. Auflage 2018
Krahmer	Sozialgesetzbuch Allgemeiner Teil (SGB I), LPK-SGB I, 4. Auflage 2020
Krasney/Udsching	Handbuch des sozialgerichtlichen Verfahrens, 7. Auflage 2016
Löcher	Sozialhilferecht (Handwörterbuch), 1. Auflage 2013
Löns/Herold-Tews	SGB II, Grundsicherung für Arbeitsuchende, 3. Auflage 2011
Lüdtke	SGG, Sozialgerichtsgesetz, Handkommentar, 5. Auflage 2017
Mergler/Zink	Handbuch der Grundsicherung und Sozialhilfe Teil 1, Sozialgesetzbuch II, Kommentar, Loseblatt

Mergler/Zink	Handbuch der Grundsicherung und Sozialhilfe Teil 2, Sozialgesetzbuch XII, Kommentar, Loseblatt
Meyer-Ladewig/Keller/Leitherer	SGG, Kommentar zum Sozialgerichtsgesetz, 13. Auflage 2020
Münder	Sozialgesetzbuch II, Grundsicherung für Arbeitsuchende, LPK-SGB II, 6. Auflage 2017
Bieritz-Harder/Conradis/Thie	Sozialgesetzbuch XII, Sozialhilfe, LPK-SGB XII, 12. Auflage 2020
Palandt	Bürgerliches Gesetzbuch, Kommentar, 78. Auflage 2019
Pickel	Das Verwaltungsverfahren, Kommentar zum Sozialgesetzbuch – SGB X, Loseblatt
Plagemann	Münchener Anwaltshandbuch Sozialrecht, 5. Auflage 2017
Rolfs/Giesen/Kreikebohm/Udsching	BeckOK - Beck´scher Online Kommentar Sozialrecht
Roos/Wahrendorf	Sozialgerichtsgesetz, Kommentar, 1. Auflage 2014
Schellhorn/Schellhorn/Hohm	SGB XII, Kommentar zum Sozialgesetzbuch XII, Sozialhilfe, 19. Auflage 2015
Schlegel/Voelzke/Coseriu/Eicher	JURIS Praxiskommentar SGB XII, Sozialhilfe, 2. Auflage 2014
Schlegel/Voelzke/Radüge	JURIS Praxiskommentar SGB II, Grundsicherung für Arbeitsuchende, 4. Auflage 2015
Schlegel/Voelzke/Mutschler/Palsherm	JURIS Praxiskommentar SGB X, Sozialgesetzbuch Zehntes Buch (SGB X) - Sozialverwaltungsverfahren und Sozialdatenschutz, 2. Auflage 2017
Schlegel/Voelzke/Voelzke	JURIS Praxiskommentar SGB I, Allgemeiner Teil, 3. Auflage 2018
Stelkens/Bonk/Sachs	Verwaltungsverfahrensgesetz – VwVfG, 8. Auflage 2014
von Wulffen/Schütze	Sozialverwaltungsverfahren und Sozialdatenschutz, 8. Auflage 2014
Wolff/Bachof/Stober/Kluth	Verwaltungsrecht, Bd. 1, 13. Auflage 2017
Wolff/Bachof/Stober/Kluth	Verwaltungsrecht, Bd. 2, 7. Auflage 2010

2. Lehr- und Lernbücher

Arbeitslosenprojekt TuWas	Leitfaden zum Arbeitslosengeld II, 14. Auflage 2018
Dillmann	Allgemeines Sozialverwaltungsrecht und Grundzüge des sozialgerichtlichen Verfahrens, 2008
Dörr	Bescheidkorrektur - Rückforderung - Sozialrechtliche Herstellung, 5. Auflage 2012
Dörr/Franke	Sozialverwaltungsrecht, 3. Auflage 2012
Edtbauer/Kievel	Grundsicherungs- und Sozialhilferecht für soziale Berufe, 3. Auflage 2014
Eichenhofer/Janda	Klausurenkurs im Sozialrecht, 8. Auflage 2014
Felix	Das Sozialrechtsfallbuch I, 1. Auflage 2012
	Das Sozialrechtsfallbuch II, 1. Auflage 2014
	Das Sozialrechtsfallbuch III, 1. Auflage 2018
Fichte/Plagemann/Waschull	Sozialverwaltungsverfahrensrecht. 2 Auflage 2016
Francke/Dörr	Verfahren nach dem Sozialgerichtsgesetz, 3. Auflage 2012
Grosse	Praktische Fälle aus dem Sozialrecht, 9. Auflage 2020
Klinger/Kunkel/Pattar/Peters	Existenzsicherungsrecht, 3. Auflage 2012
Muckel/Ogorek	Sozialrecht, 4. Auflage 2011
Müller/Wersig	Der Rückgriff gegen Angehörige von Sozialleistungsempfängern, 7. Auflage 2016
Renn/Schoch/Löcher/Wendtland	Grundsicherung für Arbeitsuchende (SGB II), 4. Auflage 2018
Schwabe	Sozialhilfe, 17. Auflage 2007
Waltermann	Sozialrecht, 12. Auflage 2016
Weber	Methodik der Fallbearbeitung im Ordnungs- und Sozialrecht, 1. Auflage 2018

3. Zeitschriften

APF	Ausbildung, Prüfung, Fortbildung: Zeitschrift für die staatliche und kommunale Verwaltung
Behindertenrecht	Fachzeitschrift für Fragen der Rehabilitation mit besonderer Berücksichtigung der Gebiete Schwerbehindertenrecht, Kriegsopferversorgung, Kriegsopferfürsorge
DVP	Deutsche Verwaltungspraxis
FamRZ	Zeitschrift für das gesamte Familienrecht
FuR	Familie und Recht

FEVS	Fürsorgerechtliche Entscheidungen der Verwaltungs- und Sozialgerichte
Info also	Informationen zum Arbeitslosenrecht- und Sozialhilferecht
NDV	Nachrichtendienst des Deutschen Vereins für Öffentliche und Private Fürsorge
NJW	Neue Juristische Wochenschrift
NZS	Neue Zeitschrift für Sozialrecht
SGb	Die Sozialgerichtsbarkeit
Sozialrecht aktuell	Sozialrecht aktuell
VSSR	Vierteljahresschrift für Sozialrecht
ZEV	Zeitschrift für Erbrecht und Vermögensnachfolge
ZfF	Zeitschrift für das Fürsorgewesen
ZFSH/SGB	Zeitschrift für die sozialrechtliche Praxis

4. Entscheidungssammlungen

Breithaupt	Sammlung von Entscheidungen aus dem Sozialrecht
BSGE	Entscheidungen des Bundessozialgerichts, herausgegeben von den Richtern des Bundessozialgerichts
BVerwGE	Entscheidungen des Bundesverwaltungsgerichts, herausgegeben von den Richtern des Bundesverwaltungsgerichts
SozR	Sozialrecht, bearbeitet von den Richtern des Bundessozialgerichts, Loseblattwerk, erschienen in vier Folgen (1. Folge bis 1973; 2. Folge bis 1989; 3. Folge bis 07/2003; 4. Folge ab 08/2003)

5. Verwaltungsvorschriften und Internetquellen

Arbeitsausschuss der Sozialdezernenten Westfalen-Lippe	Empfehlungen zum Sozialhilferecht
Fachliche Hinweise der Bundesagentur für Arbeit	https://www.arbeitsagentur.de/veroeffentlichungen/wissensdatenbank-sgbii
	https://www.arbeitsagentur.de/veroeffentlichungen/gesetze-und-weisungen#1478808823843
Praxishilfen zum SGB II	https://www.mags.nrw/grundsicherung-arbeitshilfen
Vordrucksammlung des Landkreistages NRW	https://www.lkt-nrw.de/service/formulare

1 Grundlagen des Sozialrechts in der Bundesrepublik Deutschland

1.1 Geschichtliche Entwicklung des Sozialrechts[1]

Die heutige umfassende soziale Sicherung in der Bundesrepublik Deutschland wird von vielen als selbstverständlich angesehen. Hierbei handelt es sich jedoch um eine sehr langwierige Entwicklung. Noch bis zum 16. Jahrhundert wurden die Armen im Wesentlichen nur von privater Seite, Klöstern und Orden unterstützt. Die nachfolgende stichwortartige Aufstellung soll einen groben Überblick geben:

1522 - 1523	Armenordnungen der Städte Nürnberg, Augsburg, Breslau	Es waren nur Hilfen für Einheimische vorgesehen.
1530 - 1548	Reichspolizeiverordnungen	Fremde wurden durch Bettelverbot ferngehalten.
1577 bis etwa 1800	Lediglich aufgrund privater Initiativen entstanden Armen- und Waisenhäuser.	
1794	Das Preußische Allgemeine Landrecht verpflichtete die Gemeinden zur Durchführung der Armenpflege; eine Unterstützung von Heimatlosen aus dem Vagabundenfonds bzw. durch Aufnahme in Landarmenhäuser wurde vorgesehen.	
1870	Durch das Unterstützungswohnsitzgesetz wurden Orts- und Landarmenverbände gegründet. Die Ortsarmenverbände waren verpflichtet, jeden hilfebedürftigen Deutschen vorläufig zu unterstützen, wobei sich Art und Maß der Hilfen, die auf das Existenzminimum abgestellt waren, nach dem Landesrecht richteten. Den „nichtzuständigen" Ortsarmenverbänden wurden die Kosten von den „zuständigen" oder, wenn diese nicht zu ermitteln waren, den Landarmenverbänden erstattet.	
1881	Die „Kaiserliche Botschaft" leitete die Sozialversicherung ein und begründete diese durch das	
1883	Krankenversicherungsgesetz	
1884	Unfallversicherungsgesetz	
1889	Gesetz über Invalidität und Altersversorgung der Arbeiter.	
1911	Die Reichsversicherungsordnung fasste diese drei Gesetze zusammen.	
1911	Das Angestelltenversicherungsgesetz wurde erlassen.	

---

[1] Vertiefungshinweise: Weber, Die Entwicklung der Sozialhilfe – Teil 1, DVP 09/2016, S. 376-378 und DVP 07/2017 (Teil 2), S. 267-276; Schwabe/Nowarre, Inkrafttreten des Bundessozialhilfegesetzes (BSHG) – ein beachtlicher Meilenstein in der Entwicklung des Sozialrechts, ZfF 04/2012, S. 73 ff.

1922 Das **Reichsgesetz für Jugendwohlfahrt** sah als Schwerpunkte u. a. vor:

- Anspruch des Kindes auf Erziehung,
- eine Zusammenfassung von „Jugendfürsorge" und „Jugendpflege" unter dem Begriff „Jugendhilfe",
- die Einrichtung von Jugendämtern in Stadt- und Landkreisen zur Wahrnehmung der öffentlichen Jugendhilfe,
- eine Beteiligung der freien Jugendhilfe.

Dieses Gesetz wurde 1961 weitgehend zur Grundlage des Jugendwohlfahrtsgesetzes.

1923 Das Reichsknappschaftsgesetz wurde verabschiedet.

1924 Durch die **Verordnung über die Reichsfürsorgepflicht** und die **Reichsgrundsätze über Voraussetzung, Art und Maß der öffentlichen Fürsorge** wurde das Armenrecht abgelöst. An die Stelle der Orts- und Landarmenverbände traten Bezirks- und Landesfürsorgeverbände. Als wichtigste Neuerungen waren zu verzeichnen:

- Der „notwendige Lebensunterhalt" ging über das Existenzminimum hinaus und umfasste u. a. folgende Hilfen:
  Krankenhilfe, Hilfen zur Wiederherstellung der Arbeitsfähigkeit, zur Erziehung und Erwerbsbefähigung für Minderjährige, zur Erwerbsbefähigung von Blinden, Taubstummen und Krüppeln sowie für Schwangere und Wöchnerinnen.
- Für das Reichsgebiet wurde ein weitgehend einheitliches Fürsorgerecht geschaffen.
- Die Grundsätze der Subsidiarität und Individualisierung wurden stärker herausgestellt.
- Die freie Wohlfahrtspflege wurde garantiert.

Dieses Gesetz hatte bei einigen zwischenzeitlichen Änderungen und Ergänzungen bis 1962 Gültigkeit.

1927 Das Gesetz über Arbeitsvermittlung und Arbeitslosenversicherung (seit 1969 Arbeitsförderungsgesetz und jetzt Drittes Buch Sozialgesetzbuch) rundete die Sozialversicherung ab.

nach

1945 sind die folgenden zusätzlichen Rechtsgrundlagen besonders erwähnenswert:

1949 Soforthilfegesetz

1950 Bundesversorgungsgesetz

1952 Lastenausgleichsgesetz

1954 Kindergeldgesetz (jedoch erst ab 1975 Einführung des allgemeinen Kindergeldes)

1957 Körperbehindertengesetz

1957	Gesetz über eine Altershilfe für Landwirte. Das Gesetz wurde 1994 durch das Gesetz über die Alterssicherung der Landwirte (ALG)² abgelöst.
1959	Tuberkulosehilfegesetz
1960	Wohngeldgesetz
1960	Handwerkerversicherungsgesetz. Das Gesetz ist am 31.12.1991 außer Kraft getreten.
1961	**Bundessozialhilfegesetz³ und Jugendwohlfahrtsgesetz.** Das Bundessozialhilfegesetz ist am 31.12.2004 außer Kraft getreten. An seine Stelle trat mit Wirkung zum 01.01.2005 nahezu inhaltsgleich das Zwölfte Buch Sozialgesetzbuch. Das Jugendwohlfahrtsgesetz wurde Am 1. Januar 1991 durch das Kinder- und Jugendhilfegesetz im Achten Buch Sozialgesetzbuch abgelöst.

1955: Vorarbeiten für das BSHG im Innenministerium

21.02.1956: Offizielle Tagung des „Arbeitsausschuss für Fragen der Fürsorge" des 1952 gegründeten Beirats für die Neuordnung der sozialen Leistungen

11/1956: Erster vollständiger „Entwurf eines Gesetzes über die Gewährung von Sozialhilfe" und Diskussionen einer breiten Öffentlichkeit über das Reformwerk

25.07.1958: Erster offizieller Referentenentwurf zum „Gesetz über die Gewährung von Sozialhilfe (Bundessozialhilfegesetz – BSHG)" mit 138 Paragraphen und einer Zusammenfassung des Fürsorgerechts

17.02.1960: Verabschiedung des BSHG-Entwurfs im Bundeskabinett

03/1960: Auf „Druck" des Bundesrates werden die Einkommensgrenzen nach oben korrigiert (zweifacher Eckregelsatz statt eineinhalbfacher Eckregelsatz)

20.04.1960: Einbringung des Regierungsentwurfs im Bundestag

04.05.1961: Zustimmung zum BSHG im Bundestag

26.05.1961: Zustimmung zum BSHG im Bundesrat

Nach Ausfertigung durch Bundespräsident Lübke mit Datum vom 30.06.1961 erfolgte am 05.07.1961 die Verkündung im Bundesgesetzblatt. Das BSHG trat schließlich am 01.06.1962 in Kraft.

1965	Wohngeldgesetz
1969	Arbeitsförderungsgesetz, Lohnfortzahlungsgesetz
1971	Bundesausbildungsförderungsgesetz

---

[2] Gesetz über die Alterssicherung der Landwirte vom 29. Juli 1994, BGBl. I S. 1890, 1891, zuletzt durch Artikel 7 des Gesetzes vom 5. Dezember 2012, BGBl. I S. 2474, geändert.

[3] Vertiefungshinweis: Friederike Fröcking, Fürsorge im Wirtschaftsboom – Die Entstehung des Bundessozialhilfegesetzes von 1961, R. Oldenbourg Verlag, München 2007; Friederike Föcking, Expertenwissen, Politikberatung und die Entstehung des Bundessozialhilfegesetzes von 1961, Sozialstaat Deutschland, Geschichte und Gegenwart, S. 103 ff.

1975	Eingliederungshilfeverordnung
	Sozialgesetzbuch – Allgemeiner Teil (SGB I)[4]
	Sozialgerichtsgesetz (SGG)
1977	Gemeinsame Vorschriften für die Sozialversicherung (SGB IV)
1979	Unterhaltsvorschussgesetz
1981	Sozialverwaltungsverfahren (SGB X).
1983	Erweiterung des Sozialverwaltungsverfahrens (SGB X) um ein Drittes Kapitel: Zusammenarbeit der Leistungsträger und ihre Beziehung zu Dritten
1984	Vorruhestandsgesetz
1985	Beschäftigungsförderungsgesetz
1989	Gesetzliche Krankenversicherung (SGB V)
1991	Kinder- und Jugendhilfegesetz (SGB VIII)
1992	Gesetzliche Rentenversicherung (SGB VI)
1993	Asylbewerberleistungsgesetz
1995	Gesetzliche Pflegeversicherung (SGB XI)
1997	Gesetzliche Unfallversicherung (SGB VII)
1998	Arbeitsförderung (SGB III)
2001	Rehabilitation und Teilhabe (SGB IX)
2003	Grundsicherungsgesetz (GSiG) – Bedarfsorientierte Grundsicherung im Alter und bei voller Erwerbsminderung
2005	„Hartz IV": Außerkrafttreten des GSiG und des BSHG bei gleichzeitiger Zusammenführung der Sozialhilfe mit der Arbeitslosenhilfe als „Grundsicherung für Arbeitsuchende" im SGB II
2015	Erstes Pflegestärkungsgesetz - Erstes Gesetz zur Stärkung der pflegerischen Versorgung und zur Änderung weiterer Vorschriften
2016	Zweites Pflegestärkungsgesetz - Zweites Gesetz zur Stärkung der pflegerischen Versorgung und zur Änderung weiterer Vorschriften (Änderung des Elften Buches Sozialgesetzbuches)
2016	Gesetz zur Stärkung der Teilhabe und Selbstbestimmung von Menschen mit Behinderung (Bundesteilhabegesetz). Wegfall der Eingliederungshilfe im sechsten Kapitel des Zwölften Buches Sozialgesetzbuches mit Wirkung zum 01.01.2020 und Neugestaltung des Neunten Buches Sozialgesetzbuches, u.a. durch neue Regelungen zum Eingliederungshilferecht)

---

[4] Im Dezember 1975 wurde zunächst nur der „Allgemeine Teil" des Sozialgesetzbuchs (SGB I) beschlossen.

2017	Drittes Pflegestärkungsgesetz – Drittes Gesetz zur Stärkung der pflegerischen Versorgung und zur Änderung weiterer Gesetze (Änderung des Siebten Kapitels des Zwölften Buches Sozialgesetzbuches)
2020	Überführung der Eingliederungshilfe in den ab dem 01.01.2020 gültigen neuen Teil 2 des SGB IX (§§ 90 ff. SGB IX)
2020	Erste Regelungen des neuen Sozialen Entschädigungsrechts treten in dem neuen und eigenständigen Vierzehnten Buch Sozialgesetzbuch in Kraft. Stufenweise Einführung bis zum Jahr 2024.

1.2 Verfassungsrechtliche Grundlagen der sozialen Sicherung

1.2.1 Sozialstaatsprinzip

Die Bundesrepublik Deutschland ist ein demokratischer und **sozialer** Rechtsstaat (Art. 20 Abs. 1 GG). Die verfassungsmäßige Ordnung in den Ländern muss den Grundsätzen des republikanischen, demokratischen und **sozialen** Rechtsstaates im Sinne des Grundgesetzes entsprechen (Art. 28 Abs. 1 Satz 1 GG). Der Grundsatz der **Sozialstaatlichkeit** gehört gemäß Art. 79 Abs. 3 GG zum **unveränderbaren Kernbereich** des Grundgesetzes.

Der Begriff „Sozialstaat" ist im Grundgesetz nicht definiert. Aus dem „Sozialstaatsprinzip" ist abzuleiten, dass der Staat nach Grundsätzen der sozialen Gerechtigkeit aufgebaut sein oder das gesamte Recht eine soziale Tendenz haben soll. Danach hat der Staat die Pflicht, für einen Ausgleich der sozialen Gegensätze und damit für eine gerechte Sozialordnung zu sorgen.

Letzteres wird auch durch Urteil des Bundesverfassungsgerichts vom 18.07.1967 ausdrücklich bestätigt.[5] Eine Interpretationshilfe bei der Auslegung des Sozialstaatsbegriffs gibt seit seinem Erlass im Jahre 1975 der Allgemeine Teil des Sozialgesetzbuches (SGB I). Im § 1 Abs. 1 SGB I ist folgendes formuliert:

- Das Recht des Sozialgesetzbuches soll zur Verwirklichung **sozialer Gerechtigkeit** und **sozialer Sicherheit** Sozialleistungen einschließlich sozialer und erzieherischer Hilfen gestalten.
- Es soll dazu beitragen,
  - ein menschenwürdiges Dasein zu sichern,
  - gleiche Voraussetzungen für die freie Entfaltung der Persönlichkeit, insbesondere auch für junge Menschen, zu schaffen,
  - die Familie zu schützen und zu fördern,
  - den Erwerb des Lebensunterhalts durch eine frei gewählte Tätigkeit zu ermöglichen und

---

[5] BVerfG, Urteil vom 18.07.1967, 2 BvF 3-8/62, BvR 139-140/62, 334-35/62, BVerfGE 22, 180 = NJW 1967, 1765 = ZfSH 1967, 264.

– besondere Belastungen des Lebens, auch durch Hilfe zur Selbsthilfe, abzuwenden oder auszugleichen.

Die soziale Sicherheit verfolgt insbesondere das Ziel

- bei Krankheit dem Einzelnen Hilfe und Schutz zu geben,
- bei Alter, Invalidität und Arbeitslosigkeit den Einzelnen abzusichern,
- soziale Mindeststandards (Existenzminimum) zu gewährleisten.

Die soziale Gerechtigkeit unterliegt dem Wandel des öffentlichen Meinungsbildes. Gemeint sind im Wesentlichen folgende Aspekte:

- Chancengerechtigkeit
  Den Menschen sollen gleiche Chancen und Möglichkeiten verschafft werden, um am ökonomischen und gesellschaftlichen Leben teilzuhaben und sich selbst zu verwirklichen.

- Verteilungsgerechtigkeit
  Hier geht es um die Frage, in wieweit Einkommen und Vermögen in der Gesellschaft verteilt werden soll.

- Leistungs- und Bedarfsgerechtigkeit
  Mit Leistungsgerechtigkeit ist gemeint, dass es gerecht sei, nicht auf Grund seiner Herkunft, sondern durch eigene Anstrengung und Leistung zu dem zu werden, was man ist. Mit Bedarfsgerechtigkeit ist gemeint, dass eine Gesellschaft nur dann gerecht sei, wenn sie gemäß ihren Ressourcen die Bedürfnisse der Menschen möglichst gerecht befriedige.

1.2.2 Entwicklung vom Obrigkeitsstaat zum sozialen Rechtsstaat, Abgrenzung zum Wohlfahrtsstaat

Die ersten „sozialen" Maßnahmen in Deutschland im 19. Jahrhundert (vgl. 1.1) hatten weniger soziale, liberale oder demokratische Grundzüge, sondern waren vornehmlich von ordnungsbehördlichem Denken geprägt. Ziel dieser Maßnahmen war es, die überwiegend durch die fortschreitende Industrialisierung bedingten massiven Notstände soweit zu regulieren, dass eine Gefährdung der öffentlichen Sicherheit und Ordnung weitgehend ausgeschlossen werden konnte. Dass die zu diesem Zweck eingesetzten Mittel unzureichend waren, soll hier nicht weiter vertieft werden.

Erst nach dem Ersten Weltkrieg wurde sozialen Grundgedanken ehrlicher Rechnung getragen. Dieses drückte sich z. B. durch den Erlass der Reichsfürsorgepflichtverordnung, der Reichsgrundsätze über die Voraussetzungen, Art und Maß der öffentlichen Fürsorge und insbesondere das Gesetz über Arbeitsvermittlung und Arbeitslosenversicherung aus. Diese Entwicklung verstärkte sich in der Bundesrepublik nach dem 2. Weltkrieg durch das im Grundgesetz verankerte Sozialstaatsprinzip. Dieses Prinzip findet jedoch in den Geboten materieller Rechtsstaatlichkeit auch seine Grenze. Eine umfassende staatliche Fürsorge, die das Gemeinwesen in einen Wohlfahrts- oder Versorgungsstaat verwandeln möchte und selbstverantwortliche Freiheit aufhebt, entspricht nicht mehr dem Prinzip des sozialen Rechtsstaates.

Allerdings lässt sich diese Grenze nicht scharf ziehen. Sie lässt zudem einen weiten Raum der Offenheit für unterschiedliche Gestaltungen. Das Prinzip des sozialen Rechtsstaates enthält daher zwar für den konkretisierenden Gesetzgeber einen verbindlichen Auftrag, aber keine verbindliche Richtlinie zur Erfüllung dieses Auftrages. Insoweit schafft es nur einen Rahmen, innerhalb dessen es den unterschiedlichen sozialen und wirtschaftlichen Kräften die Möglichkeit eröffnet, über die verfassungsmäßige Beteiligung an der politischen Willensbildung ihre Bewertungsmaßstäbe für die Gestaltung der sozialstaatlichen Ordnung zur Geltung zu bringen.

1.2.3 Gesetzgebungszuständigkeit

Nach Art. 72 Abs. 2 GG hat der Bund u. a. für den Bereich der „öffentlichen Fürsorge" (Art. 74 Nr. 7 GG), das Recht der konkurrierenden Gesetzgebung.

Das bedeutet, dass der Bund die Gesetzgebungskompetenz besitzt, wenn und soweit die Herstellung gleichwertiger Lebensverhältnisse im Bundesgebiet oder die Wahrung der Rechts- oder Wirtschaftseinheit im gesamtstaatlichen Interesse eine bundesgesetzliche Regelung erforderlich macht (vgl. Art. 72 Abs. 2 GG).

Die Länder haben die Befugnis zur Gesetzgebung in diesem Bereich nur, solange und soweit der Bund von seiner Gesetzgebungszuständigkeit keinen Gebrauch macht (vgl. Art. 72 Abs. 1 GG).

1.3 Aufbau des Sozialwesens in der Bundesrepublik Deutschland

Die Maßnahmen, die zur sozialen Sicherung beitragen, sind sehr vielfältig und basieren sowohl auf privaten als auch öffentlichen Aktivitäten. Nachfolgend werden nur die Maßnahmen im „engeren Sinne" beschrieben, obwohl diese Leistungen erst durch die sozialen Maßnahmen im „weiteren Sinne", den Infrastrukturmaßnahmen (z. B. Wohnungsbau, Straßenbau, Errichtung von Schulen, Schaffung von Arbeitsplätzen) ermöglicht werden. Bei der Darstellung des Sozialwesens im engeren Sinne kann eine Orientierung an Trägern des Sozialwesens und Leistungsarten erfolgen.

1.3.1 Träger des Sozialwesens

Entsprechend der Vielfalt der Aktivitäten auf dem sozialen Sektor besteht eine breite Fächerung an Trägern. Neben den staatlichen Institutionen widmen sich eine fast unübersehbare Anzahl von gesellschaftlichen Gruppen und Organisationen der sozialen Sicherung in der Bundesrepublik Deutschland. Nur aufgrund der gemeinsamen Anstrengungen öffentlicher und privater Träger hat die soziale Sicherung in unserer Republik -auch im Vergleich zu anderen Staaten -einen relativ hohen Standard. Nachfolgend werden die wichtigsten Träger kurz aufgeführt.

1.3.1.1 Öffentliche Träger

Die öffentlichen Träger lassen sich wie folgt unterteilen:

- Bund,
- Länder,
- Gemeinden/Gemeindeverbände,
- Träger der Sozialversicherung als Selbstverwaltungskörperschaften.

1.3.1.2 Private Träger

Als private Träger sind besonders zu nennen:

aus dem **wirtschaftlichen** Bereich

- Arbeitgeber (-verbände)
- Arbeitnehmervereinigungen (Gewerkschaften)
- Genossenschaften

aus dem **gesellschaftlichen** Bereich

- Kirchen und Religionsgemeinschaften
- Verbände der freien Wohlfahrtspflege
- Freie Träger der Jugendhilfe
- Selbsthilfeorganisationen
- andere Organisationen und Hilfswerke.

Auf Grund der herausragenden Stellung für die soziale Sicherung in der Bundesrepublik wird nachfolgend zu den Trägern des Sozialwesens aus dem **gesellschaftlichen Bereich** etwas ausführlicher Stellung genommen:

Kirchen und Religionsgemeinschaften

Die Kirchen und Religionsgemeinschaften haben sich seit Jahrhunderten im sozialen Bereich durch die Schaffung von sozialen Einrichtungen und Diensten verdient gemacht. Sie verwenden einen Großteil ihrer Einnahmen zur Finanzierung dieser Angebote (z. B. Kindergärten, Krankenhäuser, Altenheime, Soziale Dienste).

Die Träger der Sozialhilfe sind ausdrücklich gehalten, mit den Kirchen und Religionsgemeinschaften des öffentlichen Rechts zusammenzuarbeiten (§ 5 SGB XII).

Verbände der freien Wohlfahrtspflege

Die Verbände der freien Wohlfahrtspflege treten vor allem durch die Schaffung und Unterhaltung von sozialen Einrichtungen und Diensten öffentlich in Erscheinung. Zu nennen sind beispielhaft: Krankenhäuser, Kinder-, Jugend-, Alten-, Behinderten- und Erholungsheime, Werkstätten für behinderte Menschen, Erziehungs-, Beratungs- und Behandlungsstellen, Kindertageseinrichtungen, ambulante Dienste (z. B. alten-, kranken-, haus- und familienpflegerische Dienste). Letztere sind häufig als Sozial- oder Pflegedienste bzw. -stationen organisiert.

Die Verbände der freien Wohlfahrtspflege stellen den weitaus größten Anteil an sozialen Einrichtungen, wobei die beiden konfessionellen, der Caritasverband und das Diakonische Werk, dominieren. Bei fast allen Aktivitäten steht die persönliche Hilfe im Vordergrund. Die Verbände zeichnen sich vor allem durch ihre im Verhältnis zu den öffentlichen Trägern häufig flexiblere Arbeitsweise und den Einsatz einer großen Anzahl von ehren- bzw. nebenamtlichen Mitarbeiterinnen und Mitarbeitern aus. Zusehends häufiger treten jedoch privat-gewerbliche Anbieter (z. B. im Bereich der Pflegeeinrichtungen) in Konkurrenz zu den Verbänden der freien Wohlfahrtspflege.

Im Zweiten und Zwölften Buch Sozialgesetzbuch wird die Zusammenarbeit mit den Verbänden der freien Wohlfahrtspflege besonders herausgestellt (vgl. § 17 SGB II; §§ 5, 11 Abs. 5 SGB XII). Die folgenden sechs Verbände gehören der Bundesarbeitsgemeinschaft der Wohlfahrtspflege an; entsprechende Arbeitsgemeinschaften bestehen meist auch auf Landes- und Kreisebene:

- Die **Arbeiterwohlfahrt** wurde 1919 als Selbsthilfeorganisation der Arbeiterschaft begründet. Sie bekennt sich zum freiheitlichen demokratischen Sozialismus.

- Der **Caritasverband** wurde 1897 als „Caritasverband für das Katholische Deutschland" gegründet und 1921 in „Deutscher Caritasverband" umbenannt. Er ist eng mit der Katholischen Kirche verbunden.

- Der **Deutsche Paritätische Wohlfahrtsverband** entstand 1924. Er ist politisch und konfessionell neutral und fördert vor allem als Dachorganisation andere selbständige soziale Organisationen (meist Selbsthilfeorganisationen).

- Das **Deutsche Rote Kreuz** - ein Zusammenschluss aus den bereits bestehenden Landesverbänden und dem Verband der Mutterhäuser vom Roten Kreuz im Jahre 1950 - verfolgt mit seiner Arbeit die Grundgedanken von Henri Dunant aus dem Jahre 1859, eine international anerkannte Hilfsgesellschaft zu schaffen. Das Deutsche Rote Kreuz ist sowohl Hilfsgesellschaft als auch Wohlfahrtsverband.

- Das **Diakonische Werk** - Innere Mission und Hilfswerk der Evangelischen Kirche - ist ein Zusammenschluss aus der im Jahre 1848 gegründeten „Inneren Mission" und dem nach dem 2. Weltkrieg ins Leben gerufenen „Evangelischen Hilfswerk". Wie bereits aus dem Namen ersichtlich ist, besteht eine Verbindung mit der Evangelischen Kirche.

- Die **Zentralwohlfahrtsstelle der Juden in Deutschland** - Nachfolgerin der 1917 gegründeten „Zentralwohlfahrtsstelle der deutschen Juden" - wurde 1951 neu gegründet.

Kapitel 1 - Grundlagen des Sozialrechts

Freie Träger der Jugendhilfe

Neben den vorgenannten Verbänden der Wohlfahrtspflege sind eine Vielzahl von Jugendverbänden und -organisationen speziell für junge Menschen und ihre Familien tätig (als konfessionelle, berufsbezogene, sport- oder andere freizeitfördernde Vereinigungen).

Die freien Träger der Jugendhilfe haben sich auf der Bundes- sowie auf Landesebene in Vertretungen organisiert, was meistens auch für die Ebenen der Kreise und kreisfreien Städte gilt.

Selbsthilfeorganisationen

Für viele soziale Lebensbereiche haben sich Selbsthilfeorganisationen gebildet. Zu nennen sind u. a. Familienverbände, Kriegsopferverbände, Behindertenverbände (z. B. für blinde, gehörlose, gelähmte, geistig behinderte Menschen), Verbände für Suchtkranke, Drogenabhängige, Krebskranke, psychisch Kranke oder misshandelte Frauen, aber auch vielfältige Gruppen im Bereich der Kinder- und Jugendhilfe.

Ziel dieser Vereinigungen ist eine gemeinsame Bewältigung von spezifischen Problemen sowie die gegenseitige Beratung und Unterstützung.

Andere Organisationen und Hilfswerke

Hier sind Hilfsorganisationen wie z. B. der Arbeiter-Samariter-Bund, die Johanniter-Unfall-Hilfe oder der Malteser Hilfsdienst zu nennen, die sich u. a. -wie auch das Deutsche Rote Kreuz- dem Rettungsdienst, der Krankenpflege und der Ersten Hilfe widmen oder Hilfswerke wie z. B. das Kuratorium Deutsche Altershilfe, das Müttergenesungswerk und die Krebshilfe.

Diese Aufzählungen sind absolut unvollständig. Sie sollen lediglich in Ansätzen die Vielfalt der Möglichkeiten der sozialen Sicherung in der Bundesrepublik belegen.

1.3.2 Leistungsarten

Die soziale Sicherung für den Einzelnen wird entweder durch private oder öffentliche Vorkehrungen bzw. Leistungen sichergestellt.

1.3.2.1 Private Vorkehrungen bzw. Leistungen

Nachfolgende Beispiele sollen die Vielfalt privater Vorkehrungen beschreiben:

- individuelle Eigenvorsorge, z. B.
  Vermögensbildung, private Kranken-, Lebens-, Unfall- oder Hausratversicherung, private Altersvorsorge,

Kapitel 1 - Grundlagen des Sozialrechts

- Gruppenvorsorge, z. B.
  Zusatzrentenversicherung durch den Arbeitgeber
  Angebote durch betriebliche Sozialwerke
  Aufnahme von sozialen Komponenten in Tarifverträge
- freiwillige Leistungen Dritter, z. B.
  Unterstützung durch Verwandte, Freunde, Nachbarn, Arbeitgeber usw.
  Angebote durch Kirchen, Wohlfahrtsverbände oder andere als gemeinnützig anerkannte Einrichtungen.

1.3.2.2 Öffentliche Vorkehrungen bzw. Leistungen

Die öffentlichen Vorkehrungen bzw. Leistungen lassen sich unterschiedlich einteilen, nach dem „klassischen System" der sozialen Sicherung oder nach dem Sozialgesetzbuch.

Klassisches System der sozialen Sicherung

Nach dem sogenannten „klassischen System" der sozialen Sicherung gibt es drei tragende Säulen:

- die Sozialversicherung,
- die Versorgung und
- die Fürsorge.

Die gravierenden Unterschiede zwischen diesen Leistungssystemen liegen (lagen) darin, dass Ansprüche

- auf Leistungen aus der **Sozialversicherung** nur aufgrund der Zugehörigkeit zu dieser Solidargemeinschaft und entrichteter Beiträge bestehen und sich die Höhe der Geldleistungen teilweise an der Dauer und Höhe der Beitragsleistungen orientiert,
- auf **Versorgungsleistungen** ein besonderes Verhältnis zum Staat voraussetzen; Leistungen in der Regel nur unter dem Gesichtspunkt der persönlichen Aufopferung erbracht werden, was bei der Kriegsopferversorgung besonders deutlich wird,
- auf **Fürsorgeleistungen** lediglich aufgrund einer akuten Notlage entstehen und keine besonderen Vorleistungen erfordern.

Dieses System, welches für die Vergangenheit durchaus Gültigkeit hatte und sich in den im Artikel 74 GG verwandten Begriffen widerspiegelt(e), ist auf die heutigen umfangreicheren Sozialleistungen nicht mehr voll übertragbar.

Kapitel 1 - Grundlagen des Sozialrechts

Einteilung der Sozialleistungen nach dem Sozialgesetzbuch

Es ist schwierig, „Sozialrecht" von anderen Rechtsbereichen, die auch soziale Komponenten beinhalten (z. B. Schulrecht, Strafrecht, Steuerrecht), abzugrenzen. Umso mehr ist festzustellen, dass die o. a. Dreiteilung der öffentlichen Sozialleistungen nach dem so genannten „klassischen System" nicht mehr zeitgemäß ist.

Leistungsarten wie z. B. Wohngeld, Ausbildungsförderung, Elterngeld oder Entschädigungen für Opfer von Gewalttaten bzw. bei Impfschäden, lassen sich dieser Einteilung nur schwer zuordnen. Orientiert an der Struktur der Sozialleistungen nach dem Sozialgesetzbuch kann eine Aufteilung in folgende drei Gruppen erfolgen:

Soziale Vorsorge oder Sicherung

Unter diese Rubrik lassen sich die gesetzliche Krankenversicherung, Unfallversicherung, Rentenversicherung, Pflegeversicherung sowie Arbeitslosenversicherung und als Sonderformen die knappschaftliche Versicherung, Handwerkerversicherung und Altershilfe für Landwirte fassen.

Soziale Entschädigung

Zu dieser Gruppe gehören u. a. die Kriegsopferversorgung, Versorgung von Soldaten (insbesondere von Wehrpflichtigen) und Ersatzdienstleistenden, die Entschädigung für Impfschäden und für Opfer von Gewalttaten sowie die Häftlingshilfe. Erste Regelungen zum Sozialen Entschädigungsrecht sind im neu gefassten Vierzehnten Buch Sozialgesetzbuch am 20.12.2019 in Kraft getreten. Das neue Soziale Entschädigungsrecht soll mit Wirkung zum 01.01.2024 eingeführt werden.

Sozialer Ausgleich oder soziale Förderung

Unter diese Begriffe lassen sich u. a. die Grundsicherung für Arbeitssuchende, Sozialhilfe, Jugendhilfe, Ausbildungsförderung, Kindergeld[6], Wohngeld und Elterngeld erfassen.
Sonstige Öffentliche Vorkehrungen

Einige Sozialleistungen, die durchaus von großer Bedeutung sind, werden **nicht** durch das Sozialgesetzbuch erfasst, wie z. B. die Beamten-, Richter- und Soldatenversorgung oder Leistungen nach dem Bundesentschädigungs-, dem Lastenausgleichs- oder Kriegsopferentschädigungsgesetz. Sie können daher nicht in die vorherige Darstellung eingebunden werden.

---

[6] Sofern nicht der Familienlastenausgleich nach § 31 Einkommensteuergesetz zur Anwendung kommt (vgl. u. a. § 25 Abs. 1 SGB I).

2 Aufbau und Strukturprinzipien des Zwölften Buches Sozialgesetzbuch

Die wesentlichen Grundlagen für die Leistungserbringung ergeben sich für die Leistungen der Sozialhilfe unmittelbar aus dem Zwölften Buch Sozialgesetzbuch.

Daneben sind - vorbehaltlich der Regelung in § 37 SGB I - die Rechtgrundlagen des Ersten und Zehnten Buches Sozialgesetzbuch anzuwenden.

Unter dem Gesichtspunkt des Nachrangs der Leistungen nach dem Zwölften Buch Sozialgesetzbuch (vgl. § 2 SGB XII) sind eine Vielzahl anderer Gesetze zu berücksichtigen, z. B. das Zweite, Dritte, Fünfte, Sechste, Siebte, Achte, Neunte und Elfte Buch Sozialgesetzbuch, das Bundesausbildungsförderungsgesetz, das Asylbewerberleistungsgesetz, das Bürgerliche Gesetzbuch, das Einkommensteuergesetz, das Bundesversorgungsgesetz, das Unterhaltsvorschussgesetz, das Unterhaltssicherungsgesetz, das Wohngeldgesetz.

2.1 Rechtsgrundlagen und allgemeine Regelungen

Das Zwölfte Buch Sozialgesetzbuch stellt die Grundlage für die Leistungen der Sozialhilfe dar. Die wesentlichen Teile dieses Gesetzbuches sind am 01.01.2005 in Kraft getreten. Mit diesem Gesetz wurde das Bundessozialhilfegesetz abgelöst, das die Grundlage für die Leistungen der Sozialhilfe in der Zeit vom 01.06.1962 bis zum 31.12.2004 bildete. Die wesentlichste Änderung ist darin zu sehen, dass die Leistungen zum Lebensunterhalt für erwerbsfähige Arbeitsuchende und deren Angehörige nicht mehr im Rahmen der Sozialhilfe, sondern nach dem Zweiten Buch Sozialgesetzbuch erbracht werden.

Rechtsverordnungen

Einzelne Regelungen des Zwölften Buches Sozialgesetzbuch werden durch folgende Rechtsverordnungen konkretisiert:

- Verordnung zur Durchführung der §§ 67 und 68 SGB XII (Hilfe zur Überwindung besonderer sozialer Schwierigkeiten),
- Verordnung zur Durchführung des § 82 SGB XII (Einkommen),
- Verordnung zur Durchführung des § 90 Abs. 2 Nr. 9 SGB XII (Kleinere Barbeträge oder sonstige Geldwerte),
- Verordnung zur Durchführung des § 118 Abs. 1 und Abs. 2 SGB XII (Sozialdatenabgleichsverordnung).

Ausführungsgesetze und -verordnungen

Die Sozialhilfe ist dem Bereich der „öffentlichen Fürsorge" zuzuordnen und unterliegt somit der konkurrierenden Gesetzgebung (vgl. Art. 72 und 74 Nr. 7 GG). Da der Bund von seiner Gesetzgebungskompetenz weitgehend Gebrauch gemacht hat, finden in der Sozialhilfe überwiegend bundesrechtliche Regelungen Anwendung.

Aufgrund entsprechender Ermächtigungsgrundlagen im Zwölften Buch Sozialgesetzbuch (z. B. § 29 Abs. 2, § 46b, § 97 Abs. 2, § 99 SGB XII) haben die Bundesländer ergänzende oder konkretisierende Ausführungsgesetze und/oder Ausführungsverordnungen erlassen, die vornehmlich formelle Regelungen, u. a. zur Zuständigkeit treffen (z. B. AG-SGB XII NRW).

Satzungen/Richtlinien

Für die praktische Arbeit in der Sozialhilfe sind außerdem bestehende Sozialhilferichtlinien und Satzungen der Träger der Sozialhilfe von Bedeutung, die häufig zu einer Selbstbindung der Verwaltung führen. Die Richtlinien als Verwaltungsvorschriften sollen Ermessensentscheidungen und Auslegungen unbestimmter Rechtsbegriffe (z. B. Angemessenheit, Zumutbarkeit, Härte) erleichtern und - unter Beachtung des Individualprinzips (vgl. § 9 SGB XII) - dem Gleichbehandlungsgrundsatz Rechnung tragen.

Fürsorgeabkommen

Zwischenstaatliche Abkommen (z. B. Deutsch-österreichisches Fürsorgeabkommen) sowie internationale Abkommen (z. B. Europäisches Fürsorgeabkommen, Genfer Flüchtlingskonvention) sind bei der Leistung von Sozialhilfe an Deutsche im Ausland (§ 24 SGB XII) oder an Ausländer (§ 23 SGB XII) zu beachten.

2.2 Aufgaben und Ziele der Sozialhilfe

Die nachfolgenden Ausführungen beziehen sich vornehmlich auf das 1. und 2. Kapitel SGB XII (Allgemeine Vorschriften, Leistungen der Sozialhilfe). Dabei werden auch die nicht unmittelbar dem Wortlaut des Gesetzes zu entnehmenden Strukturprinzipien der Sozialhilfe berücksichtigt und Verbindungen zu anderen Büchern des Sozialgesetzbuches hergestellt.

2.2.1 Aufgabe der Sozialhilfe

Aufgabe der Sozialhilfe ist es, den Leistungsberechtigten die Führung eines Lebens zu ermöglichen, das der **Würde des Menschen** entspricht (§ 1 Satz 1 SGB XII). Dieser aus dem Artikel 1 GG übernommene Leitgedanke, der auch im Sozialgesetzbuch seinen Niederschlag gefunden hat (vgl. § 1 Abs. 1 Satz 2 und § 9 SGB I), muss bei allen Überlegungen in der Praxis der Träger der Sozialhilfe vorangestellt werden. Der Grundgedanke der

Kapitel 2 - Aufbau und Strukturprinzipien des SGB XII

Menschenwürde darf sich nicht nur auf die Frage des Umfangs der Leistungen zum Lebensunterhalt (vgl. § 27a SGB XII) beschränken. Vielmehr sind die gesamten Lebensumstände der leistungsberechtigten Person an ihrer Menschenwürde zu messen.

Die Sozialhilfe soll einerseits eine Hilfebedürftigkeit beseitigen, deren Fortbestehen die Menschenwürde der Leistungsempfänger verletzen würde[7], andererseits soll sie erst einsetzen, wenn Leistungsberechtigte soweit in ihrer Lebensführung absinken, dass ihre Menschenwürde, gemessen an ihrer Umwelt, Schaden erleidet[8].

Der notwendige Lebensunterhalt umfasst deshalb auch persönliche Bedürfnisse des täglichen Lebens, wozu u. a. auch Beziehungen zur Umwelt und die Teilnahme (insbesondere auch Minderjährigen) am sozialen und kulturellen Leben gehören (vgl. § 27a Abs. 1 Satz 1 und 2 und § 34 Abs. 7 SGB XII). Für Schülerinnen und Schüler erfasst der notwendige Lebensunterhalt auch die erforderlichen Hilfen für den Schulbesuch (§ 27a Abs. 1 Satz 3 i. V. m. den §§ 34 und 34a SGB XII).

Die Interpretation des Begriffs „Menschenwürde" unterliegt bezüglich des damit verbundenen Anspruchs auf Sozialhilfe einem gewissen Wandel. Dieses äußert sich u. a. in der Festsetzung der Höhe des monatlichen Regelbedarfs, aber auch durch regional unterschiedliche Ausübung von Ermessen und Auslegung unbestimmter Rechtsbegriffe, z. B. bezüglich der angemessenen Unterkunfts- und Heizkosten (vgl. § 35 Abs. 2 und § 35 Abs. 4 SGB XII).

Die Frage der "Menschenwürdigkeit von existenzsichernden Leistungen" stand auch im Mittelpunkt der Entscheidung des Bundesverfassungsgerichtes zu der Bemessung der Leistungen zum Lebensunterhalt.[9]

Entscheidungen darüber, ob die Sozialhilfe als Geldleistung oder Sachleistung erbracht wird (vgl. § 10 SGB XII) sind u. a. auch unter dem Gesichtspunkt der Menschenwürde zu treffen.

Der Menschenwürde ist auch im persönlichen Umgang zwischen den Leistungsberechtigten und den Mitarbeiterinnen und Mitarbeitern der Träger der Sozialhilfe bzw. der beauftragten Stellen Rechnung zu tragen.

2.2.2 Ziel der Sozialhilfe

Die Sozialhilfe soll die Leistungsberechtigten soweit wie möglich befähigen, unabhängig von ihr zu leben; hierbei müssen sie nach Kräften mitwirken (§ 1 Satz 2 SGB XII).

---

[7] Vgl. BVerwG, Urteil vom 22.04.1970, 5 C 98/69, BVerwGE 35, 178 = FEVS 17, 321 = ZFSH 1970, 234.
[8] Vgl. BVerwG, Urteil vom 11.11.1970, 5 C 32/70, BVerwGE 36, 256 = FEVS 18, 86 = ZFSH 1971, 30.
[9] Vgl. BVerfG, Urteil vom 09.02.2010, 1 BvL 1/09, 1 BvL 3/09, 1 BvL 4/09, BVerfGE 125, 175 = NJW 2010, 505 = SGb 2010, 227.

Damit wird einerseits der Träger der Sozialhilfe aufgefordert, **Hilfe zur Selbsthilfe** zu leisten, andererseits wird die Verpflichtung der Leistungsberechtigten zur Mitwirkung besonders herausgestellt.

Ein wesentliches Ziel der Sozialhilfe ist es, durch entsprechende Leistungen die Leistungsberechtigten unabhängig von der Sozialhilfe zu machen. Angesprochen sind nicht nur finanzielle, sondern mindestens gleichrangig persönliche Hilfen (Beratung, Unterstützung, Aktivierung; vgl. § 11 SGB XII). Damit wird deutlich, dass die Sozialhilfe **grundsätzlich** nicht als Versorgungsleistung auf Lebenszeit oder rentenähnliche Leistung angelegt ist, sondern nur auf die Beseitigung einer gegenwärtigen, konkreten Notlage abzielt[10].

Die **Hilfe zur Selbsthilfe** hat dort ihre Grenzen, wo bestimmte Gegebenheiten nicht oder nur schwer veränderbar sind oder sich Voraussetzungen zur Verbesserung der Situation nicht schaffen lassen. Beispielhaft sind hier ältere, kranke oder behinderte Menschen zu nennen. Häufig wird das Ziel der Sozialhilfe nur dadurch erreicht werden können, dass die Leistungsberechtigten befähigt werden, „soweit wie möglich" unabhängig von Sozialhilfe zu leben (vgl. § 1 Satz 2 SGB XII). Als geeignete Maßnahmen können z. B. in Betracht kommen für

ältere Menschen	die Bereitstellung von altersgerechtem Wohnraum und ambulanten Diensten, um möglichst lange zu einer weitgehenden Unabhängigkeit in der ihnen vertrauten Umgebung beizutragen,
behinderte Menschen	die Bereitstellung von Arbeitsplätzen (evtl. in Werkstätten für behinderte Menschen), von Hilfsmitteln oder behindertengerechtem Wohnraum mit dem Ziel, die Teilnahme am Leben in der Gemeinschaft zu erleichtern,
erwerbsgeminderte Menschen	die Schaffung von Betätigungsfeldern, um sie ganz oder teilweise von der Sozialhilfe unabhängig zu machen und am Leben in der Gemeinschaft teilhaben zu lassen.

Für ältere, voll erwerbsgeminderte oder pflegebedürftige Personen reichen die Leistungen der Sozialversicherung häufig nicht aus. Für eine Vielzahl von Leistungsberechtigten, die diesen Personenkreisen angehören, wird das Ziel, sie von Sozialhilfe völlig unabhängig zu machen, unter den derzeitigen Gegebenheiten nicht erreichbar sein.

Kommen Leistungen der Sozialhilfe in Betracht, sind die Möglichkeiten der Selbsthilfe gründlich zu prüfen. Dieses setzt voraus, den Sachverhalt bei Bekanntwerden umfassend zu ermitteln, die Gründe der Bedürftigkeit in ihrer Vielfältigkeit festzustellen und, daran orientiert, die Möglichkeiten der Selbsthilfe zu erkennen, zu fördern, ggf. auch einzufordern. Dieses Vorgehen, welches in der Praxis häufig als „Erst- oder Auswegberatung" und in der Fortführung als „Hilfeplanung" bezeichnet wird, soll dazu beitragen, Menschen

---

[10] Vgl. BVerwG, Urteil vom 31.08.1966, 5 C 223/65, BVerwGE 25, 36 = FEVS 15, 161 = ZFSH 1967, 22.

Kapitel 2 - Aufbau und Strukturprinzipien des SGB XII

möglichst gar nicht erst bedürftig werden zu lassen bzw. sie so schnell wie möglich von Sozialhilfe ganz oder teilweise unabhängig zu machen. Konkrete Regelungen bezüglich der zu leistenden Hilfe zur Selbsthilfe ergeben sich u. a. aus den §§ 11, 12, 44 Abs. 2, 58 und 68 SGB XII.

Dem Grundsatz der „Hilfe zur Selbsthilfe" entspricht auch der § 15 SGB XII. Dieser sieht vorbeugende und nachgehende Hilfen vor.

Hilfe zur Selbsthilfe und **Mitwirkungspflicht** stehen in einem engen Verhältnis zueinander und sind als gleichrangig anzusehen. Ohne die Bereitschaft der Leistungsempfänger, die Maßnahmen des Trägers der Sozialhilfe zu unterstützen und nach besten Kräften daran mitzuwirken, ist eine effektive Erbringung von Sozialhilfeleistungen nicht möglich. Die Mitwirkungspflichten der Leistungsberechtigten ergeben sich nicht nur aus dem Zwölften Buch Sozialgesetzbuch, sondern auch aus den §§ 60 ff. SGB I. Diese Mitwirkungspflichten werden durch die Regelungen in § 65 SGB I begrenzt, z. B. bei einem gefährlichen ärztlichen Eingriff.

Spezielle Regelungen zur Mitwirkung enthalten z. B. § 1 Satz 2 Halbsatz 2 und § 11 Abs. 3 Satz 4 SGB XII. Danach haben die Leistungsberechtigten nach Kräften mitzuwirken bzw. eine zumutbare Tätigkeit aufzunehmen. Die im Zwölften Buch Sozialgesetzbuch geregelten Mitwirkungspflichten gehen denen nach den §§ 60 ff. SGB I vor (vgl. § 37 SGB I).

Die Mitwirkungspflicht im Sinne des § 1 Satz 2 SGB XII steht in einem engen Zusammenhang mit dem Grundsatz des Nachrangs der Sozialhilfe gemäß § 2 Abs. 1 SGB XII.

2.3 Nachrang der Sozialhilfe (Grundsatz der Subsidiarität)

Sozialhilfe erhält nicht, wer sich, vor allem durch den Einsatz seiner Arbeitskraft, seines Einkommens und Vermögens selbst helfen kann oder wer die erforderliche Leistung von anderen, insbesondere von Angehörigen oder von Trägern anderer Sozialleistungen, erhält (vgl. § 2 Abs. 1 SGB XII).

Nach dem Grundsatz des Nachrangs der Sozialhilfe (Grundsatz der Subsidiarität) sollen nur denjenigen Leistungen erbracht werden, die durch das übrige Netz der sozialen Sicherung (in erster Linie das der Sozialversicherung) nicht erfasst werden.

§ 2 SGB XII gilt für alle Leistungen nach dem Zwölften Buch Sozialgesetzbuch.

Der Grundsatz der Nachrangigkeit umfasst

- Möglichkeiten der Selbsthilfe (vgl. § 2 Abs. 1 SGB XII),
- tatsächliche Hilfeleistungen von Dritten (vgl. § 2 Abs. 1 SGB XII) sowie
- Leistungsverpflichtungen Dritter (vgl. § 2 Abs. 2 SGB XII).

2.3.1 Möglichkeiten der Selbsthilfe

Sozialhilfe erhält u. a. nicht, wer sich selbst helfen **kann** (vgl. § 2 Abs. 1 SGB XII). Abzustellen ist nur auf die **Möglichkeit** der Selbsthilfe durch die Leistungsempfänger, nicht darauf, ob sie sich auch tatsächlich selbst helfen. In Einzelfällen (z. B. bei fehlender Mitwirkung durch die Leistungsempfänger) ist diese Feststellung von Bedeutung und kann dazu führen, dass die im Gesetz vorgesehenen Leistungen nicht oder nicht in vollem Umfang erbracht werden müssen.

Im Einzelnen bestehen folgende Möglichkeiten der Selbsthilfe:

- Einsatz der Arbeitskraft zur Erzielung von Einkommen,
- Einsatz des Einkommens,
- Einsatz des Vermögens und
- Durchsetzen vorhandener Ansprüche gegen Dritte.

Leistungsberechtigte müssen ihre **Arbeitskraft** einsetzen, soweit es ihnen zuzumuten ist (vgl. z. B. § 2 Abs. 1 i. V. m. § 11 Abs. 3 Satz 3 SGB XII). Diese Verpflichtung ergibt sich bezüglich der Leistung von Hilfe zum Lebensunterhalt und der Grundsicherung im Alter und bei Erwerbsminderung nach dem 3. und 4. Kapitel SGB XII unmittelbar aus dem Wortlaut des § 19 Abs. 1 bzw. § 19 Abs. 2 Satz 1 SGB XII (Einsatz der eigenen Kräfte). Zu berücksichtigen ist jedoch, dass für die Erbringung dieser Leistungen nur solche Personen in Betracht kommen, die weniger als drei Stunden täglich erwerbstätig sein können (vgl. § 7 Abs. 1 Satz 1 Nr. 2 i. V. m. § 8 Abs. 1 SGB II, § 43 Abs. 2 Satz 2 SGB VI) oder die wegen ihres Alters nicht zur Erwerbsarbeit verpflichtet sind (vgl. § 11 Abs. 4 Satz 1 Nr. 2 SGB XII). Deshalb wird der Einsatz der eigenen Kräfte nur **sehr eingeschränkt** möglich sein. Die Regelungen wurden unreflektiert aus dem Bundessozialhilfegesetz in das Zwölfte Buch Sozialgesetzbuch übernommen, so dass sie im gegenwärtigen Kontext als systemwidrig erscheinen.

Der Einsatz von „eigenen Kräften" ist – im Gegensatz zu § 19 Abs. 1 und Abs. 2 SGB XII – für die Hilfen nach dem 5. bis 9. Kapitel SGB XII nach dem Wortlaut des § 19 Abs. 3 SGB XII nicht gefordert. Daraus folgt, dass der Gesetzgeber für diese Leistungsarten einen Einsatz der Arbeitskraft der nachfragenden Person von vornherein ausgeschlossen hat (vgl. auch § 11 Abs. 4 SGB XII).

Die Verpflichtung zum Einsatz der Arbeitskraft erfasst unmittelbar nur die Leistungsberechtigten selbst, nicht jedoch ihre nicht getrennt lebenden Ehegatten, Lebenspartner, Partner in eheähnlichen oder lebenspartnerschaftsähnlichen Gemeinschaften oder im Haushalt lebenden Elternteile. Der Anspruch der Leistungsberechtigten ist zwar vom Einsatz des Einkommens und Vermögens ihrer Ehegatten, Lebenspartner bzw. Elternteile abhängig, nicht jedoch von der Verpflichtung dieser Personen zum Einsatz ihrer Arbeitskraft (vgl. § 27 Abs. 2 Satz 2 und Abs. 3 bzw. § 43 Abs. 1 Satz 1 SGB XII).

Der Anspruch auf Hilfe zum Lebensunterhalt kann nur eingeschränkt werden, wenn Leistungsberechtigte entgegen ihrer Verpflichtung die Aufnahme einer Tätigkeit oder die Teilnahme an einer erforderlichen Vorbereitung ablehnen (vgl. § 39a Abs. 1 SGB XII). Weigern sich nicht getrennt lebende Ehegatten, Lebenspartner, Partner in eheähnlicher oder lebenspartnerschaftsähnlicher Gemeinschaft oder Elternteile, zumutbare Arbeit zu leisten und werden dadurch Leistungen zum Lebensunterhalt für Angehörigen ausgelöst, kommt ggf. die Anwendung des § 103 Abs.1 Satz 1 SGB XII (Kostenersatz) oder § 170 StGB (Unterhaltspflichtverletzung) in Betracht.

Die Leistungsberechtigten haben grundsätzlich ihr **Einkommen** (§ 82 Abs. 1 SGB XII) und **Vermögen** (§ 90 Abs. 1 SGB XII) einzusetzen. Diese Verpflichtungen werden durch einige Schutzvorschriften (vgl. §§ 82 bis 84, 85 bis 89, 90 Abs. 2 und 3 SGB XII) oder durch die Möglichkeit einer darlehensweisen Hilfeleistung (§ 91 SGB XII) eingeschränkt.

Das **Durchsetzen von Ansprüchen** gegenüber Dritten gehört ebenfalls zu den Möglichkeiten der Selbsthilfe. Realisierte Ansprüche führen zu verändertem Einkommen oder Vermögen und damit regelmäßig zu geringeren Ansprüchen auf Sozialhilfe. Wenn Leistungsberechtigte nicht in der Lage oder nicht bereit sind, bestehende Ansprüche geltend zu machen bzw. durchzusetzen (keine „bereiten Mittel"), muss der Träger der Sozialhilfe häufig - zunächst unabhängig von diesen Ansprüchen - Leistungen erbringen und später ggf. den Nachrang der Sozialhilfe wiederherstellen, indem er selbst diese Ansprüche geltend macht. Für die Sozialhilfe gilt deshalb das sog. „**Faktizitätsprinzip**":

Wenn bereite Mittel zur Verfügung stehen und **realisierbar** sind, kann auf den Nachranggrundsatz verwiesen werden. Umgekehrt darf der Sozialhilfeträger nicht auf Ansprüche „verweisen", die von der leistungsberechtigten Person nicht oder nicht zeitnah realisiert werden können.

Beispiel[11]

Als Einkommen zu berücksichtigen ist eine Erbschaft erst ab dem Zeitpunkt, in dem sie als "bereites Mittel" zur Verfügung steht. Zwar tritt der Erbfall mit dem Todeszeitpunkt ein (§ 1922 Abs. 1 BGB), so dass normativ zu diesem Zeitpunkt Einkommen vorhanden ist, aber erst mit der Gutschrift des Auseinandersetzungsguthabens verfügt die leistungsberechtigte Person über zur Beseitigung ihrer Notlage bereite Einnahmen, so dass erst dann der wertmäßige Zuwachs den Bedarf mindert.

Besitzt die leistungsberechtigte Person Ansprüche gegen Dritte, können diese regelmäßig nach §§ 93 oder 94 SGB XII auf den Sozialhilfeträger übergeleitet werden, so dass er diese Ansprüche für und an Stelle der leistungsberechtigten Person geltend machen kann und damit das Nachrangprinzip wiederherstellen kann. Auch bei in Verzug geratenen Arbeitgebern oder Schadensersatzpflichtigen bestehen gesetzlich normierte Übergangsansprüche (vgl. §§ 115, 116 SGB X).

---

[11] Vgl. BSG, Urteil vom 25.01.2012, B 14 AS 101/11 R, juris, Rn. 22 = FamRZ 2012, 1136.

2.3.2 Tatsächliche Hilfeleistungen Dritter

Bei den tatsächlichen Hilfeleistungen Dritter ist es unerheblich, ob diese aufgrund von gesetzlichen, vertraglichen oder sittlichen Verpflichtungen oder freiwillig erbracht werden. Dabei sind jedoch die einschränkenden Bestimmungen der §§ 83 und 84 SGB XII zu beachten, wonach bestimmte Einkünfte nicht als Einkommen anzurechnen sind. Die Benennung „besonders von Angehörigen oder von Trägern anderer Sozialleistungen" in § 2 Abs. 1 SGB XII ist nur als beispielhaft anzusehen und schließt Leistungen anderer mit ein.

Bezogen auf die Leistungen der Hilfe zum Lebensunterhalt nach dem 3. Kapitel SGB XII ist unter den Voraussetzungen des § 39 SGB XII ggf. von einer **Vermutung der Bedarfsdeckung** durch andere Personen auszugehen.

2.3.3 Verpflichtungen anderer

Verpflichtungen anderer, insbesondere der beispielhaft genannten Unterhaltspflichtigen und Sozialleistungsträger, bleiben unberührt (vgl. § 2 Abs. 2 Satz 1 SGB XII). Andere Verpflichtete können sich nicht mit dem Hinweis auf mögliche Leistungen nach dem Zwölften Buch Sozialgesetzbuch entlasten. Ein Unterhaltspflichtiger kann sich z. B. seiner Leistungspflicht nicht mit dem Hinweis entziehen, seine Ehefrau erhalte Hilfe zum Lebensunterhalt und sei damit nicht bedürftig.

Ermessensleistungen eines Drittverpflichteten, vornehmlich eines anderen Sozialleistungsträgers, dürfen nicht mit dem Hinweis auf die Leistungspflicht nach dem Zwölften Buch Sozialgesetzbuch verwehrt werden (vgl. § 2 Abs. 2 Satz 2 SGB XII). Muss der Träger der Rentenversicherung z. B. im Rahmen seines Ermessens über eine Leistung entscheiden, so kann die Tatsache, dass im Falle der Nichtleistung nach dem Sechsten Buch Sozialgesetzbuch Sozialhilfe nach dem Zwölften Buch Sozialgesetzbuch geleistet würde, nicht entscheidungsrelevant sein.

2.3.4 Zusammenfassung

Der Grundsatz der Nachrangigkeit, dem in Zeiten eingeschränkt zur Verfügung stehender Haushaltsmittel besondere Bedeutung zukommt, zieht sich wie ein roter Faden durch das Zwölftes Buch Sozialgesetzbuch. Beispielsweise machen die Sozialhilfeträger inzwischen selbst bei häuslicher Hilfe zur Pflege von der Prüfung einer Unterhaltsverpflichtung naher Angehöriger Gebrauch (vgl. § 94 SGB XII). Allerdings ist die Möglichkeit, Unterhaltspflichtige zur Unterhaltsleistung heranzuziehen, seit dem 01.01.2020 nur noch auf die Personen beschränkt, deren jährliches Bruttoeinkommen mehr als 100.000,00 € beträgt (vgl. § 94 Abs. 1a SGB XII).

Dem Nachranggrundsatz ist bei jeder Entscheidung über die Leistung von Sozialhilfe, ggf. auch post mortem (vgl. § 102 SGB XII), Rechnung zu tragen.

Das Bundesverwaltungsgericht hat – unter Bezug auf § 2 BSHG – ursprünglich die Auffassung vertreten, dass Sozialhilfe abzulehnen sei, wenn der Hilfesuchende nicht vorab andere vorhandene Hilfsmöglichkeiten zu verwirklichen versuche. Es würde sich nicht mit dem Nachranggrundsatz vertragen, wenn der Einzelne sich ohne Rücksicht auf die Möglichkeit der Bedarfsbefriedigung von dritter Seite an den Träger der Sozialhilfe mit der Bitte um Hilfe wenden könne, obwohl der Hilfesuchende seine Bedarfsdeckung selbst erreichen könne. Das Gericht führt weiter aus, dass sich die Hilfsmöglichkeiten aber zeitnah realisieren lassen müssen und es sich insofern um „bereite Mittel" handeln müsse.[12]

Nach dieser Rechtsprechung konnte das Nachrangprinzip als **Rechtsanwendungsregel** bzw. sog. „negatives Tatbestandsmerkmal" verstanden werden, so dass eine Ablehnung der Leistung in Frage kommt. Der Mitwirkungspflicht der Leistungsberechtigten kommt in diesem Zusammenhang eine besondere Bedeutung zu. Wirkt die leistungsberechtigte Person nicht ausreichend mit, um Selbsthilfemöglichkeiten auszuschöpfen, könne die Leistung versagt werden.

Heute wird vertreten, dass es sich weniger um eine Anwendungsregel als vielmehr um einen **Programmsatz** handelt.[13] Die Rechtsprechung des Bundessozialgerichts tendiert in eine ähnliche Richtung. Beispielsweise wurde festgestellt, dass § 2 SGB XII keinen eigenständigen Ausschlusstatbestand darstellt, sondern nur ein **Gebot** der Sozialhilfe sei[14]. Maßgebend seien insofern nur die den Nachranggrundsatz konkretisierenden Regelungen (dazu im Nachfolgenden). **Nur** in diesem Kontext kommt dem Nachranggrundsatz besondere leistungsversagende oder leistungseinschränkende Bedeutung zu.

Für den Sozialhilfeträger bedeutet dies, dass er beispielsweise kaum noch Leistungen versagen kann, wenn Leistungen gegenüber anderen Sozialleistungsträgern oder sonstigen Dritten bestehen.

Beispiele

- *Der Leistungsträger kann eine Leistung nicht versagen, weil es ein hilfebedürftiges volljähriges Kind unterlässt, den Abzweigungsantrag für Kindergeld bei der Familienkasse zu stellen. Hier kann der Sozialhilfeträger entweder den Antrag selbst stellen (vgl. § 95 SGB XII) oder in Vorleistung treten und einen Kostenerstattungsanspruch (z. B. nach §§ 102 ff. SGB X) geltend machen.*

- *Hat eine leistungsberechtigte Person nach den Feststellungen des Sozialhilfeträgers einen Schenkungsrückforderungsanspruch nach § 528 BGB, kann der Sozialhilfeträger nicht auf diese Selbsthilfemöglichkeit verweisen und unter Hinweis auf den Nachranggrundsatz die Leistung versagen. § 2 SGB XII stellt keine eigenstän-*

---

[12] Vgl. BVerwG, Urteil vom 29.09.1971, V C 2.71, juris, Rn. 6 ff. = FEVS 19, 43.
[13] Vgl. Coseriu, juris-PK-SGB XII, § 2 SGB XII, Rn. 8 ff.
[14] Vgl. BSG, Urteil vom 26.08.2008, B 8/9b SO 16/07 R, juris, Rn. 15 = FEVS 60, 346 = FamRZ 2009, 44; BSG, Urteil vom 02.02.2010, B 8 SO 21/08 R, Rn. 13; BSG, Urteil vom 2203.2012, B 8 SO 30/10 R, juris, Rn. 25 = NVwZ-RR 2012, 968.

dige Ausschlussnorm dar. Stattdessen muss der Sozialhilfeträger die Sozialhilfeleistung erbringen und den (potenziellen) privaten Anspruch der leistungsberechtigten Person auf sich nach § 93 SGB XII überleiten.[15]

Ein Leistungsausschluss ohne Rückgriff auf andere Normen des Zwölften oder des Zehnten Buches Sozialgesetzbuches ist also allenfalls in extremen Ausnahmefällen denkbar. Ein Leistungsausschluss kann ggf. noch in Betracht kommen, wenn sich die nachfragende Person generell eigenen Bemühungen verschließt und Ansprüche ohne weiteres realisierbar sind.

Über § 2 SGB XII hinausgehend wird der Grundsatz des Nachrangs der Sozialhilfe in

- § 19 Abs. 1 i. V. m. § 27 Abs. 1 und Abs. 2 SGB XII für die Leistungen nach dem 3. Kapitel SGB XII,
- § 19 Abs. 2 i. V. m. § 41 Abs. 1 Satz 1 und § 43 Abs. 1 SGB XII für die Leistungen nach dem 4. Kapitel SGB XII und
- § 19 Abs. 3 SGB XII für die Leistungen nach dem 5. bis 9. Kapitel SGB XII

konkretisiert.

Weitere Rechtsgrundlagen bezüglich

- des Einsatzes der Arbeitskraft (§ 11 Abs. 3 Satz 4 SGB XII),
- des Einkommens (vgl. §§ 82 bis 89 SGB XII) sowie
- des Vermögens (vgl. § 90 SGB XII) und
- des Ausschlusses oder der Einschränkung der Hilfe (vgl. §§ 21 bis 26 SGB XII, § 66 SGB I) sowie
- der darlehensweisen Hilfeleistung (vgl. §§ 22 Abs. 1 Satz 2, 23 Abs. 3a, 36 Abs. 1 Satz 3, § 35 Abs. 2 Satz 4, Halbsatz 2, 37 Abs. 1 und Abs. 2, 37a Abs. 1, 38, 73 Satz 2 und 91 SGB XII)

finden ergänzend Anwendung.

Wird die Sozialhilfe als „Erweiterte Hilfe" (vgl. §§ 19 Abs. 5, 27 Abs. 3 Satz 1 SGB XII) erbracht, obwohl (zumindest theoretisch) Möglichkeiten der Selbsthilfe bestehen, wird ein Aufwendungsersatz oder Kostenbeitrag gefordert, ggf. auch von den Angehörigen (vgl. §§ 19 Abs. 5, 27 Abs. 3 Satz 2).

Kommen Leistungen der Sozialhilfe in Betracht, obwohl Ansprüche gegen Dritte bestehen bzw. entstehen, erfolgt eine Inanspruchnahme vorrangig verpflichteter Dritter nach den Bestimmungen

---

[15] Vgl. BSG, Urteil vom 02.02.2010, B 8 SO 21/08 R, juris, Rn. 13.

- des § 95 SGB XII, der §§ 48 ff. SGB I, der §§ 102 ff. SGB X oder anderen spezialgesetzlichen Vorschriften im Verhältnis zu anderen Sozialleistungsträgern,
- der §§ 115, 116 SGB X im Verhältnis zu mit der Zahlung von Arbeitsentgelt in Verzug geratenen Arbeitgebern und im Verhältnis zu Schadensersatzpflichtigen,
- des § 94 SGB XII im Verhältnis zu Unterhaltspflichtigen,
- des § 93 SGB XII bei Ansprüchen gegen sonstige Dritte.

Rechtmäßig geleistete Sozialhilfe kann in Einzelfällen zu einem Kostenersatz führen, nach

- § 102 SGB XII aus Nachlass,
- § 103 Abs. 1 Satz 1 SGB XII wegen sozialwidrigen Verhaltens und
- § 105 Abs. 1 SGB XII wegen „Doppelleistungen".

2.4 Leistungsarten

Die Sozialhilfe umfasst nach § 8 SGB XII die

- Hilfe zum Lebensunterhalt nach dem 3. Kapitel SGB XII (§§ 27 bis 40 SGB XII),
- Grundsicherung im Alter und bei Erwerbsminderung nach dem 4. Kapitel SGB XII (§§ 41 bis 46b SGB XII),
- Hilfe zur Gesundheit nach dem 5. Kapitel SGB XII (§§ 47 bis 52 SGB XII),
- Hilfe zur Pflege nach dem 7. Kapitel SGB XII (§§ 61 bis 66a SGB XII),
- Hilfe zur Überwindung besonderer sozialer Schwierigkeiten nach dem 8. Kapitel SGB XII (§§ 67 bis 69 SGB XII),
- Hilfe in anderen Lebenslagen nach dem 9. Kapitel SGB XII (§§ 70 bis 74 SGB XII), nämlich die
  - Hilfe zur Weiterführung des Haushalts (§ 70 SGB XII),
  - Altenhilfe (§ 71 SGB XII),
  - Blindenhilfe (§ 72 SGB XII),
  - Hilfe in sonstigen Lebenslagen (§ 73 SGB XII),
  - Bestattungskosten (§ 74 SGB XII)

sowie die jeweils gebotene Beratung und Unterstützung.

Orientiert an den Anspruchsgrundlagen des § 19 Abs. 1 bis Abs. 3 SGB XII ist im Wesentlichen zwischen **drei Leistungsgruppen** zu unterscheiden, den **Leistungen nach**

- Kapitel 3 (Hilfe zum Lebensunterhalt),
- Kapitel 4 (Grundsicherung im Alter und bei Erwerbsminderung) und
- den Kapiteln 5 bis 9 (Hilfen in „anderen" Lebenslagen).

Die **Hilfe zum Lebensunterhalt** nach dem 3. Kapitel SGB XII stellt vornehmlich auf die wirtschaftlichen Bedürfnisse eines Menschen im täglichen Leben ab (vgl. §§ 27 ff. SGB XII). Eine weitgehende Beschreibung dessen, was zum notwendigen Lebensunterhalt gehört, erfolgt in § 27a SGB XII. Bei den Leistungen im Rahmen der Hilfe zum Lebensunterhalt sind in der Regel nach § 19 Abs. 1 Satz 1 und § 27 Abs. 1 und Abs. 2 Satz 1 bis Satz 3 SGB XII das **gesamte** Einkommen und Vermögen der Leistungsberechtigten, ihrer Partner bzw. bei minderjährigen unverheirateten Kinder, die dem Haushalt ihrer Eltern angehören auch das Einkommen und Vermögen der Eltern oder des Elternteils zu berücksichtigen (Ausnahmen: §§ 82 bis 84, 90 Abs. 2 und Abs. 3 SGB XII). Die Leistungsberechtigten müssen außerdem ihre Arbeitskraft zur Deckung ihres Bedarfs einsetzen.

Die Leistungen der **Grundsicherung im Alter und bei Erwerbsminderung** nach dem 4. Kapitel SGB XII sollen ebenfalls den Lebensunterhalt der Leistungsberechtigten sichern. Die Leistungen entsprechen weitgehend denen der Hilfe zum Lebensunterhalt nach dem 3. Kapitel SGB XII (vgl. § 42 SGB XII). Sie sind gegenüber der Hilfe zum Lebensunterhalt vorrangig und im Einzelfall durch Leistungen nach dem 3. Kapitel „aufzustocken" (vgl. § 19 Abs. 2 Satz 2 SGB XII). Einkommen und Vermögen sind ähnlich wie bei der Hilfe zum Lebensunterhalt in **vollem Umfang einzusetzen** (vgl. § 19 Abs. 2 Satz 1 sowie § 41 Abs. 1 und § 43 Abs. 1 SGB XII).

Allerdings gelten für die Leistungsgewährung der Grundsicherung im Alter und bei Erwerbsminderung nach dem 4. Kapitel SGB XII beispielsweise folgende Besonderheiten im Vergleich zur Hilfe zum Lebensunterhalt nach dem 3. Kapitel SGB XII:

- Es besteht keine Leistungsverpflichtung von Haushaltsangehörigen im Rahmen einer Haushaltsgemeinschaft nach § 39 SGB XII (§ 43 Abs. 6 SGB XII).

- Ein Kostenersatzanspruch durch Erben darf nicht geltend gemacht werden (vgl. § 102 Abs. 5 SGB XII).

- Leistungen nach dem 4. Kapitel SGB XII werden (nur) auf Antrag erbracht (vgl. § 44 Abs. 1 Satz 1 SGB XII).

- Eine Leistung wird unabhängig von dem Tag der Antragstellung mit Rückwirkung zum Monatsersten erbracht, wenn die Anspruchsvoraussetzungen des § 41 SGB XII innerhalb des Kalendermonats erfüllt werden (vgl. § 44 Abs. 2 Satz 1 SGB XII).

Die **Hilfen nach dem 5. bis 9. Kapitel SGB XII** orientieren sich an einzelnen (besonderen) Notlagen eines Menschen. Der größte Teil dieser Hilfearten ist in § 8 Nr. 3 bis Nr. 6 SGB XII mit Hinweis auf leistungsbegründende Rechtsnormen aufgeführt. Daneben hat der Gesetzgeber in § 8 Nr. 7 SGB XII „weitere andere Lebenslagen" in den Katalog aufgenommen, die im 9. Kapitel SGB XII konkretisiert werden. Hervorzuheben ist die Ermächtigung in § 73 SGB XII, wonach in **„sonstigen Lebenslagen"** Hilfen erbracht werden können. Mit dieser Rechtsnorm besteht die Möglichkeit, nicht ausdrücklich im Gesetz beschriebenen Notlagen zu begegnen.

Die Leistungen nach dem 5. bis 9. Kapitel SGB XII werden erbracht, wenn die Voraussetzungen dieser Kapitel und die wirtschaftlichen Voraussetzungen des 11. Kapitels (§§ 82 bis 91 SGB XII) vorliegen (vgl. § 19 Abs. 3 SGB XII). Im Gegensatz zur Hilfe zum Lebensunterhalt und zur Grundsicherung im Alter und bei Erwerbsminderung wird der Einsatz von Einkommen und Vermögen nur im Rahmen der **„Zumutbarkeit"** gefordert. Dem wird vor allem durch die Bildung von Einkommensgrenzen und Regelungen bezüglich des Einkommenseinsatzes in den §§ 85 bis 89 SGB XII sowie durch großzügigere Regelungen in § 90 Abs. 2 Nr. 9 SGB XII - in Verbindung mit der dazu ergangenen Verordnung und § 90 Abs. 3 SGB XII - Rechnung getragen.

Mit den oben beschriebenen Leistungsgruppen ist es möglich, auf individuelle Notlagen zu reagieren.

2.5 Sozialhilfe nach der Besonderheit des Einzelfalles (Grundsatz der Individualität)

Nach § 9 Abs. 1 SGB XII richten sich die Leistungen nach der Besonderheit des Einzelfalles, „insbesondere" nach

- der Art des Bedarfs,
- den örtlichen Verhältnissen,
- den eigenen Kräften und Mitteln der hilfesuchenden Person,
- den Mitteln anderer zum Einkommens- und Vermögenseinsatz verpflichteter Personen oder
- des Haushalts bei der Hilfe zum Lebensunterhalt.

Diese Aufzählung ist **nur beispielhaft,** so dass auch andere Tatbestände zu berücksichtigen sind.

Die **örtlichen Verhältnisse** sind z. B. bei der Deckung des Bedarfs in einer stationären Einrichtung oder bei der Festlegung, in welcher Höhe die Kosten der Unterkunft angemessen sind, von Bedeutung. Die Leistungsberechtigten können nicht auf preiswertere Einrichtungen oder Unterkünfte verwiesen werden, die in Orten liegen, die von ihrem sozialen Umfeld weit entfernt liegen.

Die **eigenen Kräfte und Mittel** der leistungsberechtigten Person werden im Rahmen der Entscheidung über die Hilfe berücksichtigt (vgl. § 2 Abs. 1 und § 19 Abs. 1 bis 3 SGB XII). Der Verweis auf die Mittel des einer sog. Haushalts- und Wirtschaftsgemeinschaft bei der Hilfe zum Lebensunterhalt nach dem 3. Kapitel SGB XII (vgl. § 9 Abs. 1 SGB XII) wird insbesondere durch den § 39 SGB XII konkretisiert.

2.5.1 Allgemeines

Der Grundsatz der Individualität ist bei allen zu erbringenden Leistungen zu berücksichtigen. Pauschalierungen von Leistungen durch den Gesetzgeber oder die Träger der Sozialhilfe bzw. durch ihre beauftragten Stellen verstoßen nicht gegen diesen Grundsatz. Am Beispiel der **Hilfe zum Lebensunterhalt** „außerhalb von Einrichtungen" soll dieses nachfolgend verdeutlicht werden.

Der Bedarf des notwendigen Lebensunterhalts außerhalb von Einrichtungen wird, von wenigen Ausnahmen abgesehen, als monatlicher Regelbedarf bemessen, der in Regelbedarfsstufen unterteilt ist, die bei Kindern und Jugendlichen altersbedingte Unterschiede und bei erwachsenen Personen deren Anzahl im Haushalt berücksichtigt (vgl. § 27 Abs. 2 SGB XII). Diese Pauschalierung verstößt nicht gegen den Grundsatz der Individualität, da

- der Aufbau der Regelbedarfsstufen gestaffelt nach Gruppen erfolgt – z. B. Erwachsene in einer Wohnung lebend, in Partnerschaft zusammenlebend, nach Altersgruppen gestaffelt (vgl. § 27a Abs. 3 i. V. m. der Anlage zu § 28 SGB XII),

- individuelle Bedarfe abweichend vom Regelsatz festgesetzt werden soweit dies nach der Besonderheit des Einzelfalles geboten ist (vgl. § 27a Abs. 4 SGB XII),

- unter bestimmten Voraussetzungen Mehrbedarfszuschläge zu erbringen sind (vgl. § 30 SGB XII) und

- Mehrbedarfszuschläge im Einzelfall bezüglich ihrer Höhe zu verändern bzw. in „angemessener" Höhe festzusetzen sind (vgl. § 30 Abs. 1 bis Abs. 4 und Abs. 5 SGB XII),

- die Kosten der Unterkunft sowie Kosten für die Heizung und zentrale Warmwasserversorgung regelmäßig in unterschiedlicher, nämlich in tatsächlicher, „angemessener" Höhe übernommen werden (vgl. § 35 Abs. 1 Satz 1 i. V. m. Abs. 2 und Abs. 4 SGB XII).

Die Höhe der Leistungen für Bedarfe zum Lebensunterhalt nach § 31 Abs. 1 SGB XII (einmalige Bedarfe) ist vom Gesetzgeber nicht festgesetzt worden und richtet sich nach den Verhältnissen im Einzelfall. Die Träger der Sozialhilfe haben diese Leistungen zwar häufig pauschaliert oder der Höhe nach begrenzt, im Einzelfall ist jedoch ein Abweichen von den angewandten Richtlinien, Empfehlungen, Verfügungen usw. möglich und notwendig.

Gleiches gilt für die Leistungen der **Grundsicherung** im Alter und bei Erwerbsminderung, ggf. durch „aufstockende" Leistungen zum Lebensunterhalt nach dem 3. Kapitel SGB XII.

Die auf einzelne Notlagen abstellenden Leistungen nach dem **5. bis 9. Kapitel SGB XII** berücksichtigen ebenfalls die individuelle Situation der Leistungsberechtigten. Beschränkungen ergeben sich jedoch nach § 52 Abs. 1 SGB XII für Hilfen nach den §§ 47 bis 51 SGB XII.

2.5.2 Art und Maß des Bedarfs und der Leistungserbringung

Nach § 9 Abs. 1 SGB XII richten sich die Leistungen der Sozialhilfe nach der Besonderheit des Einzelfalles, u. a. nach der **Art des Bedarfs**. Eine Entscheidung dahingehend, welche Art individuell zu berücksichtigen ist, ist daran zu messen, welche Hilfe am wirksamsten erscheint. Bei einer solchen Entscheidung sind alle Möglichkeiten des Gesetzes auszuschöpfen. Ergänzend zu § 9 Abs. 1 SGB XII regelt § 17 Abs. 2 SGB XII, dass über Art und Maß der Leistungserbringung nach **pflichtgemäßem Ermessen** zu entscheiden ist, soweit das Ermessen nicht ausgeschlossen wird.

Neben der Ausübung von Ermessen wird dem Grundsatz der Individualität besonders durch das Auslegen „**unbestimmter Rechtsbegriffe**" Rechnung getragen (z. B. notwendig, zumutbar, angemessen, erheblich, außergewöhnlich, dauernd oder länger).

Unter **Maß der Leistungserbringung** im § 17 Abs. 1 Satz 1 SGB XII sind die Höhe bzw. der Umfang der zu erbringenden Leistungen zu verstehen.

Die **Leistungen** der Sozialhilfe werden individuell als Dienstleistung, Geldleistung oder Sachleistung erbracht, häufig nebeneinander (§ 10 Abs. 1 SGB XII).

Daneben ist zwischen ambulanten, teilstationären und stationären Leistungen zu unterscheiden (vgl. § 13 Abs. 1 Satz 1 SGB XII)

2.5.3 Wunschrecht der Leistungsberechtigten

Als weiterer Ausdruck des Grundsatzes der Individualität ist das Wunschrecht der Leistungsberechtigten zu betrachten. **Wünschen** der Leistungsberechtigten, die sich auf die Gestaltung der Leistung richten, soll entsprochen werden, soweit sie angemessen sind (vgl. § 9 Abs. 2 Satz 1 SGB XII).

Wünschen der Leistungsberechtigten, den Bedarf **stationär oder teilstationär** zu decken, soll nur entsprochen werden, wenn dies nach der Besonderheit des Einzelfalles **erforderlich** ist, weil anders der Bedarf nicht oder nicht ausreichend gedeckt werden kann **und** wenn mit der Einrichtung Vereinbarungen nach den Vorschriften des 10. Kapitels SGB XII bestehen (§ 9 Abs. 2 Satz 2 SGB XII). Auf Wunsch der Leistungsberechtigten sollen sie in einer Einrichtung untergebracht werden, in der sie durch Geistliche ihres Bekenntnisses betreut werden können (§ 9 Abs. 3 SGB XII).

Die Einschränkung des Wunschrechts nach § 9 Abs. 2 Satz 2 SGB XII steht in engem Zusammenhang mit § 13 Abs. 1 Satz 2 SGB XII, wonach **ambulante Leistungen grundsätzlich Vorrang** vor teilstationären und stationären Leistungen und teilstationäre Leistungen Vorrang vor stationären Leistungen haben.

Das Wunschrecht der Leistungsberechtigten insbesondere im Bereich der Leistungen nach dem 7. Kapitel SGB XII wird weiter dadurch beschränkt, dass ihre Erfüllung nicht mit **unverhältnismäßigen Mehrkosten** verbunden sein darf (vgl. § 9 Abs. 2 Satz 3 SGB XII).

Besonders bedeutsam werden die beschriebenen Regeln zum Wunschrecht der leistungsberechtigten Person in § 13 Abs. 1 Satz 3 SGB XII konkretisiert. Danach gilt der Vorrang der ambulanten Leistung nicht, wenn

- eine Leistung für eine geeignete Einrichtung zumutbar und
- eine ambulante Leistung mit unverhältnismäßigen Mehrkosten verbunden ist.

Bei der Entscheidung ist zunächst die Zumutbarkeit zu prüfen (§ 13 Abs. 1 Satz 4 SGB XII). Dabei sind die persönlichen, familiären und örtlichen Umstände angemessen zu berücksichtigen (§ 13 Abs.1 Satz 5 SGB XII).[16]

§ 13 Abs. 1 Satz 3 bis Satz 5 SGB XII hat eine besondere Bedeutung für jüngere behinderte Personen, die noch am Leben in der Gemeinschaft teilnehmen und daher nicht stationär untergebracht werden wollen, gleichzeitig aber einer intensiven ambulanten Betreuung bedürfen. Bei der zunächst anzustellenden Beurteilung der Unzumutbarkeit einer stationären Betreuung ist ein Kostenvergleich nicht vorzunehmen (§ 13 Abs. 1 Satz 6 SGB XII).

Beispiel[17]

Die leistungsberechtigte Person begehrt eine permanente persönlichen Assistenz als Leistung der Hilfe zur Pflege im Rahmen des 7. Kapitels SGB XII. Die Mehrkosten gegenüber einer Unterbringung in einer Einrichtung sind allerdings dann unbeachtlich, wenn die stationäre Versorgung unzumutbar ist (vgl. § 13 Abs. 1 Satz 3 SGB XII).

Sie erscheint unzumutbar, wenn dem Wunsch des schwerstbehinderten Hilfebedürftigen nach einem selbstbestimmten Leben in einer eigenen Wohnung überragender Rang zukommt. Einer solchen eigenständigen Lebensgestaltung außerhalb eines eher auf ältere Menschen ausgerichteten Pflegeheims ist gerade für junge Menschen von hohem Gewicht.

Ist eine stationäre Unterbringung zumutbar, ist im zweiten Schritt danach zu fragen, ob durch die ambulante Betreuung unverhältnismäßige Mehrkosten entstehen. Unverhältnismäßige Mehrkosten sind spätestens dann anzunehmen, wenn die ambulanten Kosten mehr als die Hälfte der stationären Kosten ausmachen. Das Landessozialgericht NRW[18] stellt dazu fest:

Beispiel

Einer Übernahme der Kosten i. H. v. 11.600,00 € pro Monat steht jedoch der Mehrkostenvorbehalt des § 13 Abs. 1 Satz 3 SGB XII entgegen. Nach dieser Vorschrift gilt der Vorrang der ambulanten Leistung nicht, wenn eine Leistung für eine geeignete stationäre Einrichtung zumutbar und eine ambulante Leistung mit unverhältnismäßigen Mehrkosten verbunden ist.

---

[16] Die Besitzstandswahrung gemäß § 130 SGB XII ist zu beachten. Hier gilt weiterhin § 3a BSHG.
[17] Vgl. Sächsisches LSG, Beschluss vom 12.02.2014, L 8 SO 132/13 B ER, juris.
[18] LSG NRW, Beschluss vom 06.02.2014, L 20 SO 436/13 B ER, juris, Rn. 47 ff.

Soweit sich die stationären Unterbringungskosten auf „nur" 4.700,00 € belaufen, betragen die Aufwendungen für die ambulante Pflege und Betreuung der nachfragenden Person mehr als das Doppelte dessen, was bei einer funktional entsprechenden Leistungserbringung in einer Einrichtung anfiele. Mehrkosten in einem solchen Verhältnis sind jedoch evident unverhältnismäßig.

Nach der Rechtsprechung des Bundesverwaltungsgerichts liegen bereits Mehrkosten von 75% erheblich über der Angemessenheitsgrenze (vgl. BVerwG, Urteil vom 11.02.1982, 5 C 85/80). Selbst unter der Annahme, dass ambulante Kosten im Bereich der Hilfe zur Pflege erst dann unverhältnismäßig seien, wenn sie doppelt so hoch lägen wie Heimkosten, wird diese höhere Grenze im vorliegenden Fall überschritten.

2.5.4 Ergänzende Regelungen

Ergänzt wird der schwerpunktmäßig in § 9 SGB XII verankerte Grundsatz der Individualität durch weitere Rechtsnormen im Zwölften Buch Sozialgesetzbuch, insbesondere dadurch, dass

- die Hilfe ggf. vorbeugend bzw. nachgehend geleistet werden soll (vgl. § 15 Abs. 1 und 2 SGB XII),

- die besonderen Verhältnisse der Familien der Leistungsberechtigten zu berücksichtigen sind und die Kräfte der Familien zur Selbsthilfe angeregt und der Zusammenhalt der Familien gefestigt werden soll (vgl. § 16 SGB XII) sowie

- Leistungsabsprachen getroffen, Ziele festgelegt, überprüft und fortgeschrieben werden sollen (vgl. § 12 SGB XII; 6.8.3.5).

Es entspricht außerdem dem Grundsatz der Individualität, dass die Leistungen nach dem 3. und 5. bis 9. Kapitel SGB XII (theoretisch) gleichsam **täglich** wegen der sich ständig wandelnden Lage der Leistungsempfänger und der dieser Lage anzupassenden Sozialhilfe, **erneut regelungsbedürftig** sind[19]. Dies gilt nicht für die Grundsicherung im Alter und bei Erwerbsminderung nach dem 4. Kapitel SGB XII, da es sich bei diesen Entscheidungen regelmäßig um Verwaltungsakte mit Dauerwirkung handelt (vgl. § 44 Abs. 1 Satz 1 SGB XII). Durch die Möglichkeit, diese Leistungen ggf. durch die Hilfe zum Lebensunterhalt nach dem 3. Kapitel SGB XII „aufstocken" zu können (vgl. § 19 Abs. 2 Satz 2 SGB XII), kann dem Grundsatz der Individualität im Rahmen der Sozialhilfe dennoch entsprochen werden.

Im Übrigen sind die Ansprüche der einzelnen leistungsberechtigten Person zu ermitteln und demgemäß auf ihren jeweiligen individuellen Bedarf abzustellen. Diesem Grundsatz widersprechen auch nicht die nach § 27 Abs. 2 Satz 2 und Satz 3, und § 43 Abs. 1 sowie § 19 Abs. 3 SGB XII zu bildenden „Einsatz- oder Einkommens- und Vermögensgemeinschaften". Im Rahmen der „Erweiterten Hilfe" kann ggf. der **Anspruch der einzelnen Leistungsempfänger** verwirklicht werden (vgl. § 19 Abs. 5 SGB XII).

---

[19] Vgl. BVerwG, Urteil vom 30.11.1966, 5 C 29/66, BVerwGE 25, 307 = FEVS 14,243 = ZFSH 1967, 180.

2.6 Anspruch auf Sozialhilfe

Auf Sozialhilfe besteht ein Anspruch, soweit dieses Gesetz bestimmt, dass die Leistung zu erbringen ist (§ 17 Abs. 1 Satz 1 SGB XII). Diese Herausstellung des „Anspruchs" auf Sozialhilfe ist nur von deklaratorischer Bedeutung, das heißt, ohne direkte rechtliche Bindung. Ein Anspruch auf Sozialhilfe kann sich nur aus den jeweiligen konkreten Anspruchsgrundlagen des § 19 SGB XII i. V. m. den jeweiligen leistungsrechtlichen Kapiteln ergeben. Mit dem Wortlaut des § 17 Abs. 1 Satz 1 SGB XII wollte der Gesetzgeber verdeutlichen, dass im Gegensatz zum früheren Fürsorgerecht ein Rechtsanspruch auf Sozialhilfe besteht. Das Bundesverwaltungsgericht hat 1954 erstmalig einen Anspruch (auf Fürsorge) anerkannt.[20]

2.6.1 Anspruchsgrundlagen

Als Anspruchsgrundlagen für die Leistungen der Sozialhilfe kommen grundsätzlich nur in Betracht

- § 19 Abs. 1 SGB XII für die Hilfe zum Lebensunterhalt nach dem 3. Kapitel SGB XII,

- § 19 Abs. 2 Satz 1 SGB XII für die Grundsicherung im Alter und bei Erwerbsminderung nach dem 4. Kapitel SGB XII und

- § 19 Abs. 3 SGB XII für die Hilfen in „anderen" Lebenslagen nach dem 5. bis 9. Kapitel SGB XII.

Für alle Leistungen gelten die Regelungen der §§ 82 bis 84 sowie 90 und 91 SGB XII. Für die Hilfen nach den 5. bis 9. Kapiteln SGB XII finden die §§ 85 bis 89 SGB XII zusätzlich Anwendung.

In Einzelfällen können auch Leistungen erbracht werden, wenn Ansprüche nicht bestehen oder nicht in voller Höhe des Bedarfs bestehen (vgl. § 19 Abs. 5, § 27 Abs. 3, § 34 Abs. 1 oder § 92 Abs. 1 Satz 1 SGB XII).

Weiterhin ist zu beachten, dass ein Anspruch auf Leistungen der Sozialhilfe durch die §§ 20 bis 26, § 39, § 39a, § 41 Abs. 4 SGB XII oder § 66 SGB I (Versagung oder Entziehung bei fehlender Mitwirkung) eingeschränkt oder ausgeschlossen sein kann.

---

[20] Vgl. BVerwG, Urteil vom 24.06.1954, 5 C 78/54, BVerwGE 1, 159 = FEVS 1, 55 = NJW 1954, 1541.

2.6.2 Sonderregelungen für einzelne Personengruppen

Für

- Ausländerinnen und Ausländer (vgl. § 23 SGB XII; 6.6.2.1),
- Deutsche im Ausland (vgl. § 24 SGB XII; 6.6.2.2) und
- Nothelfer (vgl. § 25 SGB XII; 6.6.2.3)

sind neben den eigentlichen Anspruchsgrundlagen des § 19 Abs. 1 bis Abs. 3 SGB XII folgende, überwiegend einschränkende Sonderregelungen zu beachten:

2.6.3 Sozialhilfe für Ausländerinnen und Ausländer (§ 23 SGB XII)

Anspruch auf Sozialhilfe nach § 19 Abs. 1 bis Abs. 3 SGB XII haben Ausländer nur unter den einschränkenden Voraussetzungen des § 23 SGB XII. Ausländer in diesem Sinne sind Personen, die nicht Deutsche im Sinne des Art. 116 Abs. 1 GG sind.

2.6.3.1 Sozialhilfe für Deutsche im Ausland (§ 24 SGB XII)

Das Zwölfte Buch Sozialgesetzbuch gilt nach dem Territorialgrundsatz grundsätzlich nur für die Bundesrepublik Deutschland (vgl. § 30 Abs. 1 SGB I). Durchbrochen wird dieser Grundsatz durch die mögliche Leistung von Sozialhilfe an Deutsche im Ausland (vgl. § 24 SGB XII). Wer Deutscher im Sinne des Zwölften Buches Sozialgesetzbuch ist, ergibt sich aus Art. 116 Abs. 1 GG.

Grundsätzlich können Deutsche, die ihren gewöhnlichen Aufenthalt im Ausland haben, **keine Leistungen** der Sozialhilfe erhalten (vgl. § 24 Abs. 1 Satz 1 SGB XII). Von einem gewöhnlichen Aufenthalt (Lebensmittelpunkt) im Ausland kann nur ausgegangen werden, wenn der Aufenthalt auf Dauer angelegt ist. Urlaubs- oder Besuchsreisen begründen keinen solchen. Personen, die sich zu diesem Zweck im Ausland aufhalten und in Not geraten, müssen ggf. Leistungen nach dem Konsulargesetz in Anspruch nehmen.

Eine Leistung der Sozialhilfe für Deutsche im Ausland ist nach § 24 Abs. 1 Satz 1 SGB XII auf **„unabweisbare außergewöhnliche Notlagen"** im Einzelfall beschränkt und setzt voraus, dass eine Rückkehr in die Bundesrepublik Deutschland aus folgenden Gründen nicht möglich ist:

- Pflege und Erziehung eines Kindes, das aus rechtlichen Gründen im Ausland bleiben muss (§ 24 Abs. 1 Satz 2 Nr. 1 SGB XII),

- längerfristige stationäre Betreuung in einer Einrichtung oder Schwere der Pflegebedürftigkeit (§ 24 Abs. 1 Satz 2 Nr. 2 SGB XII) oder

- hoheitliche Gewalt (§ 24 Abs. 1 Satz 2 Nr. 3 SGB XII).

Besteht die Möglichkeit, die Notlage durch die Rückkehr in die Bundesrepublik Deutschland zu beseitigen, sind Leistungen der Sozialhilfe ausgeschlossen. Die Rückkehrkosten können nicht als Leistung der Sozialhilfe erbracht werden. Hierfür sind ggf. Leistungen nach § 5 Konsulargesetz[21] zu erbringen.

Es entspricht dem Grundsatz der Nachrangigkeit der Sozialhilfe, dass § 24 Abs. 2 SGB XII Leistungen ausschließt, soweit Verpflichtungen der Aufenthaltsländer (auf Grund innerstaatlichen Rechts oder zwischenstaatlicher Vereinbarungen)[22] oder Dritter erbracht oder erwartet werden können (z. B. von Wohlfahrtsverbänden oder Privatpersonen).

Art und Maß der Leistungserbringung sowie der Einsatz des Einkommens und Vermögens richten sich nach den besonderen **Verhältnisse im Aufenthaltsland** (§ 24 Abs. 3 SGB XII). Da die einzelnen Umstände vor Ort nur sehr schwer vom jeweils zuständigen Träger der Sozialhilfe beurteilt werden können, ist eine Zusammenarbeit mit deutschen Dienststellen im Ausland, z. B. Botschaft, Konsulate, angezeigt (§ 24 Abs. 6 SGB XII). Die Leistungen für Deutsche im Ausland sind abweichend von § 18 SGB XII **nur auf Antrag** zu erbringen (vgl. § 24 Abs. 4 Satz 1 SGB XII).

Die **sachliche Zuständigkeit** für die Leistung der Hilfe liegt bei den überörtlichen Trägern der Sozialhilfe (vgl. § 24 Abs. 4 Satz 2 SGB XII). **Örtlich zuständig** sind regelmäßig die Träger der Sozialhilfe, in dessen Bereich die Leistungsberechtigten geboren sind (§ 24 Abs. 4 Satz 2 SGB XII). Leben mehrere Familienmitglieder beim Einsetzen der Sozialhilfe zusammen, richtet sich die örtliche Zuständigkeit nach der ältesten Person von ihnen, die im Inland geboren ist (vgl. § 24 Abs. 5 Satz 1 SGB XII).

2.6.3.2 Erstattung von Aufwendungen anderer gemäß § 25 SGB XII (Nothelfer)

Die Vorschrift des § 25 SGB XII sichert die Ansprüche Dritter (Nothelfer) bei Vorliegen folgender Voraussetzungen:

- tatsächliche Hilfeleistung durch Dritte,

- Vorliegen eines Eilfalles,

- Sozialhilfe wäre durch den zuständigen Träger der Sozialhilfe bei rechtzeitiger Kenntnis erbracht worden,

- keine eigene Verpflichtung des Nothelfers zur Hilfeleistung aufgrund rechtlicher oder sittlicher Pflicht,

- fristgerechter Antrag.

---

[21] Gesetz über die Konsularbeamten, ihre Aufgaben und Befugnisse (Konsulargesetz) vom 11.08.1974, BGBl. I, S. 2317, zuletzt geändert durch Artikel 1 des Gesetzes vom 18.04.2018, BGBl. I S. 478.
[22] Z. B. Europäisches Fürsorgeabkommen, Deutsch-Österreichisches Abkommen über Fürsorge und Jugendwohlfahrtspflege.

„**Dritter**" kann jede „andere" natürliche oder juristische Person sein, d. h. jeder mit Ausnahme des zuständigen oder eines anderen Trägers der Sozialhilfe. Im Verhältnis zwischen den Trägern der Sozialhilfe kommt nur eine Kostenerstattung nach den §§ 106 ff. SGB XII oder §§ 102 bzw. 105 SGB X in Betracht. Für Erstattungsansprüche anderer Sozialleistungsträger gegen einen Träger der Sozialhilfe kann § 25 SGB XII ggf. abweichend von den §§ 102 ff. SGB X Anwendung finden.

Ein **Eilfall** im Sinne des § 25 Satz 1 SGB XII liegt bei einem stationären Krankenhausaufenthalt nur vor, wenn und solange dieser zur Genesung oder zur Linderung der Krankheitsfolgen erforderlich und eine Unterrichtung des Sozialhilfeträgers über den Hilfefall nicht möglich oder nicht zumutbar ist. Die Eilbedürftigkeit des Einschreitens untergliedert sich daher in ein bedarfsbezogenes Moment (Notwendigkeit der Krankenbehandlung) und ein sozialhilferechtliches Moment, wonach eine rechtzeitige Leistung des Sozialhilfeträgers objektiv nicht möglich ist.[23]

Ein Eilfall im Sinne des sozialhilferechtlichen Moments kann auch vorliegen, wenn der Sozialhilfeträger zwar erreichbar ist und unterrichtet werden könnte, aber die Umstände des Einzelfalles seine Einschaltung aus der Sicht des Nothelfers nicht nahelegen, weil nach dem Kenntnisstand des Nothelfers die Leistungspflicht einer gesetzlichen Krankenkasse besteht, z. B. weil der Patient glaubhaft macht, bei einer Krankenkasse versichert zu sein, dies sich aber im Nachhinein als fehlerhafte Angabe herausstellt. Werden hingegen die Prüfpflichten des Krankenhauses verletzt, kann ein Anspruch aus § 25 SGB XII nicht darauf gestützt werden, dass eine Unterrichtung des Sozialhilfeträgers erst zu einem späteren Zeitpunkt als möglich erfolgt ist.[24]

Von dem Zeitpunkt an, von dem der Krankenhausaufenthalt dem Träger der Sozialhilfe bekannt ist, haben nur noch die Leistungsberechtigten selbst und nicht mehr das Krankenhaus einen Anspruch auf Sozialhilfe. Unterbleibt eine rechtzeitige Benachrichtigung des Trägers der Sozialhilfe nicht aus Gründen der Unvorhersehbarkeit und Eilbedürftigkeit der Hilfe, sondern in Folge einer Fehleinschätzung der wirtschaftlichen Lage der leistungsberechtigten Person durch den Helfer, so schließt dieses einen „Eilfall" aus.[25] Der Nothelfer trägt die materielle Beweislast dafür, dass die einen Anspruch begründenden Voraussetzungen nach dem Zwölften Buch Sozialgesetzbuch vorgelegen haben würden[26].

Der Sozialhilfeträger müsste also bei rechtzeitiger Kenntnis Leistungen erbracht haben. Ob es sich um eine Pflicht-, Soll- oder Kann-Leistung handelt, ist ohne Bedeutung. Eine Prüfung erfolgt je nach Hilfeart gemäß § 19 Abs. 1 bzw. Abs. 3 SGB XII.

---

[23] Vgl. BSG, Urteil vom 23.08.2013, B 8 SO 19/12 R, SGb 09/2014, 512 (mit Anmerkung Schwarz) = juris, Rn. 17 f.; OVG Münster, Beschluss vom 20.10.1997, 18 B 834/96, NWVBl. 1998, 6.
[24] Vgl. BSG, Urteil vom 23.08.2013, B 8 SO 19/12 R, SGb 09/2014, 512 (mit Anmerkung Schwarz) = juris, Rn. 24, 29.
[25] Vgl. BVerwG, Urteil vom 31.05.2001, 5 C 20/00, BVerwGE 114, 298 = FEVS 53, 102 = ZFSH/SGB 2002, 87.
[26] Vgl. BVerwG, Urteil vom 31.05.2001, 5 C 20/00, BVerwGE 114, 298 = FEVS 53, 102 = ZFSH/SGB 2002, 87.

Eine Kostenerstattung ist ausgeschlossen, wenn der Nothelfer selbst aufgrund einer rechtlichen oder sittlichen Pflicht leisten musste (z. B. bei Hilfe durch einen nahen Verwandten).

Der Dritte muss den Antrag auf Erstattung seiner Aufwendungen innerhalb einer angemessenen **Frist** stellen. Was als fristgerecht zu bezeichnen ist, richtet sich nach der Besonderheit des Einzelfalles und kann nicht generell bestimmt werden. Handelt es sich um anspruchsberechtigte „erfahrene" freie Träger von Einrichtungen (z. B. Altenheim, Krankenhaus), so wird ein Zeitraum von einem Monat für angemessen gehalten[27], soweit eine darüber hinaus gehende Zeitverzögerung nicht besonders erklärt werden kann (z. B. anhaltendes Koma des Patienten).

Die Erstattung der Kosten erfolgt in **gebotenem Umfang**, d. h. in der Höhe, in der bei rechtzeitiger Kenntnis Sozialhilfezahlungen erbracht worden wären.

In den Fällen des § 25 SGB XII sind Leistungen der Sozialhilfe **ausnahmsweise** antragsabhängig und für einen zurückliegenden Zeitraum zu erbringen (vgl. § 18 SGB XII).

2.6.4 Ausschluss des Anspruchs auf Hilfe und Einschränkung der Hilfe

Der Anspruch auf Sozialhilfe kann in Ausnahmefällen ausdrücklich ausgeschlossen sein oder eingeschränkt werden (unabhängig von den Regelungen in § 2, § 19 Abs. 1 i. V. m. § 27 Abs. 2, § 19 Abs. 2 i. V. m. § 43 Abs. 1 sowie § 19 Abs. 3 SGB XII).

Einen besonders gravierenden Ausschlusstatbestand in Bezug auf Leistungen zum Lebensunterhalt regelt § 21 SGB XII. Danach erhalten Personen, die nach dem Zweiten Buch Sozialgesetzbuch als Erwerbsfähige oder als Angehörige dem Grunde nach leistungsberechtigt sind, keine Leistungen für den Lebensunterhalt (nach dem 3. Kapitel SGB XII).

Ausschlussstatbestände bestehen zudem bei einer nach dem Bundesausbildungsförderungsgesetz oder den §§ 51, 57 und 58 SGB III dem Grunde nach förderungsfähigen Ausbildung (vgl. § 22 Abs. 1 SGB XII), sofern sie nicht unter die Ausnahmen des § 22 Abs. 2 SGB XII fallen, oder wenn sich Ausländer in den Geltungsbereich des Zwölften Buches Sozialgesetzbuch begeben haben, um Sozialhilfe zu erlangen (vgl. § 23 Abs. 3 Satz 1 SGB XII), ggf. auch wegen fehlender Mitwirkung gemäß § 66 SGB I.

Der Anspruch auf Sozialhilfe kann **eingeschränkt werden,**

- für Ausländer (vgl. § 23 Abs. 3 Satz 2 und Abs. 5 SGB XII),

- bei Leistungsberechtigten, die ihr Einkommen oder Vermögen vermindert haben (vgl. § 26 Abs. 1 Satz 1 Nr. 1 SGB XII),

- bei Leistungsberechtigten, die trotz Belehrung ihr unwirtschaftliches Verhalten fortsetzen (vgl. § 26 Abs.1 Satz 1 Nr. 2 SGB XII),

---

[27] BSG, Urteil vom 23.08.2013, B 8 SO 19/12 R, SGb 09/2014, 512 (mit Anmerkung Schwarz) = juris, Rn. 28.

Kapitel 2 - Aufbau und Strukturprinzipien des SGB XII

- bei Ablehnen einer zumutbaren Tätigkeit (vgl. § 39a Abs. 1 SGB XII) und
- bei fehlender Mitwirkung (vgl. § 66 SGB I).

Daneben bestehen nach § 26 Abs. 2 und 3 i. V. m. Abs. 4 SGB XII sowie gemäß § 44b SGB XII Möglichkeiten, Ansprüche der Leistungsberechtigten bei zu Unrecht bzw. doppelt erbrachten Leistungen mit Ansprüchen des Trägers der Sozialhilfe **aufzurechnen**.

2.7 Einsetzen der Sozialhilfe

Ansprüche auf Sozialleistungen entstehen, sobald ihre im Gesetz oder aufgrund eines Gesetzes bestimmten Voraussetzungen vorliegen (vgl. § 40 Abs. 1 SGB I). Sie werden fällig mit ihrem Entstehen, soweit die besonderen Teile des Sozialgesetzbuchs keine Regelung enthalten (vgl. § 41 SGB I).

§ 18 Abs. 1 SGB XII sieht als spezielle Norm vor (vgl. § 37 Satz 1 SGB I), dass Sozialhilfe (mit Ausnahme der Leistungen nach dem 4. Kapitel SGB XII) einsetzt, sobald dem (zuständigen) Träger der Sozialhilfe oder einer von ihm beauftragten Stelle (ggf. auch ohne Antrag) **bekannt wird**, dass die Voraussetzungen für die Leistung vorliegen. Gleiches gilt, wenn ein nicht zuständiger Träger der Sozialhilfe oder eine nicht zuständige Gemeinde von einer entsprechenden Notlage erfährt (vgl. § 18 Abs. 2 Satz 2 SGB XII). Die Leistungen nach dem 3. und 5. bis 9. Kapitel SGB XII sind damit grundsätzlich **nicht von einem Antrag abhängig** zu machen (Ausnahmen: siehe 6.7.1). Gleichwohl schließt dies mögliche Anträge nicht aus, weil die Anträge Kenntnis von der Notlage verschaffen. Der Antrag ist an keine besondere Form gebunden.

Leistungen der Grundsicherung im Alter nach den §§ 41 ff. SGB XII sind dagegen **antragsabhängig** (vgl. § 44 Abs. 1 SGB XII).

Sozialhilfe setzt bei Bekanntwerden einer wirtschaftlichen Notlage **nicht** ein, wenn **vermutet** werden kann, dass andere Personen, die mit den Leistungsberechtigten in einer Haushaltsgemeinschaft leben, deren Unterhalt sicherstellen (Vermutung der Bedarfsdeckung; vgl. § 39 SGB XII). Diese Einschränkung gilt jedoch **nur für die Hilfe zum Lebensunterhalt nach dem 3. Kapitel SGB XII**.

Beispiel

Der zuständige Träger der Sozialhilfe erfährt, dass ein nicht erwerbsfähiger bzw. voll erwerbsgeminderter Mann für eine längere Zeit erkrankt ist und über kein Einkommen und Vermögen verfügt. Da er im Haushalt seiner Eltern lebt, kann (bis zum Bekanntwerden gegenteiliger Informationen) vermutet werden, dass diese seinen Lebensunterhalt sicherstellen.

Als **Träger der Sozialhilfe** kommen örtliche und überörtliche Träger in Betracht (vgl. §§ 3, § 46b, 97 ff. SGB XII), **als beauftragte** Stellen vor allem kreisangehörige Städte und Gemeinden sowie Kreise und kreisfreie Städte (vgl. § 46b, § 99 Abs. 1 und 2

SGB XII, § 3 AG-SGB XII NRW), aber auch Verbände der freien Wohlfahrtspflege (vgl. § 18 Abs. 5 SGB XII). Als „Träger der Sozialhilfe" oder „beauftragte Stellen" kommen die Körperschaften insgesamt in Betracht (z. B. Kreise), nicht die nach dem Organisationsplan zuständigen Stellen innerhalb der Behörde (z. B. Sozialamt, Fachbereich für Soziales oder Funktionsbereich).

Über den Wortlaut der Norm hinaus sind dem § 18 SGB XII die folgenden wesentlichen Regelungsinhalte zu entnehmen:

2.7.1 Antragsunabhängige Leistung

Wird dem (zuständigen) Träger der Sozialhilfe oder einer von ihm beauftragten Stelle **bekannt**, dass die Voraussetzungen für eine Hilfeleistung vorliegen, so ist der leistungsberechtigten Person vom Zeitpunkt des Bekanntwerdens an Hilfe zu erbringen (vgl. § 18 Abs. 1 SGB XII). Gleiches gilt, wenn einem nicht zuständigen Träger der Sozialhilfe oder einer nicht zuständigen Gemeinde die Notlage bekannt geworden ist (vgl. § 18 Abs. 2 Satz 2 SGB XII).

Diese Regelung **gilt nicht** für

- Darlehen für die Kosten der Rückreise bei Ausländern (vgl. § 23a Abs. 3a SGB XII),

- Leistungen an Deutsche im Ausland (vgl. § 24 Abs. 4 Satz 1 SGB XII),

- Leistungen im Eilfall (vgl. § 25 Satz 2 SGB XII),

- Einzelne Leistungen zur Bildung und Teilhabe (vgl. § 34a Abs. 1 Satz 1 SGB XII),

- Hilfeleistungen als ergänzendes Darlehen (vgl. § 37 Abs. 1 SGB XII),

- Darlehen bei am Monatsende fälligen Einkünften (vgl. § 37a SGB XII) und

- Leistungen nach dem 4. Kapitel SGB XII (vgl. § 44 Abs. 1 SGB XII).

Für Hilfen nach dem 3. und 5. bis 9. Kapitel SGB XII ist - abgesehen von den o. a. Ausnahmen - eine ausdrückliche Antragstellung nicht erforderlich. Es ist unerheblich, ob die Informationen über eine mögliche Hilfebedürftigkeit den Träger der Sozialhilfe oder die beauftragte Stelle schriftlich oder mündlich, durch Leistungsberechtigte selbst oder durch Dritte erreichen. Wird eine Notlage in einem anderen Amt oder einer anderen Abteilung als dem Sozialamt oder einer entsprechenden Organisationsabteilung innerhalb einer Verwaltung bekannt, reicht dieses formal aus, um von diesem Zeitpunkt an einen Anspruch auf Leistungen nach dem 3. und 5. bis 9. Kapitel SGB XII auszulösen. Maßgebend ist insoweit die Kenntnis der Behörde und nicht die der Organisationseinheit (Grundsatz der Einheit der Verwaltung).

Die Bestimmungen zum Datenschutz schränken diese grundsätzliche Betrachtungsweise jedoch ein. Ein freier Datenfluss innerhalb der Behörde „Kommunalverwaltung" ist nicht zulässig. Grundsätzlich ist die Verwendung von behördlichen Kenntnissen auf die Verwendung zu dem jeweiligen gesetzlichen Zweck, zu dem sie erlangt sind, begrenzt. Damit kann nicht ohne weiteres die Kenntnis einer nicht mit dem Vollzug des Zwölften Buches Sozialgesetzbuches betrauten kommunalen Stelle dem kommunalen Träger in allen seinen Aufgabenbereichen zugerechnet werden.

Zu bedenken ist jedoch, dass es mit Einwilligung der Betroffenen oder zur Erledigung sozialer Aufgaben nach § 67c Abs. 2 SGB X zulässig ist, personenbezogene Daten zu übermitteln, so dass sich der Träger der Sozialhilfe bzw. die beauftragte Stelle nicht in jedem Fall auf Gründe des Datenschutzes zurückziehen kann. Berücksichtigt man die Aufklärungs-, Beratungs- und Auskunftspflicht aller Sozialleistungsträger gemäß der §§ 13 bis 15 SGB I, muss in der Praxis zumindest erwartet werden können, dass in einer Kommunalverwaltung tätige unterschiedliche Sozialleistungsträger (z. B. Amt für Wohnungswesen, Amt für Ausbildungsförderung, Jugendamt, Sozialamt) zum Wohle der Leistungsberechtigten - mit ihrer Einwilligung - miteinander korrespondieren.

2.7.2 Antragstellung, Verwendung von Vordrucken

Obwohl die Leistung von Sozialhilfe nach dem 3.und 5. bis 9. Kapitel SGB XII nicht von einem Antrag abhängig ist, wird in der Regel ein Vordruck mit entsprechender Überschrift zum Erfassen von Informationen verwandt (Antrag auf Sozialhilfe). Die Verwendung eines solchen Vordrucks widerspricht dem § 18 SGB XII (Bekanntwerden der Notlage) nicht; vielmehr trägt eine solche Verfahrensweise den §§ 17 Abs. 1 Nr. 3 und 60 Abs. 2 SGB I Rechnung, zum Vorteil der Leistungsberechtigten. Anträge sind nur eine Art des Bekanntwerdens.

Anträge können nicht nur von den in den §§ 11 ff. SGB X genannten Personen, sondern auch von Minderjährigen nach Vollendung des 15. Lebensjahres gestellt werden (vgl. § 36 SGB I).

2.7.3 Antragseingang bei anderen Leistungsträgern, Nachholen eines Antrags

Wird einem nicht zuständigen Träger der Sozialhilfe oder einer nicht zuständigen Gemeinde im Einzelfall bekannt, dass Sozialhilfe beansprucht wird, so sind die darüber bekannten Umstände dem zuständigen Träger der Sozialhilfe oder der von ihm beauftragten Stelle unverzüglich mitzuteilen und vorhandene Unterlagen zu übersenden (§ 18 Abs. 2 Satz 1 SGB XII). Ergeben sich daraus die Voraussetzungen für die Leistung, ist für das Einsetzen der Sozialhilfe die Kenntnis der nicht zuständigen Stelle maßgebend (§ 18 Abs. 2 Satz 2 SGB XII).

Soweit die Voraussetzungen des § 18 Abs. 2 Satz 2 SGB XII nicht vorliegen, weil es sich nicht um einen Sozialhilfeträger oder eine Gemeinde handelt, sondern um einen anderen Leistungsträger, kann auf die für alle Leistungsträger geltende Vorschrift des **§ 16 Abs. 2 Satz 2 SGB I** zurückgegriffen werden. Gemäß § 16 Abs. 2 Satz 2 SGB I gilt ein **Antrag** bei einem unzuständigen Leistungsträger als in dem Zeitpunkt gestellt, wie er bei dem unzuständigen Leistungsträger eingegangen ist. Diese Vorschrift gilt auch für die Hilfearten der Sozialhilfe, obwohl diese vom Kenntnisgrundsatz und Bedarfsdeckungsprinzip geprägt sind und damit nicht antragsabhängig sind (Ausnahme: Leistungen nach dem 4. Kapitel SGB XII). Denn Sinn und Zweck des § 16 SGB I ist es, dass die hilfebedürftige Person nicht an den (teilweise) schwierigen Zuständigkeitsabgrenzungen innerhalb der gegliederten Sozialverwaltung scheitern soll.

Auch ein Erst-Recht-Schluss führt zur Anwendung des § 16 Abs. 2 Satz 2 SGB I für den nicht antragsabhängigen Bereich des Zwölften Buches Sozialgesetzbuch. Wenn bereits ein Antrag bei einem unzuständigen Leistungsträger dazu führt, dass dieser als rechtzeitig gestellt gilt, so muss dies erst recht für den Sozialhilfeträger gelten, bei dem bereits die Kenntnis oder das Erkennen einer Notlage zum Zugang zu den Hilfen des Zwölften Buches Sozialgesetzbuches führt.[28] Denn der Kenntnisgrundsatz des Zwölften Buches Sozialgesetzbuch bedeutet – im Vergleich zu antragsabhängigen Leistungen – einen niedrigschwelligeren Zugang zum Leistungskomplex des Sozialgesetzbuchs.

Hat eine leistungsberechtigte Person auf die Beantragung von Leistungen der Sozialhilfe verzichtet, weil ein Anspruch auf eine andere Sozialleistung geltend gemacht worden ist und wurde diese versagt, kann sich im Einzelfall nach § 28 SGB X eine Nachzahlungsverpflichtung des Trägers der Sozialhilfe ergeben.

2.7.4 Gesamtfall- und Untersuchungsgrundsatz

Soweit für die Leistungen der Sozialhilfe das Bekanntwerden einer Notlage genügt, um einen Leistungsanspruch auszulösen, bedeutet dies einen niedrigschwelligen Zugang zum Leistungskomplex (vgl. § 8 SGB XII) des Zwölften Buches Sozialgesetzbuch. Es genügt somit, dass die Notwendigkeit einer in § 8 SGB XII genannten Hilfe dargetan oder erkennbar ist.[29] Ausreichend ist daher, dass ein Kern an Tatsachen vorliegt, der die Notlage in ihren wesentlichen Grundlagen beschreibt. Auf welche Weise die Kenntnis der Notlage erlangt wird, ist unerheblich.

Vor diesem Hintergrund hat der Leistungsträger zu beachten, ob eine von der Sozialhilfe umfasste Situation, also ein sozialhilferechtlich relevanter Bedarf, im konkreten Fall vorliegt. Aus § 18 SGB XII ergibt sich dann, dass die **gesamte Situation der nachfragenden Person und ihrer Familie** von Amts wegen zu berücksichtigen und in den Blick zu nehmen ist (sog. **Gesamtfallgrundsatz**).

Es reicht z. B. nicht aus, bei offensichtlichen wirtschaftlichen Notlagen nur Leistungen der Hilfe zum Lebensunterhalt nach dem 3. Kapitel SGB XII zu erbringen. Gleichzeitig ist zu prüfen, ob weitere Hilfen nach dem Zwölften Buch Sozialgesetzbuch in Betracht kommen. Dieses gilt insbesondere bei mittel- oder langfristig angelegten Hilfen. Ist dann die Notwendigkeit der Leistungserbringung festgestellt, ist weiter zu ermitteln, welches Ausmaß die jeweilige Notlage hat, um z. B. den Umfang der Pflegebedürftigkeit und damit die Höhe und die Art der zu erbringenden Leistung im Rahmen der Hilfe zur Pflege nach dem 7. Kapitel SGB XII festzustellen.

---

[28] So auch BSG, Urteil vom 26.08.2008, B 8/9b SO 18/07, juris, Rn. 22 ff.
[29] Vgl. BSG, Urteil vom 02.02.2012, B 8 SO 5/10 R, juris, Rn. 18; BSG, Urteil vom 26.08.2008, B 8/9b SO 18/07 R, juris, Rn. 23.

Der Gesamtfallgrundsatz bedeutet jedoch nicht, dass der Träger der Sozialhilfe die Notwendigkeit der Hilfe „erahnen" muss.[30]

Der Gesamtfallgrundsatz nach § 18 SGB XII wird im Übrigen durch die Regelung über den Beginn des Verwaltungsverfahrens (vgl. § 18 SGB X), den Untersuchungsgrundsatz (vgl. § 20 SGB X) und die Verpflichtung zur Beratung (vgl. § 14 SGB I sowie § 10 Abs. 2 und § 11 SGB XII) ergänzt. Hat die Behörde eine Notlage erkannt, die von den Hilfearten der Sozialhilfe umfasst wird, hat sie das Verwaltungsverfahren von Amts wegen einzuleiten (§ 18 Satz 2 Nr. 1 Alt. 1 SGB X) und den Sachverhalt von Amts wegen zu ermitteln (§ 20 Abs. 1 SGB X).

2.7.5 Verzicht auf Sozialhilfe

Aus § 18 SGB XII kann **nicht** abgeleitet werden, dass Hilfe **gegen den Willen** der leistungsberechtigten Person erbracht werden muss bzw. darf. Es kommt in der Praxis der Sozialhilfeträger vor, dass die Bedürftigkeit von Personen dem Träger der Sozialhilfe oder der beauftragten Stelle bekannt wird, die Betroffenen eine Hilfeleistung jedoch ablehnen (sog. „verschämte Armut"). In Fällen dieser Art sollte durch verstärkte Beratung (vgl. § 11 SGB XII, § 14 SGB I) versucht werden, die hilfebedürftigen Personen zur Annahme von Leistungen der Sozialhilfe zu ermutigen.

Ein ausdrücklicher Verzicht auf Leistungen ist gemäß § 46 SGB I schriftlich zu erklären. Verzichten Minderjährige, bedarf der Verzicht der Zustimmung der gesetzlichen Vertreter (vgl. § 36 Abs. 2 Satz 2 SGB I).

2.7.6 Ursachen der Hilfebedürftigkeit, Leistungsausschluss

Die Sozialhilfe **nach dem 3. und 5. bis 9. Kapitel** SGB XII setzt grundsätzlich unabhängig von den Ursachen der Hilfebedürftigkeit ein. Dabei ist selbst eigenes Verschulden der Leistungsberechtigten am Entstehen der Notlage (zunächst) unerheblich. Das Gesetz sieht jedoch einige Möglichkeiten vor, den Anspruch auf Hilfe auszuschließen oder einzuschränken (vgl. 2.6.4) bzw. einen Kostenersatz zu fordern (vgl. § 103 Abs. 1 Satz 1 SGB XII, § 104 SGB XII).

Für Leistungen nach dem 4. **Kapitel** SGB XII sehen die §§ 41 und 43 SGB XII einen **Leistungsausschluss** vor, wenn Leistungsberechtigte ihre Bedürftigkeit in den letzten zehn Jahren vorsätzlich oder grob fahrlässig herbeigeführt haben (vgl. § 41 Abs. 4 SGB XII).

Wurde die Hilfebedürftigkeit schuldhaft herbeigeführt, kommen zwar keine Leistungen nach dem 4. Kapitel SGB XII in Frage, wohl aber solche nach dem 3. Kapitel SGB XII. Der Nachteil für die leistungsberechtigte Person besteht dann nicht in der Höhe der Leistungserbringung, da sowohl im 3. als auch im 4. Kapitel weitestgehend identische Leistun-

---

[30] Vgl. BVerwG, Beschluss vom 09.11.1976, 5 B 80/76, juris, Rn. 5 = FEVS 25, 133 = ZFSH 1977, 316 = NJW 1977, 1465.

gen gewährt werden. Stattdessen entfallen die im 4. Kapitel SGB XII geschaffenen Privilegien, die ursprünglich dafür vorgesehen waren, die verschämte Altersarmut zu vermeiden (vgl. Kapitel 2.4 zu den Vorteilen eines Leistungsbezugs im Rahmen der Grundsicherung im Alter oder bei Erwerbsminderung nach dem 4. Kapitel SGB XII).

2.7.7 Gegenwarts- bzw. zukunftsorientierte Hilfe, Schuldenübernahme

Nach § 18 Abs. 1 SGB XII setzt die Sozialhilfe, mit Ausnahme der Leistungen der Grundsicherung im Alter und bei Erwerbsminderung, bei Bekanntwerden ein. Aus diesem Kenntnisgrundsatz folgt wiederum das Prinzip der Gegenwärtigkeit.

Soweit die Sozialhilfe also nur einen gegenwärtigen und konkreten Bedarf decken soll (Bedarfsdeckungsprinzip) bedeutet dies konsequenter Weise auch, dass Leistungen grundsätzlich **nicht für die Vergangenheit** erbracht werden können. Damit sind Nachzahlungen und die Übernahme von Schulden grundsätzlich ausgeschlossen[31].

Schulden betreffen immer einen zurückliegenden Zeitraum. Sie können nur ausnahmsweise übernommen werden. Nach § 36 Abs. 1 SGB XII besteht die Möglichkeit, zur Sicherung der Unterkunft oder zur Behebung vergleichbarer Notlagen ausnahmsweise Schulden zu übernehmen (z. B. Miet- oder Energieschulden, Tilgungsleistungen bei Hypothekendarlehen bei einer Bank).

Die Leistungen nach dem **3. und 5. bis 9. Kapitel SGB XII** berücksichtigen grundsätzlich nur einen akuten **gegenwärtigen Bedarf**. Die Ursachen für den gegenwärtigen Bedarf können allerdings in der Vergangenheit liegen. Z. B. sind angemessene Forderungen zur Nachzahlung von Heizkosten zu übernehmen, wenn im Zeitpunkt der Fälligkeit der Nachforderung des Energieversorgers oder des Vermieters eine Hilfebedürftigkeit zu bejahen ist.

Deckt die leistungsberechtigte Person hingegen ihren Bedarf, **bevor der zuständige Leistungsträger hiervon Kenntnis erlangt hat**, so besteht grundsätzlich kein Leistungsanspruch.

Beispiel

Eine pflegebedürftige Person begehrt die Übernahme eines höheren Stundenlohns für eine selbstbeschaffte Pflegekraft im Rahmen des sog. Arbeitgebermodells (vgl. § 63b Abs. 6 SGB XII). Die höheren Kosten können, soweit die Voraussetzungen vorliegen, nur für die Zukunft, nicht aber für die Vergangenheit übernommen werden.

---

31 Grundlegend: BVerwG, Urteil vom 02.06.1965, 5 C 63/64, BVerwGE 21, 208 = FEVS 13, 201 = NDV 1965, 342; seitdem ständige Rechtsprechung; siehe auch Schellhorn/Schellhorn/Hohm, Rn. 35 zu § 17 SGB XII, Rn. 3 zu § 18 SGB XII.

Allerdings sind der Kenntnisgrundsatz und die Frage, ob Leistungen für die Vergangenheit erbracht werden können, zuletzt deutlich „aufgeweicht" worden. Der Grundsatz „Keine Leistungen für die Vergangenheit" soll nach neueren Entscheidungen[32] bspw. nicht gelten, wenn die Bedarfsdeckung bzw. die Anschaffung eines **Bedarfsgegenstandes nach Kenntnis des Sozialhilfeträgers**, aber noch vor Erlass des Ablehnungsbescheides erfolgt ist.

Beispiel

Zunächst hat das Bundesverwaltungsgericht entschieden, dass eine rückwirkende Erhöhung einer Pflegestufe durch die gesetzliche Pflegeversicherung keinen Anspruch auf Nachbewilligung eines höheren Pflegegeldes nach dem Zwölften Buch Sozialgesetzbuch begründet, solange der Sozialhilfeträger von dem erhöhten Bedarf keine Kenntnis erlangt hat.[33] § 18 SGB XII würde durch die Regelung des § 62a SGB XII (§ 62 SGB XII a. F.) nicht verdrängt, wonach der Sozialhilfeträger an die Feststellung der Pflegebedürftigkeit gebunden sei. Maßgebend sei also allein der konkrete Zeitpunkt von der Kenntnis der höheren Pflegestufe.

Das Bundessozialgericht[34] vertritt nun eine andere Auffassung. Danach ist auch für die Zeit rückwirkender Bewilligung durch die Pflegekasse eine höhere Leistung zu bewilligen. Ein neuer Pflegegrad stelle keine neue Bedarfssituation dar, die erst mit konkreter Information eintritt. Der Sozialhilfeträger kenne das Bestehen von Pflegebedürftigkeit. Änderungen der Verhältnisse seien im Rahmen des § 48 Abs. 1 Satz 2 Nr. 1 SGB X ab dem Zeitpunkt der Veränderung Rechnung zu tragen, ohne dass der Sozialhilfeträger genaue (qualifizierte) Kenntnis von der erhöhten Pflegebedürftigkeit haben müsse.

In einem laufenden Leistungsfall, bei dem Leistungen der Hilfe zur Pflege gewährt werden, sei immer mit einer Veränderung in der Leistungshöhe zu rechnen. Insoweit läge eine Kenntnis im Sinne von § 18 SGB XII bereits vor. Da § 18 SGB XII zum Schutz des Hilfebedürftigen einen niedrigschwelligen Zugang zum Sozialhilfesystem sicherstellen wolle, sei es schon ausreichend (aber auch erforderlich), dass überhaupt die Notwendigkeit der Hilfe erkennbar sei, nicht aber in welchem Umfang die Hilfe geleistet werden müsse.

Hilft ein Dritter in einer Notlage und hat der Sozialhilfeträger von der Bedarfssituation **noch keine Kenntnis**, ist der konkrete Bedarf aus der Sicht des Leistungsträgers beseitigt. Die Hilfe des Dritten wirkt sich insofern bedarfsvernichtend aus. Denn nach ihrem Zweck als Hilfe in gegenwärtiger Not ist die Sozialhilfe nach Wegfall der Notlage grundsätzlich ausgeschlossen. Wenn der Dritte hingegen „vorläufig" und „anstelle" des Sozialhilfeträgers sowie unter dem Vorbehalt des Erstattungsverlangens zur Beseitigung der dringenden Notlage einspringt, weil der Sozialhilfeträger seinerseits nicht oder nur verzögert leistet, kann die Sozialhilfe auch noch rückwirkend erbracht werden.[35]

---

32   Vgl. LSG NRW, Beschluss vom 13.05.2014, L 20 SO 396/13 B, juris, Rn. 24; BSG, Urteil vom 12.12.2013, B 8 SO 18/12 R, juris, Rn. 12.
33   BVerwG, Urteil vom 12.12.2002, 5 C 62/01, juris, Rn. 15 ff.
34   Vgl. BSG, Urteil vom 02.02.2012, B 8 SO 5/10 R, juris, Rn. 16 ff. = SGb 2013, 295.
35   Vgl. BVerwG, Urteil vom 23.06.1994, 5 C26/92, juris, Rn. 12 ff.; LSG NRW, Urteil vom 22.02.2010, L 20 SO 75/07, juris, Rn. 62.

Problematischer wird die Situation, wenn eine Selbsthilfe der leistungsberechtigten Person erfolgt, obwohl der Sozialhilfeträger Kenntnis von der Bedarfssituation hat. In diesen Fallkonstellationen wird eine Selbsthilfe und daher eine rückwirkende Bedarfsdeckung dann für zulässig gehalten, wenn ein sozialhilferechtlicher Bedarf unaufschiebbar und damit besonders dringlich ist und der Sozialhilfeträger die Dringlichkeit kennt. Ggf. hat der Leistungsberechtigte die Obliegenheit, den Sozialhilfeträger auf die Dringlichkeit des Hilfebedarfs hinzuweisen.[36] In einer solchen Fallkonstellation hat die nachfragende Person einen Anspruch auf Kompensation der in der Vergangenheit aufgewendeten Mittel für die selbstbeschaffte Hilfe. Im Rahmen von Rehabilitationsleistungen gibt es hierzu Sondervorschriften (vgl. § 18 SGB IX).

Nachzahlungen von Leistungen **der Sozialhilfe** sind grundsätzlich nur dann denkbar, wenn der Träger der Sozialhilfe durch ihm anzurechnendes säumiges Verhalten eine Bedarfsdeckung verhindert hat und ein Nachholbedarf besteht oder wenn eine leistungsberechtigte Person mit Erfolg gegen die Ablehnung (oder Kürzung) dieser Leistungen angegangen ist (mit Widerspruch oder Klage) bzw. ihre Mitwirkungspflichten nachgeholt hat (vgl. § 67 SGB XII). Während eines Widerspruch- oder Klageverfahrens ist es für einen Anspruch unschädlich, wenn sich die leistungsberechtigte Person den Bedarf mit Hilfe einspringender Dritter oder durch den Einsatz eigener Geldmittel selbst deckt (sog. Selbstbeschaffung), sofern ihm zu diesem Zeitpunkt ein Abwarten nicht zumutbar war[37].

Das Gegenwärtigkeitsprinzip sowie das Bedarfsdeckungsprinzip verlangen – zumindest theoretisch – dass die jeweiligen Leistungen von Tag zu Tag neu festgesetzt werden müssten. Vornehmlich aus Gründen der Verwaltungspraktikabilität werden diese Hilfen bei voraussichtlich sich nicht verändernder Notlage monatlich im Voraus für die Dauer eines Monats bewilligt. Für die Folgemonate erfolgt bei unverändertem Sachverhalt regelmäßig eine (stillschweigende) Neubewilligung der Leistung. Überwiegend handelt es sich bei diesen Verwaltungsakten um solche mit Wirkung für die Dauer eines Monats (Kalendermonat).

Die Leistungen nach dem **4. Kapitel** SGB XII werden dagegen nach § 44 Abs. 3 Satz 1 SGB XII regelmäßig für die Dauer von 12 Monaten bewilligt. Der Bewilligungszeitraum beginnt bei Erstbewilligungen mit dem Ersten des Monats (vgl. § 44 Abs. 2 Satz 1 SGB XII). Nach dem Bezug von Arbeitslosengeld II oder Sozialgeld, der mit Erreichen der Altersgrenze nach § 7a SGB II endet, beginnt der Bewilligungszeitraum mit dem Ersten des Monats, der auf den sich nach § 7a SGB II ergebenden Monat folgt (vgl. § 44 Abs. 3 Satz 3 SGB XII). Damit unterscheiden sich Leistungen der Grundsicherung im Alter und bei Erwerbsminderung nach dem 4. Kapitel SGB XII teilweise von den übrigen Leistungen der Sozialhilfe.

Sind Leistungen nach dem Zwölften Buch Sozialgesetzbuch nicht erbracht worden, weil beim Erlass des Verwaltungsaktes das Recht unrichtig angewandt oder von einem Sachverhalt ausgegangen worden ist, der sich als unrichtig erweist, ist der Verwaltungsakt gemäß § 44 Abs. 1 SGB X, auch nachdem er unanfechtbar geworden ist, mit Wirkung für

---

36 Vgl. LSG NRW, Urteil vom 22.02.2010, L 20 SO 75/07, juris, Rn. 62; Rothkegel, Sozialhilferecht Handbuch, 1. Auflage 2005, S. 365.
37 Vgl. BSG, Urteil vom 29.09.2009, B 8 SO 16/08 R, juris, Rn. 14, m.w.N.

die Vergangenheit zurückzunehmen.[38] Daraus folgt ggf. eine Verpflichtung zur Nachzahlung von Leistungen der Sozialhilfe unter Berücksichtigung der weiteren Regelungen des § 44 SGB X; aufgrund der Einschränkung des § 116a SGB XII allerdings maximal für einen Zeitraum von einem Jahr.

Der Anwendungsbereich von § 44 SGB X ist also auch dem Bereich der Sozialhilfe trotz des Grundsatzes „Keine Sozialhilfe für die Vergangenheit" nicht mehr grundsätzlich verschlossen. Um der Ansparfunktion des Regelsatzes gerecht zu werden, können auch Leistungen für die Vergangenheit erbracht werden, wenn der Bedarf nicht entfallen ist, sich die Angelegenheit also nicht „erledigt" (vgl. § 39 Abs. 2 SGB X) hat. Wenn also Leistungen rechtswidrig abgelehnt wurden und der Bedarf durch Selbsthilfe kompensiert wurde, kommen über § 44 SGB X auch Leistungen für die Vergangenheit in Frage. Genaueres zur Anwendbarkeit von § 44 SGB X im Bereich der Sozialhilfe: vgl. Band 3, Kapitel 1.3.29.

Für einen zurückliegenden Zeitraum können außerdem Aufwendungen erstattet werden, die in **Eilfällen** entstanden sind (vgl. § 25 SGB XII). Anspruchsberechtigt ist in diesen Fällen für die Zeit bis zum Bekanntwerden der Nothelfer und nicht die Person, der geholfen wurde. Diese Regelung **gilt** nur für Leistungen nach dem 3. und 5. bis 9. Kapitel SGB XII, **nicht** jedoch für die Grundsicherung nach dem **4. Kapitel** SGB XII.

Erforderliche **Bestattungskosten** können unter den Voraussetzungen des § 74 SGB XII, auch nachdem die Bestattung erfolgt ist, übernommen werden.

2.7.8 Bedarfsdeckungsprinzip

Aus der Gesamtheit der hier behandelten Grundsätze, aber auch aus der Struktur der Sozialhilfe im Verhältnis zu den anderen Sozialleistungen, ergibt sich für die Leistungen nach dem **3. und 5. bis 9. Kapitel SGB XII** das so genannte „**Bedarfsdeckungsprinzip**". Das Bedarfsdeckungsprinzip vereint insbesondere das Gegenwärtigkeitsprinzip und den Gesamtfallgrundsatz.

Das bedeutet, dass Sozialhilfeleistungen keine rentenähnlichen Dauerleistungen mit Versorgungscharakter darstellen, sondern jeweils nur die individuelle **gegenwärtige Notlage** und den sich daraus ergebenden **konkreten Bedarf** berücksichtigen. Wenn und soweit nur eine gegenwärtige Notlage beseitigt werden soll, kommen Leistungen der Sozialhilfe für die Vergangenheit nicht in Betracht, weil dieser Bedarf bereits gedeckt wurde.

Teilweise wird das Bedarfsdeckungsprinzip auch aus dem Einzelfallgrundsatz des § 9 Abs. 1 SGB XII geschlossen, wonach in der Sozialhilfe der **gesamte im konkreten Einzelfall** anzuerkennende Hilfebedarf abzudecken ist.[39] Alle in § 8 SGB XII genannten Hilfen (Ausnahme 4. Kapitel SGB XII) sind also daraufhin zu überprüfen, ob diese zur Bedarfsdeckung notwendig sind, wenn eine Notlage bekannt wird.

---

[38] Vgl. BSG, Urteil vom 29.09.2009, B 8 SO 16/08 R, juris, Rn. 13 ff.
[39] BVerwG, Urteil vom 19.10.2011, 5 C 6/11, juris, Rn. 12, m.w.N.

Beispiele

- *Dem Jugendamt wird am 07.01. bekannt, dass eine hilfebedürftige Person Leistungen der Hilfe zum Lebensunterhalt nach dem 3. Kapitel SGB XII benötigt. Es ist unerheblich, dass dem Jugendamt die Notlage bekannt wird. Maßgebend ist die Kenntnis der Behörde.*

Soweit die Voraussetzungen für die Leistungen der Hilfe zum Lebensunterhalt vorliegen, hat daher der Sozialhilfeträger einen anteiligen Monatsanspruch von 24/31 auszuzahlen. Eine Leistung vor dem 07.01. kommt nicht in Frage, da der entsprechende Bedarf in der Vergangenheit liegt und bereits gedeckt wurde. Die Sozialhilfe setzt schon, aber auch erst ein, wenn dem Sozialhilfeträger bekannt wird, dass die Voraussetzungen für die Leistung vorliegen (vgl. § 18 SGB XII).

*Der Monat Januar wird mit der **tatsächlichen Anzahl von 31 Tagen** (im „Nenner") berechnet, da das Bedarfsdeckungsprinzip eine konkrete und damit **taggenaue** Bedarfsdeckung verlangt. Eine pauschalierende Betrachtung mit 30 Tagen ist in der Sozialhilfe unzulässig.*[40]

*Das Bedarfsdeckungsprinzip verlangt die Beseitigung einer **konkreten** Notlage. Ordnet der Gesetzgeber nicht ausdrücklich - wie für das anteilig zu gewährende Pflegegeld (vgl. § 64a Abs. 2 Satz 1, 2 SGB XII) - eine Pauschalierung bei der Berechnung der Leistung an, so ist die Leistung **für jeden Tag**, an dem die Leistung erbracht worden ist, von dem Träger der Sozialhilfe zu vergüten bzw. zu übernehmen.*

Das Bundessozialgericht[41] *hat bei der abweichenden Festlegung des Regelsatzes wegen der kostenlosen Gewährung des Mittagessens im Rahmen der Eingliederungshilfe in einer Werkstatt für behinderte Menschen ebenfalls auf die konkrete Anzahl der Tage im jeweiligen Monat (28, 30, 31 Tage) abgestellt, da mangels einer § 41 Abs. 1 Satz 2 SGB II entsprechenden Regelung im Zwölften Buch Sozialgesetzbuch nicht pauschalierend von 30 Tagen ausgegangen werden darf.*

Diese Betrachtung führt dazu, dass der tägliche „Sozialhilfesatz" in den einzelnen Monaten unterschiedlich hoch ausfällt. Dies ist gewollt. Eine pauschalierende Berechnung mit 30 Tagen führt nicht zu einer ausgeprägteren Gleichbehandlung von Sozialhilfefällen:

Z. B. führt eine Antragstellung am 02.03. und eine Antragstellung am 02.04. bei einer pauschalierenden Berechnung mit 30 Monatstagen zu einer unterschiedlich hohen Leistungserbringung, obwohl die Antragstellung am selben Tag des Monats gestellt worden ist. Bei Antragstellung am 02.03. würde sogar ein voller Monatsanspruch gewährt. Legt man im selbigen Beispiel die konkrete Anzahl der Tage im Monat zugrunde, erhalten beide nachfragenden Personen nur einen anteiligen Monatsanspruch, was im konkreten Fall gerechter erscheint.

---

[40] Vgl. BSG, Urteil vom 11.12.2007, B 8/9b SO 21/06 R, BSGE 99, 252 = FEVS 59, 4333 = SGb 2008, 669; OVG Lüneburg, Urteil vom 26.04.2001, 12 L 3008/00, FEVS 53, 31 = DVBl 2001, 1703; SG Karlsruhe, Urteil vom 27.04.2012, S 1 SO 3797/11, juris, Rn. 25 ff.

[41] BSG, Urteil vom 11.12.2007, B 8/9b SO 21/06 R, BSGE 99, 252 = FEVS 59, 4333 = SGb 2008, 669.

- *Nach § 27a Abs. 4 Satz 1 SGB XII wird der individuelle Bedarf abweichend vom Regelsatz festgelegt, wenn ein Bedarf ganz oder teilweise anderweitig gedeckt ist oder unabweisbar seiner Höhe nach erheblich von einem durchschnittlichen Bedarf abweicht. Nach dieser Vorschrift kann der Regelsatz einzelfallabhängig erhöht oder gesenkt werden, wenn die konkrete Bedarfssituation es erfordert. Hat eine leistungsberechtigte Person aus dem Regelsatz die Stromkosten finanziert und findet bei der Jahresendabrechnung eine Stromkostenrückerstattung statt, könnte dies als Einkommen betrachtet werden, so dass der Bedarf reduziert wäre. Der Gesetzgeber hat hierauf aber mit § 82 Abs. 1 Satz 2 SGB XII reagiert, so dass die Stromkostenerstattung – sollte sie zuvor aus dem Regelsatz finanziert worden sein – nicht als Einkommen berücksichtigt wird.*

  Beispiele für eine nach oben abweichende Festsetzung des Regelsatzes sind ein erhöhter Bedarf von Kleidung bei Vorliegen deutlicher Über- bzw. Untergrößen, Mehrkosten für erforderliches Essen auf Rädern oder erhebliche Fahrtkosten zu medizinischen Behandlungen.

- *Wenn die leistungsberechtigte Person im Jahr 2019 im Rahmen der Eingliederungshilfe nach §§ 53 ff. SGB XII den Einbau eines Treppenlifts begehrt, muss sie zunächst den Antrag stellen und die Entscheidung des Sozialhilfeträgers abwarten (es sei denn, dieser verzögert schuldhaft die Entscheidung). Schafft die leistungsberechtigte Person den Treppenlift bereits vor Antragstellung an oder bestehen bereits behindertengerechte Aufzugsvorrichtungen, so fehlt es im Zeitpunkt der Entscheidung über die Bewilligung an einem Bedarf für die begehrte Leistung. Der Bedarf ist bereits gedeckt und die etwaige Notlage ist bereits beseitigt. Leistungen für die Vergangenheit werden nicht erbracht.*

  In den Fällen der Eingliederungshilfe (Neuregelungen in §§ 90 ff. SGB IX) kommt allerdings möglicherweise die Sondervorschrift des § 18 zum Zuge. Danach kommt – unter bestimmten Voraussetzungen – eine Erstattung selbst beschaffter Eingliederungsleistungen in Frage.

Das Bedarfsdeckungsprinzip findet für Leistungen nach dem **4. Kapitel SGB XII keine** Anwendung. Bedarfe, die durch den Leistungskatalog für die Grundsicherung im Alter und bei Erwerbsminderung nicht erfasst werden (vgl. § 42 SGB XII), sind als Bedarfe der Hilfe zum Lebensunterhalt zu berücksichtigen, z. B. der Barbetrag und die Bekleidungspauschale bei Hilfen in Einrichtungen gemäß § 27b Abs. 2 SGB XII. Dies ergibt sich u. a. daraus, dass § 19 Abs. 2 Satz 2 SGB XII „nur" einen Vorrang der Grundsicherung vorsieht und Hilfe zum Lebensunterhalt nicht ausschließt.

Andererseits werden durch das Bedarfsdeckungsprinzip auch Bedarfslagen erfasst, die gegenwärtig fällig sind, aber deren Verbrauch in der über den Monat hinausgehenden Zukunft liegt. Muss beispielsweise Heizmaterial in Form von Heizöl angeschafft werden, so entsteht der Bedarf an Heizkosten im Monat der Anschaffung bzw. im Zeitpunkt der Rechnungsstellung. Eine Bedarfsdeckung erfolgt damit gleichzeitig für die kommenden Monate, in denen mit dem Vorrat geheizt wird. Es fehlt an einer Rechtsgrundlage zur Verteilung eines in einem bestimmten Monat anfallenden Bedarfs für Heizmaterial, das für einen längeren Zeitraum gekauft worden ist[42].

2.8 Leistungen und Leistungserbringung

Die Leistungen der Sozialhilfe umfassen die Hilfe zum Lebensunterhalt, die Grundsicherung im Alter und bei Erwerbsminderung sowie Hilfen nach den Kapiteln 5 bis 9 (vgl. § 8 SGB XII). Das Zwölfte Buch Sozialgesetzbuch unterscheidet weiter zwischen

- Pflicht- und Ermessensleistungen,

- vorbeugenden und nachgehenden Leistungen sowie

- unterschiedlichen Möglichkeiten der Leistungserbringung (Dienstleistung, Geldleistung oder Sachleistung).

2.8.1 Pflicht- und Ermessensleistungen

Das Gesetz unterscheidet zwischen Pflicht- und Ermessensleistungen.

Bei **Pflichtleistungen** (Gesetzestext: „ist zu leisten" oder „werden geleistet"), die in der Literatur häufig auch als „Muss-Leistungen" bezeichnet werden, kommen zwei Möglichkeiten in Betracht. Entweder handelt es sich um einen

- **absoluten Rechtsanspruch**, d. h. sowohl Grund als auch Höhe (Mindesthöhe) des Anspruchs sind festgelegt; Beispiele: Barbetrag (vgl. § 27b Abs. 2 Satz 2 SGB XII), Pflegegeld (vgl. § 64a Abs. 1 SGB XII i. V. m. § 37 Abs. 1 Satz 3 Nr. 1 bis 3 SGB XI)

oder

- **Rechtsanspruch dem Grunde nach**, d. h., über Art und Maß der Hilfe ist nach pflichtgemäßen Ermessen zu entscheiden (vgl. § 17 Abs. 2 SGB XII), die Höhe richtet sich nach der Besonderheit des Einzelfalles; Beispiel: einmalige Leistungen im Rahmen der Hilfe zum Lebensunterhalt (vgl. § 31 Abs. 1 i. V. m. § 27a SGB XII).

Bei **Ermessensleistungen** ist zwischen Soll- und Kann-Leistungen zu unterscheiden.

- **Soll-Leistungen** (Gesetzestext: „soll erbracht werden") kommen den Pflichtleistungen sehr nahe, d. h., in Regelfällen sind diese Leistungen zu erbringen; nur in begründeten Einzelfällen können die Leistungen verwehrt werden. Beispiele: Hilfe zur Sicherung der Unterkunft (vgl. § 36 Abs. 1 Satz 2 SGB XII) oder Altenhilfe (vgl. § 71 SGB XII).

- **Kann-Leistungen** (Gesetzestext: „kann erbracht werden") erbringt der Träger der Sozialhilfe im Rahmen seines pflichtgemäßen Ermessens. Es besteht keine Verpflichtung zur Leistung, es sei denn, es besteht eine Ermessensreduzierung auf Null. Die Ermessensausübung ist in der Begründung des Verwaltungsaktes zu verdeutlichen (vgl.

---

[42] BSG, Urteil vom 08.05.2019, B 14 AS 20/18 R, juris, Rn. 10 ff.

§ 35 Abs. 1 Satz 2, Satz 3 SGB X). Beispiele: Sonstige Hilfen zur Sicherung der Unterkunft (vgl. § 36 Abs. 1 Satz 1 SGB XII), Hilfe in sonstigen Lebenslagen (vgl. § 73 SGB XII), Hilfe für Ausländer (vgl. § 23 Abs. 1 Satz 3 SGB XII).

2.8.2 Vorbeugende und nachgehende Leistungen

Die in § 15 SGB XII eingeräumten Möglichkeiten, Sozialhilfe vorbeugend und nachgehend zu erbringen, verstärken die Wirkung der Sozialhilfe und entsprechen u. a. den Grundsätzen der „Hilfe zur Selbsthilfe" (vgl. § 1 Abs. 2 Satz 2 SGB XII) und der „Besonderheit des Einzelfalles" (vgl. § 9 SGB XII).

In § 15 Abs. 1 Satz 2 SGB XII wird auf vorrangige verbeugende und nachgehende Leistungen nach § 47 SGB XII (vorbeugende Gesundheitshilfe) verwiesen. Dieser Hinweis macht deutlich, dass vorbeugende und nachgehende Hilfen auch darüber hinaus erbracht werden können.

Weitere Leistungen im Zwölften Buch Sozialgesetzbuch haben vorbeugenden bzw. nachgehenden Charakter, um die Situation von Leistungsberechtigten positiv zu beeinflussen. Zu nennen sind z. B. § 10 Abs. 2, § 11 Abs. 1 bis 3, § 12, § 36 Abs. 1, § 67 und § 71 sowie 30 Abs. 4 Satz 2 SGB XII.

Häufig werden neben Geldleistungen oder Sachleistungen vor allem Dienstleistungen notwendig sein, um eine dem Einzelnen drohende Notlage ganz oder teilweise abzuwenden bzw. nach Beseitigung einer solchen die Wirksamkeit der zuvor erbrachten Hilfe zu sichern. Zu diesen Leistungen mit vorbeugendem Charakter gehört z. B. die nach § 11 Abs. 2 Satz 4 SGB XII vorgesehene notwendige Budgetberatung.

Beispiel

Zur Verhinderung von Obdachlosigkeit einer Familie übernimmt der Träger der Sozialhilfe vom Familienvater zu vertretende Mietschulden gemäß § 36 Abs. 1 SGB XII. Um den Erfolg der Hilfe zu sichern, wird versucht, durch Beratung (z. B. Schuldnerberatung) auch nachgehend Einfluss auf die Situation der Familie zu nehmen.

2.8.3 Formen der Leistungserbringung (Dienstleistung, Geldleistungen, Sachleistungen), Ermessensausübung

Leistungen der Sozialhilfe werden als Dienstleistung, Geldleistung oder Sachleistung erbracht (§ 10 Abs. 1 SGB XII).

2.8.3.1 Dienstleistungen

Zur Dienstleistung gehören insbesondere die Beratung in Fragen der Sozialhilfe (vgl. § 8 SGB XII) und die Beratung und Unterstützung in sonstigen sozialen Angelegenheiten (§ 10 Abs. 2 SGB XII).

Die „sonstigen sozialen Angelegenheiten" beziehen sich häufig auf persönliche, familiäre, schulische, berufliche oder gesundheitliche Problemlagen der Leistungsberechtigten, teilweise ergänzt um ärztliche, psychologische und pflegerische Angebote. Der Dienstleistung kommt unter dem Gesichtspunkt der „Hilfe zur Selbsthilfe" (vgl. § 1 Abs. 2 Satz 2 SGB XII) eine besondere Bedeutung zu. In der Praxis wird dem Bedarf an Dienstleistungen in Form von Beratung vielfach im Rahmen von Hilfeplanung sowie durch Sozialdienste und Beratungsstellen Rechnung getragen. Einzelne Schwerpunkte der Beratung, Unterstützung und Aktivierung der Leistungsberechtigten sind in § 11 SGB XII beschrieben.

Nach § 11 Abs. 5 Satz 1 SGB XII ist zunächst auf die Beratung und Unterstützung von Verbänden der freien Wohlfahrtspflege, von rechtsberatenden Berufen und von sonstigen Stellen hinzuweisen. Dabei ist ggf. auf die Inanspruchnahme von Schuldnerberatungsstellen oder anderen Fachberatungsstellen hinzuwirken (§ 11 Abs. 5 Satz 2 SGB XII). Dafür sollen bzw. können im Einzelfall die angemessenen Kosten übernommen werden (vgl. § 11 Abs. 1 Satz 3 SGB XII). Die Kostenübernahme kann auch in Form einer pauschalierten Abgeltung erfolgen (vgl. § 11 Abs. 5 Satz 4 SGB XII).

In der Regel werden Dienstleistungen parallel zu Geldleistungen oder Sachleistungen erforderlich werden. Sie sind jedoch auch unabhängig davon und unabhängig von den Einkommens- und Vermögensverhältnissen der Leistungsempfänger zu erbringen.

Die Vorschriften des Zwölften Buches Sozialgesetzbuch korrespondieren mit der Verpflichtung zur Aufklärung (vgl. § 13 SGB I), der Beratung (vgl. § 14 SGB I) und der Auskunft (vgl. § 15 SGB I).

2.8.3.2 Geldleistungen

Geldleistungen sind die den Leistungsberechtigten auszuzahlenden laufenden oder einmaligen Beträge, die in der Regel als Beihilfe, erbracht werden. Das bedeutet, dass Sozialhilfe grundsätzlich nicht zurückzuzahlen ist. Ausgenommen hiervon sind die Möglichkeiten des Aufwendungsersatzes bzw. Kostenbeitrages bei erweiterter Hilfe (vgl. §§ 19 Abs. 5 und 92 Abs. 1 Satz 2 SGB XII) oder des Kostenersatzes (vgl. § 102, § 103 Abs. 1 Satz 1 bzw. 105 Abs. 1 SGB XII). Daneben bestehen Möglichkeiten, zu Unrecht erbrachte Leistungen zurückzufordern (vgl. §§ 45 ff. SGB X, § 103 Abs. 1 Satz 2, § 104 und § 105 SGB XII).

Ausnahmsweise kann Sozialhilfe auch als Darlehen erbracht werden. Diese im Ermessen des Trägers der Sozialhilfe liegende Entscheidung erfolgt regelmäßig aufgrund einer ausdrücklichen Ermächtigungsgrundlage. Als solche kommen § 23 Abs. 3a, § 36 Abs. 1 Satz 3, § 37 Abs. 1 und 2, § 37a Abs. 1, § 38, § 73 und § 91 SGB XII in Betracht. In geeigneten Fällen kann Sozialhilfe auch ausnahmsweise ohne eine solche Ermächtigungsgrundlage darlehensweise erbracht werden[43]. Die Leistung eines Darlehens kann entweder einseitig durch Verwaltungsakt oder durch Abschluss eines öffentlich-rechtlichen Vertrages mit den Leistungsberechtigten erfolgen. Die vor dem Inkrafttreten der §§ 53 ff. SGB X in der Praxis häufig angewandte Form, die Darlehensbedingungen, vornehmlich die Rückzahlungsverpflichtungen, privatrechtlich auszugestalten, ist unzulässig.

Geldleistungen haben Vorrang vor Sachleistungen, soweit nicht nach dem Zwölften Buch Sozialgesetzbuch etwas anderes bestimmt ist oder Sachleistungen das Ziel der Sozialhilfe erheblich besser oder wirtschaftlicher erreicht werden kann oder die Leistungsberechtigten es wünschen (§ 10 Abs. 3 SGB XII). Diesem Grundsatz entspricht insbesondere auch das Recht der Berechtigten, auf Antrag Leistungen der Hilfe zur Pflege als Teil eines persönlichen Budgets erhalten zu können (vgl. § 63 Abs. 3 SGB XII mit Verweis auf § 29 SGB IX).

2.8.3.3 Sachleistungen

Sachleistungen sind u. a. die den Leistungsberechtigten nicht in Geld, sondern unmittelbar zur Verfügung gestellten Gegenstände, z. B. Kleidung, Möbel, orthopädische Hilfsmittel. Erbringt ein Dritter (z. B. Heimträger, Pflegedienst) Leistungen für Leistungsberechtigte (z. B. Lebensunterhalt, Grundpflege) und werden die Kosten unmittelbar mit dem Träger der Sozialhilfe abgerechnet, handelt es sich aus der Sicht der Leistungsberechtigten ebenfalls um Sachleistungen. Ähnlich verhält es sich mit Dienstleistungen durch einen Dritten, für die die Kosten durch den Träger der Sozialhilfe übernommen werden.

Beispiel

Der Sozialhilfeträger bewilligt eine Geldleistung als „Hilfe zur Weiterführung des Haushalts" im Sinne des § 70 SGB XII. Im Rahmen des dem Sozialhilfeträger nach § 17 Abs. 2 Satz 1 SGB XII eingeräumten Ermessens bei der Entscheidung über Art und Maß der Leistungserbringung hat der Sozialhilfeträger den Vorrang der Geldleistung nach § 10 Abs. 3 Satz 1 SGB XII und die Wünsche des Leistungsberechtigten nach § 9 Abs. 2 SGB XII zu berücksichtigen.

Wird später im Rahmen einer Pflegebegutachtung festgestellt, dass sich in der Wohnung trotz gewährter Haushaltshilfe verschmutzte Wäsche stapelt und die Wohnräume mangelhaft gereinigt sind, wurde durch den Einsatz von Geldleistungen der Zweck der Haushaltshilfe verfehlt. Dies berechtigt den Sozialhilfeträger, an Stelle der bisherigen Geldleistung zur Deckung des Hilfebedarfs nunmehr Sachleistungen anzubieten, denn der Vorrang von Geldleistungen gilt nur soweit, wie das Ziel der Sozialhilfe durch Sachleistungen nicht besser erreicht werden kann.

---

[43] Vgl. BVerwG, Urteil vom 14.05.1969, 5 C 167/67, BVerwGE 32,89 = FEVS 16,321; BVerwG, Urteil vom 12.04.1989, 5 B 176/88, FEVS 38, 397; OVG Münster, Beschluss vom 24.02.92, 24 B 360/92, FEVS 42, 236 = ZFSH/SGB 1992, 244.

Häufig werden mehrere Formen der Hilfe gleichzeitig in Betracht kommen, z. B.

- Pflege und Betreuung als persönliche Hilfe,
- Lebensunterhalt und Pflegemittel als Sachleistung,
- Barbetrag und Beihilfe für Bekleidung als Geldleistung.

2.8.3.4 Gutscheine

Gutscheine bzw. Berechtigungsscheine als Form der Leistungserbringung sind nicht mehr den Sachleistungen zuzurechnen und können als Unterfall der Sachleistung angesehen werden.

Gutscheine werden nach dem Willen des Gesetzgebers als eigenständige Form der Leistungsgewährung aufgeführt (vgl. § 10 Abs. 3 Satz 1 und § 34a Abs. 2 und 3 SGB XII) und von Sachleistungen abgegrenzt (§ 10 Abs. 1 Nr. 3, Abs. 3 SGB XII)[44]. Durch die Bestimmung von Gutscheinen als vierte Form der Leistungsgewährung ändert sich aber nichts an dem grundsätzlichen Vorrang von Geldleistungen.

Gutscheine können zum Erwerb bestimmter Waren (z. B. Lebensmittel, Möbel und Hausrat in einen Sozialkaufhaus) und für andere unbare Formen der Verrechnung eingesetzt werden. Aufgrund des einschränkenden Charakters dieser Leistungsart für die Leistungsberechtigten ist zu beachten, dass die Ausstellung von Gutscheinen zur Deckung eines bestimmten Bedarfs nur bedingt mit der Würde des Menschen (§ 1 Abs. 2 Satz 1 SGB XII) in Einklang zu bringen ist. Dritten wird durch den Einsatz eines Gutscheines als „Zahlungsmittel" bekannt, dass Leistungsberechtigte Sozialhilfe beziehen, was zu einer Diskriminierung führen kann. In Einzelfällen, wenn z. B. eine zweckwidrige Verwendung der Geldleistung zu befürchten ist oder die Erbringung der Leistung in Form eines Gutscheins erheblich wirtschaftlicher ist, kann von dieser Möglichkeit der Leistungserbringung Gebrauch gemacht werden.

Zur Erbringung von Leistungen für Bildung und Teilhabe sind Gutscheine als Form der Leistungserbringung ausdrücklich vorgesehen (vgl. § 34a Abs. 2 und 3 SGB XII).

2.8.3.5 Ermessensausübung

Über die Form der Leistungserbringung entscheidet der Träger der Sozialhilfe nach pflichtgemäßem Ermessen, soweit das Gesetz das Ermessen nicht ausschließt (vgl. § 17 Abs. 2 Satz 1 SGB XII). Diese Ermessensausübung erhält ein besonderes Gewicht, wenn vom Regelfall, der Geldleistung als Beihilfe, abgewichen wird. An die Stelle einer Geldleistung kann eine Sachleistung (und somit auch ein Gutschein) treten, an die Stelle einer Leistung als (nicht zurückzuzahlende) Beihilfe ein Darlehen.

---

[44] Vgl. BT-Drucks. 17/3404, 119.

2.8.3.6 Leistungsabsprachen

Nach § 12 SGB XII sollen bei fortlaufenden Leistungen in einer schriftlichen Leistungsabsprache die Situation der leistungsberechtigten Personen sowie Wege zur Überwindung der Notlage und gebotene Möglichkeiten zur aktiven Teilnahme in der Gemeinschaft festgelegt, ggf. Förderpläne erstellt sowie beschriebene Ziele überprüft und regelmäßig fortgeschrieben werden.

Leistungsabsprachen (Hilfepläne oder Förderpläne) dieser Art sind u. a. für Personen denkbar, die nicht (mehr) zum Personenkreis der Erwerbsfähigen im Sinne des § 7 Abs. 1 Satz 1 Nr. 2 i. V. m. § 8 Abs. 1 SGB II zählen und somit keine Eingliederungsleistungen im Rahmen der Grundsicherung für Arbeitsuchende nach dem Zweiten Buch Sozialgesetzbuch erhalten können. Ihnen sollen insbesondere Perspektiven für die Zukunft eröffnet werden.

In diesen Hilfe- bzw. Förderplänen vereinbaren die leistungsberechtigte Person und die (beratende) Fachkraft des Trägers der Sozialhilfe gemeinsam Ziele, die prozesshaft weiterentwickelt werden. Erfahrungen der Vergangenheit zeigen, dass Vereinbarungen dieser Art, die von der leistungsberechtigten Person und der Fachkraft unterzeichnet werden, eine höhere Akzeptanz genießen, als entsprechende einseitige Regelungen durch Verwaltungsakte.

Die Leistungsabsprachen stellen - anders als die Eingliederungsvereinbarungen nach § 15 SGB II - keine öffentlich-rechtlichen Verträge im Sinne des § 53 SGB X dar. Spezielle Hilfepläne (Gesamtpläne) sind im Rahmen der Hilfe zur Überwindung besonderer sozialer Schwierigkeiten nach § 2 Abs. 3 und 4 der nach § 68 SGB XII ergangenen Verordnung anzustreben.

2.8.4 Rechtsschutz

Für förmliche Rechtsbehelfe gegen Verwaltungsakte gilt das Sozialgerichtsgesetz (§ 40 Abs. 1 VwGO i. V. m. § 62 SGB X und § 51 Abs. 1 Nr. 4a und Nr.6a SGG, für den vorläufigen Rechtsschutz § 86b SGG).

Für Verfahren im Rahmen der Sozialhilfe bei Trägern der Sozialhilfe oder beauftragten Stellen werden nach § 64 SGB X keine Gebühren und Auslagen erhoben. Die zur zweckentsprechenden Rechtsverfolgung oder Rechtsverteidigung notwendigen Aufwendungen im Widerspruchsverfahren sind dem Widerspruchsführer bei erfolgreichem Widerspruch gemäß § 63 SGB X zu erstatten.

Für den Erlass von Widerspruchsbescheiden (§ 85 Abs. 2 SGG) sind, wenn beauftragte Stellen tätig geworden sind, die besonderen Zuständigkeitsregelungen des § 99 Abs. 1 und Abs. 2 SGB XII zu beachten. Richtet sich der **Widerspruch** gegen die Ablehnung der Sozialhilfe oder gegen die Festsetzung ihrer Art und Höhe, sind nach **§ 116 Abs. 2 SGB XII** sozial erfahrene Dritte beratend zu beteiligen. Das gilt nicht bei Widersprüchen gegen die Festsetzung eines Aufwendungs- bzw. Kostenersatzes oder die Überleitung von Ansprüchen gegen Dritte.

2.9 Rückforderung, Aufrechnung, Verrechnung, Übertragung, Verpfändung, Pfändung, Rechtsnachfolge, Vererbung, Verjährung

Sozialhilfe wird grundsätzlich als Beihilfe erbracht und ist nicht zurückzuzahlen (vgl. 2.8.3.2) Die Bestimmungen der §§ 51 bis 59 SGB I über die Aufrechnung, Verrechnung, Übertragung, Verpfändung, Pfändung, Rechtsnachfolge und Vererbung sowie des § 45 SGB I über die Verjährung finden aufgrund des grundsätzlichen Übertragungs-, Pfändungs- bzw. Verpfändungsverbotes in § 17 Abs. 1 Satz 2 SGB XII nur sehr eingeschränkt Anwendung.

2.10 Freie Wohlfahrtspflege und Einrichtungen der Sozialhilfe

Die meisten für die Leistung von Sozialhilfe geeigneten Einrichtungen werden von Verbänden der freien Wohlfahrtspflege unterhalten. Deshalb wird in diesem Abschnitt sowohl zum Verhältnis zur freien Wohlfahrtspflege als auch zur Schaffung und Nutzung von Einrichtungen der Sozialhilfe Stellung genommen.

2.10.1 Institutionelle Nachrangigkeit, Verhältnis zur freien Wohlfahrtspflege

Vom Grundsatz der Nachrangigkeit ist nicht nur im Einzelfall (vgl. § 2 SGB XII), sondern auch im Verhältnis zur freien Wohlfahrtspflege die Rede (institutionelle Nachrangigkeit oder Subsidiarität). Der Gesetzgeber hat herausgestellt, dass die Stellung der Kirchen und Religionsgemeinschaften des öffentlichen Rechts sowie der Verbände der freien Wohlfahrtspflege als Träger eigener sozialer Aufgaben durch das Zwölfte Buch Sozialgesetzbuch nicht berührt wird (vgl. § 5 Abs. 1 SGB XII).

Spitzenverbände der Wohlfahrtspflege sind die Arbeiterwohlfahrt, der Caritasverband, der Deutsche Paritätische Wohlfahrtsverband, das Deutsche Rote Kreuz, das Diakonische Werk (Innere Mission und Hilfswerk der Evangelischen Kirche) und die Zentralwohlfahrtsstelle der Juden in Deutschland.

Die Träger der Sozialhilfe (vgl. § 3 SGB XII) sollen mit den Kirchen und Religionsgemeinschaften sowie den Verbänden der freien Wohlfahrtspflege zusammenarbeiten (vgl. § 5 Abs. 2 SGB XII) und sich dabei wirksam ergänzen (vgl. § 5 Abs. 3 Satz 1 SGB XII). Die Verbände sollen in ihrer Tätigkeit auf dem Gebiet der Sozialhilfe angemessen unterstützt werden (vgl. § 5 Abs. 3 Satz 2 SGB XII), womit vor allem eine finanzielle Unterstützung gemeint ist. Die Träger der Sozialhilfe sollen von der Durchführung eigener Maßnahmen absehen, wenn im Einzelfall bereits ein Wohlfahrtsverband Hilfe leistet (vgl. § 5 Abs. 4 SGB XII). Damit wird das Ziel, die einzelnen Maßnahmen zu koordinieren, unterstrichen und die institutionelle Nachrangigkeit betont.

Kapitel 2 - Aufbau und Strukturprinzipien des SGB XII

Diese Einschränkung gilt nicht für Geldleistungen (vgl. § 5 Abs. 4 Halbsatz 2 SGB XII). Es ist durchaus denkbar, dass die Dienstleistungen durch einen Verband der freien Wohlfahrtspflege und die finanzielle Hilfe durch den Träger der Sozialhilfe erbracht werden. Bei zusätzlichen Leistungen durch die freie Wohlfahrtspflege ist § 84 Abs. 1 SGB XII zu beachten, wonach Zuwendungen dieser Art regelmäßig als Einkommen unberücksichtigt bleiben.

Die Träger der Sozialhilfe können die Verbände der freien Wohlfahrtspflege an der Durchführung der Aufgaben nach dem Zwölften Buch Sozialgesetzbuch beteiligen oder ihnen die Durchführung der Aufgaben übertragen (vgl. § 5 Abs. 5 Satz 1 SGB XII). Ohne die Inanspruchnahme der freien Wohlfahrtspflege wäre die Durchführung der vielfältigen Aufgaben im Rahmen der Dienstleistungen nur schwer denkbar. Ganze Bereiche werden durch die Verbände abgedeckt, z. B. pflegerische Dienste, Mahlzeitendienste, Beratungsstellen, Betreuung von behinderten und älteren Menschen, oder die Wahrnehmung von Aufgaben der Allgemeinen Sozialdienste. **Nicht übertragbar** sind hoheitliche Aufgaben; deshalb können Verwaltungsakte nicht von den Verbänden der Wohlfahrtspflege erlassen werden.

In der Praxis hat sich die Zusammenarbeit mit der freien Wohlfahrtspflege durchweg bewährt. Die Träger der Sozialhilfe unterstützen die Verbände meist auch in finanzieller Weise, z. B. durch Pauschalzuschüsse oder eine prozentuale Beteiligung an den Ausgaben.

Neben dem § 5 SGB XII sind § 11 Abs. 5 Satz 1 und § 75 Abs. 2 Satz 1 SGB XII unmittelbar für das Verhältnis zur freien Wohlfahrtspflege von Bedeutung. Die §§ 75 ff. SGB XII sowie § 17 Abs. 3 SGB I treffen Regelungen für die Zusammenarbeit mit Einrichtungen und somit auch für das Verhältnis zwischen den Wohlfahrtsverbänden und den Trägern der Sozialhilfe.

Nach dem Wortlaut des § 5 Abs. 3 und 4 sowie § 75 Abs. 2 Satz 1 SGB XII sind die Träger der Sozialhilfe bezüglich eigener Aktivitäten beschränkt. Daraus ergibt sich jedoch **kein absoluter Vorrang freier Träger**[45]. Hiermit soll lediglich auf die bereits praktizierte Zusammenarbeit zwischen den Trägern der Sozialhilfe und freien Trägern - zum Wohl der Leistungsberechtigten - abgestellt werden. Dabei sind die freien Träger in ihrer Entscheidung, ob und in welchem Umfang sie im Bereich der Sozialhilfe tätig werden wollen, sowie in der Ausgestaltung ihrer Arbeit völlig frei.

2.10.2 Einrichtungen der Sozialhilfe

2.10.2.1 Schaffung von Einrichtungen

Die Träger der Sozialhilfe sind verpflichtet, darauf hinzuwirken, dass die zur Leistung von Sozialhilfe erforderlichen sozialen Dienste und Einrichtungen rechtzeitig und ausreichend zur Verfügung stehen (vgl. § 17 Abs. 1 Nr. 2 SGB I). Durch die Regelungen in § 13 Abs. 1 SGB XII, wonach Leistungen entsprechend den Erfordernissen des Einzelfalles zur Deckung des Bedarfs als ambulante, teilstationäre und stationäre Leistungen erbracht werden, wird diese Verpflichtung u. a. verdeutlicht.

---

[45] Vgl. BVerfG, Urteil vom 18.07.1967, 2 BvF 3-8/62, BvR 139-140/62, 334-335/62 BVerfGE 22, 180 = NJW 1967, 1765 = ZFSH 1967, 264.

Unter Einrichtungen in diesem Sinne sind **alle Einrichtungen** zu verstehen, die der Pflege, der Behandlung oder dem sonstigen nach dem Zwölften Buch Sozialgesetzbuch zu deckenden Bedarf oder der Erziehung dienen (vgl. § 13 Abs. 2 SGB XII). Damit werden mit diesem Begriff neben stationären Einrichtungen (z. B. Heime) auch teilstationäre Einrichtungen (z. B. Werkstätten für behinderte Menschen, Tagesstätten) erfasst.

Auch das Zweite Buch Sozialgesetzbuch benutzt den Begriff stationäre Einrichtung und regelt in § 7 Abs. 4 SGB II einen Leistungsausschluss für Personen, die dort untergebracht sind. Nach der Rechtsprechung des Bundessozialgerichts orientierte sich dieser aber bisher **nicht** am sozialhilferechtlichen Einrichtungsbegriff des § 13 Abs. 1 Satz 2 SGB XII und hatte einen eigenständigen, erwerbszentrierten Einrichtungsbegriff entwickelt[46].

Von dieser Auslegung hat sich das Bundessozialgericht wieder gelöst[47]. Danach muss es sich nunmehr doch um eine **Einrichtung** nach sozialhilferechtlichen Begriffsverständnis des § 13 Abs. 2 SGB XII handeln, in der die Leistungen **stationär** im Sinne des § 13 Abs. 1 SGB XII erbracht werden. Zusätzlich muss es sich aber auch um eine **Unterbringung** handeln. Dabei genügt ein geringes Maß an Unterbringung nicht. Erforderlich ist vielmehr, dass der Einrichtungsträger nach Maßgabe seines Konzeptes die „Gesamtverantwortung" für die tägliche Lebensführung und die Integration des Hilfebedürftigen übernimmt[48].

Ein **Rechtsanspruch** auf die Schaffung von Einrichtungen durch den Träger der Sozialhilfe lässt sich für einzelne Leistungsempfänger aus den Bestimmungen des Zwölften Buches Sozialgesetzbuch nicht ableiten. Dieses wäre in der Praxis auch wegen des oftmals nur geringen Bedarfs im Zuständigkeitsbereich eines Trägers nicht möglich (z. B. Spezialeinrichtungen für behinderte Menschen).

Andererseits ist der Träger der Sozialhilfe verpflichtet, die im Gesetz vorgesehenen Hilfen sicherzustellen, entweder durch eigene Einrichtungen oder solcher Dritter (z. B. der Verbände der Wohlfahrtspflege). Daraus ergibt sich für die Bereiche der einzelnen Träger die Notwendigkeit zur **Sozialplanung** (Einrichtungsplanung).

Der Gedanke der institutionellen Subsidiarität wird durch den § 75 Abs. 2 Satz 1 SGB XII besonders unterstrichen. Danach sollen die Träger der Sozialhilfe eigene Einrichtungen nicht neu schaffen, soweit geeignete Einrichtungen anderer Träger vorhanden sind, ausgebaut oder geschaffen werden können. Damit wird den freien oder privaten Trägern jedoch keine absolute Vorrangigkeit eingeräumt, vielmehr hat der Träger der Sozialhilfe nach pflichtgemäßem Ermessen zu entscheiden, ob er eigene Einrichtungen schafft. Unabhängig davon, inwieweit der Träger der Sozialhilfe freie oder private Träger an der Schaffung von Einrichtungen beteiligt, obliegt ihm die Gesamtverantwortung dafür, dass geeignete Einrichtungen in seinem Bereich ausreichend zur Verfügung stehen.

---

46 BSG, Urteil vom 06.09.2007, B 14/7 b AS 16/07 R, juris, Rn. 15.
47 BSG, Urteil vom 05.06.2014, B 4 AS 32/13 R, juris, Rn. 25 ff.
48 Mit Urteil vom 02.12.2014 hat sich der 14. Senat des BSG ausdrücklich der gewandelten Rechtsprechung des 4. Senats zum Einrichtungsbegriff des SGB II angeschlossen (BSG, Urteil vom 02.12.2014, B 14 AS 35/13 R, juris, Rn. 20).

In der Praxis nehmen die Träger der Sozialhilfe überwiegend die Angebote freier Träger, Einrichtungen zu schaffen, an. Die finanzielle Beteiligung der Träger der Sozialhilfe erfolgt in unterschiedlicher Weise.

2.10.2.2 Nutzung von Einrichtungen

Werden Einrichtungen anderer Träger durch Leistungsberechtigte in Anspruch genommen, sind die Bestimmungen der §§ 75 ff. SGB XII zu beachten. Der Träger der Sozialhilfe ist zur Übernahme der Kosten der Hilfe in einer Einrichtung eines anderen Trägers nur verpflichtet, wenn mit dem Träger der Einrichtung oder seinem Verband Vereinbarungen bestehen (Leistungs-, Vergütungs- und Prüfungsvereinbarungen; vgl. § 75 Abs. 3 Satz 1 SGB XII). Ist eine der hier genannten Vereinbarungen nicht abgeschlossen worden, kann der Träger der Sozialhilfe Leistungen durch diese Einrichtung nur erbringen, wenn dies nach der Besonderheit des Einzelfalles geboten ist (§ 75 Abs. 4 Satz 1 SGB XII). Weiteres wird diesbezüglich in § 75 Abs. 4 Sätze 2 ff. SGB XII geregelt.

Die **Ansprüche der Leistungsberechtigten** gegen die Träger der Sozialhilfe stehen im Vordergrund. Nach § 9 Abs. 2 Satz 2 SGB XII soll den Wünschen von Leistungsberechtigten, den Bedarf stationär zu decken, nur entsprochen werden, wenn u. a. entsprechende Vereinbarungen mit der Einrichtung nach den §§ 75 ff. SGB XII bestehen.

2.10.3 Zusammenarbeit mit anderen Trägern

Die Leistungsträger, ihre Verbände und die im Sozialgesetzbuch genannten öffentlich-rechtlichen Vereinigungen sind nach § 86 SGB X verpflichtet, bei der Erfüllung ihrer Aufgaben eng zusammenzuarbeiten. Nach § 17 Abs. 3 Satz 1 SGB I wirken die Leistungsträger in der Zusammenarbeit mit gemeinnützigen und freien Einrichtungen und Organisationen darauf hin, dass sich ihre Tätigkeiten zum Wohle der Leistungsempfänger wirksam ergänzen. Als eine geeignete Form der Zusammenarbeit kommt u. a. die Bildung von Arbeitsgemeinschaften in Betracht.

Die Träger der Sozialhilfe arbeiten mit anderen Stellen, deren gesetzliche Aufgaben dem gleichen Ziel dienen oder die an Leistungen beteiligt sind oder beteiligt werden sollen, zusammen. Zu nennen sind die Träger von anderen Sozialleistungen, insbesondere die, die nach den anderen Büchern des Sozialgesetzbuches zuständig sind, sowie gemeinsame Servicestellen der Rehabilitationsträger und Verbände (vgl. § 4 Abs. 1 Satz 1 SGB XII). Darüber hinaus sollen die Träger der Sozialhilfe gemeinsam mit den Beteiligten der Pflegestützpunkte nach § 7c SGB XI alle für die wohnortnahe Versorgung und Betreuung in Betracht kommenden Hilfe- und Unterstützungsangebote koordinieren (§ 4 Abs. 1 Satz 2 SGB XII).

Servicestellen sind örtliche Einrichtungen der Rehabilitationsträger zur Beratung und Unterstützung von behinderten und von Behinderung bedrohten Menschen, ihren Vertrauenspersonen und Personensorgeberechtigten (vgl. § 22 SGB IX).

Pflegestützpunkte haben u.a. die Aufgabe, unabhängige Auskunft und Beratung zu den Rechten und Pflichten nach dem Sozialgesetzbuch und zur Auswahl vorgesehener Leistungen und Angebote anzubieten, Hilfs- und Unterstützungsangebote wohnortnaher Versorgung und Betreuung zu koordinieren und zu vermitteln und die Vernetzung abgestimmter pflegerischer und sozialer Versorgungs- und Beratungsangebote anzustreben (vgl. § 7c SGB XI).

Die Zusammenarbeit zwischen den verschieden Leistungsträgern ist deshalb besonders wichtig, weil die Leistungsberechtigten und / oder ihre Angehörigen oft nebeneinander Leistungen nach unterschiedlichen Rechtsgrundlagen erhalten oder erhalten können.

2.10.4 Arbeitsgemeinschaften

Nach § 4 Abs. 2 SGB XII sollen Arbeitsgemeinschaften gebildet werden, wenn die Beratung und Sicherung der gleichmäßigen, gemeinsamen oder ergänzenden Erbringung von Leistungen dieses gebietet. Als Arbeitsgemeinschaften bestehen z. B.

auf Bundesebene

- der Deutsche Verein für öffentliche und private Fürsorge
- die Bundesarbeitsgemeinschaft der überörtlichen Träger der Sozialhilfe
- die Bundesarbeitsgemeinschaft der Wohnungslosenhilfe

auf Landesebene

- die Landesarbeitsgemeinschaft der öffentlichen und freien Wohlfahrtspflege Nordrhein-Westfalen

auf der Ebene der Landschaftsverbände in Nordrhein-Westfalen

- Arbeitsausschuss der Sozialdezernenten

auf der Ebene der Kreise und kreisfreien Städte

- die Arbeitsgemeinschaften der örtlichen Träger der Sozialhilfe mit den Verbänden der freien Wohlfahrtspflege
- die Arbeitsgemeinschaft der Kreissozialamtsleiter

Wegen der praktischen Bedeutung wird hier die Zusammenarbeit zwischen den Trägern der Sozialhilfe und den Verbänden der freien Wohlfahrtspflege auf **örtlicher Ebene** (Kreise und kreisfreie Städte) hervorgehoben. Die von den Beteiligten gebildeten Arbeitsgemeinschaften, die u. a. der Zielsetzung des § 5 SGB XII entsprechen, können nicht nur das Verhältnis und die Zusammenarbeit zwischen „öffentlichen" und „freien" Trägern verbessern, sondern auch das zwischen den einzelnen Verbänden der freien Wohlfahrtspflege.

Die Zusammenarbeit in den Arbeitsgemeinschaften sollte u. a. dazu beitragen,

- Bedarfssituationen zu erkennen,
- geeignete Maßnahmen zu ergreifen,
- Absprachen über die Wahrnehmung von Aufgaben zu treffen,
- Maßnahmen zu koordinieren und ggf. hierbei zu kooperieren sowie
- Doppel- bzw. Vielfachbetreuungen von Leistungsempfängern zu verhindern.

3 Hilfe zum Lebensunterhalt nach dem 3. Kapitel des Zwölften Buches Sozialgesetzbuch

Zum 01.01.2005 wurde das bis dahin geltende Bundessozialhilfegesetz aufgehoben und das Sozialhilferecht - mit inhaltlichen und strukturellen Veränderungen - als Zwölftes Buch in das Sozialgesetzbuch integriert. Nach § 8 SGB XII umfasst die Sozialhilfe folgende Leistungen:

- Hilfe zum Lebensunterhalt nach dem Dritten Kapitel (§§ 27 bis 40 SGB XII),

- Grundsicherung im Alter und bei Erwerbsminderung nach dem Vierten Kapitel (§§ 41 bis 46b SGB XII),

- Hilfen zur Gesundheit nach dem Fünften Kapitel (§§ 47 bis 52 SGB XII),

- Hilfe zur Pflege nach dem Siebten Kapitel (§§ 61 bis 66a SGB XII),

- Hilfe zur Überwindung besonderer sozialer Schwierigkeiten nach dem Achten Kapitel (§§ 67 bis 69 SGB XII),

- Hilfe in anderen Lebenslagen nach dem Neunten Kapitel (§§ 70 bis 74 SGB XII)

sowie die jeweils gebotene Beratung und Unterstützung.

Die Leistungen zum Lebensunterhalt nach dem 3. und 4. Kapitel SGB XII dienen der Sicherstellung der Grundbedürfnisse des täglichen Lebens. Sie sind als existenzsichernde Leistungen mit den Leistungen zur Sicherung des Lebensunterhalts im Rahmen der Grundsicherung für Arbeitsuchende nach dem Zweiten Buch Sozialgesetzbuch vergleichbar. Die Leistungen nach dem 3. Kapitel SGB XII sind dabei gegenüber den - weitgehend entsprechenden - Grundsicherungsleistungen nach dem 4. Kapitel SGB XII **nachrangig** zu erbringen (vgl. § 19 Abs. 2 Satz 2 SGB XII).

Ein Anspruch auf Leistungen zur Sicherung des Lebensunterhalts nach dem Zweiten Buch schließt Leistungen zum Lebensunterhalt nach dem Zwölften Buch Sozialgesetzbuch aus (vgl. § 5 Abs. 2 Satz 1 SGB II und § 21 Satz 1 SGB XII). Die Sozialhilfe sichert ausschließlich den Lebensunterhalt der Personen, die nach dem Zweiten Buch Sozialgesetzbuch weder selbst (vgl. § 7 Abs. 1 Satz 1 SGB II) noch als Angehörige der Bedarfsgemeinschaft (vgl. § 7 Abs. 2 Satz 1 i. V. m. § 19 Abs. 1 Satz 2 SGB II) **dem Grunde nach** leistungsberechtigt sind. Auf einen tatsächlichen Leistungsbezug kommt es nicht an. Sozialhilfeleistungen für den Lebensunterhalt sind auch in den Fällen ausgeschlossen, in denen ein Anspruch nach dem Zweiten Buch Sozialgesetzbuch wegen nicht nachgewiesener Hilfebedürftigkeit (noch) nicht festgestellt wurde, die Leistungen nach dem Zweiten Buch Sozialgesetzbuch wegen einer Sanktion gemindert bzw. vollständig entfallen sind oder mangels Hilfebedürftigkeit im Sinne von § 9 Abs. 1 SGB II abgelehnt wurden.

Die Hilfen nach den 5. bis 9. Kapitel SGB XII erfassen besondere Lebensumstände bzw. qualifizierte Notlagen, die ihre Ursachen z. B. in einer Krankheit oder einer Behinderung haben. Leistungen nach diesen Kapiteln stehen nicht in Konkurrenz zu den existenzsichernden Leistungen nach dem Zweiten Buch Sozialgesetzbuch. Sie kommen damit grundsätzlich auch für den Personenkreis der dort Berechtigten in Betracht (z. B. Hilfe zur Pflege nach §§ 61 ff. SGB XII).

Für alle Sozialhilfeleistungen gilt eine Beratungs- und Unterstützungspflicht der zuständigen Träger, die in den §§ 14 und 15 SGB I ihre Grundlage hat und sich in § 11 SGB XII weiter konkretisiert.

3.1 Anspruchsvoraussetzungen

Die Vorschrift des § 19 Abs. 1 SGB XII regelt die grundsätzlichen Anspruchsvoraussetzungen für die Hilfe zum Lebensunterhalt nach dem 3. Kapitel SGB XII. Diese Norm bildet - zusammen mit § 27 SGB XII - die Anspruchsgrundlage für diese Hilfeart und ist Ausgangspunkt jeder Prüfung im Einzelfall.

Voraussetzung für einen Leistungsanspruch ist daneben, dass die nachfragende Person überhaupt berechtigt ist, Leistungen zum Lebensunterhalt nach diesem Kapitel zu beziehen (vgl. z. B. Anspruchsausschluss nach § 23 Abs. 2 SGB XII für Berechtigte nach § 1 Asylbewerberleistungsgesetz, Vorrang der Grundsicherung im Alter und bei Erwerbsminderung nach § 19 Abs. 2 Satz 2 SGB XII).

Von besonderem Gewicht ist dabei die Ausschlussnorm des § 21 Satz 1 SGB XII, die die Personen von Lebensunterhaltsleistungen ausschließt, die **dem Grunde nach berechtigt sind, Leistungen nach dem Zweiten Buch Sozialgesetzbuch** zu beziehen (Ausnahme: § 36 SGB XII für sonstige Hilfen zur Sicherung der Unterkunft - z. B. Mietschulden - bei nicht laufenden Fällen im Zweiten Buch Sozialgesetzbuch). Zwingend ist somit in jedem Einzelfall die Feststellung, dass keine Leistungsansprüche nach dem Zweiten Buch Sozialgesetzbuch geltend gemacht werden können. Diese Prüfung ist für jede für die Leistung in Betracht kommende Person notwendig. Sie kann bei Angehörigen in Familienverbänden oder Haushaltsgemeinschaften im Einzelfall zu dem Ergebnis führen, dass die Ansprüche der einzelnen Haushaltsmitglieder nach unterschiedlichen Leistungsnormen zu prüfen sind („Mischfälle" bzw. „gemischte Bedarfsgemeinschaften").

3.1.1 Einzelanspruch/Einsatzgemeinschaft

Nach § 19 Abs. 1 SGB XII i. V. m. § 27 Abs. 1 SGB XII und Abs. 2 Satz 1 SGB XII ist den Personen Hilfe zum Lebensunterhalt zu leisten, die

- ihren notwendigen Lebensunterhalt
- nicht oder nicht ausreichend aus eigenen Kräften und Mitteln, insbesondere aus ihrem Einkommen und Vermögen,

bestreiten können.

Jede nachfragende Person hat, unabhängig von ihrem Alter und ihrer Stellung in einer möglichen Haushaltsgemeinschaft, einen selbstständigen Rechtsanspruch auf Hilfe zum Lebensunterhalt nach dem 3. Kapitel SGB XII. Dieser Anspruch ist unter den Voraussetzungen des § 27 Abs. 2 SGB XII aber grundsätzlich auch abhängig von dem Einkommen und Vermögen der dort genannten Personen. Den „Hilfeanspruch einer Familie" oder einer Personengruppe gibt es nicht. Von daher ist bereits bei der Leistungsbewilligung darauf zu achten, wer im Einzelnen als leistungsberechtigte Person (mit welchem Zahlbetrag) mit dem jeweiligen Individualanspruch ermittelt wurde.

3.1.2 Inanspruchnahme anderer Personen

Grundsätzlich ergibt sich für die einzelne nachfragende Person der individuelle Anspruch auf Hilfe zum Lebensunterhalt nach dem 3. Kapitel SGB XII durch die Gegenüberstellung des eigenen Bedarfs mit den eigenen Mitteln (Einkommen und Vermögen). Nach § 27 Abs. 2 Satz 2 SGB XII ist jedoch in „Partnerschaften" das Einkommen und Vermögen beider Partner **gemeinsam** zu berücksichtigen.

Zu den verpflichteten Partnern gehören dabei

- die nicht getrennt lebenden Ehegatten,

- die nicht getrennt lebenden Lebenspartner sowie

- Personen, die in einer eheähnlichen oder lebenspartnerschaftsähnlichen Gemeinschaft leben (vgl. § 20 SGB XII).

Im Einzelnen sind für die Abgrenzung der verpflichteten Personen bestimmte Auslegungskriterien zu beachten.

3.1.2.1 Inanspruchnahme des nicht getrennt lebenden (Ehe-)Partners

Für die Inanspruchnahme des nicht getrennt lebenden Ehepartners muss zunächst eine Ehe vorliegen. Eine weltweit einheitliche Definition für eine Ehe gibt es nicht, da das Verständnis eines solchen Zusammenlebens stark von den persönlichen und religiösen Merkmalen eines Kulturkreises geprägt ist. Heutzutage wird die Ehe in Deutschland als Form der Verbindung zweier Menschen definiert, die gesetzlich geregelt ist und formal vor einem Standesbeamten geschlossen wird. Damit ist die Ehe eine rechtlich anerkannte und geschützte Verbindung zweier Personen verschiedenen oder gleichen Geschlechts, die grundsätzlich auf eine lebenslange Lebensgemeinschaft angelegt ist (§§ 1303 ff., 1307, 1353 Abs. 1 BGB). Die Einführung der gleichgeschlechtlichen Ehe erfolgte durch das entsprechende Gesetz vom 20.07.2017 (BGBl. I S. 2978) mit Wirkung ab 01.10.2017.

Bei einer im Ausland geschlossenen Ehe kann anderes gelten (vgl. nur Art. 14 EGBGB). Im Zweifel ist eine Auskunft der Ausländerbehörde einzuholen. Auch die Standesämter können entsprechende Auskünfte erteilen.

Nach dem BGB hat mit der Eheschließung jeder Ehegatte das Recht auf Herstellung der ehelichen Gemeinschaft (§ 1353 Abs. 1 Satz 2 BGB). Das beinhaltet ein Zusammenleben bis hin zum Geschlechtsverkehr. Auch besteht ein Unterhaltsanspruch, da die Ehegatten einander verpflichtet sind, durch ihre Arbeit und mit ihrem Vermögen die Familie angemessen zu unterhalten (§ 1360 BGB). Das Unterhalten kann dabei nicht nur in Form von Geld geschehen, sondern kann auch regelmäßig durch die Führung des gemeinsamen Familienhaushalts erfolgen.

Partner **leben getrennt**, wenn die Lebens- und Wirtschaftsgemeinschaft zwischen ihnen nach den tatsächlichen Verhältnissen nicht nur vorübergehend aufgegeben ist. Ein „getrennt leben" ist nicht gleichzusetzen mit einem „getrennt wohnen". Ein vorübergehender z. B. berufsbedingter Aufenthalt an verschiedenen Wohnorten stellt kein „Getrenntleben" in diesem Sinne dar, weil keine bewusste und gewollte Aufhebung der ehelichen Lebensgemeinschaft vorliegt[49]. Auch die zwangsläufige räumliche Trennung und Beendigung einer Wirtschaftsgemeinschaft wegen des pflegebedingten Heimaufenthalts eines Partners reicht allein für die Annahme eines Getrenntlebens nicht aus[50]. Die Partner leben in einem solchen Fall jedoch getrennt, wenn sich aus den ihre Beziehung zueinander kennzeichnenden Gesamtumständen ergibt, dass zumindest einer von ihnen den Willen hat, sich von dem anderen Partner unter Aufgabe der bisherigen Lebensgemeinschaft auf Dauer zu trennen.

Die Auslegung des Begriffs „Getrenntleben" richtet sich auch im Rahmen des Zwölften Buches Sozialgesetzbuch nach familienrechtlichen Grundsätzen. Gemäß § 1567 BGB leben Ehegatten getrennt, wenn zwischen ihnen keine häusliche Gemeinschaft besteht und ein Ehegatte sie erkennbar nicht herstellen will, weil er die eheliche Lebensgemeinschaft ablehnt. Maßgebend ist also der objektiv hervortretende Trennungswille.

Eine gemeinsame Wohnadresse ist auf der anderen Seite kein Ausschlusskriterium für ein Getrenntleben im Sinne des Gesetzes. Nicht selten verbleibt ein Paar trotz Trennung in der gemeinsamen Wohnung, etwa weil Kinder zu betreuen sind oder eine angemessene Wohnung nicht zeitnah zu finden ist. Hier wird im Zweifel eine andere räumliche Aufteilung der Wohnräume, eine getrennte Wirtschaftsführung, ggf. eine Veränderung der Steuerklasse den Willen zur Aufhebung der bisherigen Lebensgemeinschaft dokumentieren[51].

Zweifel ergeben sich in der Praxis des Öfteren bei vorübergehender Trennung aufgrund einer Inhaftierung eines Partners oder eines Aufenthalts im Frauenhaus. Hier ist im Einzelfall zu klären, ob eine dauerhafte Beendigung der ehelichen Lebensgemeinschaft vorliegt oder ob die Aussicht der Aufrechterhaltung bzw. Wiederherstellung der partnerschaftlichen Beziehung besteht.

Eine Einsatzverpflichtung im Sinne des § 27 Abs. 2 Satz 2 SGB XII besteht auch zwischen **Lebenspartnern**. Entsprechend der Definition in § 33b SGB I muss es sich dabei um eine (eingetragene) Lebenspartnerschaft nach dem Lebenspartnerschaftsgesetz handeln. Gleichgeschlechtliche Lebensgemeinschaften, die ihre Verbindung nach § 9 LPartG eintragen

---

[49] BSG, Urteil vom 18.02.2010, B 4 AS 49/09 R, juris, Rn. 13 ff.
[50] BSG, Urteil vom 16.04.2013, B 14 AS 71/12 R, juris, Rn. 17 ff.
[51] BSG, Urteil vom 02.11.2012, B 4 AS 39/12 R, juris, Rn 14 f.

lassen, sind damit wie Ehegatten zum gemeinsamen Einsatz von Einkommen und Vermögen verpflichtet. Mit der Einführung der gleichgeschlechtlichen Ehe können keine neuen Lebenspartnerschaften mehr eingegangen werden[52]. Bereits eingetragene Lebenspartnerschaften bleiben aber bestehen, wenn die Betroffenen keine Umwandlung in eine Ehe vornehmen lassen.

Personen, die in einer **eheähnlichen oder lebenspartnerschaftsähnlichen Gemeinschaft** leben, dürfen gemäß § 20 Satz 1 SGB XII hinsichtlich der Voraussetzungen und des Umfangs der Sozialhilfe nicht besser gestellt werden als Ehegatten. Diese Gleichstellung führt dazu, dass auch bei Partnern, die in einer der Ehe oder der Lebenspartnerschaft ähnlichen Gemeinschaft zusammen leben, die Hilfe zum Lebensunterhalt sowohl von den eigenen Mitteln als auch vom Einkommen und Vermögen des Partners abhängig zu machen ist.

Eine **eheähnliche** Gemeinschaft liegt vor, wenn sie als auf Dauer angelegte Lebensgemeinschaft zwischen einem Mann und einer Frau über eine reine Haushalts- und Wirtschaftsgemeinschaft hinaus geht und sich - im Sinne einer Verantwortungs- und Einstehensgemeinschaft - durch innere Bindungen auszeichnet, die ein gegenseitiges Einstehen der Partner füreinander begründen[53]. Es reicht damit nicht aus, dass ein Paar zusammen wohnt und/oder zusammen wirtschaftet. Es muss vielmehr aus den Gesamtumständen des Einzelfalls auf das Vorliegen einer Einstehensgemeinschaft geschlossen werden können.

Charakteristisch ist weiterhin, dass die eheähnliche Gemeinschaft daneben keine weitere Lebensgemeinschaft gleicher Art zulässt. Für die Annahme, dass eine Partnerschaft „keine vergleichbare Lebensgemeinschaft daneben zulässt", ist der jeweilige Familienstand unerheblich; entscheidend ist allein, dass nach einer Scheidung eine Heirat rechtlich möglich ist. Es kommt somit nicht darauf an, ob ein Partner ledig, verwitwet oder geschieden bzw. mit einer anderen Person verheiratet ist[54].

Der zuständige Leistungsträger kann dabei nicht allein auf die persönlichen Erklärungen der Betroffenen abstellen. Um eine Schlechterstellung der Ehe im faktischen Leistungsbezug auszuschließen, benötigt er objektive Hinweistatsachen. Wichtigstes Indiz für das Vorliegen einer Einstehensgemeinschaft ist die bestehende Wohngemeinschaft zwischen einem Mann und einer Frau, insbesondere auch mit Kindern.[55]

Auch wenn die Dauer des Zusammenlebens ein wichtiges Indiz für eine eheähnliche Gemeinschaft sein kann, könnte eine solche auch „vom ersten Tag an" vorliegen.

---

[52] Gesetz zur Einführung des Rechts auf Eheschließung für Personen gleichen Geschlechts vom 20.07.2017, BGBl. I, S. 2787, Inkrafttreten mit Wirkung vom 01.10.2017.
[53] BVerwG, Urteil vom 17.05.1995, 5 C 16/93, BVerwGE 98, 195 = NJW 1995, 2802 = FEVS 46, 1 unter Aufgabe der bis dahin geltenden Rechtsprechung vom 20.01.1977, 5 C 62/75, BVerwGE 52, 11 im Anschluss an BVerfG, Urteil vom 17.11.1992, 1 BvL 8/87, BVerfGE 87, 234 = NJW 1978, 388 = FEVS 25, 278.
[54] BSG, Urteil vom 05.09.2019, B 8 SO 14/18 R, juris, Rn. 16.
[55] Vergleichend lassen sich die im Zweiten Buch Sozialgesetzbuch aufgestellten Kriterien für das (vermutete) Bestehen einer Einstehensgemeinschaft heranziehen (vgl. § 7 Abs. 3a SGB II).

Weitere **Indizien**, die auf das Vorliegen einer eheähnlichen Gemeinschaft hindeuten, können sein:

- gemeinsame Haushaltsführung (z. B. gemeinsame Haushaltskasse und Einkäufe),
- gemeinsame Kontenführung mit ggf. Kontovollmachten,
- gemeinsames Mietverhältnis,
- gemeinsame Versicherungen (z. B. Familientarife in Hausrat- und Privathaftpflichtversicherungen),
- Vermögensdispositionen zu Gunsten des anderen (z. B. Einsetzen als Berechtigte in Lebensversicherungen,
- Befugnis, über Vermögensgegenstände des anderen Partners zu verfügen (z. B. Kontovollmacht),
- gegenseitige Erbeinsetzung,
- vertraglich vereinbarte gegenseitige Unterstützung,
- gemeinsame Urlaube und Freizeitgestaltungen,
- Dauer des Zusammenlebens,
- Teilnahme an Familienfeiern,
- gemeinsame bzw. wechselseitige Versorgung von Kindern und Angehörigen,
- gemeinsame Wohnungen bzw. gemeinsam durchgeführte Umzüge in der Vergangenheit,
- Bestehen sexueller Kontakte bzw. Beziehungen,
- weitere Zukunftsplanung (z. B. Verlobung, konkrete Heiratsabsicht) oder
- Größe und Zuschnitt bzw. Aufteilung der Wohnung und ggf. gemeinsame Nutzung der Räume.

Entscheidend ist das Gesamtbild des Einzelfalls und nicht die Frage, ob einzelne Punkte des (nichtabschließenden) Kataloges zutreffen. Nach den Regeln der objektiven Beweislast ist es Aufgabe der Verwaltung, das Bestehen einer eheähnlichen Gemeinschaft zu belegen.

Nicht als eheähnliche Gemeinschaft in Betracht kommen Geschwistergemeinschaften oder Gemeinschaften zwischen Eltern(teilen) und volljährigen Kindern, weil in diesen Fällen eine Ehe nach bürgerlichem Recht bzw. eine Lebenspartnerschaft nach dem Lebenspartnerschaftsgesetz nicht geschlossen werden kann. Allerdings ist im Rahmen der Unterhaltsvermutung nach § 39 SGB XII zu prüfen, ob nicht von einer (finanziellen) Unterstützung durch die mit der hilfebedürftigen Person zusammen lebende Person ausgegangen werden kann (vgl. 3.5.2).

Oftmals wird in der Praxis mangels eigener gesetzlicher Regelung auf die Tatbestände des § 7 Abs. 3a SGB II zurückgegriffen, da sich Regelungen des Zweiten Buches Sozialgesetzbuch dadurch unterscheiden, dass die ehe- und partnerschaftsähnliche Gemeinschaft dort, mittels vier einzeln angeführter Kriterien konkretisiert, vermutet wird. Sie bewirkt eine Beweislastumkehr zugunsten der Verwaltung. Eine solche gesetzliche Vermutung enthält das Zwölfte Buch Sozialgesetzbuch nicht. Eine Analogie verbietet sich mangels einer planwidrigen Regelungslücke.

Unter einer **lebenspartnerschaftsähnlichen Gemeinschaft** ist eine Lebensgemeinschaft von gleichgeschlechtlichen Partnern zu verstehen, die - vergleichbar zur eheähnlichen Gemeinschaft - auf Dauer angelegt ist und sich ebenfalls durch ein gegenseitiges Einstehen der Partner für einander auszeichnet. Im Zweifel sind für die Feststellung einer solchen Gemeinschaft dieselben Kriterien anzulegen wie bei der eheähnlichen Gemeinschaft.

3.1.2.2   Vertikale Einkommensanrechnung bei Partnern

Die Klärung der Einsatzverpflichtung der Partner ist im 3. Kapitel des SGB XII nicht ausdrücklich geregelt. Wie im 4. Kapitel bereits vorgegeben (vgl. § 43 Abs. 1 Satz 2 SGB XII) hat sich die sog. vertikale Einkommensanrechnung als Grundlage der Leistungsberechnung im Zwölften Buch Sozialgesetzbuch etabliert (auch Prozentmethode oder Mangelverteilungsmethode genannt). Damit besteht ein Unterschied zur horizontalen Einkommensanrechnung (sog. Bedarfsanteilsmethode) im Zweiten Buch Sozialgesetzbuch (vgl. § 9 Abs. 2 Satz 3 SGB II).

Nach der Prozentmethode sind nur die Mittel des einsatzpflichtigen Partners zu verteilen, die den Betrag übersteigen, der zur Bestreitung des eigenen notwendigen Lebensunterhalts nach den Regelungen des 3. Kapitels SGB XII benötigt wird; nur insoweit kommt eine Einsatzverpflichtung gegenüber dem leistungsberechtigten Partner in Betracht.

3.1.2.3   Inanspruchnahme der Eltern oder des Elternteils

Gehören minderjährige unverheiratete Kinder dem Haushalt ihrer Eltern oder eines Elternteils an und können sie den notwendigen Lebensunterhalt aus ihrem Einkommen und Vermögen nicht beschaffen, sind nach § 27 Abs. 2 Satz 3 SGB XII auch das Einkommen und das Vermögen der Eltern oder des Elternteils gemeinsam zu berücksichtigen. Das heißt, dass die Leistung von Hilfe zum Lebensunterhalt an das betreffende Kind auch vom Einkommen und Vermögen der Eltern/des Elternteils abhängt. Soweit deren Lebensunterhaltsbedarf gedeckt ist, sind die (rechnerisch) übersteigenden Mittel für den Lebensunterhalt des Kindes bzw. der Kinder einzusetzen, soweit keine Ausnahme besteht (vgl. 3.1.3.). Auch hier erfolgt die vertikale Einkommensanrechnung wie bei Partnern. Haben mehrere Kinder einen ungedeckten Bedarf so hat eine prozentuale Aufteilung des einzusetzenden Einkommens nach der Höhe der ungedeckten Bedarfe zu erfolgen.

Die elterliche Einsatzverpflichtung steht unter dem Vorbehalt des § 19 Abs. 4 SGB XII. Das bedeutet eine Freistellung für den Fall, dass das leistungsberechtigte Kind schwanger ist oder seinerseits ein leibliches Kind bis zur Vollendung des sechsten Lebensjahres betreut (vgl. 3.1.3).

Die Einstandsverpflichtung der Eltern bzw. Elternteile hängt von Tatbestandsvoraussetzungen ab, die zum Teil einer begrifflichen Klärung bedürfen.

Der **Elternbegriff** ergibt sich aus dem Bürgerlichen Gesetzbuch. Eltern sind danach die Mutter (vgl. § 1591 BGB) und der Vater (vgl. § 1592 BGB). Gleichgültig ist, ob das Kind leibliches Kind ist oder als Kind angenommen wurde (vgl. § 1754 BGB). Stiefeltern oder Pflegeeltern sind nicht Eltern in diesem Sinne. Sie werden von der Regelung des § 27 Abs. 2 Satz 3 SGB XII nicht erfasst.[56] Im Verhältnis Stiefeltern zu Stiefkindern kommt aber ggf. eine Vermutung der Bedarfsdeckung nach § 39 SGB XII in Betracht (vgl. 3.5.2).

Zum unmittelbaren Einkommens- und Vermögenseinsatz sind Eltern bzw. Elternteile nur verpflichtet, wenn die Kinder

- minderjährig und

- unverheiratet sind,

- im Haushalt ihrer Eltern oder eines Elternteils leben und

- den notwendigen Lebensunterhalt aus ihrem Einkommen und Vermögen nicht bestreiten können.

Unverheiratet sind Kinder, die ledig, verwitwet oder geschieden sind. **Minderjährig** sind Personen, die das 18. Lebensjahr noch nicht vollendet haben (Umkehrschluss aus § 2 BGB). Zwar stehen volljährige unverheiratete Kinder bis zur Vollendung des 21. Lebensjahres, solange sie im Haushalt der Eltern oder eines Elternteils leben und sich in der allgemeinen Schulausbildung befinden (sog. privilegierte volljährige Kinder), nach § 1603 Abs. 2 Satz 2 BGB unterhaltsrechtlich den minderjährigen Kindern gleich. Das Sozialhilferecht sieht gleichwohl in § 27 Abs. 2 Satz 3 SGB XII nur eine unmittelbare Einsatzverpflichtung bei minderjährigen Kindern vor.

Zu beachten ist, dass Kinder, die **das 15. Lebensjahr vollendet** haben, die Altersvoraussetzung des § 7 Abs. 1 Satz 1 Nr. 1 SGB II erfüllen und in der Regel bei Hilfebedürftigkeit als erwerbsfähige Leistungsberechtigte einen Anspruch auf Arbeitslosengeld II haben. Insofern werden Leistungen zum Lebensunterhalt nach dem Zwölften Buch Sozialgesetzbuch regelmäßig für sie nicht in Betracht kommen. In diesem Fall können die Eltern der Kinder durch die Bildung der Bedarfsgemeinschaft einen Anspruch auf Sozialgeld nach dem Zweiten Buch Sozialgesetzbuch haben. In der Praxis ist daher in diesen Fällen immer genau zu prüfen, wie sich die Altersstrukturen während des laufenden Leistungsbezuges ändern.

Eine **Haushaltsgemeinschaft** setzt ein gemeinsames Wohnen und Wirtschaften voraus. Diese Voraussetzung ist auch dann erfüllt, wenn die Eltern oder der mit dem Kind zusammen lebende Elternteil keinen eigenen Haushalt führen (Beispiel: Das Kind lebt zusammen mit seiner Mutter im Haushalt der Großeltern) oder wenn das Kind zeitweise abwesend ist (z. B. weil der andere Elternteil von seinem Umgangsrecht Gebrauch macht).

Das Kind muss **bedürftig** sein, darf also den **notwendigen Lebensunterhalt nicht aus eigenem Einkommen und Vermögen bestreiten** können. Verfügt ein Kind über eigenes Einkommen oder einsetzbares Vermögen, besteht die Einsatzverpflichtung der Eltern nur

---

[56] Dagegen müssen im Zweiten Buch Sozialgesetzbuch Stiefelternteile durch die Bildung der Bedarfsgemeinschaft ihr Einkommen und Vermögen für die Stiefkinder ggf. bis zum 25. Lebensjahr einsetzen (vgl. § 7 Abs. 3 SGB II i. V. m. § 9 Abs. 2 Satz 2 SGB II)

insoweit, als die zur Verfügung stehenden Mittel nicht ausreichen, den notwendigen Lebensunterhalt selbst sicher zu stellen. Hierbei ist auch das Kindergeld zu berücksichtigen, welches bei Minderjährigen nach § 82 Abs. 1 Satz 3 SGB XII dem jeweiligen Kind als Einkommen zuzurechnen ist, soweit es bei diesem zur Deckung des notwendigen Lebensunterhalts benötigt wird. Benötigt das Kind zur Bedarfsdeckung nur einen Teil vom Kindergeld, so fließt es als „übersteigendes" Kindergeld dem Kindergeldberechtigen wieder zu.

3.1.3 Ausnahme zur elterlichen Einsatzverpflichtung

Nach § 19 Abs. 4 SGB XII werden Einkommen und Vermögen der Eltern oder des Elternteils entgegen der oben erläuterten grundsätzlichen Verpflichtung nicht berücksichtigt, wenn das minderjährige Kind **schwanger** ist oder das leibliche **Kind bis zu Vollendung des sechsten Lebensjahres** betreut (Beispiel: Die 14-jährige schwangere Tochter lebt im Haushalt ihrer Eltern).

Die Ausnahmebestimmung ist flankierende Vorschrift zum **Schutz des ungeborenen Lebens** und hebt den Nachrang der Hilfe in Bezug auf sämtliche Sozialhilfeleistungen in erheblichem Umfang auf. Sinn der Vorschrift ist es zu vermeiden, dass ein notwendig werdender Sozialhilfebezug ein Motiv für eine Abtreibung sein könnte. Die Schwangere soll sicher sein, dass sie Sozialleistungen erhält, ohne dass ihre Eltern in Anspruch genommen werden. Die Vorschrift gilt - wie sich aus der systematischen Stellung ergibt - unmittelbar nur für minderjährige unverheiratete Kinder. Für volljährige oder verheiratete Kinder, die im Haushalt der Eltern leben, gilt jetzt ausdrücklich derselbe Schutz nach § 39 Satz 3 Nr. 1 SGB XII.

Der Schutz der Vorschrift greift zum einen bereits **ab Beginn der Schwangerschaft**. Sie schützt also auch in den Fällen, in denen die Schwangerschaft nicht ursächlich für die Hilfebedürftigkeit ist. Zum anderen geht der Schutz der Vorschrift ferner **über die Zeit der Schwangerschaft hinaus** bis zur Vollendung des sechsten Lebensjahres des Kindes, sofern es bis dahin von der Mutter **oder dem Vater** betreut wird. Diese Ausweitung des Schutzes hat unter Umständen nichts mit dem Schutz des ungeborenen Lebens zu tun. Dies gilt z. B., wenn die Hilfebedürftigkeit überhaupt erst etwa im vierten Lebensjahr des Kindes aufgetreten ist.

Die Vorschrift des § 19 Abs. 4 SGB XII hat zur Folge, dass in den Genuss der Privilegierung auch minderjährige Kinder kommen, die vor Geburt des Kindes nicht bedürftig waren, weil das nach § 19 Abs. 1 SGB XII zu berücksichtigende Einkommen der Eltern zur Deckung des notwendigen Lebensunterhalts des Kindes ausreichend war. Damit könnte selbst ein minderjähriges Kind aus einem wohlhabenden Elternhaus, das bei den Eltern lebt, Sozialhilfe im Rahmen der Hilfe zum Lebensunterhalt erhalten. Hierzu dürfte es jedoch nur in seltenen Ausnahmefällen kommen, weil das minderjährige Kind in der Regel dem Grunde nach leistungsberechtigt nach dem Zweiten Buch Sozialgesetzbuch ist und ein Anspruch deshalb schon nach § 21 Satz 1 SGB XII ausscheidet. Eine § 19 Abs. 4 SGB XII entsprechende Regelung enthält allerdings auch § 9 Abs. 3 SGB II.

Diese sozialpolitisch motivierte Regelung, die zunächst in § 19 Abs. 4 SGB XII aufgegriffen wird, findet ihre Fortsetzung in § 39 Satz 3 Nr. 1 SGB XII selbst (keine Vermutung der Bedarfsdeckung in diesen Familienkonstellationen) und § 94 Abs. 1 Satz 4 SGB XII (Ausschluss des Übergangs von Unterhaltsansprüchen). Damit wird verhindert, dass Eltern/Elternteile, deren Einkommen und Vermögen der Träger der Sozialhilfe nicht direkt nach § 27 Abs. 2 Satz 3 SGB XII für den Bedarf des Kindes berücksichtigen darf, über diesen Weg dennoch in die Pflicht genommen werden.

3.1.4 Keine Einsatzverpflichtung

Der abschließende Charakter der Norm hat zur Folge, dass z. B. **keine Einsatzverpflichtung** nach § 27 Abs. 2 Satz 2 und Satz 3 SGB XII besteht im Verhältnis zwischen

- dem leistungsfähigen Kind gegenüber den Eltern oder den Stiefeltern (Umkehrschluss aus § 27 Abs. 2 Satz 3 SGB XII),
- den Eltern gegenüber den volljährigen Kindern,
- den Stiefelternteilen gegenüber den Stiefkindern[57],
- den Großeltern gegenüber den Enkelkindern,
- den Partnern gegenüber den Kindern des in der eheähnlichen Gemeinschaft lebenden Partners,
- den Eltern gegenüber den Kindern, die ihren Lebensunterhalt aus einsetzbarem Einkommen der Vermögen selbst bestreiten können,
- den Eltern gegenüber den nicht im Haushalt lebenden Kindern,
- generell den Geschwistern untereinander (egal ob minder- oder volljährig) sowie
- den dauernd getrenntlebenden Ehe- oder Lebenspartnern.

Es bleibt in diesen Fällen aber jeweils zu prüfen, ob die Vermutung der Bedarfsdeckung nach § 39 SGB XII oder die Inanspruchnahme des nach bürgerlichem Recht zum Unterhalt Verpflichteten nach § 94 SGB XII in Betracht kommt.

3.1.5 Erweiterte Hilfe

Besteht kein Anspruch auf Hilfe zum Lebensunterhalt, weil leistungsberechtigte Personen entweder selbst in der Lage sind, ihren notwendigen Lebensunterhalt zu bestreiten, oder weil einsatzpflichtige Personen über ausreichende Mittel verfügen, scheiden Leistungen nach dem 3. Kapitel SGB XII nach § 19 Abs. 1 i. V. m. § 27 Abs. 2 SGB XII regelmäßig aus. In Einzelfällen kann es aber erforderlich sein, dennoch Leistungen der Hilfe zum Lebensunterhalt zu erbringen. Bespiele hierfür können sein:

---

[57] Die in § 9 Abs. 2 Satz 2 SGB II geregelte Einsatzverpflichtung des Partners eines Elternteils für den Bedarf der zur Bedarfsgemeinschaft gehörenden Kinder des Elternteils wurde im Rahmen des Zwölften Buches Sozialgesetzbuch **nicht** übernommen.

- unklare Einkommens- und Vermögensverhältnisse, wenn es der leistungsberechtigten Person nicht zuzumuten ist, bis zum Abschluss der Ermittlungen (vorübergehend) auf das für seinen Lebensunterhalt Notwendige zu verzichten.[58] In diesem Fall muss also sofort geleistet werden und damit steht keine Zeit zur Verfügung, die Einkommens- und Vermögensverhältnisse zu prüfen, oder zu prüfen, ob zur Bedarfsdeckung zu berücksichtigende Mittel tatsächlich nicht zur Verfügung stehen,

- Verweigerung des Einsatzes von Mitteln durch die dazu verpflichtete Person (z. B. in einer Einsatzgemeinschaft nach § 27 Abs. 2 Satz 2 oder Satz 3 SGB XII mit einer leistungsberechtigten Person[59]) oder

- wenn ein Dritter, der die Leistung tatsächlich erbringt (z. B. der Heimträger) seine Leistungsbereitschaft von der Übernahme der (Gesamt-)Kosten durch den Träger der Sozialhilfe abhängig macht.[60]

Der Träger der Sozialhilfe kann in diesen Leistungen als „erweiterte Hilfe" erbringen. Im Verfügungssatz des Bewilligungsbescheides muss dies ausdrücklich erwähnt werden. Über den Wortlaut des § 19 Abs. 5 SGB XII bedarf es einer pflichtgemäßen Ermessensausübung für die Leistungserbringung, da die erweiterte Hilfegewährung nur in Ausnahmefällen in Frage kommen soll.

Rechtsgrundlage der erweiterten Hilfegewährung ist § 19 Abs. 5 SGB XII, wonach trotz einsetzbarer Mittel von Personen, die ihr Einkommen und Vermögen einzusetzen haben, Leistungen erbracht werden können und anschließend ein **Aufwendungsersatz** in entsprechender Höhe zu fordern ist.

Durch die Forderung des Aufwendungsersatzes von den Einsatzverpflichteten wird der Grundsatz der Subsidiarität (vgl. § 2 SGB XII) und das sog. **Nettoprinzip**, wonach eine nachfragende Person nur die Differenz zwischen ihrem Bedarf und den einzusetzenden Mitteln als Sozialhilfe erhält, im Nachhinein wieder hergestellt. Der Aufwendungsersatz ist eine öffentlich-rechtliche Forderung und wird durch Festsetzungs- und Leistungsbescheid geltend gemacht.

Beispiel

Der Lebensgefährte L der um Hilfe nachfragenden Frau F verfügt über ein Einkommen, welches zur Deckung des Lebensunterhaltsbedarfs beider Partner insgesamt ausreicht. L weigert sich aber, Mittel aus seinem Einkommen der F zur Verfügung zu stellen. Der zuständige Träger der Sozialhilfe kann der F Hilfe zum Lebensunterhalt nach dem 3. Kapitel SGB XII in Höhe ihres individuellen Bedarfs erbringen. Die Leistungsgewährung erfolgt als „erweiterte Hilfegewährung". Der Leistungsträger hat von L einen Aufwendungsersatz in derselben Höhe nach § 19 Abs. 5 SGB XII zu fordern.

---

[58] Vgl. BVerwG, Urteil vom 04.06.1992, 5 C 25/87, NDV 1993, 129 = FEVS 43, 324 = ZfS 1993, 51; LSG Schleswig-Holstein, Beschluss vom 14.02.2017, L 9 SO 7/17 B ER, juris.
[59] Vgl. LSG Baden-Württemberg, Urteil vom 27.06.2016, L 2 SO 1273/16, juris.
[60] Vgl. Schoch in LPK-SGB XII, Rn. 21 zu § 19 SGB XII.

Das Instrument der „erweiterten Hilfe" ist auch in den Fällen zu nutzen, in denen sich die Einkommens- und Vermögensverhältnisse im Zeitpunkt des Bekanntwerdens des Hilfefalles nicht endgültig klären lassen, sofortige Hilfe aber geboten ist. Muss der Bedarf ohne Zeitverzug aus Sozialhilfemitteln sichergestellt werden, lässt sich über die Bezifferung des Aufwendungsersatzes im Nachhinein der Zahlbetrag auf das gesetzlich bestimmte Maß korrigieren (unter Berücksichtigung der später festgestellten Eigenmittel).

Im Rahmen der Grundsicherung im Alter und bei Erwerbsminderung nach dem 4. Kapitel SGB XII ist in dieser Konstellation daneben aber auch die Spezialregelung der vorläufigen Bewilligung gemäß § 44a SGB XII vorhanden.

3.2 Leistungsspektrum der Hilfe zum Lebensunterhalt

Welche Leistungen zur Sicherung des Lebensunterhalts die Hilfe zum Lebensunterhalt nach dem 3. Kapitel SGB XII umfasst, ergibt sich aus folgenden Normen:

- **Notwendiger Lebensunterhalt, Regelbedarfe (Erster Abschnitt)**
  - außerhalb von Einrichtungen (§§ 27a, 28 bis 29 SGB XII)
  - in Einrichtungen (§ 27b SGB XII),

- **Zusätzliche Bedarfe (Zweiter Abschnitt)**
  - Mehrbedarf (§ 30 SGB XII, ggf. auch § 42b SGB XII),
  - einmalige Bedarfe (§ 31 SGB XII),
  - Beiträge für eine Kranken- und Pflegeversicherung (§§ 32 und 32a SGB XII) und
  - Bedarfe für die Vorsorge (§ 33 SGB XII)

- **Leistungen für Bildung und Teilhabe (Dritter Abschnitt)**,

- **Bedarfe für Unterkunft und Heizung (Vierter Abschnitt)** und

- **Gewährung von Darlehen (Fünfter Abschnitt)**.

Notwendiger Lebensunterhalt

In § 27a Abs. 1 Satz 1 SGB XII werden die wichtigsten Bestandteile des notwendigen Lebensunterhalts aufgeführt:

Der für die Gewährleistung des Existenzminimums notwendige Lebensunterhalt umfasst insbesondere Ernährung, Kleidung, Körperpflege, Hausrat, Haushaltsenergie ohne die auf Heizung und Erzeugung von Warmwasser entfallenden Anteile, persönliche Bedürfnisse des täglichen Lebens sowie Unterkunft und Heizung.

Zu den persönlichen Bedürfnissen gehört nach § 27a Abs. 1 Satz 2 SGB XII in vertretbarem Umfang eine Teilhabe am sozialen und kulturellen Leben in der Gemeinschaft, insbesondere für Kinder und Jugendliche. Für Schülerinnen und Schüler umfasst der notwendige Lebensunterhalt nach § 27a Abs. 1 Satz 3 SGB XII auch die erforderlichen Hilfen für den Schulbesuch.

Werden die in den §§ 19 ff. SGB II normierten Leistungen mit den Leistungen zur Sicherung des Lebensunterhalts und den Leistungen der Grundsicherung im Alter und bei Erwerbsminderung (§ 42 SGB XII) verglichen, ist eine weitgehende Übereinstimmung der Bedarfsbestandteile dieser existenzsichernden Leistungen feststellbar.

Die hier verwendeten unbestimmten Rechtsbegriffe „notwendig", „vertretbar" und „erforderlich" und der nicht abschließende Katalog („insbesondere") ermöglichen eine ständige Anpassung an die gesellschaftliche und wirtschaftliche Entwicklung. Da mit Inkrafttreten des Zwölften Buches Sozialgesetzbuch zum 01.01.2005 jedoch fast der gesamte Bedarf des notwendigen Lebensunterhalts pauschaliert wurde (monatlicher Regelbedarf nach § 27a Abs. 2 SGB XII), hat sich die Bedeutung der Auslegung dieser Rechtsbegriffe reduziert.[61]

Der notwendige Lebensunterhalt bei Kindern und Jugendlichen umfasst auch deren besonderen, insbesondere den durch ihre Entwicklung und ihr Heranwachsen bedingten Bedarf. Der monatliche Regelbedarf, der nach Regelbedarfsstufen unterteilt ist, hat von daher altersbedinge Unterschiede zu berücksichtigen (vgl. § 27a Abs. 2 Satz 2 SGB XII). Vor allem schlägt sich dieses Erfordernis aber in der Anerkennung besonderer Bedarfe für Bildung und Teilhabe in § 34 SGB XII (z B. für Schulausflüge und Klassenfahrten, Lernförderung, Mittagsverpflegung) nieder.

3.3 Leistungen außerhalb von Einrichtungen

Ein Großteil des Bedarfs des notwendigen Lebensunterhalts außerhalb von Einrichtungen wird gemäß § 27a Abs. 3 SGB XII nach Regelsätzen erbracht. Daneben kommen Leistungen für Unterkunft und Heizung nach § 35 SGB XII sowie Leistungen für zusätzliche Bedarfe nach den §§ 30 ff. SGB XII oder Leistungen für einen „abweichenden Bedarf" nach § 27a Abs. 4 SGB XII in Betracht.

Die Summe der im Einzelnen ermittelten Bedarfe ergibt den Gesamtbedarf einer nachfragenden Person. Kann dieser Gesamtbedarf durch das einzusetzende Einkommen und Vermögen der nach § 27 Abs. 2 SGB XII verpflichteten Personen nicht gedeckt werden, ist in Höhe des Differenzbetrages (laufende) Hilfe zum Lebensunterhalt zu leisten, sofern der Anspruch nicht eingeschränkt oder ausgeschlossen ist.

3.3.1 Regelbedarfe und Regelsätze (§§ 27a, 28 bis 29 SGB XII, Anlage zu § 28 SGB XII)

3.3.1.1 Inhalt des Regelbedarfs

Mit Ausnahme der Bedarfe nach dem Zweiten bis Vierten Abschnitt (insbesondere der Unterkunfts- und Heizkosten) ergibt der gesamte notwendige Lebensunterhalt nach § 27a Abs. 1 SGB XII den **monatlichen Regelbedarf**. Der Regelbedarf ist nicht für alle Leistungsberechtigten einheitlich festgelegt, sondern differenziert nach Regelbedarfsstufen, die

---

[61] Anders als zur Zeit des Bundessozialhilfegesetzes, wo im Zusammenhang mit einmaligen Beihilfen nach § 21a BSHG unter sich ständig verändernden Bedingungen zu entscheiden war, welche Bedarfe konkret dem notwendigen Lebensunterhalt zuzurechnen waren.

bei Kindern und Jugendlichen altersbedingte Unterschiede und bei erwachsenen Personen deren Anzahl im Haushalt sowie die Führung des Haushalts berücksichtigen (vgl. § 27a Abs. 2 Satz 2 SGB XII).

Zur Deckung der Regelbedarfe sind **monatliche Regelsätze** zu gewähren. Hierbei handelt es sich um einen Pauschalbetrag zur Bestreitung des Regelbedarfs, über dessen Verwendung die leistungsberechtigte Person eigenverantwortlich entscheidet. Sie haben dabei das Eintreten unregelmäßig anfallender Bedarfe zu berücksichtigen (vgl. § 27a Abs. 3 Satz 2 SGB XII).

Mit den monatlich erbrachten Sätzen wird also der gesamte Regelbedarf abgegolten, sei es, dass er regelmäßig jeden Monat (z. B. Ernährung, Körperpflege), in größeren Zeitabständen (z. B. Bekleidungsbedarf, besonderer Bedarf zu Weihnachten) oder höchst unterschiedlich mit zum Teil großem zeitlichem Abstand (z. B. Anschaffung oder Ersatzbeschaffung von Hausrat, Renovierungskosten, Kosten für die Ausrichtung von Familienfeiern wie Kommunion oder Konfirmation) auftritt. Die leistungsberechtigte Person ist gehalten, die ihm zur Verfügung gestellten Mittel ökonomisch einzusetzen und für unregelmäßig auftretende Bedarfe Rücklagen zu bilden (**Ansparprinzip**). Nur im Ausnahmefall besteht die Möglichkeit ergänzender Darlehen bei unabweisbarem Bedarf nach § 37 Abs. 1 SGB XII.

Diese weitgehende Pauschalierung soll eine deutliche Minderung des Verwaltungsaufwandes bewirken, aber vor allem auch ein möglichst selbstständiges und selbstbestimmtes Leben der Leistungsberechtigten unterstützen.[62] Nicht immer wird diese gesetzgeberische Intention in der Praxis erreicht. Insbesondere Personen mit multiplen psychosozialen Problemen (z. B. Überschuldung, Suchterkrankung) benötigen bei der Budgetierung der pauschal zur Verfügung gestellten Mittel häufiger Unterstützung. Das Gesetz sieht deshalb z. B. in § 11 Abs. 3 Satz 5 SGB XII eine Beratung für den Umgang mit dem monatlichen Pauschalbetrag vor, soweit dies geboten ist.

Eine individuelle Reaktion des Trägers der Sozialhilfe kann auch darin bestehen, dass Leistungen monatlich in mehreren Tranchen bzw. Teilbeträgen oder zum Teil nicht in Geld, sondern in Form von Sachleistungen (z. B. Gutscheinen) erbracht werden.

Grundsätzlich ist eine Pauschalierung des Bedarfs nicht unbedenklich im Hinblick auf das in § 9 SGB XII normierte Individualitätsprinzip. Jedoch lassen die im Gesetz vorgesehenen Möglichkeiten der abweichenden Bemessung (z. B. nach § 27a Abs. 4 SGB XII) und der Umstand, dass nur ein Teil des Lebensunterhaltsbedarfs pauschaliert wird, diese Bedenken zurücktreten.

Welche Bedarfspositionen im Einzelnen vom Regelbedarf erfasst sind, ergibt sich aus den §§ 5 und 6 des Regelbedarfs-Ermittlungsgesetzes (RBEG).[63] Die in Regelbedarfsstufen unterteilten pauschalen Bedarfssätze werden auf der Grundlage von Sonderauswertungen zur Einkommens- und Verbrauchsstichprobe ermittelt (vgl. § 1 RBEG). Der Ermittlung der

---

[62] Vgl. Bundestagsdrucksache 15/1514, S. 14.
[63] Gesetz zur Ermittlung der Regelbedarfe nach § 28 des Zwölften Buches Sozialgesetzbuch ab dem Jahr 2021 (Regelbedarfsermittlungsgesetz - RBEG) vom 09.12.2020, BGBl. I S. 2855, Inkrafttreten mit Wirkung vom 01.01.2021.

Regelbedarfsstufen liegen die Verbrauchsausgaben von Einpersonenhaushalten und Familienhaushalten mit einem Kind zugrunde (sog. Referenzhaushalte, vgl. § 2 RBEG). Maßgebend ist das Verbraucherverhalten unterer Einkommensschichten (Details dazu vgl. §§ 3 und 4 RBEG).

Folgende Verbrauchsausgaben werden für die Ermittlung des Regelbedarfs aus den einzelnen Abteilungen des vom Statistischen Bundesamt erstellten Verzeichnisses der Einkommens- und Verbrauchsstichprobe (EVS) 2018 berücksichtigt:

Beispielhaft werden hier für **das Jahr 2021** nur die regelbedarfsrelevanten Verbrauchsausgaben der Einpersonenhaushalte aufgelistet.

Inhalt	446 Euro
Nahrung, alkoholfreie Getränke	155,50 €
Bekleidung, Schuhe	39,09 €
Wohnen, Energie, Wohninstandhaltung	39,55 €
Innenausstattung, Haushaltsgeräte und -gegenstände	27,50 €
Gesundheitspflege	16,95 €
Verkehr	37,16 €
Nachrichtenübermittlung	39,89 €
Freizeit, Unterhaltung, Kultur	42,79 €
Bildung	1,14 €
Beherbergungs- und Gaststättendienstleistungen	11,10 €
andere Waren und Dienstleistungen	35,36 €

Dass die tatsächlichen Verbrauchsausgaben nach der Einkommens- und Verbraucherstichprobe nicht zu 100 v. H. Berücksichtigung finden, sondern nur zu bestimmten Anteilen, liegt in den Besonderheiten der sozialhilferechtlichen Regelungen begründet. So fließen z. B. die Ausgaben für die Wohnung (Abteilung 4) nur mit einem geringen Prozentsatz in die Regelbedarfsbemessung ein, weil die Bedarfe für Unterkunft und Heizung sowie Warmwasser nach § 35 SGB XII gesondert neben den Regelsätzen als Bedarf berücksichtigt werden.

3.3.1.2 Regelbedarfsstufen nach der Anlage zu § 28 SGB XII

Das Gesetz differenziert - wie oben beschrieben - bei der Festlegung des pauschalierten Regelbedarfs nach Regelbedarfsstufen, die altersbedingte Unterschiede und bei erwachsenen Personen deren Zusammenleben mit Partnern berücksichtigen.

Nach der Anlage zu § 28 SGB XII sind die Leistungsberechtigten folgenden sechs Regelbedarfsstufen zugeordnet (in Klammern der **ab 1. Januar 2021** gültige Betrag in Euro):

Regelbedarfsstufe 1 (446,00 €)

Für jede erwachsene Person, die in einer Wohnung nach § 42a Abs. 2 Satz 2 SGB XII lebt und für die nicht Regelbedarfsstufe 2 gilt.

Regelbedarfsstufe 2 (401,00 €)

Für jede erwachsene Person, wenn sie

1. in einer Wohnung nach § 42a Abs. 2 Satz 2 SGB XII mit einem Ehegatten oder Lebenspartner oder in eheähnlicher oder lebenspartnerschaftsähnlicher Gemeinschaft mit einem Partner zusammenlebt oder
2. nicht in einer Wohnung lebt, weil ihr allein oder mit einer weiteren Person ein persönlicher Wohnraum und mit weiteren Personen zusätzliche Räumlichkeiten nach § 42a Abs. 2 Satz 3 SGB XII zur gemeinschaftlichen Nutzung überlassen sind.

Regelbedarfsstufe 3 (357,00 €)

Für eine erwachsene Person, deren notwendiger Lebensunterhalt sich nach § 27b SGB XII bestimmt.

Regelbedarfsstufe 4 (373,00 €)

Für eine Jugendliche oder einen Jugendlichen vom Beginn des 15. bis zur Vollendung des 18. Lebensjahres.

Regelbedarfsstufe 5 (309,00 €)

Für ein Kind vom Beginn des siebten bis zur Vollendung des 14. Lebensjahres.

Regelbedarfsstufe 6 (283,00 €)

Für ein Kind bis zur Vollendung des sechsten Lebensjahres.

Bei der bis zum 31.12.2010 angewandten Methode zur Ermittlung der Regelsätze hatte sich der Gesetzgeber an dem bis zum 31.12.2004 geltenden Sozialhilferecht mit einem Statistikmodell orientiert. Durch das Urteil des Bundesverfassungsgerichts vom 09.02.2010[64] wurde diese Vorgehensweise grundsätzlich als verfassungskonform eingestuft, aber die konkrete Ausführung als nicht ausreichend nachvollziehbar kritisiert. Bemängelt wurden neben der Fortschreibung der Regelsätze anhand der Rentensteigerung auch, dass einige Ausgabepositionen insbesondere für Kinder (z. B. Bildung, Schulbedarf) bisher unberücksichtigt waren. Es erteilte daher den Auftrag, die Regelsatzbemessung neu zu regeln.

Daraufhin erfolgte eine neue Ermittlung der Regelbedarfe durch das Regelbedarfsermittlungsgesetz (RBEG) 2011, das auf Basis der Einkommens- und Verbrauchsstichprobe (ESV) 2008 neue Regelbedarfsstufen festlegte. In den Folgejahren wurden die Regelbedarfsstufen durch die Regelbedarfsstufen-Fortschreibungsverordnung (RBFV) auf Grundlage des § 28a SGB XII in Verbindung mit § 40 SGB XII statistisch fortgeschrieben und jährlich durch die Regelbedarfsbekanntmachung (RBBek) des Bundesministeriums für Arbeit und Soziales veröffentlicht.

---

[64] Vgl. BVerfG, Urteil vom 09.02.2010, 1 BvL 1/09, 1 BvL 3/09, 1 BvL 4/09, juris.

Entsprechend der Verpflichtung aus § 28 SGB XII und der verfassungsrechtlichen Pflicht zur regelmäßigen Neuermittlung der Regelbedarfe[65] hat der Gesetzgeber auf Grundlage der ESV 2018 erneut die erforderliche Neuermittlung durch das Regelbedarfsermittlungsgesetz 2021 nunmehr wieder zum 01.01.2021 vorgenommen.

Seit Inkrafttreten des ersten Regelbedarfsermittlungsgesetzes 2011 folgen sowohl die Neuermittlung der Regelbedarfe, als auch deren jährliche Fortschreibung im Zweiten und im Zwölften Buch Sozialgesetzbuch den gleichen, vom Zwölften Buch Sozialgesetzbuch vorgegebenen und vom Regelbedarfsermittlungsgesetz umgesetzten Regeln. Damit ist das Zwölfte Buch Sozialgesetzbuch für die Ermittlung der Regelbedarfe das Referenzsystem auch für das Zweite Buch Sozialgesetzbuch.

Die neu ermittelten und ggf. danach aufgrund der Regelbedarfsstufenfortschreibungsverordnung nach den §§ 28a und 40 SGB XII fortgeschriebenen Regelbedarfe gelten gemäß § 20 Abs. 5 SGB II unmittelbar - auch ohne eigenständige Bekanntmachung - auch im Zweiten Buch Sozialgesetzbuch.

Dabei hat der Gesetzgeber die Rechtsprechung des Bundessozialgerichts umgesetzt. Bisher war die Zuordnung zur Regelbedarfsstufe 1 oder 3 u. a. an das Merkmal der eigenen Haushaltsführung gekoppelt. Im Zwölften Buches Sozialgesetzbuch konnte daher der Regelbedarf in Höhe von 446,00 € **in der Regel** nur einmal (für eine alleinstehende oder alleinerziehende leistungsberechtigte Person, die einen eigenen Haushalt führt) berücksichtigt werden.

Im Gegensatz dazu ist es im Zweiten Buch Sozialgesetzbuch möglich, dass nicht nur bei einer alleinstehenden oder alleinerziehenden leistungsberechtigten Person oder bei Personen, deren Partner minderjährig ist, ein Regelbedarf in Höhe von 446,00 € nach § 20 Abs. 2 Satz 1 SGB II anerkannt wird, sondern auch bei weiteren leistungsberechtigten Personen (z. B. alleinstehende Kinder, die bereits das 25. Lebensjahr vollendet haben und im Haushalt der Eltern leben), da diese nicht mit den Eltern eine Bedarfsgemeinschaft bilden können.

Für diese unterschiedliche Behandlung der leistungsberechtigten Personen sind keine sachlichen Gründe erkennbar. Daher dürfen normative Einsparungen bei gemeinsamer Haushaltsführung nach Maßgabe des Gleichheitssatzes aus Art. 3 Abs. 1 GG und zur Vermeidung von Wertungswidersprüchen zwischen dem Zweiten Buch und dem Zwölften Buch Sozialgesetzbuch nur noch berücksichtigt werden, wenn die zusammenlebenden Personen bei Hilfebedürftigkeit eine Bedarfsgemeinschaft i. S. des § 7 Abs. 3 SGB II oder eine Einsatzgemeinschaft i. S. des § 27 Abs. 2 Satz 3 SGB XII bilden würden.[66]

In einer weiteren Entscheidung hatte das Bundessozialgericht festgestellt, dass es für die Zuordnung zur Regelbedarfsstufe 1 nicht entscheidend war, dass ein eigener Haushalt vollständig oder teilweise geführt wird. Es genügte vielmehr, dass die leistungsberechtigte Person einen eigenen Haushalt gemeinsam mit einer Person - ggf. mit Eltern oder einem Elternteil – führt, die nicht ihr Partner ist. Lediglich wenn keinerlei Haushaltsführung beim

---

[65] Vgl. BVerfG, Beschluss vom 23.07.2014, 1 BvL 10/12, 1 BvL 12/12, 1 BvR 1691/13, juris.
[66] Vgl. BSG, Urteil vom 19.05.2009, B 8 SO 8/08 R, juris, Rn. 17 ff.; BSG, Urteil vom 09.06.2011, B 8 SO 11/10 R, info also 2011, 282 (Kurzwiedergabe).

Zusammenleben mit einer anderen Person festgestellt werden kann, war ein Anwendungsfall der Regelbedarfsstufe 3 denkbar.[67]

Als Ergänzung zum Urteil vom 23.07.2014 hat das Bundessozialgericht weitergehend festgestellt, dass beim Zusammenleben von Eltern und einem erwachsenen **behinderten** Kind eine eigenständige Haushaltsführung des behinderten Kindes ohne jegliche Anleitung nicht erforderlich ist. Vielmehr genüge es, dass der behinderte Mensch nach Aufforderung und ggf. unter Anleitung und/oder Überwachung der Eltern oder eines Dritten im Rahmen des ihm behinderungsbedingt Möglichen Tätigkeiten im Haushalt verrichtet oder auf die Gestaltung der Haushaltsführung Einfluss nimmt.[68] Bereits dann wäre die Regelbedarfsstufe 1 anzuerkennen.

Diese Rechtsprechung hat der Gesetzgeber zum Anlass genommen, seit dem Regelbedarfsermittlungsgesetz 2017 auf das Merkmal der Haushaltsführung zu verzichten und die Regelbedarfsstufe 3 nur noch Personen zugeordnet, deren notwendiger Lebensunterhalt sich nach § 27b SGB XII bestimmt. Damit erhalten im Zwölften Buch Sozialgesetzbuch nur noch Personen die Regelbedarfsstufe 3, die in stationären Einrichtungen leben. Alle volljährigen Personen außerhalb von stationären Einrichtungen, die in einer Wohnung wohnen und keine Partner sind, erhalten danach den Regelbedarf der Regelbedarfsstufe 1.

Dadurch entsteht eine erneute Ungleichbehandlung zu Lasten von Leistungsberechtigten nach dem Zweiten Buch Sozialgesetzbuch. Das volljährige Kind, das zusammen mit den Eltern in einer Bedarfsgemeinschaft i. S. des § 7 Abs. 3 SGB II lebt, erhält weiterhin die Regelbedarfsstufe 3.

Beispiel

Die Zwillinge A und B (19 Jahre) leben in einem gemeinsamen Haushalt mit ihren Eltern. A ist dauerhalft voll erwerbsgemindert; B ist erwerbsfähig.

Für A ist ein Regelbedarf nach der Regelbedarfsstufe 1 (erwachsene Person, die in einer Wohnung nach § 42a Abs. 2 Satz 2 SGB XII lebt und für die nicht Regelbedarfsstufe 2 gilt) in Höhe von 446,00 € im Rahmen der Leistungen nach dem 4. Kapitel SGB XII zu berücksichtigen.

Für B ist aber aufgrund des § 20 Abs. 2 Satz 2 Nr. 2 SGB II einen Regelbedarf nach der Regelbedarfsstufe 3 (sonstiger erwerbsfähiger Angehöriger der Bedarfsgemeinschaft) einen Betrag in Höhe 357,00 € im Rahmen der Grundsicherung für Arbeitsuchende nach dem Zweiten Buch Sozialgesetzbuch zu berücksichtigen.

---

[67] Vgl. BSG, Urteil vom 23.07.2014, B 8 SO 14/13, B 8 SO 31/12, B 8 SO 12/13 R, juris.
[68] Vgl. BSG, Urteil vom 24.03.2015, B 8 SO 5/14 R, juris, Rn. 16.

Ab 01.01.2020 erhalten auch Personen, die nicht in einer Wohnung leben, weil ihr allein oder mit einer weiteren Person ein persönlicher Wohnraum und mit weiteren Personen zusätzliche Räumlichkeiten nach § 42a Abs. 2 Satz 3 SGB XII zur gemeinschaftlichen Nutzung überlassen wird, den Regelbedarf der Regelbedarfsstufe 2.

Hintergrund ist, dass das deutsche Rehabilitations- und Teilhaberecht in Übereinstimmung mit der UN-Behindertenrechtskonvention (UN-BRK[69]) so zu gestalten ist, dass Teilhabeleistungen, also auch die Leistungen der Eingliederungshilfe, unabhängig von der Wohnform gewährt werden, in der Menschen mit Behinderungen leben. Diese geschieht in einem mehrstufigen Verfahren durch das Bundesteilhabegesetz[70].

Menschen mit Behinderungen, die in den bisherigen stationären Einrichtungen der Eingliederungshilfe leben, erhalten derzeit eine Komplexleistung, in die sowohl existenzsichernde Leistungen (z. B. Wohnen und Ernährung in pauschalisierter Form) als auch die eigentlichen Fachleistungen der Eingliederungshilfe einfließen.

Dieser leistungsberechtigte Personenkreis erhält daher nunmehr getrennt existenzsichernde Leistungen vom örtlichen Träger der Sozialhilfe nach den Bestimmungen des 3. bzw. 4. Kapitels des Zwölften Buches Sozialgesetzbuch und besondere Leistungen zur selbstbestimmten Lebensführung für Menschen mit Behinderungen (Eingliederungshilfe) nach dem 2. Teil des Neunten Buches Sozialgesetzbuch vom überörtlichen Träger der Sozialhilfe.

Die Frage der Zuordnung der Regelbedarfsstufe 2 für Partner in gemischten Bedarfsgemeinschaften nach dem Zweiten und Zwölften Buch Sozialgesetzbuch ist nicht strittig, da es sich bei den Leistungen jeweils um vergleichbare existenzsichernde Leistungen handelt. Bei gemischten Bedarfsgemeinschaften mit einem Partner, der Grundleistungen nach dem Asylbewerberleistungsgesetz bezieht, liegt ebenfalls kein Verstoß gegen den Gleichbehandlungsgrundsatz mehr vor. Die existenzsichernden Leistungssysteme wurden, nachdem sie sich vorher um ca. 35 v. H. unterschieden haben, einander weitestgehend rückwirkend zum 01.01.2011 angeglichen. Dadurch kann in analoger Anwendung des § 20 Abs. 4 SGB II bzw. § 27a Abs. 3 Satz 1 SGB XII die Regelbedarfsstufe 2 für den leistungsberechtigten Partner nach dem Zweiten oder Zwölften Buch Sozialgesetzbuch zugeordnet werden.[71]

---

[69] Das "Übereinkommen über die Rechte von Menschen mit Behinderungen" (Convention on the Rights of Persons with Disabilities - CRPD) ist ein Menschenrechtsübereinkommen der Vereinten Nationen, das am 13. Dezember 2006 von der Generalversammlung der Vereinten Nationen beschlossen wurde und am 03. Mai 2008 in Kraft getreten ist.

[70] Gesetz zur Stärkung der Teilhabe und Selbstbestimmung von Menschen mit Behinderungen (Bundesteilhabegesetz - BTHG) vom 23.12.2016, BGBl. I S. 3234.

[71] Vgl. BSG, Urteil vom 12.10.2017, B 4 AS 37/16 R, juris; BVerfG, Urteil vom 18.07.2012, 1 BvL 10/10 und 1 BvL 2/11, juris.

3.3.1.3 Fortschreibung und Festsetzung der Regelbedarfsstufen

Bei der Ermittlung der bundesdurchschnittlichen Regelbedarfsstufen sind Stand und Entwicklung von Nettoeinkommen, Verbraucherverhalten und Lebenshaltungskosten zu berücksichtigen (vgl. § 28 Abs. 2 SGB XII). Grundlage hierfür sind die durch die Einkommens- und Verbrauchsstichprobe (EVS) nachgewiesenen tatsächlichen Verbrauchsausgaben unterer Einkommensgruppen. Diese Sonderauswertungen werden in mehrjährigen Abständen durch das Statistische Bundesamt erhoben.

Die Regelbedarfsstufen und die sich daraus ergebenden monatlichen Regelsätze müssen aber eine dauerhafte Sicherung des Existenzminimums gewährleisten und von daher Veränderungen z. B. in der Preisentwicklung in der Zwischenzeit berücksichtigen. Das Gesetz sieht aus diesem Grund verschiedene Anpassungsmechanismen vor.

Liegen die Ergebnisse einer bundesweiten neuen Einkommens- und Verbrauchsstichprobe vor, wird die Höhe der Regelbedarfe nach § 28 Abs. 1 SGB XII in einem Bundesgesetz neu ermittelt - so wie jetzt geschehen im Dezember 2020.[72]

In Jahren, in denen keine Neuermittlung erfolgt, werden die Regelbedarfsstufen durch eine Rechtsverordnung nach § 40 SGB XII jeweils zum 1. Januar mit der sich nach § 28a Abs. 2 SGB XII ergebenden Veränderungsrate fortgeschrieben. Hierfür sieht das Gesetz einen **Mischindex** vor. Nach § 28a Abs. 2 Satz 3 SGB XII werden

- die Entwicklung der Preise für regelbedarfsrelevante Güter und Dienstleistungen zu 70 v. H. und
- die durchschnittliche Entwicklung der Nettolöhne und -gehälter zu 30 v. H.

berücksichtigt.

Um regionalen Unterschieden und Besonderheiten Rechnung tragen zu können, erhalten die Länder im Rahmen bestimmter Vorgaben nach § 29 SGB XII die Möglichkeit, von den Regelbedarfsstufen nach § 28 SGB XII abweichende Regelsätze durch Rechtsverordnung festzusetzen. Zugrunde gelegt wird in diesen Fällen eine regionale Auswertung der EVS. Die Länder können zudem auf der Grundlage von landeseinheitlich festgelegten Mindestregelsätzen die Träger der Sozialhilfe ermächtigen, regionale Regelsätze festzusetzen, die statistisch nachweisbare Abweichungen in den Verbrauchsausgaben sowie regionale Besonderheiten berücksichtigen (vgl. § 29 Abs. 3 SGB XII).

Es ist zu bedenken, dass der weitaus größte Personenkreis mit Unterstützungsbedarf bei der Finanzierung des Lebensunterhaltes als Leistungsberechtigte nach dem Zweiten Buch Sozialgesetzbuch aber gesetzlich bestimmte bundeseinheitliche Regelleistungen bezieht. Daher sollte aus Gründen der Gleichbehandlung und der Transparenz von solchen regionalen Regelsätzen eher Abstand genommen werden.

---

[72] Gesetz zur Ermittlung der Regelbedarfe nach § 28 des Zwölften Buches Sozialgesetzbuch ab dem Jahr 2021 (Regelbedarfsermittlungsgesetz - RBEG) vom 09.12.2020, BGBl. I S. 2855, Inkrafttreten mit Wirkung vom 01.01.2021.

3.3.1.4 Individuelle Anpassung der Regelsätze

Die Pauschalierung fast des gesamten Bedarfs des notwendigen Lebensunterhalts in Form von Regelsätzen ist nicht unproblematisch im Hinblick auf den in der Sozialhilfe geltenden Grundsatz der Individualität (§ 9 SGB XII). Die Regelsätze berücksichtigen allerdings nur den „Normalfall" und orientieren sich am Durchschnittsbedarf aller Personen, die um Sozialhilfe nachfragen. Sie werden ergänzt um Bedarfsbestandteile wie die Bedarfe für Unterkunft und Heizung, die individuell zu ermitteln sind oder Mehrbedarfe, die in bestimmten Lebenssituationen zu berücksichtigen sind.

Dem Prinzip des Einzelfalls und damit atypischen Situationen trägt insbesondere die Regelung des § 27a Abs. 4 SGB XII Rechnung. Danach werden im Einzelfall die Bedarfe abweichend von den pauschalen Regelsätzen festgelegt, wenn ein Bedarf

- ganz oder teilweise anderweitig gedeckt ist (verminderter Bedarf) oder
- unabweisbar seiner Höhe nach erheblich von einem durchschnittlichen Bedarf abweicht (erhöhter Bedarf).

Eine Kürzung des Regelbedarfs kann z. B. in Betracht kommen, wenn aufgrund des Besuchs einer Tageseinrichtung der im Regelsatz enthaltene Anteil für den Ernährungsbedarf teilweise entfällt oder wenn aufgrund vertraglicher Regelungen der Bedarf für Ernährung, Haushaltsenergie oder Mobilität stark reduziert ist (z. B. im Rahmen sog. Altenteilsverträge). Alternativ zur individuellen Anpassung des Regelbedarfs kann ein solcher Sachbezug auch als Einkunft in Geldeswert gemäß § 82 Abs. 1 SGB XII berücksichtigt werden.

Nach einer Entscheidung des Bundessozialgerichts wird für das kostenlose, durch die Eingliederungshilfe bezahlte Mittagessen für Beschäftigte im Arbeitsbereich einer Werkstatt für behinderte Menschen eine Kürzung des Regelbedarfs vorgenommen, da die Kosten für Ernährung, die mit dem Regelbedarf abgegolten werden, durch die gewährte Eingliederungshilfe nach dem Zwölften Buch Sozialgesetzbuch gedeckt ist[73].

Ein Abweichen von den Regelsätzen nach oben kommt nur in Frage, wenn ein Bedarf vorliegt, der von der typisierten Berechnung der Regelbedarfsstufen nicht erfasst wird, weil er bei der zugrunde liegenden Ermittlung der regelbedarfsrelevanten Verbrauchsausgaben entweder nicht berücksichtigt wurde oder betragsmäßig darüber hinaus geht.

Im Einzelnen sind z. B. folgende Fallgestaltungen für eine Erhöhung des Regelbedarfs von der leistungsberechtigten Person denkbar:

- erheblich höherer Aufwand für Bekleidung aufgrund anormaler Körpermaße,
- Erforderlichkeit von Gasthofessen oder „Essen auf Rädern",
- erheblicher Bedarf an zusätzlichen Hygieneartikeln bei bestimmten Erkrankungen (z. B. Neurodermitis, HIV-Infektion),

---

[73] BSG, Urteil vom 11.12.2007, B 8/9b SO 21/06 R, juris, Rn. 18; zur Berechnung der Höhe: Aufsatz von Bernd-Michael Schwabe, Zeitschrift für das Fürsorgewesen, ZfF 1/2019, S. 5.

- anfallende Kosten für entgeltliche Leistungen Dritter (z. B. für die Reinigung der Wohnung), soweit dieser Bedarf nicht im Rahmen anderer Leistungsarten zu decken ist (z. B. im Rahmen der Hilfe zur Pflege, der Hilfe zur Weiterführung des Haushalts oder Übernahme für die Kosten der Haushaltshilfe nach § 27 Abs. 3 i. V. m. § 27a Abs. 4 SGB XII),

- Geltendmachung von Fahrt- und Reisekosten zur Ausübung des Besuchs- und Umgangsrechtes[74], weil das minderjährige Kind oder der umgangsberechtigte Elternteil nicht am selben Ort lebt; ggf. im Einzelfall auch für inhaftierte volljährige Kinder[75],

- erhebliche Belastungen durch nicht verschreibungspflichtige Medikamente, Fahrtkosten zu medizinischen notwendigen Behandlungen (z. B Methadonbehandlung[76]) oder übermäßiger Stromverbrauch aus medizinischen Gründen bei Nutzung stromintensiver Geräte (z. B. Sauerstoffgeräte), soweit die medizinische Notwendigkeit besteht und kein anderer Leistungsträger (z. B. Krankenkasse) diese Kosten übernimmt.

Keine Fortschreibung der Kürzungsbeträge bei der abweichenden Festsetzung der Regelsätze gemäß § 27a Abs. 4 Satz 3 und 4 SGB XII

Mit Inkrafttreten des RBEG zum 01.01.2017 wurde in § 27a Abs. 4 Satz 2 SGB XII für die Fälle der anderweitigen Bedarfsdeckung nach § 27a Abs. 4 Satz 1 Nr. 1 SGB XII (= Kürzung der Regelsatzes) verpflichtend geregelt, dass für die Höhe der anzusetzenden Herabsetzung des Regelsatzes bei Erwachsenen die in den § 5 RBEG für Einpersonenhaushalte und für Kinder und Jugendliche die in § 6 RBEG für Familienhaushalte enthaltenen regelbedarfsrelevanten Verbrauchsausgaben der Einkommens- und Verbrauchsstichprobe (EVS) 2013 zugrunde zu legen sind. Eine Fortschreibung dieser Kürzungsbeträge erfolgt damit nicht.

Gleiches gilt nach § 27 Abs. 4 Satz 3 SGB XII auch bei Beschränkung der abweichenden Regelsatzfestsetzung auf Einzelpositionen der Sonderauswertungen, wonach die in der Begründung zu den §§ 5 Abs. 1 und 6 Abs. 1 RBEG genannten regelbedarfsrelevanten Beträge des RBEG zu verwenden sind. Auch hierfür gilt, dass keine Fortschreibungen vorzunehmen sind.

In der Empfehlung des Bundesrates hat dieser sich noch für eine Fortschreibung und somit gegen die Aufnahme des Fortschreibungsverbotes ausgesprochen; dem ist aber der Gesetzgeber nicht gefolgt; somit dürfen die Kürzungsbeträge nicht fortgeschrieben werden.

Eine wirkliche nachvollziehbare Begründung zum Fortschreibungsverbot findet sich in der Gesetzesbegründung nicht. Es wird angeführt, dass eine Zerlegung und Anwendung der rechnerischen Erhöhung zu Unwägbarkeiten und unterschiedlicher Ausgestaltung der Kürzungsbeträge kommt. Dem wollte der Gesetzgeber einen Riegel vorschieben. In den Kommentaren wird das kritisch gesehen; das bisherige Verfahren der dynamischen Erhöhung analog der Regelsatzerhöhung hatte sich bewährt.

---

[74] Dagegen keine Übernahme von Kosten zum Besuch des Ehegatten, vgl. BSG, Urteil vom 28.11.2018, B 14 AS 47/17 R, juris, Rn. 15 ff.
[75] Vgl. BSG, Urteil vom 28.11.2018, B 14 AS 48/17 R, juris, Rn. 7.
[76] LSG NRW, Urteil vom 19.03.2015, L 6 AS 1926/14, juris, Rn. 18.

Eine Fortschreibung findet aber damit nicht mehr statt. Vorteil ist eine Verwaltungsvereinfachung, da die Beträge über Jahre gleichbleiben werden.

Abweichen von den Regelsätzen bei Unterbringung in einer anderen Familie

Neben diesen individuell zu prüfenden Möglichkeiten sieht der Gesetzgeber in § 27a Abs. 5 SGB XII ein grundsätzliches Abweichen vor, wenn leistungsberechtigte Personen in einer anderen Familie oder bei anderen Personen als bei den Eltern oder Elternteilen untergebracht werden. In diesen Fällen sind die tatsächlichen Kosten der Unterbringung als Bedarf anzusetzen, sofern sie einen angemessenen Umfang nicht übersteigen.

Besondere Relevanz erlangt diese Regelung bei Kindern und Jugendlichen, die bei Verwandten oder Verschwägerten untergebracht werden (sog. Verwandtenpflege). Sofern erzieherische Leistungen der Jugendhilfe hier nicht erforderlich sind[77] und es nur um die Sicherstellung des notwendigen Lebensunterhalts des Minderjährigen geht, ist die Bedarfsdeckung nicht im Rahmen des Achten Buches Sozialgesetzbuch (Kinder- und Jugendhilfe), sondern nach den Vorschriften des Zwölften Buches Sozialgesetzbuch sicher zu stellen.[78]

Da in diesen Fällen eine Haushaltsgemeinschaft im Sinne von § 39 SGB XII besteht, darf zunächst vermutet werden, dass ausreichend leistungsfähige Angehörige der hilfebedürftigen Person Leistungen zum Lebensunterhalt erhalten. Nur wenn deren Leistungsfähigkeit nicht gegeben ist oder die Vermutung der Unterhaltsleistung widerlegt werden konnte, ist der Anspruch auf Hilfe zum Lebensunterhalt nach dem 3. Kapitel SGB XII gegenüber dem Kind zu erfüllen.

Werden in diesen Fällen Leistungen der Hilfe zum Lebensunterhalt nach dem 3. Kapitel SGB XII für Minderjährige in Verwandten- und Verschwägertenhaushalten erforderlich, ist es vertretbar, sich an den Empfehlungen des Deutschen Vereins für die Bemessung des monatlichen Pauschalbetrages bei Vollzeitpflege nach den §§ 39, 33 SGB VIII zu orientieren und hier als Bedarf die materiellen Aufwendungen zu Grunde zu legen.

Nach den Empfehlungen des Deutschen Vereins[79] sind für das Jahr 2021 folgende Pauschalsätze für das ganze Bundesgebiet anzunehmen:

---

[77] Das BVerwG hat in den Fällen der Vollzeitpflege von Minderjährigen bei ihren Großeltern einen Anspruch auf Jugendhilfe nur dann bejaht, wenn die Großeltern die Betreuung nicht in Erfüllung ihrer Unterhaltspflicht leisten und zur unentgeltlichen Pflege nicht bereit sind (Urteile vom 12.09.1996, 5 C 31/95, NJW 1997, 2831 = FEVS 47, 433 = NDV-RD 1997, 80 und vom 04.09.1997, 5 C 11/96, FEVS 48, 289 = NDV-RD 1998, 30 = ZFSH/SGB 1998, 210).

[78] Da Enkelkinder mit den Großeltern keine Bedarfsgemeinschaft nach § 7 Abs. 3 SGB II bilden, besteht auch bei Erwerbsfähigkeit der Großeltern kein Sozialgeldanspruch nach § 7 Abs. 2 Satz 1 SGB II i. V. m. § 19 Abs. 1 Satz 2 SGB II. Allerdings hat das minderjährige Kind mit Vollendung des 15. Lebensjahres einen eigenständigen Anspruch auf Arbeitslosengeld II, wodurch der Anspruch auf Hilfe zum Lebensunterhalt nach dem 3. Kapitel SGB XII entfällt.

[79] Empfehlungen des Deutschen Vereins zur Fortschreibung der monatlichen Pauschalbeträge in der Vollzeitpflege (§§ 33, 39 SGB VIII) für das Jahr 2021 vom 16.09.2020 (DV 13/20).

Alter des Kindes (von ... bis unter ... Jahren)	Materielle Aufwendungen	Kosten der Erziehung
0 - 6	571,00 €	249,00 €
6 - 12	657,00 €	
12 - 18	722,00 €	

3.3.1.5 Übung

Sachverhalt

Im Haushalt der Familie A leben die Eheleute Anton (45 Jahre) und Ulla (40 Jahre), deren Kinder Ina (14 Jahre) und Mark (11 Jahre) sowie Hilde B (63 Jahre, Mutter von Ulla). Sowohl Anton als auch Ulla sind zeitlich befristet voll erwerbsgemindert im Sinne von § 43 SGB VI und haben wegen fehlender Erwerbsfähigkeit keinen Anspruch auf Leistungen der Grundsicherung für Arbeitsuchende nach dem Zweiten Buch Sozialgesetzbuch.

Anton und Ulla sind Hauptmieter der Wohnung und führen den Haushalt. Hilde B bezieht eine Altersrente aus der gesetzlichen Rentenversicherung und ist damit nach § 7 Abs. 4 Satz 1 SGB II ebenfalls von Leistungen nach dem Zweiten Buch Sozialgesetzbuch ausgeschlossen. Hilde B beteiligt sich an der Haushaltsführung.

Aufgabe

Ermitteln Sie die Regelbedarfsstufen und die sich daraus nach § 27a Abs. 3 SGB XII ergebenden Regelsätze für die im Haushalt der Familie A lebenden Personen.

Lösung

Die Regelbedarfsstufen nach der Anlage zu § 28 des Zwölften Buches Sozialgesetzbuch ergeben sich aus § 8 Abs. 1 des Regelbedarfs-Ermittlungsgesetzes (RBEG). Sie sind davon abhängig, ob leistungsberechtigte Personen in einer Wohnung leben, oder als Partner zusammenleben.

Die Regelbedarfsstufe 2 mit einem Betrag in Höhe von jeweils 401,00 € ist für zwei erwachsene Leistungsberechtigte anzuerkennen, die als Ehegatten in einer Wohnung nach § 42a Abs. 2 Satz 2 SGB XII zusammenleben. Anton und Ulla sind verheiratet und wohnen zusammen. Damit ist jeweils ein Regelbedarf der Regelbedarfsstufe 2 in Höhe von 401,00 € anzuerkennen.

Hilde B ist volljährig und lebt in keiner Partnerschaft. Ihr ist die Regelbedarfsstufe 1 als erwachsene Person, die in einer Wohnung nach § 42a Abs. 2 Satz 2 SGB XII lebt und für die nicht Regelbedarfsstufe 2 gilt, zuzuordnen. Damit ist ein Regelbedarf von 446,00 € anzuerkennen.

Ina ist 14 Jahre alt und befindet sich damit im 15. Lebensjahr. Daher gehört sie als leistungsberechtigte Jugendliche zur Regelbedarfsstufe 4. Nach § 8 Abs. 2 Nr. 1 RBEG steht ihr ein Betrag in Höhe von 373,00 € als Regelsatz zu. Mark ist 11 Jahre alt und gehört damit zur Regelbedarfsstufe 5, die für leistungsberechtigte Kinder vom Beginn des siebten bis zur Vollendung des 14. Lebensjahres gilt. Dies entspricht einem Regelsatz in Höhe von 309,00 € nach § 8 Abs. 2 Nr. 2 RBEG.

Für die Familienmitglieder sind somit folgende Regelbedarfe maßgebend:[80]

Anton A	(Ehepartner in einem gemeinsamen Haushalt, Stufe 2)	401,00 €
Ulla A	(Ehepartner in einem gemeinsamen Haushalt, Stufe 2)	401,00 €
Ina A	(leistungsberechtigte Jugendliche, Stufe 4)	373,00 €
Mark A	(leistungsberechtigtes Kind, Stufe 5)	309,00 €
Hilde B	(erwachsene Person ohne eigenen Haushalt, Stufe 1)	446,00 €

3.3.2 Mehrbedarf

Die Regelsätze decken den üblichen regelmäßig entstehenden Bedarf einer nachfragenden Person im Rahmen der Hilfe zum Lebensunterhalt ab. Für verschiedene Gruppen von Hilfebedürftigen unterstellt der Gesetzgeber daneben einen zusätzlichen Bedarf, der durch die Regelsätze nicht gedeckt ist (**typisierter Zusatzbedarf**). Die Mehrbedarfsregelungen sind daher als gesetzlich normierte Abweichungen von den Regelsätzen zu verstehen - im Gegensatz zu den atypischen Abweichungen, die von § 27a Abs. 4 SGB XII erfasst werden.

Daneben trägt die Möglichkeit, nach § 30 Abs. 1 bis Abs. 4 und Abs. 7 SGB XII einen abweichenden Mehrbedarf zu berücksichtigen und nach § 30 Abs. 5 SGB XII den Begriff „angemessen" auszulegen, dem Individualitätsprinzip Rechnung.

3.3.2.1 Mehrbedarf im Alter und bei Erwerbsminderung (§ 30 Abs. 1 SGB XII)

Nach § 30 Abs. 1 Nr. 1 SGB XII wird für Personen, die die Altersgrenze nach § 41 Abs. 2 SGB XII erreicht haben und durch einen Bescheid der nach § 152 Abs. 4 SGB IX zuständigen Behörde oder einen Ausweis nach § 152 Abs. 5 SGB IX (Schwerbehindertenausweis) die Feststellung des Merkzeichens G nachweisen, ein Mehrbedarf von 17 v. H. der maßgebenden Regelbedarfsstufe anerkannt, soweit nicht im Einzelfall ein abweichender Bedarf besteht.

Gleiches gilt nach § 30 Abs. 1 Nr. 2 SGB XII für Personen, die die Altersgrenze nach § 41 Abs. 2 SGB XII noch nicht erreicht haben und voll erwerbsgemindert nach dem Sechsten Buch Sozialgesetzbuch sind und die Feststellung des Merkzeichens G nachweisen.

---

[80] Eine abweichende Festsetzung der Regelsätze nach § 29 SGB XII kommt derzeit (noch) nicht in Betracht.

Der Mehrbedarf soll Bedarfstatbestände und Aufwendungen, die neben dem Alter oder der Erwerbsminderung gerade auch auf das eingeschränkte Gehvermögen[81] und damit z. B. der eingeschränkten Mobilität zurückzuführen sind, ausgleichen. Gehbehinderte sind z. B. vielfach darauf angewiesen, im räumlichen Nahbereich einzukaufen, so dass ein preisgünstiger Einkauf nicht möglich ist. Weiterhin entstehen höhere Aufwendungen für Telefon, Porto und Internet, da gehbehinderte Person verstärkt Kontakte pflegen und wegen eingeschränkter Mobilität zunehmend auf diese Medien angewiesen sind. Schließlich entstehen höhere Kosten für die Benutzung des öffentlichen Nahverkehrs.

Als „voll erwerbsgemindert" sind in § 43 Abs. 2 Satz 2 SGB VI Personen definiert, die wegen Krankheit oder Behinderung auf nicht absehbare Zeit außerstande sind, unter den üblichen Bedingungen des allgemeinen Arbeitsmarktes mindestens drei Stunden täglich erwerbstätig zu sein (vgl. die Definition der „Erwerbsfähigkeit" in § 8 Abs. 1 SGB II). Nicht erforderlich ist die Dauerhaftigkeit der vollen Erwerbsminderung im Sinne von § 41 Abs. 3 SGB XII. Dauerhaft und befristet voll erwerbsgeminderte Personen fallen gleichermaßen in den Anwendungsbereich.

Wurde bereits in einem Verfahren geprüft, ob eine volle Erwerbsminderung besteht, z. B. das Verfahren über die Feststellung von Erwerbsfähigkeit der Agentur für Arbeit nach § 44a SGB II oder das Verfahren über die Feststellung der dauerhaften vollen Erwerbsminderung des zuständigen Trägers der Rentenversicherung nach § 45 SGB XII, kann zur Vermeidung von Doppeluntersuchungen regelmäßig auf das Ergebnis dieser Verfahren zurückgegriffen werden.

Da aufgrund des Nachrangs der Sozialhilfe im Verhältnis zur Grundsicherung für Arbeitsuchende nach dem Zweiten Buch Sozialgesetzbuch (vgl. § 21 Satz 1 SGB XII) in der Regel zunächst die Erwerbsfähigkeit im Rahmen der Anspruchsprüfung nach diesem Gesetz festzustellen ist, bedarf es wohl nur im Ausnahmefall einer eigenen Feststellung durch den Träger der Sozialhilfe.

Für den Mehrbedarfsanspruch nach § 30 Abs. 1 SGB XII ist die Feststellung des Merkzeichens G maßgebend, sei es durch einen Bescheid der nach § 152 Abs. 4 SGB IX zuständigen Behörde oder durch einen Ausweis nach § 152 Abs. 5 SGB IX. Es reicht damit nicht aus, die Voraussetzungen für eine solche Feststellung zu erfüllen oder einen entsprechenden Antrag gestellt zu haben. Die Träger der Sozialhilfe sollten im Rahmen ihrer Beratungspflicht (§ 13 SGB I, § 14 SGB I) auf eine frühzeitige Antragstellung hinwirken, wenn sie Erkenntnisse über das (mögliche) Vorliegen der Voraussetzungen haben. Der Mehrbedarf kann auch nicht rückwirkend gewährt werden, wenn die Zuerkennung des Merkzeichens G für die Vergangenheit erfolgt.[82]

Das **Merkzeichen G** im Schwerbehindertenausweis erhalten Personen mit erheblicher Geh- und/oder Stehbehinderung bzw. erheblicher Beeinträchtigung der Bewegungsfähigkeit im Straßenverkehr. Davon ist z. B. auszugehen, wenn eine Strecke von zwei Kilometern nicht ohne Gefahren für sich und andere zu Fuß zurückgelegt werden kann.

---

81 BSG, Urteil vom 29.09.2009, B 8 SO 5/08 R, juris, Rn. 14.
82 Vgl. BSG, Urteil vom 10.11.2011, B 8 SO 10/12R, www.sozialgerichtsbarkeit.de, 148356; BSG, Urteil vom 25.04.2018, B 8 SO 25/16 R, juris, Rn. 17.

Das **Merkzeichen aG** im Schwerbehindertenausweis erhalten Personen mit **außergewöhnlicher Gehbehinderung**. **Das Gehvermögen ist auf das Schwerste eingeschränkt und die Fortbewegung ist nur mit fremder Hilfe oder großer Anstrengung möglich.** Es stellt damit eine Steigerung des Merkzeichen G dar und ist ebenfalls für die Erlangung des Mehrbedarfs ausreichend.

Zu beachten ist die Regelung des § 72 Abs. 4 Satz 2 SGB XII. Danach schließt die Gewährung von Blindenhilfe den Mehrbedarf nach § 30 Abs. 1 Nr. 2 SGB XII aus, wenn die unter 65 Jahre alte blinde Person allein wegen ihrer Blindheit voll erwerbsgemindert i. S. d. § 41 Abs. 3 SGB XII ist. In diesen Fällen dient die Blindenhilfe dem gleichen Zweck wie der Mehrbedarf. Beruht die volle Erwerbsminderung neben der Blindheit auch auf anderen Ursachen, gleich welchen Umfangs, wird der Mehrbedarf nicht ausgeschlossen. Nach § 72 Abs. 4 Satz 3 SGB XII gilt der Ausschluss auch bei gleichartigen Leistungen für blinde Personen nach anderen Rechtsvorschriften. Die praktisch bedeutsamsten gleichartigen Leistungen finden sich in den Landesblindengeldgesetzen; auch diese können somit anspruchsvernichtend wirken.

3.3.2.2 Mehrbedarf für werdende Mütter (§ 30 Abs. 2 SGB XII)

Nach der Regelung in § 30 Abs. 2 SGB XII erhalten werdende Mütter nach der 12. Schwangerschaftswoche einen Mehrbedarf in Höhe von 17 v. H. der maßgebenden Regelbedarfsstufe. Der Mehrbedarf soll die während der Schwangerschaft anfallenden Sonderbedürfnisse decken (z. B. kostenaufwändigere Ernährung infolge der Schwangerschaft, Änderung der Kleidung, Zuwendungen an Dritte für gelegentliche Hilfeleistungen, Schwangerschaftskurse). Die Höhe des Mehrbedarfes ist zu verändern, soweit im Einzelfall ein abweichender Bedarf besteht. Der Beginn der Mehrbedarfsgewährung (1. Tag der 13. Schwangerschaftswoche) berechnet sich aus dem prognostizierten Entbindungstermin abzüglich 195 Tagen. Der Mehrbedarf wird bis zum Ende des Endbindungsmonats gezahlt.

3.3.2.3 Mehrbedarf für Alleinerziehende (§ 30 Abs. 3 SGB XII)

Einen Mehrbedarf erhalten nach § 30 Abs. 3 SGB XII Personen, die mit einem oder mehreren minderjährigen Kindern zusammenleben und allein für deren Pflege und Erziehung sorgen. Der Mehrbedarf wird unabhängig vom Alter der Kinder berücksichtigt. Einzige Voraussetzung ist, dass es sich um minderjährige Kinder handelt und die Person als alleinerziehend anzusehen ist. Dabei muss es sich nicht um eigene Kinder handeln. Der Mehrbedarf kann auch für Personen berücksichtigt werden, die mit dem Kind oder den Kindern in keinem verwandtschaftlichen Verhältnis stehen. Auch kommt es nicht darauf an, ob die betreuende Person rechtlich zur Pflege und Erziehung verpflichtet oder berechtigt ist. Die Frage des Sorgerechts ist insofern nicht relevant.

Mit den Begriffen Pflege und Erziehung lehnt sich das Gesetz an Art. 6 Abs. 2 GG an. Mit Pflege sind dementsprechend die Hilfeleistungen gemeint, die gesunden Kindern aufgrund ihrer naturgegebenen Sorgebedürftigkeit gegeben werden. Erziehung ist die Förderung zur Persönlichkeitsentwicklung des Kindes außerhalb von Kindertageseinrichtungen und der Schule.

Eine alleinige Sorge liegt dann vor, wenn andere Personen, denen ebenfalls Erziehungsverantwortung übertragen werden kann, nicht oder nur in geringem Umfang bei der Pflege und Erziehung tatsächlich mitwirken. So spricht z. B. die Wahrnehmung des Besuchs- und Umgangsrechts eines Elternteils oder der Besuch einer Tageseinrichtung für Kinder nicht gegen die Anerkennung eines Mehrbedarfes für den sonst allein erziehenden Elternteil. Unterstützen dagegen andere erwachsene Personen, z. B. die im Haushalt lebenden Großeltern, den mit dem Kind zusammen lebenden Elternteil bei der Erziehung mehr als nur im geringfügigen Umfang, kommt ein Mehrbedarf nach § 30 Abs. 3 SGB XII in der Regel nicht in Betracht. Dabei sind die tatsächlichen Lebensumstände im Einzelfall zu berücksichtigen.

Beispiel

Das 10-jährige Kind K lebt seit der Trennung der Eltern bei seiner Mutter M. Der Vater V verbringt im Rahmen seines Umgangsrechtes jedes zweite Wochenende mit dem Kind. Die Eltern üben das Sorgerecht gemeinsam aus. M erhält als alleinerziehende Mutter einen Mehrbedarf gemäß § 30 Abs. 3 SGB XII.

Ausnahmsweise kommt die Berücksichtigung eines hälftigen Mehrbedarfs dann in Betracht, wenn nach einer entsprechenden ausdrücklichen Vereinbarung die Elternteile sich bei der Pflege und Erziehung des Kindes wöchentlich abwechseln.[83]

Der Mehrbedarf wird vor allem berücksichtigt, um zusätzliche Aufwendungen der betreuenden Personen abzugelten. Solche Aufwendungen können z. B. dadurch entstehen, dass die Kinder nicht längere Zeit unbeaufsichtigt bleiben können und deshalb für Einkäufe oder andere Besorgungen Verkehrsmittel benutzt werden müssen. Erfasst werden sollen auch die Kosten, die für gelegentliche Hilfeleistungen durch Dritte (z. B. Babysitter) entstehen oder die durch Kontaktpflege zu Verwandten und Bekannten verursacht werden. Zwar kommen diese Aspekte bei älteren minderjährigen Kindern nur noch eingeschränkt zum Tragen. Der Norm muss aber wohl auch eine sozialpolitische Bedeutung beigemessen werden.

Die Höhe des Mehrbedarfszuschlages variiert abhängig von dem Alter und der Anzahl der umsorgten Kinder. Nach § 30 Abs. 3 Nr. 1 SGB XII beträgt er 36 v. H. der Regelbedarfsstufe 1 für ein Kind unter 7 Jahren oder (alternativ) zwei oder drei Kinder unter 16 Jahren. Liegt eine dieser Alternativen nicht vor, beträgt der Zuschlag gemäß § 30 Abs. 3 Nr. 2 SGB XII 12 v. H. der Regelbedarfsstufe 1 für jedes minderjährige Kind. Ohne dass die Norm dies ausdrücklich bestimmt, richtet sich die Höhe des Mehrbedarfs auch dann nach § 30 Abs. 3 Nr. 2 SGB XII, wenn außer den in Nr. 1 beschriebenen (jüngeren) Kindern weitere minderjährige Kinder im Haushalt leben.

---

[83] Vgl. BSG, Urteil vom 03.03.2009, B 4 AS 50/07 R, BSGE 102, 290 = NDV-RD 2009, 98 = FamRZ 2009, 1214 sowie Anschlussurteil BSG vom 11.07.2019, B 14 AS 23/18 R, n. unveröffentlicht.

Beispiel

Die alleinerziehende Frau A betreut ihre vier Kinder im Alter von 2, 4, 6 und 8 Jahren. Ihr wird ein Mehrbedarf in Höhe von 48 v. H. der Regelbedarfsstufe 1 (also 4 minderjährige Kinder x 12 v. H.) nach § 30 Abs. 3 Nr. 2 SGB XII zuerkannt.

Folgende Tabelle[84] gibt einen Überblick über die prozentuale Höhe des Mehrbedarfes für Alleinerziehung:

Kind %	12 %	24 %	36 %	48 %	60 %
1 Kind < 7			X		
1 Kind > 7	X				
2 Kinder < 16			X		
2 Kinder > 16		X			
1 Kind > 7 + 1 Kind > 16		X			
1 Kind > 16	X				
3 Kinder			X		
4 Kinder				X	
ab 5 Kindern					X

Der Mehrbedarfszuschlag für Alleinerziehende ist auf maximal 60 v. H. der Regelbedarfsstufe 1 beschränkt.

In begründeten Einzelfällen ist auch bei diesem Mehrbedarfstatbestand eine abweichende Bemessung vorgesehen.

3.3.2.4 Mehrbedarf für behinderte Menschen (§ 30 Abs. 4 SGB XII i. V. m. § 42b Abs. 3 SGB XII)

Nach § 30 Abs. 4 SGB XII ist § 42b Abs. 3 SGB XII entsprechend auf Leistungsberechtigte anzuwenden, die das 15. Lebensjahr vollendet haben. Danach wird für Leistungsberechtigte mit Behinderungen, denen Hilfen zur Schulbildung oder Hilfen zur schulischen oder hochschulischen Ausbildung nach § 112 Abs. 1 Nr. 1 und 2 des Neunten Buches Sozialgesetzbuch geleistet werden, ein Mehrbedarf von 35 v. H. der maßgebenden Regelbedarfsstufe an-

---

[84] Entnommen aus den Hinweisen der Agentur für Arbeit zu § 21 SGB II, Rn. 21.8.

erkannt. In besonderen Einzelfällen ist der Mehrbedarf über die Beendigung der dort genannten Leistungen hinaus während einer angemessenen Einarbeitungszeit von bis zu drei Monaten anzuerkennen.

Im Einzelnen ist die Berücksichtigung des Mehrbedarfs an folgende Leistungen der Eingliederungshilfe für behinderte Menschen gebunden:

- Hilfen zu einer Schulbildung (§ 112 Abs. 1 Satz 1 Nr. 1 SGB IX) oder

- Hilfen zur schulischen oder hochschulischen Ausbildung (§ 112 Abs. 1 Satz 1 Nr. 2 SGB IX).

Der Mehrbedarf nach § 30 Abs. 4 SGB XII kann auch **nach** Beendigung der aufgeführten Eingliederungsmaßnahmen während einer angemessenen Übergangszeit, insbesondere einer Einarbeitungszeit von bis zu drei Monaten, berücksichtigt werden.

Die Berücksichtigung schließt die gleichzeitige Anerkennung eines Mehrbedarfs nach § 30 Abs. 1 Nr. 2 SGB XII (für Personen, die voll erwerbsgemindert nach dem Sechsten Buch Sozialgesetzbuch mit Merkzeichen „G", sind) aus.

3.3.2.5 Mehrbedarf für kostenaufwändige Ernährung (§ 30 Abs. 5 SGB XII)

Ein Mehrbedarf wird nach § 30 Abs. 5 SGB XII anerkannt, wenn bei Leistungsberechtigten ein Ernährungsbedarf aus medizinischen Gründen von allgemeinen Ernährungsempfehlungen abweicht und die Aufwendungen für die Ernährung deshalb unausweichlich und in mehr als geringem Umfang oberhalb eines durchschnittlichen Bedarfs für Ernährung liegen (ernährungsbedingter Mehrbedarf). Dies gilt entsprechend für aus medizinischen Gründen erforderliche Aufwendungen für Produkte zur erhöhten Versorgung des Stoffwechsels mit bestimmten Nähr- oder Wirkstoffen, soweit hierfür keine vorrangigen Ansprüche bestehen.

Die medizinischen Gründe sind auf der Grundlage aktueller medizinischer und ernährungswissenschaftlicher Erkenntnisse zu bestimmen. Dabei sind auch die durchschnittlichen Mehraufwendungen zu ermitteln, die für die Höhe des anzuerkennenden ernährungsbedingten Mehrbedarfs zugrunde zu legen sind, soweit im Einzelfall kein abweichender Bedarf besteht.

Der Mehrbedarf hat das Ziel, Mehrkosten auszugleichen, die dadurch entstehen, dass aufgrund der gesundheitlichen Disposition eine spezielle Kost notwendig ist. Er kommt von daher nicht in Betracht, wenn die kostenaufwändige Ernährung nicht krankheitsbedingt ist oder wenn die besondere Kost die Lebenshaltung nicht verteuert.

Basis für die Festlegung der Höhe der Mehrbedarfszuschläge in der Praxis und die Beschreibung der Krankheitsbilder, die typischerweise einen Mehrbedarf auslösen, sind ernährungswissenschaftliche Untersuchungen, die ständig den neueren wissenschaftlichen Erkenntnissen anzupassen sind.

Da dieser Mehrbedarf einer medizinischen Indikation bedarf und Pauschalierungen dem einzelnen Krankheitsbild oft nicht gerecht werden, ist in der Regel der amtsärztliche Dienst zu beteiligen. Daneben hat auch der Deutschen Verein entsprechende Empfehlungen herausgegeben.[85]

3.3.2.6 Kumulierung von Mehrbedarfen nach den Absätzen 1 bis 5 bei einer Person (§ 30 Abs. 6 SGB XII)

Nach § 30 Abs. 6 SGB XII darf die Summe des insgesamt anzuerkennenden Mehrbedarfs nach den Absätzen 1 bis 5 die Höhe der maßgebenden Regelbedarfsstufe nicht übersteigen.

Diese Norm bestimmt einerseits die Obergrenze des Mehrbedarfs nach den Absätzen 1 bis 5 bezogen auf die einzelne nachfragende Person. Sie stellt andererseits klar, dass bei Vorliegen der Voraussetzungen bei derselben Person die verschiedenen Mehrbedarfszuschläge nebeneinander zu leisten sind (z. B. bei einer schwangeren allein erziehenden Frau die Mehrbedarfe nach § 30 Abs. 2 sowie nach § 30 Abs. 3 SGB XII).

3.3.2.7 Mehrbedarf bei dezentraler Warmwassererzeugung (§ 30 Abs. 7 SGB XII)

Für Leistungsberechtigte wird gemäß § 30 Abs. 7 SGB XII ein Mehrbedarf anerkannt, soweit Warmwasser durch in der Wohnung, in der besonderen Wohnform oder der sonstigen Unterkunft nach § 42a Abs. 2 SGB XII installierte Vorrichtungen erzeugt wird (dezentrale Warmwassererzeugung) und denen deshalb kein Bedarf für Warmwasser nach § 35 Abs.4 anerkannt wird.

Soweit Warmwasser durch in der Unterkunft installierte Vorrichtungen erzeugt wird und Leistungsberechtigten deshalb keine Bedarfe für Warmwasser nach § 35 Abs. 4 SGB XII in der Regel mit den Heizkosten erbracht werden, erhalten sie daher einen Mehrbedarf, der diesen finanziellen Aufwand pauschaliert berücksichtigt.

Dieser Mehrbedarfstatbestand wurde durch das Gesetz zur Ermittlung von Regelbedarfen und zur Änderung des Zweiten und Zwölften Buches Sozialgesetzbuch vom 24.03.2011 neu eingeführt, weil die Kosten für die Warmwassererzeugung bei den regelbedarfsrelevanten Verbrauchsausgaben (Abteilung 4) unberücksichtigt blieben. Bei zentraler Erzeugung von Warmwasser werden die Aufwendungen im Rahmen der Bedarfe für Unterkunft und Heizung gemäß § 35 SGB XII berücksichtigt.

Die Höhe des Mehrbedarfes ist abhängig von der jeweiligen Regelbedarfsstufe nach der Anlage zu § 28 SGB XII der im Haushalt lebenden leistungsberechtigten Person. Der Mehrbedarf beträgt

---

[85] Empfehlungen des Deutschen Vereins zur Gewährung von Krankenkostzulagen in der Sozialhilfe vom 16.09.2020 (DV 12/20).

- 2,3 v. H. der Regelbedarfsstufen 1 bis 3,
- 1,4 v. H. der Regelbedarfsstufe 4,
- 1,2 v. H. der Regelbedarfsstufe 5 und
- 0,8 v. H. der Regelbedarfsstufe 6,

soweit nicht im Einzelfall ein Teil des angemessenen Warmwasserbedarfs durch Bedarfe nach § 35 Abs. 4 SGB XII gedeckt wird (vgl. 3.3.3).

Höhere Aufwendungen sind nur zu berücksichtigen, soweit sie durch eine separate Messeinrichtung nachgewiesen werden.

3.3.2.8 Mehrbedarf bei gemeinschaftlicher Mittagsverpflegung u.a. in Werkstätten für behinderte Menschen (§ 30 Abs. 8 SGB XII)

Gemäß § 30 Abs. 8 SGB XII ist § 42b Abs. 2 SGB XII entsprechend anzuwenden.

Mit diesem eingefügten Verweis auf die zum 01.01.2020 eingefügte Vorschrift des § 42b Abs. 2 SGB XII wurde damit auch für das 3. Kapitel SGB XII ein neuer Mehrbedarfstatbestand geschaffen. Voraussetzung für den pauschalierten Mehrbedarf ist die Inanspruchnahme gemeinschaftlicher Mittagsverpflegung in einer Werkstatt für behinderte Menschen nach § 56 SGB IX, bei einem anderen Leistungsanbieter im Sinne des § 60 SGB IX oder im Rahmen vergleichbarer anderer tagesstrukturierender Angebote.

Hintergrund der Regelung ist, dass die Ermittlung der Regelbedarfe auf einer häuslichen Ernährung beruht und deshalb die Ausgaben für ein außerhäusliches Mittagessen nicht realitätsgerecht abgebildet werden. Durch die Anerkennung eines pauschalierten Mehrbedarfs soll eine Bedarfsdeckung erreicht werden.[86]

Zur weiteren inhaltlichen Ausgestaltung wird auf das Kapitel 4.5.3 verwiesen.

3.3.2.9 Mehrbedarf für Schulbücher oder gleichstehende Arbeitshefte (§ 30 Abs. 9 SGB XII)

Gemäß § 30 Abs. 9 SGB XII ist für Schülerinnen oder Schüler ein Mehrbedarf anzuerkennen, die aufgrund der jeweiligen schulrechtlichen Bestimmungen oder schulischen Vorgaben Aufwendungen zur Anschaffung oder Ausleihe von Schulbüchern oder gleichstehenden Arbeitsheften haben.

Hierbei handelt es sich um Kosten, die für den Kauf oder die entgeltliche Ausleihe von Schulmaterial notwendig werden, sofern keine komplette Lernmittelfreiheit besteht. Schulhefte müssen als Abgrenzung zu allgemeinen Schulheften mit ISBN-Nummern versehen sein. Auch muss die Beschaffung der Lernmaterialien durch die Schule fachlich vorgegeben werden; Empfehlungen reichen nicht aus.

---

[86] Vgl. Bundestagsdrucksache 18/9522, S. 327.

Kapitel 3 – Hilfe zum Lebensunterhalt nach 3. Kapitel SGB XII

3.3.2.10 Übung

Sachverhalt

Die allein stehende Frau A (40 Jahre) versorgt ihre vier Kinder im Alter von 6, 8, 10 und 13 Jahren. Sie ist befristet voll erwerbsgemindert im Sinne der gesetzlichen Rentenversicherung und besitzt einen Ausweis nach § 152 Abs. 5 SGB IX mit dem Merkzeichen G. Der Rententräger hat eine zeitlich befristete Rente wegen voller Erwerbsminderung nach § 43 Abs. 2 SGB VI bewilligt.[87]

Aufgabe

Ermitteln Sie die Höhe des zu berücksichtigenden Mehrbedarfs. Auf andere Bedarfsmerkmale ist nicht einzugehen.

Lösung

Frau A hat die Altersgrenze nach § 41 Abs. 2 SGB XII noch nicht erreicht und ist voll erwerbsgemindert im Sinne des Sechsten Buches Sozialgesetzbuch. Sie besitzt einen Ausweis nach § 152 Abs. 5 SGB IX (Schwerbehindertenausweis), mit dem das Merkzeichen G festgestellt wurde. Damit sind die Voraussetzungen nach § 30 Abs. 1 Nr. 2 SGB XII erfüllt. Sie hat Anspruch auf einen Mehrbedarf in Höhe von 17 v. H. der maßgebenden Regelbedarfsstufe. Als allein erziehende Mutter ist das die Regelbedarfsstufe 1. Ein abweichender Bedarf ist nicht zu erkennen.

Nach § 30 Abs. 3 SGB XII ist für Personen, die mit einem oder mehreren minderjährigen Kindern zusammenleben und allein für deren Pflege und Erziehung sorgen, ebenfalls ein Mehrbedarf anzuerkennen. Frau A versorgt ihre vier minderjährigen Kinder allein. Sie erfüllt damit die Voraussetzungen für diesen Mehrbedarf. Die Höhe ist abhängig von der Anzahl der betreuten Kinder. Frau A hat mehr als drei Kinder unter 16 Jahren. Deshalb bemisst sich der Mehrbedarf nach § 30 Abs. 3 Nr. 2 SGB XII. Er beträgt für vier Kinder insgesamt 48 v. H. der Regelbedarfsstufe 1 nach der Anlage zu § 28 SGB XII und bleibt damit unter der Höchstgrenze von 60 v. H. Ein abweichender Bedarf ist auch hier nicht zu erkennen.

Es ergeben sich Mehrbedarfe in folgender Höhe:

- nach § 30 Abs. 1 Nr. 1 SGB XII (17 v. H. von 446,00 €)	75,82 €
- nach § 30 Abs. 3 Nr. 2 SGB XII (48 v. H. von 446,00 €)	214,08 €
Mehrbedarf insgesamt	**289,90 €**

---

[87] Die fehlende Feststellung der vollen Erwerbsminderung durch den Rentenversicherungsträger führt dazu, dass Frau A (noch) nicht zum anspruchsberechtigten Personenkreis nach § 41 Abs. 1 SGB XII gehört und von daher keinen Anspruch auf Grundsicherung im Alter und bei Erwerbsminderung nach dem 4. Kapitel SGB XII hat.

Die Mehrbedarfe sind nebeneinander zu berücksichtigen. Sie übersteigen nicht die gesetzlich bestimmte Höchstgrenze nach § 30 Abs. 6 SGB XII der maßgebenden Regelbedarfsstufe (hier 446,00 €).

3.3.3 Bedarfe für Unterkunft und Heizung (§ 35 SGB XII)

3.3.3.1 Bedarfe für Unterkunft

Bedarfe für die Unterkunft gehören zum notwendigen Lebensunterhalt (vgl. § 27a Abs. 1 Satz 1 SGB XII) und sind nicht vom monatlichen Regelbedarf erfasst (vgl. § 27a Abs. 2 Satz 1 SGB XII). Sie werden grundsätzlich in Höhe der tatsächlichen Aufwendungen als Bedarf anerkannt (vgl. § 35 Abs. 1 Satz 1 SGB XII). Dieser Bedarf ergibt sich bei Mietwohnungen aus der Höhe der zu zahlenden Miete zuzüglich der berücksichtigungsfähigen Nebenkosten, bei Eigenheimen oder Eigentumswohnungen aus den berücksichtigungsfähigen Belastungen, bei Obdachlosen- oder Übergangswohnheimen aus der Nutzungsentschädigung und bei der Unterbringung in einer Pension oder einem Hotel aus den Logiskosten.

Mietwohnungen

Die Bedarfe für die Unterkunft setzen sich aus der vertraglich geschuldeten Miete (sog. Kaltmiete) und den berücksichtigungs- und umlagefähigen Mietnebenkosten zusammen. Mietnebenkosten sind z. B. die Aufwendungen für

- Grundsteuern und sonstige öffentliche Abgaben (z. B. Gebühren für die Abfallbeseitigung, Entwässerung, Straßenreinigung),
- Beleuchtung der Gemeinschaftsräume (Keller, Treppenhaus),
- Abwasserbeseitigung,
- Gebäudeversicherungen,
- Schornsteinfeger oder
- Betrieb einer Gemeinschaftsantenne.

Kosten, die bereits durch den Regelbedarf abgegolten sind (z. B. die Kosten für die Haushaltsenergie = z. B. Strom) können dagegen nicht anerkannt werden und sind ggf. aus den Mietnebenkosten herauszurechnen. Nebenkosten, die einen Bedarf abdecken, der nicht dem notwendigen Lebensunterhalt im Sinne von § 27a Abs. 1 SGB XII zuzurechnen ist, sind gleichwohl als Bedarfe für die Unterkunft anzuerkennen, wenn sie nicht abwendbar sind. Dieses kann z. B. eine Stellplatz- oder Garagenmiete betreffen. Sie fallen grundsätzlich nicht unter die Kosten der Unterkunft, da solche Einrichtungen nicht unmittelbar der Unterkunft von Menschen dienen. Die leistungsberechtigte Person hat sich um eine Untervermietung der Garage zu bemühen, um so die Mietkosten von anderer Seite erstattet zu bekommen[88].

---

[88] LSG Baden-Württemberg, Urteil vom 21.09.2018, L 12 AS 346/18, juris, Rn. 23.

Eigenheime/Eigentumswohnungen

Wohnen nachfragende Personen im eigenen Haus oder in einer eigenen Wohnung, können folgende Kosten als Bedarf in Betracht kommen:

- Schuldzinsen für Hypothekendarlehen und dauernde Lasten (z. B. Erbbauzins),
- Grundsteuern und sonstige öffentliche Abgaben (z. B. Gebühren für die Abfallbeseitigung, Entwässerung, Straßenreinigung),
- Versicherungsbeiträge (z. B. Gebäudeversicherung),
- Erhaltungsaufwand (z. B. Instandsetzungsrücklagen bei Eigentumswohnungen lt. Wirtschaftsplan der Eigentümergemeinschaft) oder
- sonstige Aufwendungen zur Bewirtschaftung (z. B. Wassergeld, Kosten für Schornsteinreinigung).

Tilgungsleistungen gehören grundsätzlich nicht zu den in diesem Zusammenhang berücksichtigungsfähigen Aufwendungen. Schuldenabbau bedeutet Vermögenszuwachs. Dies zu finanzieren ist nicht Aufgabe der Sozialhilfe. Zudem verbietet § 18 Abs. 1 SGB XII Leistungen für vergangene Zeiträume und damit auch die Übernahme von Schulden.

In Einzelfällen kann zum einen die Übernahme von Aufwendungen für die Kredittilgung bis zur Höhe der abstrakt angemessenen Kosten einer Mietwohnung in Betracht kommen, wenn die leistungsberechtigte Person ohne (ggf. anteilige) Übernahme von Tilgungsraten gezwungen wäre, ihre Wohnung aufzugeben, und sie alles unternommen hat, um die Tilgungskosten während des Leistungsbezugs so niedrig wie möglich zu halten (z. B. Tilgungsaussetzung oder -streckung)[89]. Zum anderen kann eine Berücksichtigung von Tilgungsleistungen als sozialhilferechtlicher Bedarf im Rahmen der sonstigen Hilfen zur Sicherung der Unterkunft nach § 36 Abs. 1 SGB XII in Betracht kommen, wenn dadurch eine sonst drohende Obdachlosigkeit vermieden wird.

Bei Personen, die in einer **Obdachlosen- oder Übergangswohnung** leben, sind unter Berücksichtigung der o. a. Grundsätze als Unterkunftskosten die anfallenden Gebühren nach der Satzung der jeweiligen Gemeinde anzusetzen, aber keine Stromkosten. Soweit ausnahmsweise leistungsberechtigte Personen in einer Pension, einem **Hotel** oder **Frauenhaus** untergebracht sind, stellen die anfallenden Logiskosten den Unterkunftsbedarf im Sinne von § 35 Abs. 1 SGB XII dar.

3.3.3.2 Angemessenheit von Unterkunftskosten

Bedarfe für die Unterkunft werden in Höhe der **tatsächlichen Aufwendungen** anerkannt (vgl. § 35 Abs. 1 Satz 1 SGB XII). Die oben beschriebenen Kosten sind somit grundsätzlich in Höhe des individuell zu zahlenden Betrages als Bedarf zu berücksichtigen. Eine Einschränkung ergibt sich aber aus den weiteren Regelungen des § 35 Abs. 2 SGB XII.

---

[89] Vgl. BSG, Urteil vom 18.06.2008, B 14/11b AS 67/06 R, FEVS 60, 293 = NDV-RD 2009, 14 = DVP 2010, 129.

Sind die Aufwendungen unangemessen hoch, werden sie gemäß § 35 Abs. 2 Satz 2 SGB XII in der Regel nur befristet anerkannt. Das erfordert vom zuständigen Träger in jedem Einzelfall eine Beurteilung der Angemessenheit der Unterkunftskosten.

Das Gesetz enthält keine konkreten Vorgaben oder Auslegungskriterien für die Beurteilung der Angemessenheit. Es wird aber in § 35 Abs. 2 Satz 1 SGB XII bei der Frage des angemessenen Umfangs auf die Besonderheit des Einzelfalles abgestellt. Dies erfordert eine individuelle Prüfung, bezogen auf die Person des Leistungsberechtigten, die Art seines Bedarfs sowie die örtlichen Verhältnisse des Wohnungsmarktes und verbietet eine rein schematische Betrachtung, die sich allein an messbaren Größen (z. B. qm - Zahlen und Durchschnittspreisen) orientiert.

Soweit ein Kreis oder eine kreisfreie Stadt auf der Grundlage der §§ 22a bis 22c SGB II eine Satzung erlässt, die Regelungen zur Angemessenheit von Unterkunftskosten im Rahmen dieses Leistungsgesetzes trifft, sind diese Normen nach § 35a SGB XII entsprechend anwendbar, sofern darin Sonderregelungen für Personen mit einem besonderen Bedarf für Unterkunft und Heizung getroffen und zusätzliche Bedarfe älterer Menschen berücksichtigt werden.

Besonderheiten, die zu berücksichtigen sind, können z. B. sein:

- Alter der nachfragenden Person(en),
- Erkrankung oder Behinderung,
- Versorgung durch Nachbarn oder in der Nähe wohnende Angehörige,
- vertraute Umgebung (besonders bei betagten oder behinderten Menschen),
- absehbare Beendigung der Hilfebedürftigkeit oder
- besonderer Wohnbedarf im Zusammenhang mit der Ausübung des Umgangsrechts.

Sind solche individuellen Gesichtspunkte nicht gegeben, ist es nicht zu beanstanden, für die Sachbearbeitung in der Praxis bestimmte Standardwerte vorzugeben (i. d. R. durch entsprechende Verwaltungsrichtlinien). Dies dient letztlich der Verwirklichung des Gleichbehandlungsgrundsatzes.

Trotz des Verbots rein schematischer Betrachtungen bedient sich die Praxis in zulässiger Weise folgender Anhaltspunkte für die Beurteilung der Angemessenheit von Unterkunftskosten:

- das Wohnraumförderungsgesetz,
- die ortsüblichen Vergleichsmieten (Mietspiegel) sowie
- das Wohngeldgesetz.

Hinsichtlich der akzeptablen Wohnflächen werden die Regelungen des Wohnraumförderungsgesetzes und den dazu ergangenen entsprechenden landesrechtlichen Regelungen (z. B. bis zu 50 qm Wohnfläche für Einzelpersonen, 15 qm zusätzlich für jede weitere Person[90]) als Maßstab herangezogen.

Im Rahmen des Einzelfalles sind diese Wohnflächengrößen ggf. angemessen zu erhöhen, sofern besondere Umstände das erfordern. Beispielsweise kommen folgende Konstellationen zur Erhöhung der angemessenen Wohnfläche im Einzelfall in Betracht:

- Notwendigkeit bei der Benutzung eines Rollstuhls oder Rollators (z. B. größeres Bad, Rangierflächen für den Rollstuhl),

- weiteres Schlafzimmer für Ehepartner, wenn ein Partner auf die Nutzung eines geräuschintensiven Sauerstoffgerätes angewiesen ist oder

- regelmäßige Besuchskontakte älterer, minderjähriger Kinder bei getrennt lebenden Elternteilen[91].

Der **örtliche Mietspiegel** dient - falls vorhanden - zur Beurteilung der Angemessenheit der Miethöhe, wobei auf die im **unteren Bereich** der für vergleichbare Wohnungen am Wohnort der nachfragenden Person marktüblichen Wohnungsmieten abzustellen ist[92].

Eine Vielzahl von Urteilen des Bundessozialgerichts befassen sich mit der Auslegung und Konkretisierung des im Gesetz festgelegten **unbestimmten Rechtsbegriffs** der Angemessenheit. Herauskristallisiert hat sich dabei, dass die tatsächlichen Mietzahlungen mit einer Referenzmiete zu vergleichen sind. Als Referenzmiete gelten die Aufwendungen auf einem vergleichbaren Wohnungsmarkt für eine Wohnung einfachen Standards. Dieses entspricht der vom Bundesverfassungsgericht geforderten zeit- und realitätsgerechten Bestimmung des Existenzminimums, das vom Bundessozialgericht als „**schlüssiges Konzept**" bezeichnet wird mit folgenden Mindestinhalten bzw. -voraussetzungen:

---

[90] In Nordrhein-Westfalen ist die Nummer 8.2 der Wohnraumnutzungsbestimmungen NRW (Runderlass des Ministeriums für Bauen und Verkehr NRW - IV.5-619-1665/09 vom 12.12.2009, MBl. NRW 2010, S. 1) zu beachten, nach der für eine allein stehende Person eine Wohnungsgröße von 50 qm und für jede weitere haushaltszugehörige Person 15 qm als angemessen anzusehen sind. Zwar bezieht sich der Runderlass des Ministeriums ausdrücklich auf die Angemessenheit der Bedarfe für Unterkunft und Heizung nach § 22 SGB II, aber der Runderlass ist auf die Bedarfe für Unterkunft nach § 35 SGB XII entsprechend anzuwenden.

[91] Für die Frage, ob bei einer temporären Wohngemeinschaft ein zusätzlicher Wohnbedarf anzunehmen ist, kommt es entscheidend auf die Umstände des Einzelfalles an. Ein höherer Wohnbedarf kann nur ausnahmsweise anerkannt werden, wenn sonst die Wohnverhältnisse evident zum Besuch des Kindes/ der Kinder ungeeignet sind. Ein Mehrbedarf hinsichtlich der Wohnungsgröße folgt nicht automatisch daraus, dass für das Kind ein eigenes Kinderzimmer bereitgehalten werden muss. Gerade bei jüngeren Kindern beschränkt sich die Notwendigkeit einer räumlichen Trennung des Elternteils von dem Kind bei Besuchskontakten auf die Abend- und Nachtstunden, wenn das Kind schläft. Die Nachtruhe des Kindes kann ohne weiteres im Schlafzimmer des Elternteils gewährleistet werden. Es ist weder üblich, noch würde es dem Kindeswohl entsprechen, dass sich das Kind tagsüber alleine in einem eigenen Kinderzimmer aufhält. Besonderer Stauraum ist nicht erforderlich, da Wechselbekleidung und Waschutensilien für Wochenendbesuche eines Kleinkindes ohne weiteres im Schlafzimmer und Bad untergebracht werden können. Sperrige Gegenstände, wie ggf. Fahrräder, Musikinstrumente etc. können ebenfalls regelmäßig übers Wochenende auch in einem kleineren, ggf. Singlehaushalt untergebracht werden (vgl. LSG NRW, Urteil vom 06.09.2018, L 7 AS 744/17, juris).

[92] BVerwG, Urteil vom 17.11.1994, 5 C 11/93, BVerwGE 97, 110 = FEVS 45, 363 = NDV 1995, 298.

- Datenerhebung und Beobachtung ausschließlich in dem genau eingegrenzten Vergleichsraum und über den gesamten Vergleichsraum (keine „Ghettobildung"),

- Bestimmung einer nachvollziehbaren Definition des Gegenstandes der Beobachtungen (z. B. welche Art von Wohnungen oder ggf. Differenzierung nach Standard der Wohnungen, Brutto- oder Nettokaltmiete, Differenzierung nach Wohnungsgröße),

- Angaben über den Beobachtungszeitraum,

- Festlegung der Art und Weise der Datenerhebung (Erkenntnisquellen, bspw. Mietspiegel),

- Repräsentativität des Umfangs der eingezogenen Daten,

- Validität der Datenerhebung,

- Einhaltung anerkannter mathematisch-statistischer Grundsätze der Datenauswertung,

- Angaben über die gezogenen Schlüsse (bspw. Spannoberwert oder Kappungsgrenze).

Hinsichtlich der Gesamtbelastung werden bei Fehlen eines „schlüssigen Konzeptes" in der Praxis die Höchstbeträge für Mieten und Belastungen nach dem Wohngeldgesetz als Maßstab herangezogen.

Insbesondere die „Höchstbeträge für Miete und Belastungen nach § 12 WoGG" sind als alleiniger Maßstab ungeeignet, weil die betragsmäßige Deckelung, die grobe Einteilung nach Mietenstufen und die nicht geregelte Anpassung an die Preisentwicklung dem Individualitätsprinzip in der Sozialhilfe nicht gerecht wird. Gleichwohl können die Beträge als Anhaltspunkt dienen, wenn andere verlässliche Werte nicht vorliegen. In der Praxis und von der Rechtsprechung in der Regel akzeptiert hat sich dabei ein Sicherheitszuschlag von 10 v. H. auf die Beträge der Wohngeldtabelle des § 12 WoGG.

Viele Träger der Sozialhilfe sind daher dazu übergegangen, auf der Grundlage der Rechtsprechung des Bundessozialgerichts für ihren Bereich Höchstgrenzen für einen angemessenen Quadratmeterzins festzulegen. Gleichzeitig wird ausgehend von einer abstrakt angemessenen Wohnungsgröße (Wohnflächen nach den Regelungen des Wohnraumförderungsgesetzes oder nach landesrechtlichen Regelungen) eine Obergrenze für die im Einzelfall anzuerkennenden Unterkunftskosten aus dem Produkt von maximaler Wohnfläche und angemessenem Quadratmeterzins ermittelt und zwar unabhängig von der tatsächlichen Wohnungsgröße (so genannte **Volumen-** oder **Produkttheorie**)[93].

3.3.3.3 Vorgehen bei unangemessenen Aufwendungen

Übersteigen die tatsächlichen Aufwendungen für die Unterkunft den angemessenen Umfang, sind sie als Bedarf solange anzuerkennen, als es den betroffenen Personen nicht möglich ist (z. B. weil angemessene Unterkünfte derzeit auf dem Wohnungsmarkt nicht zur Verfügung stehen) oder nicht zuzumuten ist, durch einen Wohnungswechsel, durch

---

[93] Zur Produkttheorie vgl. BSG vom 07.11.2006, B 7b AS 10/06 R, BSGE 97, 231 = FEVS 58, 248 = NDV-RD 2007, 47; vgl. Berlit in LPK-SGB XII, Rn. 43 zu § 35 SGB XII.

Vermieten oder auf andere Weise die Aufwendungen zu senken (vgl. § 35 Abs. 2 Satz 2 SGB XII).

Der Gesetzgeber begrenzt die Verpflichtung zur Berücksichtigung unangemessener Kosten für den Regelfall auf längstens sechs Monate. Damit ist klargestellt, dass der zuständige Träger

- der leistungsberechtigten Person, die in einer unangemessenen Unterkunft wohnt, eine angemessene Frist einräumen muss, in der sie nach einer günstigeren Alternative - in der Regel nach einer neuen Wohnung - Ausschau halten kann (bis dahin ist ihr die Anerkennung der tatsächlich entstehenden Kosten garantiert; sie hat aber eigene Bemühungen zur Kostensenkung bereits innerhalb dieser Frist nachzuweisen),

- je nach Fallgestaltung auch eine kürzere Frist setzen kann (insbesondere, wenn die tatsächlichen Kosten die akzeptablen Aufwendungen beträchtlich überschreiten),

- in Einzelfällen auch längere Übergangsfristen zugestehen muss (z. B. wenn die derzeitige familiäre Situation einen Umzug ausschließt oder die Notlage erkennbar vorübergehend ist),

- zu prüfen hat, ob die Möglichkeit zur Senkung der Unterkunftskosten tatsächlich besteht (der Leistungsempfänger hat insofern Bemühungen nachzuweisen, die auf eine Kostenreduzierung abzielen, insbesondere Bewerbungen um angebotene günstigere Wohnungen; werden Unterkünfte zu den als „angemessen" bestimmten Sätzen auf dem Wohnungsmarkt nicht angeboten, erfordert dies ggf. eine Überprüfung der Standardwerte),

- in jedem Einzelfall die Zumutbarkeit der Kostensenkung festzustellen hat (in der Regel sind individuelle Gesichtspunkte wie Alter, Behinderung oder sonstige gesundheitliche Einschränkungen allerdings bei der Prüfung der „Angemessenheit" der Kosten bereits berücksichtigt).

Die Übergangsfrist soll den leistungsberechtigten Personen vor einer abrupten Änderung seiner Wohnsituation schützen. Auf längere Sicht verlangt der Grundsatz der Nachrangigkeit und die Selbsthilfeverpflichtung aber von hilfebedürftigen Personen, dass sie ihre Wohnsituation ihrer finanziellen Situation entsprechend anpassen.

Verstreicht die gesetzte Frist, ohne dass die leistungsberechtigte Person die Unterkunftskosten gesenkt hat, obwohl dies ihr möglich und zumutbar war, hat der Träger der Sozialhilfe lediglich Unterkunftskosten in abstrakt angemessener Höhe zu erbringen. Den die angemessenen Kosten übersteigenden Betrag muss die hilfebedürftige Person selbst aufbringen (z. B. aus den Mitteln zur persönlichen Verfügung, aus „geschütztem" Einkommen oder Vermögen). Handelt es sich um einen höheren Betrag und entstehen keine Zahlungsrückstände, können sich unter Umständen Zweifel in Bezug auf die Hilfebedürftigkeit ergeben. Eine (erneute) Sachverhaltsaufklärung ist dann angezeigt.

Die Übergangsfrist von in der Regel längstens sechs Monaten wird den leistungsberechtigten Personen nicht zugestanden, die ihre Bedürftigkeit durch den Bezug einer neuen (unangemessenen) Wohnung selbst herbeigeführt haben oder die während des Bezugs laufender Leistungen zum Lebensunterhalt in eine andere (unangemessen teure) Wohnung umziehen. In diesen Fällen hat der Träger der Sozialhilfe von Beginn an lediglich Aufwendungen für die Unterkunft in angemessener Höhe zu berücksichtigen[94].

Bei einem **Umzug während des Leistungsbezugs** verpflichtet § 35 Abs. 2 Satz 3 SGB XII die leistungsberechtigten Personen, vor Abschluss des Vertrages den Träger der Sozialhilfe in Kenntnis zu setzen. Soweit die neue Unterkunft unangemessen teuer ist, ist der Träger nur zur Übernahme angemessener Aufwendungen verpflichtet, es sei denn, er hat den übersteigenden Aufwendungen vorher zugestimmt (vgl. § 35 Abs. 2 Satz 4 SGB XII). Eine gänzliche Leistungsverweigerung bei eigenmächtigem Vorgehen der leistungsberechtigten Person scheidet aufgrund dieser Regelung aus. Es sind in jedem Fall die angemessenen Kosten der Unterkunft als Bedarf anzuerkennen.[95]

3.3.3.4 Anteilige Berücksichtigung von Unterkunftskosten

Grundsätzlich sind bei jeder nachfragenden leistungsberechtigten Person die Unterkunftskosten zu berücksichtigen, die ihrem (anteiligen) Wohnungsbedarf entsprechen. Da in den meisten Fällen der Wohnungsbedarf nicht entsprechend der Nutzung exakt abgrenzbar ist, ist eine Aufteilung der anfallenden Kosten nach der Kopfzahl der Bewohner vorzunehmen[96]. Dieser Aufteilungsschlüssel gilt grundsätzlich für alle im Haushalt lebenden Personen, unabhängig von ihrem Alter und unabhängig davon, ob die zusammen lebenden Personen eine Einsatzgemeinschaft im Sinne von § 27 Abs. 2 SGB XII bilden.

Dies erleichtert die Bedarfsermittlung insbesondere in den Fällen, in denen nicht hilfebedürftige Personen mit leistungsberechtigten Personen oder nach verschiedenen Gesetzen leistungsberechtigte Personen in einer Haushaltsgemeinschaft leben.

Problematisch ist die kopfteilige Berücksichtigung, wenn Leistungsversagungen oder -entziehungen o.ä. sich auf andere Mitglieder der Einsatzgemeinschaft auswirken.

Lebt z. B. eine leistungsberechtigte Person in einer Einsatzgemeinschaft und werden einer Person die Leistungen vollständig versagt oder entzogen, stellt sich die Frage, ob der Leistungsträger die bisher übernommenen Unterkunfts- und Heizungskosten für die übrigen hilfebedürftigen Mitglieder erhöhen muss. Konsequenz einer vollständigen Versagung oder Entziehung einer Leistung ist, dass die wegen Verstoßes gegen Mitwirkungspflichten „sanktionierte" Person keine kopfanteiligen Unterkunfts- und Heizungskosten erhält, die übrigen Mitglieder ihrerseits aber nur ihre kopfanteiligen Unterkunfts- und Heizungskosten vom Leistungsträger bewilligt erhalten (sog. Kopfteilsprinzip). Insofern kann eine Unterdeckung des Existenzminimums in der Bedarfs- bzw. Einsatzgemeinschaft eintreten.

---

[94] Vgl. BVerwG, Urteil vom 30.05.1996, 5 C 14/95, BVerwGE 101, 194 = FEVS 47, 97 = info also 1996, 200.
[95] So auch vor Inkrafttreten des Zwölften Buchs Sozialgesetzbuch festgestellt durch BVerwG, Urteil vom 01.10.1998, 5 C 6/98, BVerwGE 107, 239 = FEVS 49, 145 = NDV-RD 1999, 30.
[96] Vgl. u. a. BSG, Urteil vom 23.11.2006, B 11b AS 1/06 R, BSGE 97, 265 = FEVS 58, 353 = NDV-RD 2007, 51.

Nach Auffassung des Bundessozialgerichts müssen die „ausgefallenen" kopfanteiligen Unterkunftskosten bei Versagungs- und Entziehungsbescheiden (anders bei im Zweiten Buch Sozialgesetzbuch nach §§ 31 ff. SGB II sanktionierten Mitgliedern der Einsatzgemeinschaft[97]) nicht durch den Leistungsträger durch höhere Leistungen an die übrigen Mitglieder der Bedarfs- bzw. Einsatzgemeinschaft kompensiert werden.

Ist die Hilfebedürftigkeit eines Mitglieds der Bedarfsgemeinschaft ungeklärt und versagt der Leistungsträger die Leistungen gemäß § 66 Abs. 1 SGB I wegen fehlender Mitwirkung des Betroffenen, soll keine Abweichung vom Kopfteilprinzip aus bedarfsbezogenen Gründen erfolgen. Der Bedarf der übrigen Mitglieder der Bedarfsgemeinschaft bleibt also unberührt.

Die Begründung für diese Sichtweise liegt darin, dass die übrigen Mitglieder der Bedarfs- bzw. Einsatzgemeinschaft so oder so keinen höheren Anspruch auf Unterkunftskosten haben. Entweder ist das nicht mitwirkende Mitglied der Bedarfsgemeinschaft nicht hilfebedürftig, dann kann es auch die anteiligen Unterkunftskosten aus eigenem Einkommen decken und die übrigen Mitglieder des Haushalts würden entsprechend dem Kopfteilprinzip nur die anteiligen Kosten vom Leistungsträger erstattet bekommen, weil sich das Kopfteilprinzip an der Anzahl der Mitglieder im Haushalt orientiert; oder es läge Hilfebedürftigkeit des nicht mitwirkenden Mitglieds der Haushaltsgemeinschaft vor, so dass die anteiligen Unterkunftskosten vom Leistungsträger übernommen würden, sich dies aber nicht auf die anteiligen Unterkunftskosten der übrigen Mitglieder auswirken würde.

Allein die Versagung von Leistungen eines Mitglieds der Bedarfs- bzw. Einsatzgemeinschaft rechtfertigt daher keine Abweichung vom Kopfteilprinzip zugunsten der übrigen Mitglieder[98].

3.3.3.5 Direktzahlung der Miete (§ 35 Abs. 1 Satz 1 SGB XII)

Gemäß§ 35 Abs. 1 Satz 2 bis 5 SGB XII erfolgt eine Direktzahlung an den Vermieter entweder auf Antrag des Leistungsberechtigten oder in den Fällen, in denen eine zweckentsprechende Verwendung andernfalls nicht sichergestellt ist. Nach § 35 Abs. 1 Satz 4 Nr. 1 bis 4 SGB XII werden im Regelfall Direktzahlungen an den Vermieter erfolgen, wenn

1. Mietrückstände bestehen, die zu einer außerordentlichen Kündigung des Mietverhältnisses berechtigen,
2. Energiekostenrückstände bestehen, die zu einer Unterbrechung der Energieversorgung berechtigen,
3. konkrete Anhaltspunkte für ein krankheits- oder suchtbedingtes Unvermögen der leistungsberechtigten Person bestehen, die Mittel zweckentsprechend zu verwenden, oder
4. konkrete Anhaltspunkte dafür bestehen, dass die im Schuldnerverzeichnis eingetragene leistungsberechtigte Person die Mittel nicht zweckentsprechend verwendet.

---

[97] Vgl. BSG, Urteil vom 23.05.2013, B 4 AS 67/12 R, SGb 2014, 336.
[98] Vgl. BSG, Urteil vom 14.02.2018, B 14 AS 17/17 R, SGb 11.18, 721 mit Anmerkung Sofia Temming-Davilla.

Der Leistungsempfänger ist für den Fall, dass eine Direktzahlung stattfindet, hierüber schriftlich zu unterrichten (§ 35 Abs. 1 Satz 5 SGB XII).

Für Leistungsberechtigte der Grundsicherung im Alter und bei Erwerbsminderung nach dem 4. Kapitel SGB XII ist die Direktzahlung seit dem 01.07.2017 gesondert in § 43a Abs. 3 und 4 SGB XII geregelt und umfasst auch die Direktzahlung von Leistungen für den Haushaltsstrom und andere Direktzahlungen auf Wunsch des Leistungsberechtigten.

Die Regelungen sollen sicherstellen, dass die Wohnung bzw. Unterkunft der leistungsberechtigten Person als hohes Schutzgut gesichert bzw. erhalten bleibt. Anderenfalls droht Obdachlosigkeit, die unter allen Umständen vermieden werden soll.

Aus der Direktzahlungsentscheidung erfolgt nach Wortlaut, Systematik und Regelungsintention ausschließlich eine abweichende Empfangsberechtigung des Vermieters. Einen eigenständigen, selbständig einklagbaren Anspruch erwirbt ein Vermieter deshalb nicht, sondern allenfalls erst aus einer ausdrücklichen Schuldübernahmeerklärung, durch die sich der Sozialhilfeträger unabhängig von der Direktzahlungsentscheidung von der ihm gegenüber zur Zahlung der von den Leistungsberechtigten geschuldeten Miete verpflichtet. Eine solche Erklärung gibt der Sozialhilfeträger in der Regel aber nicht ab.[99]

3.3.3.6 Pauschalierung von Unterkunftskosten

Nach § 35 Abs. 3 SGB XII besteht für den Träger der Sozialhilfe die Möglichkeit, Unterkunftskosten durch eine monatliche Pauschale abzugelten, wenn auf dem örtlichen Wohnungsmarkt hinreichend angemessener freier Wohnraum verfügbar ist und in Einzelfällen die Pauschalierung nicht unzumutbar ist.

Soweit von dieser Ermächtigung Gebrauch gemacht würde, entfiele das oben beschriebene Verfahren (Prüfung der Angemessenheit im Einzelfall, Fristsetzung bei unangemessenen Aufwendungen, etc.). Die Pauschale würde alle entstehenden Kosten im Zusammenhang mit der Unterkunft erfassen (**Miete und Nebenkosten** – auch wenn diese erst mit der Jahresabrechnung fällig werden). Dies könnte unter dem Gesichtspunkt des vereinfachten Verwaltungsverfahrens attraktiv erscheinen.

Erfahrungen aus Modellversuchen haben aber gezeigt, dass die Pauschalierung von Unterkunftskosten erhebliche Probleme verursachen kann (z. B. wegen großer Differenzen im Mietniveau innerhalb des Trägerbereichs oder im Vergleich zu Nachbargebieten). Sie kann auch zu unerwünschten Begleiterscheinungen führen (z. B. Verstärkung sozialer Brennpunkte). Voraussichtlich werden deshalb auch zukünftig nur wenige Träger eine Pauschalierung in Betracht ziehen.

---

[99] Vgl. BSG, Urteil vom 09.08.2018, B 14 AS 38/17 R, juris, Rn. 19 ff.

3.3.3.7 Bedarfe im Zusammenhang mit Umzügen

Wird von der leistungsberechtigten Person eine neue Unterkunft bezogen, können im Zusammenhang mit der Wohnungssuche und dem Umzug Kosten entstehen, deren Übernahme das Gesetz unter bestimmten Voraussetzungen vorsieht (vgl. § 35 Abs. 2 Satz 5 und Satz 6 SGB XII). Im Einzelnen sind zu unterscheiden:

- Wohnungsbeschaffungskosten,
- Mietkautionen und
- Umzugskosten.

Es handelt sich bei diesen Bedarfen nach dem Gesetzeswortlaut um Ermessensleistungen, die der Träger der Sozialhilfe bei vorheriger Zustimmung übernehmen **kann**. Da diese Zustimmung aber nach § 35 Abs. 2 Satz 6 SGB XII erteilt werden **soll** für den Fall, dass der Umzug durch den Träger veranlasst wird oder notwendig ist und eine Unterkunft in einem angemessenen Zeitraum sonst nicht gefunden werden kann, wird der Entscheidungsspielraum des Trägers der Sozialhilfe eingeschränkt. Der Bedarf wird in diesen Fällen zu einer Soll-Leistung.

Wohnungsbeschaffungskosten

Wohnungsbeschaffungskosten sind die Aufwendungen, die mit der Suche nach und Anmietung einer Unterkunft verbunden sind und vor deren Bezug anfallen. Nach den Besonderheiten des Einzelfalles können dazu insbesondere Kosten für Wohnungsinserate oder Maklergebühren (soweit ohne Einschaltung eines Maklers kein geeigneter Wohnraum gefunden werden kann) gehören.

In Ausnahmefällen ist die Übernahme von Doppelmieten im Umzugsmonat oder während der Kündigungsfrist erforderlich. Auch wenn die Doppelmiete im Zusammenhang mit einem Wohnungswechsel anfällt, qualifiziert dieser Anknüpfungspunkt allein sie nicht als Wohnbeschaffungskosten. Denn nach dem Wortsinn gehören zu den Wohnungsbeschaffungskosten nur die Aufwendungen, die der Wohnungsbeschaffung, also dem Finden und Anmieten einer Wohnung als Ziel („beschaffen") dienen. Bei Doppelmieten, die vom Leistungsberechtigten deshalb geschuldet werden, weil die Mietverhältnisse nicht nahtlos aneinander anschließen, handelt es sich nicht um Kosten, die mit dem Finden oder Anmieten der neuen Wohnung verbunden sind[100].

Oftmals ist auch die Finanzierung von Kosten für eine Einzugsrenovierung angezeigt, weil die Wohnung ansonsten nicht bewohnbar wäre. Auch hier handelt es sich nicht um Wohnungsbeschaffungskosten im Sinne dieser Vorschrift. Aufwendungen hierfür können nur als „Bedarf für die Unterkunft" im Rahmen von § 35 Abs. 1 SGB XII anerkannt werden. Kosten der Wohnungsrenovierung – soweit es sich um Schönheitsreparaturen handelt – sind im Übrigen von den Regelbedarfen nach § 27a Abs. 2 SGB XII erfasst.

---

[100] LSG NRW, Urteil vom 13.09.2018, L 6 AS 2540/16, juris.

Mietkautionen

In der Regel wird bei Mietwohnungen vom Vermieter die Gestellung einer Mietsicherheit verlangt. Die Mietkaution stellt gemäß § 551 BGB eine Absicherung des Vermieters dar für den Fall, dass der Mieter seine vertraglichen Pflichten verletzt, z. B. notwendige Renovierungsarbeiten nicht ausführt oder Einrichtungen beschädigt. Die Mietkaution darf höchstens drei Monatskaltmieten betragen. Ähnlich wie Mietkautionen ist auch der Erwerb von Genossenschaftsanteilen der Wohnungsbaugenossenschaften möglich.

Die Übernahme der Mietkaution stellt zwar eine Ermessensleistung des Trägers der Sozialhilfe dar. Im Regelfall wird sie aber zu erbringen sein, wenn die Anmietung der Wohnung für notwendig gehalten wird. Dieser Bedarf soll gemäß § 35 Abs. 2 Satz 5 Halbsatz 2 SGB XII als **Darlehen** erbracht werden, was bereits aus dem Sinn und Zweck der Mietkaution als einer im Grundsatz vom Vermieter rückzahlbaren Sicherheitsleistung folgt. Von daher ist dieser Bedarf leistungsrechtlich anders zu bewerten als andere Bedarfspositionen.

Die Kaution ist bei vertragsgerechtem Verhalten des Mieters zurückzuzahlen, so dass sie - würde sie vom zuständigen Träger der Sozialhilfe als Beihilfe bewilligt - zu einem Vermögenszuwachs bei der leistungsberechtigten Person führen würde. Die Leistung als Darlehen stellt sicher, dass die Kaution bei ordnungsgemäßer Nutzung der Wohnung an den Leistungsträger zurückfließt und bei vertragswidrigem Verhalten der leistungsberechtigten Person die Einbehaltung zu seinen Lasten geht.

Die Frage, welcher örtliche Sozialhilfeträger für die Übernahme der Mietkautionen zuständig ist, ist nicht unumstritten.

Im Gegensatz zur Parallelregelung in § 22 Abs. 6 SGB II fehlt in § 35 Abs. 2 SGB XII eine Aussage, welcher örtliche Sozialhilfeträger für die Übernahme der Mietkaution zuständig ist. Hierbei ist auf die allgemeine Zuständigkeitsregelung in § 98 Abs. 1 Satz 1 SGB XII abzustellen. Danach ist der Sozialhilfeträger örtlich zuständig, in dessen Bereich sich die Leistungsberechtigten tatsächlich aufhalten. Die Kaution wird gemäß § 551 Abs. 2 Satz 2 BGB regelmäßig erst mit Einzug in die neue Wohnung und somit zu einem Zeitpunkt fällig, in dem die leistungsberechtigte Person sich tatsächlich bereits am Umzugsort aufhält.

Soweit man allein auf die Fälligkeit der Mietkautionszahlung abstellt, ist für die Übernahme der Mietkaution daher der Sozialhilfeträger des Umzugsorts zuständig, unabhängig vom Zeitpunkt der tatsächlichen Zahlung der Mietkaution. Auf diese Weise wird eine einheitliche Prüfung der neuen Wohnungssituation erfolgen können und eine, möglicherweise zu unterschiedlichen Ergebnissen führende Doppelprüfung durch zwei Leistungsträger, vermieden.[101]

---

[101] VG Hamburg, Beschluss vom 01.03.2000, 20 VG 744/2000, Rn. 11, juris.

Umzugskosten

Die leistungsberechtigte Person ist im Rahmen ihrer Selbsthilfepflicht (vgl. § 2 Abs. 1 SGB XII) regelmäßig angehalten, einen notwendigen Umzug selbst zu organisieren und durchzuführen. Von daher gehören zu den Umzugskosten insbesondere die Aufwendungen für einen erforderlichen Mietwagen, der Kauf von Umzugskartons sowie unter Umständen die Kosten für die Bewirtung der mithelfenden Angehörigen und Bekannten in angemessenem Umfang.

Nur in Ausnahmefällen kommt die Übernahme der Aufwendungen für einen gewerblich organisierten Umzug in Betracht (Speditionskosten), z. B. bei betagten oder behinderten Menschen, denen unentgeltliche Helfer (Bekannte, Verwandte, Nachbarn) nicht zur Verfügung stehen.

3.3.3.8 Bedarfe für Heizung und zentrale Warmwasserversorgung

Bedarfe für die Heizung und für zentrale Warmwasserbereitstellung werden - wie die Bedarfe für die Unterkunft - nach § 35 Abs. 4 Satz 1 SGB XII in tatsächlicher Höhe anerkannt, soweit sie angemessen sind. Anders als bei Bedarfen für die Unterkunft sieht das Gesetz bei den Heizkosten keine (vorübergehende) Berücksichtigung unangemessener Aufwendungen vor. Der leistungsberechtigten Person wird grundsätzlich keine Übergangsfrist zur Anpassung der tatsächlichen Kosten an die im Einzelfall akzeptablen Kosten zugestanden. Zu den Bedarfen für die Heizung und Warmwasserversorgung gehören

- die regelmäßig zu leistenden Vorauszahlungen an den Vermieter bzw. das Energie- bzw. Fernwärmeversorgungsunternehmen,
- nach Ablauf der Heizperiode bzw. Abrechnungsperiode ggf. fällige Nachzahlungen,
- Aufwendungen für die periodische Beschaffung von Heizmaterial sowie laufende Betriebskosten (z. B. Stromkosten für eine Heizungspumpe) für eine selbstbetriebene Heizungsanlage (z. B. Kohle- oder Einzelofen) sowie
- deren Wartung und Instandhaltung.

Soweit Warmwasser nicht zentral bereitgestellt und - zusammen mit den Heizkosten - abgerechnet wird, sondern durch in der Unterkunft installierte Vorrichtungen (z. B. Durchlauferhitzer) erzeugt wird, ist eine Finanzierung im Rahmen des § 35 Abs. 4 Satz 1 SGB XII nicht möglich. Solche dezentral anfallende Warmwasserkosten werden im Rahmen eines (pauschalierten) Mehrbedarfs nach § 30 Abs. 7 SGB XII berücksichtigt (vgl. 3.3.2.7).

Eine Unterscheidung zwischen laufenden und einmalig anfallenden Kosten trifft das Zwölfte Buch Sozialgesetzbuch nicht.

Jedoch sind durch das Bedarfsdeckungsprinzip immer die Heizbedarfe zu übernehmen, die gegenwärtig fällig sind. Auch wenn deren Verbrauch in der über den Monat hinausgehenden Zukunft liegt. Muss z. B. Heizmaterial in Form von Heizöl angeschafft werden, so entsteht der Bedarf im Monat der Anschaffung bzw. Fälligkeit der Rechnung. Eine Bedarfsdeckung erfolgt damit auch für die kommenden Monate, in denen mit dem Vorrat geheizt wird. Es fehlt an einer Rechtsgrundlage zur Verteilung eines in einem bestimmten Monat anfallenden Bedarfs für Heizmaterial, das für einen längeren Zeitraum gekauft worden ist[102].

Bei summarischen Vorauszahlungen sind die bereits durch die Regelsatzleistungen abgegoltenen Kosten für Kochenergie, Beleuchtung und den Betrieb elektrischer Geräte herauszurechnen. Zulässig ist dabei ein Rückgriff auf durchschnittliche Erfahrungswerte.

Die Frage der Angemessenheit von Heizkosten richtet sich - ebenso wie bei den Kosten der Unterkunft - nach den Besonderheiten des Einzelfalls, insbesondere nach der Heizungsart, den persönlichen Verhältnissen (z. B. Alter und Konstitution der Bewohner), der Größe und Beschaffenheit der Wohnung und den örtlichen Gegebenheiten. In der Praxis werden häufig **quadratmeterbezogene Richtwerte** angewandt. Dies ist sehr problematisch, da nicht von der leistungsberechtigten Person zu beeinflussende Faktoren wie klimatische Verhältnisse, unzureichende Wärmeisolierung, Alter und Wartungszustand der Heizungsanlage sowie die Preisentwicklung auf dem Energiesektor die Festlegung langfristig gültiger Werte erschweren. Auch hält das Bundessozialgericht eine Pauschalierung der Heizkosten für unzulässig[103].

Heizkosten sind in Höhe der tatsächlichen Aufwendungen lediglich dann nicht erstattungsfähig, wenn sie bei sachgerechter und wirtschaftlicher Beheizung als der Höhe nach nicht erforderlich erscheinen. Dies setzt eine konkrete Prüfung im Einzelfall voraus. Das Überschreiten der oberen Grenzwerte eines lokalen bzw. des bundesweiten Heizspiegels kann insoweit lediglich als Indiz für die fehlende Erforderlichkeit angesehen werden.

Die Vorschrift des § 35 Abs. 4 Satz 2 SGB XII ermöglicht dem Träger der Sozialhilfe eine Festsetzung der Bedarfe für Heizung und zentrale Warmwasserversorgung durch eine **Pauschale**. Diese Pauschale macht die individuelle Ermittlung der Kosten und die Prüfung der Angemessenheit im Einzelfall entbehrlich. Sie ist nicht zu verwechseln mit der im Regelfall an den Vermieter monatlich zu zahlenden Heizkostenpauschale. Hierbei handelt es sich nicht um eine Pauschalabgeltung in diesem Sinne, sondern nur um eine mietvertraglich geschuldete Vorauszahlung. Literatur und Rechtsprechung stehen einer pauschalierten Festsetzung des Bedarfs sehr kritisch gegenüber, da sich ein ständiges Spannungsverhältnis zum Individualisierungs- und Bedarfsdeckungsprinzip ergibt.[104]

Macht ein Träger der Sozialhilfe von der Pauschalierungsmöglichkeit Gebrauch, hat er bei der Festsetzung der Pauschalsätze die in § 35 Abs. 4 Satz 3 SGB XII bestimmten Differenzierungskriterien zu beachten. Unter Berücksichtigung des Individualitätsgrundsatzes (vgl. § 9 Abs. 1 SGB XII) wird man auch eine abweichende Bemessung in Einzelfällen vorsehen müssen. Bei Pauschalierung des Heizkostenbedarfs scheidet eine Nachzahlung am Ende der Heizperiode aus. Andererseits kann der Träger von der leistungsberechtigten

---

[102] BSG, Urteil vom 08.05.2019, B 14 AS 20/18 R, juris, Rn. 12.
[103] Vgl. BSG, Urteil vom 22.09.2009, B 4 AS 70/08 R, SGb 2009, 663 (Kurzwiedergabe) = info also 2010, 40 (Kurzwiedergabe).
[104] Vgl. Grube in Grube/Wahrendorf, Rn. 46 zu § 17 SGB XII; BSG, Beschluss vom 16.05.2007, B 7b AS 40/06 R, FEVS 58, 481 = NDV-RD 2007, 98 = info also 2007, 220.

Person keinen Nachweis darüber verlangen, dass tatsächlich Kosten in Höhe des bewilligten Betrages entstanden sind.

3.3.4 Einmalige Bedarfe (§ 31 SGB XII)

Das Zwölfte Buch Sozialgesetzbuch sieht - wie das Zweite Buch Sozialgesetzbuch - im Rahmen der existenzsichernden Leistungen nur in drei gesetzlich bestimmten Fällen die Erbringung einmaliger Beihilfen vor. Neben den notwendigen laufenden Leistungen sind im Bedarfsfall gesondert einmalige Bedarfe nach § 31 Abs. 1 SGB XII zu erbringen:

- Erstausstattungen für die Wohnung einschließlich Haushaltsgeräten (§ 31 Abs. 1 Nr. 1 SGB XII),

- Erstausstattungen für Bekleidung und Erstausstattungen bei Schwangerschaft und Geburt (§ 31 Abs. 1 Nr. 2 SGB XII) und

- Anschaffung und Reparaturen von orthopädischen Schuhen, Reparaturen von therapeutischen Geräten und Ausrüstungen sowie die Miete von therapeutischen Geräten (§ 31 Abs. 1 Nr. 3 SGB XII).

Der Träger der Sozialhilfe kann die Leistungen zur Deckung von Bedarfen mit Ausnahme der Leistungen für orthopädische Schuhe und therapeutische Geräte pauschaliert erbringen (vgl. § 31 Abs. 3 Satz 1 SGB XII). Dabei kann er für unterschiedliche Bedarfssituationen auch differenzierende Pauschalbeträge festlegen.

Welche Leistungen zur Deckung von Bedarfen im Einzelnen in Betracht kommen, lässt sich allein aus den Begrifflichkeiten nicht klären. Es ist vielmehr nach Sinn und Zweck dieser Zusatzleistungen abzugrenzen und jeweils zu hinterfragen, ob der geltend gemachte Bedarf aus den Regelsatzleistungen nach § 27a SGB XII zu finanzieren ist. Es muss die Frage beantwortet werden, ob die entstehenden Aufwendungen einen in Durchschnittsfamilien üblicherweise anfallenden und mit gewisser Regelmäßigkeit auftretenden Bedarf erfassen, der über die Einkommens- und Verbrauchsstichprobe in die Bemessung der Regelbedarfsstufen eingeflossen ist.

3.3.4.1 Erstausstattungen für die Wohnung einschließlich Haushaltsgeräten (§ 31 Abs. 1 Nr. 1 SGB XII)

Unstrittig gehört die erstmalige und vollständige Ausstattung einer Wohnung mit Mobiliar und Hausrat zu den einmaligen Leistungen im Sinne von § 31 Abs. 1 Nr. 1 SGB XII. Dies ist z. B. der Fall bei der erstmaligen Anmietung einer Wohnung nach Verlassen des Elternhauses, nach der Haftentlassung, bei Auszug aus einem Übergangswohnheim, bei der Sesshaftwerdung von Obdachlosen sowie bei der Aufgabe des Wohnsitzes im Ausland. Ebenso dürften Wohnungsbrände, Überschwemmungen oder andere Katastrophenfälle bei entsprechendem Schadensausmaß Leistungsansprüche nach dieser Norm auslösen.

Die Erstausstattungen für die Wohnung einschließlich Haushaltsgeräten umfasst nur Gegenstände, die der Befriedigung grundlegender Bedürfnisse bezwecken wie z. B. Essen, Schlafen, Aufenthalt, nicht aber Gegenstände, die dem Freizeit-, Unterhalts- und Informationsbedürfnis dienen, wie z. B. ein Fernsehgerät[105].

Ersatzbeschaffungen von Hausrat oder Haushaltsgeräten dagegen stellen grundsätzlich keinen einmaligen Bedarf in diesem Sinne dar. Derartige Anschaffungen (z. B. der Ersatz einer defekten Waschmaschine) sind mit der Regelleistung nach § 27a SGB XII abgegolten.

Ausgehend von dem Gesichtspunkt der „Planbarkeit" und „Finanzierbarkeit aus Ansparungen" kommen aber Zusatzleistungen des Trägers für solche größeren Anschaffungen in Betracht, die sich notwendigerweise aus einer Veränderung in den Lebensumständen und Wohnverhältnissen ergeben (z. B. Geburt oder Adoption von Kindern, Zuzug von „Trennungskindern" nach Wechsel des Aufenthaltsrechts, Trennung von Partnern, Umzug in eine altengerechte Wohnung, Auszug aus einer möblierten Wohnung oder einer Wohnung mit Küchenausstattung in eine Leerwohnung)[106].

Auch wenn es sich in diesen Fällen begrifflich nicht um eine „Komplettausstattung" mit Hausrat handelt, ist der entstehende Bedarf nicht aus dem Regelsatz finanzierbar, da der Bedarf nicht planbar ist. Allerdings ist unter dem Nachrang- bzw. Selbsthilfegesichtspunkt jeweils zu prüfen, ob nicht andere Möglichkeiten zur Bedarfsdeckung bestehen bzw. vorrangig Verpflichtete in Anspruch zu nehmen sind. Unter anderem stellt sich z. B. bei einem Untergang des Hausrats durch Wohnungsbrand, Überschwemmung oder in anderen Katastrophenfällen die Frage nach Ansprüchen gegenüber den Verursachern oder ggf. auch Versicherungsunternehmen (Wohngebäude- oder Haftpflicht- bzw. Hausratversicherung).

---

[105] Vgl. BSG, Urteil vom 24.02.2011, B 14 AS 75/10 R, NDV-RD 2011, 123 = DVP 2012, 86 = SozR 4-4200 § 23 Nr. 11 und BSG, Urteil vom 09.06.2011, B 8 SO 3/10 R, SGb 2011, 457 (Kurzwiedergabe) = info also 2011, 231 (Kurzwiedergabe).
[106] Vgl. LSG NRW, Urteil vom 29.10.2007, L 20 AS 12/07, juris.

Kapitel 3 – Hilfe zum Lebensunterhalt nach 3. Kapitel SGB XII

Praxisbeispiel, entnommen aus den Richtlinien des Landkreises Lippe

Haushaltsgrundausstattung		
Ausstattungsbedarf	Anzahl	Einzelpreis
Bett mit Lattenrost	1	80,00 €
Kleiderschrank	1	80,00 €
Küchenoberschrank	1	30,00 €
Küchenunterschrank	1	50,00 €
Sessel	1	30,00 €
Spüle	1	97,00 €
Stuhl	1	13,00 €
Tisch	1	35,00 €
Wohnzimmerschrank	1	100,00 €
Wohnzimmertisch	1	30,00 €
Bügeleisen	1	10,00 €
Fön	1	8,00 €
Herd	1	200,00 €
Kühlschrank	1	200,00 €
Lampen	5	50,00 €
Staubsauger	1	50,00 €
Waschmaschine	1	250,00 €
Bettlaken	2	13,00 €
Bettwäsche (Bezug und Kopfkissen)	2	20,00 €
Frottiertücher	4	10,00 €
Gardinen		100,00 €
Geschirrtücher	3	5,00 €
Kopfkissen	1	10,00 €
Küchenhandtücher	2	4,00 €
Matratze	1	40,00 €
Oberbett	1	35,00 €
Tischdecke	1	8,00 €
Waschlappen	4	6,00 €
Gesamtbetrag		**1.564,00 €**
zzgl. Kleinteile (siehe Anlage)		167,20 €
Kosten für Haushaltsgrundausstattung		1.731,20 €
Beihilfe abgerundet, da zum Teil Gebrauchtwaren		**1.500,00 €**
für jede weitere Person		400,00 €
maximal insgesamt		3.500,00 €

Haushaltsgrundausstattung - Kleinteile

Ausstattungsbedarf	Anzahl	Einzelpreis
Besen mit Stiel	1	6,10 €
Bratpfanne	1	5,10 €
Messer (Brot-, Küchen-, Allzweckmesser)	3	1,50 €
Dosenöffner	1	2,00 €
Eßbestecke	2	6,10 €
Eßgeschirr	2	10,20 €
Fensterleder	1	1,50 €
Glasteller/-schüssel	1	1,00 €
Handfeger mit Schaufel	1	4,10 €
Holzbrett	1	1,00 €
Kaffeekanne	1	4,10 €
Kaffeefilter	1	1,50 €
Kaffeegedecke	2	10,20 €
Kochlöffel	2	1,50 €
Kochtöpfe	2	15,30 €
Mülleimer	1	4,10 €
Pfannenheber	1	1,00 €
Schere	1	2,60 €
Schneebesen	1	1,00 €
Schüsseln	2	3,10 €
Schrubber	1	4,10 €
Sieb	1	2,00 €
Spülbürste	1	0,60 €
Suppenkelle	1	3,60 €
Toilettenbürste mit Ständer	1	4,10 €
Wäscheklammern	1	1,00 €
Wäschekorb	1	3,10 €
Wassergläser	2	1,00 €
Wassereimer	1	1,50 €
Backform	1	5,10 €
Eierbecher	1	0,80 €
Einkaufstasche	1	5,10 €
Flaschenöffner	1	1,00 €
Fußmatte	1	4,00 €
Kartoffelstampfer	1	4,00 €
Korkenzieher	1	2,60 €
Lochstecher für Dosen	1	1,00 €
Milchkännchen	1	1,50 €
Reibe	1	1,30 €
Staubtuch	1	0,80 €
Trittleiter	1	15,30 €
Wäscheständer	1	7,70 €
Wasserkocher	1	10,00 €
Zitronenpresse	1	1,50 €
Zuckertopf	1	1,50 €
insgesamt		**167,20 €**

3.3.4.2 Erstausstattungen für Bekleidung und Erstausstattungen bei Schwangerschaft und Geburt (§ 31 Abs. 1 Nr. 2 SGB XII)

Leistungen zur Deckung von Bedarfen nach dieser Norm kommen in Betracht, wenn eine Grundausstattung an Bekleidung entweder nicht vorhanden ist (z. B. nach einem Wohnungsbrand) oder wenn aufgrund einer krankheitsbedingten erheblichen Körpergewichtszunahme oder -abnahme ein so umfangreicher Bekleidungsbedarf auftritt, dass die entstehenden Aufwendungen dem einer Erstausstattung gleichkommen. Letzteres wäre durch eine ärztliche Bescheinigung nachzuweisen.

Weiterhin kommen Leistungen zur Beschaffung von Schwangerschaftsbekleidung sowie anlässlich der Geburt eines Kindes zur Säuglingsausstattung in Betracht. Im Zusammenhang mit der Geburt eines Kindes fällt nicht nur die für das Kind benötigte Bekleidung sowie ggf. erforderlicher Hausrat (vgl. § 31 Abs. 1 Nr. 1 SGB XII) an, sondern auch z. B. die Anschaffung eines Kinderwagens oder einer Babywanne.

In der Praxis werden für die Säuglingserstausstattung und für die Bedarfe aus Anlass der Geburt regelmäßig festgesetzte Pauschalen berücksichtigt, die nicht nach Bekleidungsbedarf und sonstigem Bedarf differenzieren.

Praxisbeispiel, entnommen aus den Richtlinien des Landkreises Lippe

Einmalige Beihilfen für die Erstausstattung bei Geburt eines Kindes			
Bekleidung	Anzahl	Einzelpreis	Gesamtpreis
Schlafanzug	2	6,00 €	12,00 €
Body	5	3,00 €	15,00 €
Strumpfhose	2	4,00 €	8,00 €
Kapuzenbadetuch	1	5,00 €	5,00 €
4 Paar Söckchen	1	3,50 €	3,50 €
3 Lätzchen	1	5,00 €	5,00 €
Strampler und Langarmshirt	3	8,00 €	24,00 €
Mütze	1	3,00 €	3,00 €
Jacke	1	15,00 €	15,00 €
Mütze, Schal, Fäustling	1	10,00 €	10,00 €
			100,50 €
Beihilfe Bekleidung abgerundet, da zum Teil Gebrauchtwaren			**80,- €**

Einmalige Beihilfen für die sonstige Grundausstattung bei Geburt eines Kindes			
Fläschen mit Sauger	3	2,63 €	7,89 €
Schnuller 2er Set	1	1,99 €	1,99 €
Bürste weich	1	2,87 €	2,87 €
Bettwäsche 4-teilig (mit Spannbettlaken)	2	12,99 €	25,98 €
Schlafsack	1	9,99 €	9,99 €
Einlage	1	4,99 €	4,99 €
1 Paar Wegwerfwindeln, 52 Stück	1	6,79 €	6,79 €
Wickelauflage	1	9,99 €	9,99 €
Bezug für Wickelauflage, 2 Stück	1	9,00 €	9,00 €
Babybadewanne	1	7,99 €	7,99 €
Krabbeldecke	1	12,00 €	12,00 €
Diverses (Schmusetier, Rassel etc.)		10,00 €	10,00 €
Bett mit Matratze	1	58,00 €	58,00 €
Schubladenschrank	1	59,00 €	59,00 €
Wickeltisch	1	25,00 €	25,00 €
Kinderwagen gebraucht	1	85,00 €	85,00 €
Autositz gebraucht	1	20,00 €	20,00 €
			356,48 €
Beihilfe abgerundet, da zum Teil Gebrauchtwaren			**320,00 €**

Schwangerschaftsbekleidung	**160,00 €**

Schwangerschaftsbekleidung, sofern die vorherige Schwangerschaft nicht mehr als 4 Jahre zurückliegt	**100,00 €**

Pauschalierung Erstausstattung Bekleidung

Gegenstand	Ausstattungsbedarf	Einzelpreis	Winter	Sommer
Wintermantel / -jacke	1	80,00 €	80,00 €	- €
Sommerjacke / Anorak	1	40,00 €	- €	40,00 €
Hose / Rock	2	40,00 €	80,00 €	80,00 €
Pullover	2	20,00 €	40,00 €	20,00 €
Oberhemden / Blusen	2	15,00 €	30,00 €	30,00 €
T-Shirt / Oberhemd kurzer Arm	4	5,00 €	20,00 €	20,00 €
kurze Hose	1	10,00 €	- €	10,00 €
Nachtwäsche	2	15,00 €	30,00 €	30,00 €
Unterhemd	7	4,00 €	28,00 €	28,00 €
Unterhose	7	4,00 €	28,00 €	28,00 €
Mütze	1	10,00 €	10,00 €	- €
Schal	1	10,00 €	10,00 €	- €
Handschuhe	1	7,00 €	7,00 €	- €
Winterschuhe	1	40,00 €	40,00 €	- €
Sommerschuhe / Sandale	1	30,00 €	- €	30,00 €
Hausschuhe	1	10,00 €	10,00 €	10,00 €
Gesamt			**413,00 €**	**326,00 €**
Summe Sommer und Winter				739,00 €
Durchschnitt, gerundet				**370,00 €**

3.3.4.3 Anschaffung und Reparaturen von orthopädischen Schuhen, Reparaturen von therapeutischen Geräten und Ausrüstungen sowie die Miete von therapeutischen Geräten (§ 31 Abs. 1 Nr. 3 SGB XII)

Diese Zusatzleistung wurde durch das Gesetz zur Ermittlung von Regelbedarfen und zur Änderung des Zweiten und Zwölften Buches Sozialgesetzbuch zum 01.01.2011 neu in das Leistungsspektrum der Hilfe zum Lebensunterhalt aufgenommen. Bisher waren diese Verbrauchsausgaben bei der Regelsatzbemessung eingerechnet. Da sie nur selten anfallen, waren die Durchschnittsbeträge entsprechend gering und konnten die im Bedarfsfall auftretenden relativ hohen Ausgaben nicht decken.

Vor diesem Hintergrund werden sie nicht mehr im Regelbedarf berücksichtigt, sondern lösen im konkreten Fall einen entsprechenden einmaligen Bedarf aus, dessen Finanzierung über § 31 Abs. 1 Nr. 3 SGB XII sichergestellt ist. Voraussetzung für die Anerkennung eines entsprechenden Bedarfs ist aber in jedem Fall, dass die notwendigen Aufwendungen nicht durch vorrangig verpflichtete Leistungsträger (in der Regel die gesetzliche Krankenversicherung) zu übernehmen sind.

Während bei orthopädischen Schuhen sowohl die Anschaffungskosten als auch ggf. anfallende Reparaturkosten berücksichtigt werden, sieht das Gesetz in Bezug auf therapeutische Geräte lediglich die Finanzierung von Miet- und ggf. Reparaturkosten vor. Regelmäßig praktische Anwendungsfälle sind z. B.

- Finanzierung des Eigenanteils bei orthopädischen Schuhen,
- Reparatur von Kleidung bei behinderten Personen, bei denen durch die Fortbewegung auf den Knien die Beinkleidung verstärkt abnutzt,
- Reparatur von Schuhen bei Personen, bei den durch Nachziehen eines Beines die Sohle oder Schuhspitze abnutzt,
- Reparatur der Brille.[107]

3.3.4.4 Sonderregelung zum Einkommenseinsatz

Einmalige Bedarfe nach § 31 SGB XII werden durch Zusatzleistungen gedeckt, wenn Personen bereits regelmäßig Leistungen zum Lebensunterhalt beziehen. Sie werden nach § 31 Abs. 2 SGB XII aber auch denjenigen erbracht, denen - wegen ausreichender Eigenmittel - keine Regelsätze zu leisten sind, die diese zusätzlichen Bedarfe nach § 31 SGB XII aber nicht vollständig decken können.

In diesem Fall kann nach § 31 Abs. 2 Satz 2 SGB II bei der Ermittlung der Bedürftigkeit auch das Einkommen berücksichtigt werden, das innerhalb eines Zeitraums von bis zu sechs Monaten nach Ablauf des Monats erworben wird, in dem über die Leistung entschieden worden ist. Das den laufenden Bedarf übersteigende Einkommen darf also bei unveränderter Höhe mit einem Multiplikator von maximal 7 (Entscheidungsmonat und sechs Folgemonate) als Eigenleistung auf den Bedarf angerechnet werden.

Diese Vorschrift berücksichtigt, dass auch in Familien, die keine existenzsichernden Leistungen im Rahmen der Sozialhilfe benötigen, größere Anschaffungen in der Regel aus mehreren Monatseinkommen finanziert werden. Bei der Ermessensentscheidung, ob und in welcher Höhe der Träger der Sozialhilfe bei der leistungsberechtigten Person auf den Einsatz zukünftigen Einkommens abstellt, hat er unter anderem folgende Gesichtspunkte zu beachten:

- die Art der gegenwärtig vorhandenen und für die Zukunft zu erwartenden Einkünfte,
- die Art und Höhe des Bedarfs,
- Vorhersehbarkeit und Aufschiebbarkeit des Bedarfs (Ansparmöglichkeit),
- etwaige Besonderheiten in der Lebenssituation der nachfragenden Person, die ihr ein dem Einkommen entsprechendes Verbraucherverhalten unzumutbar machen (z. B. weitere Zahlungsverpflichtungen oder besondere Belastungen) sowie
- erkennbare zusätzliche „einmalige Bedarfe".

---

[107] BSG, Urteil vom 25.10.2017, B 14 AS 4/17, www.sozialgerichtsbarkeit.de, 198670. Dagegen sind die Kosten für die **Neubeschaffung einer Brille** vom Regelbedarf umfasst (vgl. BSG, Urteil vom 18.07.2019, B 8 SO 4/18 R, juris, Rn. 18).

Kapitel 3 – Hilfe zum Lebensunterhalt nach 3. Kapitel SGB XII

Wird von der leistungsberechtigten Person ein Einkommenseinsatz über den Bedarfsmonat hinaus verlangt, ist bei unaufschiebbarem Bedarf und fehlender Möglichkeit zur „Zwischenfinanzierung" ggf. erweiterte Hilfe zu leisten und in den Folgemonaten vom Leistungsempfänger ein Aufwendungsersatz in entsprechender Höhe zu fordern (vgl. § 19 Abs. 5 SGB XII).

3.3.4.5 Übung

Sachverhalt

Die bisher allein lebende Frau A beantragt beim zuständigen Träger der Sozialhilfe eine Beihilfe aus Anlass des Einzugs ihrer beiden leiblichen Kinder Frank (11 Jahre) und Susanne (13 Jahre). Die Kinder haben bisher bei ihrem Vater gelebt. Frau A hat, als sich abzeichnete, dass ihre Kinder zu ihr kommen, die Wohnung mit einer Nachbarin getauscht, so dass sie nun zwei Kinderzimmer zur Verfügung hat.

Im Einzelnen macht Frau A folgende Bedarfe geltend:

- die Kosten für die Möblierung der beiden Kinderzimmer (400,00 €),
- die Kosten für die Anschaffung einer größeren Waschmaschine (300,00 €) sowie
- die Kosten für die Ergänzung der Bekleidung der Tochter (250,00 €).

Frau A bezieht eine befristete Rente wegen voller Erwerbsminderung aus der gesetzlichen Rentenversicherung, deren Höhe ausreicht, um den laufenden Lebensunterhalt für sich und die Kinder zu bestreiten. Das anzurechnende Einkommen überschreitet den laufenden Bedarf um 150,00 €.

Aufgabe

Prüfen Sie, ob und ggf. in welcher Höhe einmalige Bedarfe nach § 31 SGB XII in Betracht kommen. Dabei ist zu unterstellen, dass alle im Sachverhalt genannten Personen vom Grundsatz her berechtigt sind, Leistungen nach dem 3. Kapitel SGB XII (Hilfe zum Lebensunterhalt) zu beziehen und dass die genannten Beträge den tatsächlichen und notwendigen Bedarf abbilden.

Lösung

Einmalige Bedarfe werden nach § 31 Abs. 1 Nr. 1 SGB XII für die Erstausstattung für die Wohnung einschließlich Haushaltsgeräten sowie nach § 31 Abs. 1 Nr. 2 SGB XII für die Erstausstattung für Bekleidung erbracht. Fraglich ist, ob es sich bei dem geltend gemachten Bedarf um „Erstausstattungen" in diesem Sinne handelt.

Frau A möchte eine größere Waschmaschine anschaffen. Es handelt sich hier um eine **Ersatzbeschaffung**, da das vorhandene Gerät gegen ein leistungsfähigeres ausgetauscht werden soll. Zu diesem Zweck sieht § 31 Abs. 1 Nr. 1 SGB XII eine Beihilfe nicht vor.

Anders ist der Bedarf für die Kosten für die Möblierung der Kinderzimmer zu beurteilen. Die Kinder haben bisher nicht bei Frau A gelebt. Notwendige Möbel (wie ein Bett, ein Schrank, etc.) stehen nicht zur Verfügung. Damit handelt es sich um eine Erstausstattung für die Wohnung. Somit liegt ein einmaliger Bedarf im Sinne von § 31 Abs. 1 Nr. 1 SGB XII vor, auch wenn im Übrigen die Wohnung der Mutter mit Möbeln und Haushaltsgeräten ausgestattet ist.

Die Ergänzung der Bekleidung der Tochter stellt keine Erstausstattung nach § 31 Abs. 1 Nr. 2 SGB XII dar. Damit kann sie als einmaliger Bedarf nicht berücksichtigt werden. Die Aufwendungen sind aus den laufenden Mitteln zu bestreiten.

Somit kommt als einmaliger Bedarf nur der Bedarf für die Möblierung der Kinderzimmer in Betracht. Ob eine entsprechende Leistung im Rahmen der Hilfe zum Lebensunterhalt zu erbringen ist, hängt davon ab, ob der Bedarf in Höhe von 400,00 € aus eigenen Mitteln bestritten werden kann. Zu berücksichtigen ist dabei, dass Frau A gemäß § 27 Abs. 2 Satz 3 SGB XII verpflichtet ist, ihr Einkommen für den Bedarf der bei ihr lebenden minderjährigen Kinder einzusetzen.

Nach § 31 Abs. 2 Satz 1 SGB XII werden Leistungen für einmalige Bedarfe nach § 31 Abs. 1 SGB XII (hier für die Erstausstattung der Wohnung) auch erbracht, wenn keine Regelsätze zu leisten sind, der Bedarf aber nicht aus eigenen Kräften und Mitteln vollständig gedeckt werden kann. Das Renteneinkommen der Frau A reicht aus, um den laufenden Bedarf zu bestreiten. Für die Deckung des einmaligen Bedarfs in Höhe von 400,00 € stehen Frau A im Entscheidungsmonat aber nur 150,00 € zur Verfügung. Danach bestünde zunächst ein Anspruch auf eine einmalige Leistung in Höhe von 250,00 €.

In diesem Fall kann aber gemäß § 31 Abs. 2 Satz 2 SGB XII auch das Einkommen berücksichtigt werden, das innerhalb eines Zeitraums von bis zu sechs Monaten **nach** Ablauf des Entscheidungsmonats erzielt wird. Dem zuständigen Träger steht insofern ein Ermessensspielraum zu.

Im vorliegenden Fall ist es aus folgenden Gründen vertretbar, auch auf das zukünftige Einkommen der Frau A abzustellen:

- Das Einkommen liegt mit 150,00 € über dem laufenden notwendigen Bedarf. Eine ausreichende Ansparmöglichkeit für ggf. weiter entstehenden unregelmäßigen Bedarf verbleibt Frau A.

- Frau A kann mit der Rentenzahlung fest rechnen.

- Der Bedarf war - zumindest einige Zeit - absehbar.

- Außergewöhnliche weitere finanzielle Belastungen ergeben sich aus dem Sachverhalt nicht.

Das den laufenden Bedarf übersteigende Einkommen von nicht ganz zwei Folgemonaten reicht aus, um den fehlenden Betrag von 250,00 € zu finanzieren.

Somit besteht kein Anspruch auf Leistungen zur Deckung von Bedarfen für einen einmaligen Bedarf nach § 31 Abs. 1 SGB XII.

3.3.5 Beiträge für die Kranken- und Pflegeversicherung (§ 32 SGB XII)

Gemäß § 32 Abs. 1 SGB XII sind angemessene Beiträge für eine Kranken- und Pflegeversicherung als Bedarf anzuerkennen, **soweit** Leistungsberechtigte diese nicht aus eigenem Einkommen tragen können. Leistungsberechtigte können die Beiträge soweit aus eigenem Einkommen tragen, wie diese im Wege der Einkommensbereinigung nach § 82 Abs. 2 Satz 1 Nummer 2 und 3 SGB XII abzusetzen sind. Damit sind Kranken- und Pflegeversicherungsbeiträge als erstes vom Bruttoeinkommen abzusetzen. Kann hierüber der Bedarf nicht sichergestellt werden, weil das Einkommen nicht ausreicht, ist im zweiten Schritt eine Bedarfsübernahme gemäß § 32 Abs. 1 SGB XII möglich. Eine solche Bedarfsberücksichtigung findet insbesondere statt, wenn die sog. Freibeträge nach § 82 Abs. 2 Satz 2 und Abs. 3 bis 6 SGB XII zu berücksichtigen sind.

Die obige Regelung wurde mit Wirkung zum 06.12.2019 neu gefasst. Auslegungsfragen zur Reihenfolge und zur Anerkennung der vom Einkommen abzusetzenden Beträge sollen nicht mehr bestehen.

Problematisch war bis zur Änderung folgende Situation: Sofern zuerst die Beiträge für die Kranken- und Pflegeversicherung abgezogen wurden, konnte für den Abzug z. B. des Erwerbstätigenfreibetrages kein oder kein ausreichend hohes Einkommen mehr zur Verfügung stehen. Die so entstandene Schlechterstellung wurde mit der Neufassung korrigiert.

Kranken- und Pflegeversicherungsbeiträge sind somit in der Regel gemäß § 82 Abs. 2 Satz 1 Nr. 2 bzw. Nr. 3 SGB XII vom Einkommen abzusetzen. In bestimmten Fällen ist aber die Übernahme von Beiträgen für die Kranken- und Pflegeversicherung als eine Leistung der Hilfe zum Lebensunterhalt vorgesehen. Die Regelung des § 32 SGB XII bekommt insbesondere dann Gewicht, wenn kein (ausreichendes) Einkommen bei der leistungsberechtigten Person zur Verfügung steht und die Berücksichtigung der Beiträge auf der Bedarfsseite die einzige Möglichkeit zur Aufrechterhaltung eines Krankenversicherungsschutzes darstellt.

Für die Übernahme von Krankenversicherungsbeiträgen sieht § 32 SGB XII fünf Fallgestaltungen vor. Bei vier Tatbestandsvarianten handelt es sich um eine Pflichtleistung, im Übrigen um eine Kann-Leistung des zuständigen Trägers.

In den Fällen, in denen der Träger der Sozialhilfe die Beiträge als Bedarf anerkennt, ist eine Absetzung dieser Versicherungsbeiträge vom Einkommen nicht mehr zulässig (vgl. § 32 Abs. 1 Satz 2 SGB XII). Dadurch wird eine Doppelberücksichtigung vermieden.

Nach § 32 Abs. 3 SGB XII wird neben den Krankenversicherungsbeiträgen auch der Zusatzbeitrag nach § 242 Abs. 1 SGB V übernommen.

Auch die Beiträge zur Pflegeversicherung sind zu übernehmen (vgl. § 32 Abs. 5 SGB XII).

3.3.5.1 Beiträge für Pflichtversicherte und Weiterversicherte

Pflichtversicherte im Sinne des § 5 Abs. 1 Nr. 13 SGB V bzw. des § 2 Abs. 1 Nr. 7 des Zweiten Gesetzes über die Krankenversicherung der Landwirte haben gemäß § 32 Abs. 2 Nr. 1 SGB XII einen Anspruch auf Übernahme der zu zahlenden Beiträge im Rahmen der Hilfe zum Lebensunterhalt. Das gleiche gilt für Weiterversicherte im Sinne des § 9 Abs. 1 Nr. 1 SGB V bzw. des § 6 Abs. 1 Nr. 1 des Zweiten Gesetzes über die Krankenversicherung der Landwirte (vgl. § 32 Abs. 2 Nr. 2 SGB XII). Das bedeutet, dass in diesen Fällen die Hilfebedürftigkeit unter Einbeziehung des um die Krankenkassenbeiträge erhöhten Bedarfes festzustellen ist.

Der Begriff der „Weiterversicherten" ergibt sich aus den oben genannten sozialversicherungsrechtlichen Bestimmungen. Danach können Personen, die als Mitglieder aus der Versicherungspflicht ausgeschieden sind (z. B. nach der Scheidung aus der Familienversicherung des Ehepartners oder nach Ausscheiden aus dem Leistungsbezug der Grundsicherung für Arbeitsuchende) und in den letzten fünf Jahren vor dem Ausscheiden mindestens 24 Monate oder unmittelbar vor dem Ausscheiden ununterbrochen mindestens 12 Monate versichert waren, freiwillig der Krankenversicherung beitreten.

Bei den Vorversicherungszeiten werden Zeiten der Mitgliedschaft von Rentenantragstellern (§ 189 SGB V) nicht berücksichtigt. Der Beitritt ist der Krankenkasse innerhalb von drei Monaten nach Beendigung der Mitgliedschaft anzuzeigen (§ 9 Abs. 2 Nr. 1 SGB V).

3.3.5.2 Beiträge für Rentenantragsteller

Ebenso wie bei Weiterversicherten ist bei Rentenantragstellern, die nach § 189 SGB V als Mitglieder einer Krankenkasse gelten, die Übernahme der Beiträge zur Krankenversicherung bei Hilfebedürftigkeit eine Pflichtleistung (§ 32 Abs. 2 Nr. 3 SGB XII). Die betroffenen Personen begründen nach § 189 Abs. 1 SGB V eine Formalmitgliedschaft in der gesetzlichen Krankenversicherung. Die Mitgliedschaft beginnt mit dem Tag, an dem der Rentenantrag gestellt wird. Sie endet mit dem Tod oder mit dem Tag, an dem der Antrag zurückgenommen oder die Ablehnung des Antrags unanfechtbar wird (§ 189 Abs. 2 SGB V).

3.3.5.3 Aufrechterhaltung einer freiwilligen Krankenversicherung

Für Personen, die in einer gesetzlichen Krankenversicherung nach § 9 Abs. 1 Nr. 2 bis 8 SGB V bzw. nach § 6 Abs. 1 Nr. 2 des Zweiten Gesetzes über die Krankenversicherung der Landwirte freiwillig krankenversichert sind, sieht § 32 Abs. 2 Nr. 4 und Nr. 5 SGB XII die Übernahme angemessener Beiträge hierfür vor.

3.3.5.4 Berücksichtigung von Beiträgen zur privaten Kranken- und Pflegeversicherung

Bei Personen, die gegen das Risiko Krankheit bei einem privaten Krankenversicherungsunternehmen versichert sind, sind angemessene Beiträge anzuerkennen. Angemessen sind Beiträge

1. bis zu der Höhe des sich nach § 152 Abs. 4 des Versicherungsaufsichtsgesetzes ergebenden halbierten monatlichen Beitrags für den Basistarif, sofern die Versicherungsverträge der Versicherungspflicht nach § 193 Abs. 3 des Versicherungsvertragsgesetzes genügen, oder

2. für eine Absicherung im brancheneinheitlichen Standardtarif nach § 257 Abs. 2a des Fünften Buches in der bis zum 31. Dezember 2008 geltenden Fassung.

Die Angemessenheit ist anhand der Sätze 2 und 3 des § 32 Abs. 4 SGB XII zu ermitteln. In der Regel sind dabei gemäß § 32 Abs. 4 Nr. 1 und Nr. 2 SGB XII die Aufwendungen für den halbierten monatlichen Basistarif oder für eine Absicherung im brancheneinheitlichen Standardtarif zu übernehmen.

Höhere Beiträge können nach Satz 3 und Satz 4 als angemessen anerkannt werden, wenn die Leistungsberechtigung voraussichtlich nur für einen Zeitraum von bis zu drei Monaten besteht oder im begründeten Ausnahmefall auf Antrag ein höherer Beitrag auch im Fall einer Leistungsberechtigung für einen Zeitraum von bis zu sechs Monaten als angemessen anerkannt wird, wenn vor Ablauf der drei Monate oder bereits bei Antragstellung davon auszugehen ist, dass die Leistungsberechtigung für einen begrenzten, aber mehr als drei Monate andauernden Zeitraum bestehen wird.

3.3.5.5 Zeitliche Zuordnung und Zahlung von Beiträgen für eine Kranken- und Pflegeversicherung

Nach § 32a Abs. 1 SGB XII sind Bedarfe nach § 32 SGB XII unabhängig von der Fälligkeit des Beitrags jeweils in dem Monat zu berücksichtigen, für den die Versicherung besteht. Diese Regelung ist notwendig, da die eigentliche Fälligkeit der Beiträge immer der 15. des Folgemonats ist. Somit werden Versicherungsmonat und Bedarfszeitraum angepasst.

Die Beiträge sind durch Direktzahlung an die Krankenkasse oder das Versicherungsunternehmen vorzunehmen, sofern der komplette Beitrag aus dem monatlichen Leistungsanspruch gezahlt werden kann. Dabei bestehen Unterrichtungspflichten des Sozialhilfeträgers gegenüber der Krankenkasse über Beginn, Höhe und Zeitraum sowie bei Beendigung einer Direktzahlung (vgl. § 32a Abs. 2 SGB XII). Die Regelungen wurden als Verwaltungsvereinfachung eingeführt und sollen Beitragsrückstände vermeiden. Problematisch sind die Fälle, in denen die leistungsberechtigte Person einen Teil der Kranken- und Pflegeversicherungsbeiträge selbst entrichten kann und folglich der Sozialhilfeträger nur einen Teil der Beiträge übernehmen muss. In diesen Fällen erfolgt nach den gesetzlichen Vorgaben keine Direktzahlung an die Kranken- und Pflegekasse.

In Fällen des § 32 Abs. 2, Abs. 3 und Abs. 5 SGB XII sind die Beiträge bis zum Ende, in den Fällen den § 32 Abs. 4 und Abs. 6 SGB XII zum Ersten des sich nach § 32 Abs. 1 SGB XII ergebenden Monats zu zahlen.

3.3.5.6 Vorsorgebeiträge (§ 33 SGB XII)

Im Rahmen der Hilfe zum Lebensunterhalt können (Ermessen) gemäß § 33 Abs. 1 SGB XII auch die Aufwendungen als Bedarf übernommen werden, die erforderlich sind, um die Voraussetzungen eines Anspruchs auf eine angemessene Alterssicherung zu erfüllen, soweit sie nicht nach § 82 Abs. 2 Satz 1 Nr. 2 und Nr. 3 SGB XII vom Einkommen abgesetzt werden. Es kann sich dabei um Beiträge

- zur gesetzlichen Rentenversicherung,

- zur landwirtschaftlichen Alterskasse,

- zu berufsständischen Versorgungseinrichtungen, die den gesetzlichen Rentenversicherungen vergleichbare Leistungen erbringen,

- für eine eigene kapitalgedeckte Altersvorsorge in Form einer lebenslangen Leibrente, wenn der Vertrag nur die Zahlung einer monatlichen auf das Leben des Steuerpflichtigen bezogenen lebenslangen Leibrente nicht vor Vollendung des 60. Lebensjahres vorsieht sowie

- um geförderte Altersvorsorgebeiträge nach § 82 des Einkommensteuergesetzes, soweit sie den Mindesteigenbeitrag nach § 86 des Einkommensteuergesetzes nicht überschreiten handeln.

Eine Übernahme von Beiträgen zur Alterssicherung ist z. B. denkbar, wenn die Wartezeit für den Bezug von Altersruhegeld noch nicht voll erfüllt ist und der Träger der Sozialhilfe in absehbarer Zeit durch Rentenleistung entlastet wird. Dabei ist zu berücksichtigen, ob die Aufwendungen für die zusätzliche Altersvorsorge geeignet sind, die Versorgungssituation im Alter so weit zu verbessern, dass Hilfebedürftigkeit im Alter vermieden oder zumindest vermindert wird.

§ 33 Abs. 2 SGB XII regelt die Übernahme von Beiträgen für ein angemessenes Sterbegeld. Auch hier werden die Aufwendungen nur als Bedarf übernommen soweit sie nicht nach § 82 Abs. 2 Satz 1 Nr. 2 und Nr. 3 SGB XII vom Einkommen abgesetzt werden. Aus dem Wortlaut der Vorschrift geht hervor, dass die Aufwendungen für das angemessen Sterbegeld bereits vor Beginn der Leistungsberechtigung entstanden sein müssen. Folglich kann ein nach Eintritt der Hilfebedürftigkeit abgeschlossener Vertrag nicht anerkannt werden.

Eine solche Versicherung ist nur zulässig, wenn sie zweckgebunden für die Bestattung abgeschlossen worden ist. Im Rahmen der Ermessensentscheidung ist zusätzlich folgendes zu berücksichtigen:

- Für jüngere leistungsberechtigte Personen kommt die Sterbegeldversicherung nicht in Frage, wenn nicht wahrscheinlich ist, dass ein Bedarfsfall (vgl. § 74 SGB XII) eintritt.

- Die Deckung der Bestattungskosten darf nicht aus sonstigen Mitteln finanziert werden können (Nachranggrundsatz), so dass Sozialhilfe geleistet werden müsste.

Soweit ausreichendes Einkommen zur Verfügung steht, ist § 82 Abs. 2 Satz 1 Nr. 2 und Nr. 3 SGB XII vorrangig anwendbar.

Vermögen aus einem angemessenen Bestattungsvorsorgevertrag ist bei der Gewährung von Sozialhilfe nicht zu berücksichtigen; seine Verwertung stellt eine Härte im Sinne des § 90 Abs. 3 SGB XII dar; es sei denn, durch den Abschluss des Bestattungsvorsorgevertrages wurde das Vermögen in der Absicht gemindert, die Voraussetzungen für die Gewährung oder Erhöhung der Leistung herbeizuführen.[108]

3.3.6 Leistungen für Bildung und Teilhabe (§ 34 SGB XII)

Mit dem Gesetz zur Ermittlung von Regelbedarfen und zur Änderung des Zweiten und Zwölften Buches Sozialgesetzbuch vom 24.03.2011 wurde - rückwirkend zum 01.01.2011 - eine Vorgabe des Bundesverfassungsgerichts[109] umgesetzt und für alle Kinder und Jugendlichen bzw. jungen Erwachsenen aus einkommensschwachen Haushalten ein Anspruch auf ein Mindestmaß an Bildungs- und Teilhabeleistungen geschaffen. Die Leistungen ergänzen das schon bestehende Angebot in Kindertageseinrichtungen und Schulen und das - nicht flächendeckend vorzufindende - Angebot von freien Trägern, Religionsgemeinschaften oder Wohlfahrtsverbänden.

Mit der Sicherung eines menschenwürdigen Existenzminimums von Kindern, Jugendlichen und Schülerinnen und Schüler im Bereich der gesellschaftlichen Teilhabe und Bildungsteilhabe verfolgt § 34 SGB XII das Ziel einer stärkeren Integration und Chancengerechtigkeit. Insbesondere der Bildung kommt bei der nachhaltigen Überwindung von Hilfebedürftigkeit und zukünftigen Lebenschancen eine Schlüsselfunktion zu. Die materielle Ausstattung von Schülern, die Teilnahme bereits an Unternehmungen in Kindertageseinrichtungen sowie an schulischen Aktivitäten und die außerschulische Bildung sind notwendig, um gesellschaftliche Exklusionsprozesse zu beenden.

Ob die neu geschaffenen Anspruchsnormen geeignet und ausreichend sind, diesen hohen Anspruch zu erfüllen und den Kindern und jungen Menschen eine ihrem Alter und ihren individuellen Bedürfnissen entsprechende Bildung und Teilhabe am sozialen und kulturellen Leben in der Gemeinschaft zu garantieren, bleibt abzuwarten.

---

[108] BSG Urteil vom 18.03.2008, B 8/9b SO 9/06 R, BSGE 100, 131 = SGb 2009, 35 = FEVS 60, 108.
[109] Vgl. BVerfG, Urteil vom 09.02.2010, 1 BvL 1/09, 3/09, 4/09, BVerfGE 125, 175 = NJW 2010, 505 = FamRZ 2010, 429.

3.3.6.1 Grundvoraussetzungen

Die von § 34 SGB XII erfassten Bedarfe werden neben den maßgebenden Regelbedarfsstufen gesondert berücksichtigt. Sie sind nicht - orientiert an den entsprechenden Ausgaben von Referenzhaushalten - in den Regelbedarfen pauschal erfasst worden, sondern ergänzen diese.

Leistungen nach § 34 SGB XII werden auch erbracht, wenn nachfragende Personen keine Regelleistungen erhalten, sie aber die Bedarfe nach § 34 SGB XII nicht vollständig aus eigenen Kräften und Mitteln decken können (vgl. § 34a Abs. 1 Satz 2 SGB XII). Wie beim Auftreten von einmaligen Bedarfen nach § 31 SGB XII können somit auch solche Personen Ansprüche haben, die aufgrund ihrer wirtschaftlichen Situation keinen regelmäßigen Zuschussbedarf haben. Wird in diesen Fällen eine Leistung nach § 34 SGB XII beantragt, sind aber in jedem Fall vorrangige Ansprüche - insbesondere nach § 28 SGB II - zu prüfen.

Leistungen nach den Absätzen 2 bis 6 werden erbracht für Schülerinnen und Schüler allgemein- oder berufsbildender Schulen ohne Altersbeschränkung, während die Teilhabeleistungen nach § 34 Abs. 7 SGB XII ausschließlich für leistungsberechtigte Personen bis zur Vollendung des 18. Lebensjahres vorbehalten sind (vgl. § 34 Abs. 7 SGB XII).

Teilhabeleistungen nach § 34 Abs. 7 SGB XII bleiben bei der Erbringung von Leistungen der Eingliederungshilfe für behinderte Menschen nach dem Sechsten Kapitel des Zwölften Buches Sozialgesetzbuch unberücksichtigt (vgl. § 34a Abs. 1 Satz 3 SGB XII). Soweit im Rahmen dieser Hilfeart ebenfalls Leistungen zur Teilhabe erbracht werden, erfolgt keine Anrechnung.

3.3.6.2 Schulausflüge und mehrtägige Klassenfahrten sowie eintägige und mehrtägige Ausflüge für Kinder in Tageseinrichtung oder Kindertagespflege

Schülerinnen und Schüler, die eine allgemein- oder berufsbildende Schule besuchen, sowie Kinder in einer Kindertageseinrichtung haben Anspruch auf Finanzierung der tatsächlichen Aufwendungen für **Schulausflüge** und mehrtägige **Klassenfahrten** im Rahmen der schulrechtlichen Bestimmungen (vgl. § 34 Abs. 2 SGB XII). Während die Kosten für mehrtägige Klassenfahrten bereits vor dem 01.01.2011 als „einmaliger Bedarf" im Rahmen des § 31 SGB XII berücksichtigt wurden, ist die Finanzierung von Tagesausflügen, die durch Kindertageseinrichtung oder Schule veranstaltet werden, neu ins Gesetz aufgenommen worden.

Wann eine Klassenfahrt im Rahmen schulrechtlicher Bestimmungen vorliegt, ergibt sich aus einem entsprechenden Beschluss der Elternpflegschaft nach den Richtlinien für Schulwanderungen und Schulfahrten. Die Dauer und die Kosten der Klassenfahrt werden durch eine Bescheinigung der Schule nachgewiesen. Die Aufwendungen sind in tatsächlicher Höhe als Bedarf anzuerkennen. Eine Pauschalierung oder eine betragsmäßige Deckelung ist dem Träger der Sozialhilfe verwehrt. Taschengelder für zusätzliche Ausgaben während der Klassenfahrten und Ausflüge sind aus dem Regelsatz zu bestreiten.

3.3.6.3 Persönlicher Schulbedarf (§ 34 Abs. 3 und 3a SGB XII)

Die Bedarfe für die Ausstattung mit **persönlichen Schulbedarf** werden nach § 34 Abs. 3 SGB XII bei Schülerinnen und Schülern pauschal für den Monat, in dem der erste Schultag liegt, in Höhe von 150,00 € und für den Monat, in dem das zweite Schulhalbjahr beginnt, in Höhe von 50,00 € anerkannt. Diese sog. Schulpauschale wird bei Leistungsbeziehern ohne gesonderten Antrag von Amts wegen in den betreffenden Monaten (in der Regel 100,00 € im August und 50,00 € im Februar) zusammen mit der Regelleistung ausbezahlt. Sie ergänzt den in den Regelbedarfsstufen bereits berücksichtigten Bedarf für die Schule (z. B. Schreib- und Zeichenmaterialien[110]).

Seit dem 01.07.2020 wird gemäß § 34 Abs. 3a SGB XII der Betrag für das erste Schulhalbjahr kalenderjährlich mit dem in der maßgeblichen Regelbedarfsstufen-Fortschreibungsverordnung bestimmten Prozentsatz fortgeschrieben; der fortgeschriebene Wert ist bis unter 0,50 Euro auf den nächsten vollen Euro abzurunden und ab 0,50 Euro auf den nächsten vollen Euro aufzurunden. Der Teilbetrag für das zweite Schulhalbjahr beträgt 50 Prozent des Teilbetrags des ersten Schulhalbjahres. Im Jahr 2021 beträgt Schulpauschale für das erste Schulhalbjahr 103,00 € und für das zweite Halbjahr 51,50 €.

3.3.6.4 Persönlicher Schulbedarf (§ 34 Abs. 4 SGB XII)

Sind Schülerinnen und Schüler für den Besuch der nächstgelegenen Schule des gewählten Bildungsgangs auf Schülerbeförderung angewiesen, werden die erforderlichen tatsächlichen Aufwendungen im Rahmen der Bildungsleistungen nach § 34 Abs. 4 SGB XII berücksichtigt. Voraussetzung für die Übernahme von **Schülerbeförderungskosten** ist, dass die Aufwendungen nicht von Dritten bestritten werden (z. B. vom Schulträger). Als nächstgelegene Schule des gewählten Bildungsgangs gilt auch eine Schule, die aufgrund ihres Profils gewählt wurde, soweit aus diesem Profil eine besondere inhaltliche oder organisatorische Ausgestaltung des Unterrichts folgt; dies sind insbesondere Schulen mit naturwissenschaftlichem, musischem, sportlichem oder sprachlichem Profil sowie bilinguale Schulen, und Schulen mit ganztägiger Ausrichtung.

In der Praxis werden sich hierzu einige Fragen ergeben, z. B. inwieweit spezifische Wünsche der leistungsberechtigten Personen in Bezug auf Schulform und pädagogische Konzeption der einzelnen Schulen Berücksichtigung finden können. Neben dem in § 34 Abs. 4 SGB XII garantierten Wahlrecht bezüglich des Bildungsgangs wird hier der Grundsatz der

---

[110] Einige Sozialgerichte urteilten neben den Bildungs- und Teilhabeleistungen weiterhin über zu geringe Anteile für Lernmittel und Bildung in den Regelbedarfen und erkannten an:
- **Tablet** in Höhe von 369,90 € gemäß § 21 Abs. 6 SGB II analog: SG Hannover, Beschluss vom 06.02.2018, S 68 AS 344/18 ER, juris, Rn. 15 ff.,
- **Schulbücher:** LSG Niedersachsen-Bremen, Urteil vom 11.12.2017, L 11 AS 349/17, juris,
- **internetfähigen PC** im Wert von 350,00 €: SG Cottbus, Urteil vom 13.10.2016, S 42 AS 1914/13, n. veröffentl.,
- **PC mit Drucker, Software und Einrichtung** für 600 €: SG Gotha, Urteil vom 17.08.2018, S 26 AS 3971/17, juris,
- **Laptop** für 399,00 €: SG Stade, Urteil vom 29.09.2018, S 39 AS 102/18 ER, n. veröffentl,
- **Schulbücher** für 24,00 €: SG Köln, Urteil vom 29.05.2019, S 40 AS 352/19, n. veröffentl.

Individualität, insbesondere die Grenzen des Wunsch- und Wahlrechtes der leistungsberechtigten Personen nach § 9 Abs. 2 SGB XII, eine entscheidende Rolle spielen.

3.3.6.5 Lernförderung (§ 34 Abs. 5 SGB XII)

Als zusätzlichen Bedarf von Schülerinnen und Schülern berücksichtigt § 34 Abs. 5 SGB XII eine - das schulische Angebot ergänzende - angemessene **Lernförderung**. Voraussetzung für die Finanzierung von z. B. Nachhilfeunterricht ist es, dass dieser geeignet und zusätzlich erforderlich ist, um die festgelegten wesentlichen Lernziele zu erreichen. Auf eine bestehende Versetzungsgefährdung kommt es dabei nicht an.

Der Träger der Sozialhilfe wird für seine Entscheidung notwendigerweise auf eine gutachtliche Stellungnahme der Schule bzw. der Lehrkräfte angewiesen sein.

3.3.6.6 Gemeinschaftliche Mittagsverpflegung (§ 34 Abs. 6 SGB XII)

Bei Teilnahme an einer **gemeinschaftlichen Mittagsverpflegung** werden nach § 34 Abs. 6 SGB XII für Schülerinnen und Schüler sowie für Kinder in Tageseinrichtungen oder in Tagespflege die entstehenden Mehraufwendungen berücksichtigt. Bei Schulen gilt die weitere Voraussetzung, dass die Mittagsverpflegung in schulischer Verantwortung angeboten werden muss. Da bei der Ermittlung des Regelbedarfs auch bei Kindern, Jugendlichen und jungen Erwachsenen die Mittagsverpflegung im Anteil für Ernährung eingerechnet wurde, sichert diese Vorschrift lediglich die Finanzierung der entstehenden Mehraufwendungen.

3.3.6.7 Leistungen zur Teilhabe (§ 34 Abs. 7 SGB XII)

Für leistungsberechtigte Personen bis zur Vollendung des 18. Lebensjahres wird nach § 34 Abs. 7 Satz 1 SGB XII ein Bedarf bis zu einem Höchstbetrag von monatlich 15,00 € für Aufwendungen zuerkannt, die im Zusammenhang mit der Teilnahme an

1. Aktivitäten in den Bereichen Sport, Spiel, Kultur und Geselligkeit,

2. Unterricht in künstlerischen Fächern und vergleichbare angeleitete Aktivitäten der kulturellen Bildung und

3. Freizeiten stehen.

Hierzu gehören z. B. Musikunterricht, die Mitgliedschaft in Vereinen in den Bereichen Sport, Spiel, Kultur und Geselligkeit oder die Teilnahme an Freizeiten oder Aktivitäten der kulturellen Bildung. Der in der Norm aufgeführte Katalog ist abschließend. Nicht dazu gehören z. B. Kinobesuche oder der Besuch von Popkonzerten. Hier steht überwiegend die Unterhaltung im Mittelpunkt, nicht die (dauerhafte) Einbindung in soziale Gemeinschaftsstrukturen. Der monatliche Betrag von 15,00 € kann entsprechend über den Bewilligungszeitraum angespart und in einer Summe ausgezahlt werden. Die Teilhabeleistung kann damit jederzeit in monatlichen Teilbeträgen oder als Gesamtbetrag bis max. 180,00 € pro Kalenderjahr in Anspruch genommen werden.

Minderjährigen wird durch die Teilhabeleistungen ein Budget zur Verfügung gestellt, damit sie ein ihren Wünschen und Fähigkeiten entsprechendes Angebot wahrnehmen können. Ziel der Leistungen ist es, auch Kinder und Jugendliche aus einkommensschwachen Haushalten stärker als bisher in bestehende Vereins- und Gemeinschaftsstrukturen zu integrieren und den Kontakt mit Gleichaltrigen zu intensivieren. Dies soll die individuelle Entwicklung und die Entfaltung kreativer Fähigkeiten fördern und die Möglichkeit schaffen, soziale Kompetenzen als grundlegende Voraussetzung für die aktive Mitgestaltung des gesellschaftlichen Lebens zu entwickeln.

Neben der Berücksichtigung von Bedarfen nach Satz 1 können nach § 34 Abs. 7 Satz 2 SGB XII auch weitere tatsächliche Aufwendungen berücksichtigt werden, wenn sie im Zusammenhang mit der Teilnahme an Aktivitäten nach Satz 1 Nr. 1 bis Nr. 3 SGB XII entstehen und es den leistungsberechtigten Personen im begründeten Ausnahmefall nicht zugemutet werden kann, diese aus dem Regelbedarf zu bestreiten.

3.3.6.8 Besonderheiten der Leistungserbringung (§ 34a und § 34b SGB XII)

Für Bildungs- und Teilhabeleistungen nach § 34 SGB XII gelten im Verhältnis zu den übrigen Leistungen zur Sicherung des Lebensunterhalts einige Besonderheiten, die in § 34a und § 34b SGB XII zusammengefasst sind:

- Mit Ausnahme des pauschalierten Schulbedarfs nach § 34 Abs. 3 SGB XII werden diese Leistungen nicht von Amts wegen bei Bekanntwerden eines entsprechenden Bedarfs (vgl. § 18 SGB XII), sondern nur auf Antrag erbracht (vgl. § 34a Abs. 1 Satz 1 SGB XII).

- Die Leistungen nach § 34 Abs. 2 und Abs. 5 bis 7 SGB XII werden als Sach- und Dienstleistungen, insbesondere in Form von personalisierten Gutscheinen, Direktzahlungen an Anbieter von Leistungen zur Deckung dieser Bedarfe (Anbieter) oder als Geldleistungen (vgl. § 34a Abs. 2 Nr. 1 bis 3 SGB XII), erbracht. Die zuständigen Träger der Sozialhilfe können bestimmen, in welcher Form sie die Leistungen erbringen (vgl. § 34a Abs. 2 Satz 2 SGB XII). Die Leistungen zur Deckung der Bedarfe nach § 34 Abs. 3 und 4 SGB XII werden jeweils durch Geldleistungen erbracht (vgl. § 34a Abs. 2 Satz 3 SGB XII).

  Die zuständigen Träger der Sozialhilfe können mit Anbietern **pauschal** abrechnen (vgl. § 34a Abs. 2 Satz 4 SGB XII). Der Gesetzgeber wollte mit diesen Regelungen eine zweckentsprechende Verwendung bereits durch die Form der Leistungserbringung sicherstellen.

- Diesem Gedanken trägt auch die Regelung des § 34a Abs. 6 Satz 1 SGB XII Rechnung. Danach kann der Träger im Einzelfall einen Nachweis über eine zweckentsprechende Verwendung verlangen. Soweit der Nachweis nicht geführt wird, soll die Bewilligungsentscheidung widerrufen werden (§ 34a Abs. 6 Satz 2 SGB XII).

- Bei **Schulausflügen** können Leistungen gesammelt für Schülerinnen und Schüler an eine Schule ausgezahlt werden, wenn die Schule

1. dies bei dem zuständigen Träger der Sozialhilfe beantragt,
2. die Leistungen für die leistungsberechtigten Schülerinnen und Schüler verauslagt und
3. sich die Leistungsberechtigung von den Leistungsberechtigten nachweisen lässt.

Der zuständige Träger der Sozialhilfe kann mit der Schule vereinbaren, dass monatliche oder schulhalbjährliche Abschlagszahlungen geleistet werden (vgl. § 34a Abs. 7 SGB XII).

- Die Vorschrift des § 34b SGB XII regelt die **berechtigte Selbsthilfe**. Geht die leistungsberechtigte Person nach § 34b Satz 1 SGB XII durch Zahlung an den Anbieter in Vorleistung, ist der Träger der Sozialhilfe zur Übernahme der berücksichtigungsfähigen Aufwendungen verpflichtet, soweit unbeschadet des Satzes 2 die Voraussetzungen einer Leistungserbringung zur Deckung der Bedarfe im Zeitpunkt der Selbsthilfe nach § 34 Abs. 2 und Abs. 5 bis Abs. 7 SGB XII vorlagen (Nr. 1) und zum Zeitpunkt der Selbsthilfe der Zweck der Leistung durch Erbringung als Sach- oder Dienstleistung ohne eigenes Verschulden nicht oder nicht rechtzeitig zu erreichen war (Nr. 2). War es der leistungsberechtigten Person nach § 34b Satz 2 SGB XII nicht möglich, rechtzeitig einen Antrag zu stellen, gilt dieser als zum Zeitpunkt der Selbstvornahme gestellt.

3.3.7 Sonstige Hilfen zur Sicherung der Unterkunft (§ 36 SGB XII)

Die Sozialhilfe ist grundsätzlich gegenwarts- und zukunftsorientiert. Sie setzt ein, wenn eine akute Notlage bekannt wird (vgl. § 18 SGB XII). Von daher verbietet sich eine Leistung für vergangene Zeiträume und damit die Übernahme von Schulden. Von diesem Grundsatz macht § 36 Abs. 1 Satz 1 SGB XII eine Ausnahme. Danach können ausnahmsweise Schulden übernommen werden, wenn dies zur Sicherung der Unterkunft oder zur Behebung einer vergleichbaren Notlage gerechtfertigt ist. Die Ermessensleistung wird zu einer Soll-Leistung, wenn die Schuldenübernahme gerechtfertigt und notwendig ist und sonst Wohnungslosigkeit einzutreten droht (vgl. § 36 Abs. 1 Satz 2 SGB XII).

Schulden, deren Begleichung der Sicherung der Unterkunft dienen, werden regelmäßig **Mietschulden** sein. Bei Zahlungsrückständen des Mieters gegenüber dem Vermieter besteht die Gefahr einer fristlosen Kündigung bzw. einer Räumungsklage und damit die Gefahr des Wohnungsverlustes. Aus diesem Grund sieht § 36 Abs. 2 Satz 1 SGB XII eine Mitteilungspflicht des betreffenden Gerichts bei Klagen auf Räumung der Wohnung wegen Mietrückständen an den zuständigen örtlichen Träger der Sozialhilfe vor:

Geht bei einem Gericht eine Klage auf Räumung von Wohnraum im Falle der Kündigung des Mietverhältnisses nach § 543 Abs. 1 BGB, § 543 Abs. 2 Satz 1 Nr. 3 in Verbindung mit § 569 Abs. 3 BGB ein, teilt das Gericht dem zuständigen örtlichen Träger der Sozialhilfe unverzüglich Folgendes mit:

1. den Tag des Eingangs der Klage,
2. die Namen und die Anschriften der Parteien,
3. die Höhe der monatlich zu entrichtenden Miete,
4. die Höhe des geltend gemachten Mietrückstandes und der geltend gemachten Entschädigung sowie
5. den Termin zur mündlichen Verhandlung, sofern dieser bereits bestimmt ist.

Außerdem kann der Tag der Rechtshängigkeit mitgeteilt werden. Die Übermittlung unterbleibt, wenn die Nichtzahlung der Miete nach dem Inhalt der Klageschrift offensichtlich nicht auf Zahlungsunfähigkeit des Mieters beruht.

So kann der Sozialhilfeträger umgehend reagieren und ggf. drohende Obdachlosigkeit abwenden, in dem er rechtzeitig über die Begleichung der Mietrückstände entscheidet.

Hierbei werden verschiedene Faktoren zu berücksichtigen sein, die jeweils die individuelle Situation der nachfragenden Person beleuchten. Geht es z. B. um den Erhalt einer unangemessen teuren Wohnung, deren Aufgabe der nachfragenden Person bereits auferlegt wurde, und sind von der drohenden Wohnungslosigkeit keine minderjährigen Kinder betroffen, wird der zuständige Träger der Sozialhilfe die Übernahme der Mietschulden in der Regel ablehnen. Geht es dagegen um den Erhalt einer angemessenen Wohnung für eine Großfamilie, für die es auf dem örtlichen Wohnungsmarkt kaum alternative Angebote gibt, wird die Ermessensentscheidung eher positiv ausfallen.

Terminologisch stellt auch die Tilgung eines Hypothekendarlehens eine „Schuldenübernahme" im Sinne von § 36 Abs. 1 SGB XII dar. Von daher kommt auch die Übernahme von **Tilgungsleistungen** für Haus- und Wohnungseigentümer nur ausnahmsweise in Betracht, wenn eine Aussetzung der Tilgung von der Kredit gebenden Bank nicht länger akzeptiert wird und die Zwangsversteigerung und damit der Verlust der Unterkunft droht.

Eine vergleichbare Notlage im Sinne des § 36 Abs. 1 Satz 1 SGB XII kann vorliegen, wenn rückständige Gas-, Wasser-, Elektrizitäts- oder Heizkosten vorliegen und die Gefahr besteht, dass bei Nichtzahlung die Wasser- bzw. Energieversorgung unterbrochen wird. Allerdings muss in jedem Fall geprüft werden, ob der betreffende Bedarf (z. B. rückständige Abschläge für Haushaltsstrom) grundsätzlich vom Regelbedarf erfasst ist, weil dann als speziellere Rechtsgrundlage für die Darlehenserbringung § 37 SGB XII in Betracht kommt (vgl. 3.3.8).

Leistungen nach § 36 SGB XII können als Beihilfe oder Darlehen erbracht werden. Zwar erlaubt § 36 Abs. 1 Satz 3 SGB XII die Darlehenserbringung nach dem Wortlaut nur bei Geldleistungen. Gerade die Begleichung von Mietrückständen erfolgt aber typischerweise durch Zahlung an den Vermieter, so dass es sich aus Sicht der leistungsberechtigten Person um eine Sachleistung im Sinne von § 10 Abs. 1 Nr. 3 SGB XII handelt. Hier geht es jedoch nicht um die Finanzierung des laufenden Unterkunftsbedarfs, sondern um eine Schuldenbegleichung, die als Geldleistung anzusehen ist.

Werden darlehensweise Schulden für einen Bedarf übernommen, der durch vorangegangene Leistungen der Sozialhilfe an die leistungsberechtigte Person bereits gedeckt worden war (z. B. „doppelte" Mietleistung), besteht die Möglichkeit der Aufrechnung mit laufenden Leistungsansprüchen nach § 26 Abs. 3 i. V. m. § 26 Abs. 2 SGB XII bis auf das jeweils Unerlässliche.

Leistungen nach § 36 SGB XII werden bei Vorliegen der Voraussetzungen auch Personen erbracht, die nach dem Zweiten Buch Sozialgesetzbuch als erwerbsfähige leistungsberechtigte Person oder als Angehörige der Bedarfsgemeinschaft (vgl. § 7 Abs. 3 SGB II) dem Grunde nach leistungsberechtigt sind, aber mangels Hilfebedürftigkeit im Sinne von § 9 Abs. 1 SGB II tatsächlich keine (laufenden) Leistungen zur Sicherung des Lebensunterhalts nach dem Zweiten Buch Sozialgesetzbuch erhalten. Der Ausschluss dieser Personen von Lebensunterhaltsleistungen nach dem Zwölften Buch Sozialgesetzbuch gilt insofern nicht (vgl. § 21 Satz 2 SGB XII).

3.3.8 Ergänzende Darlehen (§ 37 SGB XII)

Kann im Einzelfall ein von den Regelbedarfen umfasster unabweisbar gebotener Bedarf auf keine andere Weise gedeckt werden, sollen hierfür notwendige Leistungen auf Antrag als Darlehen erbracht werden (vgl. § 37 Abs. 1 SGB XII).

Diese Norm stellt die Rechtsgrundlage für Zusatzleistungen dar, die nach den Bestimmungen der Hilfe zum Lebensunterhalt regulär nicht zu erbringen bzw. durch den Regelbedarf abgegolten sind. Sie werden - in Abkehr von dem Grundsatz der Antragsunabhängigkeit von Sozialhilfeleistungen - nur auf Antrag und in jedem Fall als Darlehen geleistet. Für die Tilgung dieser Darlehen sieht § 37 Abs. 4 Satz 1 SGB XII eine Sonderregelung vor. Danach kann bei leistungsberechtigten Personen der Hilfe zum Lebensunterhalt die Rückzahlung des Darlehens dergestalt erfolgen, dass von den monatlichen Regelsätzen Teilbeträge bis zur Höhe von jeweils bis zu 5 v. H. der Regelbedarfsstufe 1 nach der Anlage zu § 28 SGB XII einbehalten werden können. Sind mehrere leistungsberechtigte Personen Empfänger des ergänzenden Darlehens (z. B. bei der Anschaffung von Hausratsgegenständen), ist die Tilgung auch durch Einbehaltung von Teilbeträgen bei mehreren Personen möglich.

Voraussetzung für die Erbringung ergänzender Darlehen nach § 37 SGB XII ist, dass der geltend gemachte Bedarf

- von den Regelsätzen umfasst ist (z. B. Ernährung, Ersatzbeschaffung von Bekleidung, Ersatzbeschaffung von Hausrat, Haushaltsenergie).
- nach den Umständen des jeweiligen Einzelfalls unabweisbar geboten ist und
- nicht auf keine andere Weise gedeckt werden.

Ein unabweisbarer Bedarf liegt vor, wenn es sich um einen zeitlich unaufschiebbaren, notwendigen und unteilbaren Bedarf handelt, der so geartet ist, dass die Verweisung auf eine Bedarfsdeckung nach einer (weiteren) Ansparphase nicht in Betracht kommt.

Praktische Bedeutung bekommt die Darlehenserbringung nach § 37 Abs. 1 SGB XII insbesondere in den Fällen, in denen eine leistungsberechtigte Person keine ausreichenden Mittel zur Finanzierung größerer Anschaffungen oder Reparaturen (z. B. für den Ersatz defekter Haushaltsgeräte oder für den Ersatz von Bekleidung) zur Verfügung hat, sei es, dass sie die notwendigen und von ihm erwarteten Ansparungen aus den Regelleistungen nicht getätigt hat oder dass ein ausreichender Ansparzeitraum nicht zur Verfügung stand.

In Betracht kommt die Anwendung des § 37 Abs. 1 SGB XII aber auch dann, wenn zum Monatsbeginn ausgezahlte Leistungen zur Sicherung des Lebensunterhalts vor Ablauf des Bedarfsmonats verbraucht oder abhandengekommen sind. Dabei ist es zunächst unerheblich, ob ein vorwerfbares Verhalten der leistungsberechtigten Person auszumachen ist (z. B. unwirtschaftliches Verhalten) oder ob nicht zu beeinflussende Faktoren vorliegen (z. B. Diebstahl oder Sachbeschädigung durch Dritte).

Eine weitere Anwendungsmöglichkeit für „ergänzende Darlehen" kann die Übernahme von Zahlungsrückständen bei Energieversorgungsunternehmen darstellen. Da die Kosten der Haushaltsenergie (soweit es sich nicht um Heizkosten oder Kosten für die dezentrale Warmwassererzeugung handelt) von den Regelbedarfen erfasst sind und in diesen Fällen eine Zusatzleistung des Trägers der Sozialhilfe gefordert sein kann, ist § 37 SGB XII anwendbar.

Eine Leistung nach § 37 SGB XII kommt nur in Betracht, wenn der Bedarf nicht auf andere Weise gedeckt werden kann. Zumutbare Alternativen, den akuten Bedarf ohne ein Darlehen des Leistungsträgers zu decken, können sein:

- die Inanspruchnahme von Ersparnissen (auch der Rückgriff auf „geschütztes Vermögen"),
- die Annahme von Vorschüssen oder akzeptablen Ratenzahlungsangeboten des Fachhandels und
- die Überbrückung durch Hilfen im Verwandten- oder Freundeskreis.

Ergänzende Darlehen für von den Regelbedarfen umfasste unabweisbar gebotene Bedarfe scheidet dagegen aus, wenn der Bedarf zwar zutreffend vom Regelbedarf umfasst ist, aber strukturell zu niedrig in die Bedarfsbemessung eingeflossen ist[111].

Einen Sonderfall der Darlehenserbringung regelt § 37 Abs. 2 SGB XII für leistungsberechtigte Personen nach § 27b Abs. 2 Satz 2 SGB XII, die Hilfen in Einrichtungen erhalten. Der Träger der Sozialhilfe übernimmt für sie die jeweils von ihnen bis zur Belastungsgrenze (vgl. § 62 SGB V) zu leistenden Zuzahlungen in Form eines ergänzenden Darlehens. Die Auszahlung der für das gesamte Kalenderjahr zu leistenden Zuzahlungen erfolgt unmittelbar an die zuständige Krankenkasse. Die Rückzahlung erfolgt in gleichen Teilbeträgen über das ganze Kalenderjahr (vgl. § 37 Abs. 4 Satz 2 SGB XII). Hintergrund dieser Regelung ist, dass der jährliche Zuzahlungsbetrag bei entsprechender medizinischer Indikation bereits am Anfang des Jahres komplett anfallen kann und aufgrund des nur zu gewährenden Barbetrages in Einrichtungen keine entsprechenden Mittel in Höhe dieses Zuzahlungsbetrages zur Verfügung stehen.

---

[111] Vgl. BSG, Urteile vom 08.05.2019, B 14 AS 6/18 R und B 14 AS 13/18 R, zur nicht ausreichenden Bemessung der Kosten für Schulbücher im Regelsatz, juris, Rn. 15 ff.

3.3.9 Darlehen bei am Monatsende fälligen Einkünften (§ 37a SGB XII)

Mit Einführung des § 37a SGB XII hat der Gesetzgeber eine Darlehensmöglichkeit eröffnet, die in der Praxis bereits behelfsweise über § 37 Abs. 1 SGB XII als Rechtsgrundlage praktiziert wurde. Mit der Neuregelung in § 37a SGB XII wird verhindert, dass leistungsberechtigte Personen, bei denen am Monatsende zufließendes Einkommen leistungsmindernd zu berücksichtigen ist, bis zum tatsächlichen Zuflusszeitpunkt ihren Lebensunterhalt nicht decken können.

§ 37a Abs. 1 Satz 1 SGB XII regelt den Hauptanwendungsfall, dass im Leistungsmonat erstmals zum Monatsende eine Rente aus der gesetzlichen Rentenversicherung geleistet wird. Aufgrund der Fälligkeit zum Monatsende und der leistungsmindernden Einkommensanrechnung ergibt sich das Problem, dass der leistungsberechtigten Person am Monatsanfang die Sozialhilfeleistung zufließt, auf deren Höhe der Rentenzahlbetrag bereits angerechnet wird. Daher ergibt sich aufgrund der Einkommensanrechnung im Zuflussmonat und der erst am Ende des Monats fällig werdenden Rentenzahlung eine Bedarfsunterdeckung. Die Rentenzahlung steht erst am Ende des Monats tatsächlich zur Verfügung und kann nicht vorher zur Bestreitung des Lebensunterhaltes eingesetzt werden.

Gemäß § 37a Abs. 1 Satz 2 SGB XII gilt die Regelung entsprechend für Einkünfte und Sozialleistungen, die am Monatsende fällig werden (z. B. somit auch für Erwerbseinkommen). Sind Einkünfte zu einem früheren Zeitpunkt als dem Monatsende fällig (z. B. eine Lohnzahlung Mitte des Monats), scheidet eine Darlehnsgewährung nach § 37a SGB XII aus. Hier liegen die Voraussetzungen für ein Darlehen nach § 38 SGB XII vor.

Voraussetzung für die Darlehensgewährung ist weiterhin, dass die Person im Bewilligungsmonat leistungsberechtigt ist. Erreicht das am Monatsende fällige, anzurechnende Einkommen eine Höhe, dass Leistungen zur Sicherung des Lebensunterhalts abzulehnen sind, so kommt ein Darlehen nach § 37a SGB XII nicht in Betracht; ggf. liegen auch hier die Voraussetzungen für ein Darlehen nach § 38 SGB XII vor.

Das Darlehen setzt einen entsprechenden Antrag gemäß § 37a Abs. 1 Satz 1 SGB XII voraus. Durch diesen Antrag wird, sofern er nicht am oder vor dem 01. des Monats gestellt wird, der Darlehenszeitraum begrenzt bzw. eingeengt. Denn erst mit der Antragstellung (vgl. § 40 Abs. 1 SGB I) entsteht der Anspruch auf das Darlehen. Damit hat der Antrag neben der formellen auch materielle Wirkung. Da er nicht auf den 01. Des Monats zurückwirkt, kommt ein Darlehen erst ab Antragstellung bis zum Ende des Monats in Betracht und somit nicht von Monatsbeginn bis zur Antragstellung. Wird allerdings gerade ab dem Erstrentenmonat ein Antrag auf Leistungen nach dem 3. Oder 4. Kapitel SGB XII als Zuschussleistung gestellt, ist im Hinblick auf den Meistbegünstigungsgrundsatz davon auszugehen, dass der Leistungsantrag im Zweifel auch den Antrag gemäß § 37a Abs. 1 SGB XII umfasst, der ein Weniger bzw. Aliud zur zuschussweisen Leistungsgewährung darstellt.

Die Rückzahlung des Darlehens ist in § 37a Abs. 2 SGB XII geregelt. Danach ist das Darlehen in monatlichen Raten in Höhe von 5 v. H. der Regelbedarfsstufe 1 nach der Anlage zu § 28 SGB XII zu tilgen; insgesamt ist jedoch höchstens ein Betrag in Höhe von 50 v. H. der Regelbedarfsstufe 1 nach der Anlage zu § 28 SGB XII zurückzuzahlen. Durch diese für Darlehen ungewöhnliche Rückzahlungsregelung soll eine finanzielle Überforderung der leistungsberechtigten Personen vermieden werden.

Während des Leistungsbezuges erfolgt die Rückzahlung durch Aufrechnung nach § 44b SGB XII; frühestens jedoch nach Ablauf des Kalendermonats, der auf die Auszahlung des Darlehens folgt (§ 37a Abs. 3 SGB XII). Der Ablauf eines Kalendermonats entspricht dem Ende des letzten Tages des Kalendermonats. Das ist der monatsletzte Tag um 24:00 Uhr. Der Ablauf des Kalendermonats, der auf die Auszahlung folgt, ist für die Rückzahlung des Darlehens maßgeblich.

Beispiel

Darlehens- bzw. Erstrentenmonat	*Oktober*
Auszahlung des Darlehens	*08. Oktober*

Bedarfsberechnung:	
Regelsatz	*446,00 €*
Bedarfe für Unterkunft und Heizung	*314,00 €*
monatlicher Gesamtbedarf	*760,00 €*
abzgl. Rente	*660,00 €*
Zahlungsanspruch als Zuschuss	**100,00 €**
Darlehen zur Überbrückung gemäß § 37a SGB XII	**660,00 €**

Die **Tilgung** erfolgt nur in Höhe von **223,00 €** *(maximal 50 % der Regelbedarfsstufe 1 von 446,00 €).* Es verbleibt ein **tilgungsfreier Betrag** gemäß § 37 Abs. 2 SGB XII in Höhe von **437,00 €.**

Beginn der Tilgung:	
Ende des Monats der Auszahlung	*31. Oktober*
Endes des Kalendermonats, der auf die Auszahlung folgt	*30. November*
Fälligkeit der ersten Rückzahlungsrate	*mit Ablauf des 30. November*
Beginn der Rückzahlung (erste Rate) durch Aufrechnung bei weiterbestehendem Leistungsbezug	*01. Dezember*

3.4 Hilfe zum Lebensunterhalt in Einrichtungen

Der notwendige Lebensunterhalt in Einrichtungen umfasst gemäß § 27b Abs. 1 SGB XII den in der Einrichtung erbrachten sowie in stationären Einrichtungen zusätzlich den weiteren notwendigen Lebensunterhalt, der insbesondere einen angemessenen Barbetrag zur persönlichen Verfügung und Bekleidung und Schuhe (Bekleidungspauschale) beinhaltet (vgl. § 27b Abs. 2 SGB XII).

Zum Begriff „Einrichtung" enthält § 13 Abs. 2 SGB XII eine Legaldefinition. Danach dienen Einrichtungen im Sinne des Gesetzes der Pflege, der Behandlung oder sonstigen nach dem Zwölften Buch Sozialgesetzbuch zu deckenden Bedarfe oder der Erziehung. Neben ambulanten Leistungen, die außerhalb von Einrichtungen erbracht werden, sieht die Sozialhilfe nach § 13 Abs. 1 SGB XII auch Hilfen für Einrichtungen vor, die nach teilstationären und stationären Leistungen unterschieden werden.

Um stationäre Einrichtungen handelt es sich, wenn leistungsberechtigte Personen in der Einrichtung ihren Lebensmittelpunkt haben und damit keine Wohnung oder Unterkunft daneben zu Wohnzwecken haben. Ein besuchsweiser Aufenthalt - z. B. in der vom Ehepartner weiterhin bewohnten Ehewohnung oder in der elterlichen Wohnung - steht dem nicht entgegen. Teilstationäre Einrichtungen bieten dagegen nur für eine gewisse Zeit (während des Tages oder während der Nacht) einen Aufenthaltsort für leistungsberechtigte Personen. Sie wohnen dann in einer Wohnung, die der Mittelpunkt der Lebensbeziehungen ist.

Während vor dem 01.01.2005 die Hilfe zum Lebensunterhalt in Einrichtungen nur eine untergeordnete Rolle spielte, kommt sie seit dem Inkrafttreten des Zwölften Buches Sozialgesetzbuch in allen Fällen in Betracht, in denen leistungsberechtigte Personen Hilfen in Einrichtungen erhalten, unabhängig davon, ob es sich um Altenheime, Pflegeheime, Wohnheime für behinderte Menschen oder andere Einrichtungsformen handelt. Da die spezielleren Hilfen nach dem 5. bis 9. Kapitel SGB XII, soweit sie in Betracht kommen, nicht automatisch die Leistungen zum Lebensunterhalt beinhalten, muss also hinsichtlich

- der Ermittlung des Bedarfs sowie
- der Frage des Einkommens- und Vermögenseinsatzes

zwischen den einzelnen Leistungsbestandteilen (z. B. der Grundsicherung im Alter und bei Erwerbsminderung, der Hilfe zum Lebensunterhalt und der Hilfe zur Pflege) differenziert werden.

3.4.1 Notwendiger Lebensunterhalt (§ 27b Abs. 1 SGB XII)

Der notwendige Lebensunterhalt in stationären Einrichtungen entspricht nach § 27b Abs. 1 Satz 2 SGB XII dem Umfang der Leistungen der Grundsicherung nach § 42 Nr. 1, Nr. 2 und Nr. 4 SGB XII. Dieser Grundsicherungsbedarf setzt sich zusammen aus

- der sich für die leistungsberechtigte Person nach der Anlage zu § 28 SGB XII ergebenden Regelbedarfsstufe,

- den zusätzlichen Bedarfen (insbesondere Mehrbedarfe entsprechend § 30 SGB XII sowie einmalige Bedarfe entsprechend § 31 SGB XII) sowie

- den Bedarfen für Unterkunft und Heizung entsprechend § 42 Nr. 4 Buchstabe b SGB XII, wobei diese Aufwendungen in stationären Einrichtungen pauschaliert angesetzt werden (in Höhe der durchschnittlichen angemessenen tatsächlichen Aufwendungen für die Warmmiete eines Einpersonenhaushalts im Bereich des örtlich zuständigen Trägers der Sozialhilfe).

Durch den Verweis auf die Leistungen der Grundsicherung im Alter und bei Erwerbsminderung werden die Leistungen zum Lebensunterhalt in Einrichtungen insgesamt pauschaliert. Sie berücksichtigen nicht die tatsächlich entstehenden Kosten im Einzelfall.

Hinsichtlich der Leistungen in teilstationären Einrichtungen verweist § 27b Abs. 1 SGB XII lediglich darauf, was in der Einrichtung tatsächlich erbracht wird. Da dies nicht den gesamten notwendigen Lebensunterhalt erfasst (z. B. die Kosten für die Unterkunft im häuslichen Bereich), kommt daneben noch Hilfe zum Lebensunterhalt nach dem 3. Kapitel SGB XII (bzw. Grundsicherung im Alter und bei Erwerbsminderung nach dem 4. Kapitel SGB XII) nach den Bestimmungen über die Leistungen außerhalb von Einrichtungen in Betracht.

3.4.2 Weiterer notwendiger Lebensunterhalt (§ 27b Abs. 2 SGB XII)

Der weitere notwendige Lebensunterhalt nach § 27b Abs. 2 SGB XII umfasst neben dem **Bekleidungsbedarf** (Bekleidungspauschale) auch den Bedarf für persönliche Bedürfnisse des täglichen Lebens, der durch einen **angemessenen Barbetrag** berücksichtigt werden soll. Volljährige leistungsberechtigte Personen erhalten einen Barbetrag in Höhe von mindestens 27 v. H. der Regelbedarfsstufe 1 nach der Anlage zu § 28 SGB XII (vgl. § 27b Abs. 2 Satz 2 SGB XII)[112]. Für leistungsberechtigte Personen, die das 18. Lebensjahr noch nicht vollendet haben, setzen die zuständigen Landesbehörden oder die von ihnen bestimmten Stellen die Höhe des Barbetrages fest (vgl. § 27b Abs. 2 Satz 3 SGB XII).

Der Barbetrag wird nach § 27b Abs. 2 Satz 4 SGB XII gemindert, soweit dessen bestimmungsgemäße Verwendung durch oder für die leistungsberechtigte Person nicht möglich ist. Eine solche Minderung wird nur in Ausnahmefällen möglich sein, etwa wenn die leistungsberechtigte Person aufgrund eines besonderen Krankheitsbildes nicht in der Lage ist, persönliche Bedürfnisse und deren Befriedigung wahrzunehmen.

Ein **zusätzlicher einkommensabhängiger Barbetrag**, wie er im Bundessozialhilfegesetz vorgesehen war, um finanzielle Eigenleistungen der nachfragenden Person in angemessener Weise zu berücksichtigen, wird nach dem Zwölften Buch Sozialgesetzbuch grundsätzlich nicht geleistet. Allerdings enthält § 133a SGB XII eine **Übergangsregelung** für Personen in Einrichtungen, die am 31. Dezember 2004 einen Anspruch auf einen zusätzlichen

---

[112] Derzeit ein Betrag in Höhe von 120,42 € (bei einem Regelsatz von 446,00 €).

Barbetrag nach § 21 Abs. 3 Satz 4 BSHG hatten. Diese Personen erhalten weiterhin einen Zusatzbarbetrag in der für den vollen Kalendermonat Dezember 2004 festgestellten Höhe (höchstens 44,40 €[113]).

3.5 Besondere Regelungen für die Hilfe zum Lebensunterhalt

3.5.1 Darlehen bei vorübergehender Notlage (§ 38 SGB XII)

Regelmäßig sind Sozialhilfeleistungen als - nicht rückzahlbare - Beihilfen zu leisten. Ausnahmsweise hat der Gesetzgeber dem Träger der Sozialhilfe in bestimmten Fällen die Möglichkeit der darlehensweisen Hilfeleistung eingeräumt. § 38 Satz 1 SGB XII stellt eine solche Ausnahmeregelung nur im Bereich der Hilfe zum Lebensunterhalt nach dem 3. Kapitel SGB XII dar. Danach können Geldleistungen als Darlehen erbracht werden, wenn es sich um Leistungen nach § 27a Abs. 3 und Abs. 4 SGB XII sowie nach den §§ 30, 32, 33 und 35 SGB XII oder um den Barbetrag nach § 27b Abs. 2 SGB XII handelt („laufende Leistungen zum Lebensunterhalt") und diese Leistungen voraussichtlich nur für kurze Dauer zu erbringen sind.

Die Darlehenserbringung stellt eine Ermessensentscheidung des Trägers der Sozialhilfe dar. Sie kann sich nur auf die im Gesetz im Einzelnen bezeichneten Hilfen erstrecken, also die laufenden Leistungen außerhalb von Einrichtungen sowie den Barbetrag nach § 27b Abs. 2 SGB XII. Werden daneben oder ausschließlich einmalige Bedarfe nach § 31 SGB XII erbracht, scheidet diesbezüglich ein Darlehen aus.

Der unbestimmte Rechtsbegriff „kurze Dauer" ist am Einzelfall orientiert auszulegen. Als Regelfall ist ein Zeitraum von bis zu sechs Monaten anzusehen. Das Tatbestandsmerkmal „voraussichtlich" verlangt vom Träger der Sozialhilfe eine Prognose über die weitere Entwicklung des Falles im Zeitpunkt der Entscheidung über die Hilfeleistung. Es müssen nachvollziehbare und gesicherte Erkenntnisse vorliegen, warum die Bedürftigkeit im konkreten Fall in Kürze beendet sein wird.

Die Prognose kann bei laufender Hilfeleistung Monat für Monat neu getroffen werden. Erweist sie sich später als unrichtig, bleibt der Verwaltungsakt dennoch rechtmäßig, weil es auf die Beurteilung durch den Träger im Zeitpunkt der Entscheidung ankommt. Die Darlehensentscheidung kann aber gemäß § 44 Abs. 2 SGB X (als nicht begünstigender Teil des erlassenen Verwaltungsaktes) mit Wirkung für die Vergangenheit zurückgenommen werden, wenn sich die Bedürftigkeit im Nachhinein entgegen der Prognose als längerfristig herausstellt. Zu Lasten der nachfragenden Person ist eine nachträgliche Veränderung der Entscheidung dagegen ausgeschlossen. Die „Umwandlung" einer Beihilfe in ein Darlehen scheidet demnach aus.

In der Praxis spielt die Darlehensleistung nach § 38 SGB XII nur noch eine untergeordnete Rolle. Die Hauptanwendungsfälle in der Vergangenheit (z. B. Aufnahme einer Erwerbsarbeit, ruhender Arbeitslosengeldanspruch wegen Sperrzeitverhängung) sind nicht mehr

---

[113] Berechnung: 5 v. H. des Einkommens, höchstens 15 v. H. des seinerzeit gültigen Eckregelsatzes in Höhe von 296,00 € (Dezember 2004).

denkbar. Bei erwerbsfähigen leistungsberechtigten Personen bestehen dem Grunde nach Ansprüche nach dem Zweiten Buch Sozialgesetzbuch, was Leistungsansprüche nach dem 3. Kapitel SGB XII ausschließt (vgl. § 21 Satz 1 SGB XII, § 5 Abs. 2 Satz 1 SGB II).

Soweit Leistungen der Hilfe zum Lebensunterhalt nach dem 3. Kapitel SGB XII erbracht werden, weil Ansprüche gegenüber vorrangig Verpflichteten nicht rechtzeitig realisierbar sind, bestehen andere Möglichkeiten der Rückabwicklung (z. B. Erstattungsansprüche nach den §§ 102 ff. SGB X).

Typische Anwendung findet die Regelung bei Rentenbewilligung, wenn der Zeitraum bis zur ersten Rentenzahlung nicht überbrückt werden kann und die Rente eigentlich auskömmlich ist, so dass kein weiterer monatlicher Leistungsanspruch besteht. Ein weiterer Anwendungsfall ist in Leistungsfällen vorstellbar, in denen die (Nicht-)Leistungsbezieher nur wegen der Bevorratung mit Heizmaterial hilfebedürftig werden.[114] Denkbar sind damit auch andere (einmalige) Bedarfslagen von (Nicht-)Leistungsbeziehern wie notwendige Umzugs- oder Renovierungskosten bei Wohnungseinzug oder -auszug.

3.5.2 Vermutung der Bedarfsdeckung (§ 39 SGB XII)

Nach § 39 SGB XII wird vermutet, dass eine nachfragende Person, die gemeinsam mit anderen Personen in einer Wohnung oder in einer Unterkunft lebt, mit diesen gemeinsam wirtschaftet und von ihnen Leistungen zum Lebensunterhalt erhält.

Damit wird, wenn Personen zusammen wohnen, eine Vermutung in zweifacher Hinsicht angestellt:

- Gemeinsame Wirtschaftsführung (Haushaltsgemeinschaft) und
- Leistungserbringung an die nachfragende Person.

Die Vermutung der Bedarfsdeckung durch andere Personen gilt nur, soweit dies nach den Einkommens- und Vermögensverhältnissen der betreffenden Personen erwartet werden kann und die Vermutung **nicht widerlegt** wird (vgl. § 39 Satz 1 SGB XII).

Die Vorschrift des § 39 SGB XII erweitert weder den Kreis der unterhaltspflichtigen Personen nach dem Bürgerlichen Gesetzbuch noch den der Einsatzverpflichteten nach § 27 Abs. 2 Satz 2 und Satz 3 SGB XII. Sie trägt vielmehr dem Gedanken der sog. Notgemeinschaft Rechnung. Danach soll die Solidargemeinschaft der Steuerzahler dann nicht für den Lebensunterhalt einer nachfragenden Person aufkommen müssen, wenn diese mit leistungsfähigen Personen, von denen zu erwarten ist, dass sie die Notlage auffangen und der nachfragenden Person Leistungen erbringen, in einer Haushaltsgemeinschaft lebt.

Anders als in der korrespondierenden Regelung des § 9 Abs. 5 SGB II ist die Vermutung der Bedarfsdeckung gegenüber hilfebedürftigen Haushaltsmitgliedern **nicht** auf den Personenkreis der Verwandten und Verschwägerten beschränkt. § 39 SGB XII nimmt eine Leistung zwischen zusammen lebenden Personen unabhängig von verwandtschaftlichen oder familiären Beziehungen an.

---

[114] Vgl. Hessisches LSG, Urteil vom 29.09.2016, L 4 SO 191/16 B ER, juris.

Die Vorschrift des § 39 SGB XII ist **nicht** bei Leistungen der Grundsicherung im Alter und bei Erwerbsminderung nach dem 4. Kapitel des Zwölften Buches Sozialgesetzbuch anwendbar, da zum einen die Bestimmung des § 39 SGB XII im 3. Kapitel des Zwölften Buches Sozialgesetzbuch steht und zum anderen § 39 SGB XII bei hilfebedürftigen Personen, die einen Anspruch auf Leistungen der Grundsicherung im Alter und bei Erwerbsminderung haben, ausdrücklich wegen der Regelung des § 43 Abs. 6 SGB XII keine Anwendung findet.

3.5.2.1 Einbezogener Personenkreis

Die Vermutung der Bedarfsdeckung nach § 39 Satz 1 SGB XII setzt grundsätzlich ein, wenn eine Person, die Hilfe zum Lebensunterhalt nach dem 3. Kapitel SGB XII beansprucht, mit einer leistungsfähigen Person in einer Wohnung zusammen lebt und gemeinsam wirtschaftet. Da die **Haushaltsgemeinschaft** zunächst unterstellt werden kann, ist eine Einschränkung des Personenkreises aus § 39 Satz 1 SGB XII nicht ableitbar. Die Vermutung der Bedarfsdeckung kommt bei **allen** in einem Haushalt zusammen lebenden Personen in Betracht.

Der Klarstellung in § 20 Satz 2 SGB XII, dass eine Leistung des Partners einer eheähnlichen oder lebenspartnerschaftsähnlichen Gemeinschaft gegenüber den Angehörigen des Partners angenommen werden darf, hätte es folglich nicht bedurft. Das Zusammenleben in einer Wohnung sowie das gemeinsame Wirtschaften reichen aus, um z. B. eine Bedarfsdeckung des leistungsfähigen Partners der Mutter gegenüber deren Kindern zu vermuten.

Eine Einschränkung hinsichtlich der Personen, von denen eine Bedarfsdeckung erwartet werden darf, nimmt das Gesetz aber in § 39 Satz 2 SGB XII vor. Danach kommt die Vermutung der Bedarfsdeckung nicht in Betracht, wenn die nachfragende Person

- schwanger ist oder ihr leibliches Kind bis zur Vollendung des sechsten Lebensjahres betreut (vgl. § 39 Satz 3 Nr. 1 SGB XII); hierdurch wird vermieden, dass bei Minderjährigen der Ausschluss der Einsatzverpflichtung der Eltern nach § 19 Abs. 4 SGB XII umgangen wird, aber auch, dass andere im Haushalt lebende Personen einschließlich der Eltern im Rahmen des § 39 SGB XII für die Bedarfsdeckung der Schwangeren bzw. des jungen Elternteils in Anspruch genommen werden, oder

- in der Eingliederungshilfe leistungsberechtigt im Sinne des § 99 Abs. 1 bis 3 des Neunten Buches in Fähigkeit zur Teilhabe an der Gesellschaft in erheblichem Maße eingeschränkt oder im Sinne des § 61a SGB XII pflegebedürftig ist und von in § 39 Satz 1 SGB XII genannten Personen betreut wird oder wenn im Fall einer drohenden Behinderung bzw. Pflegebedürftigkeit die Sicherstellung der Hilfe und Versorgung vorrangiger Zweck des gemeinsamen Wohnens ist (vgl. § 39 Satz 3 **Nr. 2** SGB XII). Zweck dieser Regelung ist, dass die persönliche Übernahme von Verantwortung gegenüber behinderten und pflegebedürftigen Menschen durch Aufnahme in den gemeinsamen Haushalt nicht gleichzeitig eine finanzielle „Verantwortung" der übrigen Haushaltsmitglieder im Rahmen des § 39 SGB XII nach sich zieht.

Von der Gesetzessystematik her verbietet sich zudem eine Vermutung der Bedarfsdeckung nach § 39 SGB XII, wenn ein Fall des § 27 Abs. 2 Satz 2 oder Satz 3 SGB XII vorliegt (sog. Einsatzgemeinschaft, vgl. 3.1.2 und 3.1.3). Liegt eine Verpflichtung zum Einsatz von Einkommen und Vermögen vor, hängt der individuelle Rechtsanspruch der nachfragenden Person vom unmittelbaren Einsatz eben dieser wirtschaftlichen Mittel ab. Kommt eine verpflichtete Person ihrer Leistungspflicht nicht nach, kann allenfalls im Wege der sog. „erweiterten Hilfe" nach § 19 Abs. 5 SGB XII der akute Bedarf zum Lebensunterhalt sichergestellt werden.

3.5.2.2 Wirtschafts- und Wohngemeinschaft

Wenn ein **gemeinsames Wohnen** in einer Wohnung bzw. Unterkunft vorliegt, dann wird vermutet, dass die Personen zusammen wirtschaften und damit eine Haushaltsgemeinschaft darstellen. Da bei Vorliegen der Haushaltsgemeinschaft eine Vermutung zu Lasten der leistungsberechtigten Person eingreift mit der weiteren Folge des vermuteten Einkommens- und Vermögenseinsatzes, ist der Begriff eng auszulegen. Für die Gemeinschaft ist eine gemeinsame Haushaltsführung und das Wirtschaften „aus einem Topf" erforderlich.

Auch Personen, die gemeinsam in einem Haushalt leben und die nur eine Küche gemeinsam nutzen, können getrennt wirtschaften. Die Möglichkeit des Getrenntlebens – und damit auch des Getrenntwirtschaftens – innerhalb der Wohnung ist selbst für Ehegatten ausdrücklich in § 1567 Abs. 1 Satz 2 BGB anerkannt. Das Gleiche muss erst recht für alle anderen Haushaltsmitglieder gelten, so dass in einem solchen Fall keine Haushaltsgemeinschaft vorliegt und damit auch die Vermutung nach § 39 Satz 1 SGB XII widerlegt wird. Die Frage des Einkommens- und Vermögenseinsatzes ist dann nicht zu prüfen, weil es schon an der ersten Voraussetzung fehlt.

Da es sich lediglich um eine Vermutung handelt, ist vorab von Amts wegen zu klären, ob gemeinsam gewirtschaftet wird. Dies folgt aus dem Nachrangprinzip des § 2 Abs. 1 SGB XII. Da es eine Vielzahl von Wohnformen gibt und das gemeinsame Wirtschaften keineswegs den „Normalfall", sondern nur eine Möglichkeit darstellt, dürfen an die Widerlegung keine hohen Anforderungen gestellt werden. Es muss daher **in der Regel** ausreichen, wenn die Mitbewohner entsprechende Erklärungen abgeben. Eine besondere Form, wie z. B. eine eidesstattliche Versicherung, ist in der Regel gegenüber dem Träger der Sozialhilfe nicht erforderlich.

Die Anforderungen an die **Widerlegung** dürfen dann aber strenger sein, wenn es sich um eine Wohnform handelt, in der üblicherweise gemeinsam gewirtschaftet wird, wie z. B. Eltern mit ihren volljährigen Kindern. Auch sind umso höhere Anforderungen an die Aussagekraft von Erklärungen der nachfragenden Person zu stellen, je höher das Einkommen und Vermögen der Mitbewohner ist.

3.5.2.3 Leistungsfähigkeit

Das Einkommen oder Vermögen des Haushaltsmitglieds, von dem eine Unterhaltsleistung erwartet wird, muss so hoch sein, dass nach der allgemeinen Lebenserfahrung eine Zuwendung an den Hilfebedürftigen erwartet werden kann. Es wird in der Regel deutlich über dem Bedarf liegen müssen, der einer leistungsberechtigten Person im Rahmen der Hilfe zum Lebensunterhalt nach dem 3. Kapitel des Zwölften Buches Sozialgesetzbuch zugestanden wird.

Handelt es sich bei dem Haushaltsangehörigen um einen unterhaltspflichtigen Verwandten (z. B. Eltern gegenüber volljährigem Kind oder volljähriges Kind gegenüber Eltern/-teilen), ist es sachgerecht, sich bei der Frage der Leistungsfähigkeit an den bürgerlich-rechtlichen Selbstbehaltssätzen[115] zu orientieren und von dem übersteigenden Einkommen in der Regel lediglich 50 v. H. in Anspruch zu nehmen[116].

Nicht unterhaltspflichtigen Personen (z. B. Geschwistern oder nicht Verwandten) ist in logischer Konsequenz in der Regel mindestens der größte Selbstbehalt zuzubilligen, den die Tabellen der Oberlandesgerichte ausweisen.

Um die benötigten Informationen über die Einkommens- und Vermögensverhältnisse zu erhalten, hat der Gesetzgeber eine Auskunftspflicht der mit dem Hilfebedürftigen zusammen lebenden Personen in § 117 Abs. 1 Satz 3 SGB XII bestimmt. Die Auskunftspflicht der Finanzbehörden nach § 21 Abs. 4 SGB X erstreckt sich auch auf diese Haushaltsmitglieder (vgl. § 117 Abs. 1 Satz 4 SGB XII).

3.5.2.4 Widerlegung der Vermutung

Die Vermutung, dass die nachfragende Person mit der in derselben Wohnung lebenden Person eine Haushaltsgemeinschaft bildet und von ihr Leistungen zum Lebensunterhalt erhält, ist widerlegbar (vgl. § 39 Satz 2 SGB XII). Die Vermutung kann widerlegt werden, wenn die leistungsberechtigte Person glaubhaft erklärt, dass sie keine Leistung erhält[117]. Die Anforderungen, die hieran zu stellen sind, dürfen nicht zu weit gefasst werden, denn die leistungsberechtigte Person hat keine rechtlichen Möglichkeiten, von den mit ihm zusammenlebenden Personen eine entsprechende Erklärung zu erzwingen. Zwar hat der Träger der Sozialhilfe die Möglichkeit, sich verschiedener Beweismittel zu bedienen. Wenn aber von den Personen der Haushaltsgemeinschaft keine Erklärungen abgegeben werden, muss sich die Behörde mit der Erklärung der leistungsberechtigten Person begnügen.

---

[115] Der Selbstbehalt eines Elternteils gegenüber einem volljährigen Kind, das nicht durch § 1603 Abs. 2 Satz 2 BGB privilegiert ist, beträgt z. B. nach der Düsseldorfer Tabelle, Stand 01.01.2020, in der Regel mindestens 1.400,00 €, der des Kindes gegenüber den Eltern 2.000,00 € zuzüglich 50 v. H. des übersteigenden Einkommens.

[116] Vgl. BVerwG zu § 16 BSHG, Urteil vom 01.10.1998, 5 C 32/97, FEVS 49, 55 = NDV-RD 1999,9 = ZFSH/SGB 2001, 167: Das Gericht hält es für zulässig, sich zur Beurteilung der Leistungsfähigkeit der Angehörigen an den Empfehlungen des Deutschen Vereins für die Heranziehung Unterhaltspflichtiger zu orientieren. Dagegen erfolgt in der Praxis des Öfteren eine Orientierung an der im Zweiten Buch Sozialgesetzbuch geltenden Regelung des § 1 Abs. 2 Satz 1 der Alg II-V.

[117] Vgl. BVerwG, Urteil vom 23.02.1966, 5 C 93/64, NDV 1966, 250 = FEVS 14, 5 = FamRZ 1966, 508.

Je höher das Einkommen und Vermögen der Mitbewohner ist, umso höhere Anforderungen sind an die Aussagekräftigkeit der Erklärung der nachfragenden Person zu stellen. Soweit die Vermutung der Bedarfsdeckung widerlegt ist, darf Einkommen auch nicht mittelbar angerechnet werden, z. B. durch die Annahme, dass ein Teil der Wohnung kostenlos zur Verfügung gestellt wird.

Erhält tatsächlich die leistungsberechtigte Person von den Mitgliedern der Haushaltsgemeinschaft keine Leistungen zur Sicherung des Lebensunterhalts, ist ihr nach § 39 Satz 2 SGB XII Hilfe zum Lebensunterhalt zu erbringen. Unberührt bleibt in diesen Fällen der Forderungsübergang nach § 94 SGB XII, wenn es sich um unterhaltspflichtige Verwandte handelt.

3.6 Einsatz von Einkommen

Ob Sozialhilfe geleistet wird, ist grundsätzlich vom Einkommen und Vermögen der nachfragenden Person und unter bestimmten Voraussetzungen auch vom Einkommen und Vermögen anderer Personen abhängig (vgl. §§ 2, 19 Abs. 1, 27 Abs. 1 und Abs. 2 SGB XII). Nur in wenigen Fällen wird die Hilfe ohne Rücksicht auf Einkommen und Vermögen erbracht (z. B. § 68 Abs. 2 oder § 71 Abs. 4 SGB XII).

Das 11. Kapitel SGB XII regelt Näheres zum Einkommens- und Vermögenseinsatz, wobei für die Frage eines Anspruchs auf Leistungen der Hilfe zum Lebensunterhalt nach dem 3. Kapitel SGB XII und der Grundsicherung im Alter und bei Erwerbsminderung nach dem 4. Kapitel SGB XII nur die Bestimmungen über den Einkommenseinsatz (§§ 82 bis 84 SGBXII) sowie die Vorschriften zum Vermögenseinsatz (§§ 90 und 91 SGB XII) relevant sind. Die Normen werden ergänzt und vertieft durch die Verordnung zur Durchführung des § 82 SGB XII (nachfolgend VO zu § 82 SGB XII) sowie durch die Verordnung zur Durchführung des § 90 Abs. 2 Nr. 9 SGB XII (nachfolgend VO zu § 90 Abs. 2 Nr. 9 SGB XII).

3.6.1 Begriff und Zuordnung des Einkommens

Zum Einkommen gehören nach § 82 Abs. 1 Satz 1 SGB XII grundsätzlich alle Einkünfte in Geld oder Geldeswert (zu den Ausnahmen siehe 6.6.2). Bei der Berechnung des einzusetzenden Einkommens sind alle Einnahmen ohne Rücksicht auf ihre Herkunft und Rechtsnatur sowie ohne Rücksicht darauf, ob sie zu den Einkunftsarten im Sinne des Einkommensteuergesetzes gehören und ob sie der Steuerpflicht unterliegen, zu berücksichtigen (vgl. § 1 VO zu § 82 SGB XII).

Um **Einkünfte in Geld** handelt es sich, wenn Bargeld ausgehändigt wird oder Beträge auf ein Konto des Einkommensbeziehers überwiesen werden. Bei Zahlungen in ausländischer Währung sind die Beträge zum Kurswert in die Währung der Europäischen Union bzw. der „Euro-Zone" (Euro) umzurechnen.

Einkünfte in Geldeswert liegen vor, wenn Natural- und Sachbezüge gewährt werden, z. B. Verpflegung, Unterkunft oder Deputate. Sachbezüge sind gemäß § 2 VO zu § 82 SGB XII in der Regel nach der aufgrund von § 17 Abs. 2 SGB IV ergangenen Sozialversicherungsentgeltverordnung zu bewerten. Ist der Wert dort nicht festgesetzt, sind der Bewertung die üblichen Mittelpreise des Verbrauchsortes zu Grunde zu legen.

Zu beachten ist, dass im Zweiten Buch Sozialgesetzbuch Einkünfte in Geldeswert, soweit sie nicht im Rahmen einer Erwerbstätigkeit, des Bundesfreiwilligendienstes oder eines Jugendfreiwilligendienstes zufließen, nicht mehr als Einkommen, sondern als Vermögen gewertet werden.

Werden Sachleistungen erbracht, die Bedarfe des notwendigen Lebensunterhalts abdecken, wird dies häufig auch auf der Bedarfsseite statt auf der Einkommensseite berücksichtigt. Dies ist zulässig, solange sich dadurch nicht ein veränderter Zahlbetrag an Hilfe zum Lebensunterhalt ergibt. Erhält eine leistungsberechtigte Person z. B. eine Wohnung kostenfrei zur Verfügung gestellt, ist es naheliegend, keinen Unterkunftsbedarf zu berücksichtigen anstatt einen (fiktiven) Bedarf anzunehmen und die Unterkunftsleistung als Einkommen in Geldeswert anzurechnen und nach der Sozialversicherungsentgeltverordnung in Geldeinkommen umzurechnen.

In jedem Fall ist darauf zu achten, dass auf der Einkommensseite nicht höhere Beträge angesetzt werden, als für den entsprechenden Bedarf in den Regelbedarfssätzen Beträge vorgesehen sind.

3.6.2 Abgrenzung zum Vermögen / zeitliche Zuordnung

Wegen der unterschiedlichen rechtlichen Konsequenzen ist es notwendig, den Begriff des Einkommens vom Begriff des Vermögens abzugrenzen sowie das Einkommen zeitlich und persönlich korrekt zuzuordnen.

Die Abgrenzung zwischen Einkommen und Vermögen erfolgt nach der sog. **Zuflusstheorie**. Danach ist sozialhilferechtlich das als Einkommen zu behandeln, was jemand in der Bedarfszeit wertmäßig dazu erhält. Als Vermögen gilt das, was zu Beginn der Bedarfszeit bereits vorhanden war.[118]

Der Bedarfszeitraum beginnt in der Sozialhilfe mit der Kenntnis der Notlage (vgl. § 18 Abs. 1 SGB XII). Ein Leistungsantrag wirkt grundsätzlich nicht auf den Ersten des Monats zurück. Daher kann der Leistungsbeginn bei Leistungen der Sozialhilfe (Ausnahme: Leistungen nach dem 4. Kapitel SGB XII) auch **im** laufenden Monat liegen. Dies hat Auswirkungen auf die Beurteilung, ob es sich beim Zufluss in Geld oder Geldeswert um Einkommen oder Vermögen handelt.

---

[118] Vgl. BSG, Urteile vom 30.07.2008, B 14 AS 43/07 R, info also 2009, 38 (Kurzwiedergabe), und BSG, Urteil vom 13.05.2009, B 4 AS 49/08 R, info also 2009, 230 (Kurzwiedergabe) zur vergleichbaren Problematik im SGB II unter Bestätigung der ständigen Rechtsprechung des Bundesverwaltungsgerichts zur Abgrenzung im Rahmen der Sozialhilfe (BVerwG, Urteil vom 19.02.2001, 5 C 4/00, NVwZ-RR 2001, 519 = FEVS 52, 439 = NDV-RD 2001, 108).

Beispiel

Am 17.03. wird dem Sozialhilfeträger die Notlage bekannt. Er leistet daher ab dem 17.03. Sozialhilfe in Form von Leistungen nach dem 3. Kapitel SGB XII (Hilfe zum Lebensunterhalt). Geldzuflüsse vor dem 17.03. sind Vermögen, Geldzuflüsse am oder nach dem 17.03. sind Einkommen.

Ab dem Folgemonat werden Sozialhilfeleistungen nach dem 3. Kapitel SGB XII monatlich erbracht. Dann ist der Bedarfszeitraum regelmäßig der jeweilige Kalendermonat.

Entscheidend ist grundsätzlich der tatsächliche Zufluss, unabhängig davon, ob der Grund für den Zufluss vor Beginn des Bedarfszeitraumes entstanden ist. So ist z. B. die Auszahlung einer Steuererstattung ein Zufluss in dem Monat der Zahlung durch das Finanzamt und damit Einkommen im Sinne von § 82 Abs. 1 SGB XII[119], auch wenn der Grund der Erstattung die zu viel entrichtete Steuer aus dem Vorjahr ist. Dasselbe gilt für die Nachzahlung von Arbeitsentgelt für vorausgehende Zeiträume, für Rentennachzahlungen sowie ggf. anfallende Neben- oder Heizkostenerstattungen am Ende der Abrechnungsperiode.

Die Vorschrift des § 82 Abs. 7 SGB XII regelt die Anrechnungsmodalitäten von einmaligen Einnahmen (z. B. Gratifikationen, Abfindungen, Erbschaften, Lottogewinne). Sie konkretisiert hinsichtlich des Verteilzeitraums die Regelungen der § 8 Abs. 1 Satz 3, § 3 Abs. 3 Satz 2 VO zu § 82 SGB XII. Soweit sich die Normen widersprechen (Monat der Anrechnung), gilt das höherrangige Recht.

Bei einmaligen Einnahmen, bei denen für den Monat des Zuflusses bereits Leistungen ohne Berücksichtigung der Einnahme erbracht worden sind, werden nach § 82 Abs. 7 Satz 1 SGB XII im Folgemonat berücksichtigt. Entfiele der Leistungsanspruch durch die Berücksichtigung in einem Monat, ist die einmalige Einnahme gemäß § 82 Abs. 7 Satz 2 SGB XII auf einen Zeitraum von sechs Monaten gleichmäßig zu verteilen und mit einem entsprechenden Teilbetrag (also 1/6) zu berücksichtigen. Damit wird im Regelfall der gleiche Verteilzeitraum wie in der Grundsicherung für Arbeitsuchende nach dem Zweiten Buch Sozialgesetzbuch geregelt.

Nach § 82 Abs. 7 Satz 3 SGB XII ist in begründeten Einzelfällen der Anrechnungszeitraum angemessen zu verkürzen.

Die Regelung des § 82 Abs. 7 Satz 1 SGB XII beseitigt Auslegungsfragen, die entstehen, wenn eine einmalige Einnahme im Verlauf eines Monats zufließt, dann aber nicht mehr auf die erbrachte Leistung angerechnet werden kann, weil diese bereits zum Monatsbeginn ausgezahlt worden ist. In diesem Fall ist die einmalige Einnahme im Folgemonat als Einkommen zu berücksichtigen.

---

[119] Vgl. BVerwG, Urteil vom 18.02.1999, 5 C 35/97, BVerwGE 108, 296 = FEVS 51, 1 = NDV-RD 1999, 91 sowie bestätigend: BSG, Urteile vom 03.03.2009, B 4 AS 47/08 R, BSGE 102, 295 = ZFSH/SGB 2009, 550 = NJW 2009, 3323 und vom 28.10.2009, B 14 AS 64/08 R, SGb 2009, 714 (Kurzwiedergabe) = info also 2010, 134 (Kurzwiedergabe) = NZA 2010, 691 (Kurzwiedergabe).

Die Vorschrift des § 82 Abs. 7 Satz 2 SGB XII regelt auch die Problematik, die entsteht, wenn eine einmalige Einnahme höher als der monatliche Leistungsanspruch ist. In diesem Fall besteht für den Monat des Zuflusses keine Hilfebedürftigkeit und damit entfiele ein Leistungsanspruch. Zumindest in der Grundsicherung im Alter und bei Erwerbsminderung nach dem 4. Kapitel SGB XII würde dies bedeuten, dass im Folgemonat bzw. nach Verbrauch der einmaligen Einnahme ein erneuter Antrag zu stellen ist. Daher soll durch § 82 Abs. 7 Satz 2 SGB XII eine Verteilung der einmaligen Einnahme auf einen Zeitraum von sechs Monaten erfolgen.

3.6.3 Persönliche Zuordnung

Einkommen ist grundsätzlich dem Einkommensbezieher zuzurechnen. Das ist bei vertraglichen Ansprüchen der Vertragspartner, der Gläubiger eines Zahlungsanspruchs ist, bei gesetzlichen Ansprüchen der im Gesetz bestimmte Zahlungsempfänger oder die leistungsberechtigte Person. Danach ist z. B. das Kindergeld nach dem Einkommensteuergesetz grundsätzlich Einkommen des kindergeldberechtigten Elternteils (vgl. § 64 Abs. 2 EStG). Dies gilt auch, wenn Eltern dauerhaft für ein volljähriges behindertes Kind Kindergeld beziehen und der Lebensunterhalt des Kindes durch Leistungen der Sozialhilfe sichergestellt wird[120].

Die Vorschrift des § 82 Abs. 1 Satz 3 SGB XII regelt in dieser Hinsicht eine Ausnahme. Danach ist bei minderjährigen Kindern das Kindergeld dem jeweiligen Kind als Einkommen zuzurechnen, soweit es bei diesem zur Deckung des notwendigen Lebensunterhalts - mit Ausnahme der Bedarfe nach § 34 SGB XII - benötigt wird. Soweit minderjährige Kinder noch über weiteres eigenes Einkommen (z. B. Unterhalt, Halbwaisenrente) oder einzusetzendes Vermögen verfügen, ist individuell zu ermitteln, ob und ggf. mit welchem Betrag das auf das Kind entfallende (anteilige) Kindergeld dem Kind als Einkommen zuzurechnen ist. Der rechnerisch nicht zur Bestreitung des Lebensunterhalts benötigte Kindergeldanteil wird in diesem Fall dann als Einkommen der kindergeldberechtigten Person als „übersteigendes" Kindergeld zugeordnet.

Weitere Ausnahmeregelungen bezüglich der Kindergeldzurechnung sieht das Zwölfte Buch Sozialgesetzbuch nicht vor. Von daher verbietet sich eine „willkürliche" Zurechnung des Kindergeldes als Einkommen des Kindes (z. B. bei volljährigen Kindern).

3.6.4 Bereite Mittel

Bei der Berechnung des einzusetzenden Einkommens sind alle Einnahmen ohne Rücksicht auf ihre Herkunft und Rechtsnatur (vgl. § 1 Halbsatz 1 VO zu § 82 SGB XII) zu berücksichtigen.

---

[120] Vgl. BVerwG, Urteil vom 28.04.2005, 5 C 28/04, NJW 2005, 2873 = FEVS 57, 499 = NDV-RD 2005, 96.

Dabei ist bei Erfüllung einer Geldforderung grundsätzlich nicht deren Schicksal von Bedeutung, sondern es ist allein die Erzielung von Einnahmen in Geld oder Geldeswert maßgebend [121].

So stellen auch (zu Unrecht erbrachte) Leistungen anderer Sozialleistungsträger Einkommen dar, die später zurückgefordert werden. Sie sind zunächst bereite Mittel und als Einkommen anzurechnen. Anknüpfend an den Aktualitätsgrundsatz ist entscheidend, dass die Mittel zur Bestreitung des Lebensunterhalts bereit, also verfügbar, sind. Diese bereiten Mittel sind immer zur Reduzierung der aktuellen Hilfebedürftigkeit einzusetzen. Obwohl die Einnahme mit einer (späteren) Rückzahlungsforderung belastet ist, wird dieses nur berücksichtigt, sofern eine rechtliche Rückzahlungspflicht schon im Monat des Zuflusses als Erstattungsforderung oder Erstattungsanspruch bestand. Rückzahlungsverpflichtungen, die in späteren Monaten entstehen, bleiben als Schulden unbeachtet[122].

Einkünfte aus Straftaten können damit ebenfalls Einkommen im Sinne des § 82 SGB XII darstellen, weil sie zunächst zur Bestreitung des Lebensunterhalts zur Verfügung stehen. Voraussetzung ist, dass die Einkünfte zum Zeitpunkt des Zuflusses nicht mit einer Rückzahlungsverpflichtung verbunden sind. In einem solchen Fall stellen die Einkünfte einen Wertzuwachs dar.

Zwar ist der z. B. durch Betrug erlangte Geldvorteil in der Regel mit einem Erstattungs- oder Ersatzanspruch, also einer Rückzahlungsverpflichtung, verbunden. Eine solche Rückzahlungsverpflichtung ist zum Zeitpunkt des Geldzuflusses aber noch derart unkonkret, dass diese Verpflichtung unberücksichtigt bleiben kann. Notwendig sind die Aufklärung der Straftat sowie die Feststellung der Geschädigten durch die Ermittlungsbehörden. Im Anschluss müssten diese noch zivilrechtliche Schadensersatzansprüche geltend machen.

Die durch Straftaten erlangten Gelder sind somit noch nicht konkret im Zuflussmonat mit einer Rückzahlungsverpflichtung belegt, so dass es sich hier um anrechenbare Einkünfte im Zuflussmonat handelt.

Bei später festgestellter Rückzahlungsverpflichtung im Falle des Betrugs handelt es sich dann um Schulden, die im Rahmen der Sozialhilfe keine Berücksichtigung finden.[123]

Anders verhält sich der Sachverhalt bei einer durch Diebstahl erlangten beweglichen Sache, die unmittelbar mit einem Herausgabeanspruch belastet ist.

---

[121] Vgl. BSG, Urteil vom 30.07.2008, B 14 AS 26/07 R, juris, Rn. 20.
[122] Vgl. BSG, Urteil vom 23.08.2011, B 14 AS 165/10 R, juris, Rn. 23.
[123] Vgl. Sächsisches LSG, Urteil vom 08.11.2018, L 7 AS 1086/14, juris, Rn. 35 ff.; LSG Hamburg, Urteil vom 04.06.2019, L 4 AS 203/16, Rn. 53; Vgl. zu den Fällen des Pflegebetruges und sog. Kick-Back-Zahlungen: LSG Berlin-Potsdam, Urteil vom 03.01.2017, L 23 SO 339/16 B ER.

3.6.5 Fiktives Einkommen

Ohne dass dies ausdrücklich gesetzlich erwähnt wird, sind nur die **tatsächlich verfügbaren Einkünfte** (sog. **bereite Mittel**) Einkommen im Sinne des § 82 Abs. 1 SGB XII.[124] Zur Bedarfsdeckung kann aus grundsätzlichen Erwägungen (vgl. §§ 2, 19 Abs. 1 SGB XII) nicht auf Einkommen verwiesen werden, das wirtschaftlich nicht verfügbar ist. Anders als z. B. im Unterhaltsrecht ist der Hinweis auf hypothetische Erwerbsmöglichkeiten oder fiktives Einkommen unzulässig.

Das bedeutet, dass z. B. gepfändete Einkommensteile dem Einkommensbezieher als tatsächlich nicht zur Verfügung stehende Mittel nicht als Einkommen angerechnet werden dürfen. Verpflichtungen, die nicht reduzierbar sind (z. B. Unterhaltsverpflichtungen aus Unterhaltstiteln gegenüber einem vorrangig berechtigten früheren Ehegatten oder gegenüber minderjährigen Kindern) mindern somit das zur Bedarfsdeckung einzusetzende Einkommen. Unberührt bleibt dabei die Verpflichtung des Einkommensbeziehers ggf. eine Aussetzung der Pfändung oder eine Heraufsetzung des pfändungsfreien Betrages geltend zu machen bzw. eine Abänderung der Unterhaltsverpflichtung(en) zu bewirken.

3.6.6 Ausnahmen

Aus dem Nachranggrundsatz (vgl. § 2 SGB XII) und der Anspruchsnorm nach § 19 Abs. 1 i. V. m. § 27 Abs. 1 SGB XII ergibt sich, dass zur Bedarfsdeckung im Rahmen der Hilfe zum Lebensunterhalt grundsätzlich das gesamte Einkommen der nachfragenden Person einzusetzen ist. Gleichwohl sieht der Gesetzgeber Ausnahmen vor, wonach bestimmte Einkünfte bei der Prüfung der Anspruchsberechtigung unberücksichtigt bleiben (sog. „**geschütztes Einkommen**").

Die Ausnahmen werden zum einen in den §§ 82 bis 84 SGB XII genannt, zum anderen werden sie aber durch sondergesetzliche Regelungen ergänzt.

3.6.6.1 Ausnahmen nach § 82 Abs. 1 SGB XII

Gemäß § 82 Abs. 1 Satz 2 Nr. 1 bis 4 SGB XII gehören

1. Leistungen nach diesem Buch,
2. die Grundrente nach dem Bundesversorgungsgesetz und nach den Gesetzen, die eine entsprechende Anwendung des Bundesversorgungsgesetzes vorsehen,
3. Renten oder Beihilfen nach dem Bundesentschädigungsgesetz für Schaden an Leben sowie an Körper oder Gesundheit bis zur Höhe der vergleichbaren Grundrente nach dem Bundesversorgungsgesetz und

---

[124] Vgl. BVerwG, Urteil vom 18.02.1999, 5 C 35/97, BVerwGE 108, 296 = NDV-RD 1999, 91 = FEVS 51, 1, bestätigt durch BSG, Urteil vom 16.10.2007, B 8/9b SO 8/06 R, BSGE 99, 137 = FEVS 59, 337 = NZS 2008, 558.

4. Aufwandsentschädigungen nach § 1835a des Bürgerlichen Gesetzbuchs kalenderjährlich bis zu dem in § 3 Nr. 26 Satz 1 des Einkommensteuergesetzes genannten Betrag

nicht zum Einkommen.

Damit gelten folgende Einkünfte nicht als Einkommen:

- Leistungen nach dem Zwölften Buch Sozialgesetzbuch (Sozialhilfeleistungen),
- die Grundrente nach dem Bundesversorgungsgesetz,
- die Grundrente nach den Gesetzen, die eine entsprechende Anwendung des Bundesversorgungsgesetzes vorsehen, z. B. nach dem Opferentschädigungsgesetz,
- Renten oder Beihilfen, die nach dem Bundesentschädigungsgesetz für Schaden an Leben sowie an Körper oder Gesundheit gewährt werden, bis zur Höhe der vergleichbaren Grundrente nach dem Bundesversorgungsgesetz,
- Aufwandsentschädigungen nach § 1835a BGB bis zu 3.000,00 € jährlich als Anerkennung der Tätigkeit ehrenamtlicher Vormünder, Pfleger und Betreuer,
- Einkünfte aus Rückerstattungen, die auf Vorauszahlungen beruhen, die aus dem Regelsatz erbracht wurden (vgl. § 82 Abs. 1 Satz 2 SGB XII); dies betrifft in erster Linie Erstattungen von Energieversorgern (Stromkosten), wenn die leistungsberechtigte Person zu hohe Vorauszahlungen geleistet hat.

Erfasst werden auch selbst gezahlte Anteile an Bedarfen für Unterkunft und Heizung, die der Leistungsträger im Einzelfall aufgrund von Unangemessenheit nicht berücksichtigt hat[125].

Beispiel

Herr A hat Aufwendungen für Unterkunft und Heizung in Höhe von 500,00 €. Angemessen sind lt. Richtlinien des örtlichen Sozialhilfeträgers lediglich 420,00 €. Herr A erhält daraufhin eine Kostensenkungsaufforderung, in dem eine Frist bis zum 31.12.2019 gesetzt wird. Im Dezember 2019 teilt er mit, dass er die Mehrkosten von 80,00 € selbst bezahlen wird. Ab 01.01.2020 werden ihm nur noch die angemessenen Kosten von 420,00 € gewährt. Im Februar 2021 erhält Herr A die Heiz- und Nebenkostenabrechnung des Vermieters, die ein Guthaben von 600,00 € ausweist.

Herr A hat im Abrechnungsjahr insgesamt 960,00 € (12 Monate x 80,00 €) aus eigenen Mitteln gezahlt. Somit hat Herr A das Guthaben von 600,00 € selbst erwirtschaftet und es wird gemäß § 82 Abs. 1 Satz 2 SGB XII nicht als Einkommen berücksichtigt.

---

[125] BSG, Urteil 12.12.2013, B 14 AS 83/12 R, juris, Rn. 11 ff.; BSG, Urteil vom 14.08.2018, B 14 AS 22/17 R, juris, Rn. 26.

Die genannten „Grund- und Entschädigungsrenten" stellen staatliche Leistungen nach dem Prinzip der Wiedergutmachung dar. Sie werden als eine Art „Schmerzensgeld" für den Fall einer dauerhaften gesundheitlichen Beeinträchtigung erbracht, für die sich der Staat bzw. die Allgemeinheit verantwortlich fühlt (z. B. für Kriegs- oder Wehrdienstleistende, Impfschadensopfer, Opfer von Gewalttaten). Die Renten bestimmen sich in der Höhe nach dem Grad des Gesundheitsschadens und werden in der Regel unabhängig von einer finanziellen Bedürftigkeit erbracht.

Die „Aufwandsentschädigung nach § 1835a BGB" werden für ehrenamtliche Vormünder, Pfleger und Betreuer nach § 1835a Abs. 2 BGB einmal jährlich gezahlt, selbst wenn mit der Entschädigung Aufwände für mehrere Monate oder sogar das ganze Jahr abgegolten werden. Die weitgehende Freistellung bis zu 3.000,00 € jährlich der Aufwandsentschädigungen dient der Anerkennung der Tätigkeit ehrenamtlicher Vormünder, Pfleger und Betreuer und soll zugleich weiterhin den Anreiz setzen, sich entsprechend zu engagieren.

3.6.6.2 Spezialgesetzliche Ausnahmen

Regelungen dazu, welches Einkommen bei der Prüfung von Sozialhilfeansprüchen (sowie bei der Prüfung anderer von Einkommen abhängiger Sozialleistungen) nicht zu berücksichtigen sind, finden sich in einer Vielzahl von Spezialnormen, von denen an dieser Stelle einige - besonders relevante - genannt werden sollen. Nicht als Einkommen zu berücksichtigen sind u. a.:

- Elterngeld und vergleichbare Leistungen der Länder sowie die darauf angerechneten Leistungen bis zu einer Höhe von 300,00 € im Monat bzw. bis zu einer Höhe von 150,00 € im Monat bei Verdoppelung des Auszahlungszeitraums (§ 10 Abs. 1 und Abs. 3 BEEG),

- Leistungen der Pflegeversicherung (vgl. § 13 Abs. 5 Satz 1 SGB XI),

- Leistungen nach dem Gesetz zur Errichtung einer Stiftung „Mutter und Kind - Schutz des ungeborenen Lebens" (§ 5 Abs. 2),

- Leistungen nach dem Gesetz über die Stiftung „Hilfswerk für behinderte Kinder" (§ 21 Abs. 2),

- Kindererziehungsleistungen für Mütter, die vor dem 01.01.1921 geboren sind (§§ 294 bis 299 SGB VI),

- Sonderzuschüsse zu Versicherten- und Hinterbliebenenrenten (z. B. § 36 Abs. 4 Arbeiterrentenversicherungs-Neuregelungsgesetz),

- Leistungen nach dem Gesetz über die humanitäre Hilfe für durch Blutprodukte HIV-infizierte Personen (§ 17 Abs. 2 HIV-Hilfegesetz),

- Leistungen nach den §§ 17 bis 19 des Ersten Gesetzes zur Bereinigung von SED-Unrecht (§ 16 Abs. 4 Erstes SED-Unrechtsbereinigungsgesetz),

- Leistungen nach dem Gesetz über die Entschädigung für Opfer des Nationalsozialismus im Beitrittsgebiet (§ 4 Satz 2),

- Leistungen nach dem Gesetz über den Ausgleich beruflicher Benachteiligungen für Opfer politischer Verfolgung im Beitrittsgebiet (§ 9 Abs. 1 Berufliches Rehabilitierungsgesetz),

- Leistungen nach dem Gesetz über die Heimkehrerstiftung (§ 3 Abs. 6 HKStG),

- Leistungen nach dem Gesetz über die Conterganstiftung für behinderte Menschen (§ 18 Abs. 1 ContStifG)

- bestimmte Leistungen nach dem Lastenausgleichsgesetz (z. B. die Unterhaltshilfe nach § 292 Abs. 2 Nr. 1 LAG)[126],

- Leistungen der Stiftung Anerkennung und Hilfe, errichtet zum 01. Januar 2017 vom Bund, den Ländern und den Kirchen mit dem Ziel, Menschen zu unterstützen, die als Kinder oder Jugendliche in der Zeit vom 23. Mai 1949 bis zum 31. Dezember 1975 (Bundesrepublik Deutschland) bzw. vom 7. Oktober 1949 bis zum 2. Oktober 1990 (DDR) in stationären Einrichtungen der Behindertenhilfe oder in stationären psychiatrischen Einrichtungen Leid und Unrecht erfahren haben

- das Ausbildungsgeld nach § 122 Abs. 1 Nr. 3 SGB III für Teilnehmer an Maßnahmen im Eingangsbereich und Berufsbildungsbereich einer Werkstatt für behinderte Menschen (WfbM)[127] oder

- das Arbeitsförderungsgeld nach § 43 SGB IX für die im Arbeitsbereich einer Werkstatt für behinderte Menschen beschäftigten Personen.

In diesen Fällen verfolgen die gesetzlich geregelten Leistungen entweder ein sozialpolitisches Ziel, welches bei Anrechnung auf andere Sozialleistungen seine Wirkung verfehlen würde, oder es geht um die finanzielle Entschädigung von gesundheitlichen Beeinträchtigungen, für die der Staat eine Verantwortung empfindet (vergleichbar zur Grundrente nach dem Bundesversorgungsgesetz).

3.6.6.3 Pflegegelder nach dem Elften und Zwölften Buch Sozialgesetzbuch

Pflegegeld, welches nach § 64a SGB XII der pflegebedürftigen Person geleistet wird, ist für diesen eine „Leistung nach diesem Gesetz" und gilt nach § 82 Abs. 1 SGB XII nicht als Einkommen. Erhält eine leistungsberechtigte Person Pflegegeld nach dem Elften Buch Sozialgesetzbuch, ist dieses gemäß § 13 Abs. 5 Satz 1 SGB XI als Einkommen in der Sozialhilfe nicht zu berücksichtigen. Es wird lediglich bei der entsprechenden Leistung nach § 64a SGB XII bedarfsmindernd berücksichtigt.[128] Auch hier gilt die Freilassung bei strikter Gesetzesauslegung nur für die pflegebedürftige Person selbst.

---

[126] Vgl. Geiger in LPK-SGB XII, Rn. 51 ff. zu § 82 SGB XII.
[127] Das Ausbildungsgeld im Berufsbildungsbereich einer Werkstatt für behinderte Menschen ist nach einer Entscheidung des Bundessozialgerichts zwar keine zweckbestimmte Leistung, aber zur Vermeidung einer Ungleichbehandlung mit Beschäftigten im Arbeitsbereich als Einkommen in voller Höhe über eine Absetzung nach § 82 Abs. 3 Satz 3 SGB XII nicht zu berücksichtigen; ebenso wenig ist der Bedarf für die notwendigen Leistungen während der Einnahme des Mittagessens von dem Regelsatz abweichend festzusetzen (Urteil vom 23.03.2010, B 8 SO 17/09 R, juris, Rn. 9).
[128] Pflegegelder nach dem Elften Buch Sozialgesetzbuch werden in vollem Umfang auf das Pflegegeld nach dem Zwölften Buch Sozialgesetzbuch angerechnet (vgl. § 66 Abs. 1 SGB XII).

Gibt eine pflegebedürftige Person das Pflegegeld entsprechend seiner Zweckbestimmung an die ihm nahe stehende Pflegeperson weiter, ist der Schutz aus den zuvor genannten Normen nicht mehr gegeben, weil sich die Regelungen nur auf die nachfragende Person selbst beziehen. Damit stellt „**weitergereichtes Pflegegeld**" Einkommen der Pflegeperson im Sinne von § 82 Abs. 1 SGB XII dar, welches zur Bedarfsdeckung bei dieser einzusetzen wäre.

Dieses Ergebnis ist aber unbefriedigend, weil es der besonderen Zweckbestimmung der Pflegegelder, die häusliche Pflegebereitschaft aufrecht zu erhalten und Heimpflege zu vermeiden, nicht gerecht wird. Eine sachgerechte Lösung muss zwischen der Pflege durch Personen der sog. Einsatzgemeinschaft, der Pflege durch andere Angehörige oder nahe stehende Personen und der „erwerbsmäßigen" Pflege differenzieren.

3.6.6.3.1 Pflegeperson gehört zum Personenkreis der Einsatzverpflichteten

Ist die pflegende Person als nicht getrennt lebender Ehegatte oder Lebenspartner oder als Partner einer eheähnlichen oder lebenspartnerschaftsähnlichen Gemeinschaft zum Einsatz ihres Einkommens - genauso wie die pflegebedürftige Person selbst - nach § 27 Abs. 2 Satz 2 SGB XII verpflichtet, verbietet sich eine Berücksichtigung des Pflegegeldes als Einkommen. Nur wenn bei beiden Partnern das Pflegegeld anrechnungsfrei bleibt, kann die Ausnahmeregelung des § 82 Abs. 1 Satz 1 SGB XII sowie die Schutzvorschrift nach § 13 Abs. 5 Satz 1 SGB XI Anwendung finden.

3.6.6.3.2 Pflegeperson gehört nicht zur Einsatzgemeinschaft

Wird die Pflege durch eine nahe stehende Person sichergestellt, die nicht zum verpflichteten Personenkreis gehört, ist das weitergegebene Pflegegeld zwar grundsätzlich Einkommen dieser Person. Es muss aber das Ziel, mit dem Pflegegeld auch die Bereitschaft zur unentgeltlichen Pflegeleistung aufrecht zu erhalten, durch eine großzügige Handhabung sichergestellt bleiben. Als Ausgleich für die Berücksichtigung als Einkommen bietet sich eine **abweichende Bemessung des sog. Erwerbstätigenfreibetrages** nach § 82 Abs. 3 Satz 3 SGB XII an.

Während bei Einkommen aus selbstständiger und nichtselbstständiger Arbeit ansonsten lediglich 30 v. H. abzusetzen sind, besteht die Möglichkeit, das Einkommen aus Pflegetätigkeit bei nahe stehenden Personen bis zu 100 v. H. freizustellen. Ein solches Vorgehen würde der gesetzgeberischen Intention entsprechen und eine Gleichstellung mit leistungsberechtigten Personen nach dem Zweiten Buch Sozialgesetzbuch herbeiführen. Soweit diese nämlich nahe stehende Personen pflegen, ist das ggf. ausgehändigte Pflegegeld als steuerfreies Einkommen nach § 1 Abs. 1 Nr. 4 der Alg II-V als Einkommen nicht zu berücksichtigen.

3.6.6.3.3 Pflegeleistungen mit Erwerbscharakter

Nimmt die Pflege von (nahe stehenden) Personen einen erwerbsmäßigen Charakter an und finanziert die Pflegeperson mit den Einnahmen aus der Pflegetätigkeit einen Teil ihres Lebensunterhalts, ist eine Sonderbehandlung dieser Einkünfte nicht gerechtfertigt. Das „weitergereichte" Pflegegeld ist in diesen Fällen wie Einkommen aus selbstständiger bzw. nichtselbstständiger Tätigkeit zu behandeln, unter Berücksichtigung der gesetzlich vorgesehenen Abzugsbeträge.

3.6.6.4 Nichtanrechnung des Kinderbonus auf Leistungen des SGB XII

Im Rahmen der Bekämpfung der COVID-19-Pandemiefolgen zahlen die Familienkassen zum Konjunkturprogramm mehrmals einen sog. **Kinderbonus** aus. Folgende Boni wurden bereits ausgezahlt:

- 200,00 € im September,
- 100,00 € im Oktober 2020 und
- 150,00 € im Mai 2021.

Gemäß § 66 Abs. 1 Satz 2 und 3 EStG und § 6 Abs. 3 BKGG bzw. aufgrund des Gesetzes zur Nichtanrechnung und Nichtberücksichtigung des Kinderbonus (KiBoNiAG) sind die gezahlten Einmalbeträge bei Sozialleistungen, deren Zahlung von anderen Einkommen abhängig ist, nicht als Einkommen zu berücksichtigen.

Diese Kinderboni werden wird daher nicht auf die Leistungen der Sozialhilfe bzw. der Grundsicherung im Alter und bei Erwerbsminderung angerechnet.

3.6.6.5 Steuerfreie Pauschalen nach dem Einkommensteuergesetz (§ 82 Abs. 2 Satz 2 SGB XII)

Erhält eine leistungsberechtigte Person mindestens aus einer Tätigkeit Einkünfte, die nach § 3 Nr. 12, Nr. 26 oder 26a des Einkommensteuergesetzes steuerfrei sind (z. B. Übungsleiterpauschale für Sportvereinsbetreuer, Einsatzgelder als freiwilliger Feuerwehrmann, Aufwandsentschädigung von Mandatsträgern), ist ein Betrag von bis zu 250,00 € monatlich nach § 82 Abs. 3 Satz 4 SGB XII nicht als Einkommen zu berücksichtigen. Soweit das Einkommen aus solchen Tätigkeiten diesen Freibetrag überschreitet, ist es im Übrigen wie Erwerbseinkommen zu behandeln.

Die Regelung wurde wie die entsprechende Neuregelung in § 11b Abs. 2 Satz 3 SGB II mit dem Ziel ins Gesetz aufgenommen, ehrenamtliches Engagement zu unterstützen und in gewissem Umfang auch finanziell zu honorieren. Diese Begünstigung, die bisher nur für Steuerpflichtige zum Tragen kam, soll auch Transferleistungsbezieher für ein gesellschaftlich zu begrüßendes Engagement motivieren.

Unter die Regelung fallen ebenfalls die als Taschengeld nach § 2 Nr. 4 des Bundesfreiwilligendienstgesetzes oder nach § 2 Abs. 1 Nr. 4 des Jugendfreiwilligendienstgesetzes gezahlten Gelder.

3.6.6.6 Zuwendungen aus einem Behindertentestament

Das Behindertentestament ist eine testamentarische Konstruktion, durch das Angehörige mit Behinderung nach dem Ableben z. B. ihrer Eltern über dem Sozialhilfeniveau versorgt werden können. Sinn und Zweck des Behindertentestaments ist es, dem behinderten Erben zwar Vermögen zukommen zu lassen, gleichzeitig aber den Zugriff des Sozialhilfeträgers auf das Geerbte zu verhindern.

Das Interesse der Erblasser, für ihre behinderten Angehörigen auch zukünftig Annehmlichkeiten und Therapien sicherzustellen, die vom Sozialhilfeträger nicht oder nur zum Teil bezahlt werden, ist dabei legitim. Es geht den Erblassern darum, dem behinderten Erben den Nachlass in möglichst großem Umfange zu erhalten und ihn in den Genuss der Erträge zu bringen, ohne dass ihm andere Zuwendungen und staatliche Leistungen verloren gehen.

In einem Behindertentestamt wird daher durch die spezielle rechtliche Konstruktion einer Vor- und Nacherbschaft das zu vererbende Vermögen dem behinderten Menschen zugewandt. Dieser kann aus seinem ererbten Vermögen lebenslang Erträge für seine persönlichen Bedürfnisse erzielen und zusätzlich Leistungen der Sozialhilfe erhalten. So können spezielle Therapien (Reittherapie, Delphintherapie), Urlaubsreisen, Geschenke zu Geburts- und Feiertagen, persönliche Ausstattungen mit Wohn- und Einrichtungsgegenständen oder Sport- bzw. Freizeitgeräten oder ähnliches finanziert werden. Zwingend wird dazu ein Testamentsvollstrecker als Verwalter des Erbes eingesetzt, der darüber wacht, dass das Testament entsprechend dem Willen der Verstorbenen ausgeführt wird. Nach dem Tod des behinderten Menschen erbt das Vermögen der Nacherbe vom Erblasser.

Ein Behindertentestament können alle Personen errichten, die einem behinderten Menschen in ihrem Testament etwas zuwenden wollen. Oftmals handelt es sich dabei um die Eltern, aber auch um entferntere Verwandte wie Großeltern, Geschwister, Onkel, Tanten oder auch Bekannte können ein Behindertentestament errichten.

Die höchstrichterliche Rechtsprechung hat eine solche testamentarische Gestaltung nicht für sittenwidrig im Sinne des § 138 BGB ist erklärt[129]. Das Gericht hat unmissverständlich entschieden, dass solche testamentarischen Gestaltungen im Hinblick auf das Nachrangprinzip der Sozialhilfe nicht sittenwidrig ist und das Nachrangprinzip hinter dem legitimen Interesse der Erblasser zurücktreten muss, den behinderten Erben unabhängig vom Bestand der Sozialhilfesysteme abzusichern.

Damit ist das Erbe aus einem Behindertentestament weder als Einkommen noch als Vermögen auf Leistungen der Sozialhilfe anzurechnen.

---

[129] BGH, Urteil vom 21.03.1990, IV ZR 169/89 und Urteil vom 20.10.1993, IV ZR 231/92, juris.

Sofern jedoch der Testamentsvollstrecker Gelder ohne ausdrückliche Zweckbindung freigibt, könnten ausnahmsweise anrechenbare Mittel vorliegen.[130] Außerdem ist aus sozialhilferechtlicher Perspektive zu prüfen, ob die Verwaltungsanordnungen des Erblassers für den Testamentsvollstrecker nur die Beträge vorsehen, die dem sozialhilferechtlichen Zugriffsschutz unterliegen. Die Anordnung „Taschengeldzahlungen" zu leisten, können bspw. auch einen sozialhilferechtlichen Bedarf (z. B. den Regelsatz) abdecken. In diesen Fällen sind die Anordnungen und Formulierungen also genau zu betrachten.

3.6.6.7 Zweckbestimmte Leistungen (§ 83 Abs. 1 SGB XII)

Werden auf Grund öffentlich-rechtlicher Vorschriften Leistungen zu einem ausdrücklich genannten Zweck erbracht, sind sie nur so weit als Einkommen zu berücksichtigen, als die Sozialhilfe im Einzelfall demselben Zweck dient (vgl. § 83 Abs. 1 SGB XII). Die Vorschrift hat eine doppelte Funktion:

Zum einen ist sie **Schutzvorschrift** zugunsten der leistungsberechtigten Person. Es soll verhindert werden, dass öffentlich-rechtliche Leistungen mit einer ganz bestimmten Zweckrichtung von der leistungsberechtigten Person zur sozialhilferechtlichen Bedarfsdeckung eingesetzt werden müssen. Zum anderen sollen **Doppelleistungen** aus öffentlichen Mitteln ausgeschlossen werden. Im Hinblick auf den Nachranggrundsatz ist die Vorschrift ambivalent. Einerseits wird durch die Regelung das Subsidiaritätsprinzip abgeschwächt, indem bestimmte Leistungen sozialhilferechtlich außer Ansatz bleiben, andererseits wahrt sie den Nachranggrundsatz auf der Ebene der öffentlichen Leistungsträger, indem sie bei zweckidentischen Leistungen Doppelleistungen vermeiden hilft.

Leistungen mit ausdrücklicher Zweckbestimmung sind selten. So hat z. B. die Hinterbliebenenrente nach dem Sechsten Buch Sozialgesetzbuch, der Unterhaltsvorschuss nach dem Unterhaltsvorschussgesetz, das Kindergeld nach dem Einkommensteuergesetz, das Arbeitslosengeld nach dem Dritten Buch Sozialgesetzbuch oder das Wohngeld nach dem Wohngeldgesetz keinen näher bezeichneten Zweck. Die Leistungen dienen vielmehr allgemein der Finanzierung des Lebensunterhalts oder der Minderung des Familienaufwands und werden deshalb im Rahmen des Zwölften Buches Sozialgesetzbuch als Einkommen berücksichtigt.

Die Zweckbestimmung muss sich aus der die Leistung regelnden öffentlich-rechtlichen Norm[131] selbst ergeben. Beispiele dafür sind:

- Leistungen nach dem Bundesausbildungsförderungsgesetz,
- Blindengelder nach den Landesblindengesetzen,
- Pflegehilfen, Pflegegelder, Pflegezulagen nach anderen Rechtsvorschriften (z. B. nach dem Siebten Buch Sozialgesetzbuch, Bundesversorgungsgesetz) oder
- Beihilfen nach den Beihilfevorschriften des öffentlichen Dienstes.[132]

---

[130] Vgl. Hessisches Landessozialgericht, Urteil vom 26.06.2013, L 6 SO 165/10, juris, Rn. 34.
[131] Erweiterte Auslegung durch das BSG, Urteil vom 23.03.2010, B 8 SO 17/09 R, juris, Rn. 24: Zweckbindung kann sich auch aus dem Bescheid, der die Leistung bewilligt, oder auch nur in der Gesetzesbegründung ergeben.
[132] Vgl. alphabetische Auflistung bei Geiger in LPK-SGB XII, Rn. 9 ff. zu § 83 SGB XII.

Die Leistungen dürfen als Einkommen **nicht** berücksichtigt werden, soweit die Sozialhilfeleistung, über die im Einzelfall entschieden wird, einem anderen Zweck dient. Die Beihilfezahlung ihres Dienstherrn, die wegen einer Krankenbehandlung gezahlt wird, darf bei der leistungsberechtigten Person z. B. als Einkommen berücksichtigt werden, wenn es um Leistungen nach § 48 SGB XII (Hilfe bei Krankheit) geht. Wird dagegen über Leistungen der Hilfe zum Lebensunterhalt entschieden, ist diese Beihilfezahlung als Einkommen nicht zu berücksichtigen.

Nach dem Gesetzeswortlaut ist die zweckbestimmte Leistung bei der Entscheidung über Sozialhilfe als Einkommen auf der Einkommensseite zu betrachten. Um sicherzustellen, dass solche Leistungen nur auf gleichartige Sozialhilfeleistungen angerechnet werden, bietet sich alternativ an, den entsprechenden Sozialhilfebedarf um die zweckbestimmte Leistung zu mindern. So kann im Beispielsfall die Beihilfeleistung des Dienstherrn bei den Gesamtkosten der Krankenbehandlung bedarfsmindernd berücksichtigt werden, sodass dann nur noch über den verbleibenden Bedarf zu entscheiden ist.

Bei der Leistung von Pflegegeld nach § 64a SGB XII und dem Bezug gleichartiger Leistungen nach anderen Rechtsvorschriften ist diese Vorgehensweise sogar ausdrücklich vorgesehen (vgl. § 63b Abs. 1 Satz 1 SGB XII). Es ist darauf zu achten, dass die zweckbestimmte Leistung bei diesem Verfahren nicht als Einkommen anzurechnen ist.

3.6.6.8 Schmerzensgeld (§ 83 Abs. 2 SGB XII)

Als Einkommen nicht zu berücksichtigen ist ferner eine Entschädigung, die wegen eines Schadens, der nicht Vermögensschaden ist, nach § 253 Abs. 2 BGB geleistet wird (vgl. § 83 Abs. 2 SGB XII). Bei dieser Entschädigung handelt es sich um Schmerzensgeld[133], wie es z. B. von einem Unfallverursacher an den Geschädigten wegen einer länger dauernden Krankenbehandlung zu zahlen ist.

Wird dieses Schmerzensgeld als monatliche Rente geleistet, fällt jede Zahlung unter diese Ausnahmeregelung und ist dementsprechend nicht zu berücksichtigen. Wird es in einer Summe ausgezahlt, wird es nach der Zuflusstheorie nur im Monat des Zuflusses als Einkommen angesehen, welches nach § 83 Abs. 2 SGB XII nicht zu berücksichtigen ist. Der nicht verbrauchte Teil ist vom Folgemonat an als Vermögen zu betrachten. Um den vom Gesetzgeber angestrebten Schutz zu erreichen, wird die Verwertung dieses Vermögens grundsätzlich für einen längeren Zeitraum als Härte im Sinne von § 90 Abs. 3 SGB XII anzusehen sein[134].

Dieser wegen der besonderen Funktion des Schmerzensgeldes herausgehobene Schutz führt allerdings nicht dazu, dass Zuflüsse, die nicht unmittelbar zu diesem Vermögensstamm gehören, ebenfalls privilegiert werden. Zinseinkünfte aus Schmerzensgeld sind vielmehr - wie alle anderen Zuflüsse in Geld auch - als Einkommen i. S. des § 82 Abs. 1 Satz 1 SGB XII zu berücksichtigen[135].

---

133 Vgl. vertiefend zu den verschiedenen Fällen des § 253 Abs. 2 BGB: Geiger in LPK-SGB XII, Rn. 80 zu § 83 SGB XII.
134 Vgl. BVerwG, Urteil vom 18.05.1995, 5 C 22/93, BVerwGE 98, 256 = FEVS 46, 57 = NJW 1995, 3001.
135 Vgl. BSG, Urteil vom 22.08.2012, B 14 AS 103/11 R, juris, Rn. 21.

3.6.6.9 Zuwendungen der freien Wohlfahrtspflege (§ 84 Abs. 1 SGB XII)

Zuwendungen der freien Wohlfahrtspflege bleiben grundsätzlich als Einkommen außer Betracht (vgl. § 84 Abs. 1 Satz 1 SGB XII). Das Zwölfte Buch Sozialgesetzbuch geht davon aus, dass Zuwendungen der freien Wohlfahrtspflege keine Konkurrenz zu den öffentlichen Leistungen darstellen. Daher lässt § 84 Abs. 1 SGB XII diese in der Regel als Einkommen unberücksichtigt. Zuwendungen der freien Wohlfahrtspflege sind freiwillige Leistungen, nicht aber solche, die auf einer rechtlichen oder sittlichen Verpflichtung beruhen.

Der Begriff der freien Wohlfahrtspflege ist weit zu verstehen. Frei ist die Wohlfahrtspflege, die nicht von Gebietskörperschaften erbracht wird, also nicht öffentlich-rechtlich ist. Unter die freie Wohlfahrtspflege fallen nicht nur die Verbände der freien Wohlfahrtspflege (z. B. Arbeiterwohlfahrt, Deutscher Caritasverband, Deutsches Rotes Kreuz) sowie die Kirchen und Religionsgemeinschaften des öffentlichen Rechts, sondern auch solche Personen oder Stellen, die freie, d. h. nicht öffentliche Wohlfahrtspflege zugunsten von nachfragenden Personen betreiben, z. B. Vereinigungen zur Betreuung Bedürftiger, behinderter Menschen (z. B. Vereine für Blinde, Multiple Sklerose-Kranke, psychisch Erkrankte) oder Personen in besonderen Lebensverhältnissen (z. B. Vereine zur Strafentlassenen- und Wohnungslosenbetreuung), ebenso Wohltätigkeitsstiftungen. Über diese Vorschrift werden in der Praxis auch die Sachspenden (z. B. Lebensmittel, Hausrat) der Tafeln geschützt.

Bei den Zuwendungen kann es sich um Geld- oder Sachleistungen handeln. Für die Freistellung ist dies unerheblich. Allerdings kann bei zweckbestimmten Sachleistungen, die einen sozialhilferechtlichen Bedarf abdecken, eine Sozialhilfeleistung wegen Bedarfsdeckung ausgeschlossen sein (z. B. zur Verfügungstellung einer Wohnungserstausstattung durch eine Institution der freien Wohlfahrtspflege).

Soweit durch die Zuwendung die Lage der leistungsberechtigten Person so günstig beeinflusst würde, dass daneben Sozialhilfe ungerechtfertigt wäre, ist diese als Einkommen zu berücksichtigen (vgl. § 84 Abs. 1 Satz 2 SGB XII). Durch das Wort „soweit" ermöglicht das Gesetz auch die nur teilweise Anrechnung von Zuwendungen als Einkommen. Ziel der Ausnahmeregelung ist es, dass eine leistungsberechtigte Person nicht in den Genuss doppelter Vorteile kommt. Die Abwägung erfolgt im Rahmen einer Gerechtfertigkeitsprüfung.

Die Gerechtigkeitsprüfung verlangt eine einzelfallabhängige Auslegung, die gerichtlich vollständig überprüft werden kann. Dabei ist die Überlegung entscheidend, ob die Sozialhilfe durch die Zuwendung so überlagert wird, dass sie ungerechtfertigt erscheint.

Pauschale Wertgrenzen (z. B. die Hälfte der jeweiligen Regelbedarfsstufe) wird der Prüfung des Einzelfalles nicht gerecht; vielmehr sind Art, Wert, Umfang und Häufigkeit der Zuwendungen zu betrachten. Dabei ist zwischen der Art und dem Umfang der Zuwendung und der wirtschaftlichen und persönlichen Lage der leistungsberechtigten Person zu gewichten. Es muss erwogen werden, dass die freie Wohlfahrtspflege gerade deshalb Leistungen erbringt, um die Lage der leistungsberechtigten Person unabhängig von den Möglichkeiten der staatlichen Hilfe zu verbessern. Es ist zu prüfen, ob sich die Zuwendungen und die Sozialhilfe gegenseitig so summieren oder verstärken, dass nach der individuellen Lebenssituation zumindest ein Teil der Sozialhilfe nicht mehr benötigt wird.

Durch die Vorschrift werden auch geringfügige „Motivationszuwendungen" geschützt, die dem Leistungsberechtigten von der freien Wohlfahrtspflege z. B. bei freiwilliger Teilnahme an einem Arbeitstraining gezahlt wird[136]. Sofern diese Zuwendungen auf Grundlage von Verträgen als Leistungserbringer für einen Sozialhilfeträger erbracht werden, der kein Träger der freien Wohlfahrtspflege ist, handelt es sich bei dem Einkommen aber um eine Zuwendung im Sinne des § 84 Abs. 2 SGB XII, die ein anderer erbringt, ohne hierzu eine rechtliche oder sittliche Pflicht zu haben[137]; vgl. nachfolgende Ausführungen.

3.6.6.10 Zuwendungen anderer (§ 84 Abs. 2 SGB XII)

Zuwendungen, die ein anderer erbringt, ohne hierzu rechtlich oder sittlich verpflichtet zu sein, sollen als Einkommen außer Betracht bleiben, **soweit** ihre Berücksichtigung für die leistungsberechtigte Person eine besondere Härte bedeuten würde (vgl. § 84 Abs. 2 SGB XII). Durch das Wort „soweit" ist auch eine teilweise Anrechnung bzw. Freilassung möglich.

Zuwendungen **anderer (als der freien Wohlfahrtspflege)** sind als Einkommen in jedem Fall zu berücksichtigen, wenn sie aufgrund rechtlicher oder sittlicher Verpflichtungen erbracht werden.

Eine **rechtliche Verpflichtung** kann sich aus Gesetz (z. B. gesetzliche Unterhaltspflicht), Vertrag (z. B. Unterhaltsvergleich, Arbeitsvertrag) oder Gewohnheitsrecht ergeben.

Ob eine sittliche Verpflichtung zur Leistung besteht, ist nach der allgemeinen Gepflogenheit und unter Berücksichtigung der Verhältnisse des Einzelfalles zu beurteilen. Sie kann namentlich für Zuwendungen - insbesondere auch Unterhaltsleistungen - nicht rechtlich unterhaltspflichtiger, nahe stehender Verwandter oder Verschwägerter (z. B. Geschwister, Onkel, Tante) gegeben sein. Doch kommt es hier sehr auf die Verhältnisse des Einzelfalles an, da von einer allgemein verbreiteten sittlichen Überzeugung, dass nicht unterhaltsberechtigten Verwandte zu unterstützen seien, nicht die Rede sein kann.

Anerkannte Anwendungsfälle sind z. B. Ehrengaben aus öffentlichen Mitteln, privatrechtliche Stiftungsleistungen oder Unterstützungen berufsbezogener Verbände.

Zuwendungen anderer ohne rechtliche oder sittliche Verpflichtung sollen als Einkommen außer Betracht bleiben, soweit ihre Berücksichtigung für den Empfänger eine **besondere Härte** bedeuten würde. Dies muss unter Abwägung aller Gesichtspunkte, etwa die Situation anderer vergleichbarer leistungsberechtigter Personen und den persönlichen Verhältnissen der leistungsberechtigten Person, entschieden werden.

Bei der Entscheidung muss der Erwartung des Gesetzgebers entsprochen werden, dass der Zweck der Zuwendung, nämlich der leistungsberechtigten Person eine bessere Lebensführung zu sichern, nicht durch eine **zu enge Auslegung** der Bestimmung vereitelt wird.

---

[136] BSG, Urteil vom 28.2.2013, B 8 SO 12/11 R, juris, Rn. 14.
[137] BSG, Terminbericht vom 06.07.2020, B 8 SO 27/18.

Wenn eine besondere Härte vorliegt, dann soll die Zuwendung außer Betracht bleiben, d. h. in aller Regel nicht angerechnet werden. Fehlt es an einer besonderen Härte, ist die Zuwendung grundsätzlich als Einkommen zu berücksichtigen. Bedürftigkeitsaspekte begründen keine besondere Härte; vorrangig hat sich die Prüfung einer besonderen Härte an den Umständen der Zuwendungen und ihren Zwecken zu orientieren. Über diese besondere Härte werden Geschenke zur Konfirmation, Kommunion, Jugendweihe oder zum Geburtstag (sog. Anstandsgeschenke), wenn sie sich im Rahmen des Sozialadäquaten halten, geschützt. Daneben kann eine Härte vorliegen, wenn die Zuwendung einen belohnenden bzw. belobigenden Charakter hat (z. B. Finderlohn oder Auslobung in geringem Umfang).

Für den Begriff der besonderen Härte lässt sich keine feste Obergrenze in Anlehnung an bestimmte Einkommensgrenzen vereinbaren, bis zu der eine Zuwendung berücksichtigungsfrei wäre[138].

3.6.6.11 Einkommen aus Vorleistung Dritter oder privater Darlehen unter Verwandten

Zuwendungen Dritter, die im Bezugszeitraum ausgezahlt werden, aber nicht endgültig behalten werden können, sondern zurückzuzahlen sind (Darlehen, Leihe), sind nicht als Einkommen zu berücksichtigen.

Die Hilfe eines Dritten schließt einen Sozialhilfeanspruch damit nicht aus, wenn der Dritte vorläufig anstelle des Sozialhilfeträgers und unter Vorbehalt des Erstattungsverlangens einspringt, weil der Träger der Sozialhilfe nicht rechtzeitig geholfen oder die Hilfe abgelehnt hat[139]. Es handelt sich hierbei von Beginn an um ein „Not-Darlehen", dessen Rückzahlung aus den Mitteln noch zu zahlender Sozialhilfe- oder sonstigen Sozialleistungen erfolgen soll.[140]

Sowohl bei den „Not-Darlehen" als auch bei den anerkannten Darlehen unter Verwandten findet keine echte Vermögensmehrung statt, da es sich um zurückzuzahlende Mittel handelt.

Erst wenn die Rückzahlungsverpflichtung nicht von Beginn an bereits bei Zufluss konkret vereinbart ist, kann die Zuwendung als „bereites Mittel" im Monat des Zuflusses als anzurechnendes Einkommen angesehen werden.

---

[138] BSG, Terminbericht vom 06.07.2020, B 8 SO 27/18.
[139] Vgl. BVerwG, Urteil vom 23.06.1994, 5 C 26/92, BVerwGE 96, 152; BVerwGE 94, 127; 90, 154; 26, 217; BSG, Urteil vom 20.12.2011, B 4 AS 46/11 R, SozR 4-4200 § 11 Nr. 45, Rn. 17
[140] Vgl. BSG, Urteil vom 20.12.2011, B 4 AS 46/11 R, juris, Rn. 16, juris; BSG Urteil vom 06.10.2011, B 14 AS 66/11 R, juris, Rn. 18.

In der beschriebenen Fallkonstellation ist deshalb zu überprüfen, ob es sich um ein Scheingeschäft handelt. Bei Zahlungen bzw. Darlehen unter Angehörigen ist zu untersuchen, ob es sich wirklich um einen zivilrechtlichen Darlehensvertrag oder um verdeckte Unterhaltszahlungen oder Schenkungen handelt. In dieser Prüfung sind Kriterien eines sog. „Fremdvergleichs" einzubeziehen. Auch Verträge unter nahen Angehörigen werden in der Regel nur unter üblichen Konditionen abgeschlossen. Ein Darlehensvertrag regelt beispielsweise die Höhe des Darlehens, Rückzahlungsmodalitäten, Zinsregelungen und Zeiträume der Rückzahlungen.[141]

3.6.7 Einkunftsarten

Die Verordnung zur Durchführung des § 82 SGB XII listet die wichtigsten Einkunftsarten in der Sozialhilfe auf und bedient sich dabei weitgehend steuerrechtlicher Begriffe. In Teilbereichen werden hier - bezogen auf die jeweilige Einkommensart - Spezialregelungen zur Berechnung und Bereinigung der Einkünfte getroffen.

Ein Verlustausgleich zwischen den einzelnen Einkunftsarten ist nicht vorzunehmen (vgl. § 10 VO zu § 82 SGB XII). Negativeinkünfte bleiben bei der Einkommensberechnung in der Sozialhilfe unberücksichtigt. Das bedeutet, dass Absetzungen bei einer Einkommensart nur zu einer Einkommensreduzierung auf Null führen, nicht aber andere - positive - Einkünfte belasten können.

3.6.7.1 Einkünfte aus nichtselbstständiger Arbeit (§ 3 VO zu § 82 SGB XII)

Welche Einkünfte zu den Einkünften aus nichtselbstständiger Arbeit gehören, bestimmt sich nach § 19 Abs. 1 Nr. 1 des Einkommensteuergesetzes (EStG). Dabei handelt es sich um Gehälter, Löhne, Gratifikationen, Tantiemen und andere Bezüge und Vorteile, die für eine Beschäftigung in einem abhängigen Dienst- oder Arbeitsverhältnis oder in einem Ausbildungsverhältnis gewährt werden.

Es ist unerheblich, ob die Vergütung in einem privatrechtlichen Arbeitsverhältnis oder z. B. in einem Ausbildungsverhältnis oder einem Beamtenverhältnis erzielt wird. Entscheidend ist die abhängige Beschäftigung, die sich in Abgrenzung zur selbstständigen Tätigkeit vor allem durch persönliche Abhängigkeit, Weisungsgebundenheit und Eingliederung in die Organisation des Arbeitgebers bzw. Dienstherrn auszeichnet. Ob die Beschäftigung - z. B. wegen Geringfügigkeit - der Steuerpflicht unterliegt, ist für die Berücksichtigung als Einkommen in der Sozialhilfe ohne Belang.

Bei der Berechnung der Einkünfte ist von den monatlichen Bruttoeinnahmen auszugehen (§ 3 Abs. 3 Satz 1 VO zu § 82 SGB XII). Sonderzuwendungen, Gratifikationen und gleichartige Bezüge und Vorteile, die in größeren als monatlichen Zeitabständen gewährt werden, sind wie **einmalige Einnahmen** zu behandeln (vgl. § 3 Abs. 3 Satz 2 VO zu § 82 SGB XII).

---

[141] Vgl. BSG vom 17.06.2010, B 14 AS 46/09 R, juris, Rn. 20.

Von daher sind einmalige Einnahmen, die den Charakter von Jahreszuwendungen haben (z. B. Tantiemen, Provisionen, jährliche Sonderzuwendungen wie Urlaubs- oder Weihnachtsgeld o.ä., 13. Monatsgehalt), auf einen Zeitraum von sechs Monaten zu verteilen (vgl. 6.6.1.1). Sie werden mit dem entsprechenden Teilbetrag den monatlich erzielten Einkünften zugeschlagen.

Ein Vorgriff auf künftige Einnahmen ist sozialhilferechtlich nicht zulässig, weil fiktive Zuflüsse akute Notlagen nicht beseitigen können. Ebenso können einmalige Einnahmen, die vor dem Bedarfseintritt zugeflossen sind oder verbraucht wurden, nicht berücksichtigt werden.

§ 3 Abs. 4 bis Abs. 7 der VO zu § 82 SGB XII regelt Details zur Berücksichtigung sog. „Werbungskosten". Aus systematischen Gründen wird dieses Thema ausführlicher in dem Kapitel „Einkommensbereinigung" (3.6.8) behandelt.

3.6.7.2 Einkünfte aus Land- und Forstwirtschaft, Gewerbebetrieb und selbstständiger Arbeit (§§ 4 und 5 VO zu § 82 SGB XII)

Unter **selbstständiger Arbeit** wird im Steuerrecht in erster Linie die Tätigkeit der sog. freien Berufe verstanden. Merkmale der selbstständigen Arbeit sind die persönliche Betätigung gegen Vergütung, ohne dass Weisungsgebundenheit gegenüber dem Auftraggeber besteht, die Tätigkeit auf eigene Rechnung und auf eigenes Risiko beruht. Zur selbstständigen Arbeit gehört u. a. die freiberufliche Tätigkeit von Ärzten, Rechtsanwälten, Architekten, Steuerberatern, Journalisten oder Dolmetschern (vgl. § 18 Abs. 1 Nr. 1 EStG).

Bei der **gewerblichen** und **landwirtschaftlichen** Tätigkeit steht nicht die persönliche Betätigung, sondern vielmehr die unternehmerische Tätigkeit als solche im Vordergrund. Unabhängig von der Zahl der Beschäftigten ist bei der gewerblichen Tätigkeit nicht die persönliche Ausführung einer bestimmten Dienstleistung, sondern vielmehr die Erfüllung konkreter Aufträge geschuldet. Einkünfte aus Gewerbebetrieb sind nach § 15 Abs. 1 EStG u. a. die Gewinnanteile der Gesellschafter einer offenen Handelsgesellschaft oder Kommanditgesellschaft sowie Einkünfte aus gewerblichen Unternehmen.

§ 4 VO zu § 82 SGB XII nimmt weitgehend auf das Einkommensteuerrecht Bezug. Die Norm enthält nähere Bestimmungen zur Berechnung des Einkommens und zu möglichen Absetzungsbeträgen. Im Unterschied zum Steuerrecht werden tatsächliche Einnahmen und notwendige Ausgaben im Betriebsjahr einander gegenübergestellt, kalkulatorische Kosten (z. B. Abschreibungen) bleiben dagegen unberücksichtigt. Für Einkünfte aus Land- und Forstwirtschaft trifft § 5 VO zu § 82 SGB XII eine Sonderregelung.

Einkünfte aus den vorgenannten Einkunftsarten sind als Jahreseinkünfte zu berechnen und monatlich mit einem zwölften Teil anzusetzen (vgl. § 4 Abs. 2 und § 11 Abs. 1 Satz 1 VO zu § 82 SGB XII).

3.6.7.3 Einkünfte aus Kapitalvermögen (§ 6 VO zu § 82 SGB XII)

Diese Einkunftsart dürfte in der Sozialhilfe nur eine untergeordnete Rolle spielen. Es ist aber vorstellbar, dass vorhandenes Vermögen, das sozialhilferechtlich nicht eingesetzt werden muss (vgl. § 90 Abs. 2 SGB XII), Einkünfte aus Kapitalvermögen (z. B. Zinserträge) nach sich zieht.

Die Vorschrift des § 6 VO zu § 82 SGB XII verweist auch hier auf das Einkommensteuergesetz. Nach § 20 Abs. 1 bis Abs. 3 EStG sind solche Einkünfte u. a. Gewinnanteile (Dividenden) und Zinsen aus Kapitalforderungen jeder Art, z. B. aus Einlagen und Guthaben bei Kreditinstituten, aus Darlehen und Anleihen.

Anzusetzen sind die Jahresroheinnahmen, vermindert um die Kapitalertragssteuer und die mit der Erzielung der Einkünfte verbundenen notwendigen Ausgaben im Sinne des § 82 Abs. 2 Nr. 4 SGB XII. In Frage kommen z. B. Bankspesen und Gebühren für Wertpapierdepots.

3.6.7.4 Einkünfte aus Vermietung und Verpachtung (§ 7 VO zu § 82 SGB XII)

Welche Einkünfte zu den Einkünften aus Vermietung und Verpachtung gehören, bestimmt sich gemäß § 7 Abs. 1 VO zu § 82 SGB XII wiederum nach dem Einkommensteuergesetz. Die Einkünfte sind grundsätzlich als Jahreseinkünfte zu berechnen, im Falle der Vermietung von möblierten Wohnungen und von Zimmern wird auf die monatlichen Einkünfte abgestellt (§ 7 Abs. 5 Satz 1 VO zu § 82 SGB XII).

Die Einkünfte ermitteln sich aus dem Überschuss der Einnahmen über die mit ihrer Erzielung verbundenen notwendigen Ausgaben (§ 7 Abs. 2 Satz 1 Halbsatz 1 VO zu § 82 SGB XII). Die berücksichtigungsfähigen Ausgaben sind in § 7 Abs. 2 Satz 1 Halbsatz 2 VO zu § 82 SGB XII aufgelistet (z. B. Schuldzinsen, Grundsteuern, sonstige öffentliche Abgaben, Erhaltungsaufwand und Bewirtschaftungskosten).

Tilgungsleistungen sind darin nicht aufgeführt. Die berücksichtigungsfähigen Ausgaben sind insoweit nicht von den Einnahmen abzusetzen, als sie auf den vom Vermieter oder Verpächter selbst genutzten Teil entfallen (vgl. § 7 Abs. 3 VO zu § 82 SGB XII). Die Ausgaben für die eigene Wohnung werden im Rahmen der Hilfe zum Lebensunterhalt und der Grundsicherung im Alter und bei Erwerbsminderung beim Bedarf und bei den Hilfen nach dem Fünften bis Neunten Kapitel des Zwölften Buches Sozialgesetzbuch bei Berechnung der Einkommensgrenze als Kosten der Unterkunft berücksichtigt.

Werden möblierte Wohnungen oder Zimmer vermietet, sind gemäß § 7 Abs. 4 Satz 1 VO zu § 82 SGB XII folgende Beträge als monatliche Einkünfte anzusetzen:

- bei möblierten Wohnungen   80 v. H. der Roheinnahmen,
- bei möblierten Zimmern   70 v. H. der Roheinnahmen und
- bei Leerzimmern   90 v. H. der Roheinnahmen.

Roheinnahmen sind die vom Mieter oder Untermieter laufend zu entrichtenden Entgelte abzüglich anteiliger Nebenkosten wie Strom- und Wassergeld. Die genannten Vomhundertsätze gelten nicht, wenn geringere Einkünfte nachgewiesen werden (vgl. § 7 Abs. 4 Satz 2 VO zu § 82 SGB XII).

Einkünfte aus Vermietung und Verpachtung werden bei leistungsberechtigten Personen in der Regel keine Bedeutung haben, da der Grundbesitz Vermögen darstellt, welches zur Bedarfsdeckung einzusetzen ist, soweit es sich nicht um ein selbst genutztes angemessenes Hausgrundstück handelt (vgl. § 90 Abs. 2 Nr. 8 SGB XII). Allerdings sind Einnahmen aus Vermietung von Zimmern durchaus denkbar, zumal die Untervermietung als eine Möglichkeit zur Reduzierung unangemessener Unterkunftskosten in § 35 Abs. 2 Satz 2 SGB XII ausdrücklich genannt wird. Alternativ kommt ggf. auch eine Senkung der Unterkunftskosten auf der Bedarfsseite in Betracht.

In der Praxis sind Einnahmen aus Untervermietung der selbst (mit-)benutzten Wohnung als Senkung der Unterkunftskosten anzusehen. Alle anderen (Unter-)Mieteinnahmen stellen dagegen ein Einkommen aus Vermietung und Verpachtung dar.

Auch im Falle überschuldeter Immobilien, deren Verwertung nicht gefordert werden kann, sind Einkünfte aus Vermietung und Verpachtung denkbar. Gleichwohl wird hier ein hoher Zinsaufwand als berücksichtigungsfähige Ausgaben anzusetzen sein.

3.6.7.5 Andere Einkünfte (§ 8 VO zu § 82 SGB XII)

Andere Einkünfte im Sinne des § 8 VO zu § 82 SGB XII sind z. B. Unterhaltsbeiträge, Unterhaltsvorschussleistungen, Renten, Kindergeld sowie Leistungen nach dem Dritten Buch Sozialgesetzbuch (z. B. Arbeitslosengeld).

Diese Einkünfte sind, wenn sie nicht monatlich oder wenn sie monatlich in unterschiedlicher Höhe erzielt werden, als Jahreseinkünfte zu berechnen.

3.6.7.6 Bezugszeitraum

Grundsätzlich ist in der Sozialhilfe das monatliche Einkommen maßgebend (vgl. z. B. § 3 Abs. 3 und § 8 Abs. 1 Satz 1 VO zu § 82 SGB XII). Bei der Hilfe zum Lebensunterhalt und bei der Grundsicherung im Alter und bei Erwerbsminderung wird der Bedarf dem monatlichen Einkommen gegenübergestellt, bei den Hilfen nach dem Fünften bis Neunten Kapitel des Zwölften Buches Sozialgesetzbuch wird das Monatseinkommen mit einer Einkommensgrenze verglichen.

Werden Einkünfte als Jahreseinkünfte berechnet (z. B. Einkünfte aus Land- und Forstwirtschaft, Gewerbebetrieb oder selbstständiger Arbeit), gilt der zwölfte Teil dieser Einkünfte zusammen mit den monatlich berechneten Einkünften als monatliches Einkommen im Sinne des Zwölften Buch Sozialgesetzbuch (vgl. § 11 Abs. 1 Satz 1 VO zu § 82 SGB XII).

Wöchentlich erzielte Einkünfte sind mittels eines Umrechnungsfaktors, z. B. x 52 (Wochen) : 12 (Monate), auf den Monat hochzurechnen.

Werden die Einkünfte nur während eines Teils des Jahres erzielt, so werden sie nur für diesen Zeitraum als Einkommen angerechnet. Hiervon sind aber z. B. Einkünfte aus Saisonbetrieben und andere ihrer Natur nach auf einen Teil des Jahres beschränkte Einkünfte ausgenommen, wenn die Einkünfte den Hauptbestandteil des Einkommens bilden (vgl. § 11 Abs. 2 VO zu § 82 SGB XII).

3.6.8 Bereinigung des Einkommens

Nach § 82 Abs. 2 und Abs. 3 SGB XII sind vom Einkommen bestimmte Beträge abzusetzen. Nur das um diese Absetzungen verminderte Einkommen ist bei der Entscheidung über die Sozialhilfeleistung zu berücksichtigen (sog. „bereinigtes Einkommen"). Die Auflistung in § 82 SGB XII und den ergänzenden Bestimmungen der Verordnung zu § 82 SGB XII ist abschließend. Die Absetzung weiterer Beträge, die das Einkommen der leistungsberechtigten oder der verpflichteten Personen bzw. ihre finanzielle Situation belasten, kommt nicht in Betracht. Allerdings ist zu beachten, dass das angerechnete Einkommen dem Bezieher auch tatsächlich zur Verfügung stehen muss (vgl. 3.6.5).

3.6.8.1 Steuern (§ 82 Abs. 2 Satz 1 Nr. 1 SGB XII)

Die auf das Einkommen tatsächlich entrichteten Steuern (Einkommensteuer, Kirchensteuer, Solidaritätszuschlag, Kapitalertragssteuer) sind in voller Höhe abzusetzen. Andere als einkommensbezogene Steuern sind an dieser Stelle nicht zu berücksichtigen (z. B. Kraftfahrzeugsteuer, Grundsteuer, Hundesteuer).

Bei Einkünften aus nichtselbstständiger Arbeit wird dem Einkommensbezieher in der Regel das Netto-Entgelt ausgezahlt. Die Steuern sind damit bereits abgesetzt. Muss der Betreffende Steuern für das vergangene Jahr nachträglich zahlen, belastet diese Steuernachzahlung sein Einkommen in dem Monat der Fälligkeit. Dies ist bei der aktuellen Einkommensberechnung zu berücksichtigen.

3.6.8.2 Pflichtbeiträge zur Sozialversicherung (§ 82 Abs. 2 Satz 1 Nr. 2 SGB XII)

Abzusetzen sind ferner die Pflichtbeiträge zur Kranken-, Renten- und Pflegeversicherung sowie die Beiträge zur Arbeitsförderung (Arbeitslosenversicherung). Gemeint ist jeweils der Arbeitnehmeranteil. Soweit Versicherte als freiwillige Mitglieder Beiträge zur Sozialversicherung zahlen (z. B. wegen Überschreitung der Verdienstgrenzen oder weil sie selbstständig tätig sind), sind die entsprechenden Beiträge nicht als Pflichtbeiträge nach Nr. 2 zu berücksichtigen, sondern als sonstige Beiträge nach § 82 Abs. 2 Satz 1 Nr. 3 SGB XII zu beurteilen.

Unter die Vorschrift fallen auch die üblichen Pflichtbeiträge zur Kranken- und Pflegeversicherung eines Rentenleistungsempfängers.

Auch diese Beiträge sind bei Einkünften aus nichtselbstständiger Arbeit bei der Berücksichtigung des Netto-Entgelts aus der Gehaltsabrechnung bereits in Abzug gebracht.

3.6.8.3 Sonstige (Versicherungs-)Beiträge (§ 82 Abs. 2 Satz 1 Nr. 3 SGB XII)

Beiträge zu öffentlichen oder privaten Versicherungen sowie zu ähnlichen Einrichtungen sind gemäß § 82 Abs. 2 Satz 1 Nr. 3 Halbsatz 1 SGB XII vom Einkommen abzusetzen, soweit sie gesetzlich vorgeschrieben oder nach Grund und Höhe angemessen sind.

Gesetzlich vorgeschrieben ist die Pflegeversicherung für privat Krankenversicherte nach § 23 SGB XI. Auch sind als weitere Beispiele Berufshaftpflichtversicherungen (z. B. für Rechtsanwälte, Architekten, Dolmetscher/Übersetzer) oder der Beitrag zu berufsständigen Einrichtungen (z. B. Versorgungswerke) oder Interessenvertretungen (z. B. Industrie- und Handelskammer) bei bestimmten Berufen bzw. Gewerben gesetzlich vorgeschrieben.

Bei anderen zwingend vorgeschriebenen Versicherungen, speziell bei der Haftpflichtversicherung für Kraftfahrzeuge, wird die Frage, ob die Beiträge einkommensmindernd zu berücksichtigen sind, in der Regel mit der Frage verknüpft, ob der Tatbestand, an den das Gesetz die Beitragspflicht knüpft, disponibel ist oder nicht.

Bezogen auf den Beitrag zur Haftpflichtversicherung für ein Kraftfahrzeug bedeutet das, dass zunächst die Notwendigkeit der Kraftfahrzeughaltung an sich zu klären ist. Nur wenn die Haltung eines Fahrzeugs notwendig und angemessen ist, sind die erforderlichen Versicherungsbeiträge vom Einkommen abzusetzen.

Steht die Notwendigkeit der Kraftfahrzeughaltung im Zusammenhang mit der Erzielung von Einkünften aus einer nichtselbstständigen Tätigkeit, stellt sich die Frage, ob der in § 3 Abs. 6 Nr. 2 VO zu § 82 SGB XII vorgesehene Pauschbetrag zur Abgeltung von Fahrtkosten zur Arbeitsstätte auch den Beitrag zur Kfz-Haftpflichtversicherung abdeckt. Eine gesonderte Berücksichtigung im Rahmen des § 82 Abs. 2 Satz 1 Nr. 3 SGB XII wäre dann nicht gerechtfertigt.[142] Es muss allerdings bezweifelt werden, ob der seit 1976 unveränderte Betrag von 5,20 € monatlich die tatsächlich für die Fahrten zur Arbeitsstätte insgesamt entstehenden Kosten abdeckt.[143] Insbesondere bei kürzeren Fahrstrecken dürfte das ausgeschlossen sein. Auf eine Anpassung durch den Verordnungsgeber zu warten, erscheint nicht zwingend, da mit § 82 Abs. 2 Satz 1 Nr. 3 SGB XII eine Rechtsgrundlage für die Berücksichtigung des Versicherungsbeitrages grundsätzlich zur Verfügung steht.

Auch bei einer Haftpflichtversicherung für Hundehalter kann es sich um eine gesetzliche vorgeschriebene Versicherung handeln, da einige Hunderassen der Versicherungspflicht unterliegen. Dazu hat das Bundessozialgericht entschieden, dass eine Tierhaltung trotz der Bedeutung der Tiere für ihre Halter zur Sicherung des Lebensunterhalts nicht notwendig ist.[144] Etwas anderes gilt dann, wenn aus sozialhilferechtlicher Sicht die Haltung eines Hundes notwendig ist. Das kann beispielsweise bei einem Blindenführhund der Fall sein.

---

[142] OVG Münster, Urteil zu § 76 BSHG vom 20.06.2000, 22 A 207/99, FEVS 52, 167 = NDV-RD 2001, 14 = ZFSH/SGB 2001, 733.
[143] So auch Geiger in LPK-SGB XII, Rn. 110 zu § 82 SGB XII.
[144] Vgl. BSG, Urteil vom 08.02.2017, B 14 AS 10/16 R, juris, Rn. 21.

Aber hier wäre vorrangig zu prüfen, ob die Kosten im Rahmen der Eingliederungshilfe übernommen werden.

Die übrigen Beiträge zu Versicherungen oder ähnlichen Einrichtungen sind nur dann vom Einkommen abzusetzen, soweit sie **nach Grund und Höhe angemessen**[145] sind. Dem Grunde nach angemessen sind die bei vergleichbaren Familien üblichen und notwendigen Vorkehrungen gegen Risiken des täglichen Lebens (objektive Bedingungen). Daneben ist aber auch die individuelle Lebenssituation der nachfragenden Person zu berücksichtigen (subjektive Bedingungen). Es ist jeweils individuell zu prüfen, ob und ggf. in welcher Höhe ein Beitrag nach § 82 Abs. 2 Satz 1 Nr. 3 SGB XII abzusetzen ist. Einen Pauschalbetrag wie im Rahmen der Einkommensermittlung nach § 11b Abs. 1 Satz 1 Nr. 3 SGB II[146] sieht das Zwölfte Buch Sozialgesetzbuch nicht vor.

Als dem **Grunde** nach angemessene Versicherungen kommen vor allem Hausrat-, Privathaftpflicht-, Kranken- und Sterbegeldversicherungen sowie Beiträge für die Alterssicherung in Betracht. Bei den letztgenannten sind die Regelungen der §§ 32 und 33 SGB XII zu beachten (vgl. Ausführungen zu 3.3.5.6). Beiträge, die Teil des sozialhilferechtlichen Bedarfs sind, dürfen bei der Einkommensbereinigung nicht erneut berücksichtigt werden. Zu beachten ist daneben, dass angemessene Versicherungen, die im Zusammenhang mit der Unterkunft stehen (z. B. Wohngebäudeversicherungen), bei den Kosten der Unterkunft nach § 35 SGB XII, also auf der Bedarfsseite, zu berücksichtigen sind.

Freiwillige Beiträge zur Alterssicherung sind nur dann dem Grunde nach angemessen, wenn aus der Sicht der maßgeblichen Bedarfszeit Versicherungsaufwand und Versicherungsertrag in einem wirtschaftlich sinnvollen Verhältnis zu einander stehen.[147] Bei der Beurteilung der Angemessenheit von Sterbegeldversicherungen ist insbesondere das Alter der nachfragenden Person einzubeziehen.

Der Höhe nach angemessen sind die Beiträge in der Regel, soweit sie einen im Rahmen des üblichen Versicherungsschutzes bewirken. Auszugehen ist dabei grundsätzlich von der Höhe der Versicherungssumme oder den vertraglich vereinbarten Leistungen. Soweit die Absicherung dem Grunde nach anerkannt wird, jedoch die Beitragshöhe unangemessen ist (z. B. bei einer privaten Krankenversicherung die Kosten für Chefarztbehandlung oder Krankenhausunterbringung in einem Einbettzimmer oder überhöhter Deckungsschutz bei Hausrat- oder Privathaftpflichtversicherungen), ist der abzusetzende Betrag auf ein angemessenes Maß zu reduzieren. Die leistungsberechtigte Person ist im Rahmen seiner Selbsthilfeverpflichtung aufgerufen, den Versicherungsvertrag dementsprechend anzupassen.

Der angemessene Beitrag ist grundsätzlich im Zeitpunkt der Fälligkeit wegen des Bedarfsdeckungsprinzips zu berücksichtigen. Bei jährlicher Zahlungsweise kommt somit die Absetzung des gesamten Jahresbetrages vom Einkommen im Monat der Fälligkeit in Betracht. Eine Aufteilung auf mehrere Monate würde zu fiktiven Einkommenswerten führen, was

---

[145] Vgl. BVerwG, Urteil vom 28.05.2003, 5 C 8/02, BVerwGE 118, 211 = NDV-RD 2004, 6 = ZFSH/SGB 2003, 737.
[146] Vgl. Pauschbetrag von 30,00 € nach § 6 Abs. 1 Nr. 1Alg II-V für volljährige leistungsberechtigte Personen.
[147] Vgl. BVerwG, Urteil zu § 76 BSHG vom 24.06.1999, 5 C 18/98, FEVS 51, 167 = NDV-RD 2000, 3 = ZFSH/SGB 2000, 159.

bei der Hilfe zum Lebensunterhalt - ebenso wie bei der Grundsicherung im Alter und bei Erwerbsminderung nach dem 4. Kapitel SGB XII - nicht unproblematisch wäre. In Einzelfällen und besonders bei den Hilfen nach dem 5. bis 9. Kapitel SGB XII, bei denen ein Einkommenseinsatz nur in zumutbarem Umfang verlangt wird, kann jedoch eine Aufteilung auf mehrere Monate angezeigt sein.

Gemäß § 82 Abs. 2 Satz 1 Nr. 3 Halbsatz 2 SGB XII sind geförderte Altersvorsorgebeiträge nach § 82 EStG (sog. Riester-Rente) abzusetzen, soweit sie den Mindesteigenbeitrag nach § 86 EStG nicht überschreiten. Damit soll die vom Gesetzgeber geforderte private Altersvorsorge gefördert werden.

Um die volle staatliche Förderung zu erhalten, muss der monatliche Mindesteigenbeitrag (= Gesamtsparleistung) eingezahlt werden. Nur dieser wird vom Einkommen abgesetzt.

Er berechnet sich aus der Formel 4 v. H. des Vorjahreseinkommens abzgl. 175,00 € (ab 2018, für die Jahre vor 2018: 154,00 €) Grundzulage abzgl. 185,00 € Kinderzulage je Kind[148]. Im Ergebnis ist dabei zu beachten, dass mindestens der Sockelbetrag von 5,00 € (60,00 € geteilt durch 12 Monate) entrichtet werden muss.

Beiträge für eine persönliche Leibrente nach § 10 Abs. 1 Nr. 2b EStG (sog. **Rürup-Rente**) sind nicht abzugsfähig, da § 82 EStG ausschließlich die nach dem Altersvorsorge-Zertifizierungsgesetz vorgesehenen Verträge enthält.

3.6.8.4 Mit der Erzielung des Einkommens verbundenen notwendige Ausgaben (§ 82 Abs. 2 Satz 1 Nr. 4 SGB XII)

Vom Einkommen sind gemäß § 82 Abs. 2 Satz 1 Nr. 4 SGB XII ferner die mit der Einkommenserzielung verbundenen notwendigen Ausgaben (sog. Werbungskosten) abzusetzen. Welche Aufwendungen im Zusammenhang mit welchen Einkunftsarten entstehen können und welche im Einzelnen zu berücksichtigen sind, ergibt sich im Wesentlichen aus den Bestimmungen der Verordnung zur Durchführung des § 82 SGB XII.

Die dort vorgenommene Aufzählung der Werbungskosten ist allerdings nicht abschließend. Eine Absetzung vom Einkommen ist auch dann möglich, wenn die Verordnung für die spezielle Einkunftsart keine ausdrückliche Absetzungsregelung enthält. So hat z. B. das Bundesverwaltungsgericht entschieden, dass bei Renteneinkommen („andere Einkünfte" im Sinne des § 8 VO zu § 82 SGB XII) die Absetzung eines Gewerkschaftsbeitrages[149] oder des Mitgliedsbeitrages zum Reichsbund der Kriegs- und Wehrdienstopfer, Behinderten, Sozialrentner und Hinterbliebenen e.V.[150] möglich ist. Die Absetzung ist in diesen Fällen allein auf § 82 Abs. 2 Satz 1 Nr. 4 SGB XII zu stützen.

---

[148] 300,00 € ab Geburtsjahr 2008.
[149] BVerwG, Urteil zu § 76 BSHG vom 04.06.1981, 5 C 46/80, BVerwGE 62, 275 = FEVS 29, 441 = NDV 1981, 281.
[150] BVerwG, Urteil zu § 76 BSHG vom 27.01.1994, 5 C 29/91, BVerwGE 95, 103 = FEVS 45, 95 = NVwZ-RR 1994, 662.

Wegen der besonderen Relevanz werden im Folgenden die in § 3 VO zu § 82 SGB XII für die Einkünfte aus nichtselbstständiger Tätigkeit detailliert geregelten Absetzungen behandelt. Zwar wird der nach dem 3. und dem 4. Kapitel des Zwölften Buches Sozialgesetzbuch leistungsberechtigte Personenkreis wegen fehlender Erwerbspflicht in der Regel über keine beträchtlichen Einkünfte aus Erwerbstätigkeit verfügen. Es ist aber nicht selten, dass noch in geringem Umfang Einkünfte erzielt werden (z. B. durch aushilfsweise Tätigkeiten, geringfügige Beschäftigungen). Zudem kommen die Regelungen zum Einkommens- und Vermögenseinsatz auch für die zum Einkommenseinsatz verpflichteten Personen zur Anwendung.

Notwendige Aufwendungen für Arbeitsmittel (§ 3 Abs. 4 Satz 1 Nr. 1 i. V. m. Abs. 5 VO zu § 82 SGB XII)

Als Arbeitsmittel gelten Werkzeug, Berufsbekleidung, Literatur, etc. Nach § 3 Abs. 5 VO zu § 82 SGB XII kann ein Pauschalbetrag von 5,20 € berücksichtigt werden, soweit nicht im Einzelfall höhere Aufwendungen nachgewiesen werden. In diesen Fällen sind die Arbeitsmittel in tatsächlicher Höhe abzusetzen, soweit sie als notwendig anzusehen sind.

Notwendige Aufwendungen für Fahrten zwischen Wohnung und Arbeitsstätte (§ 3 Abs. 4 Satz 1 Nr. 2 i. V. m. Abs. 6 VO zu § 82 SGB XII)

Als Werbungskosten sind auch notwendige Aufwendungen für Fahrten zwischen Wohnung und Arbeitsstätte abzusetzen (vgl. § 3 Abs. 4 Satz 1 Nr. 2 VO zu § 82 SGB XII). Dabei können, wie sich im Weiteren aus § 3 Abs. 6 VO zu § 82 SGB XII ergibt, grundsätzlich nur die Kosten der tariflich günstigsten Klasse eines öffentlichen Verkehrsmittels angesetzt werden.

Bei Benutzung eines eigenen Kraftfahrzeuges für die Fahrten zwischen Wohnung und Arbeitsstätte sind in Ausnahmefällen monatliche Pauschalbeträge zu berücksichtigen (z. B. bei Benutzung eines Kraftwagens 5,20 € für jeden vollen Kilometer pro Monat, den die Wohnung von der Arbeitsstätte entfernt liegt, höchstens aber für 40 Kilometer), unter der Voraussetzung, dass

- ein öffentliches Verkehrsmittel nicht vorhanden ist oder

- dessen Benutzung im Einzelfall nicht zumutbar ist (z. B. bei körperlicher Behinderung des Einkommensbeziehers oder bei unzumutbaren Fahrtzeiten).

Bei einer Beschäftigungsdauer von weniger als einem Monat sind die Beträge nach § 3 Abs. 6 Nr. 2 Satz 2 VO zu § 82 SGB XII anteilmäßig zu kürzen.

Wird ein Kraftfahrzeug für den Weg zur Arbeit benutzt, ohne dass die oben genannte Voraussetzung vorliegt, ist nur ein Betrag in Höhe der Kosten eines öffentlichen Verkehrsmittels (tariflich günstigster Fahrpreis) abzusetzen.

Notwendige Beiträge für Berufsverbände (§ 3 Abs. 4 Satz 1 Nr. 3 VO zu § 82 SGB XII)

Ist der Einkommensbezieher Mitglied einer Gewerkschaft oder eines Berufsverbandes, ist der satzungsgemäße Beitrag vom Einkommen abzusetzen. Dabei ist es unerheblich, dass der Beitritt zu einem Berufsverband freigestellt ist. Macht der Erwerbstätige von seinem Grundrecht der Vereinigungsfreiheit nach Art. 9 Abs. 3 GG Gebrauch, ist der zu zahlende Beitrag „notwendig" in diesem Sinne.

Notwendige Mehraufwendungen bei doppelter Haushaltsführung (§ 3 Abs. 4 Satz 1 Nr. 4 und Abs. 7 VO zu § 82 SGB XII)

Die durch die Führung eines doppelten Haushalts nachweislich entstehenden Mehrkosten (z. B. Miete für ein Zimmer am Arbeitsort) sind bis zu einem Höchstbetrag von 130,00 € pro Monat vom Einkommen abzusetzen. Voraussetzung ist, dass der Einkommensbezieher außerhalb des Ortes beschäftigt ist, an dem er einen eigenen Hausstand (ggf. gemeinsam mit Familienangehörigen) unterhält, und ihm weder der Umzug an den Arbeitsort noch die tägliche Rückkehr an den Ort des eigenen Hausstandes zugemutet werden kann. Abzusetzen sind neben den Kosten am Arbeitsort die Fahrtkosten für eine Familienheimfahrt im Kalendermonat (Kosten für öffentliche Verkehrsmittel unter Nutzung bestehender Tarifvergünstigungen).

3.6.8.5 Arbeitsförderungsgeld und Erhöhungsbeträge des Arbeitsentgelts im Sinne von § 59 SGB IX

Abzusetzen vom Einkommen sind das Arbeitsförderungsgeld und Erhöhungsbeträge des Arbeitsentgelts im Sinne von § 43 Satz 4 SGB IX 2017. Diese Regelung befand bisher sich in § 82 Abs. 2 Nr. 5 SGB XII und wurde zum 01.01.2018 aufgehoben. Die Nichtanrechnung erfolgt jetzt aus § 59 Abs. 2 SGB IX, nach dem das Arbeitsförderungsgeld bei Sozialleistungen, deren Zahlung von anderen Einkommen abhängig ist, als Einkommen unberücksichtigt bleibt.

Zur Verbesserung der Entgeltsituation der Beschäftigten im Arbeitsbereich einer Werkstatt für behinderte Menschen sieht § 59 Abs.1 SGB IX ein Arbeitsförderungsentgelt vor, das neben dem Arbeitsentgelt gezahlt wird. Dadurch, dass diese Beträge vom Einkommen abgesetzt werden, bleiben sie im Ergebnis als Einkommen unberücksichtigt. In Privathaushalten lebende Werkstattbeschäftigte, die Hilfe zum Lebensunterhalt beziehen, werden den in einer vollstationären Einrichtung lebenden Beschäftigten gleichgestellt.

3.6.8.6 Freibetrag für Erwerbstätige (§ 82 Abs. 3 SGB XII)

Bei den Leistungen zum Lebensunterhalt (Hilfe zum Lebensunterhalt und Grundsicherung im Alter und bei Erwerbsminderung) ist neben den bisher genannten Abzügen ferner ein Betrag bei Einkommen aus selbstständiger und nichtselbstständiger Tätigkeit der leistungsberechtigten Personen abzusetzen (vgl. § 82 Abs. 3 SGB XII). Dieser auch als „Erwerbstätigenfreibetrag" bezeichnete Absetzungsbetrag hat zum einen die Funktion, nicht näher bezifferbare Aufwendungen, die im Zusammenhang mit Erwerbsarbeit stehen, abzugelten. Zum anderen soll mit diesem Freibetrag aber auch ein Anreiz geschaffen werden, Arbeit aufzunehmen bzw. die bereits ausgeübte Tätigkeit zu honorieren.

Die Vorschrift bezieht sich nur auf die Leistungen zur Sicherung des Lebensunterhalts. Sie kommt nicht für die Hilfen nach dem 5. bis 9. Kapitel SGB XII in Betracht. Für die Hilfen nach dem 5. bis 9. Kapitel SGB XII ist ein Erwerbstätigenfreibetrag nach § 82 Abs. 6 SGB XII vorgesehen. Sollten die Voraussetzungen beider Rechtsnormen gleichzeitig vorliegen, ist die jeweils günstigere Regelung anzuwenden.

Bei der Einkommensermittlung im Rahmen der Hilfe zum Lebensunterhalt und der Grundsicherung im Alter und bei Erwerbsminderung sind grundsätzlich 30 v. H. des Einkommens als Regelbetrag nach § 82 Abs. 3 Satz 1 SGB XII abzusetzen, höchstens jedoch 50 v. H. der Regelbedarfsstufe 1 nach der Anlage zu § 28 SGB XII. Da im Rahmen dieser Leistungsarten für die leistungsberechtigten Personen regelmäßig nur noch Tätigkeiten von durchschnittlich weniger als drei Stunden in Betracht zu ziehen sind, hat der Gesetzgeber mit diesem Pauschalbetrag eine einfache und praktikable Regelung geschaffen. Es ist nicht ausdrücklich bestimmt, ob bei der Berechnung des Freibetrages vom Brutto- oder Nettoeinkommen auszugehen ist.

Folgende Argumente sprechen dafür, den Freibetrag nach § 82 Abs. 3 Satz 1 SGB XII vom **Bruttoeinkommen** zu berechnen:

Zum einen führt ein Rechtsvergleich mit dem Zweiten Buch Sozialgesetzbuch, wo ausgehend Freibeträge wegen Erwerbstätigkeit nach § 11b Abs. 2 und Abs. 3 SGB II vom Bruttoerwerbseinkommen berechnet werden, zu diesem Ergebnis. Zum anderen kann aus der Verwendung des Begriffs des „Einkommens" in § 82 Abs. 1 SGB XII und der Wiederholung in § 82 Abs. 3 SGB XII geschlossen werden, dass die Bruttoeinnahmen gemeint sind. Schließlich verlangt § 3 Abs. 3 Satz 1 VO zu § 82 SGB XII, dass bei der Berechnung der Einkünfte aus nichtselbständiger Tätigkeit von den monatlichen Bruttoeinnahmen auszugehen ist.

Der Regelbetrag nach § 82 Abs. 3 Satz 1 SGB XII wird für Einkünfte aus der **Beschäftigung in einer Werkstatt** für behinderte Menschen in § 82 Abs. 3 Satz 2 SGB XII modifiziert. Abweichend ist hier von dem Entgelt ein Achtel der Regelbedarfsstufe 1 zuzüglich 50 v. H. des diesen Betrag übersteigenden Entgelts abzusetzen[151]. Die Berechnung entspricht der Regelung in § 88 Abs. 2 SGB XII für Einkommen einer leistungsberechtigten Person bei stationärer Unterbringung.

---

[151] Zurzeit 54,00 € zuzüglich 50 v. H. des übersteigenden Einkommens.

Beispiel

Herr A (35 Jahre, nicht erwerbsfähig) erhält Leistungen der Eingliederungshilfe nach dem 6. Kapitel SGB XII. Er übt eine Tätigkeit in einer Werkstatt für behinderte Menschen aus, wodurch er ein monatliches Arbeitsentgelt in Höhe von 150,00 € (brutto = netto) erzielt.

Bei Herrn A ist ein Freibetrag nach § 82 Abs. 3 Satz 2 SGB XII in Höhe von 102,88 € zu berücksichtigen, der sich zum einen aus dem Betrag von 55,75 € (ein Achtel der Regelbedarfsstufe 1) und zum anderen aus dem Betrag von 47,13 € (50 v. H. des diesen Betrag übersteigenden Entgelts von 94,25 €) zusammensetzt.

In begründeten Fällen kann ein anderer als der in Satz 1 festgelegte Freibetrag vom Einkommen abgesetzt werden (vgl. § 82 Abs. 3 Satz 3 SGB XII). Diese Öffnungsklausel (Auffangtatbestand) soll dem Träger der Sozialhilfe ermöglichen, in Einzelfällen flexibel zu reagieren und eine sachgerechte Entscheidung zu treffen.

Ein Anwendungsbereich für die Regelung des § 82 Abs. 3 Satz 3 SGB XII kann vorliegen, wenn (nicht steuerpflichtiges) Einkommen einer Pflegeperson aus Pflegetätigkeit erzielt wird (vgl. 3.6.6.3.2).

Die Auffangregelung des § 82 Abs. 3 Satz 3 SGB XII ist außerdem in den Fällen „**gemischter Bedarfsgemeinschaften**" relevant. Bei der Einkommensberechnung von Personen in gemischten Bedarfsgemeinschaften gilt, dass eine Berechnung der Sozialhilfeleistung nach Maßgabe des Zwölften Buches Sozialgesetzbuch nicht dazu führen darf, dass Einkommen, das - bei dem erwerbsfähigen Partner - nach der Zielsetzung des Zweiten Buches Sozialgesetzbuch geschont werden soll, gleichwohl zu Gunsten der dem Zwölften Buch Sozialgesetzbuch unterworfenen Person verwertet werden muss.

Die Besonderheiten der Einkommensbereinigung des Zweiten Buches Sozialgesetzbuch können zur Vermeidung einer andernfalls bestehenden Ungleichbehandlung von gemischten mit reinen Bedarfsgemeinschaften mit Hilfe der Regelung in § 82 Abs. 3 Satz 3 SGB XII im Zwölften Buch Sozialgesetzbuch berücksichtigt werden. Danach kann abweichend von § 82 Abs. 3 Satz 1 SGB XII in begründeten Fällen ein anderer Betrag vom Einkommen abgesetzt werden. Dieser andere Betrag ermittelt sich aus einer Vergleichsberechnung mit dem Zweiten Buch Sozialgesetzbuch.

Die Vorschrift des § 82 Abs. 3 Satz 3 SGB XII ist als generelle Härteklausel für alle denkbaren Einkommen[152] zu verstehen, weil nur so den Gerichten und der Verwaltung die Möglichkeit eingeräumt wird, unbillige Ergebnisse zu vermeiden und bei Leistungen nach unterschiedlichen Grundsicherungssystemen eine Harmonisierung zu erreichen.[153]

---

[152] Z. B. für Taschengeld im Rahmen des Bundesfreiwilligendienstes, LSG Bayern, Urteil vom 27.09.2018, L 8 SO 18/16, juris, Rn. 40.
[153] Vgl. BSG, Urteil vom 09.06.2011, B 8 SO 20/09 R, juris, Rn. 24.

Ein besonderer Freibetrag kommt nach § 82 Abs. **2 Satz 2** SGB XII in Betracht, wenn die leistungsberechtigte Person **steuerfreie Einkünfte** aus einer Tätigkeit nach § 3 Nr. 12, 26 oder 26a EStG bezieht (z. B. Aufwandsentschädigung für Mandatsträger, Übungsleiterpauschale). Nach dem Wortlaut der Vorschrift ist abweichend von § 82 Abs. 1 Satz 1 Nr. 2 bis Nr. 4 SGB XII, § 82 Abs. 3 SGB XII und § 82 Abs. 6 SGB XII dieser Freibetrag anzusetzen. Mit dieser Freibetragsregelung sind damit alle Absetzbeträge nach § 82 Abs. 2 Nr. 2 bis Nr. 4 SGB XII sowie der jeweilige Erwerbstätigenfreibetrag nach § 82 Abs. 3, Abs 6 SGB XII abgegolten. An die Stelle der zuvor genannten Freibeträge tritt in diesen Fällen ein Freibetrag in Höhe von bis zu 250,00 € monatlich. Dies bedeutet eine Nichtberücksichtigung von Einnahmen bis zu der genannten Höhe.

Soweit das Einkommen aus solchen Tätigkeiten diesen Freibetrag überschreitet, ist es im Übrigen wie Erwerbseinkommen zu behandeln (vgl. 3.6.2.4), so dass ergänzende Erwerbstätigenfreibeträge in Frage kommen (vgl. § 82 Abs. 2 Satz 3 SGB XII).

Gemäß § 82 Abs. 2 Satz 3 SGB XII gilt ein Erwerbstätigenfreibetrag nach § 82 Abs. 3 SGB XII oder nach § 82 Abs. 6 SGB XII **nur insoweit** als ausgeschöpft wie er durch den Freibetrag für ehrenamtliche Tätigkeit in Anspruch genommen wurde. Mithin ist der Freibetrag für die ehrenamtliche Tätigkeit auf den Höchstfreibetrag für Erwerbseinkommen anzurechnen.

Weitere Absetzbeträge nach § 82 Abs. 2 Satz 1 SGB XII für das „reguläre Erwerbseinkommen" (nicht steuerprivilegierte Einkommen) sind weiterhin möglich.

Beim Zusammentreffen von Einkünften aus Erwerbstätigkeit und aus steuerprivilegierter (ehrenamtlicher) Tätigkeit sind also die Absetzbeträge nach § 82 Abs. 2 Satz 1 SGB XII grundsätzlich für jede Tätigkeit gesondert anzusetzen und können nebeneinander Anwendung finden. Allerdings tritt an die Stelle der Absetzbeträge beim Einkommen aus steuerprivilegierter Tätigkeit der Freibetrag bis zu 250,00 €.

Im Ergebnis ist also zunächst der Freibetrag für steuerprivilegierte Tätigkeit nach § 82 Abs. 2 Satz 2, Satz 3 SGB XII zu ermitteln. Liegt dann noch weiteres Erwerbseinkommen vor - dass kann auch Erwerbseinkommen aus steuerprivilegierter Tätigkeit sein - ist dieses noch nicht vom erhöhten Freibetrag erfasste Einkommen nach § 82 Abs. 3 Satz 1 SGB XII zu bereinigen. Der maximale Freibetrag ist allerdings nach § 82 Abs. 3 Satz 1 SGB XII auf 50 v. H. der Regelbedarfsstufe 1 begrenzt. Durch die Deckelung auf 50 v. H. der Regelbedarfsstufe 1 wirkt sich der Freibetrag nach § 82 Abs. 3 Satz 1 SGB XII ggf. nur geringfügig, im Jahr 2019 in Höhe von max. 12,00 €, aus.

Beispiel 1

Herr A erhält Leistungen der Hilfe zum Lebensunterhalt nach dem 3. Kapitel SGB XII. Er erzielt Einkommen aus einer ehrenamtlichen Tätigkeit in Höhe von 100,00 € monatlich.

Bei dem Einkommen aus einer ehrenamtlichen Tätigkeit handelt es sich um eine steuerprivilegierte Einnahme, so dass die Vorschrift des § 82 Abs. 2 Satz 2 SGB XII anzuwenden ist. Danach ist das Einkommen aus einer ehrenamtlichen Tätigkeit als Einkommen von bis zu 250,00 € monatlich nicht zu berücksichtigen. Damit erhält Herr A einen Freibetrag in Höhe von 100,00 € monatlich nach § 82 Abs. 2 Satz 2 SGB XII. Somit hat Herr A kein Einkommen zur Deckung des Lebensunterhalts einzusetzen.

Beispiel 2

Herr B erhält Leistungen der Hilfe zum Lebensunterhalt nach dem 3. Kapitel SGB XII. Er erzielt Einkommen aus einer ehrenamtlichen Tätigkeit in Höhe von 100,00 € monatlich und Einkommen aus einer Erwerbstätigkeit in Höhe von 200,00 € (brutto = netto) monatlich.

Bei dem Einkommen aus einer ehrenamtlichen Tätigkeit handelt es sich um eine steuerprivilegierte Einnahme, so dass bei Herrn B ein Freibetrag in Höhe von 100,00 € monatlich nach § 82 Abs. 2 Satz 2 SGB XII zu berücksichtigen ist (siehe Prüfung oben). Damit liegt bei Herrn B ein noch zu bereinigendes Einkommen aus geringfügiger Beschäftigung in Höhe von monatlich 200,00 € vor.

Im Rahmen einer Einkommensbereinigung ist der Freibetrag nach § 82 Abs. 3 Satz 1 SGB XII in Höhe von 60,00 € (= 200,00 € x 30 v. H.) und die Arbeitsmittelpauschale in Höhe von 5,20 € nach § 82 Abs. 2 Nr. 4 SGB XII i. V. m. § 3 Abs. 4 Satz 1 Nr. 1 VO zu § 82 SGB XII i. V. m. § 3 Abs. 5 VO zu § 82 SGB XII monatlich abzusetzen, so dass Herr B ein bereinigtes Einkommen von 134,80 € (300,00 € ./. 100,00 € ./. 60,00 € ./. 5,20 €) zur Deckung des Lebensunterhalts einzusetzen hat. Der gesamte Erwerbstätigenfreibetrag ergibt sich aus der Summe von 100,00 € und 60,00 €, so dass die Höchstgrenze von 50 v.H. der Regelbedarfsstufe 1 noch nicht erreicht ist und insofern beide Freibeträge anerkannt werden können.

Beispiel 3

Herr C erhält Leistungen der Hilfe zum Lebensunterhalt nach dem 3. Kapitel SGB XII. Er erzielt Einkommen aus einer ehrenamtlichen Tätigkeit in Höhe von 300,00 € monatlich und Einkommen aus einer Erwerbstätigkeit in Höhe von 200,00 € (brutto = netto) monatlich.

Bei dem Einkommen aus einer ehrenamtlichen Tätigkeit handelt es sich um eine steuerprivilegierte Einnahme, so dass bei Herrn C ein Freibetrag in Höhe von 250,00 € monatlich nach § 82 Abs. 2 Satz 2 SGB XII zu berücksichtigen ist. Soweit das Einkommen aus einer steuerprivilegierten Einnahme den Freibetrag in Höhe von 250,00 € monatlich überschreitet, ist es im Übrigen wie Erwerbseinkommen zu behandeln.

Damit verbleibt bei Herrn C ein noch zu bereinigendes Einkommen in Höhe von monatlich 250,00 €, das sich zum einen aus dem Einkommen aus einer ehrenamtlichen Tätigkeit in Höhe von monatlich 50,00 € und zum anderen aus dem Einkommen aus der Erwerbstätigkeit in Höhe von monatlich 200,00 € zusammensetzt.

Im Rahmen einer Einkommensbereinigung ist der weitere Freibetrag nach § 82 Abs. 3 Satz 1 SGB XII in Höhe von 75,00 € (250,00 € x 30 v. H.) und die Arbeitsmittelpauschale in Höhe von 5,20 € nach § 82 Abs. 2 Nr. 4 SGB XII i. V. m. § 3 Abs. 4 Satz 1 Nr. 1 VO zu § 82 SGB XII i. V. m. § 3 Abs. 5 VO zu § 82 SGB XII monatlich abzusetzen. Allerdings kann als Freibetrag von den 75,00 € nach § 82 Abs. 3 Satz 1 SGB XII kein Betrag mehr berücksichtigt werden, da der maximal zu gewährende Freibetrag der Höhe nach auf 50 v. H. der Regelbedarfsstufe 1 begrenzt ist (vgl. § 82 Abs. 2 Satz 3 SGB XII) und bereits ein Freibetrag in Höhe von 250,00 € nach § 82 Abs. 2 Satz 2 SGB XII anerkannt wurde.

Damit hat Herr C ein bereinigtes Einkommen in Höhe von 194,80 € (450,00 € ./. 250,00 € ./. 5,20 €) zur Deckung des Lebensunterhalts einzusetzen hat.

Zur Veranschaulichung daher die Beispiele aus Kapitel Band 1, Kapitel 4.5.7.6, in denen unterstellt wird, dass die nachfragende Person Leistungen nach dem SGB XII begehrt:

Beispiele

	Beispiel 1	Beispiel 2	Beispiel 3	Beispiel 4	Beispiel 5
Einkommen aus Übungsleitertätigkeit	500,00 €	135,00 €	175,00 €	105,00 €	50,00 €
Einkommen aus Erwerbstätigkeit	0,00 €	0,00 €	400,00 €	400,00 €	400,00 €
Bruttoeinkommen (vgl. § 3 Abs. 3 Satz 1 VO zu § 82 SGB XII)	500,00 €	135,00 €	575,00 €	505,00 €	450,00 €
./. Freibetrag nach § 82 Abs. 2 Satz 2 SGB XII	250,00 €	135,00 €	175,00 €	105,00 €	50,00 €
./. Freibetrag für Erwerbstätige nach § 82 Abs. 3 Satz 1 SGB XII*)	0,00 €	0,00 €	48,00 €	118,00 €	120,00 €
anrechenbares Einkommen*)	250,00 €	0,00 €	352,00 €	282,00 €	280,00 €

*) Darüber hinaus sind noch weitere Absetzungen nach § 82 Abs. 2 SGB XII für das nicht steuerprivilegierte Erwerbseinkommen möglich.

Es ist weiter zu beachten, dass entgegen dem Wortlaut im Gesetz der Erwerbstätigenfreibetrag nach § 82 Abs. 3 Satz 1 SGB XII erst ab dem Freibetrag für steuerprivilegierter Tätigkeit berechnet wird[154].

3.6.8.7 Freibetrag für zusätzliche Altersvorsorge (§ 82 Abs. 4 und 5 SGB XII)

Mit Wirkung vom 01.01.2018 wurde durch das Betriebsrentenstärkungsgesetz[155] ein Absetzungsbetrag von 100,00 € monatlich aus einer zusätzlichen Altersvorsorge zuzüglich 30 v. H des diesen Betrag übersteigenden Einkommens, höchstens jedoch 50 v. H. der Regelbedarfsstufe 1 mit dem Ziel eingeführt, einen Anreiz zu setzen, zusätzliche Altersvorsorge zu betreiben. Insbesondere soll eine höhere Verbreitung der betrieblichen Altersversorgung bei Geringverdienern erreicht werden, in dem auf laufende Zahlungen aus einer betrieblichen Altersversorgung im Sinne des Betriebsrentengesetzes ein Freibetrag gewährt wird.

Nach der Regelung sind Einkommen aus der privaten zusätzlichen Altersvorsorge bis 100,00 € monatlich komplett anrechnungsfrei. Altersvorsorgebezüge, die oberhalb der 100,00 €-Grenze liegen, sind zu 30 v. H. anrechnungsfrei. Dabei ist der Gesamtfreibetrag auf 50 v. H. der Regelbedarfsstufe 1 (derzeit 446,00 €), also auf 223,00 € im Jahr 2021 begrenzt. Diese Freibetragsgrenze von 223,00 € wird ab einem monatlichen Einkommen aus einer freiwilligen Altersvorsorge in Höhe von 511,67 € erreicht.

Erfasst hiervon ist gemäß § 82 Abs. 5 Satz 1 SGB XII jedes monatlich bis zum Lebensende ausgezahlte Einkommen, welches der Leistungsberechtigte vor Erreichen der Regelaltersgrenze auf freiwilliger Basis erworben hat. Dieses muss dazu bestimmt und geeignet sein, die Altersversorgung des Leistungsberechtigten zu verbessern und aus folgenden Zeiten stammen:

- einer Versicherungspflicht in der gesetzlichen Rentenversicherung nach den §§ 1 bis 4 des Sechsten Buches Sozialgesetzbuch,

- einer Versicherungspflicht nach § 1 des Gesetzes über die Alterssicherung der Landwirte,

- aus beamtenrechtlichen Versorgungsansprüchen oder

- einer Versicherungspflicht in einer Versicherungs- und Versorgungseinrichtung, die für Angehörige bestimmter Berufe errichtet ist.

---

[154] Vgl. BSG, Urteil vom 12.09.2018, B 14 AS 36/17 R, juris, Rn. 36.
[155] Gesetz zur Stärkung der betrieblichen Altersversorgung und zur Änderung anderer Gesetze (Betriebsrentenstärkungsgesetz) vom 17.08.2017, BGBl. I, S. 3214, Inkrafttreten zum 01.01.2018.

Dabei gelten als Einkommen aus einer zusätzlichen Altersvorsorge nach § 82 Abs. 5 Satz 2 SGB XII auch laufende Zahlungen aus:

- einer betrieblichen Altersversorgung im Sinne des Betriebsrentengesetzes,

- einem nach § 5 des Altersvorsorgeverträge-Zertifizierungsgesetzes zertifizierten Altersvorsorgevertrag oder

- einem nach § 5a des Altersvorsorgeverträge-Zertifizierungsgesetzes zertifizierten Basisrentenvertrag.

Hiervon werden generell Betriebs-, Riester- oder Rüruprenten erfasst, bei denen es einer Prüfung nach § 82 Abs. 5 Satz 1 SGB XII nicht bedarf. Diese Prüfung ist daher nur bei sonstigen privaten Vorsorgeformen vorzunehmen. In der Praxis sind somit z. B. Leistungen der Versorgungsanstalt des Bundes und der Länder (VBL) oder anderer Zusatzversorgungseinrichtungen als Betriebsrenten nach dem Betriebsrentengesetz anzusehen.

3.6.8.8 Freibetrag aus selbstständiger und nichtselbständiger Tätigkeit der Leistungsberechtigten, die Leistungen der Hilfe zur Pflege erhalten (§ 82 Abs. 6 SGB XII)

Für Personen, die Leistungen der Hilfe zur Pflege erhalten, ist ein Betrag in Höhe von 40 vom Hundert des Einkommens aus selbständiger und nichtselbständiger Tätigkeit der Leistungsberechtigten abzusetzen, höchstens jedoch 65 vom Hundert der Regelbedarfsstufe 1 nach der Anlage zu § 28 SGB XII.

Hierbei handelt es sich um eine bewusste Privilegierung von Erwerbseinkommen von pflegebedürftigen Personen, die trotz ihres beschränkten Leistungsvermögens einer Erwerbstätigkeit nachgehen. Damit soll ein zusätzlicher Anreiz geschaffen werden, eine Erwerbstätigkeit aufzunehmen und so dem Teilhabegedanken Rechnung getragen werden.

3.6.8.9 Freibetrag für Personen mit Grundrentenzeiten oder entsprechenden Zeiten aus anderweitigen Alterssicherungssystemen (§ 82a SGB XII)

Das Grundrentengesetz[156] wirkt sich auch auf die Berücksichtigung von Leistungen nach dem Zweiten und Zwölftem Sozialgesetzbuch, dem Bundesversorgungsgesetz und dem Wohngeldgesetz aus. Dort soll für die Rentenzahlungen ein Freibetrag berücksichtigt werden.

Durch die sog. Grundrente sollen Geringverdiener, die über einen längeren Zeitraum erwerbstätig gewesen sind, während des Rentenbezugs besser gestellt werden als Personen, die wenig oder gar nicht gearbeitet haben. Voraussetzung für die Anerkennung einer

---

[156] Gesetz zur Einführung der Grundrente für langjährige Versicherung in der gesetzlichen Rentenversicherung mit unterdurchschnittlichem Einkommen und für weitere Maßnahmen zur Erhöhung der Alterseinkommen (Grundrentengesetz) vom 12. August 2020, BGBl I S. 1879, Inkrafttreten am 01.01.2021.

Grundrente ist, dass mindestens 33 Jahre Grundrentenzeiten in der gesetzlichen Rentenversicherung oder vergleichbare Zeiten in anderen Alterssicherungssystemen zurückgelegt worden sind.

Begleitend zur Grundrente führt der Gesetzgeber § 82a SGB XII ein, der einen gesonderten Freibetrag als Absetzungsbetrag vom Einkommen für rentenbeziehende Personen gewährt, die mindestens 33 Jahre an Grundrentenzeiten erreicht haben. Damit verbleibt diesem Personenkreis auch dann ein höheres Einkommen, wenn trotz Erhöhung von Rentenleistungen die Existenzsicherungssysteme nach dem Zwölften Buch Sozialgesetzbuch in Anspruch genommen werden müssen.

Der Freibetrag besteht aus einem Grundfreibetrag in Höhe von 100,00 € sowie einem zusätzlichen Freibetrag in Höhe von 30 v. H. des den Grundfreibetrag übersteigenden Rentenbruttoeinkommens. Dabei ist der Gesamtfreibetrag auf 50 v. H. der Regelbedarfsstufe 1 (= 223 Euro im Jahr 2021) im Jahr begrenzt.

Die neue Freibetragsberechnung gilt nicht nur für Personen, die Altersrente beziehen, sondern auch für Bezieher von Hinterbliebenenrenten oder von teilweiser Erwerbsminderungsrente, wenn die Berechtigung für den neuen Freibetrag vorliegt.

Die Berechtigung zum Erhalt des erhöhten Freibetrages ist dem Rentenbeziehenden durch die Rentenversicherung im Rentenbescheid selbst oder ggf. gesondert zu bescheinigen. Der Freibetrag ist durch den Berechtigten geltend zu machen und kann erst bei Vorlage dieser Bescheinigung gewährt werden.

Die Einführung und Umsetzung zur Grundrente erfolgt durch den Rentenversicherungsträger ohne gesonderten Antrag zusammen mit dem regulären Rentenantrag. Bei Bestandsrenten setzt die grundrentenrechtliche Neuerung ebenfalls keinen Antrag voraus. Die Rentenversicherungsträger erwarten aber erhebliche Schwierigkeiten bei Umsetzung der grundrentenrechtlichen Rentenerhöhung, so dass mit Verzögerungen zu rechnen ist. Die Sozialhilfeträger müssen daher zunächst auf der Grundlage der laufenden Rentenzahlungen weiter Leistungen unter Anmeldung etwaiger Erstattungsansprüche gegenüber dem Rentenversicherungsträger nach § 104 SGB X erbringen.

Kurzfristig wurde durch das Regelbedarfsermittlungsgesetz 2021 eine Übergangsregelung zur Umsetzung der Freibeträge geschaffen, da eine zeitgerechte Umsetzung seitens des Rentenversicherungsträgers nicht möglich ist. Nach den Regelungen des § 143 SGB XII haben die Sozialhilfeträger den Grundrentenfreibetrag nach § 82a SGB XII erst zu berücksichtigen, wenn ihnen durch Mitteilung des zuständigen Trägers der Rentenversicherung nachgewiesen wurde, dass die Grundrentenzeiten erfüllt sind.

Für die Praxis bedeutet das, dass auch für Zeiträume ab dem 01.01.2021 Leistungen der Grundsicherung zunächst ohne Berücksichtigung der Freibeträge nach § 82a SGB XII bewilligt werden und ein Erstattungsanspruch beim zuständigen Rentenversicherungsträger angezeigt wird.

Die Träger der Rentenversicherung entscheiden im Laufe der Zeit, vermutlich bis in das Jahr 2022 hinein, ob Grundrentenzeiten erfüllt werden und teilen das dem Sozialhilfeträger mit.

3.6.8.10 Keine Absetzung der vermögenswirksamen Leistungen

Die vom Arbeitgeber zusätzlich im Rahmen des Arbeitslohnes gezahlten vermögenswirksamen Leistungen stellen private und damit keine öffentlich-rechtlichen Leistungen dar. Sie könnten nur unberücksichtigt bleiben, weil es sich im Sinne der Zuflusstheorie um nicht bereite Mittel handelt. Aufgrund des Nachranggrundsatzes sind die den vermögenswirksamen Leistungen zu Grunde liegenden Verträge aber zu kündigen und die freiwerdenden Mittel zur Bedarfsdeckung einzusetzen. Eine Absetzung erfolgt damit nicht.

3.6.9 Eingeschränkter Einkommenseinsatz bei Leistungen für Einrichtungen (§ 92 SGB XII)

Erhält eine Person in einer teilstationären oder stationären Einrichtung Leistungen, sind die Sonderregelungen des § 92a SGB XII zu beachten (vgl. dazu Ausführungen 6.7.4.5).

3.6.10 Übungen

Sachverhalt 1

Die Eheleute Gerd (48 Jahre) und Ingrid A (42 Jahre) leben zusammen mit ihrer 14-jährigen Tochter Sandra in einem Haushalt. Beide Elternteile sind wegen eines unfallbedingten Gesundheitsschadens voll erwerbsgemindert und beziehen eine befristete Rente wegen voller Erwerbsminderung aus der gesetzlichen Rentenversicherung. Am 01.04. beantragt Herr A für sich und seine Familie Hilfe zum Lebensunterhalt nach dem 3. Kapitel SGB XII.

Die wirtschaftliche Situation stellt sich wie folgt dar:

Monatliche Einkünfte:

Rente der Frau A (netto)	250,00 €
Rente des Herrn A (netto)	600,00 €
Kindergeld (ausgezahlt an Herrn A als Kindergeldberechtigtem)	219,00 €
Einkommen der Frau A aus einer geringfügigen Beschäftigung (brutto)	200,00 €

Monatliche Ausgaben/Abzüge:

Gewerkschaftsbeitrag (Herr A)	6,00 €
Fahrtkosten zur Arbeit mit öffentlichen Verkehrsmitteln (Frau A)	20,00 €
Beitrag zur Ausbildungsversicherung der Tochter Sandra	50,00 €

Kapitel 3 – Hilfe zum Lebensunterhalt nach 3. Kapitel SGB XII 173

Im Monat April ist zudem der Jahresbeitrag zur Familienhaftpflichtversicherung in Höhe von 80,00 € fällig. Versicherungsnehmer ist Herr A.

Aufgabe

Prüfen Sie, ob und ggf. in welcher Höhe Einkommen für die Bedarfsdeckung im Monat April einzusetzen ist.

Lösung

Zunächst ist zu prüfen, welche Beträge als Einkommen im Sinne des § 82 Abs. 1 Satz 1 SGB XII zu berücksichtigen sind. Einkommen sind alle Einkünfte in Geld oder Geldeswert mit bestimmten Ausnahmen, von denen vorliegend keine zutrifft. Die Erwerbsminderungsrenten der Eheleute A sind keine Grund- oder Entschädigungsrenten im Sinne von § 82 Abs. 1 SGB XII. Sie dienen allgemein der Finanzierung des Lebensunterhalts und stellen keine zweckbestimmten Leistungen im Sinne von § 83 Abs. 1 SGB XII dar. Beide Renten sind als „andere Einkünfte" im Sinne von § 8 VO zu § 82 SGB XII zur Bedarfsdeckung einzusetzen.

Dasselbe gilt für das an Herrn A gezahlte Kindergeld. Es fällt unter keine Ausnahmeregelung und ist als Einkommen in der Sozialhilfe zu berücksichtigen. Grundsätzlich handelt es sich beim Kindergeld um Einkommen des Kindergeldberechtigten. Bei minderjährigen Kindern ist es gemäß § 82 Abs. 1 Satz 3 SGB XII aber als Einkommen dem jeweiligen Kind zuzurechnen, soweit es bei diesem zur Deckung des notwendigen Lebensunterhalts benötigt wird. Sandra ist mit 14 Jahren minderjährig und verfügt über keine weiteren Mittel zur Bedarfsdeckung. Damit ist ihr das Kindergeld in Höhe von 219,00 € als Einkommen zuzurechnen.

Die Einkünfte aus der geringfügigen Beschäftigung der Frau A stellen Einkünfte aus nichtselbstständiger Arbeit im Sinne von § 3 VO zu § 82 SGB XII dar.

Nach § 82 Abs. 2 SGB XII sind vom Einkommen bestimmte Beträge abzusetzen. Hier sind dies im Einzelnen:

<u>Vom Erwerbseinkommen der Frau A</u>

- Steuern und Sozialversicherungsbeiträge gemäß § 82 Abs. 2 Satz 1 Nr. 1 und Nr. 2 SGB XII sind nicht zu berücksichtigen. Es handelt sich um Netto-Einkünfte.

- mit der Einkommenserzielung verbundene Ausgaben nach § 82 Abs. 2 Satz 1 Nr. 4 SGB XII, hier:

    - Arbeitsmittelpauschale in Höhe von 5,20 € nach § 3 Abs. 4 Satz 1 Nr. 1 i. V. m. Abs. 5 VO zu § 82 SGB XII, höhere Aufwendungen werden nicht nachgewiesen und

    - Fahrtkosten zur Arbeit in Höhe von 20,00 € nach § 3 Abs. 4 Satz 1 Nr. 2 VO zu § 82 SGB XII

- „Erwerbstätigenfreibetrag" in Höhe von 60,00 € nach § 82 Abs. 3 Satz 1 SGB XII (Berechnung: Bruttoerwerbseinkommen 200,00 € x 30 v. H.)

Somit beträgt das bereinigte Erwerbseinkommen der Frau A 114,80 €.

Vom Einkommen des Herrn A

- Beitrag zur Familienhaftpflichtversicherung in Höhe von 80,00 € nach § 82 Abs. 2 Satz 1 Nr. 3 SGB XII, da Herr A der Versicherungsnehmer ist.

- Gewerkschaftsbeitrag des Herrn A in Höhe von 6,00 € nach § 82 Abs. 2 Satz 1 Nr. 4 SGB XII

Somit beträgt das bereinigte Einkommen des Herrn A 514,00 €.

Erläuterungen:

- Bei der Familienhaftversicherung handelt es sich um eine in Haushalten unterer Einkommensschichten übliche Versicherung gegen typische Risiken des Lebens. Damit liegt eine dem Grunde nach angemessene Versicherung vor. Die Höhe des Beitrags entspricht dem durchschnittlichen Beitrag einer dreiköpfigen Familie und ist auch insofern angemessen. Da der Jahresbeitrag im April fällig wird, ist der Gesamtbetrag bei der Einkommensermittlung im Monat April wegen des Bedarfsdeckungsprinzips zu berücksichtigen.

- Da Herr A kein Erwerbseinkommen erzielt, ist der Gewerkschaftsbeitrag nicht nach der spezielleren Vorschrift des § 3 Abs. 4 Satz 1 Nr. 3 VO zu § 82 SGB XII zu berücksichtigen. Es handelt sich allgemein um mit der Einkommenserzielung verbundene notwendige Ausgaben im Sinne des § 82 Abs. 2 Satz 1 Nr. 4 SGB XII.

- Ansparungen zur Finanzierung der Ausbildung von Kindern sind weder gesetzlich vorgeschrieben noch dem Grunde nach angemessen. Die Versicherung stellt keine in Durchschnittsfamilien unterer Einkommensschichten übliche Grundabsicherung dar. Sollte die Ausbildung der Tochter Sandra nicht von den Eltern finanziert werden können, stehen andere Möglichkeiten der Förderung (z. B. BAföG) zur Verfügung. Bei der Ausbildungsversicherung handelt es sich folglich nicht um eine dem Grunde nach angemessene Versicherung, sondern um eine Maßnahme der Vermögensbildung. Der Beitrag kann von daher nicht nach § 82 Abs. 2 Satz 1 Nr. 3 SGB XII vom Einkommen abgesetzt werden.

Somit stehen den Eheleuten A zur Bedarfsdeckung im Monat April insgesamt 878,80 € und Sandra 219,00 € zur Verfügung.

Sachverhalt 2

Frau B (50 Jahre) bezieht eine befristete Rente wegen voller Erwerbsminderung in Höhe von 500,00 € monatlich. Sie lebt zusammen mit ihrer Tochter Ines (13 Jahre), für die sie als Kindergeldberechtigte das Kindergeld in Höhe von 219,00 € erhält. Ines erhält von ihrem leiblichen Vater einen monatlichen Unterhaltsbetrag in Höhe von 340,00 €. Der angemessene Bedarf für Unterkunft beträgt 350,00 € und der angemessene Bedarf für Heizung beträgt 80,00 € im Monat.

Aufgabe

Prüfen Sie, ob und ggf. in welcher Höhe bei Frau B und Ines Einkommen zur Bedarfsdeckung einzusetzen ist.

Lösung

Einkommen im Sinne des Zwölften Buches Sozialgesetzbuch sind alle Einkünfte in Geld oder Geldeswert mit bestimmten Ausnahmen (vgl. §§ 82 bis 84 SGB XII). Bei der Erwerbsminderungsrente, dem Kindergeld sowie den Unterhaltszahlungen des Kindesvaters handelt es sich um „andere Einkünfte" im Sinne des § 8 VO zu § 82 SGB XII, die nicht nach einer Ausnahmeregelung unberücksichtigt bleiben. Absetzungsbeträge nach § 82 Abs. 2 oder Abs. 3 SGB XII kommen nicht in Betracht. Fraglich ist, welcher Person welches Einkommen zuzurechnen ist.

Unterhaltszahlungen dienen der Bestreitung des Lebensunterhaltes der unterhaltsberechtigten Person. Sie sind höchstpersönlicher Natur und sind demnach vorliegend Einkommen der Tochter Ines. Die Erwerbsminderungsrente in Höhe von 500,00 € ist Einkommen der rentenberechtigten Frau B. Grundsätzlich ist das Kindergeld Einkommen der kindergeldberechtigten Person. Nach der speziellen Regelung des § 82 Abs. 1 Satz 3 SGB XII ist Kindergeld jedoch bei Minderjährigen den Kindern als Einkommen zuzurechnen, soweit es von diesen zur Bedarfsdeckung benötigt wird.

Vor diesem Hintergrund stellt sich die Situation wie folgt dar:

Kapitel 3 – Hilfe zum Lebensunterhalt nach 3. Kapitel SGB XII

	Frau B (50 Jahre, HzL)	Tochter (13 Jahre, HzL)	insgesamt
Regelleistung (§ 27a Abs. 3, Anlage zu § 28 SGB XII)	446,00 €	309,00 €	755,00 €
Unterkunftskosten (§ 35 Abs. 1, Abs. 2 SGB XII)	175,00 €	175,00 €	350,00 €
Heizkosten (§ 35 Abs. 4 SGB XII)	40,00 €	40,00 €	80,00 €
Mehrbedarf (§ 30 Abs. 3 Nr. 2 SGB XII)	53,52 €		53,52 €
Gesamtbedarf	**714,52 €**	**524,00 €**	**1.238,52 €**

Einkommen des Kindes

Kindergeld, § 82 Abs. 1 Satz 3 SGB XII, § 8 VO zu § 82 SGB XII		- 219,00 €	- 219,00 €
Unterhalt vom leiblichen Vater, § 82 Abs. 1 Satz 1 SGB XII, § 8 VO zu § 82 SGB XII		- 340,00 €	- 340,00 €
Restbedarf	714,52 €	- 35,00 €	679,52 €

Einkommen der Mutter

"übersteigendes" Kindergeld, § 82 Abs. 1 Satz 3 SGB XII, § 8 VO zu § 82 SGB XII	- 35,00 €		- 35,00 €
Erwerbsminderungsrente	- 500,00 €		- 500,00 €
Gesamtanspruch	**179,52 €**		**179,52 €**

Zu prüfen ist demnach, ob Ines das Kindergeld zur Bestreitung des eigenen Bedarfs benötigt. Ihr Bedarf beläuft sich auf 524,00 € im Monat. Der Betrag ergibt sich aus der zu berücksichtigen Regelbedarfsstufe 5 für ein leistungsberechtigtes Kind vom Beginn des siebten bis zur Vollendung des 14. Lebensjahres (vgl. Anlage zu § 28 SGB XII) sowie den kopfanteiligen Unterkunfts- und Heizkosten.

Abzüglich der Unterhaltszahlungen von 340,00 € verbleibt ein Restbedarf in Höhe von 184,00 €. Aus der „soweit"-Regelung in § 82 Abs. 1 Satz 3 SGB XII ergibt sich, dass das Kindergeld nur „soweit" beim Kind als Einkommen anzurechnen ist, wie es dort zur Bestreitung des Lebensunterhalts benötigt wird. Im Umkehrschluss bedeutet das:

Soweit das Kindergeld rechnerisch nicht zur Bestreitung des Lebensunterhalts benötigt wird, ist es nicht dem Kind zuzurechnen und wird folglich anteilig bei dem nach dem Einkommensteuergesetz festgelegten Kindergeldberechtigten als Einkommen in Form des übersteigenden Kindergeldes berücksichtigt.

Im Ergebnis ist Ines also nicht hilfebedürftig und das zur Bedarfsdeckung von ihr nicht benötigte anteilige Kindergeld von 35,00 € ist der kindergeldberechtigten Frau B als „übersteigendes Kindergeld" zuzuordnen.

3.7 Einsatz von Vermögen

Eine Möglichkeit, den sozialhilferechtlichen Bedarf selbst zu decken, besteht darin, vorhandenes Vermögen einzusetzen. Voraussetzung für einen Anspruch auf Hilfe zum Lebensunterhalt nach § 19 Abs. 1 SGB XII und § 27 Abs. 1 und Abs. 2 SGB XII und auf Grundsicherung im Alter und bei Erwerbsminderung nach § 19 Abs. 2 Satz 1 und § 43 Abs. 1 Halbsatz 1 SGB XII ist, dass der notwendige Lebensunterhalt nicht aus dem zu berücksichtigenden Einkommen oder Vermögen bestritten werden kann. Bei den Hilfen nach dem 5. bis 9. Kapitel SGB XII ist das Vermögen gemäß § 19 Abs. 3 SGB XII im Rahmen des Zumutbaren einzusetzen.

Der Vermögenseinsatz richtet sich nach den §§ 90 und 91 SGB XII, ergänzt durch die Verordnung zur Durchführung des § 90 Abs. 2 Nr. 9 SGB XII (Barbetragsverordnung).

Die Vorschrift des § 90 Abs. 1 SGB XII schränkt zunächst den Vermögenseinsatz auf das **verwertbare** Vermögen ein. § 90 Abs. 2 SGB XII erfasst typische Vermögenswerte, deren Einsatz oder Verwertung nicht verlangt wird. § 90 Abs. 3 SGB XII schließlich trägt dem Prinzip der Individualität Rechnung und regelt beim Vorliegen atypischer Umstände einen über § 90 Abs. 2 SGB XII hinausgehenden Vermögensschutz in Härtefällen.

Soweit das verwertbare Vermögen sozialhilferechtlich einzusetzen ist, besteht kein Rechtsanspruch auf Sozialhilfe. Unter bestimmten Voraussetzungen kommt aber eine Darlehenserbringung nach § 91 SGB XII in Betracht.

Das Bundessozialgericht[157] hat richtungsweisend zum Recht des Zweiten Buches Sozialgesetzbuch entschieden, dass einzusetzendes Vermögen grundsätzlich anspruchsvernichtend wirkt und die Hilfe erst **taggenau** einsetzt bzw. wieder einsetzt, wenn die Vermögensschongrenze unterschritten wird. Das Urteil ist auf den Sozialhilfebereich übertragbar, weil auch die Sozialhilfe vom Bedarfsdeckungsprinzip geprägt ist und quasi täglich neu regelungsbedürftig ist. Den leistungsberechtigten Personen ist die Bewilligung daher abzulehnen bzw. die weitere Leistungsgewährung zu versagen, wenn sich ergibt, dass sie über ungeschütztes Vermögen verfügen. Erst nach tatsächlichem Verbrauch des ungeschützten Vermögens setzt die Leistungsgewährung ein bzw. sind die Leistungen wieder aufzunehmen.

Selbst im 4. Kapitel des Zwölften Buch Sozialgesetzbuch ist der Tag die kleinste denkbare Bedarfszeit, weil auch hier eine anteilige Berechnung des Monatsanspruchs erfolgt, wenn die materiell-rechtlichen Leistungsvoraussetzungen nicht ab dem Ersten des Monats erfüllt sind.

Vermögen ist daher, im Gegensatz zum Einkommen, welches einer monatlichen Betrachtung unterliegt, **stichtagsbezogen** und **taggenau** zu bewerten. Mithin gilt für Vermögen nicht mehr das Monatsprinzip, sondern das „Kalendertagsprinzip". Ausgehend vom Beginn der Leistungsgewährung wäre täglich zu überprüfen, ob ungeschütztes Vermögen vorliegt. Soweit das ungeschützte Vermögen oberhalb des täglichen Bedarfs liegt, ist ein Anspruch auf Sozialhilfeleistungen zu versagen.

---

[157] BSG, Urteil vom 20.02.2020, B 14 AS 52/18 R, juris, Rn. 34 ff.

Einzusetzendes Vermögen wirkt also immer anspruchsvernichtend, während einzusetzendes Einkommen auch angerechnet wird und ggf. „nur" anspruchsmindernd wirken kann.[158]

3.7.1 Vermögensbegriff

Vermögen im Sinne des Gesetzes ist nach § 90 Abs. 1 SGB XII das gesamte verwertbare Vermögen. Eine Definition, was unter „Vermögen" - insbesondere auch in Abgrenzung zum Einkommen - zu verstehen ist, liefert das Gesetz nicht. Nach der sog. Zuflusstheorie (vgl. 3.6.2) ist Vermögen das, was jemand bei Eintritt des Bedarfs bereits hat, Einkommen dagegen das, was jemand während der Bedarfszeit wertmäßig dazu erhält.

Wird Vermögen veräußert, sind die Erlöse daraus nicht als Einkommen, sondern als Vermögen zu behandeln, weil lediglich vorhandenes Sachvermögen in Geldvermögen umgewandelt wird. Auch andere Zahlungen, die einen Vermögensausgleich bewirken sollen (z. B. Schadensersatzansprüche für Vermögensschäden), sind nach den Bestimmungen über den Vermögenseinsatz zu beurteilen und nicht als Einkommen zu qualifizieren[159].

Zum Vermögen im Sinne des § 90 Abs. 1 SGB XII gehören demnach:

- Geld und Geldeswerte (soweit sie nicht dem Einkommen zuzurechnen sind),
- sonstige Sachen (bewegliche Sachen wie Hausrat, Kraftfahrzeuge, Schmuck oder Möbel und unbewegliche Sachen wie Immobilien),
- Forderungen (z. B. Bank-, Versicherungs- oder Bausparguthaben) oder
- sonstige Rechte (z. B. Rechte aus Grundschulden, Nießbrauch oder Altenteilen).

Voraussetzung für den Verweis auf Selbsthilfe durch Vermögenseinsatz ist die **Verwertbarkeit** des Vermögens. Verwertbar ist Vermögen, das wirtschaftlich nutzbar gemacht werden kann, und unmittelbar durch Einsatz, z. B. durch Veräußerung, Beleihung oder auf andere Weise (z. B. durch Vermieten oder Verpachten bei vollständiger Bedarfsdeckung), zur Deckung des Bedarfs in Geld umgewandelt werden kann. Guthaben aus längerfristigen Anlageformen (z. B. Sparverträge, Festgelder) sind verwertbares Vermögen, auch wenn eine vorzeitige Veräußerung wirtschaftlich ungünstig ist. In solchen Fällen kann ggf. von der Möglichkeit der darlehensweisen Hilfeleistung nach § 91 SGB XII Gebrauch gemacht werden.

Die Verwertbarkeit kann aus rechtlichen, tatsächlichen oder wirtschaftlichen Gründen ausgeschlossen sein. **Nicht verwertbar** können z. B. sein:

- Nutzungsrechte, die ausschließlich an die Person des Rechtsinhabers gebunden sind (z. B. persönliche Wohnrechte),
- Rechte oder Sachen, die einer Verfügungsbeschränkung unterliegen, deren Aufhebung nicht erreicht werden kann (z. B. Nachlassgegenstände unter Testamentsvollstreckung, auf einem Sperrkonto liegendes verpfändetes oder beschlagnahmtes Vermögen) oder

---

[158] Vertiefend: Aufsatz von Dirk Weber, Die Barbetragsverordnung richtig anwenden, Zeitschrift für das Fürsorgewesen, ZfF 3/2021, S. 53 ff.
[159] BSG, Urteil vom 09.08.2018, B 14 AS 20/17 R, juris, Rn. 10.

- Vermögen, das aus tatsächlichen Gründen nicht verwertbar ist (z. B. überschuldetes Grundstück, für das bei einer Zwangsversteigerung kein Gebot abgegeben wird).

Die Frage der Verwertungsmöglichkeit von **Lebensversicherungen** erfordert auch eine Bewertung des Verwertungsausschlusses im Sinne des § 168 Abs. 3 Versicherungsvertragsgesetz (VVG)[160]. Erfasst ist nur die vorzeitige Kündigung der Kapitallebensversicherung vor dem Eintritt in den Ruhestand und rechtfertigt nicht den Schluss einer (generellen) Unverwertbarkeit im Sinne des § 90 Abs. 1 SGB XII; denn das Vermögen ist auch dann verwertbar, wenn seine Gegenstände übertragen oder belastet werden können. In der Regel ist trotzdem eine Verwertung Dritten gegenüber, etwa durch Verkauf (privatrechtliche Abtretung der Forderung gegen die Versicherung) oder Beleihung der Lebensversicherung möglich.

Im Zwölften Buch Sozialgesetzbuch ist die Situation anders als im Zweiten Buch Sozialgesetzbuch zu beurteilen. Sinn und Zweck des § 12 Abs. 2 Satz 1 Nr. 3 SGB II besteht darin, Altersvorsorgevermögen zu schützen, weil die leistungsberechtigten Personen nur temporär im Leistungssystem der Grundsicherung für Arbeitsuchende verbleiben sollen. Die Situation im Zwölften Buch Sozialgesetzbuch gestaltet sich schon deshalb anders, weil für Leistungsbezieher der Sozialhilfe kein Altersvorsorgevermögen mehr aufgebaut werden muss. Aus nachvollziehbaren Gründen kennt § 90 SGB XII daher keine dem § 12 Abs. 2 Satz 1 Nr. 3 SGB II entsprechende Regelung.

Leistungsbezieher der Sozialhilfe sind in erster Linie Ältere oder Behinderte, für die es nicht mehr gerechtfertigt ist, Altersvorsorgevermögen zu schützen, um Altersarmut zu vermeiden[161]. Es bedarf auch nicht aus Gleichbehandlungsgründen und zum Zwecke der Harmonisierung der beiden Leistungssysteme einer Heranziehung der Härtefallregelung des § 90 Abs. 3 SGB XII. Das Verwertungsverbot aus dem Verwertungsausschlusses im Sinne des § 168 Abs. 3 Versicherungsvertragsgesetz (VVG) führt im Zwölften Buch Sozialgesetzbuch damit nicht zu einer Privilegierung der Lebensversicherung. Das zwölfte Buch Sozialgesetzbuch kennt keine entsprechende Regelung[162].

Unter rechtlichen Gesichtspunkten ist es zudem unmöglich, eine nachfragende Person auf Verwertung ihres Vermögens zu verweisen, wenn es sich um Gegenstände handelt, die dem persönlichen Gebrauch oder der Sicherung eines menschenwürdigen Daseins dienen (z. B. persönliche Hilfsmittel) oder für die sich aus anderen Gründen eine Verwertung verbietet (z. B. Eheringe). Ob es sich hier um eine Frage der „Verwertbarkeit" im Sinne von § 90 Abs. 1 SGB XII handelt[163], ist aber zu bezweifeln. Vielmehr erscheint es angezeigt, bei Gegenständen, die nicht bereits dem sog. „Schonvermögen" nach § 90 Abs. 2 SGB XII zuzurechnen sind, den Schutz über die Härteregelung nach § 90 Abs. 3 SGB XII zu gewährleisten.

---

[160] Versicherungsvertragsgesetz vom 23. November 2007, BGBl. I S. 2631, zuletzt geändert durch Artikel 15 des Gesetzes vom 17. August 2017, BGBl. I S. 3214.
[161] Vgl. BSG, Urteil vom 28.08.2011, B 8 SO 19/10 R, juris, Rn. 17 f.
[162] BSG, Urteil vom 28.08.2011, B 8 SO 19/10 R, juris, Rn. 18.
[163] So z. B. Geiger in LPK-SGB XII, Rn. 11 zu § 90 SGB XII.

Unter Berücksichtigung von wirtschaftlichen Gesichtspunkten ist in der Würdigung der Verhältnisse des Einzelfalles ein Vermögensgegenstand verwertbar, wenn in absehbarer Zeit ein vertretbarer Preis erzielt werden kann. Wertverluste, soweit sie sich in einem wirtschaftlich vertretbaren Rahmen halten, werden der nachfragenden Person zugemutet.

Grundsätzlich hat die nachfragende Person dabei die Verwertungsart zu wählen, die die aktuelle Bedürftigkeit möglichst umfänglich beseitigt. Alternative Verwertungsarten (wie etwa Vermietung) sind erst im Rahmen der Härtefallregelung des § 90 Abs. 3 SGB XII zu berücksichtigen, die auch die Prüfung auf offensichtliche Unwirtschaftlichkeit umfasst[164].

Aktien sind auch dann verwertbar, wenn sie nicht den höchsten denkbaren Erlös erbringen. Hierbei ist zu berücksichtigen, dass ihnen Spekulationscharakter zukommt, so dass größere Verluste beim Verkauf hinzunehmen sind. Auch der Verlust von Sparprämien und Zinsen ist hinzunehmen. In derartigen Fällen kann noch nicht davon gesprochen werden, dass die Folgen, die aus einem Verkauf entstehen, als unwirtschaftlich zu bewerten sind.

Bei **Lebensversicherungen** stellt die Rechtsprechung in ihren Entscheidungen zum Zweiten Buch Sozialgesetzbuch darauf ab, ob ein deutliches Missverhältnis zwischen den eingezahlten Beiträgen und dem aus der Verwertung erzielten tatsächlichen Gegenwert besteht. Diesen Entscheidungen ist, ohne dass eine absolute Grenze festgelegt wurde, zu entnehmen, dass ein Verlust von 12,9 v. H. noch hinnehmbar ist[165], nicht jedoch von 18,5 v. H.[166].

Mit Blick auf diese Rechtsprechung hat auch der für das Sozialhilferecht zuständige 8. Senat des Bundessozialgerichts einen Härtefall bei einem Verlust von 11 v. H. durch die Verwertung einer Lebensversicherung abgelehnt. Dabei hat er offen gelassen, ob die in der Rechtsprechung des Bundessozialgerichts zum Zweiten Buch Sozialgesetzbuch entwickelten Kriterien zu übernehmen sind, und betont, dass im Sozialhilferecht ein strengerer Maßstab beim Vermögenseinsatz als im Zweiten Buch Sozialgesetzbuch anzulegen ist, weil – anders als dort – typisierend davon auszugehen ist, dass insbesondere der Personenkreis, der Leistungen der Grundsicherung im Alter und bei Erwerbsminderung nach dem 4. Kapitel SGB XII bezieht, angesichts fehlender Erwerbsmöglichkeiten im Alter und bei dauerhafter Erwerbsminderung nicht nur vorübergehend auf die Leistungen angewiesen ist und von ihm deshalb der Einsatz von Vermögen in gesteigertem Maß erwartet werden kann[167].

Es ist im Zwölften Buch Sozialgesetzbuch auch deshalb ein strengerer Maßstab anzulegen, weil in § 90 Abs. 3 SGB XII eine Regelung zum unwirtschaftlichen Vermögenseinsatz fehlt – im Gegensatz zur Regelung in § 12 Abs. 3 Satz 1 Nr. 6 Alternative 2 SGB II. Eine unterschiedliche Auslegung der Härteklauseln nach § 90 Abs. 3 SGB XII und der „Unwirtschaftlichkeitsregelung" in § 12 Abs. 3 Satz 1 Nr. 6 SGB II begründet keinen Verstoß gegen den allgemeinen Gleichheitssatz aus Art. 3 Abs. 1 GG, weil sich der Personenkreis der Leistungsberechtigten nach dem Zweiten Buch Sozialgesetzbuch und nach dem Zwölften Buch Sozialgesetzbuch im Hinblick auf das Ziel der kurzfristigen Integration in den

---

[164] BSG, Urteil vom 24.04.2015, B 8 SO 12/14 R, juris, Rn. 14.
[165] Vgl. BSG, Urteil vom 25.08.2011, B 8 SO 19/10 R, juris, Rn. 24.
[166] Vgl. BSG, Urteil vom 15.04.2008, B 14/7b AS 68/06 R, juris, Rn. 34 ff.
[167] Vgl. BSG, Urteil vom 25.08.2011, B 8 SO 19/10 R, juris, Rn. 24.

Arbeitsmarkt wesentlich unterscheidet. Damit ist die Grenze der Unwirtschaftlichkeit im Rahmen des Zwölften Buches Sozialgesetzbuch enger zu ziehen als nach dem Zweiten Buch Sozialgesetzbuch.

Bei Personen, die tendenziell auf Dauer Leistungen nach dem Zwölften Buch Sozialgesetzbuch beziehen, besteht deshalb eine weitergehende Verwertungspflicht des Vermögens als bei Personen im Leistungsbezug des Zweiten Buches Sozialgesetzbuch. Daher liegt bei einem eintretenden Verlust von 35,51 v. H. im Zwölften Buch Sozialgesetzbuch keine Unwirtschaftlichkeit der Vermögensverwertung vor[168].

Bei dem Vermögenseinsatz einer Lebensversicherung ist weiterhin zu beachten, dass neben der Versicherungssumme auch die sog. Überschussbeteiligung oder der Anteil an den Bewertungsreserven dem Vermögen zuzurechnen ist. Die hiermit verbundene Wertsteigerung ist Teil der einheitlichen Lebensversicherung und bewirkt nach Antragstellung keinen Einkommenszufluss, sondern eine Steigerung des Verkehrswerts von zuvor vorhandenem Vermögen nach Antragstellung. Dies unterscheidet sie von Zinsen auf Kapitalvermögen, die nach Antragstellung gesondert zufließen[169].

Im Rahmen des Vermögenseinsatzes ist ein **fiktiver Vermögensverbrauch** nicht denkbar. Wurde ein Vermögensgegenstand bereits einmal bei der Leistungsberechnung berücksichtigt und ist er bei erneuter Antragstellung noch vorhanden, so ist er bei der weiteren Leistungsberechnung erneut zu berücksichtigen. Insbesondere ist er hierdurch nicht unverwertbar. Ein Vermögensgegenstand wirkt demnach so lange anspruchsvernichtend, bis er einer tatsächlichen Verwertung zugeführt wurde. Tatsächlich vorhandenes und zu berücksichtigendes Vermögen ist einem Anspruch auf existenzsichernde Leistungen ggf. auch mehrfach entgegenzuhalten, von einem fiktiven Vermögensverbrauch kann also nicht ausgegangen werden[170].

Ein Vermögenseinsatz ist zu fordern, sobald und solange die Vermögenschongrenzen überschritten werden. Dabei kommt nicht das Monatsprinzip zur Anwendung, da es abweichend von der Einkommensberücksichtigung bei der Berücksichtigung von Vermögen keine normative Grundlage hierfür gibt[171]. Die Hilfe setzt auch bei Rückwirkung eines Antrags somit erst mit dem Tag ein, an dem kein einzusetzendes Vermögen (mehr) zur Verfügung steht.

3.7.2 Sozialhilferechtlich geschütztes Vermögen (§ 90 Abs. 2 SGB XII)

In § 90 Abs. 2 SGB XII werden bestimmte Vermögenswerte genannt, von deren Einsatz oder Verwertung die Sozialhilfe nicht abhängig gemacht werden darf (sog. Schonvermögen). Der Gesetzgeber wollte mit diesen Regelungen einen „Totalausverkauf" der um die Leistung nachfragenden Personen vor Beginn des Leistungsanspruchs vermeiden. Geschützt sind die genannten Vermögenswerte allerdings nur, wenn es um die Frage eines Leistungsanspruchs nach § 19 Abs. 1 bis Abs. 3 SGB XII geht. Bestehen Ansprüche des

---

[168] Vgl. LSG Schleswig-Holstein, Urteil vom 30.07.2014, L 9 SO 2/12, juris, Rn. 34.
[169] BSG, Urteil vom 10.08.2016, B 14 AS 51/15 R, juris, Rn. 16.
[170] BSG, Urteil vom 25.04.2018, B 14 AS 15/17R, juris, Rn. 21.
[171] BSG, Urteil vom 12.02.2020, B 14 AS 52/18 R, juris, Rn. 34 ff.

Trägers der Sozialhilfe (z. B. auf Erstattung zu Unrecht erbrachter Leistungen nach § 50 SGB X bzw. auf Kostenersatz nach § 104 SGB XII), kann sich die zahlungspflichtige Person auf den Schutz ihres Vermögens nach § 90 Abs. 2 SGB XII nicht berufen.

3.7.2.1 Vermögen, das aus öffentlichen Mitteln zum Aufbau oder zur Sicherung einer Lebensgrundlage oder zur Gründung eines Hausstandes erbracht wird (§ 90 Abs. 2 Nr. 1 SGB XII)

Der Einsatz eines Vermögens, das aus öffentlichen Mitteln zum Aufbau oder zur Sicherung einer Lebensgrundlage oder zur Gründung eines Hausstandes erbracht wird, darf nicht verlangt werden (vgl. § 90 Abs. 2 Nr. 1 SGB XII). Öffentliche Gelder mit dieser Zweckbestimmung werden entgegen der Zuflusstheorie bereits im Monat der Auszahlung als Vermögen behandelt und in voller Höhe unter Schutz gestellt. Beispielhaft sind Aufbaudarlehen und Wohnraumhilfen nach dem Lastenausgleichsgesetz, Leistungen der Berufsfürsorge nach dem Bundesversorgungsgesetz oder Darlehen und Beihilfen für Vertriebene und ehemalige Häftlinge nach dem Bundesvertriebenen- und Flüchtlingsgesetz oder Häftlingshilfegesetz zu nennen.

Leistungen zum Aufbau oder zur Sicherung einer Lebensgrundlage sind dazu bestimmt, dem Empfänger eine eigene Tätigkeit zu ermöglichen, aus der später der Lebensunterhalt bestritten werden kann. Leistungen zur Gründung eines Hausstandes dienen der Erst- oder Wiederbeschaffung des Hausrats. Zwar darf nicht verlangt werden, diese öffentlichen Mittel zur Bedarfsdeckung (z. B. zur Finanzierung des laufenden Lebensunterhalts) einzusetzen, allerdings kommt in diesen Fällen - weil insofern eine Bedarfsdeckung vorliegt - eine einmalige Leistung für die Erstausstattung der Wohnung nach § 31 Abs. 1 Nr. 1 SGB XII nicht mehr in Betracht.

3.7.2.2 Zertifizierte Altersvorsorge (§ 90 Abs. 2 Nr. 2 SGB XII)

Als Vermögen geschützt ist gemäß § 90 Abs. 2 Nr.2 SGB XII ein Kapital einschließlich seiner Erträge, das der **zusätzlichen Altersvorsorge** im Sinne des § 10a oder des Abschnitts XI des Einkommensteuergesetzes dient und dessen Ansammlung staatlich gefördert wurde.

Die Regelung wurde durch das Altersvermögensgesetz vom 26.06.2001 mit Wirkung zum 01.01.2002 geschaffen[172]. Um das Ziel einer zusätzlichen finanziellen Absicherung im Ruhestand nicht zu gefährden, bleibt das für diesen Zweck angesparte Vermögen bei Eintritt eines sozialhilferechtlichen Bedarfs unberücksichtigt. Die entsprechenden Rücklagen (einschließlich der Erträge) sind ausschließlich nach dieser Norm und nicht nach § 90 Abs. 2 Nr. 9 SGB XII zu beurteilen.

Dies gilt nach § 90 Abs. 2 Nr. 2 Halbsatz 2 SGB XII auch für das in der Auszahlungsphase insgesamt zur Verfügung stehende Kapital, soweit die Auszahlung als monatliche oder als

---

[172] Vgl. Gesetz zur Reform der gesetzlichen Rentenversicherung und zur Förderung eines kapitalgedeckten Altersvorsorgevermögens vom 26.06.2001 (Altersvermögensgesetz), BGBl. I, S. 1310, zuletzt geändert durch Art. 7 Gesetz vom 20.12.2001, BGBL. I, S. 3858.

sonstige regelmäßige Leistung im Sinne von § 82 Abs. 5 Satz 3 SGB XII erfolgt; für diese Auszahlungen ist § 82 Abs. 4 und 5 SGB XII anzuwenden. Dieser zum 01.08.2018 durch das Betriebsrentenstärkungsgesetz[173] eingeführte zusätzliche Tatbestand berücksichtigt, dass auch der Vermögensstock geschützt ist, aus dem der zusätzliche, anrechnungsfreie Altersvorsorgebetrag gemäß § 82 Abs. 4 und 5 SGB XII gespeist wird.

3.7.2.3 Sonstiges Vermögen zur baldigen Beschaffung oder Erhaltung eines Hausgrundstücks (§ 90 Abs. 2 Nr. 3 SGB XII)

Vermögen, das nachweislich zur baldigen Beschaffung oder Erhaltung eines Hausgrundstücks im Sinne von § 90 Abs. 2 Nr. 8 SGB XII bestimmt ist, muss nicht eingesetzt werden, soweit dieses Hausgrundstück **Wohnzwecken behinderter oder pflegebedürftiger Menschen** dient oder dienen soll und dieser Zweck sonst gefährdet würde (vgl. § 90 Abs. 2 Nr. 3 SGB XII).

Es kann sich um Spareinlagen, Bausparguthaben oder andere Vermögensformen handeln. Entscheidend ist die vorgesehene und nachgewiesene Zweckbestimmung. Im Einzelnen müssen folgende Tatbestandsvoraussetzungen erfüllt sein:

- Es muss sich um die Beschaffung oder Erhaltung einer Immobilie handeln, die die Anforderungen nach § 90 Abs. 2 Nr. 8 SGB XII erfüllt. Dies bedeutet, dass das Haus oder die Wohnung angemessen sein und von den nachfragenden Personen selbst bewohnt werden muss. Die Beschaffung umfasst den Erwerb von Wohneigentum und dessen Ausbau, die Erhaltung erstreckt sich auf instand haltende und instand setzende Maßnahmen.

Die (geplante) Immobilie muss **Wohnzwecken** von **Menschen** mit einer **wesentlichen Behinderung** oder **einer drohenden wesentlichen Behinderung** im Sinne von § 99 SGB IX oder **pflegebedürftiger** bzw. **blinder Menschen** im Sinne von § 61 SGB XII bzw. § 72 SGB XII dienen.

- Der Einsatz des Vermögens für die Beschaffung oder Erhaltung des Hausgrundstücks muss zeitnah vorgesehen sein. Eine bestimmte Zeitgrenze bis zum Erwerb oder Umbau der Immobilie gibt der Gesetzgeber nicht vor. Es ist anhand einer Prognoseentscheidung zu beurteilen, ob das vorhandene Vermögen eine realistische Chance auf Realisierung für den Wohnzweck bietet. Eine pauschale Begrenzung auf einen kurzen Zeitraum - etwa ein Jahr - ist deshalb zu eng. Dagegen ist eine langfristige Planung mit dem Ziel eines Immobilienerwerbs hierfür nicht ausreichend. Als Nachweis kommen z. B. Kaufverträge, Finanzierungszusagen, Kostenvoranschläge oder Auftragsvergaben an Baufirmen oder Handwerker in Betracht.

- Der geplante Zweck muss durch den Einsatz oder die Verwertung des Vermögens gefährdet sein. Dies wäre der Fall, wenn die vorgesehene Maßnahme ohne die Freistellung nicht oder nicht im notwendigen Umfang oder nur mit einer wesentlichen Verzögerung durchgeführt werden könnte. Daher ist eine fiktive Betrachtung erforderlich, ob die

---

[173] Gesetz zur Stärkung der betrieblichen Altersversorgung und zur Änderung anderer Gesetze (Betriebsrentenstärkungsgesetz) vom 17.08.2017, BGBl. I, S. 3214, Inkrafttreten zum 01.01.2018.

Beschaffungs- oder Erhaltungsmaßnahme auch dann durchgeführt werden könnte, wenn das Vermögen zur Bedarfsdeckung im Rahmen der Sozialhilfe eingesetzt werden müsste. Bedeutsam ist insofern, wie hoch der zu deckende Bedarf ist, ob er laufend oder einmalig anfällt und welche Fremdmittel zum Ausgleich eingesetzt werden müssten.

Durch die Formulierung „soweit" ist sichergestellt, dass ein Vermögen, welches den notwendigen Kapitalstock für ein angemessenes Hausgrundstück übersteigt, zumindest teilweise verwertbar ist.

3.7.2.4 Angemessener Hausrat (§ 90 Abs. 2 Nr. 4 SGB XII)

Zum sog. „Schonvermögen" gehört ferner ein angemessener Hausrat (Möbel, Haushaltsgeräte und sonstige Gegenstände der Wohnungseinrichtung). Bei der Beurteilung der „Angemessenheit" sind die bisherigen Lebensverhältnisse der nachfragenden Person zu berücksichtigen (vgl. § 90 Abs. 2 Nr. 4 SGB XII). Bewertungsmaßstab ist demnach nicht, welcher Hausrat einem in bescheidenen Verhältnissen lebenden Menschen unter dem Aspekt der Menschwürde zuzubilligen wäre und welche Leistungen z. B. im Rahmen eines einmaligen Bedarfs nach § 31 Abs. 1 Nr. 1 SGB XII in Betracht kommen. Entscheidend ist vielmehr die Lebenssituation vor Eintritt des Sozialhilfebedarfs.

Über den Wortlaut der Norm hinaus sind dabei auch die bisherigen Lebensverhältnisse der zur Einsatzgemeinschaft nach § 27 Abs. 2 SGB XII gehörenden Personen einzubeziehen. Da verhindert werden soll, dass der Eintritt des Bedarfs mit einem Verlust der vertrauten Umgebung und der Trennung von Gegenständen und deren gewohntem Gebrauch einhergeht, ist eine großzügige Auslegung angezeigt.

Allerdings sind Luxusgegenstände (z. B. kostbare Teppiche und Möbelstücke) vom Schutz der Norm nicht erfasst. Sie sind vorrangig zur Bedarfsdeckung einzusetzen, auch wenn ihr Besitz den bisherigen Lebensverhältnissen der nachfragenden Person entspricht.

3.7.2.5 Gegenstände, die zur Aufnahme oder Fortsetzung der Berufsausbildung oder der Erwerbstätigkeit unentbehrlich sind (§ 90 Abs. 2 Nr. 5 SGB XII)

Nicht eingesetzt werden müssen Gegenstände, die zur Aufnahme oder Fortsetzung der Berufsausbildung oder der Erwerbstätigkeit unentbehrlich sind (vgl. § 90 Abs. 2 Nr. 5 SGB XII). Bei der Frage der Unentbehrlichkeit ist zu prüfen, ob ohne den betreffenden Gegenstand die Ausbildung oder Erwerbstätigkeit unmöglich wäre. Dabei ist der unbestimmte Rechtsbegriff der „Unentbehrlichkeit" eng auszulegen, da es nicht Aufgabe der Sozialhilfe sein kann, über § 90 Abs. 2 Nr. 5 SGB XII die Ausübung eines offensichtlich auf Dauer nicht existenzerhaltenden Berufs zu garantieren.

Bedeutung hat die Norm vor allem für selbstständig Tätige (z. B. Notebook für Journalisten oder Schriftsteller, Kameraausrüstung für Fotografen, Kraftfahrzeug für Taxiunternehmer). In der Praxis wurde in der Vergangenheit häufiger diskutiert, ob ein Kraftfahrzeug auch für abhängig Beschäftigte für die Fahrtstrecken zur Arbeit unentbehrlich sein kann.

Nachdem für Erwerbsfähige wegen des Vorrangs des Zweiten Buches Sozialgesetzbuch Leistungen nach dem 3. und 4. Kapitel SGB XII grundsätzlich nicht mehr in Betracht kommen, stellt sich diese Frage nur noch in Ausnahmefällen.

Soweit von leistungsberechtigten Personen oder Einsatzverpflichteten Einkommen aus Erwerbstätigkeit erzielt wird, ist auf jeden Fall zu prüfen, ob eine andere zumutbare Möglichkeit, die Arbeitsstätte zu erreichen, existiert. Sind z. B. öffentliche Verkehrsmittel nicht vorhanden oder ist deren Benutzung unzumutbar und lässt sich der Weg zum Arbeitsort auch nicht zu Fuß oder mit dem Fahrrad bewältigen, kommt ein Schutz des für die Fahrten eingesetzten (angemessenen) Kraftwagens nach § 90 Abs. 2 Nr. 5 SGB XII in Betracht.

3.7.2.6 Familien- und Erbstücke (§ 90 Abs. 2 Nr. 6 SGB XII)

Familien- oder Erbstücke, deren Veräußerung für die nachfragende Person oder ihre Familie eine besondere Härte bedeuten würde, müssen zur Bedarfsdeckung nicht eingesetzt werden (vgl. § 90 Abs. 2 Nr. 6 SGB XII). In Betracht kommen z. B. Schmuckstücke, antiquarische Möbel und Kunstgegenstände, wenn deren Besitz aus Gründen der Familientradition oder wegen des Andenkens an Verstorbene von besonderer Bedeutung ist. Damit haben diese Gegenstände für die nachfragende Person einen besonderen ideellen Wert. Der Wortlaut und die Intention des Gesetzgebers schließen eine Anwendung auf Grundstücke, Wertpapiere, Aktien oder Bargeld aus.

Wegen der gesetzlichen Einengung auf einen „besonderen" Härtefall muss ein enger Maßstab angelegt werden, bei dem auch der Verkehrswert des betreffenden Familien- und Erbstückes - im Verhältnis zum ideellen Wert - zu berücksichtigen ist. Eine besondere Härte kann insbesondere dann gegeben sein, wenn für die nachfragende Person oder ihre Familie der persönliche Wert des Gegenstandes ungleich höher zu veranschlagen ist als der Verkehrswert.

3.7.2.7 Gegenstände zur Befriedigung geistiger Bedürfnisse (§ 90 Abs. 2 Nr. 7 SGB XII)

Von einer Verwertungspflicht ausgenommen sind gemäß § 90 Abs. 2 Nr. 7 SGB XII auch solche Gegenstände, die der Befriedigung geistiger, insbesondere wissenschaftlicher oder künstlerischer Bedürfnisse dienen und deren Besitz nicht Luxus ist. Es kann sich hierbei um Bücher, Musikinstrumente, Geräte für sonstige Liebhabereien (z. B. Fotoausrüstung, Stereoanlage, DVD - Recorder, Werkzeuge) oder Sammlungen jedweder Art handeln, die für die nachfragende Person einen besonderen ideellen Wert haben, weil sie der geistigen Anregung, der kulturellen Bildung oder einer als sinnvoll empfundenen Freizeitgestaltung dienen.

Begrenzt wird der Vermögensschutz durch die Einschränkung, dass der Besitz nicht Luxus sein darf. Was darunter zu verstehen ist, misst sich an den Lebensgewohnheiten vergleichbarer Bevölkerungsgruppen. Luxus ist der Besitz erst dann, wenn er weit über das hinausgeht, was bei vergleichbar interessierten Personen üblich ist und der Wert in keinem vertretbaren Verhältnis zur Lebenssituation der nachfragenden Person und zur notwendigen

Bedürfnisbefriedigung steht (z. B. wertvolle Münz- oder Gemäldesammlungen, kostbare Musikinstrumente).

3.7.2.8 Angemessenes Hausgrundstück (§ 90 Abs. 2 Nr. 8 SGB XII)

Nach § 90 Abs. 2 Nr. 8 SGB XII ist ein angemessenes Hausgrundstück von der Pflicht zur Verwertung ausgenommen, wenn es von der nachfragenden Person oder einer anderen in den § 19 Abs. 1 bis Abs. 3 SGB XII genannten Person[174] allein oder zusammen mit Angehörigen ganz oder teilweise bewohnt wird.

Der Begriff „Hausgrundstück" umfasst das Hauseigentum, das rechtlich mit dem Grundstück verbunden ist, das Hauseigentum ohne Eigentum am Grundstück (Erbbaurecht) sowie das Eigentum an einer Wohnung (Eigentumswohnung).

Geschützt sind Häuser und Eigentumswohnungen dann, wenn sie angemessen sind und selbst bewohnt werden. Kriterien für die Auslegung des unbestimmten Rechtsbegriffs „angemessen" gibt der Gesetzgeber in § 90 Abs. 2 Nr. 8 Satz 2 SGB XII vor. Danach bestimmt sich die Angemessenheit nach

- der Zahl der Bewohner,
- dem Wohnbedarf (z. B. behinderter, blinder oder pflegebedürftiger Menschen),
- der Grundstücksgröße,
- der Größe des Hauses (Wohnfläche),
- dem Zuschnitt und der Ausstattung des Wohngebäudes sowie
- dem Verkehrswert.

Es ist einzelfallorientiert zu entscheiden, wobei alle Kriterien kombiniert zu berücksichtigen sind. Diese Theorie wird als Kombinationstheorie bezeichnet[175]. Daher ist es z. B. denkbar, dass ein von der Größe her angemessenes Haus wegen einer luxuriösen Ausstattung und wegen des hohen Verkehrswertes als „nicht mehr angemessen" beurteilt wird oder dass im umgekehrten Fall ein renovierungsbedürftiges Haus mit einem geringen Verkehrswert allein unter dem Aspekt der Hausgröße oder der Grundstücksgröße als „unangemessen" anzusehen ist.

Eine rein schematische Betrachtung verbietet sich. Allerdings ist es zulässig, bei der Frage des Wohnbedarfs und der angemessenen Größe eines Hausgrundstücks von Durchschnittswerten in Anlehnung an das außer Kraft getretene 2. Wohnungsbaugesetz auszugehen. Zwar wurde die bis 31.12.2001 in § 88 Abs. 2 Nr. 7 Satz 3 BSHG geregelte Bezugnahme auf diese Größen, die pauschal eine Wohnfläche von 120 qm (für einen Vier-Personen-

---

[174] Die Norm wurde - wohl versehentlich - nicht an die Neuregelungen angepasst. Gemeint sind sog. Einsatzverpflichtete, die jeweils für den geltend gemachten Bedarf ihr Einkommen und Vermögen einzusetzen haben. Die Verpflichtung ergibt sich jetzt aus § 27 Abs. 2 Satz 2, § 43 Abs. 1 Satz 2 und § 19 Abs. 3 SGB XII.

[175] Vgl. BVerwG, Urteil vom 17.10.1974, 5 C 50/73, BVerwGE 47, 103 = FEVS 23, 89 = NDV 1975, 321.

Haushalt) als „angemessen" bezeichnete, wieder aufgegeben. Einen Anhaltspunkt bildet dieser Wert aber nach wie vor.[176]

Bezugsgrößen können grundsätzlich folgende Wohnflächenobergrenzen sein:

- 130 qm für einen Vier-Personen-Haushalt in einem Einfamilienhaus (Wohngebäude mit nur einer Wohnung) und
- 120 qm für einen Vier-Personen-Haushalt in einer (Eigentums-)Wohnung.

Umfasst der Haushalt mehr als vier Personen, ist eine Überschreitung der Grenzen um bis zu 20 qm je Person als angemessen anzusehen. Steht die Wohnfläche weniger als vier Bewohnern zur Verfügung, ist die Bezugsgröße um bis zu 20 qm je Person zu verringern, wobei für einen Ein-Personen-Haushalt eine Untergrenze von 80 qm gelten sollte.[177]

Darüber hinaus ist bei einer Überschreitung der Wohnflächenobergrenzen um nicht mehr als 10 v. H. mit Rücksicht auf den Verhältnismäßigkeitsgrundsatz noch von einer angemessenen Wohnfläche auszugehen.[178]

In Ausnahmefällen ist eine Erhöhung der o. g. Wohnflächen zu berücksichtigen. So ist z. B. bei häuslicher Pflege einer pflegebedürftigen Person eine Erhöhung der Wohnfläche um 20 v. H. anzuerkennen, so dass bei einem Einfamilienhaus 156 qm und bei einer Eigentumswohnung 144 qm als angemessene Wohnfläche in Betracht kommt. Die Wohnfläche kann auch noch darüber hinaus gehend in bestimmten Fällen erhöht werden, insbesondere bei Pflegebedürftigen, die ständiger Betreuung durch eine Pflegeperson oder -kraft bedürfen, wobei in diesem Fall von einer Mehrfläche im Umfang von 20 qm als Anhaltspunkt auszugehen ist. Bei behinderten und blinden Personen ist auf die Umstände des Einzelfalles abzustellen. Eine Erhöhung ist dann zu berücksichtigen, wenn - wie bei Pflegebedürftigen - zusätzlicher Wohnraum benötigt wird, z. B. für eine Betreuungsperson.

Die o.g. Wohnflächengrenzen sind in der Regel anzuerkennen. Daraus kann nicht umgekehrt geschlossen werden, dass bei Überschreitung der Wohnflächenobergrenzen der Vermögensschutz entfällt, ohne dass es noch auf die übrigen Wertungskriterien ankommt.

Auch die Grundstücksgröße ist unter dem Blickwinkel zu sehen, dass sie den Gepflogenheiten des öffentlich geförderten Wohnungsbaus zu entsprechen hat.

Als angemessene Grundstücksfläche gelten grundsätzlich folgende Werte:

- bei einem Reihenhaus bis zu 250 qm,
- bei einer Doppelhaushälfte/bei einem Reihenendhaus bis zu 350 qm und
- bei einem freistehenden Haus bis zu 500 qm.

---

[176] Vgl. BSG, Urteil vom 19.05.2009, B 8 SO 7/08 R, FEVS 61, 193 = NVwZ-RR 2010, 154 = SozR 4-5910 § 88 Nr. 3.
[177] Vgl. BSG, Urteil vom 19.05.2009, B 8 SO 7/08 R, FEVS 61, 193 = NVwZ-RR 2010, 154 = SozR 4-5910 § 88 Nr. 3.
[178] Vgl. BSG, Urteil vom 07.11.2006, B 7b AS 2/05 R, juris, Rn. 22; LSG NRW, Urteil vom 05.05.2014, L 20 SO 58/13, juris, Rn. 45.

Das Grundstück ist nur in dem Umfang geschützt, wie es für das Haus benötigt wird. Der die angemessene Fläche übersteigende Grundstücksanteil ist, sofern er sich rechtlich und wirtschaftlich abtrennen lässt, verwertbares Vermögen. Ist eine Absonderung nicht möglich und wird die als angemessen anzusehende Grundstücksfläche erheblich überschritten, ist das Hausgrundstück allein wegen Nichterfüllung dieses Kriteriums als unangemessen und nicht geschützt zu beurteilen.

Auf das wertbezogene Kriterium kommt es erst an, wenn die Einschätzung der anderen Kriterien zu dem Ergebnis führt, dass es sich um ein angemessenes Hausgrundstück handelt. Bei der Ermittlung des „noch angemessenen" Wertes sind die örtlichen Verhältnisse zu berücksichtigen. Dabei muss sich der Wert im unteren Bereich der Verkehrswerte vergleichbarer Objekte am Wohnort der nachfragenden Person halten. Bei diesem Vergleich sind daher Objekte in bevorzugter Wohnlage oder in einem Stadtzentrum mit gehobenen Grundstückspreisen nicht einzubeziehen.

Der Normzweck - Menschen mit Eintritt eines sozialhilferechtlichen Bedarfes nicht wegen des geforderten Vermögenseinsatzes zur Veräußerung ihres Hausgrundstücks und damit zur Aufgabe ihrer Wohnung und ihres gewohnten Umfeldes zu zwingen - muss in Relation gesetzt werden zu der Frage, ob eine (finanzielle) Unterstützung des Immobilieneigentümers durch die Allgemeinheit unter Subsidiaritätsgesichtspunkten unbillig erscheint.

Sofern eine Immobilie nach den zuvor genannten Kriterien als „unangemessen" beurteilt wird, bleibt in jedem Einzelfall zu prüfen, ob der Verwertung des Vermögens Härtegesichtspunkte entgegenstehen (vgl. § 90 Abs. 3 SGB XII). Ist das zu verneinen, bleibt die Möglichkeit der darlehensweisen Hilfeleistung nach § 91 SGB XII, wenn z. B. eine Veräußerung des Hausgrundstückes zum derzeitigen Zeitpunkt unzumutbar erscheint.

Voraussetzung für die Anwendung der Schutzvorschrift ist des Weiteren, dass der Nachfragende **oder** eine andere Person der sog. Einsatzgemeinschaft das Hausgrundstück selbst bewohnt. Den Personen, die nach § 19 Abs. 1 bis 3 SGB XII[179] zum unmittelbaren Einkommens- und Vermögenseinsatz für den Hilfebedürftigen verpflichtet sind, kommt der Vermögensschutz nach § 90 Abs. 2 Nr. 8 SGB XII auch dann zu Gute, wenn dieser selbst das Hausgrundstück nicht „bewohnt".

Damit ist sichergestellt, dass z. B. ein Ehepartner das Haus nicht aufgeben muss, wenn der andere wegen Pflegebedürftigkeit in einem Heim aufgenommen wird. Bei der Beurteilung der „Angemessenheit" des Hausgrundstücks ist in diesen Fällen bei dem verbleibenden Partner eine größere Wohnfläche zu berücksichtigen und nicht mit dem Auszug des Partners eine Neubeurteilung vornehmen. Sofern keine Trennung im rechtlichen Sinne erfolgt und beide Partner nach wie vor eine Einsatzgemeinschaft bilden, ist zudem eine Rückkehr des „Heimbewohners" in den häuslichen Bereich nicht auszuschließen.

---

[179] Die Norm wurde - wohl versehentlich - nicht an die Neuregelungen angepasst. Gemeint sind sog. Einsatzverpflichtete, die jeweils für den geltend gemachten Bedarf ihr Einkommen und Vermögen einzusetzen haben. Die Verpflichtung ergibt sich jetzt aus § 27 Abs. 2 Satz 2, § 43 Abs. 1 Satz 2 und § 19 Abs. 3 SGB XII.

Die weitere Voraussetzung, dass das Haus nach dem Tod der leistungsberechtigten Person von einer Person der Einsatzgemeinschaft oder von Angehörigen bewohnt werden soll, ist praktisch ohne Bedeutung. Nach dem Tod der leistungsberechtigten Person entfällt der Schutz des Vermögens ohnehin und es kommt eine Verpflichtung der Erben zum Kostenersatz nach § 102 SGB XII in Betracht.

3.7.2.9 Kleinere Barbeträge oder sonstige Geldwerte (§ 90 Abs. 2 Nr. 9 SGB XII)

Die Sozialhilfe darf nicht abhängig gemacht werden von der Verwertung kleinerer Barbeträge oder sonstiger Geldwerte, wobei eine besondere Notlage der nachfragenden Person zu berücksichtigen ist (vgl. § 90 Abs. 2 Nr. 9 SGB XII). Barbeträge sind alle gesetzlichen Zahlungsmittel, sonstige Geldwerte z. B. Sparguthaben, Wertpapiere, Versicherungsvermögen. Auch bei der Beurteilung, ob an sich nicht geschützte Vermögensgegenstände zu verwerten sind, findet die Norm mittelbar Anwendung. Bleibt der fiktive Verkaufserlös des betreffenden Sachvermögens (z. B. des nicht geschützten Kraftfahrzeugs) - zusammen mit ggf. vorhandenem Geldvermögen - unter dem Vermögensfreibetrag nach § 90 Abs. 2 Nr. 9 SGB XII, kann ein Vermögenseinsatz nicht verlangt werden, da keine Zweckbestimmung dem Vermögensfreibetrag zugrunde liegt.

Was unter einem „**kleineren Betrag**" oder sonstigem Geldwert in diesem Sinne zu verstehen ist, bestimmt die auf der Grundlage des § 96 Abs. 2 SGB XII erlassene Rechtsverordnung zu § 90 Abs. 2 Nr. 9 SGB XII (nachfolgend VO zu § 90 Abs. 2 Nr. 9 SGB XII).

Gemäß § 1 der VO zu § 90 Abs. 2 Nr. 9 SGB XII sind kleinere Barbeträge oder sonstige Geldwerte im Sinne des § 90 Abs. 2 Nr. 9 des Zwölften Buches Sozialgesetzbuch:

1. für jede in § 19 Abs. 3, § 27 Abs. 1 und 2, § 41 und § 43 Abs. 1 Satz 2 SGBXII genannte volljährige Person sowie für jede alleinstehende minderjährige Person, 5.000,00 €,

2. für jede Person, die von einer Person nach Nr. 1 überwiegend unterhalten wird, 500,00 €.

Eine minderjährige Person ist alleinstehend im Sinne des Satzes 1 Nr. 1, wenn sie unverheiratet und ihr Anspruch auf Leistungen nach dem Zwölften Buch Sozialgesetzbuch nicht vom Vermögen ihrer Eltern oder eines Elternteils abhängig ist.

Nach § 1 Nr. 1 der VO zu § 90 Abs. 2 Nr. 9 SGB XII gelten für alle volljährigen Personen, deren Einkommen und Vermögen bei der Gewährung von Sozialhilfe zu berücksichtigen ist bzw. die zu einer sozialhilferechtlichen Einsatzgemeinschaft nach § 19 Abs. 3 bzw. § 27 Abs. 1 und 2 und § 41 SGB XII gehören, sowie für alleinstehende minderjährige Personen einheitlich 5.000,00 € als kleinere Barbeträge oder sonstige Geldwerte, von deren Einsatz und Verwertung die Sozialhilfe nicht abhängig gemacht werden darf.

Zu einer Einsatzgemeinschaft gehören für die Hilfen nach dem 5. bis 9. Kapitel SGB XII gemäß § 19 Abs. 3 SGB XII die leistungsberechtigte Person selbst, ihre nicht getrennt lebenden Ehegatten und Lebenspartner sowie nach § 20 SGB XII auch Personen in eheähnlicher oder lebenspartnerschaftsähnlicher Gemeinschaft und, wenn die Leistungsberechtigten minderjährig und unverheiratet sind, auch ihre Eltern und Elternteile. Für die Hilfe zum Lebensunterhalt wird die sozialhilferechtliche Einsatzgemeinschaft in § 27 Abs. 1 und 2, SGB XII für die Grundsicherung im Alter und bei Erwerbsminderung in § 41 SGB XII unter Verweis auf § 43 SGB XII definiert. Auch für diese Hilfen gilt daher für jede volljährige Person, deren Einkommen und Vermögen zu berücksichtigen ist, jeweils ein Freibetrag von 5.000,00 €.

Auch für alleinstehende minderjährige Personen findet der Freibetrag von 5.000,00 € Anwendung, wobei eine minderjährige Person dabei dann als alleinstehend gilt, wenn sie unverheiratet ist und die Sozialhilfe nicht vom Vermögen ihrer Eltern oder eines Elternteils abhängig ist.

Nach § 1 Nr. 2 der VO zu § 90 Abs. 2 Nr. 9 SGB XII kommen weitere 500,00 € für jede Person, die von einer in der Einsatzgemeinschaft lebendenden Person und deren Partnerin oder Partner überwiegend unterhalten wird, zu den Beträgen nach Nummer 1 hinzu.

Aus der Systematik der Vermögensheranziehung ergeben sich daher für folgende Fallkonstellationen die entsprechenden Freibeträge für kleinere Barbeträge oder sonstige Geldwerte:

Einzelne nachfragende Person	5.000,00 €
Nachfragende Person und deren Ehegatte und Lebenspartner bzw. einer weiteren Person in eheähnlicher Gemeinschaft zusammen	10.000,00 € (jeweils 5.000,00 €)
Für Personen, die von der nachfragenden Person oder seinem Ehegatten/ Lebenspartner oder den Eltern oder des Elternteils überwiegend unterhalten wird, zusätzlich	500,00 €
Nachfragende Person minderjährig, unverheiratet und Sozialhilfe auch vom Vermögen der Eltern abhängig	10.500,00 €
Nachfragende Person minderjährig, unverheiratet und Sozialhilfe auch von einem Elternteil abhängig	5.500,00 €

Die Höhe der Beträge lehnt sich an das ursprüngliche Verhältnis der Vermögensfreibeträge zum damaligen bundesdurchschnittlichen Eckregelsatz (heute ersetzt durch Regelbedarfsstufe 1) bei Erlass der Verordnung im Jahre 1987 an und wird auf einen vollen, handhabbaren Betrag festgelegt[180].

Inwieweit die Vermögensfreibeträge innerhalb einer Einsatzgemeinschaft übertragen bzw. verschoben werden können, ist in der Verordnung nicht ausdrücklich geregelt. Aus der vorstehenden Tabelle in der Gesetzesbegründung zu Änderungen der Verordnung kann

---

[180] Vgl. Bundesratsdrucksache 50/17, S. 3 und 4.

aber entnommen werden, dass ein Verschieben ermöglicht wird und das Gesamtvermögen nicht die Vermögensgrenze der gesamten Einsatzgemeinschaft übersteigen darf.

Überwiegend unterhaltene Personen

Der Freibetrag von 5.000,00 € wird um einen Betrag von 500,00 € für jede Person erhöht, die von den zum Vermögenseinsatz verpflichteten Personen überwiegend unterhalten wird. Überwiegend unterhalten wird eine Person durch eine einsatzpflichtige Person, wenn sie ihren Regelsatz zu weniger als der Hälfte aus eigenem Einkommen und Vermögen deckt und von der einsatzpflichtigen Person tatsächlich Leistungen erhält, ohne dass es auf eine Unterhaltspflicht nach bürgerlichem Recht ankommt. Maßgeblich für die Frage des überwiegenden Unterhalts sind die erbrachten Sach- und/oder Geldleistungen.

Bei der Frage, ob ein Kind durch die Eltern/-teile überwiegend unterhalten wird, ist also sowohl auf monetäre als auch auf nichtmonetäre Gesichtspunkte abzustellen. Das eigentlich nach dem Einkommensteuergesetz dem kindergeldberechtigten Elternteil zuzuordnende Kindergeld wird im Zwölften Buch Sozialgesetzbuch den minderjährigen Kindern zugerechnet (vgl. § 82 Abs. 1 Satz 3 SGB XII). Darüber hinaus wird von den Eltern/-teilen Betreuungsunterhalt (vgl. § 1606 Abs. 3 Satz 2 BGB) in Natura geleistet (Betreuung und Erziehung, Gewährung von Ernährung, Unterkunft, Kleidung, Hausrat, Heizung, Körperpflege, Versicherungsschutz und Bedürfnisse des täglichen Lebens). Damit ist in entsprechenden Fällen grundsätzlich davon auszugehen, dass ein minderjähriges Kind von den Eltern/-teilen in diesem Sinne „überwiegend unterhalten" wird.[181]

Vermögen minderjähriger Kinder

Grundsätzlich ist bei der Entscheidung über Sozialhilfeleistungen für ein minderjähriges Kind das Vermögen der Eltern bzw. des Elternteils sowie das Vermögen des Kindes selbst relevant (vgl. § 19 Abs. 1, § 27 Abs. 1 und Abs. 2 und § 19 Abs. 3 SGB XII).

Die Ermittlung des Freibetrages bereitet aber in den Fällen Probleme, in denen (nur) das Kind oder sowohl das Kind als auch die Eltern in der Einsatzgemeinschaft über eigenes Vermögen verfügen. Nach § 1 der VO zu § 90 Abs. 2 Nr. 9 SGB XII lässt sich der Vermögensfreibetrag für das Kind selbst nicht ermitteln. Verfügt es über ein Vermögen oberhalb der Freigrenze, ist das Kind in der Lage, seinen Bedarf aus seinem Vermögen zu bestreiten.

Die Eltern sind in diesem Fall nicht zum Einsatz ihres Einkommens und Vermögens für den Kindesbedarf verpflichtet. Konsequent ist es daher, den Freibetrag für das Kind - wie bei Volljährigen - auf 5.000,00 € nach § 1 Nr. 1 VO zu § 90 Abs. 2 Nr. 9 SGB XII zu bestimmen (vgl. 3.7.5, Sachverhalt 2 der Übung).

---

[181] Vgl. Sächsisches Landessozialgericht, Urteil vom 01.10.2012, L 7 AS 434/12, juris, Rn. 12.

Veränderung der Grundfreibeträge

Die in der Verordnung ausgewiesenen Grundbeträge können der Höhe nach verändert werden. § 2 Abs. 1 Satz 1 VO zu § 90 Abs. 2 Nr. 9 SGB XII sieht eine **angemessene Erhöhung** vor, wenn im Einzelfall eine besondere Notlage der nachfragenden Person besteht. Bei der Entscheidung über die Erhöhung und über den Umfang der Erhöhung sind vor allem die Art und Dauer des Bedarfs sowie besondere Belastungen zu berücksichtigen (vgl. § 2 Abs. 1 Satz 2 VO zu § 90 Abs. 2 Nr. 9 SGB XII). In Betracht kommt eine Erhöhung z. B., wenn aus Anlass der Aufnahme in einem Pflegeheim notwendige Anschaffungen zu tätigen sind und die pflegebedürftige Person ihre Ersparnisse zu einem Teil hierfür verwenden will.

Eine **Herabsetzung** der Grundfreibeträge ist nach § 2 Abs. 2 VO zu § 90 Abs. 2 Nr. 9 SGB XII nur möglich, wenn die Voraussetzungen der §§ 103 oder 94 SGB XII vorliegen.

Tatbestände, die zu einem Kostenersatzanspruch des Trägers der Sozialhilfe nach § 103 SGB XII führen (z. B. vorsätzliche oder grob fahrlässige Herbeiführung der Bedürftigkeit der leistungsberechtigten Person oder von Angehörigen), ermöglichen dem Träger somit zusätzlich, soweit Vermögen vorhanden ist, über eine Herabsetzung des Freibetrages den Eintritt der Hilfebedürftigkeit zu verhindern bzw. zu verzögern.

Die weitere Möglichkeit zur Herabsetzung des Freibetrages, die zum 01.01.2005 neu ins Gesetz aufgenommen wurde, bezieht sich auf Leistungsfälle, in denen Sozialhilfe erbracht wird, obwohl Unterhaltsansprüche der leistungsberechtigten Person nach bürgerlichem Recht bestehen. § 94 SGB XII regelt den Übergang solcher Unterhaltsansprüche, die in der Praxis aber dann nicht realisierbar sind, wenn die leistungsberechtigte Person wegen vorhandenen Vermögens nach unterhaltsrechtlichen Bestimmungen nicht als bedürftig gilt. Über die Herabsetzung des Vermögensfreibetrages kann die Problematik der fehlenden Übereinstimmung zwischen sozialhilferechtlicher und unterhaltsrechtlicher Bedürftigkeit gelöst werden.

Die Reduzierung der Grundfreibeträge verlangt in beiden Alternativen eine Ermessensausübung, während auf die Erhöhung bei Vorliegen der Voraussetzungen ein Rechtsanspruch besteht.

3.7.3 Härteregelung (§ 90 Abs. 3 SGB XII)

Nach § 90 Abs. 3 SGB XII darf die Sozialhilfe ferner nicht vom Einsatz oder von der Verwertung eines Vermögens abhängig gemacht werden, soweit dies für den, der das Vermögen einzusetzen hat, und für seine unterhaltsberechtigten Angehörigen eine Härte bedeuten würde. Diese Norm ist auf alle Vermögenswerte anwendbar, die nicht oder nur zum Teil unter die Schutzbestimmungen des § 90 Abs. 2 SGB XII fallen. Sie ermöglicht dem Träger der Sozialhilfe, Besonderheiten des Einzelfalles Rechnung zu tragen und Entscheidungen zu vermeiden, die den Leitvorstellungen des Gesetzgebers nicht gerecht würden.

Ob eine Härte nach § 90 Abs. 3 SGB XII vorliegt, ist nach objektiven Gesichtspunkten zu beurteilen. Es kommt nicht darauf an, ob die um Sozialhilfe nachfragende Person subjektiv den Verweis auf die Vermögensverwertung als Härte empfindet. Vielmehr ist zu prüfen, welche Besonderheiten der Einzelfall gegenüber der Situation vergleichbarer Gruppen von Leistungsberechtigten aufweist. Dabei kann sich die Härte aus der vorgesehenen Zweckbestimmung oder aus der Herkunft des Vermögens ableiten.

Eine Härte ist z. B. anzunehmen beim Einsatz von Vermögen aus einem Kapitalbetrag oder einer Nachzahlung, das als Einkommen nach den §§ 82 und 83 SGB XII nicht zu berücksichtigen wäre (z. B. Grundrente nach dem Bundesversorgungsgesetz, einmalige Schmerzensgeldzahlung[182]). Auch der Einsatz angesparten „geschützten" Elterngeldes als Vermögen während des gesetzlichen Förderungszeitraumes bedeutet für die leistungsberechtigte Person grundsätzlich eine Härte[183]. Ist ein Vermögen aus zweckbestimmten Leistungen oder zum Zweck der Finanzierung eines zukünftigen Bedarfs gebildet worden, der unter Selbsthilfegesichtspunkten zu akzeptieren ist (z. B. Bestattungsvorsorgevermögen), kann dies ebenfalls Anlass zum Verzicht auf den Einsatz sein[184].

Dagegen kann die Herkunft des Vermögens keine besondere Härte begründen, wenn die leistungsberechtigte Person den Vermögenswert während des Leistungsbezugs, also aus den Sozialhilfezahlungen, angespart hat[185].

Eine Härte nach § 90 Abs. 3 Satz 1 SGB XII besteht grundsätzlich in der Verwertung von Vermögen, das auf den Todesfall in Form von angemessenen **Bestattungsvorsorgeverträgen** oder **Grabpflegeverträgen** zweckgebunden ist. Das Vorliegen einer Härte ist von der Rechtsprechung grundsätzlich anerkannt, und zwar im Hinblick auf den Schutz aus der Menschenwürde abgeleiteten Wunsch von Menschen, für die Zeit nach ihrem Tod für eine angemessene Bestattung und Grabpflege vorzusorgen.

Eine Zweckbindung im Sinne von § 90 Abs. 3 Satz 1 SGB XII liegt auch bei reinen **Sterbegeldversicherungen vor**, die eine Fälligkeit zu Lebzeiten (anders dagegen Erlebens- und Todesfallversicherung sowie kapitalbildende Lebensversicherung) ausschließt. Kriterien für die Beurteilung der Angemessenheit dem Grunde nach sind insbesondere das Lebensalter, der Gesundheitszustand und die Lebenserwartung der leistungsberechtigten Person zum Zeitpunkt des Vertragsabschlusses.

Eine vertragliche Absicherung vor dem 50. Lebensjahr ist dem Grunde nach nicht angemessen, da dies nicht Ausdruck eines vernünftigen, sondern eines überzogenen und damit unangemessenen Absicherungsbedürfnisses ist.

---

[182] Vgl. BVerwG, Urteil vom 18.05.1995, 5 C 22/93 (zum Schmerzensgeld), BVerwGE 98, 256 = FEVS 46, 57 = NDV-RD 1996, 65.
[183] Vgl. BVerwG, Urteil vom 04.09.1997, 5 C 8/97, BVerwGE 105, 199 = FEVS 48, 4 = NDV-RD 1997, 130.
[184] Vgl. BSG, Urteil vom 18.03.2008, B 8/9b SO 9/06 R, BSGE 100, 131 = FEVS 60, 108 = SGb 2009, 35.
[185] BSG, Urteil vom 12.07.2017, B 4 AS 19/16 R, juris, Rn. 30.

Eine zeitliche Nähe des Vertragsschlusses zum Eintritt des Hilfebedarfs ist hingegen nur dann von Bedeutung, wenn der Abschluss nachweisbar mit der Absicht der (vorzeitigen) Erfüllung der Leistungsvoraussetzungen der Sozialhilfe erfolgte und nicht auf dem Gedanken der Selbstbestimmung und Menschenwürde auch für die Zeit nach dem Tod beruht. So ist Vermögen aus einem angemessenen Bestattungsvorsorgevertrag nicht geschützt, wenn durch den Abschluss des Bestattungsvorsorgevertrages das Vermögen in der Absicht gemindert wurde, die Voraussetzungen für die Gewährung oder Erhöhung der Leistung herbeizuführen.[186]

Kriterien für die Beurteilung der angemessenen Höhe der vertraglichen Absicherung sind insbesondere die örtlichen Verhältnisse (Gepflogenheiten und Kosten der Bestattung/Grabpflege). Verträge bis zu 3.500,00 € gelten der Höhe nach grundsätzlich als angemessen[187]. Zum Teil wird auch ein Betrag von 5.000,00 € als angemessen anerkannt[188]. Ein Betrag von 8.000,00 € wird als unangemessen angesehen[189].

Sofern die Angemessenheit zwar dem Grunde nach, nicht aber der Höhe nach gegeben ist, ist der leistungsberechtigten Person zuzugestehen, im Rahmen einer Änderungskündigung mit dem Vertragspartner einen angemessenen Vertragszustand zu vereinbaren, um einerseits eine angemessene Leistung (Bestattung/Grabpflege) zu erhalten und andererseits einen Teil der (vorausgeleisteten) Vergütung zurückzuerlangen, um damit ihren Sozialhilfebedarf decken zu können.

§ 90 Abs. 3 Satz 2 SGB XII konkretisiert die Härteregelung in Bezug auf Leistungen nach dem 5. bis 9. Kapitel SGB XII dahingehend, dass eine Härte vor allem dann vorliegt, soweit eine angemessene Lebensführung oder die Aufrechterhaltung einer angemessenen Alterssicherung wesentlich erschwert würde. Nach dieser Norm kann z. B. ein Kraftfahrzeug für einen behinderten Menschen „geschütztes" Vermögen sein, von dessen Einsatz Leistungen nach dem 5. bis 9. Kapitel SGB XII nicht abhängig gemacht werden dürfen.

3.7.4 Sozialhilfe als Darlehen (§ 91 SGB XII)

Ist nach den Bestimmungen des § 90 SGB XII Vermögen einzusetzen, soll dennoch Sozialhilfe in Form eines Darlehens nach § 91 SGB XII erbracht werden, soweit der sofortige Verbrauch oder die **sofortige Verwertung**

- nicht möglich ist oder

- für den, der es einzusetzen hat, eine Härte bedeuten würde.

---

[186] BSG Urteil vom 18.03.2008, B 8/9b SO 9/06 R, BSGE 100, 131 = SGB 2009, 35 = FEVS 60, 108.
[187] Vgl. SG Aachen, Urteil vom 31.10.2006, S 20 SO 4/06, juris, Rn. 21; SG Dortmund, Urteil vom 13.02.2009, S 47 SO 188/06, juris, Rn. 27.
[188] Vgl. LSG Schleswig-Holstein, Urteil vom 04.12.2006, L 9 SO 3/06, juris, Rn. 36.
[189] Vgl. SG Dortmund, Urteil vom 13.02.2009, S 47 SO 188/06, juris, Rn. 27.

Voraussetzung für eine darlehensweise Hilfeleistung ist demnach, dass das Vermögen verwertbar ist (§ 90 Abs. 1 SGB XII) und nicht unter die Schutzbestimmungen des § 90 Abs. 2 und Abs. 3 SGB XII fällt (z. B. ein unbebautes Grundstück oder ein unangemessenes Hausgrundstück im Sinne von § 90 Abs. 2 Nr. 8 SGB XII). Hinzutreten muss der Umstand, dass eine sofortige Verwertung zum Zwecke der Befriedigung des Bedarfs nicht möglich ist (z. B. wegen des Zeitaufwandes beim Verkauf einer Auslandsimmobilie) oder dass ein Verweis auf diese Möglichkeit der Selbsthilfe für den Betreffenden eine Härte bedeuten würde (z. B. weil die sofortige Verwertung unverhältnismäßige Wertverluste zur Folge hätte oder weil das „unangemessene Haus" weiterhin von der leistungsberechtigten Person bewohnt wird).

Anders als bei der Auslegung des (vorrangig objektiven) Härtebegriffs nach § 90 Abs. 3 SGB XII ist bei der Beurteilung der in § 91 SGB XII angesprochenen Härte verstärkt auf subjektive Kriterien - vom Standpunkt der leistungsberechtigten Person aus - abzustellen. So kann eine Härte im Sinne des § 91 SGB XII vorliegen, wenn zum Zeitpunkt des Bedarfseintritts zwar eine Verwertung des ungeschützten Vermögens grundsätzlich möglich, dies aber unwirtschaftlich wäre (z. B. Auflösung eines Sparvertrages vor Ablauf der Sperrfrist). Es wird hier allein auf die (derzeitige) **wirtschaftliche Härte** abgestellt.

Nach § 91 Satz 2 SGB XII hat der Träger die Möglichkeit, die Leistungserbringung davon abhängig zu machen, dass der Rückzahlungsanspruch gesichert wird. Dies kann durch eine dingliche Sicherung (z. B. Eintragung einer Sicherungshypothek), durch das Abtreten von Ansprüchen oder durch eine Bürgschaft realisiert werden.

Die Entscheidung über die Erbringung eines Darlehens nach § 91 SGB XII sowie die Auszahlungs-, Rückzahlungs- und Sicherungsmodalitäten können durch einen Darlehensvertrag (öffentlich-rechtlicher Vertrag im Sinne des § 53 SGB X) mit der leistungsberechtigten Person vereinbart oder einseitig durch Verwaltungsakt geregelt werden.

3.7.5 Übungen

Sachverhalt 1

Die nicht erwerbsfähige Frau A (39 Jahre), die mit ihrer 13-jährigen Tochter Martina zusammenlebt, beantragt Hilfe zum Lebensunterhalt nach dem 3. Kapitel SGB XII, weil ihre Einkünfte (zeitlich befristete Rente wegen voller Erwerbsminderung aus der gesetzlichen Rentenversicherung und Kindergeld) nicht ausreichen, um den notwendigen Lebensunterhalt für beide sicherzustellen. Frau A besitzt ein Sparbuch mit einem Guthaben von 5.400,00 €.

Aufgabe

Prüfen Sie, ob und ggf. in welcher Höhe Vermögen für die Bedarfsdeckung einzusetzen ist. (Gehen Sie davon aus, dass Martina von ihrer Mutter überwiegend unterhalten wird.)

Kapitel 3 – Hilfe zum Lebensunterhalt nach 3. Kapitel SGB XII

Lösung

Das Sparguthaben von Frau A ist verwertbares Vermögen im Sinne von § 90 Abs. 1 SGB XII. Ob und in welcher Höhe dieses Guthaben als „kleinerer Barbetrag oder sonstiger Geldwert" sozialhilferechtlich zu berücksichtigen ist, ergibt sich aus § 90 Abs. 2 Nr. 9 SGB XII und aus der hierzu ergangenen Verordnung.

Dem Vermögen der Frau A in Höhe von 5.400,00 € ist ein Freibetrag gegenüberzustellen. Gemäß § 1 Satz 1 Nr. 1 VO zu § 90 Abs. 2 Nr. 9 SGB XII ist für jede volljährige Person ein Freibetrag in Höhe von 5.000,00 € zuzuordnen.

Damit ist für Frau A ein Freibetrag in Höhe von 5.000,00 € zu berücksichtigen.

Zusätzlich kommt nach § 1 Satz 1 Nr. 2 VO zu § 90 Abs. 2 Nr. 9 SGB XII ein Freibetrag für jede Person in Betracht, die von einer Person nach Nr. 1 überwiegend unterhalten wird. Bei der Frage, ob ein Kind durch die Eltern/-teile überwiegend unterhalten wird, ist sowohl auf monetäre als auch auf nichtmonetäre Aspekte abzustellen.

Das eigentlich nach dem Einkommensteuergesetz dem kindergeldberechtigten Elternteil zuzuordnende Kindergeld wird im Zwölften Buch Sozialgesetzbuch den Kindern zugerechnet (vgl. § 82 Abs. 1 Satz 3 SGB XII). Darüber hinaus wird von den Eltern/-teilen Betreuungsunterhalt (vgl. § 1606 Abs. 3 Satz 2 BGB) in Natura geleistet (Ernährung, Unterhalt, Kleidung, Körperpflege, Hausrat, Heizung, Bedürfnisse des täglichen Lebens). Damit ist in entsprechenden Konstellationen grundsätzlich davon auszugehen, dass ein minderjähriges Kind von den Eltern/-teilen in diesem Sinne „überwiegend unterhalten" wird, so dass auch für das Kind ein Erhöhungsfreibetrag zu berücksichtigen ist.

Freibetrag nach § 1 Satz 1 Nr. 1 der VO zu § 90 Abs. 2 Nr. 9 SGB XII	5.000,00 €
Erhöhungsbetrag für die (überwiegend unterhaltene) Tochter Martina	500,00 €
Gesamtfreibetrag	**5.500,00 €**

Das Sparguthaben liegt unter diesem Freibetrag, eine Einsatzverpflichtung besteht somit nicht.

Sachverhalt 2

Gleicher Sachverhalt wie vor mit folgender Ergänzung:

Zusätzliches Sparguthaben der Tochter Martina	1.200,00 €

Aufgabe

Prüfen Sie, ob und ggf. in welcher Höhe Vermögen für die Bedarfsdeckung einzusetzen ist.

Lösung

Das minderjährige nachfragende Kind Martina hat Vermögen. Es ist in einem ersten Schritt zu prüfen, ob und ggf. in welcher Höhe das Vermögen von Martina geschützt ist. Dabei wird Martina als alleinstehende minderjährige Person im Sinne von § 1 Satz 1 Nr. 1 VO zu § 90 Abs. 2 Nr. 9 SGB XII betrachtet. Eine solche isolierte Betrachtung der Hilfebedürftigkeit des minderjährigen Kindes ist erforderlich, weil nach den Regeln der Einsatzgemeinschaft minderjährige Kinder ihr Einkommen und/oder Vermögen nicht für die Eltern einsetzen müssen (Umkehrschluss aus § 27 Abs. 2 Satz 3 SGB XII).

Für Martina kommt demnach auch ein Freibetrag nach § 1 Satz 1 Nr. 1 VO zu § 90 Abs. 2 Nr. 9 SGB XII in Höhe von 5.000,00 € in Betracht. Insoweit ist ihr Vermögen auf dem Sparbuch mit einem Guthaben in Höhe von 1.200,00 € zur Bedarfsdeckung nicht einzusetzen.

In einem zweiten Schritt ist zu prüfen, ob und ggf. in welcher Höhe Vermögen der Eltern oder eines Elternteils durch Freibeträge „geschützt" ist.

Dieser zweite Schritt ist notwendig, um festzustellen, ob die Eltern bzw. der Elternteil hilfebedürftig sind bzw. ist, denn im Rahmen der Einsatzgemeinschaft und den Grundsätzen zur Prüfung der individuellen Hilfebedürftigkeit setzen die Eltern bzw. der Elternteil ihr bzw. sein Einkommen und/oder Vermögen nach § 27 Abs. 2 Satz 1 SGB XII und § 27 Abs. 2 Satz 2 SGB XII als erstes für sich selbst ein. Darüber hinaus sind bei den Eltern Erhöhungsfreibeträge für den Partner und für jede überwiegend unterhaltene Person zu berücksichtigen, um eigenes vorhandenes Vermögen zu schützen, das sie nach dem Willen des Gesetzgebers für sich und für von ihnen überwiegend unterhaltene Personen benötigen.

Soweit das Kind über eigenes Vermögen verfügt, ist daher vorab der Frage nachzugehen, ob das Vermögen der Eltern/-teile zur Bedarfsdeckung einzusetzen ist. Ggf. nicht geschütztes eigenes Vermögen der Eltern/-teile ist zur eigenen Bedarfsdeckung einzusetzen.

Hier ist für Frau A ein Freibetrag in Höhe von 5.500,00 € zu berücksichtigen (siehe Lösung Sachverhalt 1). Damit ist das Vermögen auf dem Sparbuch von Frau A in Höhe von 5.400,00 € für ihre Bedarfsdeckung nicht einzusetzen. Das Vermögen von Frau A ist geschützt.

Im Ergebnis ist also festzustellen, dass die Verordnung zu § 90 Abs. 2 Nr. 9 SGB XII keine Freibetragsregelung für minderjährige und dem Haushalt der Eltern angehörige Kinder bereithält. Dies führt immer dann zu Problemen, wenn das Kind über eigenes Vermögen verfügt. Ist dies der Fall, ist die o. g. Vorgehensweise angezeigt. Sie führt dazu, dass ein Freibetrag für die Eltern oder ein Elternteil zu ermitteln ist **und** ein eigener Freibetrag für das Kind oder die Kinder. Indem den Kindern ein eigener Freibetrag zugestanden wird, liegt mit dem hier vorgestellten Ergebnis eine ähnliche Lösung vor wie es im Zweiten Buch Sozialgesetzbuch bereits geregelt ist.

Sachverhalt 3

Frau B (64 Jahre) und ihr Ehemann (63 Jahre) beziehen jeweils eine Altersrente aus der gesetzlichen Rentenversicherung. Die Renten sind so gering, dass davon der Lebensunterhalt für beide nicht bestritten werden kann. Es stehen folgende Vermögenswerte zur Verfügung:

Sparguthaben Frau B	3.900,00 €
Guthaben Girokonto Herr B	3.100,00 €
Kraftfahrzeug (aktueller Verkehrswert)	4.500,00 €

Aufgabe

Prüfen Sie, ob und ggf. in welcher Höhe vorliegend Vermögen der Eheleute B zur Bestreitung des Lebensunterhalts einzusetzen ist. Gehen Sie davon aus, dass eine Erwerbsminderung bei beiden nicht besteht.

Lösung

Vorbemerkung:

Wegen des Bezugs einer Altersrente sind sowohl Herr B als auch Frau B gemäß § 7 Abs. 4 Satz 1 SGB II nicht anspruchsberechtigt nach dem Zweiten Buch Sozialgesetzbuch. Leistungen der Grundsicherung im Alter und bei Erwerbsminderung nach dem 4. Kapitel SGB XII scheiden ebenfalls aus, da die Altersvoraussetzung bei beiden noch nicht erfüllt ist und auch keine dauerhafte volle Erwerbsminderung besteht (vgl. § 41 Abs. 2 und Abs. 3 SGB XII).

Von daher kommt Hilfe zum Lebensunterhalt nach dem 3. Kapitel SGB XII in Betracht.

Grundsätzlich ist diese Leistung vom Vermögen der nachfragenden Person und des nicht getrennt lebenden Ehegatten abhängig (vgl. § 19 Abs. 1 und § 27 Abs. 1 und Abs. 2 SGB XII). Zum Vermögen gehört nach § 90 Abs. 1 SGB XII das gesamte verwertbare Vermögen. Die im Sachverhalt genannten Guthaben sowie das Kraftfahrzeug stellen Vermögen dar, das sich - durch Verkauf oder Realisieren der Forderungen gegenüber den Banken - verwerten lässt. Dass für das Kraftfahrzeug zunächst ein Käufer gefunden werden muss, steht der grundsätzlichen Verwertbarkeit nicht entgegen.

Fraglich ist, ob die genannten Vermögenswerte unter Umständen nach § 90 Abs. 2 SGB XII von einer Verwertungspflicht ausgenommen sind. In Betracht kommt hier - da das Kraftfahrzeug nicht für die Berufsausübung notwendig ist - allein die Schutznorm des § 90 Abs. 2 Nr. 9 SGB XII. Dafür müsste es sich bei den Vermögensbeträgen um „kleinere Barbeträge oder sonstige Geldwerte" handeln. Was darunter zu verstehen ist, ist in der Verordnung zu § 90 Abs. 2 Nr. 9 SGB XII geregelt.

Kapitel 3 – Hilfe zum Lebensunterhalt nach 3. Kapitel SGB XII

Hier ist die Hilfe zum Lebensunterhalt vom Vermögen der nachfragenden Person und ihres nicht getrennt lebenden Ehegatten abhängig. Der sog. Vermögensfreibetrag ermittelt sich demnach nach § 1 Abs. 1 Satz 1 Nr. 2 VO zu § 90 Abs. 2 Nr. 9 SGB XII und setzt sich wie folgt zusammen:

Grundfreibetrag für jede volljährige Person

Frau B	5.000,00 €
Herr B	5.000,00 €
Gesamtfreibetrag	**10.000,00 €**

Ein weiterer Erhöhungsbetrag kommt hier nicht in Betracht, da weder Herr B noch Frau B eine andere Person überwiegend unterhalten. Für eine Heraufsetzung des Betrages nach § 2 Abs. 1 VO zu § 90 Abs. 2 Nr. 9 SGB XII gibt es keinen Anhaltspunkt. Als „kleinerer Barbetrag" gilt somit ein Betrag in Höhe von 10.000,00 €. Das derzeit vorhandene Vermögen (11.500,00 €) übersteigt diesen Schonbetrag um 1.500,00 €. Dieser Betrag wäre zur Bestreitung des Lebensunterhalts einzusetzen.

Gemäß § 90 Abs. 3 SGB XII darf die Sozialhilfe aber ferner nicht vom Einsatz oder von der Verwertung eines Vermögens abhängig gemacht werden, soweit dies für den, der das Vermögen einzusetzen hat, eine Härte bedeuten würde. Dass die Veräußerung des Kraftfahrzeugs für die Eheleute B – im Vergleich zu anderen bedürftigen Personen in vergleichbaren Lebenssituationen – eine Härte darstellt, lässt sich dem Sachverhalt nicht entnehmen. Auf die Tatsache, dass man subjektiv den Verzicht auf ein Kraftfahrzeug als „hart" empfinden mag, kommt es nicht an. Auch der Einsatz des vorhandenen Guthabens bei der Bank ist aus objektiver Sicht nicht unzumutbar, so dass sich dies für die Eheleute B als Alternative anbietet (unter der Voraussetzung, dass ausreichende Mittel zur Finanzierung der Betriebskosten des Kraftfahrzeugs zur Verfügung stehen).

Sachverhalt 4

Gleicher Sachverhalt wie vor mit folgender Abwandlung:

Das Vermögen der Eheleute beschränkt sich auf eine Kapitallebensversicherung der Ehefrau, deren Auszahlung mit einem Betrag von 14.000,00 € bei Erreichen des 65. Lebensjahres vorgesehen ist. Bei vorzeitiger Kündigung der Lebensversicherung werden nach dem Vertrag statt der 14.000,00 € derzeit nur 11.100,00 € ausgezahlt. Frau B hat in neun Monaten Geburtstag.

Aufgabe

Prüfen Sie, ob und ggf. in welcher Höhe der Einsatz von Vermögen zur Bestreitung des Lebensunterhalts des Ehepaares B zu verlangen ist.

Lösung

Die Forderung aus dem Lebensversicherungsvertrag der Frau B stellt verwertbares Vermögen im Sinne von § 90 Abs. 1 SGB XII dar. Zurzeit hat sie einen Wert von 11.100,00 € (derzeitiger Rückkaufswert).

Der Vermögensfreibetrag nach § 90 Abs. 2 Nr. 9 SGB XII beläuft sich - wie oben ermittelt - auf 10.000,00 €. Demnach wären 1.100,00 € zur Bestreitung des Lebensunterhalts einzusetzen, es sei denn, der Einsatz dieses Vermögens wäre als Härte im Sinne von § 90 Abs. 3 SGB XII anzusehen.

Ansatzpunkt für eine Härte könnte hier der Umstand sein, dass bei vorzeitiger Kündigung des Versicherungsvertrages ein um 2.900,00 € reduzierter Betrag zur Auszahlung kommt. Dass eine sofortige Verwertung unwirtschaftlich sein kann, ist aber kein Umstand, der einen grundsätzlichen Verzicht auf den Vermögenseinsatz rechtfertigt. Der Gesichtspunkt des Nachrangs der Sozialhilfe (vgl. § 2 SGB XII) fordert zwingend die Selbsthilfe durch Vermögenseinsatz auch dann ein, wenn die Verwertung unter wirtschaftlichen Gesichtspunkten ungünstig oder unwirtschaftlich und deshalb subjektiv hart erscheint. Eine Härte im Sinne des § 90 Abs. 3 SGB XII ist hierin nicht zu sehen. Somit findet § 90 Abs. 3 SGB XII hier keine Anwendung.

Allerdings könnte hier eine darlehensweise Hilfeleistung nach § 91 Satz 1 SGB XII in Betracht kommen. Das Verlangen einer sofortigen Verwertung der Kapitallebensversicherung bedeutet für Frau B hier eine **wirtschaftliche** Härte, denn sie würde bei vorzeitiger Kündigung der Lebensversicherung in nur neun Monaten 2.900,00 € verlieren. Daher ist Frau B ein Darlehen nach § 91 Satz 1 SGB XII zu leisten. Der Träger der Sozialhilfe kann nach § 91 Satz 2 SGB XII bei Erbringung eines entsprechenden Darlehens seine Rückzahlungsaufforderung absichern, indem er sich in entsprechender Höhe die Forderung gegenüber dem Versicherungsnehmer abtreten lässt.

Sachverhalt 5

Herr C (70 Jahre) und seine Ehefrau (60 Jahre, erwerbsfähig) besitzen ein gemeinsames Sparbuch, auf dem sich ein Guthaben in Höhe von 12.000,00 € befindet.

Aufgabe

Prüfen Sie, ob und ggf. in welcher Höhe Vermögen für die Bedarfsdeckung einzusetzen ist.

Lösung

Frau C könnte einen Anspruch auf Arbeitslosengeld II haben, wenn sie kein Vermögen für ihre Bedarfsdeckung einzusetzen hat. Beim Sparguthaben handelt es sich um verwertbares Vermögen im Sinne des § 12 Abs. 1 SGB II. Nach § 12 Abs. 2 Satz 1 Nr. 1 SGB II kommt für Frau C ein Freibetrag in Höhe von 9.000,00 € (60 Jahre x 150,00 €) zzgl. des Anschaffungsfreibetrages von 750,00 € gemäß § 12 Abs. 2 Nr. 4 SGB II, somit insgesamt 9.750,00 €, in Betracht. Im Zweiten Buch Sozialgesetzbuch gibt es gleichzeitig auch einen Freibetrag für den Partner in der Bedarfsgemeinschaft (vgl. § 12 Abs. 2 Satz 1 Nr. 1 SGB II). Herr und Frau C bilden eine Bedarfs- und Einsatzgemeinschaft (§ 7 Abs. 3 SGB II, § 9 Abs. 2 Satz 1 SGB II), so dass deren gemeinsamer Freibetrag 9.750,00 € plus 10.800,00 €, insgesamt also 20.550,00 € beträgt.

Damit unterschreitet das Sparguthaben den Vermögensfreibetrag des § 12 Abs. 2 SGB II.

Herr C ist 70 Jahre alt. Damit könnte er einen Anspruch auf Leistungen der Grundsicherung im Alter und bei Erwerbsminderung haben, wenn kein Vermögen für seine Bedarfsdeckung einzusetzen ist. Das Sparguthaben von Frau C und Herrn C stellt verwertbares Vermögen im Sinne von § 90 Abs. 1 SGB XII dar. Ob und in welcher Höhe das Sparguthaben als „kleinerer Barbetrag oder sonstiger Geldwert" sozialhilferechtlich zu berücksichtigen ist, ergibt sich aus § 90 Abs. 2 Nr. 9 SGB XII und aus der hierzu ergangenen Verordnung.

Hier ist die Grundsicherung im Alter und bei Erwerbsminderung nach dem 4. Kapitel SGB XII für Herrn C vom Vermögen der nachfragenden Person und ihres nicht getrennt lebenden Ehegatten abhängig (vgl. § 19 Abs. 2 Satz 1 SGB XII und § 43 Abs. 1 Satz 2 SGB XII). Der Vermögensfreibetrag (kleinere Barbetrag) ermittelt sich demnach nach § 1 Satz 1 Nr. 1 VO zu § 90 Abs. 2 Nr. 9 SGB XII und setzt sich wie folgt zusammen:

Grundfreibetrag für jede volljährige Person

Herr C	5.000,00 €
Frau C	5.000,00 €
Gesamtfreibetrag	**10.000,00 €**

Ein weiterer Erhöhungsbetrag kommt hier nicht in Betracht, da weder Herr C noch Frau C eine andere Person überwiegend unterhalten. Für eine Heraufsetzung des Betrages nach § 2 Abs. 1 VO zu § 90 Abs. 2 Nr. 9 SGB XII gibt es keinen Anhaltspunkt. Als „kleinerer Barbetrag" gilt somit ein Betrag in Höhe von 10.000,00 €. Das derzeit vorhandene Sparguthaben in Höhe von 12.000,00 € übersteigt diesen Schonbetrag um 2.000,00 €. Dieser Betrag wäre zur Bestreitung des Lebensunterhalts einzusetzen.

Gemäß § 90 Abs. 3 SGB XII darf die Sozialhilfe aber ferner nicht vom Einsatz oder von der Verwertung eines Vermögens abhängig gemacht werden, soweit dies für den, der das Vermögen einzusetzen hat, eine Härte bedeuten würde.

Im Rahmen gemischter Bedarfsgemeinschaften ist - aus Gründen der Gleichberechtigung (Art. 3 GG) - die Berechnung der Leistung für jede Person nach den Vorschriften des für sie geltenden Leistungssystems durchzuführen. Eine leistungsberechtigte Person darf nicht schlechter gestellt werden als andere Leistungsberechtigte - bezogen auf das Leistungssystem, zu welchem die leistungsberechtigte Person grundsätzlich gehört. Besonderheiten der gemischten Bedarfsgemeinschaft, die sich aus dem Regelungskonzept des Zweiten Buches

Sozialgesetzbuch ergeben, ist im Zwölften Buch Sozialgesetzbuch bezüglich Vermögensfragen mit Hilfe der Härteregelung des § 90 Abs. 3 SGB XII Rechnung zu tragen[190].

Bei der Gewährung von Sozialhilfe an Mitglieder einer gemischten Bedarfsgemeinschaft ist deshalb über den kleinen Barbetrag hinaus im Wege des gesetzlichen Härtefalls ein gemeinsamer Vermögensfreibetrag geschützt, der sich aus dem für den Sozialhilfebezieher maßgeblichen Barbetragsanteil und dem für den Bezieher von Leistungen der Grundsicherung für Arbeitsuchende nach den dort geltenden Vorschriften bemessenen Freibetragsanteil errechnet.

Solange alle Mitglieder einer gemischten Bedarfsgemeinschaft dem System des Zweiten Buches Sozialgesetzbuch unterworfen sind, muss für die dem Zweiten Buch Sozialgesetzbuch unterworfene Person die für diese günstigere Regelung respektiert werden. Bei Wechsel nur einer Person in das System des Zwölften Buches Sozialgesetzbuch bedarf diese gesetzgeberische Grundentscheidung einer Korrektur. Für die aus dem System des Zweiten Buches Sozialgesetzbuch ausscheidende Person sind die auf sie bezogenen Freibetragsanteile nicht mehr zu rechtfertigen.

Das Zwölfte Buch Sozialgesetzbuch sieht in diesem Fall gegenüber dem Zweiten Buch Sozialgesetzbuch einen geringeren Freibetrag in der Form des sog. „kleineren Barbetrages" vor. Beiden Konzepten, das des Zweiten Buches Sozialgesetzbuch und das des Zwölften Buches Sozialgesetzbuch, ist jedoch gemeinsam, dass es unerheblich ist, wer im Einzelnen Inhaber des Vermögens ist. Für die bereits aus dem Erwerbsleben ausgeschiedene Person der Bedarfsgemeinschaft kann sich der auf sie bezogene Freibetragsanteil nur noch in Höhe der Regelung des Zwölften Buches Sozialgesetzbuch errechnen, während der auf die andere Person der Bedarfsgemeinschaft bezogene Freibetragsanteil sich nach den Vorschriften des Zweiten Buches Sozialgesetzbuch bemisst.[191]

Eine solche Situation liegt hier vor. Frau C, die nach dem Zweiten Buch Sozialgesetzbuch leistungsberechtigt ist, hat dort einen Freibetrag nach § 12 Abs. 1 Satz 1 Nr. 1 SGB II in Höhe von 9.750,00 € (siehe Prüfung oben).

Damit ist bei Frau C als nicht getrennt lebender Ehegatte **nicht** ein Freibetrag nach § 1 Satz 1 Nr. 1 VO zu § 90 Abs. 2 Nr. 9 SGB XII in Höhe von 5.000,00 € zu berücksichtigen, sondern der Freibetrag nach § 12 Abs. 1 Satz 1 Nr. 1 SGB II in Höhe von 9.750,00 €, der ihr nach dem Zweiten Buch Sozialgesetzbuch zusteht. Es genügt für die Entscheidung über die Härtefallregelung des § 90 Abs. 3 SGB XII, dass Frau C als erwerbsfähige leistungsberechtigte Person dem System des Zweiten Buches Sozialgesetzbuches unterfällt und ihr das verbleiben muss, was sie im Sinne des Zweiten Buches Sozialgesetzbuches nicht genommen werden darf. Die Einräumung dieses erhöhten Freibetrages erfolgt über die Härteregelung des § 90 Abs. 3 SGB XII.

---

[190] Vgl. BSG, Urteil vom 20.09.2012, B 8 SO 13/11 R, juris, Rn. 19 = BSGE 112, 61 = NDV-RD 2013, 33 = FEVS 64, 461.
[191] Vgl. BSG, Urteil vom 20.09.2012, B 8 SO 13/11 R, BSGE 112, 61 = NDV-RD 2013, 33 = FEVS 64, 461.

Damit beträgt der Freibetrag für Herrn C und Frau C 14.750,00 € (= 5.000,00 € + 9.750,00 €). Somit ist das Sparguthaben auch im Rahmen des Zwölften Buches Sozialgesetzbuch geschützt.

Daher kommt ein Vermögenseinsatz für die Bedarfsdeckung des Herrn C nicht in Betracht.

3.8 Einsatz der Arbeitskraft

Der Anspruch auf Hilfe zum Lebensunterhalt setzt voraus, dass der notwendige Lebensunterhalt nicht durch eigene Kräfte und Mittel sichergestellt werden kann (vgl. § 19 Abs. 1 SGB XII). Zur Selbsthilfemöglichkeit gehört neben dem Einsatz von vorhandenem Einkommen und Vermögen grundsätzlich auch der Einsatz der Arbeitskraft.

Leistungsberechtigte Personen nach dem 3. Kapitel SGB XII sind allerdings in der Regel Personen, die aufgrund ihrer gesundheitlichen Beeinträchtigung nicht als Erwerbsfähige im Sinne der gesetzlichen Rentenversicherung gelten oder bei denen aufgrund ihres Alters Erwerbsarbeit ausscheidet. Von daher ist die Möglichkeit zur Selbsthilfe durch den Einsatz der eigenen Arbeitskraft beschränkt. Eine (Vollzeit)Erwerbstätigkeit wird regelmäßig nicht in Betracht kommen. Den leistungsberechtigten Personen wird aber die Ausübung einer zumutbaren Tätigkeit sowie die Teilnahme an einer ggf. erforderlichen Vorbereitung abverlangt (vgl. § 11 Abs. 3 Satz 4 SGB XII).

3.8.1 Zumutbarkeit einer Tätigkeit

Zumutbar ist jede Art von entlohnter Beschäftigung, die den gesundheitlichen Einschränkungen der jeweiligen Person Rechnung trägt. Es wird sich regelmäßig um eine Erwerbstätigkeit handeln, die unterhalb der Grenzen des § 43 Abs. 2 SGB VI liegt (im Durchschnitt weniger als drei Stunden pro Tag). Bei der Frage der Zumutbarkeit sind neben der körperlichen und geistigen Leistungsfähigkeit der betreffenden Personen weitere Faktoren relevant (vgl. § 11 Abs. 4 Satz 2 bis 4 SGB XII), insbesondere ob

- die geordnete Erziehung von Kindern,
- die Pflege von Angehörigen,
- die Führung eines (großen) Haushalts oder
- sonstige wichtige Gründe

der Aufnahme einer Tätigkeit entgegenstehen.

Die geordnete Erziehung eines Kindes, das das dritte Lebensjahr vollendet hat, ist in der Regel nicht gefährdet, soweit unter Berücksichtigung der besonderen Verhältnisse in der Familie die Betreuung des Kindes in einer Tageseinrichtung oder in Tagespflege im Sinne der Vorschriften des Achten Buches Sozialgesetzbuch oder auf andere Weise sichergestellt ist. Dabei sollen die Träger der Sozialhilfe darauf hinwirken, dass Alleinerziehenden vorrangig ein Platz zur Tagesbetreuung des Kindes angeboten wird (vgl. § 11 Abs. 4 Satz 3 SGB XII).

Berücksichtigt man, dass derzeit bei weitem nicht allen erwerbsfähigen Betreuungspersonen, die Leistungen nach dem Zweiten Buch Sozialgesetzbuch beziehen, die notwendigen (Ganztags-)betreuungsplätze angeboten werden können, ist die Aussicht auf ein bedarfsgerechtes Angebot, das auch die nicht erwerbsfähigen Bedürftigen einbezieht, eher gering.

Nach § 11 Abs. 4 Satz 1 SGB XII darf den Leistungsberechtigten eine Tätigkeit nicht zugemutet werden, wenn

1. sie wegen Erwerbsminderung, Krankheit, Behinderung oder Pflegebedürftigkeit hierzu nicht in der Lage sind oder

2. sie ein der Regelaltersgrenze der gesetzlichen Rentenversicherung (§ 35 des Sechsten Buches) entsprechendes Lebensalter erreicht oder überschritten haben oder

3. der Tätigkeit ein sonstiger wichtiger Grund entgegensteht.

Damit darf den leistungsberechtigten Personen, die ein der Regelaltersgrenze der gesetzlichen Rentenversicherung entsprechendes Lebensalter erreicht haben, eine Tätigkeit - unabhängig von ihrem Gesundheitszustand und sonstigen Belastungen - grundsätzlich nicht zugemutet werden (vgl. § 11 Abs. 4 Satz 1 Nr. 2 SGB XII). Diese Bestimmung zum Schutz bedürftiger Menschen im Rentenalter ist im Bereich der Hilfe zum Lebensunterhalt kaum relevant, da mit Erreichen der Regelaltersgrenze der - vorrangige - Anspruch auf Grundsicherung im Alter und bei Erwerbsminderung nach dem 4. Kapitel SGB XII gegeben ist. Im Rahmen dieser Hilfe ist die Norm dann aber einschlägig.

Verpflichtend ist eine Tätigkeit nur, wenn durch sie Einkommen erzielt werden kann. Eine unentgeltliche Beschäftigung oder ehrenamtliche Tätigkeit kann nicht gefordert werden, es sei denn, es handelt sich um eine Maßnahme zur Vorbereitung auf eine entlohnte Tätigkeit. In einem solchen Fall muss der direkte Zusammenhang aber erkennbar sein.

3.8.2 Einschränkung der Leistung bei Verweigerung

Lehnen leistungsberechtigte Personen entgegen ihrer Verpflichtung die Aufnahme einer zumutbaren Tätigkeit oder die Teilnahme an einer erforderlichen Vorbereitung ab, sieht § 39a Abs. 1 Satz 1 SGB XII eine zwingende Leistungskürzung vor. Die maßgebende Regelbedarfsstufe wird in einer ersten Stufe um bis zu 25 v. H. vermindert, bei wiederholter Ablehnung in weiteren Stufen um jeweils bis zu 25 v. H. (vgl. § 39a Abs. 1 Satz 1 SGB XII).

Die Einschränkung der Leistung nach § 39a SGB XII kommt nur im Rahmen der Hilfe zum Lebensunterhalt in Betracht. Sie steht in unmittelbarem Zusammenhang mit § 11 Abs. 3 Satz 4 SGB XII. Im Einzelnen ergeben sich folgende Voraussetzungen in materieller und formeller Hinsicht:

- Die Tätigkeit bzw. Vorbereitungsmaßnahme müssen zumutbar sein (vgl. 3.8.1).

- Die Tätigkeit muss der Einkommenserzielung dienen. Wird der leistungsberechtigten Person eine unentgeltliche Beschäftigung (z. B. eine ehrenamtliche Tätigkeit, ein unbezahltes Praktikum) angeboten, ist sie zur Übernahme nicht verpflichtet, es sei denn, diese Tätigkeit ist als Vorbereitungsmaßnahme für eine nachfolgende entgeltliche Beschäftigung zwingend.

- Bei der Einschränkung handelt es sich um einen Eingriff in das Recht auf Sozialhilfe. Dieser soll nicht unvorbereitet erfolgen, so dass eine vorherige Belehrung der leistungsberechtigten Person erfolgt sein muss (vgl. § 39a Abs. 1 Satz 2 SGB XII).

- Da die Kürzung des Regelbedarfs eine belastende Entscheidung darstellt, ist die vorherige Anhörung des Betroffenen notwendig (vgl. § 24 SGB X). Nur so hat die leistungsberechtigte Person die Möglichkeit, ihre Gründe für die Nichtaufnahme der Tätigkeit darzulegen.

Die Kürzung kann nur vom Regelbedarf vorgenommen werden, nicht von anderen Leistungen der Hilfe zum Lebensunterhalt (z. B. Mehrbedarf, Unterkunftskosten, einmaliger Bedarf). Was die Höhe der Kürzung betrifft, hat der Träger der Sozialhilfe einen Ermessensspielraum, wobei eine Kürzung um 25 v. H. die Obergrenze bei der ersten Ablehnung darstellt. Das Gesetz trifft keine Aussage zur Dauer der Leistungseinschränkung. Man wird - in Anlehnung an die Vorgängerregelung im Bundessozialhilfegesetz und im Vergleich zu den Sanktionsnormen des Zweiten Buches Sozialgesetzbuch - aber in jedem Fall von einer zeitlich begrenzten Kürzung ausgehen müssen. Dauer und Höhe der Einschränkung sind einzelfallbezogen zu konkretisieren.

Der Verweis auf § 26 Abs. 1 Satz 2 SGB XII soll sicherstellen, dass unterhaltsberechtigte Angehörige oder andere in Haushaltsgemeinschaft lebende Leistungsberechtigte (z. B. Kinder) durch die Einschränkung der Leistung nicht mitbetroffen werden (vgl. § 39a Abs. 2 SGB XII). Diese Anforderung stellt die Praxis vor fast nicht lösbare Probleme, so dass die Einschränkungsmöglichkeit in „Familiensituationen" häufig ins Leere geht.

3.9 Hilfen für einzelne Tätigkeiten (§ 27 Abs. 3 SGB XII)

Nach § 27 Abs. 3 Satz 1 SGB XII kann Hilfe zum Lebensunterhalt auch Personen geleistet werden, die ein für den notwendigen Lebensunterhalt ausreichendes Einkommen oder Vermögen haben, jedoch einzelne für ihren Lebensunterhalt erforderliche Tätigkeiten nicht verrichten können und ihnen die Aufbringung der notwendigen Kosten für die geleistete Hilfe und Unterstützung nicht in voller Höhe zumutbar ist.

Bei diesen für den Lebensunterhalt erforderlichen Tätigkeiten handelt es sich z. B. um Putzen, Einkaufen, Zubereiten von Mahlzeiten und Ähnliches. Dadurch werden oft dem Träger der Sozialhilfe höhere Kosten erspart, wenn sonst teilstationäre oder vollstationäre Hilfen erbracht werden müssten.

Voraussetzung für die Anwendung dieser Leistungsnorm ist, dass ein für den notwendigen Lebensunterhalt ausreichendes Einkommen oder Vermögen vorhanden ist. Personen, die nach § 19 Abs. 1 SGB XII einen Anspruch auf Hilfe zum Lebensunterhalt oder nach § 19 Abs. 2 SGB XII einen Anspruch auf Grundsicherung im Alter oder bei Erwerbsminderung haben, erhalten die benötigte Hilfe für einzelne Tätigkeiten als Pflichtleistung im Rahmen dieser Hilfen und nicht nach § 27 Abs. 3 Satz 1 SGB XII als Ermessensleistung. Als angemessen gelten Aufwendungen, die üblicherweise als Anerkennung für unentgeltlich geleistete Hilfen und Unterstützungen oder zur Abgeltung des entsprechenden Aufwandes geleistet werden.

Der höhere Bedarf ist durch eine abweichende Bemessung des Regelsatzes auszugleichen (vgl. § 27a Abs. 4 Satz 1 SGB XII).

Berücksichtigt man, dass

- bei pflegebedürftigen Menschen die speziellere Hilfe zur Pflege auch die hauswirtschaftliche Versorgung umfasst (vgl. § 63 Abs. 1 Nr. 1 Buchstabe b i.V.m. § 64b SGB XII),
- für den Fall, dass die Haushaltsführung insgesamt durch die nachfragende Person nicht sichergestellt ist, die Hilfe zur Weiterführung des Haushalts nach § 70 SGB XII in Betracht kommt und
- Menschen mit Behinderungen oder von Behinderung bedrohte Menschen den Zuschuss nicht erhalten, wenn ein entsprechender Anspruch auf Assistenzleistungen nach § 78 SGB IX besteht,

sind Fälle für den Anwendungsbereich des § 27 Abs. 3 SGB XII kaum denkbar.

3.10 Beschränkungen des Anspruchs auf Hilfe zum Lebensunterhalt

Ein nach den Bestimmungen des § 19 Abs. 1 SGB XII und § 27 SGB XII grundsätzlich bestehender Anspruch auf Hilfe zum Lebensunterhalt kann aufgrund weiterer Tatbestände ausgeschlossen oder eingeschränkt sein. Neben der speziellen Regelung in § 39a SGB XII finden sich Ausschlusstatbestände oder Kürzungsnormen auch in den allgemeinen Regelungen des Sozialhilferechts (z. B. § 2 Abs. 1 SGB XII und § 23 Abs. 3 SGB XII) sowie in den grundlegenden Bestimmungen des Sozialrechts (z. B. § 66 SGB I). An dieser Stelle sollen lediglich die speziellen - für die Hilfe zum Lebensunterhalt besonders relevanten - Normen thematisiert werden.

3.11 Sonderregelung für Auszubildende (§ 22 SGB XII)

Auszubildende, deren Ausbildung im Rahmen des Bundesausbildungsförderungsgesetzes (BAföG) oder der §§ 51, 57 und 58 des Dritten Buches Sozialgesetzbuch dem Grunde nach förderungsfähig ist, haben keinen Anspruch auf Leistungen zum Lebensunterhalt nach dem 3. und 4. Kapitel SGB XII (vgl. § 22 Abs. 1 Satz 1 SGB XII). Damit wird den Auszubildenden, insbesondere den Studierenden an Hochschulen und Fachhochschulen, der Rechtsanspruch auf Hilfe zum Lebensunterhalt und Grundsicherung im Alter und bei Erwerbsminderung entzogen. Nur in besonderen Härtefällen können Leistungen zum Lebensunterhalt als Beihilfe oder Darlehen erbracht werden (vgl. § 22 Abs. 1 Satz 2 SGB XII).

Ziel dieser Sonderregelung ist es, die Sozialhilfe davon zu befreien, eine (versteckte) Ausbildungsförderung auf einer „zweiten Ebene" zu sein[192]. Erwerbsfähige Menschen sollen nach ihrer (geförderten) Erstausbildung grundsätzlich ihren Lebensunterhalt durch Erwerbstätigkeit bestreiten und nicht auf Kosten der Allgemeinheit weitere Ausbildungen über die Sozialhilfe finanzieren. Dieser Gesichtspunkt kommt für den begrenzten Personenkreis der leistungsberechtigten Personen nach dem 3. und 4. Kapitel SGB XII kaum in Betracht. Diese Sonderregelung hat als Ausschlusstatbestand für Leistungen zum Lebensunterhalt nach dem Zweiten Buch Sozialgesetzbuch (vgl. § 7 Abs. 5 und 6 SGB II) deutlich größere Bedeutung.

Aus der gesetzgeberischen Intention ergibt sich, dass ein Leistungsausschluss nur in Betracht kommt, wenn ein Bedarf „ausbildungsgeprägt" ist[193]. Dies ist gegeben beim Bedarf für den Lebensunterhalt sowie bei Aufwendungen, die im Zusammenhang mit der Ausbildung stehen (sog. ausbildungsgeprägter Bedarf für Lern- und Arbeitsmittel und Fahrtkosten). Besteht ein Bedarf, der keinen Zusammenhang mit der Ausbildung aufweist, wird der Anspruch hierauf von der Regelung des § 22 SGB XII nicht berührt (z. B. Mehrbedarf für Schwangere nach § 30 Abs. 2 SGB XII oder kostenaufwändige Ernährung nach § 30 Abs. 5 SGB XII).

Entscheidend für den Leistungsausschluss nach § 22 SGB XII ist nicht, dass Ausbildungsförderung tatsächlich geleistet wird, sondern dass die Ausbildung dem Grunde nach förderungsfähig ist. Das ist dann der Fall, wenn für die konkrete Ausbildung - abstrakt betrachtet - Förderungsmöglichkeiten nach den genannten Gesetzen bestehen. Individuelle Ausschließungsgründe (z. B. Überschreiten einer Altersgrenze, Zweitausbildung, Einkommensverhältnisse der Eltern oder Überschreiten der Förderungshöchstdauer) spielen bei dieser Betrachtung keine Rolle.

Die Sonderregelung für Auszubildende findet gemäß § 22 Abs. 2 SGB XII in bestimmten Fällen keine Anwendung. Dies entspricht den Regelungen in § 7 Abs. 6 SGB II.

3.12 Sozialhilfe für Ausländerinnen und Ausländer (§ 23 SGB XII)

§ 23 SGB XII regelt Besonderheiten der Sozialhilfegewährung an ausländische Personen. § 23 Abs. 1 SGB XII legt Inhalt und Umfang der Leistungen an ausländische Personen fest. Dagegen werden § 23 Abs. 2 SGB XII Leistungsberechtigte nach dem **Asylbewerberleistungsgesetz** von der Sozialhilfe ausgeschlossen. Die zum 29.12.2016 eingefügte Neuregelung des § 23 Abs. 3 SGB XII enthält Sonderregelungen, die vornehmlich Bürger von Mitgliedstaaten der Europäischen Union betreffen. Hier sind insbesondere Leistungsausschlüsse zu beachten, bei deren Eintreten lediglich sog. **Überbrückungsleistungen** gewährt werden, die in Härtefällen aufgestockt werden können.

---

[192] Vgl. BVerwG, Beschluss vom 13.05.1993, 5 B 82/92(zu der Vorgängerregelung in § 26 BSHG), NDV 1993, 389 =FEVS 44, 138 = ZfS 1993, 274.
[193] Vgl. BVerwG, Urteil vom 17.01.1985, 5 C 29/84, BVerwGE 71, 12 = NDV 1985, 267 = FEVS 34, 232.

Erst bei einer Verfestigung des Aufenthalts nach fünf Jahren legalem Aufenthalt kann dieser Personenkreis reguläre Sozialhilfeleistungen beanspruchen. Bis dahin können neben den Überbrückungsleistungen nach § 23 Abs. 3a SGB XII Darlehen für die Kosten der Rückreise in das Heimatland gewährt werden. § 23 Abs. 4 SGB XII verpflichtet den Sozialhilfeträger, beratend auf Rückführungs- und Weiterwanderungsprogramme hinzuweisen. Abschließend enthält § 23 Abs. 5 SGB XII Regelungen für den Fall, dass Ausländer gegen aufenthaltsrechtliche räumliche Beschränkungen, Wohnsitzauflagen oder Wohnsitzbestimmungen verstoßen.

Eine Begriffsbestimmung, wer als Ausländer gilt, ist im Sozialrecht nicht vorhanden. Daher wird zur Definition auf die Begriffsbestimmung des Ausländerrechts zurückgegriffen. Danach (§ 2 Abs. 1 AufenthG) ist Ausländer jeder, der nicht Deutscher im Sinne des Art. 116 Abs. 1 GG ist, also nicht die deutsche Staatsangehörigkeit besitzt oder als deutscher Volkszugehöriger oder dessen Ehegatte oder Abkömmling in dem Gebiet des Deutschen Reiches nach dem Stande vom 31.12.1937 Aufnahme gefunden hat (vgl. § 2 Abs. 1 AufenthG). Nach dem Bundesvertriebenengesetz sind auch Spätaussiedler Deutsche und fallen nicht unter § 23 SGB XII.

Wichtige Voraussetzung für einen Leistungsbezug stellt der tatsächliche Aufenthalt in der Bundesrepublik Deutschland dar. Auf die Rechtmäßigkeit dieses Aufenthalts kommt es zunächst nicht an. Zu Leistungsausschlüssen kann es allerdings kommen, wenn bestimmte Aufenthaltsrechte bewilligt worden sind.

Gemäß § 23 Abs. 1 Satz 1 SGB XII steht den Ausländerinnen und Ausländern grundsätzlich nur ein eingeschränktes Leistungsspektrum der Sozialhilfe zur Verfügung. Die Hilfen beschränken sich grundsätzlich auf Leistungen nach dem Dritten (Hilfe zum Lebensunterhalt) und Vierten Kapitel SGB XII (Grundsicherung im Alter und bei Erwerbsminderung), teilweise dem Fünften Kapitel (Leistungen bei Krankheit, Schwangerschaft und Mutterschaft) sowie dem Siebenten Kapitel (Hilfe zur Pflege). Damit werden grundsätzlich die Hilfe zur Überwindung besonderer sozialer Schwierigkeiten (Achtes Kapitel), die Hilfen in anderen Lebenslagen (Neuntes Kapitel) und nach dem Fünften Kapitel die vorbeugende Gesundheitshilfe, die Hilfe zur Familienplanung und die Hilfe bei Sterilisation nicht geleistet.

Die grundsätzlich nicht zum Leistungskatalog an Ausländerinnen und Ausländer gehörenden Leistungen können, wenn dies im Einzelfall gerechtfertigt, als Ermessensleistung gewährt werden (vgl. § 23 Abs. 1 Satz 2 SGB XII).

Gemäß § 23 Abs. 1 Satz 3 SGB XII gelten die Einschränkungen nach § 23 Abs. 1 Satz 1 SGB XII nicht für Ausländerinnen und Ausländer, die im Besitz einer Niederlassungserlaubnis oder eines befristeten Aufenthaltstitels (Aufenthaltserlaubnis) sind und sich voraussichtlich dauerhaft im Bundesgebiet aufhalten. Demnach sind diejenigen Ausländerinnen und Ausländer nicht betroffen, die aufgrund eines entsprechenden Aufenthaltstitels einen rechtmäßigen Aufenthalt im Bundesgebiet haben.

Zudem gelten die Einschränkungen auch nicht für Ausländerinnen und Ausländer, denen aufgrund anderer Rechtsvorschriften weitere Leistungen der Sozialhilfe zu erbringen sind oder erbracht werden sollen.

Dies betrifft insbesondere Personengruppen, die aufgrund inner- oder zwischenstaatlichen Rechts deutschen Staatsangehörigen gleichgestellt sind. Dazu gehören unter Beachtung der Einschränkungen des § 23 Abs. 3 SGB XII zunächst die Bürger von Mitgliedstaaten der Europäischen Union; aber auch deren gleichgestellte Staatsangehörige aus den Staaten aus dem Europäischen Wirtschaftsraum (sog. EWR-Staaten - Island, Liechtenstein und Norwegen) und Staatsangehörige der Schweiz. Sonderregelungen existieren auch für Staatsangehörige eines Mitgliedstaates des Europäischen Fürsorgeabkommen (EFA-Vertragsstaaten sind: Belgien, Dänemark, Deutschland, Estland, Frankreich, Griechenland, Irland, Island, Italien, Luxemburg, Malta, Niederlande, Norwegen, Portugal, Schweden, Spanien, Türkei, Großbritannien) und für Staatsangehörige aus Österreich und der Schweiz aufgrund bilateraler Fürsorgeabkommen.

3.12.1 Leistungsausschluss für Leistungsberechtigte nach dem Asylbewerberleistungsgesetz (§ 23 Abs. 2 SGB XII)

Gemäß § 23 Abs. 2 SGB XII erhalten Leistungsberechtigte nach § 1 des Asylbewerberleistungsgesetzes (AsylbLG)[194] keine Leistungen der Sozialhilfe.

Betroffen von dieser Ausschlussregelung sind Asylbewerber und Asylbewerberinnen und (geduldete) Ausländerinnen und Ausländer, die vollziehbar zur Ausreise verpflichtet sind, sowie Personen, die aus humanitären, völkerrechtlichen oder politischen Gründen eine (befristete) Aufenthaltserlaubnis besitzen.

Das Asylbewerberleistungsgesetz bildet ein eigenes und umfassendes Sozialsicherungssystem für einen eng umgrenzten Personenkreis, das eigenständige Regelungen zur Sicherung des Lebensunterhalts sowie zur Annahme und Durchführung von Arbeitsgelegenheiten enthält[195].

Unerheblich ist, ob der Anspruch nach dem Asylbewerberleistungsgesetz auf Grundleistungen nach §§ 3 ff. AsylbLG oder auf Analogleistungen nach § 2 AsylbLG besteht (also für leistungsberechtigte Personen, die sich seit 15 Monaten ohne wesentliche Unterbrechung im Bundesgebiet aufhalten und die Dauer des Aufenthalts nicht rechtsmissbräuchlich selbst beeinflusst haben und denen abweichend von den §§ 3 bis 7 AsylbLG Leistungen analog dem Zwölften Buch Sozialgesetzbuch zustehen)[196]. Auch bei der Gewährung von Analogleistungen bleiben es damit aber Leistungen nach dem Asylbewerberleistungsgesetz.

---

[194] Asylbewerberleistungsgesetz in der Fassung der Bekanntmachung vom 05.08.1997, BGBl. I, S. 2022, zuletzt geändert durch Artikel 18 des Gesetzes vom 12. Juni 2020, BGBl. I S. 1248
[195] Vgl. Bundestagsdrucksache 15/1516, S. 52.
[196] Vgl. BSG, Urteil vom 07.05.2009, B 14 AS 41/07 R, info also 2009, 282 (Kurzwiedergabe).

Leistungen nach § 1 Abs. 1 AsylbLG erhalten:

1. Ausländerinnen und Ausländer, die eine Aufenthaltsgestattung als Asylsuchende nach dem Asylgesetz[197] besitzen (also Antragsteller im laufenden Anerkennungsverfahren als Asylberechtigte),

2. Ausländerinnen und Ausländer, die über einen Flughafen einreisen wollen und denen die Einreise nicht oder noch nicht gestattet ist,

3. Ausländerinnen und Ausländer, die eine sog. **Duldung** nach § 60a Aufenthaltsgesetz (AufenthG) für einen Zeitraum von 3, 6 oder 12 Monaten besitzen und vollziehbar zur Ausreise verpflichtet sind, bei denen aber eine Abschiebung aus humanitären oder persönlichen Gründen nicht möglich ist oder deren Identität bzw. Herkunftsland nicht feststellbar ist bzw. verschleiert wird,

4. Ausländerinnen und Ausländer, die eine **Aufenthaltserlaubnis** besitzen

   a) wegen eines Krieges in ihrem Heimatland nach § 23 Abs. 1 oder § 24 AufenthG,
   b) nach § 25 Abs. 4 Satz 1 AufenthG oder
   c) nach § 25 Abs. 5 AufenthG, sofern die Entscheidung über die Aussetzung ihrer Abschiebung noch nicht 18 Monate zurückliegt,

5. Ausländerinnen und Ausländer, die vollziehbar ausreisepflichtig sind, auch wenn eine Abschiebungsandrohung noch nicht oder nicht mehr vollziehbar ist,

6. Ehegatten, Lebenspartner oder minderjährige Kinder der in den Nummern 1 bis 5 genannten Personen, ohne dass sie selbst die dort genannten Voraussetzungen erfüllen,

7. Ausländerinnen und Ausländer, die einen sog. Folgeantrag nach § 71 des Asylgesetzes oder einen Zweitantrag nach § 71a des Asylgesetzes stellen (Aufenthalt gilt als geduldet).

Hierunter fallen auch Personen, die sich für einen befristeten Zeitraum rechtmäßig im Bundesgebiet aufhalten (z. B. aufgrund einer visumsfreien Einreise), aber nach Ablauf dieser Frist ihren erforderlichen Aufenthaltstitel nicht oder verspätet beantragt haben. Gemäß § 81 Abs. 3 Satz 2 AufenthG gilt die Abschiebung bis zur Entscheidung über den Antrag als ausgesetzt (Duldungsfiktion). Dieser Personenkreis ist vollziehbar ausreisepflichtig und damit leistungsberechtigt nach § 1 AsylbLG.

Die Leistungsberechtigung nach dem Asylbewerberleistungsgesetz endet mit Ablauf des Monats, in dem die Leistungsvoraussetzung entfällt (vgl. § 1 Abs. 3 Satz 1 Nr. 1 AsylbLG). Die betroffenen Personen sind in der Regel ab dem Folgemonat leistungsberechtigt nach dem Zweiten Buch Sozialgesetzbuch, sofern die weiteren Voraussetzungen für den Leistungsbezug im Einzelfall vorliegen.

Seit dem 01.01.2015 sind Auslanderinnen und Ausländer nicht mehr leistungsberechtigt nach § 1 AsylbLG, wenn sie eine Aufenthaltserlaubnis nach § 25 Abs. 4a oder Abs. 4b AufenthG besitzen. Gleiches gilt für Inhaber einer Aufenthaltserlaubnis nach § 25 Abs. 5

---

[197] Asylgesetz (AsylG), neugefasst durch Bekanntmachung vom 02.09.2008, BGBl. I, S. 1798, zuletzt geändert durch Art. 165 des Gesetzes vom 29. Juni 2020, BGBl. I S. 1328.

AufenthG, sofern die Entscheidung über die Aussetzung ihrer Abschiebung bereits 18 Monate zurückliegt.

Für minderjährige Kinder, die eine Aufenthaltserlaubnis nach § 25 Abs. 5 AufenthG besitzen und die mit ihren Eltern in einer Haushaltsgemeinschaft leben, endet die Leistungsberechtigung nach dem Asylbewerberleistungsgesetz, wenn die Leistungsberechtigung eines Elternteils, der ebenfalls eine Aufenthaltserlaubnis nach § 25 Abs. 5 AufenthG besitzt, entfallen ist (vgl. § 1 Abs. 3 Satz 2 AsylbLG).

3.12.2 Weitere Leistungsausschlüsse (§ 23 Abs. 3 SGB XII)

Gemäß § 23 Abs. 3 Satz 1 Nr. 1 bis 4 SGB XII erhalten Ausländer und ihre Familienangehörigen keine Leistungen nach Abs. 1 oder nach dem 4. Kapitel, wenn

1. sie weder in der Bundesrepublik Deutschland Arbeitnehmer oder Selbständige noch auf Grund des § 2 Abs. 3 des Freizügigkeitsgesetzes/EU freizügigkeitsberechtigt sind, für die ersten drei Monate ihres Aufenthalts,

2. sie kein Aufenthaltsrecht haben oder sich ihr Aufenthaltsrecht allein aus dem Zweck der Arbeitsuche ergibt oder

3. sie eingereist sind, um Sozialhilfe zu erlangen.

Die Vorschrift ist durch das Gesetz zur Regelung von Ansprüchen ausländischer Personen in der Grundsicherung für Arbeitsuchende nach dem Zweiten Buch Sozialgesetzbuch und in der Sozialhilfe nach dem Zwölften Buch Sozialgesetzbuch am 29.12.2016 neu geregelt worden. Damit hat der Gesetzgeber auf die Rechtsprechung des Bundessozialgerichts[198] reagiert, die erwerbsfähigen ausländischen Personen, die dem Leistungsausschluss nach dem Zweiten Buch Sozialgesetzbuch (vgl. § 7 Abs. 1 Satz 2 SGB II) unterliegen, Hilfe zum Lebensunterhalt im Einzelfall als Ermessensleistung nach § 23 Abs. 1 Satz 3 SGB XII mit Blick auf das Grundrecht auf ein menschenwürdiges Existenzminimum (vgl. Art. 1 Abs. 1 i. V. m. Art. 20 Abs. 1 Grundgesetz) zugesprochen hat.

Die Ausschlusstatbestände für Ausländerinnen und Ausländer wurden damit im Zweiten und Zwölften Buch Sozialgesetzbuch identisch geregelt.

Die Ausschlusstatbestände gelten für Ausländerinnen und Ausländer und ihre Familienangehörigen. Familienangehörige sind in diesem Zusammenhang alle Personen, die mit dem Ausländer eine Einsatzgemeinschaft bilden. Der Leistungsausschluss kann aber entfallen, wenn sie die Leistungsvoraussetzungen selbst erfüllen, weil sie z. B. deutsche Staatsangehörige oder zum Aufenthalt berechtigt sind und § 23 SGB XII der Leistungsberechtigung nicht entgegensteht. Sofern einer der Ausschlusstatbestände vorliegt, entfallen alle in § 23 Abs. 1 SGB XII genannten Leistungen. Damit werden nunmehr nach dem eindeutigen Wortlaut auch die zuvor vom Bundessozialgericht zuerkannten Ermessensleistungen nach § 23 Abs. 1 Satz 3 SGB XII ausgeschlossen.

---

[198] BSG, Urteil vom 03.12.2015, B 4 AS 44/15 R, BSGE 120, 149 = NJW 2016, 1464 = NJ 2016, 172.

Es können bis zur Ausreise Überbrückungsleistungen zur Sicherung des unmittelbaren Existenzminimums gewährt werden, die in der Regel einen Zeitraum von einem Monat umfassen.

Erst nach fünf Jahren legalem Aufenthalt in Deutschland ohne wesentliche Unterbrechungen gelten die Beschränkungen nicht mehr. Die Regelungen sind verfassungsrechtlich problematisch, da das Bundesverfassungsgericht entschieden hat, dass das menschenwürdige Existenzminimum (vgl. Art. 1 Abs. 1 i. V. m. Art. 20 Abs. 1 GG) in jedem Fall und zu jeder Zeit des Aufenthalts in Deutschland sicherzustellen ist[199]. Die weitere Entwicklung und Rechtsprechung bleiben abzuwarten.

Die Grundsicherungssenate des Bundessozialgerichts halten an ihrer Rechtsprechung fest, dass der Leistungsausschluss nach § 7 Abs. 1 Satz 1 Nr. 2 SGB II alter Fassung mit dem Grundgesetz vereinbar ist, weil den Betroffenen (hier: EU-Bürgerinnen und -Bürger) existenzsichernde Leistungen nach § 23 Abs. 1 Satz 3 SGB XII zustehen. Dieser Rechtsprechung sind einige Landessozialgericht mit seltener Deutlichkeit entgegengetreten. Nach Neufassung des § 23 Abs. 3 SGB XII zum 29.12.2016 hat sich diese Rechtsprechung mittlerweile überholt. Seit der Neufassung erhalten die von der Ausschlussregelung des § 23 Abs. 3 SGB XII erfassten Ausländerinnen und Ausländer keine Leistungen nach § 23 Abs. 1 SGB XII oder nach dem 4. Kapitel des SGB XII.

Fraglich ist, ob das Bundessozialgericht im Wege einer grundrechtsorientierten Auslegung eine erneute Gesetzeskorrektur vornehmen wird. In der instanzgerichtlichen Rechtsprechung wird der Leistungsausschluss nach § 23 Abs. 3 SGB XII zum Teil für verfassungsgemäß gehalten. Demgegenüber werden in anderen Entscheidungen erhebliche Zweifel an der Grundrechtskonformität des Leistungsausschlusses geäußert. Eine abschließende Klärung der Vereinbarkeit der neuen Leistungsausschlüsse mit höherrangigem Recht ist jedoch dem Bundesverfassungsgericht vorbehalten und bleibt abzuwarten. Eine entsprechende Richtervorlage ist bereits beim Bundesverfassungsgericht anhängig.[200]

Europarechtlich ist die Regelung des § 23 Abs. 3 Satz 1 Nr. 1 SGB XII problematisch. Für Staatsangehörige der Vertragsstaaten des Europäischen Fürsorgeabkommens gilt nach Artikel 1 des Abkommens das Gleichbehandlungsgebot, so dass die Leistungsausschlüsse nicht anzuwenden sind. Der von der Bundesregierung am 19.12.2011 erklärte Vorbehalt[201] ist auf Leistungen nach dem Zweiten Buch Sozialgesetzbuch beschränkt. Für originäre Sozialhilfeleistungen könnte er nach § 16 des Abkommens auch nicht wirksam erklärt werden.

Die Leistungsausschlüsse im Einzelnen:

Nr. 1: Er betrifft Ausländer, die weder in der Bundesrepublik Deutschland Arbeitnehmer oder Selbständige noch auf Grund des § 2 Abs. 3 des Freizügigkeitsgesetzes/EU freizügigkeitsberechtigt sind, für die ersten drei Monate ihres Aufenthalts. Nach § 2 Abs. 5 Satz 1 FreizügG ist für den Aufenthalt eines Unionsbürgers von bis zu

---

[199] Vgl. BVerfG, Urteil vom 18.07.2012, 1 BvL 10/10, 2/11, www.bundesverfassungsgericht.de, 1bvl001010.
[200] Richtervorlage des SG Mainz vom 18.04.2016, Az. S 3 AS 149/16 (BVerfG Az. 1 BvL 4/16).
[201] Veröffentlicht auf der Homepage des Europarates am 19.12.2011, Nr. 014.

drei Monaten der Besitz eines gültigen Reisedokuments ausreichend. Mit der Vorschrift soll demnach ein Besuchsaufenthalt möglich sein, ohne dass damit die Berechtigung zum Bezug von Sozialleistungen eintritt. Die Regelung gilt aber auch für Ausländer aus Drittstaaten, sofern diese nicht über einen anspruchsbegründenden Aufenthaltstitel verfügen.

Nicht vom Leistungsausschluss erfasst und auch in den ersten drei Monaten des Aufenthalts leistungsberechtigt sind Arbeitnehmer, Selbständige (§ 2 Abs. 2 Nr. 2 FreizügG) und Personen, bei denen dieser Status wegen Krankheit oder unfreiwilliger durch die Agentur für Arbeit bestätigter Arbeitslosigkeit aufrecht erhalten bleibt (vgl. § 2 Abs. 2 und 3 FreizügG). Allerdings dürfte dieser Personenkreis vorrangig Ansprüche nach dem Zweiten Buch Sozialgesetzbuch haben.

Nr. 2 Der Leistungsausschluss bezieht sich auf Personen, deren Aufenthaltsrecht sich allein aus dem Zweck der Arbeitsuche ergibt oder die über kein materielles Aufenthaltsrecht verfügen. Von der ersten Alternative sind auch Unionsbürger betroffen, die freizügigkeitsberechtigt sind. Ihnen steht für die Dauer der Arbeitsuche kein Anspruch auf Sozialhilfe zu, sofern sie kein anderweitiges Aufenthaltsrecht geltend machen können.

Nr. 3 Der Anspruchsausschluss bezieht sich auf Ausländer, die ins Bundesgebiet einreisen, um Sozialhilfe zu beziehen. Die Beweislast hierfür liegt beim Sozialhilfeträger. Die Inanspruchnahme von Sozialhilfe muss nicht das alleinige, jedoch mindestens das prägende Motiv für die Einreise dergestalt gewesen sein, dass der Ausländer ohne die Aussicht auf Sozialhilfe die Einreise nicht unternommen hätte[202].

Die Leistungsausschlüsse gelten nicht für Personen, denen eine Aufenthaltserlaubnis aus völkerrechtlichen, humanitären oder politischen Gründen nach §§ 22 bis 26 AufenthG erteilt worden ist, da dies nicht zur Leistungsberechtigung nach dem Asylbewerberleistungsgesetz und damit zum Leistungsausschluss nach § 23 Abs. 2 SGB XII führt.

3.12.3 Überbrückungsleistungen (§ 23 Abs. 3 Satz 1 bis 6 SGB XII)

Die nach § 23 Abs. 3 Nr. 1 bis 4 SGB XII von Sozialhilfe ausgeschlossene Ausländerinnen und Ausländer können einmalig innerhalb von zwei Jahren Überbrückungsleistungen „bis zur Ausreise", zeitlich aber auf die Dauer von maximal einem Monat beschränkt, erhalten. Der Gesetzgeber geht davon aus, dass innerhalb dieses Zeitraums eine Rückreisemöglichkeit innerhalb der Europäischen Union besteht. Bei Wiedereinreise besteht erst nach Ablauf von zwei Jahren ein erneuter Anspruch auf Überbrückungsleistungen.

Leistungsberechtigt sind hier insoweit sowohl originär im Zwölften Buch Sozialgesetzbuch leistungsberechtigte Personen als auch erwerbsfähige Personen, die den Leistungsausschlüssen des Zweiten Buch Sozialgesetzbuch unterfallen. Der Gesetzgeber hat es unterlassen, eine vergleichbare Regelung für das Zweite Buch Sozialgesetzbuch zu schaffen.

---

[202] BVerwGE 90, 212 und BSG NVwZ-RR 2015, 577

Die Überbrückungsleistungen für Regelbedarfe beschränken sich auf Leistungen zur Deckung der Bedarfe für Ernährung sowie Körper- und Gesundheitspflege. Die Leistungen entsprechen dem Umfang der eingeschränkten Leistungen nach § 1a Abs. 2 AsylbLG für vollziehbar ausreisepflichtige Ausländerinnen und Ausländer, deren Ausreise- bzw. Abschiebungstermin bei bestehender Ausreisepflicht aus von der Ausländerin bzw. dem Ausländer zu vertretenden Gründen verstrichen ist. Die Bedarfe für Unterkunft und Heizung werden nur in angemessener Höhe gewährt. Weiterhin werden Leistungen zur Behandlung akuter Erkrankungen und Schmerzzustände, erforderliche ärztliche und zahnärztliche Behandlung einschließlich der Versorgung mit Arznei- und Verbandmitteln sowie sonstiger zur Genesung, zur Besserung oder zur Linderung von Krankheiten oder Krankheitsfolgen erforderlichen Leistungen und Leistungen bei Schwangerschaft und Mutterschaft erbracht. Auch dieses Leistungsniveau entspricht den Leistungen nach dem Asylbewerberleistungsgesetz.

3.12.4 Leistungen bei mehr als fünfjährigem Aufenthalt im Bundesgebiet (§ 23 Abs. 3 Satz 7 bis 10 SGB XII)

Nach der Rückausnahmeregelung des § 23 Abs. 3 Satz 7 bis Satz 10 SGB XII zu den Leistungsausschlüssen erhalten Ausländer und ihre Familienangehörigen Leistungen nach § 23 Abs. 1 Satz 1 und Satz 2 SGB XII, wenn sie sich seit mindestens fünf Jahren ohne wesentliche Unterbrechung im Bundesgebiet aufhalten. Damit wird den tatsächlichen Lebensverhältnissen bei der Verfestigung des Aufenthalts Rechnung tragen. Allerdings endet die Leistungsberechtigung, sobald die Ausländerbehörde gemäß § 7 Abs. 1 Satz 1 FreizügG/EU den Verlust des Rechts auf Einreise und Aufenthalt feststellt (vgl. § 23 Abs. 3 Satz 7 SGB XII).

Angelehnt ist diese Fünfjahresfrist an die Regelung zum Erwerb eines Daueraufenthaltsrechts gemäß § 4a Abs. 1 FreizügG. Die Frist beginnt mit der Anmeldung bei der zuständigen Meldebehörde (vgl. § 23 Abs. 3 Satz 8 SGB XII). Der unbestimmte Restbegriff „ohne wesentliche Unterbrechungen" wird durch die Gesetzesbegründung konkretisiert. Als nicht wesentlich erkennt der Gesetzgeber Klassenfahrten, Besuche bei Verwandten oder Familienfeiern an[203].

Unterbrechung in diesem Zusammenhang bedeutet, dass die Frist im Anschluss neu zu laufen beginnt. Dagegen werden gemäß § 23 Abs. 3 Satz 9 SGB XII Zeiten des nicht rechtmäßigen Aufenthalts, in denen eine Ausreisepflicht besteht, auf Zeiten des tatsächlichen Aufenthalts nicht angerechnet. Hierbei handelt es sich um eine Hemmung, so dass die Frist nach etwaiger Beendigung der Umstände, die zu der Hemmung geführt haben, weiterläuft.

Nach § 23 Abs. 3 Satz 10 SGB XII bleiben ausländerrechtliche Bestimmungen durch diese Regelungen unberührt. Die Regelung dient lediglich der Klarstellung, dass aus der Leistungsberechtigung nach dem Zwölften Buch Sozialgesetzbuch kein Aufenthaltsrecht folgen soll.

---

[203] Vgl. Bundestagsdrucksache 18/10211, S. 14.

3.12.5 Übernahme der Kosten der Rückreise (§ 23 Abs. 3a SGB XII)

Nach § 23 Abs. 3a Satz 1 SGB XII werden neben den Überbrückungsleistungen auch darlehensweise angemessene Kosten der Rückreise übernommen. Leistungsberechtigt sind auch hier insoweit sowohl originär im Zwölften Buch Sozialgesetzbuch leistungsberechtigte Personen als auch erwerbsfähige Personen, die den Leistungsausschlüssen des § 7 Abs. 1 Satz 2 SGB II unterfallen. Davon sind gemäß § 23 Abs. 3a Satz 2 SGB XII auch Personen betroffen, die allein wegen der Reisekosten bedürftig werden und somit nicht aus eigenen Mitteln oder mit Hilfe Dritter diese Aufwendungen decken können. Im Gegensatz zu den Überbrückungsleistungen selbst sind die Rückreisehilfen von einem Antrag abhängig.

In Frage kommen hier z. B. Fahrkarten der einfachsten Klasse für öffentliche Verkehrsmittel (Bus, Bahn, ggf. auch billige Flüge) oder Kraftstoffkosten. Die Leistung ist zwingend als Darlehen zu erbringen (vgl. § 23 Abs. 3a Satz 3 SGB XII). Eine Rückzahlung bzw. bei Ausbleiben eine Beitreibung im Ausland dürfte sich in der Praxis als schwierig erweisen.

3.12.6 Unterrichtungspflichten gegenüber Leistungsberechtigten (§ 23 Abs. 4 SGB XII)

Gemäß § 23 Abs. 3 Satz 4 SGB XII bestehen Unterrichtungspflichten gegenüber den Leistungsberechtigten. Damit sind z. B. Rückreisehilfen, Dauer der Überbrückungsleistungen und die Zweijahresfrist gemeint.

Weiterhin sind in § 23 Abs. 3 Satz 6 SGB XII zwei Härtefallregelungen enthalten. Danach können der der Umfang und die Qualität der Überbrückungsleistungen sowie deren Dauer erweitert werden.

3.12.7 Eingeschränkte Leistungen bei Verstoß gegen Wohnsitzauflage bzw. Wohnsitzregelung (§ 23 Abs. 5 SGB XII)

Gemäß § 23 Abs. 5 Satz 1 SGB XII darf der für den Aufenthaltsort örtlich zuständige Träger nur die nach den Umständen des Einzelfalls gebotene Leistung erbringen, sofern sich ein Ausländer entgegen einer räumlichen Beschränkung im Bundesgebiet aufhält oder er seinen Wohnsitz entgegen einer Wohnsitzauflage oder einer Wohnsitzregelung nach § 12a des AufenthG im Bundesgebiet wählt. Hierunter fallen Ausländerinnen und Ausländer, denen nach ausländerrechtlichen Bestimmungen räumliche Beschränkungen im Sinne des § 12 AufenthG auferlegt sind und erstreckt sich darüber hinaus ausdrücklich auf Fälle, in denen Ausländerinnen und Ausländer ihren Wohnsitz entgegen einer Wohnsitzauflage oder einer Wohnsitzregelung nach § 12a AufenthG nehmen.

Die Vorschrift ist auch auf Personen anzuwenden, die einer räumlichen Beschränkung nicht unterliegen, sich aber außerhalb des Landes aufhalten, in dem der Aufenthaltstitel nach den §§ 23a, 24 Abs. 1 oder § 25 Abs. 4 oder 5 AufenthG erstmals erteilt worden ist (vgl. § 23 Abs. 5 Satz 5 SGB XII). Für diesen Personenkreis ist allerdings auch § 23 Abs. 5 Satz 6 SGB XII zu beachten, wonach aus Gründen der Familienzusammenführung oder vergleichbar wichtigen Gründen hiervon abgewichen werden soll.

Die nach den Umständen des Einzelfalls gebotene Leistung beinhaltet gemäß § 23 Abs. 5 Satz 2 SGB XII regelmäßig nur eine Reisebeihilfe zur Deckung des Bedarfs für die Reise zu dem Wohnort, an dem ein Ausländer seinen Wohnsitz zu nehmen hat bzw. eine Wohnsitznahme begehrt und an dem seine Wohnsitznahme zulässig ist. In Frage kommen auch hier z. B. Fahrkarten der einfachsten Klasse für öffentliche Verkehrsmittel (Bus, Bahn, ggf. auch billige Flüge) oder Kraftstoffkosten und Verpflegungskosten während der Reise. Durch die Formulierung „regelmäßig" können jedoch im Einzelfall vorübergehend auch höhere Leistungen gewährt werden, sofern eine Rückkehr in das Gebiet, auf der Aufenthalt räumlich beschränkt ist, nicht zugemutet werden kann.

3.13 Einschränkung der Leistung nach § 26 Abs. 1 SGB XII

Die Sozialhilfeleistung **soll** nach § 26 Abs. 1 SGB XII bis auf das zum Lebensunterhalt Unerlässliche eingeschränkt werden

- bei leistungsberechtigten Personen, die nach Vollendung des 18. Lebensjahres ihr Einkommen oder Vermögen vermindert haben in der Absicht, die Voraussetzungen für die Gewährung oder Erhöhung der Leistung herbeizuführen (**Nr. 1**), oder

- bei leistungsberechtigten Personen, die trotz Belehrung ihr unwirtschaftliches Verhalten fortsetzen (**Nr. 2**).

Eine Einschränkung auf das „Unerlässliche" bedeutet bei der Hilfe zum Lebensunterhalt eine Rückstufung auf das Existenzminimum. Grundsätzlich wird den Leistungsberechtigten im Rahmen dieser Hilfeart der „notwendige Lebensunterhalt" gesichert, der mehr als das Existenzminimum umfasst als das, was zum Überleben notwendig ist. Bei der Hilfe außerhalb von Einrichtungen ist es deshalb gerechtfertigt, in Anlehnung an § 39a Abs. 1 SGB XII den maßgebenden Regelbedarf um 25 v. H. zu kürzen. Dieser Anteil entspricht in etwa den Aufwendungen für die „persönlichen Bedürfnisse des täglichen Lebens".

Anders als im Rahmen des § 39a SGB XII ist die Kürzungsmöglichkeit hier nicht auf den Regelbedarf beschränkt. Es können von daher auch Einschränkungen bei den prozentual ermittelten Mehrbedarfszuschlägen, beim „Erwerbstätigenfreibetrag" nach § 82 Abs. 3 SGB XII und ggf. auch bei bestimmten einmaligen Leistungen nach § 31 Abs. 1 SGB XII vorgenommen werden.

Zu beachten ist in jedem Fall die Schutzbestimmung des § 26 Abs. 1 Satz 2 SGB XII. Es soll so weit wie möglich verhindert werden, dass durch die Leistungseinschränkung Familienangehörige oder mit dem Leistungsberechtigten zusammenlebende Personen mitbetroffen werden und für dessen unlauteres oder unwirtschaftliches Verhalten mit haften. Bei der Entscheidung über die Einschränkung ist insbesondere sicherzustellen, dass der Bedarf heranwachsender Kinder ausreichend befriedigt wird.

Bei der Hilfe in einer Einrichtung kommt eine Kürzung des Barbetrages zur persönlichen Verfügung in Betracht, allerdings nur bis zu dem Betrag, der für „persönliche Bedürfnisse" vorgesehen ist. Es darf nicht die Möglichkeit beschnitten werden, aus dem Barbetrag notwendige Aufwendungen zu bestreiten (z. B. Zuzahlungen für Medikamente).[204]

3.13.1 Einkommens- oder Vermögensminderung (§ 26 Abs. 1 Nr. 1 SGB XII)

Leistungseinschränkungen sollen vorgenommen werden bei volljährigen leistungsberechtigten Personen, die ihr Einkommen oder Vermögen in der Absicht vermindert haben, die Voraussetzungen für den Sozialhilfebezug zu schaffen. Die dem Betroffenen vorgeworfene Handlung muss demnach nicht nur kausal für die Leistungserbringung sein, es wird zudem ein zielgerichtetes Verhalten - direkter Vorsatz - gefordert.

Die absichtliche Herbeiführung der eigenen Bedürftigkeit stellt aus der Sicht der Allgemeinheit, die den Bedarf der leistungsberechtigten Person aus öffentlichen Mitteln sicherstellt, ein sozialwidriges Verhalten dar. Erforderlich ist eine nicht durch einen nachvollziehbaren Grund gerechtfertigte Minderung des Einkommens und Vermögens mit direktem Vorsatz, die Voraussetzungen für den Leistungsbezug zu schaffen.

Ein solcher Vorsatz wird z. B. bei einem unfallverletzten Pflegebedürftigen verneint, der seine hohen Versicherungszahlungen verlebt hat. Praktisch relevant ist die Vorschrift allerdings dann, wenn eine ohnehin einkommensschwache leistungsberechtigte Person ein ausnahmsweise zufließendes (oder vorhandenes) Vermögen durch Schenkung oder Ähnliches bis auf das Schonvermögen i. S. von § 90 SGB XII vermindert. Zwar ist die Sozialhilfe unabhängig von den Ursachen der Bedürftigkeit und unabhängig von Schuldfragen zu leisten. Eine Leistungsverweigerung wegen eines solchen Verhaltens würde damit nicht in Betracht kommen. Der Gesetzgeber sanktioniert es von daher mit einer Leistungskürzung. Unabhängig davon ist in den Fällen eines vorwerfbaren Verhaltens jeweils auch die Frage eines Kostenersatzanspruches nach § 103 Abs. 1 Satz 1 SGB XII sowie bei Schenkungen die Möglichkeit der Rückforderung nach § 528 BGB und der Überleitung des potentiellen Anspruchs nach § 93 SGB XII zu prüfen.

3.13.1 Unwirtschaftliches Verhalten (§ 26 Abs. 1 Nr. 2 SGB XII)

Die Hilfe soll eingeschränkt werden, wenn eine leistungsberechtigte Person trotz Belehrung ihr unwirtschaftliches Verhalten fortsetzt. Unwirtschaftlich ist ein Verhalten, das einer vernünftigen Wirtschaftsweise in Bezug auf den Lebensunterhalt in besonderem Maße widerspricht, so vor allem ein verschwenderischer, sinnloser oder fortgesetzter vorzeitiger Verbrauch der zur Verfügung stehenden Mittel[205].

---

[204] Kürzungen kommen in „Altfällen" (vgl. § 133a SGB XII) auch bei dem noch an diese Personen zu leistenden Zusatzbarbetrag in Betracht.
[205] Vgl. VGH Mannheim, Urteil vom 20.06.1979, VI 3798/87, FEVS 28, 170.

Zu berücksichtigen ist jedoch, dass die leistungsberechtigte Person durchaus frei darüber entscheiden kann, wie sie insbesondere mit dem Regelbedarf wirtschaftet, soweit sie nicht durch ihr Verhalten neue Bedarfslagen schafft, für die der Träger der Sozialhilfe wiederum einzutreten hat[206].

Ein solches Verhalten wurde früher z. B. angenommen, wenn ein Kraftfahrzeug nicht unbedingt benötigt wird, die Unterhalts- und Betriebskosten des Kraftfahrzeugs „außer Verhältnis" zum im Regelbedarf enthaltenen Betrag für die Benutzung öffentlicher Verkehrsmittel stehen und die Kraftfahrzeughaltung die Bedarfsdeckung des Lebensunterhalts gefährdet. Der leistungsberechtigten Person darf allerdings nicht die wirtschaftliche Dispositionsfreiheit über die ihr rechtmäßig zufließenden Einkünfte genommen werden. Entscheidet sie sich z. B. für die Verwendung eines Mehrbedarfszuschlags, um die Kosten einer Kraftfahrzeughaltung (anteilig) decken zu können, ist das nicht zu beanstanden. Erst wenn durch das Halten des Kraftfahrzeugs es zu Schwierigkeiten in der Sicherung des Lebensunterhalts kommt, findet § 26 Abs. 1 Satz 1 Nr. 2 SGB XII Anwendung.

Die Sanktion setzt voraus, dass eine leistungsberechtigte Person unwirtschaftlich gehandelt hat und dadurch Zusatzleistungen erforderlich wurden. Die leistungsberechtigte Person muss entsprechend belehrt worden sein und dennoch anschließend erneut dasselbe Fehlverhalten gezeigt haben. Ein einmaliger Vorgang kann demnach keine Leistungsminderung zur Folge haben.

Bei unwirtschaftlichem Verhalten wird es in vielen Fällen angezeigt sein, neben der Kürzung oder stattdessen (wenn ein Ausnahmefall vorliegt) der leistungsberechtigten Person Beratung und Unterstützung zu erbringen, insbesondere eine gebotene Budgetberatung nach § 11 Abs. 2 Satz 4 oder § 11 Abs. 3 Satz 5 SGB XII. Daneben kommt ggf. eine andere Form der Leistungserbringung (z. B. Sachleistung statt Geldleistung) oder eine Veränderung der Zahlungsrhythmen (z. B. von der monatlichen Geldleistung zur wöchentlich eingeteilten Geldleistung) in Betracht.

3.13.1 Aufrechnung (§ 26 Abs. 2 SGB XII)

Nach § 26 Abs. 2 Satz 1 SGB XII kann die Sozialhilfeleistung bis auf das jeweils Unerlässliche mit Ansprüchen des Trägers der Sozialhilfe aufgerechnet werden. Es muss sich dabei um Ansprüche gegen die leistungsberechtigte Person auf

- Erstattung zu Unrecht erbrachter Leistungen der Sozialhilfe oder

- Kostenersatz nach den §§ 103 und 104 SGB XII

handeln.

---

[206] Vgl. OVG Lüneburg, Urteil vom 13.09.1999, 12 L 2523/99, NDV-RD 2001, 61 = FEVS 52, 450.

Ferner kommt nach § 26 Abs. 3 SGB XII eine Aufrechnung in Betracht, wenn Leistungen für einen Bedarf übernommen werden, der durch vorangegangene Leistungen der Sozialhilfe an die leistungsberechtigte Person bereits gedeckt worden war (z. B. Übernahme von Mietschulden nach § 36 SGB XII für Zeiträume, in denen die Unterkunftskosten vom Träger der Sozialhilfe finanziert wurden). Damit hier eine Aufrechnungssituation entsteht, muss die Leistung in jedem Fall als Darlehen erbracht worden sein, weil ansonsten keine Forderung des Leistungsträgers gegenüber der leistungsberechtigten Person entstehen würde.

Zur Klärung der Frage, wie hoch das „jeweils Unerlässliche" anzusetzen ist, bietet sich ein Vergleich mit den Regelungen der §§ 26 und 39a SGB XII an. Danach wäre bei den Leistungen zum Lebensunterhalt ein Betrag in Höhe von bis zu 25 v. H. des maßgebenden Regelbedarfs als „verfügbar" und damit „erlässlich" anzusehen.

Die Aufrechnungsmöglichkeit eröffnet das Gesetz allerdings nicht nur in Bezug auf Leistungen zum Lebensunterhalt. Sie besteht grundsätzlich auch bei Leistungsansprüchen nach dem 5. bis 9. Kapitel SGB XII, wobei hier die in § 26 Abs. 4 SGB XII geregelte Grenze der Aufrechnung, dass der Gesundheit dienende Maßnahmen nicht gefährdet werden dürfen, zu beachten ist. In der Praxis kommt eine Aufrechnung daher regelmäßig nur bei leistungsberechtigten Personen nach dem 3. oder 4. Kapitel SGB XII in Betracht. Zum 01.07.2017 wurden spezielle Aufrechnungsmöglichkeiten gemäß § 44b SGB XII bei Erstattungen aus vorläufigen Bewilligungen oder Verrechnung aus bestandskräftigen Ansprüchen verschiedener Träger untereinander im 4. Kapitel SGB XII eingeführt (vgl. 4.5.8).

Die in § 26 SGB XII normierte Aufrechnungsmöglichkeit hat als Spezialregelung Vorrang vor der allgemeinen Bestimmung in § 51 SGB I. Danach kommt eine Aufrechnung mit Leistungsansprüchen eines Sozialleistungsträgers nur in Betracht, soweit die Leistungen pfändbar sind und die leistungsberechtigte Person nicht hilfebedürftig im Sinne der Vorschriften der Hilfe zum Lebensunterhalt nach dem Zwölften Buch Sozialgesetzbuch würde. Bei leistungsberechtigten Personen, die laufende Leistungen zum Lebensunterhalt erhalten, bestünde nach dieser Regelung keine Möglichkeit der Realisierung von Ansprüchen. Dem wirkt § 26 SGB XII entgegen.

4 Grundsicherung im Alter und bei Erwerbsminderung nach dem 4. Kapitel SGB XII

Nach dem 4. Kapitel SGB XII wird die Grundsicherung im Alter und bei Erwerbsminderung erbracht. Die Leistungen gehen in ihrer Struktur auf das Gesetz über eine bedarfsorientierte Grundsicherung im Alter und bei Erwerbsminderung (GSiG), das im Zusammenhang mit der Reform der gesetzlichen Rentenversicherung im Juni 2001 entstand, zurück.[207] Zielsetzung war, einer aufgrund der abgesenkten gesetzlichen Altersrenten zu erwartenden Altersarmut entgegen zu wirken. Die sozialhilfeähnlichen Leistungen wurden bewusst in einem besonderen Leistungsgesetz normiert, um zu verhindern, dass die leistungsberechtigten Personen als „Sozialhilfeempfänger" stigmatisiert würden. Der weitgehende Verzicht auf Unterhaltsrückgriffe gegenüber Angehörigen (insbesondere Kindern und Eltern) sollte der „verschämten Armut" entgegenwirken.

Durch das Gesetz zur Einordnung des Sozialhilferechts in das Sozialgesetzbuch vom 27.12.2003[208] wurde das Gesetz über eine bedarfsorientierte Grundsicherung im Alter und bei Erwerbsminderung aufgehoben[209] und der Leistungsbereich - entgegen der ursprünglichen Intention - ins Sozialhilferecht integriert und teilweise modifiziert. Die Leistungen wurden im Wesentlichen den Leistungen der Hilfe zum Lebensunterhalt nach dem 3. Kapitel SGB XII angeglichen. Gleichzeitig wurden aber die Besonderheiten gegenüber der „herkömmlichen Sozialhilfe" (z. B. Antragsabhängigkeit, Leistungsbewilligung in der Regel für zwölf Monate, kein Kostenersatz durch Erben) beibehalten.

Gegenüber der Hilfe zum Lebensunterhalt ist die Grundsicherung im Alter und bei Erwerbsminderung nach dem 4. Kapitel SGB XII **vorrangig** (vgl. § 19 Abs. 2 Satz 2 SGB XII). Sie ist ebenfalls **vorrangig** gegenüber dem Sozialgeld für nicht erwerbsfähige Angehörige in einer Bedarfsgemeinschaft mit einer erwerbsfähigen leistungsberechtigten Person nach dem Zweiten Buch Sozialgesetzbuch (vgl. § 5 Abs. 2 Satz 2 SGB II und § 19 Abs. 1 Satz 2 SGB II). Besteht ein Anspruch auf Leistungen nach dem 4. Kapitel SGB XII, kommt ein Anspruch auf Leistungen nach dem Zweiten Buch Sozialgesetzbuch grundsätzlich nicht in Betracht.

Dagegen kann eine dauerhaft nicht erwerbsfähige Person, die mit einem erwerbsfähigen Leistungsberechtigten als Partner in einer Bedarfsgemeinschaft lebt, durch die Einkommensverteilung nach der Bedarfsanteilsmethode aus § 9 Abs. 2 Satz 3 SGB II einen Anspruch auf Sozialgeld gemäß § 19 Abs. 1 Satz 2 SGB II haben, soweit kein Anspruch auf Leistungen nach dem 4. Kapitel des SGB XII, z. B. wegen einer auskömmlichen Erwerbsminderungsrente, besteht. Entscheidend ist der tatsächliche Leistungsanspruch, nicht die hypothetische Leistungsberechtigung aufgrund einer dauerhaften vollen Erwerbsminderung. Nach dem Wortlaut des Gesetzes erhalten nicht erwerbsfähige Leistungsberechtigte Sozialgeld, „soweit" sie keinen Anspruch auf Leistungen nach dem 4. Kapitel SGB XII haben. Eine Auslegung dieses „soweit" als „wenn", um die Leistungsberechtigung nach

---

[207] Vgl. BGBl. I, S. 1310.
[208] Vgl. BGBl. I, S. 3022.
[209] Gesetz über eine bedarfsorientierte Grundsicherung im Alter und bei Erwerbsminderung aufgehoben durch Art. 68 Abs. 1 Nr. 5 des Gesetzes zur Einordnung des Sozialhilferechts in das Sozialgesetzbuch vom 27.12.2003, BGBl. I, S. 3070, mit Wirkung vom 01.01.2005.

dem 4. Kapitel SGB XII als einen Ausschlusstatbestand für Leistungen nach dem Zweiten Buch Sozialgesetzbuch anzusehen, verbietet sich[210].

Zu beachten ist aber, dass beispielsweise Bezieher einer Altersrente einen höherrangigen Anspruchsausschluss nach § 7 Abs. 4 Satz 1 SGB XII haben und nicht in das Sozialgeld nach dem Zweiten Buch Sozialgesetzbuch „zurückfallen" können.

4.1 Leistungsberechtigter Personenkreis

Leistungsberechtigt nach dem 4. Kapitel SGB XII (Grundsicherung im Alter und bei Erwerbsminderung) sind gemäß § 41 Abs. 1 SGB XII ältere und dauerhaft voll erwerbsgeminderte Personen mit gewöhnlichem Aufenthalt im Inland, die ihren notwendigen Lebensunterhalt nicht oder nicht ausreichend aus Einkommen und Vermögen nach § 43 Abs. 1 SGB XII bestreiten können. Leistungen zum Lebensunterhalt nach dem 4. Kapitel SGB XII werden demnach bei Vorliegen der Voraussetzungen für folgende Personen erbracht:

- Personen, die die Altersgrenze erreicht haben (vgl. § 41 Abs. 2 SGB XII),

- Personen, die das 18. Lebensjahr vollendet haben, unabhängig von der jeweiligen Arbeitsmarktlage voll erwerbsgemindert im Sinne des § 43 Abs. 2 SGB VI sind und bei denen unwahrscheinlich ist, dass die volle Erwerbsminderung behoben werden kann (vgl. § 41 Abs. 3 SGB XII).

- Personen, die das 18. Lebensjahr vollendet haben, für den Zeitraum, in dem sie

  1. in einer Werkstatt für behinderte Menschen (§ 57 SGB IX) oder bei einem anderen Leistungsanbieter (§ 60 SGB IX) das Eingangsverfahren und den Berufsbildungsbereich durchlaufen oder

  2. in einem Ausbildungsverhältnis stehen, für das sie ein Budget für Ausbildung (§ 61a SGB IX) erhalten (vgl. § 41 Abs. 3a SGB XII).

4.1.1 Erreichen der Altersgrenze

Personen, die vor dem 01.01.1947 geboren sind, erreichen die Altersgrenze mit Vollendung des 65. Lebensjahres. Für später geborene Personen wurde die Altersgrenze durch Artikel 7 des RV-Altersgrenzenanpassungsgesetzes in Schritten angehoben (vgl. § 41 Abs. 2 Satz 2 SGB XII):

---

[210] BSG, Urteil vom 28.11.2018, B 4 AS 46/17 R, juris, Rn. 28.

für den Geburtsjahrgang	erfolgt eine Anhebung um Monate	auf Vollendung eines Lebensalters von	
1947	1	65	1
1948	2	65	2
1949	3	65	3
1950	4	65	4
1951	5	65	5
1952	6	65	6
1953	7	65	7
1954	8	65	8
1955	9	65	9
1956	10	65	10
1957	11	65	11
1958	12	66	
1959	14	66	2
1960	16	66	4
1961	18	66	6
1962	20	66	8
1963	22	66	10
1964	24	67 Jahren	

Personen ab dem Geburtsjahrgang 1964 erreichen die Altersgrenze mit Vollendung des 67. Lebensjahres (vgl. § 41 Abs. 2 SGB XII). Die Vorschrift korrespondiert mit der Anpassung der Altersvoraussetzungen für den Bezug von Leistungen nach § 7 Abs. 1 Satz 1 Nr. 1 i. V. m. § 7a SGB II und der Regelung zum Leistungsbeginn in § 44 Abs. 3 Satz 3 SGB XII (vgl. unten 7.6.2). Aktuell wird im Jahr 2021 die Altersgrenze mit Vollendung des 65. Lebensjahres und **10 Monaten** erreicht.

Für hilfebedürftige Menschen ist damit ein weitestgehend nahtloser Übergang von den Leistungen nach dem Zweiten Buch Sozialgesetzbuch auf die Leistungen nach dem 4. Kapitel SGB XII sichergestellt. Problematisch ist in diesem Zusammenhang, dass die gesetzliche Altersrente der gesetzlichen Rentenversicherung erst zum Ende des Monats fällig ist und ausgezahlt wird, zu dessen Beginn die Anspruchsvoraussetzungen erfüllt sind (vgl. § 118 Abs. 1 SGB VI). § 42 Nr. 5 SGB XII i. V. m. § 37a Abs. 1 SGB XII bestimmt daher, dass auf **Antrag** ein Darlehen zu gewähren **ist**, wenn eine leistungsberechtigte Person in dem Monat, in dem ihr erstmals eine Rente zufließt, bis zum voraussichtlichen Zufluss der Rente den notwendigen Lebensunterhalt aus eigenen Mitteln nicht vollständig bestreiten kann.

4.1.2 Dauerhafte volle Erwerbsminderung

Im Gegensatz zu den Erwerbsfähigen, die nach dem Zweiten Buch Sozialgesetzbuch leistungsberechtigt sind und den „vorübergehend" voll Erwerbsgeminderten, die entweder einen Anspruch auf Sozialgeld nach § 7 Abs. 2 Satz 1 SGB II i. V. m. § 19 Abs. 1 Satz 2 SGB II oder auf Hilfe zum Lebensunterhalt nach dem 3. Kapitel SGB XII haben, geht es hier um den Personenkreis der **„dauerhaft voll Erwerbsgeminderten"**.

Ob eine dauerhafte volle Erwerbsminderung vorliegt, wird grundsätzlich durch den nach § 109a Abs. 2 SGB VI zuständigen Träger der Rentenversicherung festgestellt (vgl. § 45 Satz 1 SGB XII). Die Feststellung erfolgt auf Ersuchen des zuständigen Trägers der Sozialhilfe. Dieser ist an die Entscheidung des Rententrägers in Bezug auf die medizinischen Voraussetzungen des § 41 Abs. 3 SGB XII gebunden (vgl. § 45 Satz 2 Halbsatz 1 SGB XII). Daher nimmt der ersuchende Träger der Sozialhilfe keine eigene Beurteilung vor.

Im Gegensatz dazu ist im gerichtlichen Verfahren das Sozialgericht nicht an die Entscheidung des Rentenversicherungsträgers gebunden, da es hierzu an einer gesetzlichen Regelung fehlt. Daher prüfen die Sozialgerichte in den fraglichen Fällen die dauerhafte volle Erwerbsminderung und damit inzident das Gutachten des Rentenversicherungsträgers.[211]

Ein Ersuchen findet nicht statt, d. h. eine Begutachtung des Antragstellers durch den Träger der Rentenversicherung ist entbehrlich, wenn

- die Voraussetzungen bereits im Rahmen eines Antrages auf eine Rente wegen Erwerbsminderung festgestellt wurden (vgl. § 45 Satz 3 Nr. 1 SGB XII),

- früher bereits eine gutachterliche Stellungnahme abgegeben wurde (vgl. § 45 Satz 3 Nr. 2 SGB XII),

- Personen in einer Werkstatt für behinderte Menschen den Eingangs- und Berufsbildungsbereich durchlaufen oder im Arbeitsbereich beschäftigt sind (vgl. § 45 Satz 3 Nr. 3 SGB XII) oder

- der Fachausschuss einer Werkstatt für behinderte Menschen über die Aufnahme in eine Werkstatt oder Einrichtung eine Stellungnahme nach den §§ 2 und 3 der Werkstättenverordnung abgegeben und dabei festgestellt hat, dass ein Mindestmaß an wirtschaftlich verwertbarer Arbeitsleistung nicht vorliegt (vgl. § 45 Satz 3 Nr. 4 SGB XII).

Dabei kann die Stellungnahme des Fachausschusses bei Durchführung eines Teilhabeplanverfahrens nach den §§ 19 bis 23 des Neunten Buches Sozialgesetzbuch durch eine entsprechende Feststellung im Teilhabeplanverfahren ersetzt werden; entsprechendes gilt, wenn ein Gesamtplanverfahren nach den §§ 117 bis 121 des Neunten Buches Sozialgesetzbuch durchgeführt wird.

Bei der Vorschrift handelt es sich um eine Verfahrensvorschrift, somit nicht um eine anspruchsbegründende Norm. Deshalb ergibt sich daraus nicht die Leistungsberechtigung für Leistungen der Grundsicherung im Alter und bei Erwerbsminderung nach dem 4. Kapitel SGB XII.

In § 45 Satz 3 Nr. 1 bis Nr. 4 SGB XII wird also geregelt, wann der Rentenversicherungsträger zur Feststellung der dauerhaften vollen Erwerbsminderung nicht ersucht werden muss. Die (dauerhafte) volle Erwerbsminderung liegt dann kraft Gesetzes vor. In den übrigen Fällen muss der Sozialhilfeträger ein Ersuchen an einen Träger der gesetzlichen Rentenversicherung zur gutachtlichen Feststellung der dauerhaften vollen Erwerbsminderung richten.

---

[211] BSG, Urteil vom 23.03.2010, B 8 SO 17/09 R, juris, Rn. 16.

Mit der Neufassung von § 45 Abs. 3 Satz 3 Nr. 3 SGB XII zum 01.07.2017 wollte der Gesetzgeber klarstellen, dass es neben den Beschäftigten im Arbeitsbereich eines Ersuchens bei Personen, die in einer Werkstatt für behinderte Menschen den Eingangs- und Berufsbildungsbereich durchlaufen, ebenfalls nicht bedarf.

In der Praxis ergaben sich dazu offene Auslegungsfragen. Hintergrund der Neuregelung waren verschiedene Entscheidungen der Sozialgerichte[212], die die dauerhafte volle Erwerbsminderung bei Personen, die in einer Werkstatt für behinderte Menschen den Eingangs- und Berufsbildungsbereich durchlaufen, abweichend der Auffassung des Bundesministeriums für Arbeit und Soziales bewerteten.

Das Bundesministerium für Arbeit und Soziales[213] ging davon aus, dass bei Personen im Eingangs- und Berufsbildungsbereich zwar eine volle Erwerbsminderung vorliegt, aber die Dauerhaftigkeit erst nach Beendigung bzw. dem Durchlaufen des Eingangs- und Berufsbildungsbereich festgestellt werden kann. Mit der Neuregelung entfiel ein Ersuchen an den Rentenversicherungsträger. Es sollte einer Entscheidung des Werkstattausschusses, welcher erst nach Durchlaufen des Berufsbildungsbereiches erfolgt, nicht vorgegriffen werden. Der Personenkreis im Eingangs- und Berufsbildungsbereich einer Werkstatt für behinderte Menschen galt damit als **zeitlich befristet** voll erwerbsgemindert und war daher den Leistungen nach dem 3. Kapitel SGB XII bzw. bei Zugehörigkeit zu einer Bedarfsgemeinschaft dem Sozialgeld nach dem Zweiten Buch Sozialgesetzbuch zuzuordnen.

Diese Rechtsauffassung des Bundesministeriums für Arbeit und Soziales wurde kontrovers diskutiert. Die Mehrzahl der Wohlfahrtsverbände sahen als Träger der Werkstätten für behinderte Menschen in der gesetzlichen Neuregelung den Zugang zu den Leistungen nach dem 4. Kapitel SGB XII und unterstellten die dauerhaft volle Erwerbsminderung. Mehrere erstinstanzliche Sozialgerichte hatten sich ebenfalls mit der Thematik beschäftigt und die **generelle dauerhafte** volle Erwerbsminderung im Eingangs- und Berufsbildungsbereich bejaht.[214]

Zum 01.01.2020 hat der Gesetzgeber nunmehr darauf reagiert und in § 41 Abs. 3a SGB XII festgelegt, dass auch Personen Grundsicherung im Alter und bei Erwerbsminderung erhalten, die das 18. Lebensjahr vollendet haben, für den Zeitraum, in dem sie

1. in einer Werkstatt für behinderte Menschen (§ 57 SGB IX) oder bei einem anderen Leistungsanbieter (§ 60 SGB IX) das Eingangsverfahren und den Berufsbildungsbereich durchlaufen oder

2. in einem Ausbildungsverhältnis stehen, für das sie ein Budget für Ausbildung (§ 61a SGB IX) erhalten.

---

[212] Vgl. LSG Niedersachsen-Bremen, Urteil vom 26.09.2009, L 8/13 SO 7/07, www.sozialgerichtsbarkeit.de, 89936; LSG Schleswig-Holstein, Urteil vom 18.03.2015, L 9 SO 41/12, www.sozialgerichtsbarkeit.de, 183879.
[213] Rundschreiben des Bundesministeriums für Arbeit und Soziales vom 03.07.2017.
[214] Vgl. SG Augsburg, Urteil vom 16.02.2018, S 8 SO 143/17, juris, Rn. 22; Hessisches LSG, Beschluss vom 28.06.2018, L 4 SO 83/18 B ER, juris, Rn. 19 ff.; SG Detmold, Urteil vom 13.11.2018, S 2 SO 252/18, n. veröffentlicht.

Damit sind nunmehr alle Personen, die einem Bereich einer Werkstatt für behinderte Menschen beschäftigt sind, Leistungen des 4. Kapitels SGB XII zuzuordnen.

Gemäß § 41 Abs. 3a Nr. 2 SGB XII sind aber auch Personen leistungsberechtigt für den Zeitraum, in dem sie in einem Ausbildungsverhältnis stehen, für das sie ein Budget für Ausbildung nach § 61a SGB IX erhalten. Damit wird das Ziel verfolgt, eine Alternative zur Ausbildung in einer Werkstatt für behinderte Menschen oder bei einem anderen Leistungsanbieter zu schaffen. Deshalb ist hinsichtlich des notwendigen Lebensunterhalts eine Gleichstellung von Menschen mit Behinderungen in diesen mit einem Budget ausgestatteten Ausbildungsverhältnissen mit dem Eingangsverfahren und dem Berufsbildungsbereich sowie den vergleichbaren Maßnahmen anderer Leistungserbringer erforderlich, wenn die Ausbildungsvergütung nicht bedarfsdeckend ist.

In einer **Werkstatt für behinderte Menschen** gibt es drei „offizielle" Bereiche:

Im Eingangsverfahren soll gemäß § 3 WVO festgestellt werden, ob die Werkstatt die geeignete Einrichtung zur Teilhabe behinderter Menschen am Arbeitsleben und zur Eingliederung in das Arbeitsleben ist; ferner auch welche Bereiche der Werkstatt und welche Leistungen zur Teilhabe am Arbeitsleben in Betracht kommen.

Der Berufsbildungsbereich umfasst gemäß § 4 WVO berufsfördernde Bildungsmaßnahmen zur Verbesserung der Eingliederungsmöglichkeiten in das Arbeitsleben unter Einschluss angemessener Maßnahmen zur Weiterentwicklung der Persönlichkeit des Behinderten.

In Arbeitsbereich werden gemäß § 5 WVO einer der Behinderung angepassten arbeitnehmerähnlichen Tätigkeit verrichtet.

Daneben gibt es auch den Förder- oder Betreuungsbereich in einer anerkannten Werkstatt für behinderte Menschen, der nach § 136 Abs. 3 SGB IX (ab 01.01.2020 § 219 Abs. 3 SGB XI) unter dem sogenannten 'verlängerten Dach' räumlich und/oder organisatorisch der Werkstatt angegliedert ist. Er ist nicht Teil der Werkstatt für behinderte Menschen selbst[215].

Nach § 45 Satz 3 Nr. 4 SGB XII erfolgt für Menschen mit Behinderung keine gutachterliche Feststellung der Dauerhaftigkeit einer vollen Erwerbsminderung, wenn der zuständige Fachausschuss festgestellt hat, dass sie die Voraussetzungen für eine Beschäftigung in einer Werkstatt nicht erfüllen. Die Betroffenen werden aber in der Regel in einer der Werkstatt für behinderte Menschen angegliederten Einrichtung oder Gruppe betreut und gefördert und werden dem Personenkreis der Leistungsberechtigten nach dem 4. Kapitel SGB XII zugeordnet.

§ 45 Satz 3 Nr. 3 und 4 SGB XII dient lediglich der Verwaltungsvereinfachung. Aufwendige Prüfungen zur Feststellung, ob eine Person dauerhaft voll erwerbsgemindert ist, sollen vermieden werden. Es handelt sich auch nicht um eine Fiktion einer dauerhaften vollen Erwerbsminderung.[216].

---

[215] BSG, Urteil vom 18.01.2011, B 2 U 9/10 R, juris, Rn. 21.
[216] BSG, Urteil vom 09.06.2011, B 8 SO 1/10 R, juris, Rn. 19.

Entsprechend ist bei Austritt aus der Werkstatt die Frage der dauerhaften Erwerbsminderung erneut zu prüfen. Andererseits bleibt eine vor der Tätigkeit in der Werkstatt bereits festgestellte dauerhafte volle Erwerbsminderung auch nach Austritt erhalten. Ferner stehen § 45 Satz 3 Nr. 3 und Nr. 4 SGB XII (eigenen) Entscheidungen in einem Rentenantragsverfahren (Feststellung einer befristeten oder unbefristeten vollen Erwerbsminderungsrente) nicht entgegen.

Bestehen zwischen verschiedenen Sozialleistungsträgern unterschiedliche Auffassungen über das Vorliegen einer (vollen) Erwerbsminderung, ist das weitere Verfahren davon abhängig, welcher Träger zu entscheiden hat und in welchem Vorrang/Nachrang-Verhältnis die in Betracht kommenden Leistungen zueinander stehen. Wegen des grundsätzlichen Nachrangs der Sozialhilfeleistungen gegenüber den Leistungen nach dem Zweiten Buch Sozialgesetzbuch erhält ein Antragsteller, dessen Erwerbsfähigkeit zweifelhaft ist, bis zur Feststellung des Gegenteils als erwerbsfähige leistungsberechtigte Person Leistungen zur Sicherung des Lebensunterhalts im Rahmen der Grundsicherung für Arbeitsuchende nach §§ 19 ff. SGB II (vgl. Nahtlosigkeitsregelung in § 44a Abs. 1 Satz 7 SGB II).

Wird vom medizinischen Dienst der Agentur für Arbeit oder dem Amtsarzt des kommunalen Trägers festgestellt, dass keine Erwerbsfähigkeit im Sinne von § 8 Abs. 1 SGB II vorliegt, kommt - beim Zusammenleben in einer Bedarfsgemeinschaft mit einer erwerbsfähigen leistungsberechtigten Person - Sozialgeld nach § 7 Abs. 2 Satz 1 SGB II i. V. m. § 19 Abs. 1 Satz 2 SGB II oder - ohne Zusammenleben mit einer erwerbsfähigen leistungsberechtigten Person - Hilfe zum Lebensunterhalt nach dem 3. Kapitel SGB XII in Betracht.

Nur bei dauerhafter voller Erwerbsminderung, die allein durch den Träger der Rentenversicherung festgestellt werden kann, ist bei Vorliegen von Hilfebedürftigkeit Grundsicherung im Alter und bei Erwerbsminderung nach dem 4. Kapitel SGB XII zu leisten. Sofern ein Leistungsträger der Entscheidung des Trägers der Grundsicherung für Arbeitsuchende im Hinblick auf die Feststellung der Erwerbsfähigkeit widerspricht, entscheidet nach § 44a Abs. 1 Satz 4 SGB II die Agentur für Arbeit auf der Basis einer bindenden gutachterlichen Stellungnahme des zuständigen Trägers der gesetzlichen Rentenversicherung. Bis zu dieser Entscheidung werden Leistungen zur Sicherung des Lebensunterhalts nach dem Zweiten Buch Sozialgesetzbuch erbracht. Ggf. besteht für den Träger der Grundsicherung für Arbeitsuchende in solchen Fällen ein Erstattungsanspruch nach § 103 SGB X (vgl. § 44a Abs. 3 SGB II).

4.2 Anspruchsvoraussetzungen

Grundsicherung im Alter und bei Erwerbsminderung nach dem 4. Kapitel SGB XII ist den dort genannten Personen zu leisten, sofern sie ihren notwendigen Lebensunterhalt nicht oder nicht ausreichend aus eigenen Kräften und Mitteln, insbesondere aus ihrem Einkommen und Vermögen, bestreiten können (vgl. § 19 Abs. 2 Satz 1 SGB XII). Diese Norm stellt die Anspruchsgrundlage für Grundsicherung im Alter und bei Erwerbsminderung nach dem Zwölften Buch Sozialgesetzbuch dar. Gehört eine Person zum anspruchsberechtigten Personenkreis (s. o.), ist wie bei der Hilfe zum Lebensunterhalt die **Hilfebedürftigkeit** zu klären, indem

- der Bedarf der leistungsberechtigten Person ermittelt wird (Bestimmung des notwendigen Lebensunterhalts) und

- die Selbsthilfemöglichkeiten, insbesondere die Bedarfsdeckung durch einzusetzendes Einkommen und Vermögen, überprüft werden.

Daneben regelt § 41 SGB XII weitere Anspruchsvoraussetzungen für die Grundsicherung im Alter und bei Erwerbsminderung. Die leistungsberechtigte Person muss

- ihren gewöhnlichen Aufenthalt im Inland haben

und es darf

- kein Anspruchsausschluss nach § 41 Abs. 4 SGB XII (vgl. 4.5.1 – vorsätzliche oder fahrlässige Herbeiführung der Hilfebedürftigkeit in den letzten zehn Jahren) bestehen.

4.3 Bedarf der Grundsicherung im Alter und bei Erwerbsminderung

Die Leistungen der Grundsicherung im Alter und bei Erwerbsminderung nach dem 4. Kapitel SGB XII entsprechen im Wesentlichen den Leistungen, die im Rahmen der Hilfe zum Lebensunterhalt nach dem 3. Kapitel SGB XII erbracht werden. Damit ist für den Regelfall sichergestellt, dass die Grundsicherung im Alter und bei Erwerbsminderung den gesamten Bedarf zur Sicherung des Lebensunterhalts einer leistungsberechtigten Person abdeckt und ergänzende Leistungen der Hilfe zum Lebensunterhalt nicht erforderlich sind.

Die Vorschrift des § 19 Abs. 2 Satz 2 SGB XII bestimmt einen Vorrang der Grundsicherung im Alter und bei Erwerbsminderung nach dem 4. Kapitel SGB XII gegenüber der Hilfe zum Lebensunterhalt, schließt aber (ergänzende) Leistungen nach dem 3. Kapitel SGB XII nicht aus.

4.3.1 Leistungen außerhalb von Einrichtungen

Die Vorschrift des § 42 SGB XII beschreibt den Umfang der Bedarfe der Grundsicherung im Alter und bei Erwerbsminderung. Zum Bedarf der Grundsicherung im Alter und bei Erwerbsminderung gehören danach

- die sich für die leistungsberechtigte Person nach der Anlage zu § 28 SGB XII ergebende Regelbedarfsstufe sowie im Einzelfall eine abweichende Regelsatzfestsetzung nach § 27a Abs. 4 Satz 1 SGB XII (§ 42 Nr. 1 SGB XII),

- die zusätzlichen Bedarfe nach dem Zweiten Abschnitt des 3. Kapitels (§ 42 Nr. 2 SGB XII),

- die Bedarfe für Bildung und Teilhabe nach dem Dritten Abschnitt des 3. Kapitels, ausgenommen die Bedarfe nach § 34 Abs. 7 (§ 42 Nr. 3 SGB XII),

- die Bedarfe für Unterkunft und Heizung

  a) bei Leistungsberechtigten außerhalb von Einrichtungen nach § 42a SGB XII,

  b) bei Leistungsberechtigten, deren notwendiger Lebensunterhalt sich nach § 27b SGB XII bestimmt, in Höhe der durchschnittlichen angemessenen tatsächlichen Aufwendungen für die Warmmiete eines Einpersonenhaushaltes im Bereich des nach § 46b SGB XII zuständigen Trägers (§ 42 Nr. 4 SGB XII) und

- ergänzende Darlehen nach § 37 Abs. 1 SGB XII sowie Darlehen bei am Monatsende fälligen Einkommen nach § 37a SGB XII (§ 42 Nr. 5 SGB XII).

Vergleicht man das Leistungsspektrum der Grundsicherung im Alter und bei Erwerbsminderung mit dem der Hilfe zum Lebensunterhalt, fehlt nach § 42 SGB XII nur die Möglichkeit, entsprechend § 34 Abs. 7 SGB XII die nur für Minderjährige vorgesehenen Teilhabeleistungen (z. B. Beiträge zu Vereinen, Musikunterricht etc.) zu berücksichtigen. Diese Leistung ist in der Grundsicherung nicht vorgesehen, weil leistungsberechtigte Personen das 18. Lebensjahr vollendet haben müssen (vgl. § 41 Abs. 3 SGB XII).

Soweit es um Leistungen außerhalb von Einrichtungen geht, entsprechen die Bedarfe der Grundsicherung im Alter und bei Erwerbsminderung im Übrigen weitestgehend den Leistungen nach dem 3. Kapitel SGB XII. Es soll an dieser Stelle deshalb nur kurz auf die einzelnen Bedarfspositionen eingegangen werden.

4.3.1.1 Regelbedarf (§ 42 Nr. 1 i. V. m. der Anlage zu § 28 SGB XII)

Zur Abgeltung des regelmäßig anfallenden Bedarfs wird bei den leistungsberechtigten Personen die sich aus der Anlage zu § 28 SGB XII ergebende Regelbedarfsstufe berücksichtigt. Die Bemessung folgt den Regelungen, die für die Hilfe zum Lebensunterhalt nach dem 3. Kapitel SGB XII gelten (vgl. 3.3.1). Es ist also zur Bestimmung des maßgebenden Regelbedarfs nach der Anlage zu § 28 SGB XII zwischen

- in einer Wohnung lebenden Alleinstehenden (Regelbedarfsstufe 1),

- Personen, die mit einem Ehegatten oder Lebenspartner oder in eheähnlicher oder lebenspartnerschaftsähnlicher Gemeinschaft mit einem Partner in einer Wohnung nach § 42a Abs. 2 Satz 2 SGB XII zusammenleben bzw. nicht in einer Wohnung leben, weil ihnen allein oder mit einer weiteren Person ein persönlicher Wohnraum bzw. zusätzliche Räumlichkeiten nach § 42a Abs. 2 Satz 3 SGB XII zur gemeinschaftlichen Nutzung überlassen sind (Regelbedarfsstufe 2) und

- erwachsenen Personen, deren notwendiger Lebensunterhalt sich nach § 27b SGB XII bestimmt (Unterbringung in einer stationären Einrichtung - Regelbedarfsstufe 3)

zu unterscheiden.

4.3.1.2 Unterkunft und Heizung (§ 42 Nr. 4 Buchstabe a) i. V. m. § 42a bzw. § 35 SGB XII)

Gemäß § 42 Nr. 4 SGB XII umfassen die Bedarfe nach dem 4. Kapitel SGB XII die Bedarfe für Unterkunft und Heizung

a) bei Leistungsberechtigten außerhalb von Einrichtungen nach § 42a SGB XII,

b) bei Leistungsberechtigten, deren notwendiger Lebensunterhalt sich nach § 27b Abs. 1 Satz 2 oder nach § 27c Abs. 1 Nr. 2 SGB XII ergibt, in Höhe der nach § 45a SGB XII ermittelten durchschnittlichen Warmmiete von Einpersonenhaushalten.

Nach dem in § 42a Abs. 1 SGB XII enthaltenen Grundsatz richtet sich die Anerkennung von Bedarfen nach den entsprechenden Vorschriften im Vierten Abschnitt des 3. Kapitels SGB XII (§§ 35, 35a und 36 SGB XII) sowie nach § 42 Nr. 4 Buchstabe b) SGB XII (Unterbringung in einer stationären Einrichtung), soweit sich aus den Absätzen 2 bis 7 keine Abweichungen und Ergänzungen in Form von Regelungen für besondere Wohnsituationen ergeben.

Dabei wird bei den Aufwendungen für Unterkunft und Heizung - außerhalb von stationären Einrichtungen - auch eine Differenzierung nach Leistungsberechtigten, die

- in einer Wohnung leben,
  (vgl. § 42a Abs. 2 Satz 1 Nr. 1 SGB XII)

- in einer besonderen Wohnform leben, weil ihnen zur Erbringung von Leistungen nach Teil 2 des Neunten Buches allein oder zu zweit ein persönlicher Wohnraum und zusätzliche Räumlichkeiten zur gemeinschaftlichen Nutzung zu Wohnzwecken überlassen werden oder
  (vgl. § 42a Abs. 2 Satz 1 Nr. 2 SGB XII)

- die in sonstigen Unterkünften leben
  (vgl. § 42a Abs. 2 Satz 1 Nr. 3 SGB XII)

vorgenommen.

Als **Wohnung** definiert § 42a Abs. 2 Satz 2 SGB XII die Zusammenfassung mehrerer Räume, die von anderen Wohnungen oder Wohnräumen baulich getrennt sind und die in ihrer Gesamtheit alle für die Führung eines Haushaltes notwendigen Einrichtungen, Ausstattungen und Räumlichkeiten umfassen. Eine Wohnung stellt auch eine selbstgenutzte Wohnimmobilie (Eigenheim) dar.

In einer **besonderen Wohnform** wird gemäß § 42a Abs. 2 Satz 3 SGB XII dem Leistungsberechtigten ein persönlicher Wohnraum zur Verfügung gestellt, der ihm allein oder zu zweit zur alleinigen Nutzung überlassen wird. Zusätzliche Räumlichkeiten sind Räume, die Leistungsberechtigten zusammen mit weiteren Personen zur gemeinschaftlichen Nutzung überlassen werden.

Dagegen fallen unter **sonstige Unterkünfte** nach § 42a Abs. 7 SGB XII andere Unterbringungsformen, die in der Regel nicht einer länger- oder gar dauerhaften Unterbringung dienen, z. B. Zimmer in Pensionen, Ferienwohnungen, Wohnwagen, Notquartiere sowie Gemeinschaftsunterkünfte (z. B. Obdachlosen- oder Asylbewerberheime).

Auf diese Definition von Wohnung und anderen Wohnformen bauen die speziellen Regelungen für die Anerkennung angemessener Aufwendungen für Unterkunft und Heizung als Bedarf der Absätze 3 bis 5 des § 42a SGB XII auf.

Vom Grundsatz her werden bei Wohnungen unter Beachtung der Sonderregelungen des § 42a Abs. 3 und 4 SGB XII dauerhaft nur die angemessenen Bedarfe der Unterkunft und Heizung nach Maßgabe der §§ 35, 35a und 36 SGB XII übernommen.

In besonderen Wohnformen ergeben sich die anzuerkennenden Bedarfe für Unterkunft und Heizung ausschließlich aus § 42a Abs. 5 und 6 SGB XII. Dabei sind unter tatsächlichen Aufwendungen die Bedarfe für Unterkunft und Heizung nach § 42a Abs. 5 Satz 3 und 4 SGB XII auch die gesondert auszuweisenden, zusätzlichen Kosten nach § 42a Abs. 5 Satz 4 Nr. 1 bis 4 SGB XII, die sog. Zusatzkosten, zu fassen.

Bei sonstigen Unterkünften erfolgt eine Übernahme der Bedarfe für Unterkunft und Heizung unter Beachtung der Sonderregelungen des § 42a Abs. 7 SGB XII im Rahmen der tatsächlichen Aufwendungen. Dabei ist eine Obergrenze gemäß § 42a Abs. 7 Satz 2 ff. SGB XII zu beachten.

Somit ist zur Ermittlung der Rechtsgrundlage zunächst auf die Wohnverhältnisse abzustellen:

Wohnverhältnisse	Wohnung (allein / in Einsatzgemeinschaft)	Wohnung mit Verwandten (Eltern, Geschwister, Kinder) oder mit sonstigen Personen	besondere Wohnform	sonstige Unterkunft	Unterkunft in Einrichtungen gem. § 27b SGB XII
anzuwendende Vorschrift	§ 42 Nr. 4 Buchstabe a) i. V. m. § 42a Abs. 1 i.V.m. §§ 35, 35a und 36 SGB XII	§ 42 Nr. 4 Buchstabe a) i. V. m. § 42a Abs. 3 und 4 SGB XII	§ 42 Nr. 4 Buchstabe a) i. V. m. § 42a Abs. 5 und 6 SGB XII	§ 42 Nr. 4 Buchstabe a) i. V. m. § 42a Abs. 7 SGB XII	§ 42 Nr. 4 Buchstabe b) SGB XII

4.3.1.2.1 Wohnkosten von Leistungsberechtigten, die allein bzw. in Einsatzgemeinschaft in einer Wohnung leben (§ 42 Nr. 4 Buchstabe a) i. V. m. § 42a Abs. 1 SGB XII)

Die Bedarfe der Grundsicherung umfassen außerhalb von Einrichtungen nach § 42 Nr. 4 Buchstabe a) i. V. m. § 42a Abs. 1 SGB XII die Bedarfe für Unterkunft und Heizung nach dem Vierten Abschnitt des 3. Kapitels des Zwölften Buches Sozialgesetzbuch. Damit ergeben sich durch den Verweis auf die §§ 35 bis 36 SGB XII bezüglich der Unterkunfts- und Heizkosten identische Entscheidungen bei den Leistungen nach dem 3. und 4. Kapitel SGB XII, d. h. ein abgestuftes Verfahren.

- Es ist zunächst unter individuellen Gesichtspunkten der angemessene Betrag für Unterkunfts- und Heizkosten zu ermitteln.

- Dieser Betrag ist den tatsächlichen Aufwendungen gegenüber zu stellen. Bei den Heizkosten bildet der angemessene Betrag die Obergrenze dessen, was als sozialhilferechtlicher Bedarf berücksichtigt werden kann (vgl. § 35 Abs. 4 Satz 1 SGB XII). Bei den Unterkunftskosten ist entsprechend § 35 Abs. 2 Satz 1 und Satz 2 SGB XII der tatsächliche Betrag, auch wenn er unangemessen ist, so lange als Bedarf anzuerkennen, wie es der leistungsberechtigten Person nicht möglich oder nicht zumutbar ist, durch einen Wohnungswechsel, durch Vermieten oder auf andere Weise die Aufwendungen zu senken, in der Regel jedoch für längstens sechs Monate.

Für die leistungsberechtigten Personen bedeutet dies, dass die nach dem Gesetz möglichen Bedarfe für die Unterkunfts- und Heizkosten als Bedarfe der Grundsicherung im Alter und bei Erwerbsminderung nach § 42 Nr. 4 i. V. m. § 35 SGB XII anerkannt werden, ebenso Wohnungsbeschaffungskosten, Mietkautionen und Umzugskosten entsprechend § 35 Abs. 2 Satz 5 SGB XII sowie in bestimmten Fällen Sonderleistungen nach § 36 SGB XII. Eine Aufstockung durch Leistungen der Hilfe zum Lebensunterhalt ist nicht erforderlich.

Da in Bezug auf Bedarfe für Unterkunft und Heizung auf den gesamten Vierten Abschnitt des 3. Kapitels des Zwölften Buches Sozialgesetzbuch verwiesen wird, besteht auch im Bereich der Grundsicherung im Alter und bei Erwerbsminderung die Möglichkeit der Pauschalierung dieser Kosten durch kommunale Satzungen (vgl. § 35a SGB XII).

4.3.1.2.2 Wohnkosten von Leistungsberechtigten, die in der Wohnung von Eltern, Geschwistern oder eines volljährigen Kindes wohnen (§ 42 Nr. 4 Buchstabe a) i. V. m. § 42a Abs. 3 SGB XII)

§ 42a Abs. 3 SGB XII enthält eine spezielle Regelung für die Unterkunftskosten von Leistungsberechtigten, die in der Wohnung mindestens eines Elternteils, mindestens eines volljährigen Kindes oder eines volljährigen Geschwisterkindes leben. In diesem **Mehrpersonenhaushalt** ist die leistungsberechtigte Person vertraglich nicht zur Tragung von Unterkunftskosten verpflichtet (vgl. § 42a Abs. 3 Satz 1 Nr. 2 SGB XII).

Hintergrund der Regelung ist eine geänderte Auffassung in der Rechtsprechung[217]. Danach müssen Leistungsberechtigte zur Anerkennung von Aufwendungen für Bedarfe der Unterkunft und Heizung den Nachweis führen, dass sie rechtlich wirksam zur Zahlung eines Anteils an den Unterkunftskosten - z. B. durch eine Mietvertrag - verpflichtet sind und tatsächlich entsprechende Zahlungen leisten. Das stellt für die Leistungsberechtigten und ihren Angehörigen einen erheblichen Aufwand dar und bereitet den betroffenen Familien häufig Schwierigkeiten.

Sind z. B. die Eltern zugleich Betreuer ihres erwachsenen Kindes mit Behinderungen, ist zum Abschluss eines Mietvertrages die Bestellung eines Ergänzungsbetreuers durch das Betreuungsgericht notwendig. Aber auch für die für die Ausführung des 4. Kapitels SGB XII zuständigen Träger bedeutet die Prüfung der Nachweise über Mietvertrag und tatsächliche Zahlung des Mietzinses einen erheblichen Verwaltungsaufwand. Soweit nunmehr Bedarfe für Unterkunft und Heizung in einer pauschalierten Form anerkannt werden, wird der Verwaltungs- und Nachweisaufwand gemindert.

Die Höhe der Pauschale ergibt sich für die Bedarfe für Unterkunft, also in der Regel für die Wohnungsmiete, aus der Differenz der angemessenen Aufwendungen für einen Mehrpersonenhaushalt entsprechend der Anzahl der in der Wohnung lebenden Personen und der Miete für eine Wohnung mit einer um eins verringerten Personenzahl (**Differenzmethode** gemäß § 42a Abs. 3 Satz 2 SGB XII).

Lebt die leistungsberechtigte Person beispielsweise mit ihren Eltern zusammen, wird zunächst ermittelt, welche Aufwendungen für die Kosten der Unterkunft eines Dreipersonenhaushalts angemessen sind, und von dem sich ergebenden Betrag werden in einem zweiten Schritt die angemessenen Aufwendungen für einen Zweipersonenhaushalt abgezogen. Der Differenzbetrag ist als Bedarf anzuerkennen, und zwar ohne einen Nachweis erbringen zu müssen, dass diese Aufwendungen auch tatsächlich erbracht werden.

Beispiel

Der 21-jährige, auf Dauer voll erwerbsgeminderte Herr A lebt zusammen mit seinen Eltern in einem Haushalt. Die Kosten der Unterkunft betragen 500,00 € im Monat. Für einen Dreipersonenhaushalt sind im Bereich des Sozialhilfeträgers Kosten der Unterkunft von 600,00 € und für einen Zweipersonenhaushalt von 450,00 € als angemessen zu betrachten.

Berechnungsschritte:

angemessene Kosten für einen Dreipersonenhaushalt	*600,00 €*
abzüglich angemessene Kosten für einen Zweipersonenhaushalt	*450,00 €*
Differenz (=Unterkunftspauschale)	*150,00 €*

---

[217] Vgl. BSG, Urteil vom 14.04.2011, B 8 SO 18/09 R, www.sozialgerichtsbarkeit.de, 143630; BSG, Urteil vom 25.08.2011, B 8 SO 29/10 R, www.sozialgerichtsbarkeit.de, 146169.

Den Differenzbetrag von 150,00 € erhält Herr A als Bedarf für Unterkunft in Form einer Unterkunftspauschale, ohne einen Nachweis erbringen zu müssen, dass er diese Aufwendungen auch tatsächlich trägt, anerkannt.

Diese Unterkunftspauschale ist nach dem Wortlaut des Gesetzes auch nicht davon abhängig, ob und in welchem Umfang überhaupt Kosten für die genutzte Wohnung zu tragen sind (vgl. § 42a Abs. 3 **Satz** 4 SGB XII). Die von den tatsächlichen Aufwendungen gelöste Ermittlung einer Unterkunftspauschale nach der Differenzmethode führt demnach zu einer ausdrücklich gewollten Privilegierung dieses Personenkreises.

Sollten jedoch für die Wohnung gar keine Kosten z. B. aufgrund eines Wohn- oder Wohnungsrechts anfallen, verbietet sich auch die Anwendung dieser Pauschalregelung.

Diese Pauschalierungen sind nicht nur aus Gründen der Verwaltungsvereinfachung erforderlich, sondern auch deshalb, weil oftmals Leistungsberechtigte nach dem 4. Kapitel SGB XII in einem Haushalt mit nicht hilfebedürftigen Personen leben, mit der naheliegenden Folge, dass die Wohnung dieser Personen (z. B. der Eltern oder Geschwister), in der die leistungsberechtigte Person lebt, nicht den Angemessenheitskriterien entspricht.

In der Praxis problematisch sind aber auch die Fälle, in denen bis zur Neuregelung keine Bedarfe für Unterkunft und Heizung zu berücksichtigen waren, da die Leistungsberechtigten tatsächlich keine Aufwendungen haben und kostenlos bei den Verwandten, in den Regel den Eltern, wohnen. Durch die Neuregelung werden ihnen nun pauschal vom Gesetzgeber Unterkunftskosten, auch gegen den ausdrücklichen Willen, zuerkannt. Die Praxis hilft sich mit der Aufnahme einer nicht unumstrittenen Erklärung, in der die Leistungsberechtigten über die Neuregelung in Kenntnis gesetzt werden und dennoch auf die Aufwendungen für Bedarfe der Unterkunft und Heizung verzichten.

Die Anerkennung von Aufwendungen für die **Heizung** ergibt sich aus dem prozentualen Anteil an den tatsächlichen Aufwendungen für die Heizung der Wohnung, der sich aus dem Anteil der als Bedarf zu berücksichtigenden Aufwendungen für die Unterkunft an den gesamten Aufwendungen für die Wohnung ergibt (vgl. § 42a Abs. 3 **Satz** 3 SGB XII).

Beispiel

Die 38-jährige, auf Dauer voll erwerbsgeminderte Frau B lebt zusammen mit ihrer Mutter in einem Haushalt. Die Kosten der Unterkunft betragen 400,00 €, die Aufwendungen für Heizung 120,00 € im Monat. Für einen Zweipersonenhaushalt sind im Bereich des Sozialhilfeträgers Kosten der Unterkunft von 450,00 € und für einen Einpersonenhaushalt von 320,00 € als angemessen zu betrachten.

Berechnungsschritte:

angemessene Kosten für einen Zweipersonenhaushalt	*450,00 €*
abzüglich angemessene Kosten für einen Einpersonenhaushalt	*320,00 €*
Differenz *(= Unterkunftspauschale)*	***130,00 €***
Prozentualer Anteil der Unterkunftspauschale an den angemessenen Kosten für einen Einpersonenhaushalt	*28,89%*
***tatsächliche** Heizkosten*	*120,00 €*
monatlicher Heizkostenbedarf	***34,67 €***

Sofern die Berücksichtigung der sich ergebenden pauschalierten Aufwendungen bei Eltern, Kindern oder Geschwistern als Wohnungsinhabern dazu führen würde, dass diese ihren eigenen Lebensunterhalt einschließlich der ungedeckten Aufwendungen für die Unterkunft und Heizung nicht mehr decken können, findet gemäß § 42a Abs. 3 Satz 5 SGB XII stattdessen die Regelung über die Anerkennung von Unterkunftskosten in Mehrpersonenhaushalten § 42a Abs. 4 Satz 1 SGB XII Anwendung.

Darüber hinaus findet die reine kopfteilige Aufteilung der Bedarfe für Unterkunft und Heizung und damit Anwendung des § 42 Nr. 4 Buchstabe a) i. V. m. § 42a Abs. 1 SGB XII nach den entsprechenden Vorschriften im Vierten Abschnitt des 3. Kapitels (§§ 35, 35a und 36 SGB XII) immer dann Anwendung, wenn alle im Haushalt lebenden Personen staatliche Grundsicherungsleistungen, sei es nach dem Zweiten oder Zwölften Buch Sozialgesetzbuch, erhalten.

4.3.1.2.3 Wohnkosten von Leistungsberechtigten, die als Wohngemeinschaften in einer Wohnung mit einem gemeinsamen Mietvertrag leben (§ 42 Nr. 4 Buchstabe a) i. V. m. § 42a Abs. 4 Satz 1 und 2 SGB XII)

§ 42a Abs. 4 SGB XII regelt die Übernahme von Unterkunftskosten bei **Wohngemeinschaften**. Charakteristikum der Wohngemeinschaft ist, dass die leistungsberechtigte Person zur Tragung von Unterkunftskosten vertraglich verpflichtet ist.

Bei Wohngemeinschaften wird unterstellt, dass jede darin wohnende leistungsberechtigte Person einen Anspruch auf einen kopfteiligen Anteil an den Aufwendungen für Unterkunft und Heizung eines entsprechenden Mehrpersonenhaushalts (Kopfanteilsmethode) hat. Vergleichsmaßstab dabei ist immer die Anzahl der Bewohner der Wohnung zu einem entsprechenden anzahlmäßig gleichen Mehrpersonenhaushalt. Damit wird ausgeschlossen, dass im Falle einer Wohngemeinschaft aus mehreren Personen für jede einzelne Person die angemessenen (naturgemäß höheren) Aufwendungen für Unterkunft und Heizung eines Einpersonenhaushalts als Bedarf zu berücksichtigt sind.

Beispiel

Der 56-jährige, auf Dauer voll erwerbsgeminderte Herr C lebt in einer aus vier Personen bestehenden Wohngemeinschaft mit einem gemeinsamen Mietvertrag. Die Kosten der Unterkunft betragen 800,00 €, die Kosten für Heizung 180,00 € im Monat. Für einen Vierpersonenhaushalt sind im Bereich des Sozialhilfeträgers Kosten der Unterkunft von 750,00 € und Heizung von 120,00 € als angemessen zu betrachten.

Berechnungsschritte:

tatsächliche Unterkunftskosten	*800,00 €*
angemessene Kosten für einen Vierpersonenhaushalt	*750,00 €*
Unterkunftskosten anteilig (kopfteilig - 1/4 der angemessenen Kosten)	*187,50 €*
tatsächliche Heizkosten	*180,00 €*
angemessene Heizkosten	*120,00 €*
Heizkosten anteilig (kopfteilig - 1/4 der angemessenen Kosten)	*30,00 €*
anteiliger Bedarf für Unterkunft und Heizung	*217,50 €*

*Für Herrn C sind somit 217,50 € als Bedarf für Unterkunft und Heizung anzuerkennen. Das Beispiel zeigt, dass sich die zu übernehmenden Unterkunfts- und Heizungskosten aus der Angemessenheitsgrenze und der Anzahl der Personen **im Haushalt** ergeben.*

Für den Bereich des Zweiten Buches Sozialgesetzbuch hat das Bundessozialgericht – dem gegenläufig –entschieden, dass es hinsichtlich der Angemessenheitsprüfung auf die Zahl der Personen ankommt, die eine Bedarfsgemeinschaft bilden. Es wäre also – hinsichtlich der Angemessenheitsprüfung – nicht entscheidend, wie viele Personen im Haushalt leben.[218] Dieser Rechtsgedanke entspricht nicht der Regelung des § 42a Abs. 4 Satz 1, Satz 2 SGB XII.

Weiter ist im o. g. Fallbeispiel kritisch anzumerken, dass Herr C einen tatsächlichen kopfteiligen Mietanteil von 245,00 € (1/4 von 980,00 €) zu zahlen hat. Würde Herr C deshalb erwägen, allein in eine angemessene eigene Wohnung zu ziehen, wären in der Regel höhere Bedarfe für Unterkunft und Heizung anzuerkennen, die deutlich über den im vorliegenden Fall anzuerkennenden Kosten liegen.

---

[218] Vgl. BSG, Urteil vom 25.04.2018, B 14 AS 14/17 R, juris, Rn. 18. Dem Urteil liegt die Fallkonstellation zugrunde, dass eine alleinerziehende Mutter mit ihrem minderjährigen Kind zusammenlebt, das seinen Bedarf mit eigenem Einkommen decken kann, also mit dem Kind keine Bedarfsgemeinschaft nach § 7 Abs. 3 Nr. 4 SGB II bildet. Das Gericht stellt fest, dass sich die angemessene Wohnungsgröße nicht nach der Zahl der Bewohner richtet, sondern allein nach der Zahl der Mitglieder einer Bedarfsgemeinschaft, auch wenn alle Bewohner einer Familie angehören (vgl. BSG, Urteil vom 18.02.2010, B 14 AS 73/08 R). Der angemessene Mietzins ermittelt sich daher in diesem Fall (und auch bei anderen Wohngemeinschaften) nach den Werten eines Ein-Personen-Haushaltes als Vergleichsmaßstab (vgl. BSG, Urteil vom 18.06.2008, B 14/11b AS 61/06 R).

4.3.1.2.4 Wohnkosten von Leistungsberechtigten, die als Wohngemeinschaften in einer Wohnung mit einem einzelnen, gesonderten Mietvertrag leben (§ 42 Nr. 4 Buchstabe a) i. V. m. § 42a Abs. 4 Satz 3 SGB XII)

Eine Ausnahme zur zuvor geschilderten Fallsituation besteht nach § 42a Abs. 4 Satz 3 SGB XII, wenn die leistungsberechtigte Person mit dem Vermieter der Wohnung oder einem anderen Mieter einen gesonderten Mietvertrag über die ihr allein zur Nutzung überlassenen Räume und die gemeinschaftlich genutzte Mietfläche abgeschlossen hat. In diesen Fällen ist die mietvertragliche Vereinbarung für die Anerkennung der Bedarfe für Unterkunft und Heizung maßgebend, in der Höhe jedoch begrenzt auf die angemessenen Aufwendungen für einen Einpersonenhaushalt. Das gilt jedoch bei Mietverträgen mit einem anderen Mieter der Wohnung nur, wenn die vertraglich vereinbarte Miete zu der gesamten Wohnungsmiete in einem angemessenen Verhältnis steht.

Übersteigen die tatsächlichen Kosten die angemessenen Aufwendungen, gilt nach § 42 Abs. 4 Satz 3 SGB XII die Regelung des § 35 Abs. 2 SGB XII. Danach sind die tatsächlichen Kosten nur so lange als Bedarf anzuerkennen, wie es der leistungsberechtigten Person nicht möglich oder zuzumuten ist, die Aufwendungen zu senken, längstens jedoch für sechs Monate.

4.3.1.2.5 Wohnkosten von Leistungsberechtigten, die in besonderen Wohnformen (§ 42 Nr. 4 Buchstabe a) i. V. m. § 42a Abs. 5 und 6 SGB XII) leben

Mit dem 01. Januar 2020 trat die im Bundesteilhabegesetz (BTHG)[219] enthaltene Trennung von Fachleistungen der Eingliederungshilfe nach Teil 2 des Elften Buches Sozialgesetzbuch und den existenzsichernden Leistungen nach dem Zwölften Buch Sozialgesetzbuch in Kraft. Hintergrund ist, dass das deutsche Rehabilitations- und Teilhaberecht in Übereinstimmung mit der UN-Behindertenrechtskonvention (UN-BRK[220]) so zu gestalten ist, dass Teilhabeleistungen, also auch die Leistungen der Eingliederungshilfe, unabhängig von der Wohnform gewährt werden, in der Menschen mit Behinderungen leben.

Menschen mit Behinderungen, die in den bisherigen stationären Einrichtungen der Eingliederungshilfe leben, erhielten bis zum 31.12.2019 eine Komplexleistung, in die sowohl existenzsichernde Leistungen (z. B. Wohnen und Ernährung in pauschalierter Form) als auch die eigentlichen Fachleistungen der Eingliederungshilfe einflossen.

Dieser leistungsberechtigte Personenkreis erhält ab dem 01.01.2020 in „getrennter Form" existenzsichernde Leistungen vom örtlichen Träger der Sozialhilfe nach den Bestimmungen des 3. bzw. 4. Kapitels des Zwölften Buches Sozialgesetzbuch und besondere Leistungen

---

[219] Gesetz zur Stärkung der Teilhabe und Selbstbestimmung von Menschen mit Behinderungen (Bundesteilhabegesetz – BTHG) vom 23.12.2016, BGBl. I S. 3234.

[220] Das „Übereinkommen über die Rechte von Menschen mit Behinderungen" (Convention on the Rights of Persons with Disabilities - CRPD) ist ein Menschenrechtsübereinkommen der Vereinten Nationen, das am 13. Dezember 2006 von der Generalversammlung der Vereinten Nationen beschlossen wurde und am 03. Mai 2008 in Kraft getreten ist.

zur selbstbestimmten Lebensführung für Menschen mit Behinderungen (Eingliederungshilfe) nach dem 2. Teil des Neunten Buches Sozialgesetzbuch vom überörtlichen Träger.

Damit geht einher, dass es eine stationäre Einrichtung im Eingliederungshilferecht nicht mehr gibt.

Gesetzestechnisch wurde durch Änderung des § 42a Abs. 2 SGB XII die **besondere Wohnform** für Leistungsberechtigte eingeführt, die nicht in einer Wohnung leben, weil ihnen allein oder zu zweit ein persönlicher Wohnraum und zusätzliche Räumlichkeiten zur gemeinschaftlichen Nutzung zu Wohnzwecken überlassen werden. Für sie gelten die neu gefassten Vorschriften des § 42a Abs. 5 und 6 SGB XII i. V. m. § 45a SGB XII.

Damit tritt sowohl bei der Sozialhilfe nach dem 3. Kapitel SGB XII als auch der Grundsicherung im Alter und bei Erwerbsminderung nach dem 4. Kapitel des SGB XII für Personen, die Leistungen der „neuen" Eingliederungshilfe erhalten, die sog. besondere Wohnform nach § 42a Abs. 2 Satz 1 Nr. 2 und Satz 3 SGB XII an die Stelle der stationären Einrichtung.

Für die Anerkennung von Bedarfen für Unterkunft und Heizung führte das zu weitergehenden Änderungen. Die bisherige Anerkennung von Bedarfen für Unterkunft und Heizung in stationären Einrichtungen nach § 42 Nr. 4 Buchstabe b) SGB XII ist ab 1. Januar 2020 nicht mehr anzuwenden.

Die anzuerkennenden Bedarfe für Unterkunft und Heizung ergeben sich nunmehr ausschließlich aus § 42a Abs. 5 und 6 SGB XII. Dabei sind unter tatsächlichen Aufwendungen für Unterkunft und Heizung nach § 42a Abs. 5 Satz 3 und 4 SGB XII auch die gesondert auszuweisenden, zusätzlichen Kosten nach § 42a Abs. 5 Satz 4 Nr. 1 bis 4 SGB XII, die sog. Zusatzkosten zu fassen.

Der Anerkennung der Bedarfe liegt folgende Systematik zugrunde:

- Im ersten Schritt werden tatsächliche Aufwendungen für Unterkunft und Heizung bis zu 100 v. H. der durchschnittlichen angemessenen tatsächlichen Aufwendungen für die Warmmiete eines Einpersonenhaushaltes gemäß § 45a SGB XII, der sog. unteren Angemessenheitsgrenze, als angemessen anerkannt. Die untere Angemessenheitsgrenze muss jeder Träger der Sozialhilfe gemäß § 42a Abs. 5 Satz 3 i. V. m. § 45a SGB XII aus bestehenden Sozialdaten der Leistungsempfänger der Grundsicherung, die allein in Wohnungen leben, nach dem 4. Kapitel SGB XII, behelfsweise unter Einbeziehung der leistungsberechtigten Personen der Sozialhilfe nach dem 3. Kapitel SGB XII, ermitteln. Jährlich findet eine Neuermittlung zum 01. August für das folgende Jahr statt.

- Übersteigen die Aufwendungen für die Unterkunft und Heizung die untere Angemessenheitsgrenze, können bis zu 125 v. H. als „obere Angemessenheitsgrenze" der durchschnittlichen angemessenen tatsächlichen Aufwendungen für die Warmmiete eines Einpersonenhaushaltes anerkannt werden. Voraussetzung hierfür ist, dass ein Mietvertrag oder ein Vertrag nach **Wohn- und Betreuungsvertragsgesetz (WBVG)**[221] zwischen Leistungsberechtigtem und Leistungserbringer zusätzliche Kosten nach § 42a Abs. 5 Satz 4 Nr. 1 bis 4 SGB XII gesondert ausweist.

- Übersteigt die Gesamtsumme aus den Aufwendungen für Unterkunft und Heizung sowie den Zusatzkosten die obere Angemessenheitsgrenze von 125 v. H., kann sich nach § 42a Abs. 6 SGB XII für den übersteigenden Teilbetrag lediglich ein Anspruch aus Leistungen der Eingliederungshilfe nach Teil 2 des Neunten Buches Sozialgesetzbuch ergeben. Dabei hat der Träger der Eingliederungshilfe zu prüfen, ob die übersteigenden Bedarfe für Unterkunft und Heizung wegen der besonderen Bedürfnisse der leistungsberechtigten Person mit Behinderungen gerechtfertigt sind oder ob eine Kostensenkung möglich ist.

Beispiel 1

Frau A ist 68 Jahre und lebt seit ihrer Kindheit in einer stationären Behinderteneinrichtung. Bisher hat Sie Leistungen der Grundsicherung und Eingliederungshilfe vom überörtlichen Träger der Sozialhilfe erhalten. Zum 01.01.2020 werden nunmehr die Fachleistungen von den existenzsichernden Leistungen getrennt und Frau A erhält einen Vertrag zur Überlassung von persönlichem Wohnraum nach § 42a Abs. 2 Nr. 2 SGB XII (sog. besondere Wohnform). Sie besitzt einen Schwerbehindertenausweis mit dem Merkzeichen G.

Ihr Betreuer hat einen Antrag beim nunmehr zuständigen örtlichen Träger der Sozialhilfe auf Leistungen der Grundsicherung im Alter und bei Erwerbsminderung gestellt. Frau A bezieht eine Altersrente von 350,00 €. Der Mietvertrag für das von ihr bewohnte Zimmer zzgl. der Gemeinschaftsflächen sieht eine Kaltmiete von 250,00 € vor. An Nebenkosten sind 50,00 € und an Heizkosten 40,00 € zu zahlen.

Der örtliche Träger hat eine durchschnittlich angemessene Warmmiete eines Einpersonenhaushaltes nach § 42 Abs. 5 Satz 3 i. V. m. § 45a SGB XII von 350,00 € ermittelt.

Berechnungsschritte der Bedarfe für Unterkunft und Heizung:

tatsächliche Unterkunftskosten:	
Kaltmiete	250,00 €
Nebenkosten	50,00 €
Heizkosten	40,00 €
Summe	**340,00 €**

Gegenüberstellung: ⇧
Höchstbetrag für durchschnittlich angemessene Warmmiete eines Einpersonenhaushaltes nach § 42a Abs. 5 Satz 3 i. V.m. § 45a SGB XII *350,00 €*

Gesetz zur Regelung von Verträgen über Wohnraum mit Pflege- oder Betreuungsleistungen (Wohn- und Betreuungsvertragsgesetz (WBVG) vom 29.07.2009, BGBl. I S. 2319, zuletzt geändert durch Artikel 20 Abs. 5 des Gesetzes vom 23.12.2016, BGBl. I S. 3234.

Der Höchstbetrag wird nicht überschritten, so dass 340,00 € als angemessene Bedarfe für Unterkunft und Heizung anerkannt werden.

Beispiel 2

Auch Herr B lebt in einer solchen besonderen Wohnform. Er ist dauerhaft erwerbsgemindert und bezieht eine Erwerbsminderungsrente von 250,00 €.

Für das von ihm bewohnte Zimmer zzgl. der Gemeinschaftsflächen wird eine Kaltmiete von 280,00 € erhoben. An Nebenkosten sind 50,00 € und an Heizkosten 60,00 € zu zahlen. Zusatzkosten sind ebenfalls ausgewiesen: 15,00 € für die Vollmöblierung und 30,00 € für Haushaltsstrom und die Ausstattung mit Haushaltsgroßgeräten.

Der örtliche Träger hat eine durchschnittlich angemessene Warmmiete eines Einpersonenhaushaltes nach § 42a Abs. 5 Satz 3 i. V. m. § 45a SGB XII von 400,00 € ermittelt.

Berechnungsschritte der Bedarfe für Unterkunft und Heizung:

tatsächliche Unterkunftskosten:	
Kaltmiete	280,00 €
Nebenkosten	50,00 €
Heizkosten	60,00 €
Summe	**390,00 €**
zzgl. Zusatzkosten:	
Vollmöblierung	15,00 €
Haushaltsstrom und Ausstattung mit Haushaltsgroßgeräten	30,00 €
Summe	**45,00 €**
Gesamtsumme gem. § 42a Abs. 5 und 6 SGB XII	**435,00 €**
Gegenüberstellung:	⇧
Höchstbetrag für durchschnittlich angemessene Warmmiete eines Einpersonenhaushaltes nach § 42 Abs. 5 Satz 3 i. V. m. § 45a SGB XII in Höhe von 400,00 € zzgl. 25 v. H. Zuschlag für Zusatzkosten in Höhe von 100,00 €	500,00 €

Der Höchstbetrag von 400,00 € gemäß § 42a Abs. 5 Satz 3 i. V. m. § 45a SGB XII wird überschritten, so dass der Zuschlag von maximal 25 v. H. für Zusatzkosten gemäß § 42a Abs. 5 Satz 4 SGB XII zum Tragen kommt. Der damit ermittelte Höchstbetrag inklusive Zusatzkostenzuschlag von insgesamt 500,00 € wird nicht überschritten, so dass 435,00 € als angemessene Bedarfe für Unterkunft und Heizung anerkannt werden.

Beispiel 3

Herr B hat nach einer Mieterhöhung nunmehr Zusatzkosten von 25,00 € für Vollmöblierung, 40,00 € für Haushaltsstrom aufgrund einer Ausstattung mit Haushaltsgroßgeräten sowie 60,00 € für Telekommunikation (u. a. Gebühren für den Zugang zu Rundfunk, Fernsehen und Internet) zu tragen.

Berechnungsschritte der Bedarfe für Unterkunft und Heizung:

tatsächliche Unterkunftskosten:	
Kaltmiete	280,00 €
Nebenkosten	50,00 €
Heizkosten	60,00 €
Summe	**390,00 €**
zzgl. Zusatzkosten:	
Vollmöblierung	25,00 €
Haushaltsstrom und Ausstattung mit Haushaltsgroßgeräten	40,00 €
Telekommunikation und Rundfunk-, Fernseh- und Internetgebühren	60,00 €
Summe	**125,00 €**
Gesamtsumme gem. § 42a Abs. 5 und 6 SGB XII	**515,00 €**
Gegenüberstellung:	⇧
Höchstbetrag für durchschnittlich angemessene Warmmiete eines Einpersonenhaushaltes nach § 42 Abs. 5 Satz 3 i. V. m.§ 45a SGB XII zzgl. 25 v. H. Zuschlag für Zusatzkosten in Höhe von 100,00 €	500,00 €

Der Höchstbetrag von 400,00 € gemäß § 42a Abs. 5 Satz 3 i. V. m. § 45a SGB XII wird überschritten, so dass der Zuschlag von maximal 25 v. H. für Zusatzkosten gemäß § 42a Abs. 5 Satz 4 SGB XII zum Tragen kommt. Der damit ermittelte Höchstbetrag inklusive. Zusatzkostenzuschlag von insgesamt 500,00 € wird ebenfalls überschritten, so dass nur 500,00 € als angemessene Bedarfe für Unterkunft und Heizung anerkannt werden.

Durch den (überörtlichen) Träger der Eingliederungshilfe ist gemäß § 42a Abs. 6 SGB XII zu prüfen, ob diese – nicht übernommenen – Kosten nach Teil 2 des Neunten Buches Sozialgesetzbuch zu zahlen sind.

4.3.1.2.6 Wohnkosten von Leistungsberechtigten, die in einer sonstigen Unterkunft leben (§ 42 Nr. 4 Buchstabe a) i. V. m. § 42a Abs. 7 SGB XII)

§ 42a Abs. 7 SGB XII gilt für die Anerkennung von Bedarfen für Unterkunft und Heizung für Leistungsberechtigte, die nicht in einer Wohnung, sondern in einer sonstigen Unterkunft leben.

Sonstige Unterkünfte sind Unterbringungsformen, die in der Regel nicht einer länger- oder gar dauerhaften Unterbringung dienen, z. B. Zimmer in Pensionen, Ferienwohnungen, Wohnwagen, Notquartiere sowie Gemeinschaftsunterkünfte (z. B. Obdachlosen- oder Asylbewerberheime). Die Vorschrift wird in den Fällen Bedeutung erlangen, in denen Obdachlose kurzfristig untergebracht werden müssen.

Die Höhe der übernahmefähigen Aufwendungen einer einzelnen Person für die Kosten der „sonstigen Unterkunft" ist auf die durchschnittliche Warmmiete im örtlichen Zuständigkeitsbereich des ausführenden Trägers begrenzt. Sie entspricht der Regelung für die pauschalierten Bedarfe für Unterkunft und Heizung in stationären Einrichtungen (§ 42 Nr. 4 Buchstabe b) SGB XII).

Darüber hinaus können jedoch für bis zu sechs Monate höhere Aufwendungen berücksichtigt werden, wenn eine unmittelbare oder kurzfristige Senkung der Aufwendungen nicht möglich ist (vgl. § 42a Abs. 7 Satz 3 Nr. 1 SGB XII). Darin spiegelt sich der Regelungsinhalt von § 35 Abs. 2 Satz 2 SGB XII in angepasster Form wider.

Es kann eine Vielzahl von Unterbringungsmöglichkeiten, z. B. Einzel- oder Mehrbettzimmer in Pensionen oder Gemeinschaftsunterkünften geben. Für die Höhe der angemessenen Bedarfe für Unterkunft und Heizung wird danach unterschieden (vgl. § 42 Abs. 7 Satz 1 und 2 SGB XII), ob die konkrete Unterbringung für eine Person allein oder für mehrere Personen gemeinsam zur Verfügung steht. Im Gesetz ist insoweit eine Höchstgrenzenregelung enthalten, die unter bestimmten Voraussetzungen überschritten werden darf.

Für die Unterbringung einer einzelnen Person stellt die Begrenzung der Höhe der Aufwendungen auf die durchschnittliche Warmmiete im Bereich des Leistungsträgers ab und entspricht damit der Regelung für die pauschalierten Bedarfe für Unterkunft und Heizung in stationären Einrichtungen (§ 42 Nr. 4 Buchstabe b) SGB XII).

Bei gemeinsamer Unterbringung mehrerer Personen ergibt sich die Begrenzung aus dem kopfteiligen Anteil, der sich für die angemessenen Aufwendungen für Unterkunft und Heizung der Wohnung eines Mehrpersonenhaushalts mit der entsprechenden Bewohnerzahl ergibt.

Darüber hinaus können jedoch im Einzelfall auch höhere Aufwendungen anerkannt werden. Das kommt zum Tragen, wenn prognostiziert wird, dass innerhalb von sechs Monaten eine Unterbringung in eine angemessene Wohnung nicht möglich ist oder auch keine andere hinsichtlich Ausstattung und Größe sowie hinsichtlich der Höhe der Aufwendungen angemessene Unterbringung in einer sonstigen Unterkunft verfügbar ist.

Alternativ können auch höhere Aufwendungen in Frage kommen, wenn es sich um eine Pauschal- oder Komplettmiete handelt, die zusätzliche haushaltsbezogene Aufwendungen beinhaltet sind, die ansonsten über die Regelbedarfe abzudecken wären. Gegenüber einer üblichen Miete ergeben sich daraus Mietzuschläge (z. B. für Haushaltsenergie, Telefon- oder Kabelgebühren). In diesen Fällen ist eine abweichende Regelsatzfestsetzung nach § 27a Abs. 4 SGB XII zu prüfen.

4.3.1.2.7 Übergangsregelung zu Bedarfen für Unterkunft und Heizung (§ 133b SGB XII)

Die Spezialregelungen des § 42a Abs. 3 und 4 SGB XII sind zum 01.07.2017 neu in das Zwölfte Buch Sozialgesetzbuch aufgenommen worden. Daher mussten Übergangsregelungen zu Bedarfen für Unterkunft und Heizung geschaffen werden, die in § 133b SGB XII geregelt sind.

Demnach findet § 42a Abs. 3 und 4 SGB XII keine Anwendung auf Leistungsberechtigte, bei denen vor dem 01.07.2017 Bedarfe für Unterkunft und Heizung nach § 35 SGB XII anerkannt worden sind, die

1. dem Kopfteil an den Aufwendungen für Unterkunft und Heizung entsprechen, die für einen entsprechenden Mehrpersonenhaushalt als angemessen gelten, oder

2. nach ihrer Höhe der durchschnittlichen Warmmiete eines Einpersonenhaushaltes im örtlichen Zuständigkeitsbereich des für die Ausführung des Gesetzes nach diesem Kapitel zuständigen Trägers nicht übersteigen.

Die Übergangsregelung findet Anwendung, solange die leistungsberechtigte Person mit mehreren Personen in derselben Wohnung lebt.

Die Übergangsregelung stellt eine Besitzstandsregelung dar. Bei Leistungsberechtigten in Verwandtenhaushalten, bei denen bislang im Vergleich zur Neuregelung höhere Bedarfe für Unterkunft und Heizung anerkannt worden sind, sind die bisherigen Bedarfe auch weiterhin zu berücksichtigen. Das gilt solange die leistungsberechtigte Person in der entsprechenden Wohnung in einem Mehrpersonenhaushalt lebt.

4.3.1.3 Übrige Bedarfe nach § 42 SGB XII

Bei den übrigen in § 42 SGB XII aufgeführten Bedarfe der Grundsicherung im Alter und bei Erwerbsminderung gibt es keinen Unterschied zu den Leistungen der Hilfe zum Lebensunterhalt nach dem 3. Kapitel SGB XII. Es werden demnach für leistungsberechtigte Personen

- Mehrbedarfe entsprechend § 30 SGB XII,
- einmalige Bedarfe entsprechend § 31 SGB XII,
- Beiträge zur Kranken- und Pflegeversicherung entsprechend § 32 SGB XII,
- Beiträge für die Vorsorge entsprechend § 33 SGB XII und
- Bildungs- und Teilhabeleistungen entsprechend § 34 SGB XII,
- ergänzende Darlehen nach § 37 SGB XII und Darlehen bei am Monatsende fälligen Einkommen nach § 37a SGB XII.

erbracht.

4.3.2 Leistungen in Einrichtungen

Dass die Grundsicherung im Alter und bei Erwerbsminderung auch in Einrichtungen erbracht wird, wird zwar im Gesetz nicht ausdrücklich erwähnt, lässt sich aber mittelbar der Bedarfsbemessung in Bezug auf Bedarfe für Unterkunft und Heizung entnehmen. Nach § 42 Nr. 4 Buchst. b) SGB XII werden diese bei Leistungen in stationären Einrichtungen nicht in tatsächlicher Höhe berücksichtigt, sondern in Höhe der durchschnittlichen angemessenen tatsächlichen Bedarfe für die Warmmiete eines Einpersonenhaushalts im Bereich des nach § 98 SGB XII zuständigen Trägers der Sozialhilfe.

An dieser Stelle verlässt der Gesetzgeber somit erneut das Prinzip der Bedarfsdeckung und der Kongruenz zu den Leistungen nach dem 3. Kapitel SGB XII, indem er - wie im früheren Gesetz über die bedarfsorientierte Grundsicherung im Alter und bei Erwerbsminderung - den Unterkunfts- und Heizungsbedarf pauschaliert. Bezüglich der weiteren Bedarfsmerkmale macht der Gesetzgeber keinen Unterschied zwischen Leistungen in Einrichtungen und außerhalb von Einrichtungen. Die Grundsicherung im Alter und bei Erwerbsminderung umfasst demnach neben der Pauschale für Unterkunfts- und Heizbedarfe auch in „Einrichtungsfällen"

- die maßgebende Regelbedarfsstufe (regelmäßig die Regelbedarfsstufe 3),
- evtl. Mehrbedarfe,
- evtl. Beiträge zur Kranken- und Pflegeversicherung sowie zur Vorsorge,
- einmalige Bedarfe entsprechend § 31 SGB XII und
- ergänzende Darlehen nach § 37 SGB XII und Darlehen bei am Monatsende fälligen Einkommen nach § 37a SGB XII.

Sonstige Hilfen zur Sicherung der Unterkunft entsprechend § 36 SGB XII (z. B. Finanzierung von Mietschulden) dürften als Leistungen in stationären Einrichtungen ausscheiden, weil die Regelung in § 42 Nr. 4 Buchstabe b) SGB XII als Spezialregelung die Regelungen des Vierten Abschnitts des 3. Kapitels SGB XII verdrängt.

4.4 Einsatz eigener Kräfte und Mittel

Ein Anspruch auf Grundsicherung im Alter und bei Erwerbsminderung setzt voraus, dass der notwendige Lebensunterhalt der leistungsberechtigten Person nicht oder nicht ausreichend aus eigenen Kräften und Mitteln, insbesondere aus ihrem Einkommen und Vermögen, beschafft werden kann (vgl. §§ 19 Abs. 2 Satz 1, 41 Abs. 1 SGB XII i. V. m. § 43 SGB XII). Da § 43 Abs. 1 Satz 1 SGB XII auf die Bestimmungen der §§ 82 bis 84 SGB XII und §§ 90 und 91 SGB XII verweist, sind die Bestimmungen zum Einkommens- und Vermögenseinsatz des 11. Kapitels SGB XII auch für die Grundsicherung im Alter und bei Erwerbsminderung nach dem 4. Kapitel SGB XII relevant. Es sollen an dieser Stelle nur einige wenige Punkte aus diesem Themenbereich angesprochen werden.

Kapitel 4 - Grundsicherung im Alter und bei Erwerbsminderung nach 4. Kapitel SGB XII

4.4.1 Einsatzpflichtige Personen

Nach § 19 Abs. 2 Satz 1 SGB XII i. V. m. § 41 Abs. 1 SGB XII hat zum einen die leistungsberechtigte Person selbst die eigenen Mittel zur Bedarfsdeckung einzusetzen. Daneben ist nach § 43 Abs. 1 Satz 2 SGB XII aber auch das Einkommen und Vermögen des nicht getrenntlebenden Ehegatten oder Lebenspartners sowie des Partners der eheähnlichen oder lebenspartnerschaftsähnlichen Gemeinschaft zu berücksichtigen, soweit es dessen notwendigen Lebensunterhalt nach § 27a SGB XII übersteigt.

In die Prüfung der Hilfebedürftigkeit sind somit die Partnerinnen und Partner der leistungsberechtigten Person nach dem 4. Kapitel SGB XII (soweit diese selbst nicht hilfebedürftig ist) einzubeziehen.

Die Klärung der Einsatzverpflichtung der Partner setzt eine (fiktive) Bedarfsberechnung dieser Personen voraus. Nur soweit die Mittel den Betrag übersteigen, der zur Bestreitung des eigenen notwendigen Lebensunterhalts nach den Regelungen des 4 Kapitels SGB XII benötigt wird, kommt eine Einsatzverpflichtung gegenüber dem leistungsberechtigten Partner nach dem 4. Kapitel SGB XII in Betracht. Aus dem Wort „übersteigen" folgt, dass bei der Leistungsberechnung im 4. Kapitel SGB XII eine sog. vertikale Einkommensanrechnung (im Gegensatz zur horizontalen Einkommensanrechnung im Zweiten Buch Sozialgesetzbuch, vgl. § 9 Abs. 2 Satz 3 SGB II) zwingend vorgegeben ist.

4.4.2 Einsatz eigener Mittel, Darlehen nach § 91 SGB XII

Was als Einkommen zu berücksichtigen ist und welche Beträge unberücksichtigt bleiben, regeln die §§ 82 bis 84 SGB XII (vgl. § 43 Abs. 1 Satz 1 SGB XII). Auch die Rechtsnormen der §§ 90 und 91 SGB XII für Vermögen sind anzuwenden (vgl. § 43 Abs. 1 Satz 1 SGB XII). Insoweit bestehen keine Besonderheiten gegenüber der Einkommensermittlung bei der Hilfe zum Lebensunterhalt.

Bezüglich des Vermögenseinsatzes verweist § 43 Abs. 1 Satz 1 SGB XII auf § 90 SGB XII. Was als Vermögen einzusetzen ist und welche Vermögenswerte freizulassen sind, ergibt sich ausschließlich aus dieser Norm und der Verordnung zu § 90 Abs. 2 Nr. 9 SGB XII. Auf die Ausführungen im Rahmen der Hilfe zum Lebensunterhalt wird an dieser Stelle verwiesen.

Ist für den Bedarf der Grundsicherung im Alter und bei Erwerbsminderung im konkreten Fall Vermögen einzusetzen, die sofortige Verwertung dieses Vermögens jedoch nicht möglich oder stellt sie für die leistungsberechtigte Person nach dem 4. Kapitel SGB XII oder die einsatzpflichtige Person eine Härte dar, kommt auch hier die Leistung eines Darlehens nach § 91 SGB XII in Betracht.

Als Spezialregelung bestimmt § 43 Abs. 2 SGB XII, dass Einnahmen aus Kapitalvermögen (z. B. also Zinseinnahmen) bis zu einem Betrag von 26,00 € im Kalenderjahr vom Einkommen abzusetzen sind. Nach hier vertretener Auffassung kann dieser „Freibetrag" im Bereich der Leistungen nach dem 3. Kapitel SGB XII nicht berücksichtigt werden (wegen der vom Gesetzgeber gewollten Platzierung der Vorschrift im 4. Kapitel SGB XII).

4.4.3 Einsatz eigener Kräfte

Während § 19 Abs. 2 Satz 1 SGB XII noch den Einsatz eigener Kräfte und Mittel fordert, macht § 41 Abs. 1 SGB XII den Anspruch auf Leistungen der Grundsicherung im Alter und bei Erwerbsminderung nur vom Einsatz des Einkommens und Vermögens abhängig. Hier schlägt sich nieder, dass ein Einsatz der Arbeitskraft und die Aufnahme einer zumutbaren Tätigkeit im Sinne von § 11 Abs. 3 Satz 4 SGB XII für den nach § 41 Abs. 1 SGB XII leistungsberechtigten Personenkreis nur ausnahmsweise und eher auf freiwilliger Basis in Betracht kommt. Eine Tätigkeit darf nach § 11 Abs. 4 Satz 1 SGB XII nämlich nicht zugemutet werden, wenn eine Erwerbsminderung dem entgegensteht (vgl. § 11 Abs. 4 Satz 1 Nr. 1 SGB XII) oder die leistungsberechtigte Person die Regelaltersgrenze der gesetzlichen Rentenversicherung erreicht hat (vgl. § 11 Abs. 4 Satz 1 Nr. 2 SGB XII).

Folgerichtig findet sich die Sanktionsnorm bei Verweigerung einer zumutbaren Tätigkeit auch nur im Rahmen der Hilfe zum Lebensunterhalt nach dem 3. Kapitel SGB XII (vgl. § 39a SGB XII). Sie ist auf Leistungen der Grundsicherung nach dem 4. Kapitel SGB XII nicht anzuwenden.

4.4.4 Erweiterte Hilfe (§ 19 Abs. 5 SGB XII)

Auch im Bereich der Grundsicherung im Alter und bei Erwerbsminderung nach dem 4. Kapitel SGB XII kann in Einzelfällen die Leistungserbringung als „erweiterte Hilfe" angezeigt sein, z. B. wenn die leistungsberechtigte Person die Aufwendungen im Wege der Selbsthilfe durch den Einsatz ihres berücksichtigungsfähigen Einkommens und/oder Vermögens hätte selbst tragen müssen. Die Regelung des § 19 Abs. 5 SGB XII gilt für alle Sozialhilfeleistungen. Somit ist sie auch für Fälle der Grundsicherung im Alter und bei Erwerbsminderung anwendbar. Der Träger der Sozialhilfe hat gegen die einsatzpflichtige Person einen Anspruch auf Aufwendungsersatz in Höhe der „erweiterten Hilfe".

4.5 Besondere Regelungen im Bereich der Grundsicherung im Alter und bei Erwerbsminderung

Während sich die Bedarfsermittlung und der Einkommens- und Vermögenseinsatz bei den Leistungen nach dem 3. und 4. Kapitel SGB XII kaum unterscheiden, gibt es im Bereich der Grundsicherung im Alter und bei Erwerbsminderung einige spezifische Regelungen, die ihre Ursache in der Entstehungsgeschichte und der besonderen Zielsetzung dieser Hilfeleistung haben. Das Gesetz nennt einige zusätzliche Anspruchsvoraussetzungen, entlastet unterhaltspflichtige Angehörige in weitgehendem Umfang und regelt verfahrensrechtliche Besonderheiten im Verhältnis zu den übrigen Sozialhilfeleistungen.

4.5.1 Leistungsausschluss bei Verschulden (§ 41 Abs. 4 SGB XII)

Nach § 41 Abs. 4 SGB XII haben keinen Anspruch auf Leistungen der Grundsicherung im Alter und bei Erwerbsminderung Personen, die in den letzten zehn Jahren ihre Hilfebedürftigkeit vorsätzlich oder grob fahrlässig herbeigeführt haben. Während Sozialhilfe ansonsten grundsätzlich verschuldensunabhängig erbracht wird und ein vorwerfbares Verhalten nur eine Leistungseinschränkung (vgl. § 26 Abs. 1 SGB XII) oder einen Kostenersatzanspruch (vgl. § 103 Abs. 1 Satz 1 SGB XII) auslösen kann, ist für Leistungen nach dem 4. Kapitel SGB XII die schuldhafte Herbeiführung der eigenen Hilfebedürftigkeit ein persönlicher Ausschlusstatbestand.

Voraussetzung für den Anspruchsausschluss ist ein vorsätzliches, also bewusstes und zielgerichtetes, oder ein grob fahrlässiges Verhalten, also ein Verhalten, welches jede vernünftige wirtschaftliche Betrachtung vermissen lässt und sich objektiv als rechtsmissbräuchlich darstellt. Dieses Verhalten muss kausal für die derzeit bestehende eigene Hilfebedürftigkeit sein. Hauptanwendungsfall wird das Verschleudern oder Verschenken von Vermögen ohne Rücksicht auf für das Alter zu bildende Rücklagen sein.

Beispiel

Der 63-jährige Herr A verschenkt seinen Grundbesitz mit einem Wert von 400.000,00 € an seine Kinder, obwohl er nach Auskunft des Rententrägers bei Erreichen der Altersgrenze lediglich eine Altersrente aus der gesetzlichen Rentenversicherung in Höhe von ca. 450,00 € monatlich zu erwarten hat. Als Herr A die Altersgrenze erreicht, beantragt er beim zuständigen Träger der Sozialhilfe unter Vorlage des Rentenbescheides Grundsicherung im Alter und bei Erwerbsminderung nach dem 4. Kapitel SGB XII.

Herr A hat vorsätzlich (mindestens aber grob fahrlässig) seine Hilfebedürftigkeit herbeigeführt. Damit liegen die Voraussetzungen nach § 41 Abs. 4 SGB XII vor. Somit ist Herr A von Leistungen nach dem 4. Kapitel SGB XII ausgeschlossen.

Herr A erhält – da er tatsächlich hilfebedürftig ist – Leistungen im Rahmen der Hilfe zum Lebensunterhalt nach dem 3. Kapitel SGB XII. Unabhängig davon wäre auch die Realisierung eines Schenkungsrückforderungsanspruch gegenüber den Kindern gemäß § 528 BGB zu prüfen.

Besteht aufgrund der genannten Ausschlussnorm kein Anspruch auf Leistungen der Grundsicherung im Alter und bei Erwerbsminderung nach dem 4. Kapitel SGB XII, kommt in den Fällen, in denen aktuell die Hilfebedürftigkeit nicht anders zu beseitigen ist, Hilfe zum Lebensunterhalt nach dem 3. Kapitel SGB XII bzw. Sozialgeld nach § 7 Abs. 2 Satz 1 SGB II i. V. m. § 19 Abs. 1 Satz 2 SGB II als nachrangige Leistung in Betracht.

Der zuständige Leistungsträger wird in diesen Fällen aber im Rahmen des jeweiligen Leistungsgesetzes auf das vorwerfbare Verhalten reagieren. So wird z. B. der Sozialhilfeträger eine Leistungskürzung gemäß § 26 Abs. 1 SGB XII in Betracht ziehen, einen Kostenersatzanspruch nach § 103 Abs. 1 Satz 1 SGB XII geltend machen und - in Fällen verschenkten Vermögens - gleichzeitig einen ggf. bestehenden Schenkungsrückforderungsanspruch nach § 528 BGB gemäß § 93 SGB XII überleiten. Nach dem Tod der leistungsberechtigten Person kommt ein Kostenersatz durch Erben gemäß § 102 SGB XII in Frage.

4.5.2 Vorübergehender Auslandsaufenthalt (§ 41a SGB XII)

Gemäß § 41a SGB XII erhalten Leistungsberechtigte, die sich länger als vier Wochen ununterbrochen im Ausland aufhalten, nach Ablauf der vierten Woche bis zu ihrer nachgewiesenen Rückkehr ins Inland keine Leistungen.

Voraussetzung für einen Anspruch auf Leistungen der Grundsicherung im Alter und bei Erwerbsminderung ist, dass Leistungsberechtigte ihren gewöhnlichen Aufenthalt im Inland haben. Für die Bestimmung des gewöhnlichen Aufenthalts wird auf die Regelungen des § 30 SGB I zurückgegriffen. Nach dem Willen des Gesetzgebers soll die staatliche Fürsorge das Existenzminimum der im Inland lebenden Menschen sicherstellen.

In Anlehnung an die gesetzliche Mindesturlaubsdauer gilt ein ununterbrochener Auslandsaufenthalt von bis zu vier Wochen (zum Beispiel zur Erholung, zur Grabpflege oder zum Besuch von Angehörigen) als für den Leistungsanspruch unschädlich. Bei einem entsprechenden Auslandsaufenthalt über vier Wochen hinaus, d. h. ab dem 29. Tag des Aufenthalts im Ausland, sind dagegen keine existenzsichernden Leistungen mehr zu zahlen. Es wird aufgrund der Länge des Auslandsaufenthalts davon ausgegangen, dass eine Bedarfsdeckung im Ausland gewährleistet ist. Erst ab nachgewiesener Rückkehr ins Inland werden Leistungen wieder erbracht.

Für die Leistungen nach dem 3. Kapitel SGB XII gilt, auch ohne ausdrückliche Bestimmung, entsprechendes nach dem ersten Tag der Abwesenheit, weil der tatsächliche Aufenthalt im Inland dann nicht mehr gegeben ist und die Voraussetzungen des § 98 Abs. 1 SGB XII für einen Leistungsbezug nicht mehr vorliegen.[222] Das Bundessozialgericht hält jedoch auch für das 3. Kapitel SGB XII Abwesenheiten von bis zu vier Wochen für unschädlich.[223]

Es kommt sowohl bei der Aus- als auch bei der Einreise bei der Ermittlung des 4-Wochen-Zeitraums auf den tatsächlichen Grenzübertritt an. Dabei werden weitere Tage eines auswärtigen Aufenthalts z. B. in Deutschland nicht mitgerechnet, da der Zahlungsausschluss nur auf Zeiten des tatsächlichen **Auslands**aufenthaltes beschränkt ist.

Ein Auslandsaufenthalt von bis zu 4 Wochen wirkt sich nicht leistungsvernichtend aus. Das gilt auch für den Fall, dass dieser mehrfach im Jahr erfolgt. Eine Summierung der Abwesenheitstage innerhalb eines Kalenderjahres erfolgt nicht.

---

[222] Vgl. LSG NRW, Urteil vom 18.02.2016, L 9 SO 175/15, juris, Rn. 26 ff. mwN.
[223] Vgl. BSG, Urteil vom 25.04.2018, B 8 SO 20/16 R, juris, Rn. 18.

Verfahrenstechnisch erfolgt der Entzug der Leistungen mit einem Aufhebungsbescheid, wobei bei Wiederaufnahme der Leistungen kein erneuter, formaler Antrag gemäß § 44 Abs. 1 Satz 1 SGB XII notwendig wird, da der dem Grunde nach bestehende Anspruch nicht beendet wurde.[224]

Beispiel

Herr A besucht in der Zeit vom 19.06. bis 14.08. seine im Ausland lebenden Verwandten. Er fährt dazu mit dem Zug am 19.06. um 21.30 Uhr zum Flughafen. Der Abflug erfolgt um 23.30 Uhr; die Grenze wird um 00.30 Uhr überflogen. In seine Wohnung kehrt er am 18.08. zurück, nachdem er am 14.08. (Grenzübertritt 14.00 Uhr) zunächst noch seine Schwester in Deutschland besucht.

19.06.	*Abreise von der Wohnung*
20.06., 00.30 Uhr	*Grenzübertritt (Ausreise ins Ausland); Auslandsaufenthalt damit ab 20.06.*
21.06., 00.00 Uhr	*Beginn der 4-Wochen-Frist*
18.07., 24.00 Uhr	*Ende der 4-Wochen-Frist*
19.07., 00.00 Uhr	*Einstellung der Leistung; Herr A hält sich „länger als vier Wochen" im Ausland auf.*
14.08., 14.00 Uhr	*Grenzübertritt (Rückkehr nach Deutschland); Wiederaufnahme der Leistungen nach dem 4. Kapitel SGB XII.*
18.08.	*Ankunft in der Wohnung*

Leistungen für Herrn A werden somit in der Zeit vom 19.07. bis 13.08. nicht erbracht. Der Aufenthalt bei der Schwester im Inland wirkt sich nicht leistungsmindernd aus, da es sich nicht um einen Auslandsaufenthalt handelt.

Im konkreten Fall ist also ein anteiliger Monatsanspruch für Juli und August zu ermitteln. Im Juli besteht für 13 Tage kein Anspruch, so dass der Monatsanspruch um 13/31 zu kürzen ist; für August besteht ebenfalls kein Anspruch für 13 Tage, so dass auch hier der Monatsanspruch um 13/31 zu kürzen ist, da auch der Monat August insgesamt 31 Tage hat.

4.5.3 Mehrbedarf für Mehraufwendungen bei gemeinschaftlicher Mittagsverpflegung der besonderen Wohnform und Mehrbedarf für (Schul-)Ausbildung (§ 42b SGB XII)

Mit der Trennung von Fachleistungen der Eingliederungshilfe nach Teil 2 des Elften Buches Sozialgesetzbuch und den existenzsichernden Leistungen nach dem Zwölften Buch Sozialgesetzbuch wurden gemäß § 42b SGB XII auch zwei neue Mehrbedarfstatbestände eingeführt.

---

[224] Vgl. BSG, Urteil vom 29.09.2009, B 8 SO 13/08 R, juris, Rn. 11 ff. = FEVS 61, 364 = NDV-RD 2010, 78

Diese werden gemäß § 42b Abs. 1 SGB XII für Bedarfe, die nicht durch den Regelsatz abgedeckt sind, ergänzend zu den Mehrbedarfen nach § 30 SGB XII anerkannt.

4.5.3.1 Mehrbedarf für Mehraufwendungen bei gemeinschaftlicher Mittagsverpflegung (§ 42b Abs. 2 SGB XII)

Gemäß § 42b Abs. 2 SGB XII wird für die Mehraufwendungen bei gemeinschaftlicher Mittagsverpflegung ein Mehrbedarf anerkannt

1. in einer Werkstatt für behinderte Menschen nach § 56 SGB IX,

2. bei einem anderen Leistungsanbieter nach § 60 SGB IX oder

3. im Rahmen vergleichbarer anderer tagesstrukturierender Angebote.

Das gilt unter der Voraussetzung, dass die Mittagsverpflegung in Verantwortung eines Leistungsanbieters angeboten wird oder durch einen Kooperationsvertrag zwischen diesem und dem für die gemeinschaftliche Mittagsverpflegung an einem anderen Ort Verantwortlichen vereinbart ist.

Die Mehraufwendungen betragen je Arbeitstag ein Dreißigstel des Betrags, der sich nach § 2 Abs. 1 Satz 2 der Sozialversicherungsentgeltverordnung in der jeweiligen Fassung ergibt.

Hintergrund der Regelung ist, das die Verpflegungskosten (Mittagsverpflegung) in Werkstätten für behinderte Menschen und bei vergleichbaren Leistungsanbietern, sowie in Förderstätten (bzw. anderen tagesstrukturierenden Maßnahmen) ab dem 01.01.2020 nicht mehr pauschal von der Eingliederungshilfe getragen werden. Weiterhin beruht die Ermittlung der Regelbedarfe auf einer häuslichen Ernährung, so dass die Ausgaben für ein außerhäusliches Mittagessen durch den Regelsatz im konkreten Fall nicht realitätsgerecht abgebildet werden. Durch die Anerkennung eines pauschalierten Mehrbedarfs soll eine Bedarfsdeckung erreicht werden[225].

Die tatsächlichen Kosten der Mittagsverpflegung werden den Leistungsberechtigten vom Leistungsanbieter in Rechnung gestellt.

Voraussetzung für den pauschalierten Mehrbedarf ist die Inanspruchnahme gemeinschaftlicher Mittagsverpflegung in einer Werkstatt für behinderte Menschen nach § 56 SGB IX, bei einem anderen Leistungsanbieter im Sinne des § 60 SGB IX oder im Rahmen vergleichbarer anderer tagesstrukturierender Angebote.

Aktuell beträgt die Höhe des Mehrbedarfs 3,47 € je Arbeitstag. Das ergibt sich aus einem Dreißigstel des Wertes eines Mittagessens nach der Sozialversicherungsentgeltverordnung 2021 in Höhe von 104,00 € pro Monat.

---

[225] Vgl. Bundestagsdrucksache 18/9522, S. 327.

Konkret wird der Bedarf pro Woche berechnet, und zwar in Abhängigkeit der Anzahl der Arbeitstage. Danach ergeben sich folgende Mehrbedarfsbeträge:

Beschäftigung lt. Vertrag	rechnerische Arbeitstage	monatlicher Mehrbedarf
5-Tage-Woche	19	65,87 €
4-Tage-Woche	15	52,00 €
3-Tage-Woche	11	38,13 €
2-Tage-Woche	8	27,73 €
1-Tage-Woche	4	13,87 €
3,47 €	je Arbeitstag	

4.5.3.2 Mehrbedarf für behinderte Menschen für (Schul-)Ausbildung (§ 42b Abs. 3 SGB XII)

Gemäß § 42b Abs. 3 SGB XII wird für Leistungsberechtigte mit Behinderungen, denen Hilfen zur Schulbildung oder Hilfen zur schulischen oder hochschulischen Ausbildung nach § 112 Abs. 1 Satz 1 Nr. 1 und 2 SGB IX geleistet werden, ein Mehrbedarf in Höhe von 35 v. H. der maßgebenden Regelbedarfsstufe anerkannt. In besonderen Einzelfällen ist der Mehrbedarf über die Beendigung der dort genannten Leistungen hinaus während einer angemessenen Einarbeitungszeit von bis zu drei Monaten anzuerkennen.

Im Einzelnen ist die Berücksichtigung des Mehrbedarfs an folgende Leistungen der Eingliederungshilfe für behinderte Menschen gebunden:

- Hilfen zu einer angemessenen Schulbildung, insbesondere im Rahmen der allgemeinen Schulpflicht und zum Besuch weiterführender Schulen einschließlich der Vorbereitung hierzu (§ 112 Abs. 1 Satz 1 Nr. 1 SGB IX) oder

- Hilfe zur schulischen oder hochschulischen Ausbildung oder Ausbildung für einen Beruf (§ 112 Abs. 1 Satz 1 Nr. 2 SGB IX).

Der Mehrbedarf ist in besonderen Einzelfällen auch nach Beendigung der aufgeführten Eingliederungsmaßnahmen während einer angemessenen Übergangszeit, insbesondere einer Einarbeitungszeit von bis zu drei Monaten, zu berücksichtigen.

Die Berücksichtigung schließt die gleichzeitige Anerkennung eines Mehrbedarfs nach § 30 Abs. 1 Nr. 2 SGB XII (für Personen, die voll erwerbsgemindert nach dem Sechsten Buch Sozialgesetzbuch und gehbehindert sind) aus.

4.5.4 Freibetrag für Einnahmen aus Kapitalvermögen

Zusätzlich zu den nach § 82 Abs. 2 SGB XII vom Einkommen abzusetzenden Beträgen sind nach § 43 Abs. 2 SGB XII Einnahmen aus Kapitalvermögen abzusetzen, soweit sie einen Betrag von 26,00 € im Kalenderjahr nicht übersteigen.

Vor dem Hintergrund des aktuell niedrigen Zinsniveaus in Deutschland wird damit der überwiegende Teil der leistungsberechtigten Personen nach dem 4. Kapitel SGB XII von der Einkommensanrechnung von Zinseinkünften freigestellt.

4.5.5 Teilweiser Einkommenseinsatz einer Verletztenrente nach § 43 Abs. 3 SGB XII

Die Verletztenrente nach dem Siebten Buch ist gemäß § 43 Abs. 3 Satz 1 SGB XII teilweise nicht als Einkommen zu berücksichtigen, wenn sie auf Grund eines in Ausübung der Wehrpflicht bei der Nationalen Volksarmee der ehemaligen Deutschen Demokratischen Republik erlittenen Gesundheitsschadens erbracht wird. Dabei bestimmt sich nach § 43 Abs. 3 Satz 2 SGB XII die Höhe des nicht zu berücksichtigenden Betrags nach der Höhe der Grundrente nach § 31 des Bundesversorgungsgesetzes, die für den Grad der Schädigungsfolgen zu zahlen ist, der der jeweiligen Minderung der Erwerbsfähigkeit entspricht.

Bei einer Minderung der Erwerbsfähigkeit um 20 v. H. beträgt gemäß § 43 Abs. 3 Satz 3 SGB XII der nicht zu berücksichtigende Betrag zwei Drittel, bei einer Minderung der Erwerbsfähigkeit um 10 v. H. ein Drittel der Mindestgrundrente nach dem Bundesversorgungsgesetz.

4.5.6 Gesamtbedarf, Zahlungsanspruch und Direktzahlung, Verrechnung (§ 43a SGB XII)

In § 43a SGB XII sind eine Definition des monatlichen Gesamtbedarfs (Absatz 1), eine Definition des monatlichen Zahlungsanspruchs (Absatz 2) und eine Definition von Direktzahlung (Absatz 3 und Absatz 4) verankert.

Die Legaldefinitionen der Absätze 1 und 2 dienen nach der Gesetzesbegründung der Vereinheitlichung im Verwaltungsvollzug und ermöglichen Vereinfachungen durch Konzentration von Regelungsinhalten in einer Vorschrift anstelle von entsprechenden Regelungsinhalten in mehreren Vorschriften. Die Regelungen zur Leistungsgewährung in Form von Direktzahlungen, also die Bedarfsdeckung durch eine unmittelbare Zahlung vom ausführenden Träger an Empfangsberechtigte zugunsten leistungsberechtigter Personen, regelt Absatz 3.

Die Begründung für die Einführung erscheint nebulös; eigentlich regelt die Vorschrift Selbstverständlichkeiten. Welche Art von Vereinfachung genau erzielt werden soll und für wen (Bürger, Gesetzesanwender, Gesetzgeber) erschließt sich nicht.

Mit Absatz 4 wird die Möglichkeit eröffnet, Direktzahlungen für laufende Zahlungsverpflichtungen von Leistungsberechtigten, die wegen unbezahlter Rechnungen aus Versorgungsverträgen für Haushaltsstrom (Stromschulden) unmittelbar von der Absperrung der Stromzufuhr bedroht sind, vorzunehmen. Dadurch sollen die regelmäßigen Zahlungen von monatlichen Vorauszahlungen sichergestellt und eine Einstellung der Stromlieferung verhindert werden. Eine Direktzahlung an den Stromlieferanten erfolgt dabei wie alle anderen Direktzahlungen nach Maßgabe von Absatz 3.

Bisher wurden solche Direktzahlungen im Wege der Rechtsauslegung auf der Grundlage des § 35 Abs. 1 Satz 2 Nr. 2 SGB XII vorgenommen. Das ist aber zu beanstanden, da § 35 SGB XII die Bedarfe für Unterkunft und Heizung regelt und für Haushaltsstrom nicht anwendbar ist, da dieser aus dem Regelsatz zu tragen ist.

Unverständlich ist daher in diesem Zusammenhang, warum diese Direktzahlung bei Zahlungsrückständen aus Stromlieferverträgen für Haushaltsstrom nach § 43a Abs. 4 SGB XII **an dieser Stelle** im Gesetz geregelt sind. Sie gelten damit nur für das 4. Kapitel SGB XII; eine Ausweitung dieser sinnvollen Regelung auf das 3. Kapitel SGB XII ist wünschenswert.

4.5.7 Vorläufige Entscheidung (§ 44a SGB XII)

Sowohl im Zwölften als auch im Zweiten Buch Sozialgesetzbuch gibt es Regelungen (§ 41a SGB II, § 44a SGB XII) zur vorläufigen Leistungsbewilligung (vorläufiger Verwaltungsakt). Die jeweiligen Rechtsnormen im Zwölften und Zweiten Buch Sozialgesetzbuch sind inhaltsähnlich, so dass sie gemeinsam im Kapitel 1.3.32 von Band 3 (Sozialverwaltungsverfahren und Rückabwicklungsansprüche) betrachtet werden.

4.5.8 Aufrechnung, Verrechnung (§ 44b SGB XII)

Durch Einführung des § 44b SGB XII zum 01.07.2017 wurde eine spezielle Vorschrift zur Aufrechnung und Verrechnung eingeführt. Diese betrifft nur die Grundsicherung nach dem 4. Kapitel SGB XII.

Danach können gemäß § 44b Abs. 1 SGB XII die für die Ausführung des Gesetzes nach diesem Kapitel zuständigen Träger mit einem bestandskräftigen Erstattungsanspruch nach § 44a Abs. 7 SGB XII (Überzahlungen aufgrund von abschließenden Entscheidungen) gegen den monatlichen Leistungsanspruch aufrechnen. Nach § 44b Abs. 2 SGB XII beträgt die Höhe der Aufrechnung monatlich 5 v. H. der maßgebenden Regelbedarfsstufe.

Die Vorschrift eröffnet die Möglichkeit, vom monatlichen Leistungsanspruch Zahlungen zurückzuhalten und für die Tilgung bestehender Forderungen zu verwenden. Zu beachten ist dabei, dass dem Leistungsträger ein Ermessen („können aufrechnen") eingeräumt wird, ob aufgerechnet wird. Dagegen ist die Höhe des Aufrechnungsbetrages einheitlich auf 5 v. H. der maßgebenden Regelbedarfsstufe vorgegeben. Kommt der Leistungsträger also zu dem Ergebnis, dass eine Aufrechnung erfolgen kann, muss diese zwingend 5 v. H. der maßgebenden Regelbedarfsstufe betragen.

Der Leistungsträger hat in Ausübung des Ermessens über das „ob" der Aufrechnung daher auch zu berücksichtigen, ob es dem Leistungsberechtigten zugemutet werden kann, monatlich 5 v. H. seiner Regelbedarfsstufe zu verrechnen.

Verfahrenstechnisch ist die Aufrechnung gemäß § 44b Abs. 3 SGB XII gegenüber der leistungsberechtigten Person schriftlich durch Verwaltungsakt zu erklären. Sie endet spätestens drei Jahre nach Ablauf des Monats, in dem die Bestandskraft der Erstattungsansprüche eingetreten ist. Zeiten, in denen die Aufrechnung beispielsweise durch die vorübergehende Erzielung bedarfsdeckenden Einkommens nicht vollziehbar ist, verlängern den Aufrechnungszeitraum entsprechend.

Gemäß § 44b Abs. 4 SGB XII kann ein für die Ausführung des Gesetzes nach diesem Kapitel zuständiger Träger nach Ermächtigung eines anderen Trägers im Sinne dieses Buches dessen bestandskräftige Ansprüche mit dem monatlichen Zahlungsanspruch nach Maßgabe der Absätze 2 und 3 verrechnen. Somit können auch Aufrechnungen für Forderungen erfolgen, die andere Sozialleistungsträger haben; bei dem anderen Träger muss es sich aber um Träger von Leistungen nach dem Zwölften Buch Sozialgesetzbuch handeln.

Eine Ausnahme dazu regelt § 44b Abs. 4 Satz 2 SGB XII für Aufrechnung von Leistungen innerhalb des 4. Kapitels des Zwölften Buches Sozialgesetzbuch. Danach findet zwischen den für die Ausführung des Gesetzes nach diesem Kapitel zuständigen Trägern keine Erstattung verrechneter Forderungen statt, soweit die miteinander verrechneten Ansprüche auf der Bewilligung von Leistungen nach diesem Kapitel beruhen. Hintergrund dieser Regelung ist, dass der Bund für die Leistungen nach dem 4. Kapitel des Zwölften Buches Sozialgesetzbuch die Nettoausgaben trägt (vgl. § 46a SGB XII).

Eine Aufrechnung oder Verrechnung hätte somit keinerlei Auswirkungen auf die Nettoausgaben des Bundes, da es für die Höhe der Ausgaben unerheblich ist, welcher ausführende Träger die Verrechnung geltend macht und insoweit geringere Nettoausgaben zu tragen hat. Auch soll ein unvertretbarer, zusätzlicher Verwaltungsaufwand vermieden werden.

4.5.9 Erstattungsansprüche zwischen Trägern (§ 44c SGB XII)

Gemäß § 44c SGB XII sind im Verhältnis der für die Ausführung des Gesetzes nach diesem Kapitel zuständigen Träger untereinander die Vorschriften über die Erstattung nach

1. dem Zweiten Abschnitt des 13. Kapitels des Zwölften Buches Sozialgesetzbuch sowie

2. dem Zweiten Abschnitt des 3. Kapitels des Zehnten Buches Sozialgesetzbuch

für Geldleistungen nach diesem Kapitel nicht anzuwenden.

Die Vorschrift regelt den Umfang von Erstattungsansprüchen und Erstattungspflichten im Zusammenhang mit Geldleistungen zwischen den das 4. Kapitel SGB XII ausführenden Trägern. Aufgrund der vollen Erstattung der Nettoausgaben nach dem 4. Kapitel SGB XII durch den Bund ist ein gegenseitiger Ausgleich von Nettoausgaben für Geldleistungen zwischen den einzelnen ausführenden Trägern und die damit verbundenen verwaltungsaufwendigen Erstattungsverfahren nicht erforderlich.

Erstattungsansprüche, die im Verhältnis zu den Trägern etwa nach dem 3. Kapitel Zwölftes Buch Sozialgesetzbuch bestehen, bleiben hiervon unberührt. Es ist daher möglich, dass der Sozialhilfeträger trotz Rechtsträgeridentität gegen sich selbst einen Erstattungsanspruch nach §§ 102 ff. SGB X richtet. Beispielsweise könnte ein Erstattungsanspruch dann entstehen, wenn Leistungen nach dem 3. Kapitel SGB XII ausgezahlt worden sind, tatsächlich aber ein Leistungsanspruch nach dem 4. Kapitel SGB XII in Frage kommt.[226]

4.5.10 Keine Vermutung der Bedarfsdeckung

Die nach § 39 SGB XII geltende Vermutung der Bedarfsdeckung durch Angehörige der Haushaltsgemeinschaft ist bei der Grundsicherung im Alter und bei Erwerbsminderung nach dem 4. Kapitel SGB XII nicht anzuwenden (vgl. § 43 Abs. 6 SGB XII). Dieses ergibt sich zum einen bereits aus der gesetzlichen Einordnung der Norm in das 3. Kapitel SGB XII und daher nur im Rahmen der Hilfe zum Lebensunterhalt anzuwenden ist. Zum anderen schließt § 43 Abs. 5 SGB XII die Anwendbarkeit des § 39 Satz 1 SGB XII ausdrücklich aus.

4.5.11 Kein Kostenersatz durch Erben

Für Leistungen der Grundsicherung nach dem 4. Kapitel SGB XII ist ein Ersatz der Kosten durch die Erben **ausgeschlossen** (vgl. § 102 Abs. 5 SGB XII). Diese Regelung ist eine logische Konsequenz aus der Zielsetzung der Grundsicherung im Alter und bei Erwerbsminderung. Leistungsberechtigte Personen, insbesondere ältere Menschen, sollen nicht aufgrund eines drohenden Unterhaltsrückgriffs oder einer drohenden nachträglichen Heranziehung ihrer Hinterbliebenen von der Inanspruchnahme der Leistungen Abstand nehmen.

4.5.12 Keine Darlehen bei vorübergehender Notlage nach § 38 SGB XII

Die Darlehensgewährung nach § 38 SGB XII ist im 3. Kapitel SGB XII verortet und wird nicht, wie die ergänzenden Darlehen nach § 37 SGB XII und die Darlehen bei am Monatsende fälligen Einkommen nach § 37a SGB XII über § 42 Nr. 5 SGB XII für anwendbar erklärt. Damit können leistungsberechtigte Personen der Grundsicherung im Alter und bei Erwerbsminderung originär keine Darlehen nach § 38 SGB XII als Grundsicherungsleistung des 4. Kapitels SGB XII erhalten.

Da gemäß § 19 Abs. 2 Satz 2 SGB XII aber die Leistungen der Grundsicherung im Alter und bei Erwerbsminderung der Hilfe zum Lebensunterhalt nach dem 3. Kapitel SGB XII „nur" vorgehen, kann dem Grund nach leistungsberechtigten Personen der Grundsicherung im Alter und bei Erwerbsminderung bei Vorliegen der entsprechenden Voraussetzungen nach 3. Kapitel SGB XII ein Darlehen nach § 38 SGB XII gewährt werden.

---

[226] Vgl. Weber, BeckOK, § 102 SGB X, Rn. 33.

4.5.13 Anwendung der allgemeinen Regelungen des 2. Kapitels SGB XII

Die den einzelnen Leistungsbereichen vorangestellten Regelungen des 2. Kapitels SGB XII gelten grundsätzlich auch für den speziellen Leistungsbereich der Grundsicherung im Alter und bei Erwerbsminderung, soweit sich aus den einzelnen Normen nichts Abweichendes ergibt.

Zur Klarstellung sei hier auf Folgendes hingewiesen:

- Die Sonderregelung für **Auszubildende** nach § 22 SGB XII (Leistungsausschluss) gilt sowohl für die Hilfe zum Lebensunterhalt nach dem 3. Kapitel SGB XII als auch für die Grundsicherung im Alter und bei Erwerbsminderung nach dem 4. Kapitel SGB XII.

  Leistungen zum Lebensunterhalt nach dem Zwölften Buch Sozialgesetzbuch sind damit insgesamt ausgeschlossen, wenn die leistungsberechtigte Person sich in einer dem Grunde nach förderungsfähigen Ausbildung befindet und kein besonderer Härtefall gegeben ist.

- Die Bestimmungen zu Einschränkung und Aufrechnung nach § 26 SGB XII gelten uneingeschränkt auch im Bereich der Grundsicherung im Alter und bei Erwerbsminderung. Allerdings ist ein Anwendungsfall des § 26 Abs. 1 Nr. 1 SGB XII kaum denkbar. Die absichtliche Herbeiführung der eigenen Hilfebedürftigkeit stellt einen Ausschlusstatbestand für den Anspruch auf Grundsicherung nach dem 4. Kapitel SGB XII dar (vgl. § 41 Abs. 4 SGB XII). Nur dann, wenn das vorwerfbare Verhalten, welches die Bedürftigkeit ausgelöst hat, länger als 10 Jahre zurückliegt, käme eine Leistungseinschränkung nach § 26 Abs. 1 Nr. 1 SGB XII im Rahmen der Grundsicherung im Alter und bei Erwerbsminderung in Betracht.[227]

4.6 Besondere Verfahrensregelungen

Die Grundsicherung im Alter und bei Erwerbsminderung nach dem 4. Kapitel SGB XII weist gegenüber den sonstigen Leistungen der Sozialhilfe nach dem 3. Kapitel SGB XII und dem 5. bis 9. Kapitel SGB XII einige Besonderheiten auf, die ihre Ursachen in der Entstehungsgeschichte und Zielsetzung dieser Leistung haben. Das ist bereits an einigen Stellen verdeutlicht worden. An dieser Stelle soll deshalb nur kurz auf die verfahrensrechtlichen Sonderregelungen des 4. Kapitels SGB XII hingewiesen werden.

4.6.1 Antragserfordernis

Leistungen zur Sicherung des Lebensunterhalts nach dem 4. Kapitel SGB XII werden gemäß § 44 Abs. 1 Satz 1 SGB XII auf Antrag erbracht. Als Ausnahme von dem für die Sozialhilfe geltenden Kenntnisgrundsatz (vgl. § 18 SGB XII) reicht demnach nicht das Be-

---

[227] Soweit wegen des Ausschlusstatbestandes Hilfe zum Lebensunterhalt nach dem 3. Kapitel SGB XII geleistet werden muss, wird der Träger über eine Kürzung nach § 26 Abs. 1 Nr. 1 SGB XII im Rahmen dieser Hilfeart entscheiden.

kanntwerden der Leistungsvoraussetzungen beim Träger der Sozialhilfe aus. Es ist vielmehr ein ausdrücklicher Antrag erforderlich, für den aber keine Formvorschrift gilt. Dieser Antrag besitzt lediglich eine „Türöffnerfunktion" für die vereinfachten und teilweise privilegierten Grundsicherungsleistungen nach dem 4. Kapitel SGB XII und stellt eine besondere (zusätzliche) Form der Kenntnisverschaffung dar.[228]

Weitere Ausführungen zu den Fragen einer Antragstellung finden sich in Band 3, Kapitel 1.3.9.

Gesondert zu beantragen sind Leistungen zur Deckung von Bedarfen nach § 42 Nr. 2 SGB XII für einmalige Bedarfe (§ 31 SGB XII) und für Bedarfe für eine angemessene Alterssicherung (§ 33 SGB XII) sowie zur Deckung von Bedarfen nach § 42 Nr. 3 SGB XII für Bildung und Teilhabe (§§ 34 bis 34b SGB XII) und § 42 Nr. 5 SGB XII für ergänzende Darlehen nach § 37 SGB XII und Darlehen bei am Monatsende fälligen Einkommen nach § 37a SGB XII (vgl. § 44 Abs. 1 Satz 2 SGB XII).

4.6.2 Leistungsbeginn

Ein Antrag nach § 44 Abs. 1 Satz 1 SGB XII wirkt auf den Ersten des Kalendermonats zurück, in dem er gestellt wird, **wenn** die Voraussetzungen des § 41 SGB XII innerhalb dieses Kalendermonats erfüllt werden (vgl. § 44 Abs. 2 Satz 1 SGB XII).

Durch die Formulierung „wenn" wird klargestellt, dass eine vollkommene Rückwirkung des Antrags nur stattfindet, wenn auch die übrigen Voraussetzungen des § 41 SGB XII erfüllt sind. Damit wirken sich eine Antragstellung z. B. nach Trennung der Ehepartner oder eines Zuzugs innerhalb eines Monats ggf. taggenau aus.

Beispiel

Herr A ist am 05.01. geboren und vollendet am 04.01. um 24.00 Uhr das 18. Lebensjahr[229]*. Er besucht eine Förderschule und beantragt am 12.01. Leistungen der Grundsicherung nach dem 4. Kapitel SGB XII. Der Rententräger hat am 27.01. festgestellt, dass eine dauerhafte volle Erwerbsminderung seit Geburt vorliegt. Der monatliche Sozialhilfeanspruch beträgt 400,00 €.*

Herr A kann erst Leistungen erhalten, wenn er alle materiellen Voraussetzungen erfüllt. Zwar wirkt gemäß § 44 Abs. 2 SGB XII ein Antrag auf den Ersten des Kalendermonats zurück, in dem er gestellt wird, wenn die Voraussetzungen des § 41 SGB XII innerhalb dieses Kalendermonats erfüllt werden. Das Wort „wenn" verdeutlicht aber, dass eine vollständige Rückwirkung des Antrags nur stattfindet, wenn auch die übrigen Voraussetzungen vorliegen.

---

[228] BSG, Urteil vom 20.04.2016, B 8 SO 5/15, juris, Rn. 15.
[229] Das 18. Lebensjahr ist mit Ablauf des Tages vollendet, der dem 18. Geburtstag vorausgeht (§ 26 Abs. 1 SGB X i. V. m. § 187 Abs. 2 Satz 2, § 188 Abs. 2 BGB), wobei erster Geburtstag der Tag der Geburt ist. Herr A hat also am 05.01. Geburtstag.

Herr A vollendet am 04.01. um 24.00 Uhr das 18. Lebensjahr. Daher können nach § 41 Abs. 3 SGB XII auch erst ab diesem Tag die Leistungen erbracht werden, denn die Volljährigkeit ist grundlegende Voraussetzung für Leistungen der Grundsicherung nach dem 4. Kapitel SGB XII (vgl. § 19 Abs. 2 SGB XII).

Bei einem Monatsbedarf von 400,00 € ergibt sich ein Anspruch für Januar von 361,29 € (für 28 von 31 Tagen im Januar, somit 28/31 von 400,00 €).

Die Rückwirkung eines Antrags ist also nicht mit dem Leistungsbeginn gleichzusetzen.

Leistungen zur Deckung von Bedarfen nach § 42 SGB XII werden vorbehaltlich des § 44 Abs. 4 Satz 2 SGB XII nicht für Zeiten vor dem sich nach Satz 1 ergebenden Kalendermonat erbracht (vgl. § 44 Abs. 2 Satz 2 SGB XII).

Soweit vor Bezug von Leistungen nach dem 4. Kapitel SGB XII Arbeitslosengeld II oder Sozialgeld nach dem Zweiten Buch Sozialgesetzbuch erbracht wurden, beginnt die Leistung abweichend von § 44 Abs. 2 Satz 1 SGB XII erst mit dem Ersten des Monats, der auf den sich nach § 7a SGB II ergebenden Monat folgt (vgl. § 44 Abs. 3 Satz 2 SGB XII).

Mit dieser Regelung hat der Gesetzgeber einen nahtlosen Übergang vom Bezug von Arbeitslosengeld II nach dem Zweiten Buch Sozialgesetzbuch in den Bezug von Leistungen nach dem 4. Kapitel SGB XII für den Fall andauernder Hilfebedürftigkeit und die Vermeidung von Doppelleistungen für den Monat, in dem die Altersgrenze erreicht wird, sichergestellt.

Da die Altersgrenze nach § 7a SGB II erst mit dem Ablauf des Monats erreicht wird, in dem die leistungsberechtigten Personen das maßgebende Lebensalter erreichen, wird die Leistung (Arbeitslosengeld II) immer bis zum Ende des Monats erbracht. Der spätere Leistungsbeginn im Rahmen der Grundsicherung im Alter und bei Erwerbsminderung sichert somit den Übergang, ohne dass verwaltungsaufwändige Einkommensanrechnungen erforderlich wären.

Der Leistungsbeginn am Ersten des Folgemonats gilt auch, wenn die leistungsberechtigte Person selbst nicht erwerbsfähig war, aber mit einer erwerbsfähigen leistungsberechtigten Person in einer Bedarfsgemeinschaft lebte und vor Erreichen der Altersgrenze Sozialgeld nach § 7 Abs. 2 Satz 1 SGB II i. V. m. § 19 Abs. 1 Satz 2 SGB II bezog.

4.6.3 Bewilligungszeitraum

Die Leistungen zur Deckung von Bedarfen nach § 42 SGB XII werden nach § 44 Abs. 3 Satz 1 SGB XII in der Regel für einen Bewilligungszeitraum von zwölf Kalendermonaten bewilligt. Anders als bei den Leistungen nach dem 3. Kapitel und 5. bis 9. Kapitel SGB XII wird mit dieser Norm von dem Grundsatz der tageweisen bzw. monatsweisen Bewilligung von Sozialhilfeleistungen abgewichen.

Die Bewilligungsbescheide im Rahmen der Grundsicherung im Alter und bei Erwerbsminderung nach dem 4. Kapitel SGB XII sind **Verwaltungsakte mit Dauerwirkung**, für die bestimmte Besonderheiten zu berücksichtigen sind. Insbesondere erfordert eine Veränderung in den Leistungsvoraussetzungen ein Tätigwerden bzw. eine Korrektur des Ursprungsbescheides, so lange dessen zeitliche Geltung fortwirkt.

Beispiel

Frau A wurden ab 01.09. Leistungen der Grundsicherung im Alter und bei Erwerbsminderung nach dem 4. Kapitel SGB XII in Höhe von 400,00 € monatlich bewilligt. Der Bescheid ist für 12 Monate (also bis zum 31.08. des Folgejahres) befristet. Am 01.12. zieht eine Freundin bei Frau A ein, die sich anteilig an den Unterkunftskosten beteiligt. Die Kosten für Frau A reduzieren sich damit um 150,00 € im Monat.

Der Bewilligungsbescheid über 400,00 € muss zum 01.12. nach § 48 Abs. 1 Satz 2 Nr. 2 SGB X korrigiert werden, da sich der Anspruch auf 250,00 € reduziert. Unterlässt der Träger der Sozialhilfe dies, gilt der erste Bescheid bis zum 31.08. des Folgejahres unverändert weiter.

Ein Bewilligungszeitraum von zwölf Monaten ist vom Gesetzgeber als Regelfall vorgesehen. Dieser ist aber angesichts des Wortlauts („in der Regel") nicht zwingend. Es handelt sich also um eine „Soll"-Regelung bzw. eine gebundene Ermessensentscheidung. Soweit bereits absehbar ist, dass sich die Leistungsvoraussetzungen in Kürze verändern werden, kann der Träger der Sozialhilfe individuell einen anderen Bewilligungszeitraum wählen.

Eine Ausnahme davon stellt § 43 Abs. 3 Satz 2 SGB XII dar. Danach soll der Bewilligungszeitraum, sofern über den Leistungsanspruch nach § 44a SGB XII vorläufig entschieden wird, auf höchstens sechs Monate verkürzt werden.

Damit wird dem Umstand Rechnung getragen, dass die Prognoseentscheidung zu Beginn der Vorläufigkeitsentscheidung mit einer erheblichen Unsicherheit verbunden ist und stellt zudem eine zeitnahe Überprüfung der zutreffenden Leistungshöhe sicher. Sie führt dazu, dass Bedarfsunterdeckungen sowie zu hohe vorläufig bewilligte Leistungen zeitnah an die tatsächlich bestehenden Bedarfe angepasst werden. Zugleich werden hohe Nachzahlungen und Erstattungsansprüche vermieden, die bei einjährigen Bewilligungszeiträumen eintreten könnten.

Leistungen zur Deckung von wiederkehrenden Bedarfen nach § 42 Nr. 1, 2 und 4 SGB XII werden nach § 44 Abs. 4 Satz 1 SGB XII monatlich im Voraus erbracht. Für Leistungen zur Deckung der Bedarfe nach § 42 Nr. 3 SGB XII sind gemäß § 44 Abs. 4 Satz 2 SGB XII die §§ 34a und 34b SGB XII anzuwenden.

260 Kapitel 4 - Grundsicherung im Alter und bei Erwerbsminderung nach 4. Kapitel SGB XII

4.6.4 Korrektur von Bescheiden der Grundsicherung im Alter und bei Erwerbsminderung

Im Kapitel 1.3.28 des Bandes 3 dieses Lehrbuches finden sich Ausführungen hinsichtlich der Korrektur von Verwaltungsakten im Sozialrecht. Die dort gemachten Ausführungen zur Aufhebung von Verwaltungsakten mit Dauerwirkung sind für die Grundsicherung im Alter und bei Erwerbsminderung nach dem 4. Kapitel SGB XII relevant.

Es sei noch einmal darauf hingewiesen, dass die Rücknahme von Bewilligungsbescheiden im Rahmen der Grundsicherung im Alter und bei Erwerbsminderung nach dem 4. Kapitel SGB XII, die von Beginn an rechtswidrig waren (z. B. weil vorhandenes Vermögen nicht berücksichtigt wurde), nach § 45 SGB X erfolgt. Dagegen erfolgt die Korrektur von Bescheiden, die erst nachträglich, d. h. nach der Bekanntgabe, durch eine Veränderung in den Leistungsvoraussetzungen rechtswidrig werden, im Rahmen des § 48 SGB X.

4.7 Übergangsregelung aus Anlass der COVID-19-Pandemie

4.7.1 Einführung in die Problematik

Zum 28.03.2020 ist das Gesetz für den erleichterten Zugang zu sozialer Sicherung und zum Einsatz und zur Absicherung sozialer Dienstleister aufgrund des Coronavirus SARS-CoV-2 (Sozialschutz-Paket)[230] in Kraft getreten.

Durch die schnelle Verbreitung des Coronavirus SARS-CoV-2 wurden die Auswirkungen auf die Wirtschaft und Beschäftigung spürbar. Die Grundsicherung für Arbeitsuchende nach dem Zweiten Buch Sozialgesetzbuch beziehungsweise die Hilfe zum Lebensunterhalt nach dem 3. Kapitel des Zwölften Buches Sozialgesetzbuch sowie die Grundsicherung im Alter und bei Erwerbsminderung nach dem 4. Kapitel des Zwölften Buches Sozialgesetzbuch sichern den Lebensunterhalt, wenn keine vorrangigen Hilfen zur Abfederung der wirtschaftlichen Auswirkungen aufgrund der COVID-19-Pandemie greifen. Diese Leistungen sollen in einem vereinfachten Verfahren schnell und unbürokratisch zugänglich gemacht werden, um die Betroffenen zeitnah unterstützen zu können. Die Regelungen sollen demnach dazu dienen, schnelle Hilfestellung für Personen zu leisten, deren Einkommen aufgrund der COVID-19-Pandemie wegfällt. Das können Erwerbseinkommen aus Minijobs, Einkünfte aus künstlerischer oder sonstiger Tätigkeit oder anderen Einnahmequellen sein.[231]

Das Gesetz enthält in Art. 5 **Übergangsregelungen** aus Anlass der Corona-Pandemie für das Zwölfte Buch Sozialgesetzbuch (§ 141 SGB XII), die das Bewilligungsverfahren erleichtern und beschleunigen sollen.

---

[230] Gesetz für den erleichterten Zugang zu sozialer Sicherung und zum Einsatz und zur Absicherung sozialer Dienstleister aufgrund des Coronavirus SARS-CoV-2 (Sozialschutz-Paket), BGBl. I vom 27. März 2020, S. 575.
[231] Vgl. Bundestagsdrucksache 19/18107.

Kapitel 4 - Grundsicherung im Alter und bei Erwerbsminderung nach 4. Kapitel SGB XII

Die Regelungen im neuen § 141 SGB XII entsprechen den Neuregelungen im Zweiten Buch Sozialgesetzbuch, weil auch z. B. Rentner Nebeneinkommen haben können, die durch die Corona-Pandemie wegfallen. Betroffen sein können ebenfalls ältere Solo-Selbständige, die über die Regelaltersgrenze hinaus tätig sind, oder Personen in gemischten Bedarfsgemeinschaften.

Ursprünglich waren die Regelungen auf die Zeit vom 01. März bis zum 30. Juni 2020 begrenzt. Durch verschiedene Verlängerungen gelten sie nunmehr bis zum 31. Dezember 2021.

Bei der Anwendung der Sonderregelungen ist zu beachten, dass für die Gewährung von Hilfe zum Lebensunterhalt und von Grundsicherung im Alter und bei Erwerbsminderung die einzelnen gesetzlichen Voraussetzungen grundsätzlich weiterhin vorliegen müssen.

Ergänzend wurde am 20. Mai 2020 das Sozialschutz-Paket II mit dem Gesetz zu sozialen Maßnahmen zur Bekämpfung der Corona-Pandemie[232] verkündet. Neu eingefügt wurde § 142 SGB XII.

Die Neuregelung betrifft die gemeinschaftliche Mittagsverpflegung

- in Schulen und Kindertagesstätten im Rahmen der Bedarfe für Bildung und Teilhabe (§ 34 Abs. 6 SGBXII),

- in Werkstätten für behinderte Menschen, bei anderen entsprechenden Leistungsanbietern oder tagesstrukturierenden Angeboten (§ 42b Abs. 2 SGB XII),

die unter erleichterten Bedingungen erbracht werden kann.

Auch diese Geltung der bisher befristeten Regelung bis zum 31. Dezember 2020 wurde durch das Gesetz zur Regelung einer Einmalzahlung der Grundsicherungssysteme an erwachsene Leistungsberechtigte und zur Verlängerung des erleichterten Zugangs zu sozialer Sicherung und zur Änderung des Sozialdienstleister-Einsatzgesetzes aus Anlass der COVID-19-Pandemie (Sozialschutz-Paket III)[233] bis zur Aufhebung der Feststellung einer epidemischen Lage von nationaler Tragweite wegen der dynamischen Ausbreitung der Coronavirus-Krankheit-2019 (COVID-19) nach § 5 Abs. 1 Satz 2 des Infektionsschutzgesetzes durch den Deutschen Bundestag, längstens jedoch bis zum Ablauf des 31. Dezember 2021, verlängert.

---

[232] Gesetz zu sozialen Maßnahmen zur Bekämpfung der Corona-Pandemie (Sozialschutz-Paket II), BGBl. I vom 28. Mai 2020, S. 1055

[233] Gesetz zur Regelung einer Einmalzahlung der Grundsicherungssysteme an erwachsene Leistungsberechtigte und zur Verlängerung des erleichterten Zugangs zu sozialer Sicherung und zur Änderung des Sozialdienstleister-Einsatzgesetzes aus Anlass der COVID-19-Pandemie (Sozialschutz-Paket III), BGBl. I vom 17. März 2021, S 335.

4.7.2 Sozialschutzpakete I bis III – Vereinfachter Zugang (§ 141 SGB XII)

Gemäß § 141 Abs. 1 SGBXII werden die Leistungen nach dem 3. und 4. Kapitel SGB XII für Bewilligungszeiträume, die in der Zeit vom 01. März 2020 bis zum 31. Dezember 2021 beginnen, nach Maßgabe der Absätze 2 bis 4 erbracht.

Getroffen werden damit, beschränkt auf den Anwendungsbereich des 3. und 4. Kapitels SGB XII (vgl. § 141 Abs. 1 SGB XII), folgende relevante Regelungen:

4.7.2.1 Eingeschränkte Berücksichtigung von Vermögen (§ 141 Abs. 2 SGB XII)

Gemäß § 141 Abs. 2 SGB XII ist abweichend von § 2 Abs. 1, § 19 Abs. 1, 2 und 5, § 27 Abs. 1 und 2, § 39, § 41 Abs. 1, § 43 Abs. 1, § 43a Abs. 2 und § 90 SGB XII wird Vermögen für die Dauer von sechs Monaten nicht berücksichtigt. Das gilt nicht, wenn das Vermögen erheblich ist; es wird vermutet, dass kein erhebliches Vermögen vorhanden ist, wenn die leistungsnachsuchenden Personen dieses im Antrag erklären.

Sofern der Bewilligungszeitraum nach dem 01. März 2020 beginnt, gelten folgende Sonderregelungen:

- Einzusetzendes Vermögen gemäß § 90 SGB XII ist für die Dauer von sechs Monaten nicht zu berücksichtigen. Das ist eine klare Abweichung von den üblichen Vorschriften über den Nachrang der Sozialhilfe und das zu berücksichtigende Einkommen und Vermögen.

- Eine Ausnahme gilt, wenn das Vermögen „erheblich" ist.

- Wenn die leistungsnachsuchende Person im Antrag erklärt, kein erhebliches Vermögen zu haben, wird vermutet, dass dieses zutrifft.

Keine Sonderregelungen gelten für das zu berücksichtigende Einkommen. Insbesondere ist Einkommen aus Vermögen, z. B. Mieteinnahmen oder Zinsen, zu berücksichtigen. Personen, die solche Einnahmen haben, sind nur dann leistungsberechtigt, wenn das zu berücksichtigende Einkommen unter ihrem Bedarf liegt. Entscheidender Zweck der Regelung ist es, dass die Leistungsbewilligung sich nicht durch die manchmal zeitaufwendige Prüfung der Vermögensverhältnisse verzögert. Des Weiteren bewirkt sie, dass Personen Leistungen erhalten, obwohl sie oder z. B. ihr Partner über unter normalen Umständen einzusetzendes Vermögen verfügen.[234]

Besitzt die leistungsnachsuchende Person erhebliches Vermögen, so ist dieses vorrangig einzusetzen. Die leistungsberechtigte Person hat selbst unter Berücksichtigung der Ausnahmeregelung in § 141 Abs. 2 Satz 2 Halbsatz 1 SGB XII in einem solchen Fall keinen Anspruch auf Existenzsicherungsleistungen.

---

[234] Vgl. Bundestagsdrucksache 19/18107, S. 28.

Bei dem Begriff „erhebliches Vermögen" handelt es sich um einen unbestimmten Rechtsbegriff, dessen Auslegung gerichtlich voll überprüfbar ist. Was darunter zu verstehen ist, ist weder § 141 SGB XII noch der Begründung des Gesetzentwurfs zu entnehmen.

Demnach sollten neben dem ohnehin nach § 90 SGB XII geschützten Vermögen weiteres und werthaltigeres Vermögen von der Leistungsgewährung unabhängig sein.

Bezüglich des Kraftfahrzeuges sollte keine weitere Nachprüfung zu dessen Wert erfolgen, weil es sich nur um eine Übergangsregelung handelt, schnell geholfen werden soll und das Verwerten eines Kraftfahrzeuges Aktivitäten erfordert, die derzeit gerade unterlassen werden sollen.

Hinsichtlich des Barbetrags muss der übliche Vermögenschonbetrag von 5.000,00 € für eine Einzelperson bzw. 10.000,00 € für (Ehe-)Partnern erheblich überschritten werden. Das spricht dafür, einen Betrag von mehr als dem Zweifachen zu veranschlagen. Befürwortet werden kann daher, mehr als 10.000,00 € für eine Einzelperson bzw. 20.000,00 € für eine Paargemeinschaft im Zwölften Buch Sozialgesetzbuch anstelle des regulären kleineren Barbetrags zu veranschlagen.

Auch das Bundesministerium für Arbeit und Soziales (BMAS) hat dazu weitergehende Hinweise gegeben[235]:

Ab wann ein erhebliches Vermögen vorliegt, ist bei unbestimmten Rechtsbegriffen grundsätzlich durch Auslegung zu ermitteln. Anhaltspunkte zur Auslegung des Normtextes bietet der Ausschlussgrund nach § 21 Nr. 3 des Wohngeldgesetzes (WoGG), wonach ein Wohngeldanspruch nicht besteht, soweit die Inanspruchnahme missbräuchlich wäre, insbesondere wegen erheblichen Vermögens.

Konkretisiert wird die Vorschrift im WoGG durch die Verwaltungsvorschriften zu § 21 WoGG, Ziffer 21.37. Darin heißt es:

Erhebliches Vermögen im Sinne des § 21 Nr. 3 WoGG ist in der Regel vorhanden, wenn die Summe des verwertbaren Vermögens der zu berücksichtigenden Haushaltsmitglieder folgende Beträge übersteigt:

1. 60.000,00 € für das erste zu berücksichtigende Haushaltsmitglied und

2. 30.000,00 € für jedes weitere zu berücksichtigende Haushaltsmitglied.[236]

---

[235] Der Verweis auf das Wohngeldrecht ist umstritten. Zu den inhaltlich vergleichbaren fachlichen Weisungen der Bundesagentur für Arbeit zum Zweiten Buch Sozialgesetzbuch hat das Landessozialgericht Niedersachsen-Bremen entschieden, dass die Weisungen der Bundesagentur für Arbeit zur Bestimmung des Vermögensfreibetrags nicht gesetzeskonform sind und die Orientierung an den Verwaltungsvorschriften zum Wohngeldgesetz im Zweiten Buch Sozialgesetzbuch keine Stütze finden. Vgl. LSG NSB, Beschluss vom 21. Januar 2021, L 7 AS 5/21 B ER, juris, Rn. 16 f.

[236] Vgl. Rundschreiben des BMAS vom 02. April 2020, Az. Vb4- 50240.

4.7.2.2 Anerkennung der tatsächlichen Aufwendungen für Unterkunft und Heizung als angemessen (§ 141 Abs. 3 SGB XII)

Gemäß § 141 Abs. 3 SGB XII gelten abweichend von § 35 und § 42a Abs. 1 SGB XII die tatsächlichen Aufwendungen für Unterkunft und Heizung für die Dauer von sechs Monaten als angemessen. Nach Ablauf dieses Zeitraums ist § 35 Abs. 2 Satz 2 SGB XII mit der Maßgabe anzuwenden, dass der Zeitraum nach Satz 1 nicht auf die in § 35 Abs. 2 Satz 2 SGB XII genannte Frist anzurechnen ist. Das gilt nicht in den Fällen, in denen im vorangegangenen Bewilligungszeitraum die angemessenen und nicht die tatsächlichen Aufwendungen als Bedarf anerkannt wurden.

Damit sehen die Regelungen vor, dass die tatsächlichen Aufwendungen für Unterkunft und Heizung für sechs Monate als angemessen gelten, sofern im vorangegangenen Bewilligungszeitraum wegen Unangemessenheit nicht bereits die tatsächlichen Unterkunftskosten nur für die Übergangszeit von sechs Monaten anerkannt wurden. Sollte eine Kostensenkung wegen unangemessener Unterkunfts- und Heizungskosten erfolgt sein, hat diese also weiterhin bestand. Dagegen wird die Zeit der Sonderregelung nicht auf die sog. Karenzzeit von sechs Monaten nach § 35 Abs. 2 Satz 2 SGB XII angerechnet.

Zweck der Regelung ist es, dass die von den Auswirkungen der Pandemie ggf. Betroffenen sich in dieser Zeit keine Sorgen um den Erhalt ihrer Wohnung machen müssen.

Die Regelung erfasst ausschließlich die Wohnung des Leistungsberechtigten nach dem 3. und 4. Kapitel SGB XII. Da § 141 Abs. 3 SGB XII ausschließlich auf § 42a Abs. 1 SGB XII verweist, gilt die Regelung nicht für die weiteren in § 42a SGB XII genannten Wohnformen.

Kern der Regelung ist damit die Übernahme der tatsächlichen Aufwendungen der leistungsberechtigten Personen für Unterkunft und Heizung ohne Angemessenheitsprüfung. Es sei denn, es ist schon vorher eine Kostensenkung erfolgt (§ 141 Abs. 3 Satz 3 SGB XII).

Gelten die tatsächlichen Aufwendungen für Unterkunft und Heizung als angemessen, so gilt dieses auch hinsichtlich tatsächlicher Mietsteigerungen oder steigender Aufwendungen für Neben- und Heizkosten in dieser Zeit.

Da die tatsächlichen Aufwendungen für Unterkunft und Heizung qua Gesetz vorübergehend als angemessen gelten, fehlt auch die Grundlage für eine Kostensenkungsaufforderung wegen Unangemessenheit.

Nach Ablauf der derzeit im Gesetz vorgesehenen Geltungsdauer der Regelung von sechs Monaten gilt wieder die „alte" Regelung in § 35 Abs. 2 Satz 2 SGB XII. Auf die dortige 6-Monatsfrist ist die Zeit der Sonderregelung nicht anzurechnen. Nach dem Wortlaut sind Zeiten vor dem 01. März 2020 dieser „regulären" 6-Monatsfrist auf eine dann beginnende Frist anzurechnen.

4.7.2.3 Eingeschränkte abschließende Feststellung bei vorläufigen Leistungen oder Vorschüssen (§ 141 Abs. 4 SGB XII)

Nach § 141 Abs. 4 SGB XII ist, sofern Geldleistungen der Grundsicherung im Alter und bei Erwerbsminderung nach § 44a Abs. 1 SGB XII vorläufig oder Geldleistungen der Hilfe zum Lebensunterhalt vorschussweise nach § 42 SGB I zu bewilligen sind, über den monatlichen Leistungsanspruch nur auf Antrag der leistungsberechtigten Person abschließend zu entscheiden; §44a Abs. 5 Satz 1 SGB XII findet keine Anwendung.

Damit wird die insbesondere bei einer vorläufigen Bewilligung notwendige Nachprüfung „von Amts wegen" außer Kraft gesetzt. Nach einer vorläufigen Bewilligung ist über den monatlichen Leistungsanspruch nur auf Antrag der leistungsberechtigten Person abschließend zu entscheiden. Eine abschließende Entscheidung erfolgt bei Bewilligungen bis zum 31. März 2021 nur auf Antrag.

Entsprechendes gilt für die Vorschussgewährung in der Hilfe zum Lebensunterhalt nach § 42 SGB I. Beantragt der Leistungsberechtigte keine abschließende Entscheidung und damit eine Überprüfung der Höhe der vorschussweise bewilligten Leistung, dann verbleibt es bei der ursprünglich festgesetzten Höhe und eine abschließende Festsetzung erfolgt nicht.

Ein Regelungszweck ist der Begründung des Gesetzentwurfs nicht zu entnehmen. Einziger logischer Zweck scheint hier eine Verwaltungsvereinfachung zu sein.

4.7.3 Sozialschutzpakt II - gemeinschaftliche Mittagsverpflegung (§ 142 SGB XII)

4.7.3.1 Mittagsverpflegung in Schulen und Kindertagesstätten

Gemäß § 142 Abs. 1 SGB XII kommt es abweichend von § 34 Abs. 6 Satz 1 SGB XII im Zeitraum vom 01. März 2020 bis zur Aufhebung der Feststellung einer epidemischen Lage von nationaler Tragweite wegen der dynamischen Ausbreitung der Coronavirus-Krankheit-2019 (COVID-19) nach § 5 Abs. 1 Satz 2 des Infektionsschutzgesetzes durch den Deutschen Bundestag, längstens jedoch bis zum Ablauf des 31. Dezember 2021, auf eine Gemeinschaftlichkeit der Mittagsverpflegung nicht an. Zu den Aufwendungen zählen bei den Leistungsberechtigten anfallende Zahlungsverpflichtungen auch dann, wenn sie pandemiebedingt in geänderter Höhe oder aufgrund abweichender Abgabewege berechnet werden. Der § 34 Abs. 6 Satz 2 SGB XII findet keine Anwendung.

Während der COVID-19-Pandemie sind viele Schulen und Kindertagesstätten geschlossen. Sie werden langsam und schrittweise wieder geöffnet. Ein normaler Schulunterricht und eine reguläre Kinderbetreuung sind aber wahrscheinlich noch für längere Zeit nicht möglich.

Daher wird auch das gemeinschaftliche Mittagessen in den Schulen und den Kitas nicht wie gewohnt stattfinden können. Die Kosten für das gemeinschaftliche Mittagessen können als Teil der Bildungs- und Teilhabeleistungen gemäß § 34 Abs. 6 SGB XII übernommen werden.

Die Leistungsgewährung für das **gemeinschaftliche Mittagessen** nach § 34 Abs. 6 SGB XII wird durch § 142 Abs. 1 SGB XII befristet abweichend geregelt. Danach soll die Verpflegung mit Mittagessen von Schülerinnen und Schülern sowie von Kindern, die einen Kita besuchen oder für die Kindertagespflege geleistet wird, während der Schließzeiten dezentral ermöglicht werden. Auch Aufwendungen für das Mittagessen in der Notbetreuung sollen übernommen werden.

Es wird zum einen auf das Tatbestandsmerkmal gemeinschaftlich (§ 34 Abs. 6 SGB XII) zeitweise verzichtet (§ 142 Abs. 1 Satz 1 SGB XII). Zum anderen muss das gemeinschaftliche Mittagessen nicht in schulischer Verantwortung stattfinden (§ 142 Abs. 1 Satz 3 i. V. m. § 36 Abs. 6 Satz 2 SGB XII).

Hilfedürftige, anspruchsberechtigte Kinder und Jugendliche sollen eine Mittagsverpflegung erhalten, unabhängig davon, ob sie bereits vor der Schließung der Einrichtung an einem gemeinschaftlichen Mittagessen teilgenommen haben. Ein Anspruch auf Leistungen nach § 142 Abs. 1 SGB XII besteht somit ebenfalls für leistungsberechtigte Kinder und Jugendliche, die bisher nicht hilfebedürftig waren oder keine Leistungen nach § 34 Abs. 6 SGB XII erhalten haben.

Fallen bei den Leistungsberechtigten tatsächlich höhere Kosten für das Mittagessen an, werden diese ebenfalls übernommen (§ 142 Abs. 1 Satz 2 und 3 SGB XII). Eine Preiserhöhung kann durch die zusätzlichen Kosten für die Lieferung, höhere Betriebskosten wegen Infektionsschutzmaßnahmen oder einer neuen Preiskalkulation wegen der geänderten Nachfrage aufgrund der Schulschließungen zustande kommen.

4.7.3.2 Mittagsverpflegung in Werkstätten für behinderte Menschen

Nach § 142 Abs. 2 SGB XII wird, sofern für Februar 2020 ein Mehrbedarf nach § 42b Abs. 2 SGB XII anerkannt wurde, wird dieser für den Zeitraum vom 01. Mai 2020 bis zum 31. Dezember 2020 in unveränderter Höhe weiterhin anerkannt. Für den Zeitraum vom 01. Januar 2021 bis zur Aufhebung der Feststellung einer epidemischen Lage von nationaler Tragweite wegen der dynamischen Ausbreitung der Coronavirus-Krankheit-2019 (COVID-19) nach § 5 Abs. 1 Satz 2 des Infektionsschutzgesetzes durch den Deutschen Bundestag, längstens jedoch bis zum Ablauf des 31. Dezember 2021, gilt das mit der Maßgabe, dass für die Berechnung der Höhe des Mehrbedarfs die Anzahl der für Februar 2020 berücksichtigten Arbeitstage und die nach § 42b Abs. 2 Satz 3 SGB XII sich ergebenden Mehraufwendungen je Arbeitstag zugrunde zu legen sind. Hierbei kommt es nicht auf die Gemeinschaftlichkeit der Mittagsverpflegung und die Essenseinnahme in der Verantwortung des Leistungsanbieters an, was sonst nach § 42b Abs. 2 Satz 1 und 2 SGB XII zwingend vorgesehen ist.

Damit hat der Gesetzgeber auch für den Mehrbedarf bezüglich der gemeinschaftlichen Mittagsverpflegung in vorgenannten Fällen im Rahmen des Sozialschutz-Paketes II reagiert.

§ 142 Abs. 2 Satz 2 SGB XII stellt zunächst klar, dass die Merkmale „Gemeinschaftlichkeit der Mittagsverpflegung" und „in Verantwortung des Leistungsanbieters" (siehe auch: Mehrbedarf bei gemeinschaftlicher Mittagsverpflegung (§ 30 Abs. 8 SGB XII) außer Kraft gesetzt werden. Hierdurch wird die Möglichkeit der Berücksichtigung des Mehrbedarfes auch bei dezentraler Einnahme der Mittagsverpflegung geschaffen.

Allerdings wird weiterhin ein inhaltlicher Zusammenhang zwischen der bewilligten Grundleistung der Eingliederungshilfe und der Einnahme der Mittagsverpflegung gefordert. Da wird auch durch die Gesetzesbegründung nahegelegt, wonach es gerade bei geschlossenen Werkstätten vor allem dem Betreuungspersonal ermöglicht werden soll, den Beschäftigten das Mittagessen zum Verzehr in die besondere Wohnform oder nach Hause zu liefern und so notwendige soziale Kontakte zu halten. Eine Anerkennung des Mehrbedarfes bei Versorgung durch „irgendeinen Dritten" (bspw. private Lieferdienste) kommt daher weiterhin nicht in Frage.

Hinsichtlich der konkreten Höhe des Mehrbedarfes im vorbenannten Zeitraum führt § 142 Abs. 2 Satz 1 SGB XII aus, dass der im Monat Februar 2020 anerkannte Mehrbedarf „in unveränderter Höhe weiterhin anerkannt" wird.

In § 142 Abs. 2 SGB XII wird § 30 Abs. 8 SGB XII nicht genannt, sodass sich die Frage nach einer Anwendbarkeit im Bereich der Hilfe zum Lebensunterhalt stellt. Da § 30 Abs. 8 SGB XII aber ohnehin eine entsprechende Anwendung des § 42b Abs. 2 SGB XII anordnet und § 142 Abs. 2 SGB XII hierzu eine Sondervorschrift ist, ist die Frage zu bejahen.

4.7.4 Sozialschutzpakt III - Einmalzahlung aus Anlass der COVID-19-Pandemie (§ 144 SGB XII)

Gemäß § 144 Satz 1 SGB XII erhalten Leistungsberechtigte, denen für den Monat Mai 2021 Leistungen nach dem Dritten oder Vierten Kapitel Sozialgesetzbuch gezahlt werden und deren Regelsatz sich nach der Regelbedarfsstufe 1, 2 oder 3 der Anlage zu § 28 SGB XII ergibt, für den Zeitraum vom 01. Januar 2021 bis zum 30. Juni 2021 zum Ausgleich der mit der COVID-19-Pandemie in Zusammenhang stehenden Mehraufwendungen eine Einmalzahlung in Höhe von 150,00 €.

Leistungsberechtigten, für die die Regelbedarfsstufe 3 gilt, ist diese Leistung zusammen mit dem Barbetrag nach § 27b Abs. 3 SGB XII oder § 27c Abs. 3 SGB XII auszuzahlen

Zu beachten ist, dass diese Einmalzahlung nach § 144 Satz 3 SGB XII nicht an Leistungsberechtigte gezahlt wird, bei denen für sie gewährtes und an sie unmittelbar ausgezahltes oder weitergeleitetes Kindergeld als Einkommen berücksichtigt wird. Dieser Personenkreis erhält durch das Dritte Gesetz zur Umsetzung steuerlicher Hilfsmaßnahmen zur Bewältigung der Corona-Krise (Drittes Corona-Steuerhilfegesetz) nach § 66 Abs. 1 Einkommensteuergesetz erneut einen Kinderbonus in Höhe von 150,00 € im Monat Mai 2021. Der

Bonus ist dabei an den Bezug von Kindergeld geknüpft und wird mit diesem ausgezahlt. Auch dieser Kinderbonus ist durch die Änderung des Gesetzes zur Nichtanrechnung und Nichtberücksichtigung des Kinderbonus (KiBoNiAG) erneut nicht auf Leistungen der Sozialhilfe bzw. Grundsicherung im Alter und bei Erwerbsminderung anzurechnen.

5 Mischfälle im Rahmen des Zweiten und Zwölften Buches Sozialgesetzbuch

5.1 Einführung in die Problematik

Zur Bestreitung des notwendigen Lebensunterhalts kommen als Existenzsicherungsleistungen die Grundsicherung für Arbeitsuchende nach dem Zweiten Buch Sozialgesetzbuch (insbesondere als Arbeitslosengeld II und Sozialgeld), die Grundsicherung im Alter und bei Erwerbsminderung nach dem 4. Kapitel SGB XII und die Hilfe zum Lebensunterhalt nach dem 3. Kapitel SGB XII in Betracht.

Die Zuordnung zum anspruchsberechtigten Personenkreis des jeweiligen Existenzsicherungssystem hängt u. a. entscheidend davon ab, ob eine Person erwerbsfähig oder (dauerhaft oder zeitlich befristet) voll erwerbsgemindert im Sinne der gesetzlichen Rentenversicherung ist.

Einen Überblick über den anspruchsberechtigten Personenkreis gibt folgende Grafik:

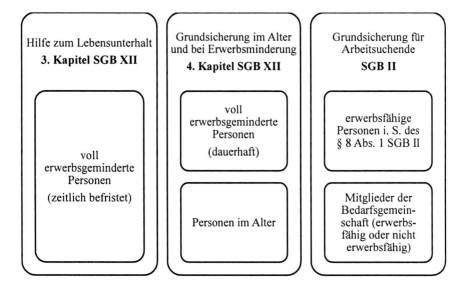

Die Zuordnung zum jeweiligen Leistungssystem ist aber nur in den Fällen unproblematisch, in denen es sich um eine einzelne nachfragende Person handelt.

Weiterhin ist die Zuordnung zum jeweiligen Leistungssystem davon abhängig, ob innerhalb einer familiären Haushaltsgemeinschaft eine Zuordnung zur Bedarfsgemeinschaft im Sinne des § 7 Abs. 3 SGB II erfolgen kann. Leistungen der Grundsicherung für Arbeitsuchende (Arbeitslosengeld II / Sozialgeld) kommen grundsätzlich nur für Personen in Betracht, die einer Bedarfsgemeinschaft im Sinne des § 7 Abs. 3 SGB II zugerechnet werden können – aber nicht jedes Mitglied der Bedarfsgemeinschaft ist automatisch auch leistungsberechtigt nach dem Zweiten Buch Sozialgesetzbuch. § 7 Abs. 3 SGB II unterscheidet nicht zwischen der Frage, ob eine Person erwerbsfähig ist oder nicht, solange es mindestens eine erwerbsfähige leistungsberechtigte Person nach § 7 Abs. 1 Satz 1, § 7 Abs. 3 Nr. 1 SGB II gibt. Ein Partner der erwerbsfähigen leistungsberechtigten Person gehört beispielsweise – unabhängig von der Frage **seiner** Erwerbsfähigkeit – immer zur Bedarfsgemeinschaft (vgl. § 7 Abs. 3 Nr. 3 SGB II).

Die Bedeutung der Bedarfsgemeinschaft liegt also darin begründet, dass bei deren Zugehörigkeit ein **grundsätzlicher** Anspruch auf Leistungen der Grundsicherung für Arbeitsuchende besteht (Ausnahme: Leistungsausschluss oder Vorrang der Grundsicherung im Alter und bei Erwerbsminderung nach dem 4. Kapitel SGB XII). Auch nicht erwerbsfähige Personen können deshalb unter den Voraussetzungen des § 19 Abs. 1 Satz 2 SGB XII einen Anspruch auf Sozialgeld haben. Das Konstrukt der Bedarfsgemeinschaft ist in erster Linie als Zuordnungssystem zu sehen, um den anspruchsberechtigten Personenkreis für das Sozialgeld festzulegen.

Damit sind nicht erwerbsfähige Personen in Abhängigkeit des Einzelfalls beiden Leistungssystemen (Zweite und Zwölfte Buch Sozialgesetzbuch) zuzuordnen. Es sind mithin Kollisions- sowie Vorrang-/Nachrangregelungen notwendig, um das Verhältnis der Leistungen zueinander zu bestimmen.

Durch die Rechtskonstruktion von Einsatz- und Bedarfsgemeinschaften kann es vorkommen, dass

- innerhalb einer Haushaltsgemeinschaft sowohl Leistungen nach dem Zweiten als auch Leistungen nach dem Zwölften Buch Sozialgesetzbuch in Betracht kommen („echte gemischte Bedarfsgemeinschaft") oder

- Personen der Haushaltsgemeinschaft entweder nur Leistungen nach dem Zweiten **oder** nach dem Zwölften Buch Sozialgesetzbuch erhalten, obwohl eine Person der Haushaltsgemeinschaft einen vorrangigen Anspruch auf Leistungen der Grundsicherung im Alter und bei Erwerbsminderung nach dem 4. Kapitel SGB XII hat („unechte gemischte Bedarfsgemeinschaft").

In einer „echten gemischten Bedarfsgemeinschaft" kann z. B. ein Partner als erwerbsfähige leistungsberechtigte Person Leistungen nach dem Zweiten Buch Sozialgesetzbuch und der andere Partner als dauerhaft voll erwerbsgeminderte Person Leistungen nach dem Zwölften Buch Sozialgesetzbuch erhalten. Beide Partner bilden eine Bedarfsgemeinschaft nach dem Zweiten Buch Sozialgesetzbuch. Der dauerhaft voll erwerbsgeminderte Partner hat aber gemäß § 5 Abs. 2 Satz 2 SGB II, § 19 Abs. 1 Satz 2 SGB II einen **vorrangigen** Anspruch auf Leistungen der Grundsicherung im Alter und bei Erwerbsminderung nach dem 4. Kapitel SGB XII.

Bei einer „unechten gemischten Bedarfsgemeinschaft" kann z. B. der dauerhaft voll erwerbsgeminderte Partner aufgrund bedarfsdeckenden Einkommens wegen fehlender Hilfebedürftigkeit keinen Anspruch auf Leistungen nach dem 4. Kapitel SGB XII haben. Dieses schließt aber Leistungen nach dem Zweiten Buch Sozialgesetzbuch in Form von Sozialgeld aufgrund der dortigen Regelungen (siehe unten, insbesondere der Einkommensverteilungsregelung des § 9 Abs. 2 Satz 3 SGB II) nicht aus.

Das Zweite und das Zwölfte Buch Sozialgesetzbuch legen unterschiedliche Voraussetzungen für die Leistungsgewährung fest. Dadurch entstehen rechtliche Probleme, weil die Personen der Einsatzgemeinschaft in einer „gemischten Bedarfsgemeinschaft" dem jeweiligen Leistungsgesetz zugeordnet werden können und sich deshalb die Frage stellt, nach welchem Leistungsgesetz die Leistung geprüft und berechnet werden soll. Bei den auftretenden rechtlichen Problemen und Kollisionslagen ist generell zu beachten, dass aufgrund des Gleichbehandlungsgrundsatzes (vgl. Art. 3 GG) eine hilfebedürftige und leistungsberechtigte Person nicht schlechter behandelt werden darf als andere hilfebedürftige Personen in vergleichbarer Situation, nur weil eine Zuordnung zu unterschiedlichen Leistungssystemen erfolgt.

Im nachfolgenden werden – ggf. wiederholend zu den vorausgehenden Kapiteln – noch einmal die grundsätzlichen Fragen der Zuordnung zu den jeweiligen Leistungssystemen einschließlich der Bedeutung der Einsatz- und Bedarfsgemeinschaft beleuchtet.

5.2 Abgrenzung zwischen den Leistungen zum Lebensunterhalt nach dem Zweiten und Zwölften Buch Sozialgesetzbuch

Die Anspruchsvoraussetzungen für die hilfebedürftige Person selbst ergeben sich für die Leistungen zur Sicherstellung des Lebensunterhalts aus § 7 Abs. 1 und Abs. 2 SGB II und § 19 Abs. 1 SGB II für die Grundsicherung für Arbeitsuchende, aus § 19 Abs. 2 Satz 1 SGB XII für die Grundsicherung im Alter und bei Erwerbsminderung nach dem 4. Kapitel SGB XII und aus § 19 Abs. 1 SGB XII für die Hilfe zum Lebensunterhalt nach dem 3. Kapitel SGB XII.

Die Verpflichtung zum Einkommenseinsatz für andere Personen ist, bezogen auf die genannten Hilfearten, nach § 9 Abs. 2 Satz 1 und Satz 2 SGB II, §§ 19 Abs. 2 Satz 1, 43 Abs. 1 Satz 2 SGB XII und §§ 19 Abs. 1, 27 Abs. 2 Satz 2 und Satz 3 SGB XII zu beurteilen.

Leistungen zur Sicherung des Lebensunterhalts nach dem Zweiten Buch Sozialgesetzbuch erhalten zum einen erwerbsfähige leistungsberechtigte Personen. Diese Personen haben einen Anspruch auf Arbeitslosengeld II nach § 7 Abs. 1 Satz 1 SGB II i. V. m. § 19 Abs. 1 Satz 1 SGB II, wenn sie das 15. Lebensjahr vollendet haben und die Altersgrenze nach § 7a SGB II noch nicht erreicht haben (§ 7 Abs. 1 Satz 1 Nr. 1 SGB II), wenn sie erwerbsfähig sind (§ 7 Abs. 1 Satz 1 Nr. 2 SGB II), wenn sie hilfebedürftig sind (§ 7 Abs. 1 Satz 1 Nr. 3 SGB II) und wenn sie ihren gewöhnlichen Aufenthalt in der Bundesrepublik haben (§ 7 Abs. 1 Satz 1 Nr. 4 SGB II).

Leistungen zur Sicherung des Lebensunterhalts nach dem Zweiten Buch Sozialgesetzbuch erhalten zum anderen auch Personen, die selbst die Anspruchsvoraussetzungen nach § 7 Abs. 1 Satz 1 SGB II nicht erfüllen, aber mit erwerbsfähigen Leistungsberechtigten in einer Bedarfsgemeinschaft zusammen leben. Für diese Personen besteht ein Anspruch auf Sozialgeld nach § 7 Abs. 2 Satz 1 SGB II i. V. m. § 19 Abs. 1 Satz 2 SGB II.

Die Zugehörigkeit zur Bedarfsgemeinschaft ergibt sich aus § 7 Abs. 3 SGB II. Sie besteht unabhängig davon, ob auch eine Leistungsberechtigung nach dem Zweiten Buch Sozialgesetzbuch vorliegt.[237] Auch Personen, die dem Leistungssystem des Zwölften Buches Sozialgesetzbuch oder wegen fehlender Bedürftigkeit keinem Leistungssystem zuzuordnen sind, können zur Bedarfsgemeinschaft im Sinne des § 7 Abs. 3 SGB II gehören. Das bedeutet, dass nicht jedes Mitglied der Bedarfsgemeinschaft auch leistungsberechtigt im Bereich der Grundsicherung für Arbeitsuchende ist.

Das Gesetz sieht beispielsweise in § 7 SGB II verschiedene Ausschlusstatbestände vor, die einer Leistung von Arbeitslosengeld II und Sozialgeld entgegenstehen (z. B. den Bezug einer Rente wegen Alters nach § 7 Abs. 4 Satz 1 SGB II). Trotzdem können diese Personen zur Bedarfsgemeinschaft nach § 7 Abs. 3 SGB II gehören.

Grundsicherung im Alter und bei Erwerbsminderung nach dem 4. Kapitel SGB XII ist nach § 19 Abs. 2 Satz 1 SGB XII Personen zu leisten, die die Altersgrenze nach § 41 Abs. 2 SGB XII erreicht haben oder das 18. Lebensjahr vollendet haben und dauerhaft voll erwerbsgemindert sind, sofern sie ihren notwendigen Lebensunterhalt nicht oder nicht ausreichend aus eigenen Kräften und Mitteln, insbesondere aus ihrem Einkommen und Vermögen, bestreiten können.

Hilfe zum Lebensunterhalt nach dem 3. Kapitel SGB XII ist Personen zu leisten, die ihren notwendigen Lebensunterhalt nicht oder nicht ausreichend aus eigenen Kräften und Mitteln, insbesondere aus Einkommen und Vermögen, bestreiten können (§ 19 Abs. 1 SGB XII). Die Hilfebedürftigkeit ist somit die einzige Tatbestandsvoraussetzung für die Leistungen nach dem 3. Kapitel SGB XII, die aber als **nachrangige** Hilfe nur für Personen in Betracht kommen kann, die weder dem Leistungssystem des Zweiten Buches Sozialgesetzbuch noch der Grundsicherung im Alter und bei Erwerbsminderung nach dem 4. Kapitel SGB XII zuzuordnen sind.

Die Zuordnung zum jeweiligen Leistungssystem ergibt sich im Wesentlichen aus § 5 Abs. 2 SGB II einerseits und § 19 Abs. 1 Satz 2 SGB II andererseits sowie aus § 21 Satz 1 SGB XII. Die Vorschriften sind entweder als Vorrang-Nachrang-Regelung zu interpretieren, so dass ergänzende Leistungen durch das nachrangige System in Frage kommen - oder es handelt sich um einen generellen Leistungsausschluss, so dass ein Rückgriff auf nachrangige Leistungen nicht erlaubt ist.

---

[237] Vgl. BSG, Urteil vom 15.04.2008, B 14/7b AS 58/06 R, juris, Rn. 31.

Erläuterung

Wer dem Grunde nach einen Anspruch auf Leistungen der Grundsicherung im Alter und bei Erwerbsminderung nach dem 4. Kapitel SGB XII hat, dort aber nicht hilfebedürftig ist, kann gegebenenfalls (noch) einen Anspruch auf Sozialgeld haben. Das Wort „soweit" in § 19 Abs. 1 Satz 2 SGB XII erlaubt es, Leistungen nach dem Zweiten Buch Sozialgesetzbuch zu prüfen, wenn ein vorrangiger Anspruch auf Grundsicherung im Alter und bei Erwerbsminderung nicht in Frage kommt.

Wenn eine Person keinen Anspruch auf Leistungen nach dem Zweiten Buch Sozialgesetzbuch hat (z. B. weil diese Person unter den Ausschlusstatbestand des § 7 Abs. 1 Satz 2 SGB II fällt), kommen keine (ergänzenden) Leistungen nach dem 3. Kapitel SGB XII in Frage (Ausnahme: Bezieher/innen einer Altersrente). Der bereits grundsätzliche Anspruch auf Leistungen zur Sicherung des Lebensunterhalts nach dem Zweiten Buch Sozialgesetzbuch schließt Leistungen nach dem 3. Kapitel SGB XII aus (vgl. § 5 Abs. 2 Satz 1 SGB II). Gemäß § 21 Satz 1 SGB XII erhalten Personen, die nach dem Zweiten Buch als Erwerbsfähige oder als Angehörige dem Grunde nach leistungsberechtigt sind, keine Leistungen zum Lebensunterhalt nach dem 3. Kapitel SGB XII.

Der Anspruch auf Leistungen zur Sicherung des Lebensunterhalts nach dem Zweiten Buch Sozialgesetzbuch **schließt** gemäß § 5 Abs. 2 Satz 1 SGB II Leistungen der Hilfe zum Lebensunterhalt nach dem 3. Kapitel SGB XII **aus**. Nach § 21 Satz 1 SGB XII erhalten Personen, die als erwerbsfähige Leistungsberechtigte oder als Angehörige in der Bedarfsgemeinschaft dem Grunde nach leistungsberechtigt nach dem Zweiten Buch Sozialgesetzbuch sind, **keine Leistungen** für den Lebensunterhalt nach dem 3. Kapitel SGB XII (Ausnahme: Bezieher/innen einer Altersrente). Damit wird auf eine Anspruchsberechtigung dem Grunde nach abgestellt. Ob die Leistung nach dem Zweiten Buch Sozialgesetzbuch tatsächlich erbracht wird, ist nicht entscheidend.

Ergänzende Leistungen im Rahmen der Hilfe zum Lebensunterhalt nach dem 3. Kapitel SGB XII sind in diesen Fällen ausgeschlossen. Hier handelt es sich um einen generellen Leistungsausschluss. Dieses macht insbesondere auch die Regelung des § 31b Abs. 2 SGB II deutlich. Danach kommen auch bei einer im Zweiten Buch Sozialgesetzbuch ausgesprochenen Sanktion und einer Minderung des Auszahlungsanspruchs keine ergänzenden Hilfen zum Lebensunterhalt nach den Vorschriften des Zwölften Buches Sozialgesetzbuch in Betracht.

Nach § 5 Abs. 2 Satz 2 SGB II sind Leistungen der Grundsicherung im Alter und bei Erwerbsminderung nach dem 4. Kapitel SGB XII gegenüber dem Sozialgeld vorrangig. Hier handelt es sich um ein **Vorrang/Nachrang - Verhältnis**. Dieses verdeutlicht zum einen die Regelung des § 5 Abs. 2 Satz 2 SGB II durch die Formulierung „vorrangig". Zum anderen wird dieses Vorrang/Nachrang - Verhältnis durch die Formulierung „soweit" in der Vorschrift des § 19 Abs. 1 Satz 2 SGB II beschrieben. Soweit die nach dem 4. Kapitel SGB XII leistungsberechtigte Person wegen fehlender Hilfebedürftigkeit keinen realisierbaren Anspruch auf Leistungen hat, kommt ein nachrangiger Anspruch auf Sozialgeld nach dem Zweiten Buch Sozialgesetzbuch in Betracht – sofern dort nicht ein Ausschlusstatbestand (z. B. Altersrentner nach § 7 Abs. 4 SGB II) vorliegt.

Sozialgeld können somit diejenigen nicht beziehen, die einen realisierbaren Anspruch auf Leistungen der Grundsicherung im Alter und bei Erwerbsminderung nach dem 4. Kapitel SGB XII haben oder vom Leistungsbezug ausgeschlossen sind.

Besteht – umgekehrt – ein Anspruch auf Grundsicherung im Alter und bei Erwerbsminderung nach dem 4. Kapitel SGB XII nicht (z. B. wegen fehlender Hilfebedürftigkeit), kommt ein Anspruch auf Sozialgeld in Betracht. Der Sozialgeldanspruch wird rechnerisch dann über § 9 Abs. 2 Satz 3 SGB II realisiert.

Diese Regelung sorgt dafür, dass eine Person, die nach dem 4. Kapitel SGB XII nicht hilfebedürftig ist, im Zweiten Buch Sozialgesetzbuch als hilfebedürftig gilt. Die Leistungsberechnung erfolgt dann, indem das Einkommen oder Vermögen im Verhältnis des eigenen Bedarfs zum Gesamtbedarf der Bedarfsgemeinschaft verteilt wird („Bedarfsanteilsmethode"). Solange das Einkommen oder Vermögen der Bedarfsgemeinschaft nicht zur Bestreitung des gesamten Bedarfs ausreicht, gilt jede Person der Bedarfsgemeinschaft als hilfebedürftig.

5.3 Die Einsatzgemeinschaften

Leistungen zum Lebensunterhalt werden grundsätzlich nur erbracht, wenn die eigenen Mittel, insbesondere Einkommen und Vermögen, nicht ausreichen, den jeweiligen Bedarf zu decken. Dabei werden nicht nur Einkommen und Vermögen der anspruchsberechtigten bzw. hilfesuchenden Person berücksichtigt, sondern es kommt auch auf den Mitteleinsatz der Personen an, die mit anspruchsberechtigten bzw. hilfesuchenden Personen in einer so genannten „**Einsatzgemeinschaft**" leben.

Die Einsatzgemeinschaft ist also die Einkommens- und Vermögensgemeinschaft der Familienangehörigen, wobei zur Einsatzgemeinschaft nur diejenigen gehören, für die nach den Vorschriften des Zweiten (§ 9 Abs. 2 Satz 1, Satz 2 SGB II) und Zwölften Buches Sozialgesetzbuch (§ 27 Abs. 2 SGB XII sowie § 43 Abs. 1 Satz 2 SGB XII) eine Verpflichtung zum Einkommens- und Vermögenseinsatz auch für andere Personen vorgesehen ist.

Für die Lösung von „gemischten Bedarfsgemeinschaften" ist die Kenntnis, welche Personen eine Einsatzgemeinschaft bilden können, von Bedeutung, weil eine einzelne Person sowohl einer Einsatzgemeinschaft nach dem Zweiten als auch einer Einsatzgemeinschaft nach dem Zwölften Buch angehören kann. Gehört eine Person zwei Einsatzgemeinschaften an, kann eine Leistungsberechnung nach dem jeweiligen Leistungssystem erforderlich werden.

5.3.1 Leistungen zur Sicherung des Lebensunterhalts nach dem Zweiten Buch Sozialgesetzbuch

Nach § 9 Abs. 2 Satz 1 SGB II ist bei Personen, die in einer Bedarfsgemeinschaft leben, auch das Einkommen und Vermögen des Partners zu berücksichtigen.

Gemäß § 9 Abs. 2 Satz 2 SGB II ist bei unverheirateten Kindern, die mit ihren Eltern oder einem Elternteil in einer Bedarfsgemeinschaft leben und ihren Lebensunterhalt nicht aus eigenem Einkommen oder Vermögen sichern können, auch das Einkommen und Vermögen der Eltern oder des Elternteils und dessen in Bedarfsgemeinschaft lebender Partnerin oder lebenden Partners zu berücksichtigen.

Ist in einer Bedarfsgemeinschaft nicht der gesamte Bedarf aus eigenen Kräften und Mitteln gedeckt, gilt nach § 9 Abs. 2 Satz 3 SGB II jede Person der Bedarfsgemeinschaft im Verhältnis des eigenen Bedarfs zum Gesamtbedarf als hilfebedürftig. Die Hilfebedürftigkeit der individuell nicht hilfebedürftigen Person wird durch diese Regelung, die auch für Sozialgeldempfänger nach § 7 Abs. 2 Satz 1 i. V. m. § 19 Abs. 1 Satz 2 SGB II anzuwenden ist, in verfassungsrechtlich zulässiger Weise fingiert.[238]

Es ist zur Berechnung des Leistungsanspruchs des einzelnen Mitglieds einer Bedarfsgemeinschaft nicht nur sein individueller Bedarf, sondern der Gesamtbedarf aller Mitglieder der Bedarfsgemeinschaft zu ermitteln, dem dann das Gesamteinkommen der Bedarfsgemeinschaft gegenüberzustellen bzw. auf die Personen zu verteilen ist, die sich das Einkommen zurechnen lassen müssen.

Die gesetzliche Fiktion des § 9 Abs. 2 Satz 3 SGB II ist nicht anzuwenden, wenn eine in § 9 Abs. 2 Satz 3 SGB II genannte Person wegen eines vorliegenden Ausschlusstatbestandes (z. B. Bezieher/innen einer Altersrente) nicht nach dem Zweiten Buch Sozialgesetzbuch leistungsberechtigt ist.[239]

Bei der Ermittlung der vom Einkommen abzusetzenden Beträge (Einkommensbereinigung) eines aus dem Leistungssystem der Grundsicherung für Arbeitsuchende ausgeschlossenen Mitglieds der Bedarfsgemeinschaft sind die Vorschriften des Zweiten Buches Sozialgesetzbuch anzuwenden.[240]

5.3.2 Grundsicherung im Alter und bei Erwerbsminderung nach dem 4. Kapitel SGB XII

Nach § 19 Abs. 2 Satz 1 SGB XII ist Personen Grundsicherung im Alter und bei Erwerbsminderung nach dem 4. Kapitel SGB XII zu leisten, die die Altersgrenze nach § 41 Abs. 2 SGB XII oder das 18. Lebensjahr vollendet haben und dauerhaft voll erwerbsgemindert sind, sofern sie ihren notwendigen Lebensunterhalt nicht oder nicht ausreichend aus eigenen Kräften und Mitteln, insbesondere aus ihrem Einkommen und Vermögen, bestreiten können. Das bedeutet, dass die hilfebedürftigen Personen ihr Einkommen und Vermögen zunächst für sich selbst einzusetzen haben.

---

[238] Vgl. BSG, Urteil vom 07.11.2006, B 7b AS 10/06 R, juris, Rn. 17
[239] Vgl. BSG, Urteil vom 07.11.2006, B 7b AS 10/06 R, juris, Rn. 17.
[240] Vgl. BSG, Urteil vom 15.04.2008, B 14/7b AS 58/06, juris, Rn. 46; BSG, Urteil vom 17.10.2013, B 14 AS 58/12 R, juris, Rn. 15.

Nach § 43 Abs. 1 Satz 2 SGB XII sind Einkommen und Vermögen des nicht getrennt lebenden Ehegatten oder Lebenspartners sowie des Partners einer eheähnlichen oder lebenspartnerschaftlichen Gemeinschaft, die dessen notwendigen Lebensunterhalt nach § 27a SGB XII übersteigen, zu berücksichtigen.

5.3.3 Hilfe zum Lebensunterhalt nach dem 3. Kapitel SGB XII

Nach § 27 Abs. 2 Satz 1 SGB XII sind eigene Mittel das eigene Einkommen und Vermögen. Das bedeutet, dass die hilfebedürftige Person ihr Einkommen und Vermögen zunächst für sich selbst einzusetzen hat.

Gemäß § 27 Abs. 2 Satz 2 SGB XII sind bei nicht getrennt lebenden Ehegatten oder Lebenspartnern das Einkommen und Vermögen beider Ehegatten oder Lebenspartner gemeinsam zu berücksichtigen. Dieses gilt über § 20 SGB XII auch für Partner in eheähnlichen oder lebenspartnerschaftsähnlichen Gemeinschaften.

Gehören nach § 27 Abs. 2 Satz 3 SGB XII minderjährige unverheiratete Kinder dem Haushalt ihrer Eltern oder eines Elternteils an und können sie den notwendigen Lebensunterhalt aus ihrem Einkommen und Vermögen nicht bestreiten, sind auch das Einkommen und Vermögen der Eltern oder des Elternteils gemeinsam zu berücksichtigen.

5.4 Fallbeispiele

Nachfolgend werden anhand von drei Fallbeispielen konkrete Probleme im Rahmen gemischter Bedarfsgemeinschaften aufgezeigt und Lösungen angeboten.[241]

Beispiel 1

Frau A (58 Jahre alt) und ihr Ehemann (59 Jahre alt, erwerbsfähig) leben zusammen in einem gemeinsamen Haushalt. Der angemessene Bedarf für Unterkunft beträgt 400,00 € im Monat und der angemessene Bedarf für Heizung 40,00 € im Monat. Herr A erhält Arbeitslosengeld (Alg I) in Höhe von monatlich 300,00 €. Frau A ist dauerhaft voll erwerbsgemindert und bezieht eine zeitlich unbefristete Rente wegen voller Erwerbsminderung aus der gesetzlichen Rentenversicherung in Höhe von monatlich 800,00 €. Frau A besitzt einen Schwerbehindertenausweis mit dem Merkzeichen „G".

---

[241] Weiterführend und vertiefend: Weber, Die Stadträtin und der Altersrentner – Eine Mischfallkonstellation im SGB II und SGB XII, DVP 08/2012, 325; Weber, Grundsicherung für Arbeitsuchende sowie Grundsicherung im Alter und bei Erwerbsminderung für Familie Müller, DVP 09/2015, 376; Weber, Grundsicherung für Arbeitsuchende und Hilfe zur Pflege, DVP 07/2013, 295; Grosse/Gunkel, Mischfallkonstellationen im SGB II und SGB XII – Probleme bei der Berücksichtigung von Einkommen im Rahmen der Einsatzgemeinschaft, DVP 07/2009, 266; Kulle, Mischfälle im Rahmen des SGB II und SGB XII – Die wichtigsten Gesichtspunkte zu dieser Problematik, DVP 08/2014, 311.

Kapitel 5 – Mischfälle im Rahmen des SGB II und SGB XII

Berechnung für Frau A nach dem 4. Kapitel SGB XII:

	Frau A
Regelbedarf	*401,00 €*
Mehrbedarf	*68,17 €*
Bedarf für Unterkunft	*200,00 €*
Bedarf für Heizung	*20,00 €*
Gesamtbedarf	**689,17 €**
anzurechnendes Einkommen	*800,00 €*
Gesamtanspruch	**0,00 €**

Frau A bezieht eine zeitlich unbefristete Rente wegen voller Erwerbsminderung. Damit ist sie nach §§ 19 Abs. 2 Satz 1, 41 Abs. 3 SGB XII den Grunde nach leistungsberechtigt und könnte einen Anspruch auf Leistungen der Grundsicherung nach dem 4. Kapitel SGB XII haben. Dafür ist nach § 19 Abs. 2 Satz 1 SGB XII Voraussetzung, dass sie ihren Lebensunterhalt nicht aus ihrem Einkommen bestreiten kann. Der Gesamtbedarf von Frau A beträgt monatlich 689,17 €, den sie aufgrund ihrer einzusetzenden Rente in Höhe von monatlich 800,00 € decken kann. Damit ist sie nicht hilfebedürftig.

Somit besteht für sie kein Anspruch auf Leistungen der Grundsicherung im Alter und bei Erwerbsminderung nach dem 4. Kapitel SGB XII.

Für Frau A könnte aber ein Anspruch auf Sozialgeld nach dem Zweiten Buch Sozialgesetzbuch in Betracht kommen. Diese Vorgehensweise bringt sowohl die Vorschrift des § 5 Abs. 2 Satz 2 SGB II als auch die des § 19 Abs. 1 Satz 2 SGB II zum Ausdruck.

Berechnung für Frau A und Herrn A nach dem SGB II:

	Frau A	**Herr A**	**insgesamt**
Regelbedarf	*401,00 €*	*401,00 €*	*802,00 €*
Mehrbedarf	*68,17 €*		*68,17 €*
Bedarf für Unterkunft	*200,00 €*	*200,00 €*	*400,00 €*
Bedarf für Heizung	*20,00 €*	*20,00 €*	*40,00 €*
Gesamtbedarf	**689,17 €**	**621,00 €**	**1.310,17 €**
(bereinigtes) Einkommen	*770,00 €*	*270,00 €*	*1.040,00 €*
individuelle Bedarfsanteile in %	*52,60%*	*47,40%*	*100,00%*
Einkommensverteilung	*547,06 €*	*492,94 €*	*1.040,00 €*
Gesamtanspruch	**142,11 €** *(SozG)*	**128,06 €** *(Alg II)*	**270,17 €**

Frau A hat einen Anspruch auf Sozialgeld nach § 7 Abs. 2 Satz 1 SGB II i. V. m. § 19 Abs. 1 Satz 2 SGB II, da sie mit ihrem Ehemann als erwerbsfähigen Leistungsberechtigten in einer Bedarfsgemeinschaft zusammen lebt (vgl. § 7 Abs. 3 Nr. 1 und Nr. 3 Buchstabe a) SGB II). Auf Grund der Fiktionsregelung des § 9 Abs. 2 Satz 3 SGB II gelten beide Personen im Verhältnis des eigenen Bedarfs zum Gesamtbedarf als hilfebedürftig.

Das Einkommen von Frau A und Herrn A ist nach den Bestimmungen des Zweiten Buches Sozialgesetzbuch zu bereinigen (hier jeweils um die Versicherungspauschale in Höhe von 30,00 € nach § 11b Abs. 1 Satz 1 Nr. 3 SGB II i. V. m. § 6 Abs. 1 Nr. 1 Alg II-V) und nach der Bedarfsanteilmethode, d. h. im Verhältnis der Individualbedarfe zum Gesamtbedarf, zu verteilen.

Somit hat Herr A einen monatlichen Anspruch auf Arbeitslosengeld II nach § 7 Abs. 1 Satz 1 i. V. m. § 19 Abs. 1 Satz 1 SGB II in Höhe von 128,06 € und Frau A einen monatlichen Anspruch auf Sozialgeld nach § 7 Abs. 2 i. V. m. § 19 Abs. 1 Satz 2 SGB II in Höhe von 142,11 €.

Beispiel 2

Herr B (68 Jahre alt) lebt zusammen mit seiner Ehefrau (50 Jahre alt) in einem gemeinsamen Haushalt zusammen. Sie haben einen gemeinsamen Sohn (15 Jahre). Der angemessene Bedarf für Unterkunft beträgt 600,00 € monatlich und der angemessene Bedarf für die Heizung beträgt 60,00 € monatlich.

Herr B erhält eine monatliche Rente wegen Alters aus der gesetzlichen Rentenversicherung in Höhe von 800,00 € (netto). Frau B bezieht eine zeitlich befristete Rente wegen voller Erwerbsminderung aus der gesetzlichen Rentenversicherung in Höhe von monatlich 350,00 € (netto). Herr B erhält als Kindergeldberechtigter das gesetzliche Kindergeld in Höhe von 219,00 € monatlich für den Sohn.

Der Sohn ist erwerbsfähiger Leistungsberechtigter i. S. des § 7 Abs. 1 Satz 1 SGB II und als Hauptleistungsberechtigter Ausgangspunkt für die Bildung einer Bedarfsgemeinschaft (vgl. § 7 Abs. 3 Nr. 1 SGB II). Die Eltern sind der Bedarfsgemeinschaft über § 7 Abs. 3 Nr. 2 SGB II zuzurechnen, so dass für beide Elternteile grundsätzlich ein Anspruch auf Sozialgeld in Betracht kommt (vgl. § 7 Abs. 2 Satz 1 i. V. m. § 19 Abs. 1 Satz 2 SGB II).

*Herr B hat mit 68 Jahren die Altersgrenze erreicht und hat gemäß §§ 19 Abs. 2 Satz 1, 41 Abs. 2 SGB XII dem Grunde nach einen Anspruch auf Leistungen nach dem 4. Kapitel SGB XII. Dieser Anspruch auf Leistungen der Grundsicherung im Alter kann einen gegenüber dem Sozialgeld **vorrangigen** Anspruch darstellen. Der Vorrang von Grundsicherungsleistungen im Alter und bei Erwerbsminderung folgt aus § 5 Abs. 2 Satz 2 SGB II und § 19 Abs. 1 Satz 2 SGB XII. Für einen Leistungsanspruch nach dem 4. Kapitel SGB XII ist u. a. Voraussetzung, dass er seinen Lebensunterhalt nicht aus seinem Einkommen bestreiten kann.*

Kapitel 5 – Mischfälle im Rahmen des SGB II und SGB XII

Berechnung für Herrn B nach dem 4. Kapitel SGB XII:

	Herr B
Regelbedarf	*401,00 €*
Bedarf für Unterkunft	*200,00 €*
Bedarf für Heizung	*20,00 €*
Gesamtbedarf	**621,00 €**
anzurechnendes Einkommen	*800,00 €*
Restbedarf	*0,00 €*
Überschuss	*179,00 €*
Gesamtanspruch	**0,00 €**

Herr B hat einen Gesamtbedarf von monatlich 621,00 €, den er aber aufgrund seines Einkommens in Höhe von 800,00 €, das er im Zwölften Buch Sozialgesetzbuch und der dort geltenden vertikalen Einkommensanrechnung nach § 19 Abs. 2 Satz 1, § 43 Abs. 1 Satz 2 SGB XII zunächst für sich selbst und unabhängig von dem Einkommen und Vermögen seiner Ehefrau einsetzen muss, decken kann. Damit ist er nicht hilfebedürftig und seine zur Einsatzgemeinschaft zählende Ehefrau (vgl. § 43 Abs. 1 Satz 2 SGB XII) kann unberücksichtigt bleiben.

Ein Anspruch auf Leistungen der Grundsicherung im Alter nach dem 4. Kapitel SGB XII besteht für Herrn B nicht.

Möglicherweise besteht ein Leistungsanspruch nach dem Zweiten Buch Sozialgesetzbuch. Konkret kommt ein Anspruch auf Sozialgeld für Herrn B in Betracht, da dieser durch die „soweit"-Regelung in § 19 Abs. 1 Satz 2 SGB II trotz des vorrangigen Anspruchs auf Grundsicherung im Alter nach dem 4. Kapitel SGB XII nicht ausgeschlossen wird.

Dabei sorgt die Fiktionsregelung des § 9 Abs. 2 Satz 3 SGB II dafür, dass Herr B fiktiv hilfebedürftig würde und zu einer leistungsberechtigten Person nach dem Zweiten Buch Sozialgesetzbuch wird, solange der Gesamtbedarf der Bedarfsgemeinschaft durch das Einkommen von Herrn B und Frau B nicht bestritten werden kann. § 9 Abs. 2 Satz 3 SGB II benennt als Berechnungsgrundlage den Gesamtbedarf der Bedarfsgemeinschaft nach dem Zweiten Buch Sozialgesetzbuch. Deshalb hat eine Leistungsberechnung des Herrn B ausschließlich nach den Vorgaben des Zweiten Buches Sozialgesetzbuch zu erfolgen[242]*.*

Gleichzeitig ist jedoch zu beachten, dass er als Bezieher einer Rente wegen Alters nach § 7 Abs. 4 Satz 1 SGB II von den Leistungen nach dem Zweiten Buch Sozialgesetzbuch ausgeschlossen ist. Bei vom Leistungsbezug ausgeschlossenen Personen entsteht das Problem, dass diesen zwar kraft der Fiktionsregelung des § 9 Abs. 2 Satz 3 SGB II

---

[242] Vgl. BSG, Urteil vom 15.04.2008, B 14/7b AS 58/06 R, juris, Rn. 40.

rechnerisch Leistungen zustehen, der rechnerisch ermittelte Leistungsanspruch wegen des Leistungsausschlusses jedoch nicht realisiert werden kann und darf.

Damit findet im Ergebnis eine Leistungsgewährung nur an die vom Leistungsbezug nicht ausgeschlossenen Personen (Frau B, Sohn B) statt.

Im Ergebnis führt die Berechnungsmethodik des § 9 Abs. 2 Satz 3 SGB II dazu, dass wegen der fehlenden Leistungsanspruchs für Herrn B eine Bedarfsunterdeckung der Bedarfs- und Einsatzgemeinschaft insgesamt eintritt.

Um das grundrechtlich verbürgte Existenzminimum zu sichern, wird im Rahmen einer verfassungskonformen Auslegung (teleologische Reduktion) im konkreten Fall nicht die horizontale Bedarfsanteilsmethode des § 9 Abs. 2 Satz 3 SGB II angewandt, sondern die aus dem Zwölften Buch Sozialgesetzbuch bekannte „vertikale" Einkommensanrechnung.[243] *Allerdings wird der Bedarf und das anrechenbare Einkommen nach den Vorgaben des Zweiten Buches Sozialgesetzbuch ermittelt.*

Nach § 9 Abs. 2 Satz 1 SGB II muss sich Frau B das – in diesem Fall rechnerisch **überschüssige** *– Einkommen ihres Ehemannes zurechnen lassen. Eine Einsatzverpflichtung des Herrn B besteht gemäß § 9 Abs. 2 Satz 2 SGB II auch gegenüber dem Kind. Dabei ist das Einkommen von Herrn B um die Versicherungspauschale nach § 11b Abs. 1 Satz 1 Nr. 3 SGB II i. V. m. § 6 Abs. 1 Nr. 1 Alg II-V zu bereinigen. Damit reduziert sich das rechnerisch überschüssige Einkommen auf von 179,00 € auf 149,00 €.*

Zusätzlich ist aufgrund von Art. 3 GG eine Vergleichsberechnung notwendig. Herr B darf durch seinen Einkommenseinsatz im Zweiten Buch Sozialgesetzbuch nicht schlechter gestellt werden als andere leistungsberechtigte Personen, die einen Anspruch auf Leistungen der Grundsicherung im Alter und bei Erwerbsminderung nach dem 4. Kapitel SGB XII haben. Eine konkrete Vergleichsberechnung ist vorliegend jedoch entbehrlich. Das Einkommen wird im Zweiten Buch Sozialgesetzbuch (u. a. durch die Versicherungspauschale) großzügiger und damit für die leistungsberechtigte Person günstiger bereinigt als im Bereich der Sozialhilfe nach dem Zwölften Buch Sozialgesetzbuch.

---

[243] Vgl. BSG, Urteil vom 15.04.2008, B 14/7b AS 58/06 R, juris, Rn. 48, 49.

Kapitel 5 – Mischfälle im Rahmen des SGB II und SGB XII 281

Berechnung für Frau B und Sohn B nach dem SGB II:

	Frau B	Sohn B	insgesamt
Regelbedarf	401,00 €	373,00 €	774,00 €
Bedarf für Unterkunft	200,00 €	200,00 €	400,00 €
Bedarf für Heizung	20,00 €	20,00 €	40,00 €
Gesamtbedarf	**621,00 €**	**593,00 €**	**1.214,00 €**
Kindergeld		219,00 €	219,00 €
Restbedarf	621,00 €	374,00 €	995,00 €
bereinigtes Einkommen (Erwerbsminderungsrente abzgl. Versicherungspauschale)	320,00 €		
zzgl. Überschuss des Herrn B (abzgl. Versicherungspauschale)	149,00 €		469,00 €
individuelle Bedarfsanteile in %	62,41%	37,59%	100,00%
Einkommensverteilung	292,71 €	176,29 €	469,00 €
Gesamtanspruch	**328,29 €** (SozG)	**197,71 €** (Alg II)	**526,00 €**

Der bereinigte Einkommensüberschuss in Höhe von monatlich 149,00 € (179,00 € abzgl. der Versicherungspauschale von 30,00 €) ist dem bereinigten Einkommen von Frau B in Höhe von 320,00 € hinzuzurechnen und anschließend nach der Verteilmethode des § 9 Abs. 2 Satz 3 SGB II auf Frau B und das Kind zu verteilen.

Somit hat Sohn B einen monatlichen Anspruch auf Arbeitslosengeld II in Höhe von 197,71 € und Frau B einen monatlichen Anspruch auf Sozialgeld in Höhe von 328,29 €.

Beispiel 3

Frau C (38 Jahre alt) lebt zusammen mit ihrem Ehemann (40 Jahre alt) in einem gemeinsamen Haushalt. Sie haben eine Tochter (14 Jahre) und einen Sohn (12 Jahre). Bei Frau C wurde durch den Rententräger eine dauerhafte Erwerbsminderung festgestellt; sie erhält keine Erwerbsminderungsrente, da die erforderliche Wartezeit nicht erfüllt ist. Herr C erzielt aus einer Erwerbstätigkeit ein Einkommen von 1.900,00 € (1.500,00 € netto). Der angemessene Bedarf für Unterkunft beträgt 800,00 € monatlich und der angemessene Bedarf für die Heizung beträgt 80,00 € monatlich. Frau C erhält als Kindergeldberechtigte das gesetzliche Kindergeld in Höhe von je 204,00 € monatlich für die Kinder.

Herr C ist erwerbsfähiger Leistungsberechtigter i. S. des § 7 Abs. 1 Satz 1 SGB II und als Hauptleistungsberechtigter Ausgangspunkt für die Bildung einer Bedarfsgemeinschaft (vgl. § 7 Abs. 3 Nr. 1 SGB II). Die Ehefrau sowie die Kinder sind der Bedarfsgemeinschaft über § 7 Abs. 3 Nr. 3 Buchstabe a) bzw. Nr. 4 SGB II zuzurechnen, so dass für sie ein Anspruch auf Sozialgeld in Betracht kommt (vgl. § 7 Abs. 2 Satz 1 i. V. m. § 19 Abs. 1 Satz 2 SGB II).

*Frau C hat aufgrund der dauerhalten vollen Erwerbsminderung gemäß §§ 19 Abs. 2 Satz 1, 41 Abs. 2 SGB XII dem Grunde nach einen Anspruch auf Leistungen der Grundsicherung nach dem 4. Kapitel SGB XII. Dieser Anspruch auf Leistungen der Grundsicherung im Alter kann einen gegenüber dem Sozialgeld **vorrangigen** Anspruch darstellen. Der Vorrang von Grundsicherungsleistungen im Alter und bei Erwerbsminderung folgt aus § 5 Abs. 2 Satz 2 SGB II und § 19 Abs. 1 Satz 2 SGB XII. Für einen Leistungsanspruch nach dem 4. Kapitel SGB XII ist u. a. Voraussetzung, dass Frau C ihren notwendigen Lebensunterhalt nicht aus ihrem Einkommen bestreiten kann.*

	Frau C
Regelbedarf	*401,00 €*
Bedarf für Unterkunft - kopfteilig	*200,00 €*
Bedarf für Heizung - kopfteilig	*20,00 €*
Gesamtbedarf	**621,00 €**
anzurechnendes Einkommen	*0,00 €*
Gesamtanspruch	**621,00 €**

Frau C hat somit einen Anspruch auf die insoweit vorrangigen Leistungen nach dem 4. Kapitel SGB XII in Höhe von 621,00 €.

*Gleichwohl ist sie Mitglied der Bedarfsgemeinschaft nach dem Zweiten Buch Sozialgesetzbuch. Sie hat daher **dem Grunde nach** auch einen Anspruch auf Existenzsicherungsleistungen nach dem Zweiten Buch Sozialgesetzbuch, muss aber die vorrangigen Leistungen der Grundsicherung nach dem 4. Kapitel SGB XII in Anspruch nehmen. Es liegt ein Fall der sog. „echten gemischten Bedarfsgemeinschaft" vor, da Herr C als erwerbsfähige leistungsberechtigte Person Leistungen nach dem Zweiten Buch Sozialgesetzbuch und Frau C als dauerhaft voll erwerbsgeminderte Person Leistungen nach dem Zwölften Buch Sozialgesetzbuch erhalten kann.*

Dazu kommen die Kinder als weitere Mitglieder der Bedarfsgemeinschaft nach dem Zweiten Buch Sozialgesetzbuch, so dass sich die Frage der korrekten Einkommensverteilung des Erwerbseinkommens des Herrn C stellt. Weder im Zweiten noch im Zwölften Sozialgesetzbuch sind für diese Konstellationen Regelungen enthalten, wie die Einkommensverteilung zu erfolgen hat. Es sind daher verschiedene Berechnungsmethoden in Erwägung zu ziehen.

Kapitel 5 – Mischfälle im Rahmen des SGB II und SGB XII 283

*Bei der Einkommensverteilung nach der **Kopfteilmethode** wird zunächst das bereinigte Einkommen des Herrn C seinem Bedarf gegenübergestellt und ein Überhang gleichmäßig – kopfteilig – auf die übrigen Mitglieder der Bedarfsgemeinschaft verteilt:*

	Frau C	Herr C	Tochter	Sohn	Summen
Regelbedarf	401,00 €	401,00 €	373,00 €	309,00 €	1.484,00 €
Bedarf für Unterkunft - kopfteilig	200,00 €	200,00 €	200,00 €	200,00 €	800,00 €
Bedarf für Heizung - kopfteilig	20,00 €	20,00 €	20,00 €	20,00 €	80,00 €
Gesamtbedarf	**621,00 €**	**621,00 €**	**593,00 €**	**529,00 €**	**2.364,00 €**
Kindergeld			219,00 €	219,00 €	438,00 €
Restbedarf	621,00 €	621,00 €	374,00 €	310,00 €	1.926,00 €
(bereinigtes) Erwerbseinkommen		1.150,00 €			1.150,00 €
Überschuss Herr C		529,00 €			529,00 €
Einkommensverteilung nach Kopfteilsmethode	176,33 €		176,33 €	176,33 €	529,00 €
Gesamtanspruch	~~444,67 €~~ (Anspruch 4. Kapitel SGB XII)	0,00 €	197,67 € (SozG)	133,67 € (SozG)	331,33 €

Die kopfteilige Einkommensverteilung berücksichtigt sowohl die Einsatzverpflichtung des Herrn C gegenüber seiner Frau als auch gegenüber seinen Kindern. Das erscheint zunächst sachgerecht, da er nach den Vorschriften des Bürgerlichen Gesetzbuches gegenüber allen Familienmitgliedern unterhaltspflichtig ist. Allerdings führt diese Methode zu Problemen. Erstens wird im vorliegenden Fall Einkommen der Frau C zugerechnet, dass auf ihren Sozialhilfeanspruch angerechnet werden müsste.

In der Praxis ist das kaum durchführbar. Zweitens kann es dazu kommen, dass ein Einkommensanteil auf eine Person entfällt, der höher als ihr Bedarf ist. Dann müsste in einem zweiten Schritt der freiwerdende Einkommensanteil erneut verteilt werden.

*Die Einkommensverteilung nach der **Verhältnismethode**, bei der das übersteigende Einkommen des Herrn C entsprechend des jeweiligen Verhältnisses des individuellen Bedarfs zum Gesamtbedarf verteilt wird, führt zu folgendem Ergebnis:*

Kapitel 5 - Mischfälle im Rahmen des SGB II und SGB XII

	Frau C	Herr C	Tochter	Sohn	Summen
Regelbedarf	401,00 €	401,00 €	373,00 €	309,00 €	1.484,00 €
Bedarf für Unterkunft - kopfteilig	200,00 €	200,00 €	200,00 €	200,00 €	800,00 €
Bedarf für Heizung - kopfteilig	20,00 €	20,00 €	20,00 €	20,00 €	80,00 €
Gesamtbedarf	**621,00 €**	**621,00 €**	**593,00 €**	**529,00 €**	**2.364,00 €**
Kindergeld			219,00 €	219,00 €	438,00 €
Restbedarf	621,00 €	621,00 €	374,00 €	310,00 €	1.926,00 €
(bereinigtes) Erwerbseinkommen		1.150,00 €			1.150,00 €
Überschuss Herr C		529,00 €			529,00 €
Restbedarfe	621,00 €	0,00 €	374,00 €	310,00 €	1.305,00 €
Einkommensverteilung nach Verhältnismethode	251,73 €		151,61 €	125,66 €	529,00 €
individuelle Bedarfsanteile	(47,59%)		(28,66%)	(23,75%)	(100,00%)
Gesamtanspruch	~~369,27 €~~ (Anspruch 4. Kapitel SGB XII)	0,00 €	222,39 € (SozG)	184,34 € (SozG)	406,73 €

Auch die Verhältnismethode berücksichtigt sowohl die Einsatzverpflichtung des Herrn C gegenüber seiner Frau und den Kindern und bildet die Unterhaltsverpflichtung ab. Sie erscheint sachgerechter, da die Einkommensverteilung das Unterhaltsrecht in Mangelfällen widerspiegelt und stellt die Verteilung in der Realität realistischer dar. Allerdings führt auch diese Methode dazu, dass Einkommen der Frau C zugerechnet wird, dass auf ihren Sozialhilfeanspruch angerechnet werden müsste.

Das Bundessozialgericht hat daher für diese Fälle die **Kaskadenmethode** *als die geeignetste Methode ausgewählt.*[244]

Danach wird bei den einzelnen Mitgliedern der Bedarfsgemeinschaft nacheinander so viel Einkommen angerechnet wird, bis der jeweilige Bedarf gedeckt wird. Das wird so lange fortgeführt, bis das Einkommen komplett aufgebraucht ist.

Problematisch an dieser Methode ist die Frage, in welcher Reihenfolge das übersteigende Einkommen von Herrn C auf die weiteren Mitglieder verteilt wird. Hierbei gibt es zwei unterschiedliche Ansätze. Ein Ansatz ist, dass mit dem übersteigenden Einkommen von Herrn C zunächst aufgrund des Vorrangs von Leistungen nach dem 4. Kapitel SGB XII vor den SGB II - Leistungen zunächst der Bedarf von Frau C zu decken ist.

Daran anschließen würde sich aber die Problematik, welches Kind im vorliegenden Fall vorrangig bei der Einkommensverteilung berücksichtigt würde. Eine wirklich sachgerechte Lösung, die sowohl den Leistungsberechtigten als auch den Kostenträgern gerecht wird, ist nicht ersichtlich. Zudem entspricht diese Methode nicht dem Grundgedanken des Zweiten Buches Sozialgesetzbuches, nach dem jede Person der

---

[244] Vgl. BSG, Urteil vom 09.06.2011, B 8 SO 20/09 R, Rn. 23, www.sozialgerichtsbarkeit.de, 147421.

Kapitel 5 – Mischfälle im Rahmen des SGB II und SGB XII

Bedarfsgemeinschaft im Verhältnis des eigenen Bedarfs zum Gesamtbedarf als hilfebedürftig gilt (vgl. § 9 Abs. 2 Satz 3 SGB II).

Auf Grund der genannten Probleme und Folgen, die aus der Anwendung dieser Methode resultieren, erscheint die Anwendung der Kaskadenmethode nicht zielführend. Dennoch hat das Bundessozialgericht entschieden, dass es bei gemischten Bedarfsgemeinschaften sachgerecht ist, die Kaskadenmethode mit der Maßgabe anzuwenden, zunächst einen Einkommensüberschuss bei dem SGB II - Leistungsberechtigten anzurechnen.

Damit ergibt sich folgende Lösung:

	Herr C	**Tochter**	**Sohn**	**Summen**
Regelbedarf	401,00 €	373,00 €	309,00 €	1.083,00 €
Bedarf für Unterkunft - kopfteilig	200,00 €	200,00 €	200,00 €	600,00 €
Bedarf für Heizung - kopfteilig	20,00 €	20,00 €	20,00 €	60,00 €
Gesamtbedarf	**621,00 €**	**593,00 €**	**529,00 €**	**1.743,00 €**
Kindergeld		219,00 €	219,00 €	438,00 €
Restbedarf	621,00 €	374,00 €	310,00 €	1.305,00 €
(bereinigtes) Erwerbseinkommen	1.150,00 €			1.150,00 €
Einkommensverteilung nach Bedarfsanteilsmethode bei den SGB II-Leistungsberechtigten	547,24 €	329,58 €	273,18 €	1.150,00 €
	(47,59%)	(28,66%)	(23,75%)	(100,00%)
Gesamtanspruch	**73,76 €** (ALG II)	**44,42 €** (SozG)	**36,82 €** (SozG)	**155,00 €**

Nach den Vorgaben des Bundessozialgerichts ermöglicht die Kaskadenmethode, „zwei miteinander nicht kompatible Systeme in Einklang zu bringen". Es kommt daher nur zu einer Einkommensberücksichtigung im Zwölften Buch Sozialgesetzbuch, wenn in der Bedarfsgemeinschaft nach dem Zweiten Buch Sozialgesetzbuch kein Anspruch besteht. Eine gleichzeitige Einkommensberücksichtigung in beiden Systemen ist somit ausgeschlossen, wodurch eine Kollision der Einkommensverteilvorschriften umgangen wird.

Somit hat Herr C einen monatlichen Anspruch auf Arbeitslosengeld II in Höhe von 73,76 €, die Tochter einen monatlichen Anspruch auf Sozialgeld in Höhe von 44,42 € und der Sohn einen monatlichen Anspruch auf Sozialgeld in Höhe von 36,82 €.

Daneben erhält Frau C Grundsicherung im Alter und bei Erwerbsminderung nach dem 4. Kapitel SGB XII in Höhe von 621,00 €.

Neben der Problematik zu Mischfällen bei der Einkommensanrechnung kommt es aufgrund unterschiedlicher Regelungen zum Vermögenseinsatz nach dem Zweiten und Zwölften Buch Sozialgesetzbuch ebenfalls zu unterschiedlichen Betrachtungsweisen.

Zur Verdeutlichung wird auf das Kapitel 3.7.5 (Sachverhalt 5) verwiesen.

6 Hilfen nach dem Fünften bis Neunten Kapitel des Zwölften Buches Sozialgesetzbuch

6.1 Allgemeines

Die Sozialhilfe umfasst nach § 8 SGB XII

- Hilfe zum Lebensunterhalt nach dem Dritten Kapitel (§§ 27 bis 40 SGB XII),
- Grundsicherung im Alter und bei Erwerbsminderung nach dem Vierten Kapitel (§§ 41 bis 46b SGB XII),
- Hilfen zur Gesundheit nach dem Fünften Kapitel (§§ 47 bis 52 SGB XII),
- Hilfe zur Pflege nach dem Siebten Kapitel (§§ 61 bis 66a SGB XII),
- Hilfe zur Überwindung besonderer sozialer Schwierigkeiten nach dem Achten Kapitel (§§ 67 bis 69 SGB XII) und
- Hilfe in anderen Lebenslagen nach dem Neunten Kapitel (§§ 70 bis 74 SGB XII).

Die Eingliederungshilfe für behinderte Menschen nach dem Sechsten Kapitel (§§ 53 bis 60a SGB XII) ist ab dem 01.01.2020 in das Neunte Buch Sozialgesetzbuch (§§ 90 ff. SGB IX) in veränderter Form überführt worden. Das bisherige 6. Kapitel SGB XII ist damit entfallen.

In diesem Teil des Lehrbuches werden die sich aus dem 5. bis 9. Kapitel SGB XII ergebenden Voraussetzungen der Hilfen zur Gesundheit, der Hilfe zur Pflege, der Hilfe zur Überwindung besonderer sozialer Schwierigkeiten und der Hilfe in anderen Lebenslagen sowie der nach dem 11. Kapitel SGB XII für diese Hilfen zu fordernde Einkommens- und Vermögenseinsatz dargestellt.

Die Leistungen nach dem 5. bis 9. Kapitel SGB XII werden bei Vorliegen der Voraussetzungen neben den Leistungen zum Lebensunterhalt nach dem 3. und 4. Kapitel SGB XII erbracht. Auch für leistungsberechtigte Personen nach dem Zweiten Buch Sozialgesetzbuch kommen die Leistungen nach dem 5. bis 9. Kapitel SGB XII in Betracht. Z. B. kann eine nichterwerbsfähige leistungsberechtigte Person, die über ihren Ehepartner als erwerbsfähigem Leistungsberechtigten einen Anspruch auf Sozialgeld nach § 7 Abs. 2 Satz 1 SGB II i. V. m. § 19 Abs. 1 Satz 2 SGB II hat, darüber hinaus auch noch einen Anspruch auf Leistungen nach dem 5. bis 9. Kapitel haben, z. B. einen Anspruch auf Hilfe zur Pflege nach dem 7. Kapitel SGB XII.

6.2 Voraussetzungen für die Hilfen nach dem Fünften bis Neunten Kapitel (§ 19 Abs. 3 SGB XII)

Die Anspruchsvoraussetzungen für die Hilfen nach dem 5. bis 9. Kapitel SGB XII nennt § 19 Abs. 3 SGB XII. Danach werden Hilfen zur Gesundheit, Eingliederungshilfe für behinderte Menschen, Hilfe zur Pflege, Hilfe zur Überwindung besonderer sozialer Schwierigkeiten und Hilfen in anderen Lebenslagen nach dem 5. bis 9. Kapitel SGB XII geleistet, soweit den leistungsberechtigten Personen, ihren nicht getrennt lebenden Ehegatten oder Lebenspartnern und, wenn sie minderjährig und unverheiratet sind, auch ihren Eltern oder einem Elternteil die Aufbringung der Mittel aus ihrem Einkommen und Vermögen nach den Vorschriften des 11. Kapitels SGB XII nicht zuzumuten ist.

Erfasst sind neben den in § 19 Abs. 3 SGB XII ausdrücklich genannten nicht getrennt lebenden Ehegattinnen bzw. Ehegatten und eingetragenen Lebenspartnerinnen bzw. Lebenspartnern auch die Partnerinnen und Partner in eheähnlichen und lebenspartnerschaftsähnlichen Gemeinschaften (vgl. § 20 SGB XII), da für diese bezüglich des Umfangs und der Voraussetzungen aller Leistungen nach dem Zwölften Buch Sozialgesetzbuch eine Besserstellung gegenüber nicht getrennt lebenden Ehegattinnen und Ehegatten nicht zulässig und eine Schlechterstellung nicht vorgesehen ist.

Sie sind somit bezüglich der Verpflichtung zum Einkommens- und Vermögenseinsatz wie nicht getrennt lebende Ehegattinnen und Ehegatten zu behandeln.

Eine Einschränkung sieht § 19 Abs. 4 SGB XII für leistungsberechtigte Personen vor, die schwanger sind oder ihr leibliches Kind bis zur Vollendung des sechsten Lebensjahres betreuen. Hier sind Einkommen und Vermögen der Eltern oder des Elternteils nicht zu berücksichtigen.

6.3 Hilfen zur Gesundheit (§§ 47 bis 52 SGB XII)

Das 5. Kapitel SGB XII regelt die Voraussetzungen für die Hilfen zur Gesundheit mit den folgenden Einzelhilfen:

- Vorbeugende Gesundheitshilfe (vgl. § 47 SGB XII),
- Hilfe bei Krankheit (vgl. § 48 SGB XII),
- Hilfe zur Familienplanung (vgl. § 49 SGB XII),
- Hilfe bei Schwangerschaft und Mutterschaft (vgl. § 50 SGB XII),
- Hilfe bei Sterilisation (vgl. § 51 SGB XII)

und enthält in § 52 SGB XII Grundsätze für die Leistungserbringung und die Vergütung für alle im 5. Kapitel SGB XII angesprochenen Hilfen.

Der Anwendungsbereich der Hilfen zur Gesundheit ist sehr begrenzt, da vor dem Hintergrund der Nachrangigkeit der Sozialhilfe (vgl. § 2 SGB XII) die §§ 47 bis 51 SGB XII nur für diejenigen Personen Leistungen vorsehen, die

- nicht gesetzlich oder nicht ausreichend privat krankenversichert sind,
- nicht über einen sonstigen Krankenversicherungsschutz verfügen (z. B. als Angehörige des öffentlichen Dienstes) und
- keine Krankenbehandlung durch den Träger der gesetzlichen Krankenversicherung nach § 264 SGB V erhalten.

Durch verschiedene Gesetze zur Reform der gesetzlichen Krankenversicherung und das Vierte Gesetz für moderne Dienstleistungen am Arbeitsmarkt[245] haben sich Bedeutung, Struktur und Inhalt der Leistungen der Sozialhilfe im Zusammenhang mit den Hilfen zur Gesundheit seit 2005 wesentlich verändert. Durch diese gesetzlichen Regelungen ist der weitaus überwiegende Teil der Empfänger von Leistungen nach dem Zweiten oder dem Zwölften Buch Sozialgesetzbuch gesetzlich krankenversichert oder über § 264 SGB V formalorganisatorisch den Versicherten in der gesetzlichen Krankenversicherung gleichgestellt.

Das Zweite Buch Sozialgesetzbuch sieht Leistungen zur Sicherung des Lebensunterhalts in Form von Arbeitslosengeld II (vgl. § 19 Abs. 1 Satz 1 SGB II) und in Form von Sozialgeld (vgl. § 19 Abs. 1 Satz 2 SGB II) vor. Nach § 5 Abs. 1 Nr. 2a SGB V sind Personen in der Zeit, in der sie Arbeitslosengeld II nach dem Zweiten Buch Sozialgesetzbuch beziehen, versicherungspflichtig und somit Mitglieder in der gesetzlichen Krankenversicherung, es sei denn, dass sie familienversichert sind, die Leistung nach dem Zweiten Buch nur darlehensweise beziehen oder nur Leistungen nach § 24 Abs. 3 Satz 1 SGB II (sog. einmalige Leistungen) erhalten; dies gilt auch, wenn die Entscheidung, die zum Bezug der Leistung geführt hat, rückwirkend aufgehoben oder die Leistung zurückgefordert oder zurückgezahlt worden ist.

Über die Bestimmungen zur Familienversicherung in § 10 SGB V werden fast vollständig die Personen erfasst, die selbst keinen Anspruch auf Arbeitslosengeld II haben, aber als Ehegatte, Lebenspartner oder Kind mit einem Empfänger dieser Leistung in einer Bedarfsgemeinschaft im Sinne des § 7 Abs. 3 SGB II leben und nach § 7 Abs. 2 Satz 1 i. V. m. § 19 Abs. 1 Satz 2 SGB II Leistungen zur Sicherung des Lebensunterhalts als Sozialgeld erhalten. Damit haben lediglich die Partner in einer eheähnlichen oder lebenspartnerschaftsähnlichen Gemeinschaft, die selbst keinen Anspruch auf Arbeitslosengeld II haben, im Rahmen der Familienversicherung keine Ansprüche aus der gesetzlichen Krankenversicherung.

Für Empfänger von Leistungen der Sozialhilfe nach dem 3. bis 9. Kapitel SGB XII, die nicht versichert sind, wird die Krankenbehandlung gemäß § 264 Abs. 2 SGB V von den Krankenkassen übernommen.

---

[245] Vierte Gesetz für moderne Dienstleistungen am Arbeitsmarkt vom 24.12.2003, BGBl. I S. 2954.

Bezüglich des Leistungsspektrums gilt § 11 Abs. 1 SGB V entsprechend. Damit gehören zur Krankenbehandlung im Sinne von § 264 Abs. 2 SGB V Leistungen zur

- Verhütung von Krankheiten und von deren Verschlimmerung sowie zur Empfängnisverhütung, bei Sterilisation und bei Schwangerschaftsabbruch (vgl. § 11 Abs. 1 Nr. 2 SGB V, §§ 24c bis 24i SGB V),
- Früherkennung von Krankheiten (vgl. § 11 Abs. 1 Nr. 3 SGB V, §§ 25 und 26 SGB V),
- Behandlung einer Krankheit (vgl. § 11 Abs. 1 Nr. 4 SGB V, §§ 27 bis 52 SGB V) und
- des Persönlichen Budgets nach § 17 Abs. 2 bis Abs. 4 SGB IX.

Das Fehlen eines Verweises auf die Leistungen bei Mutterschaft und Schwangerschaft nach den §§ 196 bis 199 der nicht in das Fünfte Buch Sozialgesetzbuch einbezogenen Reichsversicherungsordnung[246] ist offensichtlich auf einen gesetzgeberischen Fehler zurückzuführen, so dass davon auszugehen ist, dass auch diese zu den über § 264 SGB V zu erbringenden Leistungen gehören[247].

Die Personen, die unter den Anwendungsbereich des § 264 SGB V fallen, werden nur leistungs- und verfahrensrechtlich den krankenversicherten Personen gleichgestellt. Sie werden durch § 264 SGB V nicht zu Mitgliedern von Krankenkassen. Die Aufwendungen, die den Krankenkassen durch die Übernahme der Krankenbehandlung entstehen, werden ihnen nach § 264 Abs. 7 SGB V von den für die Hilfe zuständigen Trägern der Sozialhilfe erstattet. Es handelt sich dabei um Kosten der jeweiligen in Betracht kommenden Hilfe zur Gesundheit.

Nach dem Wortlaut von § 264 Abs. 2 Satz 2 SGB V wird die Krankenbehandlung nicht über § 264 SGB V abgewickelt für

- Empfänger, die voraussichtlich nicht mindestens einen Monat ununterbrochen Hilfe zum Lebensunterhalt beziehen und
- Personen, die ausschließlich Leistungen nach § 11 Abs. 5 Satz 3 SGB XII (Beratungskosten) oder nach § 33 SGB XII (Beiträge für die Vorsorge) beziehen sowie
- die in § 24 SGB XII (Sozialhilfe für Deutsche im Ausland) genannten Personen.

Damit sind die Regelungen der §§ 47 ff. SGB XII weitgehend bedeutungslos geworden. Sie können bei Ausländern oder bei der Hilfeleistung in Eilfällen durch einen Nothelfer Anwendung finden. Die einzelnen Hilfen werden vor diesem Hintergrund nur in ihren Grundstrukturen dargestellt.

---

[246] Reichsversicherungsordnung vom 19.07.1911 in der im Bundesgesetzblatt Teil III, Gliederungsnummer 820-1, veröffentlichten bereinigten Fassung, zuletzt geändert durch Artikel 7 des Gesetzes vom 23.10.2012, BGBl. I, S. 2246.
[247] Vgl. auch Wenzel in Fichtner/Wenzel, Rn. 6 zu den Ausführungen vor § 47 SGB XII.

6.3.1 Leistungserbringung, Vergütung

Die Hilfen nach den §§ 47 bis 51 SGB XII entsprechen nach § 52 Abs. 1 Satz 1 SGB XII den Leistungen der gesetzlichen Krankenversicherung. Soweit Krankenkassen in ihrer Satzung Umfang und Inhalt der Leistungen bestimmen können, entscheidet der Sozialhilfeträger in diesen Fällen nach pflichtgemäßem Ermessen (vgl. § 52 Abs. 1 Satz 2 SGB XII).

Leistungsberechtigte Personen haben die freie Wahl unter den Ärzten und Zahnärzten sowie den Krankenhäusern entsprechend den Bestimmungen der gesetzlichen Krankenversicherung (§ 52 Abs. 2 Satz 1 SGB XII).

Ärzte, Psychotherapeuten und Zahnärzte haben für ihre Leistungen Anspruch auf die Vergütung, welche die Ortskrankenkasse, in deren Bereich der Arzt, Psychotherapeut oder Zahnarzt niedergelassen ist, für ihre Mitglieder zahlt (§ 52 Abs. 3 Satz 2 SGB XII).

Durch den Verweis auf die Leistungen der gesetzlichen Krankenversicherung wird klargestellt, dass leistungsberechtigte Personen nach dem Zwölften Buch Sozialgesetzbuch auch bei den Zuzahlungen nach § 61 SGB V den Versicherten in der gesetzlichen Krankenversicherung gleichgestellt werden. Sie haben nach § 62 Abs. 1 Satz 2 SGB V einen Eigenanteil bis zum Erreichen der Belastungsgrenze von 2 v. H. der jährlichen Bruttoeinnahmen zum Lebensunterhalt (1 v. H. bei schwerwiegend chronisch Kranken, die wegen derselben schwerwiegenden Krankheit in Dauerbehandlung sind) zu tragen. Für leistungsberechtigte Personen nach dem 3. und dem 4. Kapitel SGB XII beträgt die Belastungsgrenze 2 bzw. 1 v. H. der Regelbedarfsstufe I, unabhängig davon, ob es sich um eine alleinstehende leistungsberechtigte Person oder eine Einsatzgemeinschaft handelt.

Die Zuzahlungen sind mit dem Regelsatz abgegolten. Eine einmalige Leistung für diesen Zweck kommt nicht in Betracht. Auch eine Übernahme im Rahmen einer Hilfe nach dem 5. bis 9. Kapitel SGB XII ist ausgeschlossen.

Zu einer kieferorthopädischen Behandlung leisten Versicherte und somit auch die leistungsberechtigten Personen zur Krankenbehandlung nach § 264 SGB V einen Anteil von 20 v. H., bei zwei minderjährigen Kindern im Haushalt ihres Erziehungsberechtigten 10 v. H. der Kosten an den Vertragszahnarzt (vgl. § 29 Abs. 2 Satz 1 und Satz 3 SGB V), die zurückgezahlt werden, wenn die Behandlung in dem durch den Behandlungsplan bestimmten medizinisch erforderlichen Umfang abgeschlossen worden ist (vgl. § 29 Abs. 3 Satz 2 SGB V).

Diese Kosten können nicht aus den Regelsätzen finanziert werden. In Ausnahmefällen kommt von daher im Rahmen des § 73 SGB XII eine Leistung als Darlehen in Betracht. Parallel dazu kann bei Versicherten ein Erstattungsanspruch nach § 104 SGB X bei der zuständigen Krankenkasse angemeldet werden. Durch eine Erstattung wird das Darlehen getilgt.

6.3.2 Vorbeugende Gesundheitshilfe (§ 47 SGB XII)

Nach § 47 Satz 1 SGB XII werden die medizinischen Vorsorgeleistungen und Untersuchungen zur Verhütung und Früherkennung von Krankheiten erbracht. Andere Leistungen werden nach § 47 Satz 2 SGB XII nur erbracht, wenn ohne diese nach ärztlichem Urteil eine Erkrankung oder ein sonstiger Gesundheitsschaden einzutreten droht.

6.3.2.1 Rechtscharakter und Aufgabe

Zur Verhütung und Früherkennung von Krankheiten **werden** die medizinischen Vorsorgeleistungen und Untersuchungen gewährt. Es handelt sich um eine **Pflichtleistung** der Sozialhilfe.

Die vorbeugende Gesundheitshilfe soll der leistungsberechtigten Person die Möglichkeit zur Teilnahme an Vorsorgeuntersuchungen geben und im Übrigen den Eintritt eines Gesundheitsschadens vermeiden.

6.3.2.2 Voraussetzungen

Vorbeugende Gesundheitshilfe kommt für Personen in Betracht, die eine Vorsorgeleistung zur Verhütung und Früherkennung von Krankheiten in Anspruch nehmen wollen oder bei denen nach ärztlichem Urteil eine Erkrankung oder ein sonstiger Gesundheitsschaden einzutreten droht.

Zum Krankheitsbegriff wird auf die Ausführungen zur Hilfe bei Krankheit verwiesen (vgl. 6.3.3). Der sonstige Gesundheitsschaden umfasst alle sonstigen körperlichen, geistigen oder seelischen Schäden, zu deren Heilung oder Milderung besondere Maßnahmen notwendig sind.

Die Hilfe setzt nicht voraus, dass Arbeitsunfähigkeit oder Erwerbsminderung einzutreten droht, jede drohende Abweichung vom medizinischen Normalzustand führt zu einer Anspruchsberechtigung.

Für die Teilnahme an Vorsorgeuntersuchungen sind keine Voraussetzungen zu erfüllen.

6.3.2.3 Maßnahmen

Nach § 52 Abs. 1 Satz 1 SGB XII entsprechen die Maßnahmen der vorbeugenden Gesundheitshilfe den Leistungen der gesetzlichen Krankenversicherung (vgl. §§ 21 bis 24, 25 und 26 SGB V). Dazu gehören im Einzelnen:

- Verhütung von Zahnerkrankungen (Gruppenprophylaxe, § 21 SGB V),
- Verhütung von Zahnerkrankungen (Individualprophylaxe, § 22 SGB V),
- medizinische Vorsorgeleistungen (§ 23 SGB V),

- medizinische Vorsorge für Mütter und Väter (§ 24 SGB V),
- Gesundheitsuntersuchungen (§ 25 SGB V) und
- Kinderuntersuchung (§ 26 SGB V).

Zu den anderen Leistungen nach § 47 Satz 2 SGB XII gehören z. B. die nach ärztlichem Gutachten im Einzelfall erforderlichen Erholungskuren, besonders für Kinder, Jugendliche und alte Menschen sowie für Mütter in geeigneten Müttergenesungsheimen und alle anderen Maßnahmen, die einem Gesundheitsschaden vorbeugen (z. B. Vorsorgekuren, Stärkungsmittel).

6.3.3 Hilfe bei Krankheit (§ 48 SGB XII)

6.3.3.1 Rechtscharakter und Aufgabe

Um eine Krankheit zu erkennen, zu heilen, ihre Verschlimmerung zu verhüten oder Krankheitsbeschwerden zu lindern, **werden** Leistungen zur Krankenbehandlung entsprechend dem Dritten Kapitel, Fünften Abschnitt, Ersten Titel des Fünften Buches Sozialgesetzbuch erbracht (§ 48 Satz 1 SGB XII). Es handelt sich um eine **Pflichtleistung** der Sozialhilfe.

6.3.3.2 Voraussetzungen

Leistungen zur Krankenbehandlung werden im Zusammenhang mit einer Krankheit erbracht. Was unter dem Begriff „Krankheit" zu verstehen ist, ist im Gesetz nicht definiert und bedarf der Auslegung.

Nach ständiger Rechtsprechung des Bundessozialgerichts ist unter Krankheit ein regelwidriger, vom Leitbild des gesunden Menschen abweichender Körper- oder Geisteszustand zu verstehen, der ärztlicher Behandlung bedarf oder - zugleich oder ausschließlich - Arbeitsunfähigkeit zur Folge hat[248]. Der Krankheitsbegriff im Sozialhilferecht ist weitgehend identisch mit dem durch die Sozialgerichtsbarkeit geprägten[249]. So ist **Krankheit im Sinne des Zwölften Buches Sozialgesetzbuch** ein regelwidriger Körper- oder Geisteszustand, der eine ärztliche Behandlung medizinisch notwendig macht.

Das Merkmal der Arbeitsunfähigkeit spielt sozialhilferechtlich keine Rolle. Arbeitsunfähigkeit allein kann z. B. bei nicht ausreichendem Einkommen und Vermögen die Berechtigung zum Bezug von Leistungen zur Sicherung des Lebensunterhalts nach dem Zweiten oder Zwölften Buch Sozialgesetzbuch auslösen, nicht aber einen Anspruch auf Hilfe bei Krankheit begründen.

---

[248] Vgl. z. B. BSG, Urteil vom 30.09.1999, B 8 KN 9/98 KR R, BSGE 85, 36 = NJW 2000, 2764 mit weiteren Nachweisen.
[249] Vgl. BVerwG, Urteil vom 26.10.1968, 5 C 159.67, BVerwGE 30, 62 = FEVS 16, 85 = NDV 1969, 145.

6.3.3.3 Maßnahmen

Nach § 48 Abs. 1 SGB XII werden Leistungen zur Krankenbehandlung entsprechend dem Dritten Kapitel, Fünften Abschnitt, Ersten Titel des Fünften Buches Sozialgesetzbuch erbracht, die auch vom Umfang her den Leistungen der gesetzlichen Krankenversicherung entsprechen.

Die Hilfe bei Krankheit umfasst daher die folgenden Leistungen:

- ärztliche Behandlung einschließlich Psychotherapie als ärztliche und psychotherapeutische Behandlung (§ 27 Abs. 1 Satz 1 Nr. 1 SGB V),
- zahnärztliche Behandlung (§ 27 Abs. 1 Satz 1 Nr. 2 SGB V),
- Versorgung mit Zahnersatz einschließlich Zahnkronen und Suprakonstruktionen (§ 27 Abs. 1 Satz 1 Nr. 2a SGB V),
- Versorgung mit Arznei-, Verband-, Heil und Hilfsmitteln (§ 27 Abs. 1 Satz 1 Nr. 3 SGB V),
- häusliche Krankenpflege und Haushaltshilfe (§ 27 Abs. 1 Satz 1 Nr. 4 SGB V),
- Krankenhausbehandlung (§ 27 Abs. 1 Satz 1 Nr. 5 SGB V),
- Leistungen zur medizinischen Rehabilitation und ergänzende Leistungen (§ 27 Abs. 1 Satz 1 Nr. 6 SGB V).

Ärztliche Behandlung einschließlich Psychotherapie

Hierzu gehört die gesamte Tätigkeit des Arztes, die zur Verhütung, Früherkennung und Behandlung von Krankheiten nach den Regeln der ärztlichen Kunst ausreichend und zweckmäßig ist (vgl. § 28 Abs. 1 Satz 1 SGB V) unter Einbeziehung der Hilfeleistung anderer Personen, die vom Arzt angeordnet und von ihm zu verantworten ist (vgl. § 28 Abs. 1 Satz 2 SGB V). Die psychotherapeutische Behandlung einer Krankheit wird durch Psychotherapeuten sowie durch Vertragsärzte durchgeführt (vgl. § 28 Abs. 3 Satz 1 SGB V).

Zahnärztliche Behandlung sowie Versorgung mit Zahnersatz einschließlich Zahnkronen und Suprakonstruktionen

Die zahnärztliche Behandlung umfasst die Tätigkeit des Zahnarztes, die zur Verhütung, Früherkennung und Behandlung von Zahn-, Mund- und Kieferkrankheiten nach den Regeln der zahnärztlichen Kunst ausreichend und zweckmäßig ist (§ 28 Abs. 2 Satz 1 Halbsatz 1 SGB V). Zu den Leistungen gehören auch die kieferorthopädische Behandlung, wenn eine Kiefer- oder Zahnfehlstellung vorliegt, die das Kauen, Beißen, Sprechen oder Atmen erheblich beeinträchtigt oder zu beeinträchtigen droht (vgl. § 29 Abs. 1 SGB V).

Eine Versorgung mit Zahnersatz einschließlich Zahnkronen und Suprakonstruktionen werden geleistet, wenn sie medizinisch notwendig sind, rein kosmetische Maßnahmen kommen nicht in Betracht.

Versorgung mit Arznei-, Verband-, Heil und Hilfsmitteln

Die Versorgung erstreckt sich auf alle Mittel, die zur Heilung, Besserung oder Linderung der Krankheitsbeschwerden oder zur Sicherung des Heilerfolges erforderlich sind.

Häusliche Krankenpflege und Haushaltshilfe

Wenn Krankenhausbehandlung geboten, aber nicht ausführbar ist, oder wenn sie durch die häusliche Krankenpflege vermieden oder verkürzt wird, kommt häusliche Krankenpflege durch geeignete Pflegekräfte in Betracht (vgl. § 37 Abs. 1 Satz 1 SGB V). Sie umfasst nach § 37 Abs. 1 Satz 2 und Satz 3 SGB V die im Einzelfall erforderliche Grund- und Behandlungspflege sowie hauswirtschaftliche Versorgung bis zu vier Wochen je Krankheitsfall. Es handelt sich hierbei um die sog. **Krankenhausersatzpflege**. Sie ist zu unterscheiden von der **Sicherungspflege** nach § 37 Abs. 2 SGB V, die nur einen Anspruch auf Behandlungspflege gibt und voraussetzt, dass diese zur Sicherung des Ziels der ärztlichen Behandlung erforderlich ist.

Voraussetzung ist, dass der Versicherte in seinem Haushalt oder in seiner Familie die Krankenpflege erfährt. Daneben besteht aber auch Anspruch auf häusliche Krankenpflege an sonstigen geeigneten Orten, an denen sich die oder der Versicherte regelmäßig wiederkehrend aufhält und an denen die verordnete Maßnahme zuverlässig durchgeführt werden kann und für die Erbringung der einzelnen Maßnahmen geeignete räumliche Verhältnisse vorliegen, wenn die Leistung aus medizinisch-pflegerischen Gründen während des Aufenthalts an diesem Ort notwendig ist.

Eine Haushaltshilfe wird geleistet, wenn die Weiterführung des Haushalts nicht möglich ist und im Haushalt ein Kind lebt, das zu Beginn der Haushaltshilfe das zwölfte Lebensjahr noch nicht vollendet hat oder behindert und auf Pflege angewiesen ist (vgl. § 38 Abs. 1 SGB V).

Krankenhausbehandlung

Die Kosten einer stationären Behandlung sind zu übernehmen, wenn die Krankenhausaufnahme erforderlich ist (vgl. § 9 Abs. 2 SGB XII) ist, um eine Krankheit zu erkennen, zu behandeln oder Krankheitsbeschwerden zu lindern.

Ob eine Einrichtung als Krankenhaus anzusehen ist, hängt nicht von ihrer Bezeichnung ab. Das Fünfte Buch Sozialgesetzbuch definiert in § 107 die Begriffe „Krankenhaus" und „Vorsorge- oder Rehabilitationseinrichtung". Krankenhäuser sind nach § 107 Abs. 1 SGB V Einrichtungen, die

- der Krankenhausbehandlung oder Geburtshilfe dienen,

- fachlich medizinisch unter ständiger ärztlicher Leitung stehen, über ausreichende, ihrem Versorgungsauftrag entsprechende diagnostische und therapeutische Möglichkeiten verfügen und nach wissenschaftlich anerkannten Methoden arbeiten,

- mit Hilfe von jederzeit verfügbarem ärztlichem Pflege-, Funktions- und medizinisch-technischem Personal darauf eingerichtet sind, vorwiegend durch ärztliche und pflegerische Hilfeleistung Krankheiten der Patienten zu erkennen, zu heilen, ihre Verschlimmerung zu verhüten, Krankheitsbeschwerden zu lindern oder Geburtshilfe zu leisten und in denen
- die Patienten untergebracht und verpflegt werden können.

Für Leistungen zum Lebensunterhalt in Einrichtungen kommen grundsätzlich Hilfen nach dem 5. bis 9. Kapitel SGB XII nicht in Betracht. Sie gehören zur Hilfe zum Lebensunterhalt in Einrichtungen, für die § 35 SGB XII einschlägig ist. Der Umfang der Leistungen **im Zusammenhang mit Krankenhausbehandlungen** richtet sich aber gemäß § 52 Abs. 1 Satz 1 SGB XII nach den Leistungen der gesetzlichen Krankenversicherung. Die Leistungen der gesetzlichen Krankenversicherung erfassen bei Krankenhausbehandlungen neben der ärztlichen Behandlung, der Krankenpflege, der Versorgung mit Arznei-, Heil- und Hilfsmitteln auch Unterkunft und Verpflegung. Damit gehören zur Krankenhausbehandlung im Rahmen der Hilfe bei Krankheit auch die Lebensunterhaltsleistungen im Krankenhaus.

6.3.3.4 Abgrenzung der Hilfe bei Krankheit zur Hilfe zur Pflege

Pflegebedürftig sind Personen, die gesundheitlich bedingte Beeinträchtigungen der Selbständigkeit oder der Fähigkeiten aufweisen und deshalb der Hilfe durch andere bedürfen. Pflegebedürftige Personen im Sinne des Satzes 1 können körperliche, kognitive oder psychische Beeinträchtigungen oder gesundheitlich bedingte Belastungen oder Anforderungen nicht selbständig kompensieren oder bewältigen (§ 61a SGB XII).

Die Abgrenzung zur Hilfe bei Krankheit ergibt sich aus der Zielsetzung der jeweiligen Hilfe. Die Hilfe bei Krankheit zielt auf die Heilung der Krankheit, die Verhütung einer Verschlimmerung oder die Linderung der Krankheitsbeschwerden ab, die Hilfe zur Pflege sieht dagegen den Zustand der Pflegebedürftigkeit als gegeben an und trägt ihm lediglich durch Hilfsmittel und Hilfskräfte Rechnung. Bei der Krankenhilfe geht es also um eine Verbesserung des Gesundheitszustandes, während es bei der Hilfe zur Pflege weitestgehend um eine Kompensation der vorhandenen Lebenslage geht.

Bei länger dauernder Bettlägerigkeit (auch im Krankenhaus) nach akuter behandlungsbedürftiger Krankheit (z. B. Schlaganfall) ist Hilfe zur Pflege dann anzunehmen, wenn die notwendige Pflege eindeutig in den Vordergrund getreten ist und die ärztlichen oder ärztlich verordneten Maßnahmen sich auf eine allgemeine Beobachtung des Gesundheitszustandes beschränken.[250]

---

[250] Vgl. Empfehlungen des Deutschen Vereins für öffentliche und private Fürsorge, Heft 34 der Kleineren Schriften.

6.3.4 Hilfe zur Familienplanung (§ 49 SGB XII)

6.3.4.1 Rechtscharakter und Aufgabe

Zur Familienplanung werden nach § 49 Satz 1 SGB XII die ärztliche Beratung, die erforderliche Untersuchung und die Verordnung der empfängnisregelnden Mittel geleistet (§ 49 Satz 1 SGB XII). Es handelt sich um eine **Pflichtleistung** der Sozialhilfe.

6.3.4.2 Voraussetzungen

Voraussetzung für die Hilfeleistung ist die beabsichtigte Familienplanung. Unter Beachtung des Grundsatzes der Nachrangigkeit der Sozialhilfe (§ 2 SGB XII) und der wirtschaftlichen Voraussetzungen kann somit jede Person, **unabhängig vom Geschlecht und vom Familienstand**, Leistungen beanspruchen. Aus der Zielsetzung und den Maßnahmen der Hilfe lässt sich lediglich ableiten, dass die nachfragenden Personen geschlechtsreif sein müssen. Bei Geltendmachung der Leistung durch Minderjährige ist § 36 SGB I (Handlungsfähigkeit) zu beachten.

6.3.4.3 Maßnahmen

Nach § 49 SGB XII sind Maßnahmen der Hilfe zur Familienplanung die Übernahme der Kosten

- der ärztlichen Beratung einschließlich der erforderlichen Untersuchung und Verordnung der empfängnisregelnden Mittel sowie
- die Übernahme der Kosten der ärztlich verordneten empfängnisregelnden Mittel.

Die Garantie der Kostenübernahme einer **ärztlichen Beratung** (einschließlich Untersuchung und Verordnung) entspricht der Regelung des § 24a SGB V für die gesetzliche Krankenversicherung. Die Beratung kann sowohl die Frage nach Begründung einer Schwangerschaft als auch der Verhinderung einer solchen zum Inhalt haben.

Eine Kostenübernahme für die ärztlich verordneten **empfängnisregelnden Mittel** ist nur für Versicherte bis zum vollendeten 20. Lebensjahr vorgesehen (vgl. § 24a Abs. 2 SGB V). Auch wenn § 49 SGB XII vom Wortlaut her diese Beschränkung nicht enthält, ist wegen des Verweises auf die Leistungen der gesetzlichen Krankenversicherung in § 52 Abs. 1 Satz 1 SGB XII auch im Rahmen der Hilfe zur Familienplanung eine Übernahme der Kosten nur bis zur Vollendung des 20. Lebensjahres der leistungsberechtigten Person möglich. Die sozialhilferechtlich garantierte Kostenübernahme der ärztlich verordneten empfängnisregelnden Mittel hat als einzelne Hilfemaßnahme geringe Bedeutung.

Eine tatsächliche Kostenübernahme kommt wegen § 88 Abs. 1 Nr. 2 SGB XII regelmäßig nur in Betracht, wenn Hilfe zur Familienplanung mit einer anderen Hilfe nach den 5. bis 9. Kapitel SGB XII, Hilfe zum Lebensunterhalt nach dem 3. Kapitel oder Grundsicherung im Alter und bei Erwerbsminderung nach dem 4. Kapitel SGB XII zusammentrifft.

6.3.5 Hilfe bei Schwangerschaft und Mutterschaft (§ 50 SGB XII)

6.3.5.1 Rechtscharakter und Aufgabe

Die Hilfe bei Schwangerschaft und Mutterschaft nach § 50 SGB XII ist eine Pflichtleistung.

Die Hilfe garantiert Frauen die erforderliche Kostenübernahme im Zusammenhang mit einer Schwangerschaft und der Entbindung.

6.3.5.2 Voraussetzungen

Voraussetzung für eine Hilfeleistung nach § 50 SGB XII ist, dass die nachfragende Person schwanger oder Mutter geworden ist.

Der Anspruch besteht während der Schwangerschaft und nach der Entbindung. Ob eine Schwangerschaft vorliegt und wann die Geburt voraussichtlich erfolgt, wird einer ärztlichen Erklärung zu entnehmen sein. Die bei Vorliegen dieser Voraussetzungen erforderlichen Hilfen gehören nicht zur Hilfe bei Krankheit nach § 48 SGB XII, weil die Schwangerschaft keine Krankheit ist. Anders ist dagegen die Situation zu beurteilen, wenn während der Schwangerschaft oder nach der Entbindung Krankheiten auftreten, die auf andere Ursachen zurückzuführen sind.

6.3.5.3 Maßnahmen

Nach § 50 i. V. m. § 52 SGB XII kommen die folgenden Leistungen in Betracht:

- ärztliche Behandlung und Betreuung sowie Hebammenhilfe (§ 50 Nr. 1 SGB XII),
- Versorgung mit Arznei-, Verband- und Heilmitteln (§ 50 Nr. 2 SGB XII),
- Pflege in einer stationären Einrichtung (§ 50 Nr. 3 SGB XII) und
- häusliche Pflegeleistungen nach § 64c SGB XII und § 64f SGB XII sowie Übernahme der Kosten für die angemessenen Aufwendungen der Pflegeperson (§ 50 Nr. 4 SGB XII).

Ärztliche Behandlung und Betreuung und Hilfe sowie Hebammenhilfe (§ 50 Nr. 1 SGB XII)

Zur ärztlichen Behandlung und Betreuung während der Schwangerschaft und nach der Entbindung gehören z. B. Untersuchungen zur Feststellung der Schwangerschaft, serologische Untersuchungen, medikamentöse Maßnahmen bei Schwangerschaftsbeschwerden sowie Untersuchungen während des Wochenbettes. Die ärztliche Hilfe stellt auf die Hilfeleistung durch einen Arzt während der Entbindung ab.

Der Anspruch auf die Hebammenhilfe besteht während der Schwangerschaft sowie bei und nach der Entbindung.

Kapitel 6 - Hilfen nach dem 5. bis 9. Kapitel SGB XII

Versorgung mit Arznei-, Verband- und Heilmitteln (§ 50 Nr. 2 SGB XII)

Arznei-, Verband- und Heilmittel werden bei Schwangerschaftsbeschwerden und im Zusammenhang mit der Entbindung geleistet.

Pflege in einer stationären Einrichtung (§ 50 Nr. 3 SGB XII)

Der hier verwendete Begriff der Pflege entspricht inhaltlich nicht dem des § 61a SGB XII, sondern bezieht sich ganz allgemein auf die Betreuung der Schwangeren oder Mutter.

Die Pflege in einer stationären Einrichtung ist aber nur dann der Hilfe nach § 50 SGB XII zuzuordnen, wenn der Aufenthalt in der Einrichtung mit der Schwangerschaft oder der Entbindung im Zusammenhang steht. Bezüglich des Umfangs der Leistungen auch im Zusammenhang mit den Lebensunterhaltsleistungen in Einrichtungen: vgl. die Ausführungen zur Hilfe bei Krankheit unter 6.3.3.3.

Nach § 197 RVO ist die Pflege nach der Entbindung grundsätzlich auf sechs Tage begrenzt. Dieser Zeitraum gilt gleichermaßen für die Hilfe nach dem Zwölften Buch Sozialgesetzbuch.

Die Pflege des Neugeborenen löst keine Hilfeleistung nach § 50 i. V. m. § 52 SGB XII aus, denn diese kann nur der Schwangeren bzw. der Mutter, nicht aber deren Kindern geleistet werden. Für das neugeborene Kind kann bei Hilfebedürftigkeit u. a. Hilfe zum Lebensunterhalt in einer Einrichtung, Hilfe bei Krankheit und vorbeugende Gesundheitshilfe in Betracht kommen.

Häusliche Pflegeleistungen nach §§ 64c, § 64f SGB XII (§ 50 Nr. 4 SGB XII)

Der Leistungsberechtigten steht es frei, ob sie in einer Einrichtung oder im häuslichen Bereich betreut werden will. Entscheidet sie sich für die häusliche Pflege, ergibt sich der Leistungsrahmen aus § 64c SGB XII (Verhinderungspflege) und § 64f SGB XII (Andere Leistungen). Danach sind insbesondere die angemessenen Aufwendungen einer Pflegeperson zu erstatten. Es können auch Beiträge der Pflegeperson für eine angemessene Alterssicherung übernommen werden. Wenn die Heranziehung einer besonderen Pflegekraft im Rahmen des Arbeitgebermodells erforderlich ist, sind auch die hierfür entstehenden angemessenen Kosten zu übernehmen (§ 64f Abs. 3 SGB XII).

6.3.5.4 Abgrenzung der Hilfe bei Schwangerschaft und Mutterschaft zu anderen Hilfearten

Vorbeugende Gesundheitshilfe (vgl. 6.3.2)

Die Hilfe nach § 50 SGB XII garantiert die erforderliche Kostenübernahme im Zusammenhang mit einer Schwangerschaft und der Entbindung. Vorbeugende Gesundheitshilfe kommt daher nur in Betracht, wenn eine Erkrankung oder ein sonstiger Gesundheitsschaden einzutreten droht, der nicht mit der Schwangerschaft oder der Entbindung im Zusammenhang steht.

Drohende Gesundheitsstörungen, die auf eine Fehlgeburt zurückzuführen sind, gehören zu den Maßnahmen der vorbeugenden Gesundheitshilfe und nicht zur Hilfe nach § 50 SGB XII. Hilfe bei Schwangerschaft und Mutterschaft ist auf den normalen Schwangerschaftsverlauf abgestellt, die Fehlgeburt stellt aber einen regelwidrigen Körperzustand der Frau dar.

Hilfe bei Krankheit (vgl. 6.3.3)

Leistungen der Hilfe bei Krankheit nach § 48 SGB XII setzen einen regelwidrigen Körper- oder Geisteszustand voraus, der ärztliche Behandlung medizinisch notwendig macht. Schwangerschaft ist aber keine Krankheit, so dass Maßnahmen der Hilfe bei Krankheit nur in Betracht kommen, wenn während der Schwangerschaft oder nach der Entbindung Krankheiten auftreten, die auf andere Ursachen zurückzuführen sind.

Hilfe zur Pflege

Die Hilfe bei Schwangerschaft und Mutterschaft umfasst nach § 50 Nr. 3 und Nr. 4 SGB XII auch Pflege in einer stationären Einrichtung sowie häusliche Pflege nach den Bestimmungen des § 64c SGB XII und § 64f SGB XII.

Durch diese Vorschrift wird der Anspruch der Schwangeren oder Mutter auf eine umfassende Pflege begründet, den sie ansonsten nach den speziellen Bestimmungen der §§ 61 ff. SGB XII nicht hätte, da Schwangere und Mütter die Betreuung in der Regel wegen der Schwangerschaft oder der Entbindung und nicht wegen einer Krankheit oder Behinderung benötigen.

6.3.6 Hilfe bei Sterilisation (§ 51 SGB XII)

Der § 51 SGB XII sieht Hilfemaßnahmen vor, die im Zusammenhang mit einer durch Krankheit erforderlichen **Sterilisation** in Betracht kommen.

6.3.6.1 Rechtscharakter und Aufgabe

Bei einer durch Krankheit erforderlichen Sterilisation **werden** die ärztliche Untersuchung, Beratung und Begutachtung, die ärztliche Behandlung, die Versorgung mit Arznei-, Verband- und Heilmitteln sowie die Krankenhauspflege geleistet (§ 51 SGB XII). Es handelt sich um eine **Pflichtleistung** der Sozialhilfe.

6.3.6.2 Voraussetzungen

Voraussetzung für die Hilfeleistung ist, dass

- eine nicht rechtswidrige Sterilisation vorgenommen wird,
- diese Maßnahme durch Krankheit erforderlich wird und
- der Eingriff von einem Arzt vorgenommen wird (vgl. § 24b Abs. 1 Satz 1 SGB V).

Die Sterilisation kommt für Menschen beiderlei Geschlechts in Betracht. Nicht rechtswidrig ist die Maßnahme, wenn sie mit Einwilligung der bzw. des Betroffenen vorgenommen wird. Bei Betreuten müssen die Voraussetzungen der §§ 1899 Abs. 2, 1905 BGB vorliegen. Die Sterilisation bei Minderjährigen ist verboten (vgl. § 1631c BGB).

§ 51 SGB XII fordert, dass die Sterilisation durch Krankheit erforderlich ist. Die krankheitsbedingte Sterilisation lässt sich im Grunde nur bei Frauen und für diese nur dann bejahen, wenn die Schwangerschaft oder Geburt aufgrund einer körperlichen und/oder seelischen Erkrankung der Frau eine Gefahr für Leib oder Leben von Mutter oder Kind bedeuten würde und eine Empfängnisverhütung aus besonderen Gründen nicht in Betracht kommt; Krankheiten des Mannes, die für ihn die medizinische Notwendigkeit einer Sterilisation begründen können, sind demgegenüber nicht ersichtlich[251].

Die Hilfe bei Sterilisation als Maßnahme der Familienplanung ist nach § 51 SGB XII nicht möglich. Sie ist auch nicht dem § 49 SGB XII zuzuordnen.

6.3.6.3 Maßnahmen

Die Hilfe nach § 51 SGB XII umfasst:

- ärztliche Untersuchung, Beratung und Begutachtung zur Feststellung der Voraussetzungen für eine durch Krankheit erforderliche Sterilisation,
- ärztliche Behandlung,
- Versorgung mit Arznei-, Verband- und Heilmitteln und
- Krankenhauspflege.

Zum Inhalt dieser Begriffe vgl. die Ausführungen zur Hilfe bei Krankheit unter 6.3.3.3.

---

[251] Vgl. Schlette in Hauck/Noftz, Rn. 6 zu § 51 SGB XII.

6.4 Hilfe zur Pflege (§§ 61 bis 66a SGB XII)

Im Laufe des Jahres 2015 erhielten rund 450.000 Personen Hilfe zur Pflege nach dem Zwölften Buch Sozialgesetzbuch. Dies entspricht einem Anstieg gegenüber dem Jahr 1998 um rund 54 Prozent. Die überwiegende Zahl der leistungsberechtigten Personen erhält Hilfe zur Pflege ausschließlich in Einrichtungen (im Jahr 2015 waren dies 326.613 Personen). Die Aufwendungen betrugen im Jahr 2015 netto insgesamt ca. 4,0 Milliarden Euro.[252]

Die Hilfe zur Pflege nach dem Zwölften Buch Sozialgesetzbuch ergänzt die im Elften Buch geregelte soziale Pflegeversicherung. Die Leistungen nach dem Elften Buch Sozialgesetzbuch stellen lediglich eine Grundsicherung (Teilsicherung) dar, die zwar unabhängig von den finanziellen Verhältnissen der pflegebedürftigen Person gewährt wird, aber nicht bedarfsdeckend ausgestaltet ist, sondern unter Beachtung der finanziellen Leistungsfähigkeit der Träger der sozialen Pflegeversicherung betragsmäßig begrenzt (d. h. gedeckelt) ist und damit nur entlastenden Charakter hat (vgl. § 4 Abs. 2 SGB XI). Daneben ist der Leistungsanspruch aus der sozialen Pflegeversicherung vom Vorliegen bestimmter versicherungsrechtlicher Voraussetzungen abhängig (vgl. § 33 SGB XI).

Aus den Strukturprinzipien des Sozialhilferechts folgt dagegen eine an den Besonderheiten des Einzelfalls unter Berücksichtigung des Ziels der Sicherung eines menschenwürdigen Lebens orientierte Einbeziehung des gesamten Bedarfs der leistungsberechtigten Person (**Bedarfsdeckungsprinzip**). Die Hilfeleistungen im Rahmen der Hilfe zur Pflege nach dem Zwölften Buch Sozialgesetzbuch bleiben damit trotz des Vorhandenseins einer gesetzlichen Pflegeversicherung (ggf. ergänzend bzw. aufstockend) notwendig.

Hinzu kommt, dass in der gesetzlichen Pflegeversicherung nicht alle pflegebedürftigen Personen versichert sind und die Erfüllung von Vorversicherungszeiten (vgl. § 33 Abs. 2 SGB XI) sowie Vorpflegezeiten (vgl. § 39 Satz 2 SGB XI) bei der Verhinderungspflege gefordert werden.

Durch § 13 SGB XI wird das Verhältnis der gesetzlichen Pflegeversicherung zu anderen Sozialleistungen geregelt. Danach gehen die Leistungen der gesetzlichen Pflegeversicherung den Leistungen zur Pflege nach dem Zwölften Buch Sozialgesetzbuch (§ 13 Abs. 3 Satz 1 Nr. 1 SGB XI), nach dem Lastenausgleichsgesetz, dem Reparationsschädengesetz und dem Flüchtlingshilfegesetz (§ 13 Abs. 3 Satz 1 Nr. 2 SGB XI) und nach dem Bundesversorgungsgesetz (Kriegsopferfürsorge) und nach Gesetzen, die eine entsprechende Anwendung des Bundesversorgungsgesetzes vorsehen (§ 13 Abs. 3 Satz 1 Nr. 3 SGB XI), vor. Leistungen nach diesen nachrangigen Gesetzen sind zu erbringen, wenn und soweit Leistungen der gesetzlichen Pflegeversicherung nicht erbracht werden oder diese Gesetze dem Grunde oder der Höhe nach weitergehende Leistungen als die gesetzliche Pflegeversicherung vorsehen (§ 13 Abs. 3 Satz 2 SGB XI).

---

[252] Quelle: Statistisches Bundesamt, Sozialhilfe in Deutschland.

Leistungen der Hilfe zur Pflege nach dem Zwölften Buch Sozialgesetzbuch kommen damit grundsätzlich (vorbehaltlich der persönlichen und wirtschaftlichen Voraussetzungen im 7. und 11. Kapitel SGB XII) in Betracht, wenn

- die pflegebedürftige Person nicht in der gesetzlichen Pflegeversicherung versichert ist,
- die Vorversicherungszeit des § 33 Abs. 2 SGB XI nicht erfüllt ist,
- die Vorpflegezeiten von sechs Monaten nach § 39 Satz 2 SGB XI bei der Verhinderungspflege nicht erfüllt sind,
- die prognostische Dauer der Pflegebedürftigkeit einen Zeitraum von sechs Monaten unterschreitet (vgl. § 14 Abs. 1 SGB XI einerseits und § 61a Abs. 1 SGB XII andererseits) oder
- der Hilfebedarf durch die Leistungen der sozialen Pflegeversicherung nach dem Elften Buch Sozialgesetzbuch nicht bzw. nicht ausreichend erfasst ist (Ergänzungs- oder Aufstockungsbedarf).

Der Spitzenverband Bund der Pflegekassen hat aufgrund der Ermächtigung in § 17 SGB XI im Interesse einer einheitlichen Rechtsanwendung und unter Beteiligung des Medizinischen Dienstes des Spitzenverbandes Bund der Krankenkassen Richtlinien zur näheren Abgrenzung der in § 14 SGB XI genannten 64 Merkmale der Pflegebedürftigkeit, der Pflegegrade nach § 15 SGB XI und zum Verfahren der Feststellung der Pflegebedürftigkeit beschlossen[253] (vgl. § 17 Abs. 1 Satz 1 SGB XI).

Die Bundesregierung prüft nach § 30 Satz 1 SGB XI alle drei Jahre, erneut im Jahre 2020, Notwendigkeit und Höhe einer Anpassung der **Leistungen** der gesetzlichen Pflegeversicherung und legt nach § 30 Abs. 1 Satz 4 SGB XI den gesetzgebenden Körperschaften des Bundes einen Bericht über das Ergebnis vor. Die Bundesregierung wird durch § 30 Abs. 2 SGB XI ermächtigt, nach Vorlage des Berichts die Höhe der Leistungen der Pflegeversicherung sowie die in § 37 Abs. 3 SGB XI festgelegten Vergütungen durch Rechtsverordnung mit Zustimmung des Bundesrates zum 1. Januar des Folgejahres anzupassen.

Die Verordnung nach § 16 SGB XI, die Richtlinien des Spitzenverbandes Bund der Pflegekassen nach § 17 SGB XI und die Verordnung nach § 30 SGB XI finden ebenso wie die Rahmenverträge und Bundesempfehlungen über die pflegerische Versorgung nach § 75 SGB XI und die Vereinbarungen über die Qualitätssicherung nach § 113 SGB XI zur näheren Bestimmung des Begriffs der Pflegebedürftigkeit, des Inhalts der Pflegeleistung, der Unterkunft und Verpflegung und zur Abgrenzung, Höhe und Anpassung der Pflegegelder nach § 64a SGB XII entsprechende Anwendung (vgl. § 62 SGB XII, § 75 Abs. 5 SGB XI, § 76 SGB XI).

---

[253] Richtlinien des GKV-Spitzenverbandes (Spitzenverband Bund der Pflegekassen gemäß § 53 SGB I) zur Begutachtung von Pflegebedürftigkeit nach dem Elften Buch des Sozialgesetzbuches (Begutachtungs-Richtlinien – BRi) vom 15.04.2016. Das Bundesministerium für Gesundheit hat den Richtlinien mit Schreiben vom 17.06.2016 gemäß §§ 17 Abs. 2 und 53a SGB XI die Genehmigung erteilt bzw. zugestimmt.

Eine Entscheidung der Pflegekasse über das Ausmaß der Pflegebedürftigkeit nach dem Elften Buch Sozialgesetzbuch hat für den Träger der Sozialhilfe **Bindungswirkung** und ist auch bei der Entscheidung im Rahmen der Hilfe zur Pflege nach dem Zwölften Buch Sozialgesetzbuch zugrunde zu legen, soweit sie auf Tatsachen beruht, die bei beiden Entscheidungen zu berücksichtigen sind (§ 62a SGB XII). Damit ist der Träger der Sozialhilfe regelmäßig an die (ggf. auch ablehnende) Entscheidung der Pflegekasse gebunden. Eine erneute Überprüfung findet nicht statt.

Die Bindungswirkung nach § 62a SGB XII erstreckt sich auf die Feststellung der Pflegebedürftigkeit und auf die Einstufung in eine der Pflegegrade, nicht aber auf den Leistungsumfang. Der Sozialhilfeträger muss daher eigene Feststellungen zum konkreten Umfang der erforderlichen Leistungen (z. B. beim Einsatz von besonderen Pflegekräften im Rahmen der häuslichen Pflegehilfe nach § 64b SGB XII) treffen.

Das Dritte Gesetz zur Stärkung der pflegerischen Versorgung und zur Änderung weiterer Vorschriften (Drittes Pflegestärkungsgesetz - PSG III) vom 23.12.2016 hat mit Wirkung zum 01.01.2017 den in der Pflegeversicherung neu eingeführten Pflegebegriff (vgl. §§ 14, 15 SGB XI) für den Bereich der Sozialhilfe fast deckungsgleich übernommen. In der Sozialhilfe werden nur zusätzlich die Personen erfasst, deren festgestellter Pflegebedarf einen Zeitraum von prognostisch weniger als sechs Monaten umfasst. Der geltende Pflegebedürftigkeitsbegriff des Zwölften Buches Sozialgesetzbuches ist insoweit umfassender als der geltende Pflegebedürftigkeitsbegriff des Elften Buches Sozialgesetzbuches.

Die nahezu identischen Pflegebegriffe wirken sich auch auf den Adressatenkreis beider Leistungsträger aus. Personen mit einem pflegerischen Bedarf unterhalb des Pflegegrades 1 (vgl. § 15 Abs. 3 SGB XI, § 61b SGB XII, § 61c SGB XII) werden weder von der Pflegeversicherung noch vom Sozialhilfeträger Leistungen erhalten, weil diese nicht (mehr) zum anspruchsberechtigten Personenkreis zählen. Insofern kennt – im Vergleich zur Rechtslage bis zum 31.12.2016 – die Sozialhilfe keinen erweiterten Pflegebegriff mehr. Der Gesetzgeber sieht insofern keine Notwendigkeit von Unterstützungsleistungen, wenn der ermittelte Pflegegrad in der Summe weniger als 12,5 Punkte (vgl. § 15 Abs. 3 SGB XI, § 61b SGB XII, § 61c SGB XII) beträgt.

In solchen Konstellationen mit geringsten Beeinträchtigungen würde eine Person aus fachlicher und wissenschaftlicher Sicht nicht als pflegebedürftig gelten, so dass auch keine Leistungen gerechtfertigt wären. Problematisch ist in diesem Zusammenhang die Frage, inwieweit diese Vorgabe im Einklang mit dem in der Sozialhilfe geltenden Bedarfsdeckungsprinzip steht. Der Gesetzgeber führt zu dieser Frage folgendes aus:

„Im Zuge der Umstellung von drei Pflegestufen auf fünf Pflegegrade werden die Leistungssysteme von SGB XII und SGB XI angeglichen, als pflegebedürftig im Sinne der Hilfe zur Pflege nur solche Personen sind, die in einen Pflegegrad eingestuft werden. Personen, die im Begutachtungsverfahren weniger als 12,5 Gesamtpunkte erhalten und daher keinen Pflegegrad erreichen, werden künftig keine Leistungen der Hilfe zur Pflege erhalten. Damit ist gegenüber dem geltenden Recht jedoch keine Verschlechterung verbunden, da trotz des weiter reichenden Charakters des geltenden § 61 SGB XII die dort enthaltenen Bestimmungen durch den neuen Pflegebedürftigkeitsbegriff abgedeckt werden. Bereits der Beirat zur Überprüfung des Pflegebedürftigkeitsbegriffs ist in seinem Umsetzungsbericht davon ausgegangen, dass Personen, deren ermittelter Gesamtpunktwert unter dem Schwellenwert von 15 Punkten liegt, lediglich geringfügige Selbständigkeitseinbußen aufweisen (vgl. Umsetzungsbericht, Seite 19), die aus pflegewissenschaftlicher Sicht keine Leistungen rechtfertigen. Die Schwelle zum Pflegegrad sei so festgelegt worden, dass Personen, die fachlich als pflegebedürftig gelten, aber nur verhältnismäßig geringe Beeinträchtigungen aufweisen, einbezogen werden können.

Im vorliegenden Gesetzentwurf wird die Schwelle für den Pflegegrad 1 zugunsten der Betroffenen in Übereinstimmung mit dem SGB XI – auf 12,5 Gesamtpunkte festgelegt. Ein pflegerischer Bedarf, der Leistungen der Hilfe zur Pflege auch unterhalb dieses Gesamtpunktwertes erfordert, kann daher pflegewissenschaftlich nicht begründet werden. Andere Leistungen der Sozialhilfe, wie etwa die Hilfe zur Weiterführung des Haushalts, blieben möglich."[254]

Seit dem 01.01.2017 entscheidet sich die Frage der Pflegebedürftigkeit an der Feststellung, welche gesundheitlichen Beeinträchtigungen Auswirkungen auf die selbständige Lebensführung haben. Maßstab für die Einstufung in den jeweiligen Pflegegrad ist also der Grad der Selbständigkeit in den Bereichen der körperlichen, kognitiven und psychischen Erkrankungen. Der konkrete Zeitaufwand für täglich wiederkehrende Verrichtungen wird im Begutachtungsverfahren des medizinischen Dienstes der Kranken- bzw. Pflegekasse (vgl. § 18 SGB XI) zur Feststellung des Pflegegrades nicht mehr ermittelt. Das insofern bis zum 31.12.2016 geltende System zur Feststellung der Pflegestufe ist entfallen.

Aufgrund dieses Systemwechsels „enthält der Bescheid zur Feststellung der Pflegebedürftigkeit keine gesonderte und individuelle Ermittlung des notwendigen Zeitaufwands für die Pflege. Aus dem Ergebnis der Feststellung der Pflegebedürftigkeit sind daher keine unmittelbaren Rückschlüsse auf den notwendigen Bedarf der Pflegebedürftigen an pflegerischen Leistungen möglich. In der Hilfe zur Pflege kann die Feststellung des notwendigen Bedarfs an Leistungen der häuslichen Pflege nicht alleine durch Übernahme des Begutachtungsergebnisses der Pflegeversicherung erfolgen. Insbesondere für die Leistungen der häuslichen Pflegehilfe nach § 64b SGB XII, die anders als das Pflegegeld nach § 64a SGB XII und der Entlastungsbetrag nach den §§ 64i und 66 SGB XII der Höhe nach nicht begrenzt sind, sondern vielmehr bedarfsdeckend zu erbringen sind, wird der Träger der Sozialhilfe daher zur Festsetzung des Umfangs der Leistungen der häuslichen Pflege den notwendigen pflegerischen Bedarf zu ermitteln und festzustellen haben."[255]

Vor diesem Hintergrund regelt § 63a SGB XII nunmehr, dass die Träger der Sozialhilfe den notwendigen pflegerischen Bedarf wie z. B. „Ganzwaschung", „Hilfe bei der Nahrungsaufnahme" oder „Lagern/Betten" zu ermitteln und festzustellen haben. Konkret bedeutet dies, dass ab dem 01.01.2017 eine beim Sozialhilfeträger angestellte Pflegefachkraft die Notwendigkeit der vom Pflegebedürftigen gewünschten Pflege, insbesondere bei der quantitativen Inanspruchnahme der Leistungskomplexe der ambulanten Pflegedienste, aus pflegefachlicher Sicht feststellen muss.

---

[254] Bundestagsdrucksache 18/9518, S. 84.
[255] Bundestagsdrucksache 18/9518, S. 90.

Denkbar wäre es auch, dass der medizinische Dienst der Kranken- und Pflegekasse, der ohnehin das Gutachten zur Feststellung der Pflegebedürftigkeit erstellen muss, Aussagen zum notwendigen Pflegeumfang trifft. Allerdings müsste es hierzu entsprechende Leistungsabsprachen zwischen den Spitzenverbänden der Pflegekasse einerseits und den Sozialhilfeträgern andererseits geben. Dies ist bislang nicht geschehen.

§ 63a SGB XII ist den Regelungen über die vom Sozialhilfeträger zu erbringenden möglichen Leistungen vorangestellt. Das bedeutet, dass für die in dem § 64a ff. SGB XII genannten Leistungen (Ausnahme: Pflegegeld nach § 64a SGB XII) jeweils die Notwendigkeit sowie der Umfang des Pflegebedarfs geprüft werden muss. Die Rechtsnorm des § 63a SGB XII ist insofern bedeutsam, weil in den jeweiligen Vorschriften über die Leistungsart das Tatbestandsmerkmal der „Notwendigkeit" entfallen ist. § 64b SGB XII formuliert etwa, dass Pflegebedürftige der Pflegegrade 2, 3, 4 oder 5 Anspruch auf häusliche Pflegehilfe – also auf Übernahme der Kosten des Pflegedienstes – haben. Eine Einschränkung auf die „notwendige" Pflege oder auf „angemessene Kosten" sucht man vergebens. Über § 63a SGB XII ist die „Notwendigkeit" der Pflege also Bestandteil jeder Norm, die Leistungen für Pflegebedürftige vorsieht.

6.4.1 Rechtscharakter und Aufgabe

Mit dem neuen Pflegebedürftigkeitsbegriff ist keine Vollabsicherung des Pflegerisikos durch die Leistungen der sozialen Pflegeversicherung verbunden. Die Hilfe zur Pflege nach dem Zwölften Buch Sozialgesetzbuch hat deshalb die Aufgabe, die durch die Pflegebedürftigkeit entstehenden Bedarfe durch die Übernahme von Kosten der stationären oder teilstationären Pflege sowie durch Hilfen im ambulanten (häuslichen) Bereich auszugleichen, soweit nicht vorrangige Leistungen, vornehmlich die der gesetzlichen Pflegeversicherung nach dem Elften Buch Sozialgesetzbuch (vgl. § 13 Abs. 3 SGB XI, § 2 SGB XII), in Anspruch genommen werden können (Bedarfsdeckungsprinzip) und bei den Betroffenen eine finanzielle Bedürftigkeit besteht – also die Pflegekosten nicht durch eigenes Einkommen und Vermögen finanziert werden können. Die Hilfe zur Pflege nach dem Zwölften Buch Sozialgesetzbuch hat insofern eine Ergänzungsfunktion.

Pflegebedürftig sind Personen, die gesundheitlich bedingte Beeinträchtigungen der Selbständigkeit oder der Fähigkeiten aufweisen und deshalb der Hilfe durch andere bedürfen. Pflegebedürftige Personen im Sinne des § 61a Abs. 1 Satz 1 SGB XII können körperliche, kognitive oder psychische Beeinträchtigungen oder gesundheitlich bedingte Belastungen oder Anforderungen nicht selbständig kompensieren oder bewältigen (§ 61a SGB XII).

Diesen pflegebedürftigen Personen ist Hilfe zur Pflege zu leisten, sofern die jeweiligen Voraussetzungen vorliegen. Es handelt sich also um eine Pflichtleistung. Bei keinen der in § 64a ff. SGB XII genannten Leistungen handelt es sich um eine Ermessensleistung. Nur im Rahmen des sog. „Arbeitgebermodells" „sollen" die angemessenen Kosten übernommen werden. Maßnahmen zur Verbesserung des Wohnumfeldes nach § 64e SGB XII unterliegen ebenso einer Ermessensentscheidung.

Allerdings existiert zwischen den Leistungsarten ein abgestuftes System. Vorrang haben ambulante Leistungen vor teilstationären und stationären Leistungen sowie teilstationäre vor stationären Leistungen. Der Vorrang der ambulanten Leistung gilt nicht, wenn eine Leistung für eine geeignete stationäre Einrichtung zumutbar und eine ambulante Leistung mit unverhältnismäßigen Mehrkosten verbunden ist (vgl. § 13 SGB XII). Ambulante Leistungen sind mit unverhältnismäßigen Mehrkosten verbunden, wenn sie in etwa doppelt so hoch sind wie stationäre Leistungen[256].

Soweit häusliche Pflege ausreicht, soll der Träger der Sozialhilfe darauf hinwirken, dass die häusliche Pflege durch Personen, die dem Pflegebedürftigen nahe stehen, oder als Nachbarschaftshilfe übernommen wird (§ 64 SGB XII). Deshalb besteht innerhalb der ambulanten Leistungen ebenfalls eine Rangfolge. Die „ehrenamtliche Pflege", die durch Pflegegeld honoriert wird (vgl. § 64a SGB XII), genießt als Primärhilfe einen Vorrang vor professioneller Hilfe (Sekundärhilfe), z. B. durch einen Pflegedienst (vgl. § 64b SGB XII).

Leistungen der Hilfe zur Pflege sind klassische Sozialhilfeaufgaben, die ihrerseits Selbstverwaltungsaufgaben sind (§ 1 AG-SGB XII NRW) und deshalb vom zuständigen örtlichen oder überörtlichen Träger finanziert werden müssen.

Anspruchsberechtigt für alle Leistungen im Rahmen der Hilfe zur Pflege nach dem 7. Kapitel SGB XII ist grundsätzlich die pflegebedürftige Person – auch dann, wenn die entsprechenden Leistungen einem Dritten (z. B. der Pflegeperson) zugutekommen.

Leistungen der Hilfe zur Pflege nach dem 7. Kapitel SGB XII kommen auch für Bezieher von Arbeitslosengeld II oder Sozialgeld nach dem Zweiten Buch Sozialgesetzbuch in Betracht, da die Ausschlussregelungen des § 5 Abs. 2 SGB II und des § 21 Satz 1 SGB XII nur für die Leistungen nach dem 3. Kapitel SGB XII (Hilfe zum Lebensunterhalt) gelten.

6.4.2 Pflegebedürftigkeit und Pflegegrad

Nach § 61a Abs. 1 Satz 1 SGB XII sind Personen pflegebedürftig, die gesundheitlich bedingte Beeinträchtigungen der Selbständigkeit oder der Fähigkeiten aufweisen und deshalb der Hilfe durch andere bedürfen. Pflegebedürftige Personen im Sinne des § 61a Abs. 1 Satz 1 SGB XII können körperliche, kognitive oder psychische Beeinträchtigungen oder gesundheitlich bedingte Belastungen oder Anforderungen nicht selbständig kompensieren oder bewältigen (§ 61a Abs. 1 Satz 2 SGB XII).

Der seit dem 01.01.2017 geltende Pflegebedürftigkeitsbegriff orientiert sich an der Frage, wie selbständig die nachfragende Person in ihrem täglichen Leben noch ist bzw. inwieweit der pflegebedürftige Mensch auf personelle Unterstützung durch andere angewiesen ist. Damit werden nunmehr auch psychisch und kognitiv beeinträchtigte Menschen einschließlich der wachsenden Zahl an Demenz erkrankten Menschen in den anspruchsberechtigten Personenkreis einbezogen. Zuvor waren dies überwiegend nur körperlich erkrankte oder behinderte Menschen.

---

[256] Vgl. BVerwG, Urteil vom 11.02.1982, 5 C 85/80, FEVS 31, 221 = NDV 1982, 235 = NJW 1983, 2586; LSG NRW, Beschluss vom 06.02.2014, L 20 SO 436/13 B ER, juris, Rn. 47 ff.

Das Ausmaß der Pflegebedürftigkeit wird anhand der Einstufung in fünf Pflegegrade dargestellt. Maßgeblich für die Einstufung ist der Grad der Selbständigkeit bzw. der Grad der Einschränkung einer Person in allen pflegerelevanten Bereichen. Die Feststellung der Pflegebedürftigkeit erfolgt auf der Grundlage eines Begutachtungsverfahrens, welches regelmäßig als „Neues Begutachtungsassessment (NBA)" bezeichnet wird.

Insgesamt werden sechs einstellungsrelevante Bereiche / Module beleuchtet. Grafisch lässt sich die Feststellung der Pflegebedürftigkeit so darstellen:

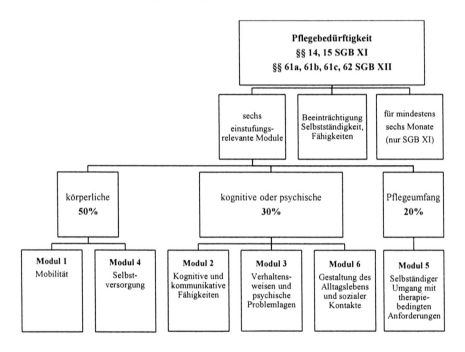

In der Regel stellt der medizinische Dienst der Pflegekasse (vgl. § 18 SGB XI) den Pflegegrad fest. An diese Feststellung ist der Sozialhilfeträger gemäß § 62a SGB XII gebunden. Aufgrund dieser Feststellungs- und Tatbestandswirkung, der von dem Bescheid der Pflegekasse zur Feststellung der Pflegebedürftigkeit für den Sozialhilfeträger ausgeht, muss und darf der Sozialhilfeträger in der Regel keine eigenen Feststellungen zur Frage der Pflegebedürftigkeit treffen.

Beim Begutachtungsverfahren werden

- sechs einstufungsrelevante Bereiche bzw. Module beleuchtet (vgl. § 61a Abs. 2 SGB XII),

- die ihrerseits insgesamt 64 Pflegekriterien aufweisen (vgl. § 61a Abs. 2 SGB XII),

- wobei jedes Kriterium in Abhängigkeit des noch vorhandenen Selbständigkeitsgrades einen Punktwert (in der Regel zwischen 0 Punkten und 3 Punkten, vgl. Anlage 1 zu § 15 SGB XI) erhält und

- in Abhängigkeit des Punktsumme pro Bereich gewichtete Punkte vergeben werden (vgl. Anlage 2 zu § 15 SGB XI).

- Abschließend werden alle gewichteten Punkte addiert, so dass sich aufgrund der erreichten Gesamtpunkte ein Pflegegrad (vgl. § 61b, § 61c SGB XII) ermitteln lässt.

Der Pflegegrad lässt sich somit in vier Schritten ermitteln:

Schritt 1: Bewertung eines jeden Pflegekriteriums pro Bereich bzw. Modul

Im Rahmen der Begutachtung wird für jedes Kriterium in den einzelnen Modulen das Ausmaß der Selbständigkeit bzw. der die Einschränkung der Fähigkeiten bewertet. Die Bewertung erfolgt anhand eines Punktsystems, welches in der Regel wie folgt aufgebaut ist:

0 Punkte - selbstständig oder Fähigkeit vorhanden / unbeeinträchtigt
1 Punkt - überwiegend selbstständig oder Fähigkeit größtenteils vorhanden
2 Punkte - überwiegend unselbstständig oder Fähigkeit in geringem Maße vorhanden
3 Punkte - unselbstständig oder Fähigkeit nicht vorhanden

Das Modul 1 – Mobilität enthält bspw. folgende Kriterien, die durch den medizinischen Dienst der Pflegeversicherung bzw. einen anerkannten Sozialmediziner wie folgt bewerten können:

	Kriterien	selbständig	überwiegend selbständig	überwiegend unselbständig	unselbständig
1.1	Positionswechsel im Bett	0	1	2	3
1.2	Halten einer selbständigen Sitzposition	0	1	2	3
1.3	Umsetzen	0	1	2	3
1.4	Fortbewegen innerhalb des Wohnbereiches	0	1	2	3
1.5	Treppensteigen	0	1	2	3

Kapitel 6 - Hilfen nach dem 5. bis 9. Kapitel SGB XII

Schritt 2: Zuordnung der ermittelten Punktsumme zu einem Punktbereich

Für jedes Modul werden die erreichten Punkte addiert und die Summe der Einzelpunkte einem von insgesamt fünf Punktbereichen zugeordnet.

Punkte-bereich **1**	Punkte-bereich **2**	Punkte-bereich **3**	Punkte-bereich **4**	Punkte-bereich **5**
keine Beeinträchtigungen der Selbständigkeit oder der Fähigkeiten	**geringe** Beeinträchtigungen der Selbständigkeit oder der Fähigkeiten	**erhebliche** Beeinträchtigungen der Selbständigkeit oder der Fähigkeiten	**schwere** Beeinträchtigungen der Selbständigkeit oder der Fähigkeiten	**schwerste** Beeinträchtigungen der Selbständigkeit oder der Fähigkeiten
0 - 1	2 - 3	4 - 5	6 - 9	10 - 15

Schritt 3: Ermittlung der gewichteten Punkte für jedes Modul

Die ermittelte Summe der Einzelpunkte werden dem zutreffenden Punktbereich zugeordnet. Aus der Anlage 2 zu § 15 SGB XI kann sowohl der oben beschriebene Punktbereich als auch die dazugehörigen gewichteten Punkte entnommen werden.

Jedem relevanten Punktbereich in einem Modul werden also **gewichtete Punkte** zugeordnet. Erreicht die zu begutachtende leistungsberechtigte Person im Modul 1 - Mobilität beispielsweise zwei Punkte, wird sie dem Punktbereich 1 (geringe Beeinträchtigung der Selbständigkeit) zugeordnet und erhält einen gewichteten Punktwert von 2,5 Punkte.

Es ist erkennbar, dass die sechs Module unterschiedlich gewichtet sind. Die vom Gesetzgeber vorgenommene Gewichtung der Module erfolgt auf der Basis von empirischen und sozialpolitischen Erwägungen.

Kapitel 6 - Hilfen nach dem 5. bis 9. Kapitel SGB XII

Berechnungs- und Bewertungsregeln zur Ermittlung der Pflegegrade (Bewertungssystematik - Anlage 2 zu § 15 SGB XI)

	Module	Gewichtung	Schweregrad der Beeinträchtigung der Selbständigkeit und der Fähigkeiten (§ 15 Abs. 2 SGB XI)					Summe der Einzelpunkte (§ 15 Abs. 3 SGB XI)	Gewichtete Punkte (§ 15 Abs. 3 SGB XI)
			0 Keine	1 Geringe	2 Erhebliche	3 Schwere	4 Schwerste		
1	Mobilität	10%	0 - 1	2 - 3	4 - 5	6 - 9	10 - 15	2	
			0	2,5	5	7,5	10		2,5
2	Kognitive und kommunikative Fähigkeiten		0 - 1	2 - 5	6 - 10	11 - 16	17 - 33	16	
3	Verhaltensweisen und psychische Problemlagen	15%	0	1 - 2	3 - 4	5 - 6	7 - 65	7	
	Höchster Wert aus Modul 2 oder 3		0	3,75	7,5	11,25	15		15
4	Selbstversorgung	40%	0 - 2	3 - 7	8 - 18	19 - 36	37 - 54	8	
			0	10	20	30	40		20
5	Bewältigung von und selbständiger Umgang mit krankheits- u. therapiebedingten Anforderungen	20%	0	1	2 - 3	4 - 5	6 - 15	4	
			0	5	10	15	20		15
6	Gestaltung des Alltagslebens und sozialer Kontakte	15%	0	1 - 3	4 - 6	7 - 11	12 - 18	2	
			0	3,75	7,5	11,25	15		3,75
Summe der gewichteten Punkte			also Pflegegrad 3						56,25

Schritte 4: Addition aller gewichteten Punkte

Aus den gewichteten Punkten aller Module sind durch Addition **Gesamtpunkte** zu bilden. Die Summe der gewichteten Punkte ergeben einen Pflegegrad. Im obigen Beispiel ergeben bspw. 56,25 gewichtete Punkte den Pflegegrad 3.

Im Sozialhilferecht lässt sich der Pflegegrad sowie die Bezeichnung des Pflegegrades für erwachsene Personen aus § 61b SGB XII (vgl. auch § 15 Abs. 3 SGB XI) ermitteln:

Pflegegrad 1: geringe Beeinträchtigungen der Selbständigkeit oder der Fähigkeiten (ab 12,5 bis unter 27 Gesamtpunkte),

Pflegegrad 2: erhebliche Beeinträchtigungen der Selbständigkeit oder der Fähigkeiten (ab 27 bis unter 47,5 Gesamtpunkte),

Kapitel 6 - Hilfen nach dem 5. bis 9. Kapitel SGB XII

Pflegegrad 3: schwere Beeinträchtigungen der Selbständigkeit oder der Fähigkeiten (ab 47,5 bis unter 70 Gesamtpunkte),

Pflegegrad 4: schwerste Beeinträchtigungen der Selbständigkeit oder der Fähigkeiten (ab 70 bis unter 90 Gesamtpunkte),

Pflegegrad 5: schwerste Beeinträchtigungen der Selbständigkeit oder Fähigkeiten mit besonderen Anforderungen an die pflegerische Versorgung (ab 90 bis 100 Gesamtpunkte).

Zentraler Maßstab, um den Pflegegrad zu ermitteln, ist nach dem oben beschriebenen Verfahren zur Feststellung der Pflegebedürftigkeit der Grad der Selbständigkeit. Unter Selbstständigkeit versteht man die Fähigkeit eines Menschen, eine Aktivität alleine – also ohne Unterstützung eines anderen – ausführen zu können. Selbständig ist auch, wer eine Handlung mit einem Hilfsmittel umsetzen kann. Wer sich z. B. innerhalb seiner Wohnung mit einem Rollator fortbewegen kann und dabei keine Unterstützung durch eine andere Person benötigt, gilt als selbständig.

In einzelnen Modulen wird nicht die Selbständigkeit erfasst, sondern bewertet, ob und in welchem Ausmaß eine Fähigkeit noch vorhanden ist (z. B. Modul 2 „kognitive und kommunikative Fähigkeiten"). Im Modul 3 „Verhaltensweisen und psychische Problemlagen" wird festgehalten, wie häufig eine bewertungsrelevante Verhaltensweise (z. B. nächtliche Unruhe, Verbale Aggression, sozialinadäquate Verhaltensweise) vorkommt.

Die in den Modulen vorhandenen Kriterien werden in der sog. Begutachtungsrichtlinie[257] näher definiert und erläutert, unter welchen Voraussetzungen welcher Punktwert vergeben werden soll.[258] Es wird dann bewertet, ob die durch den medizinischen Dienst untersuchte Person die jeweilige Aktivität (Kriterium) praktisch durchführen kann.

Dabei ist es unerheblich, ob die Beeinträchtigung der Selbständigkeit aufgrund von Schädigungen bzw. Erkrankungen somatischer oder mentaler Funktionen bestehen oder ob Teilaspekte bereits in anderen Modulen berücksichtigt worden sind. Da allein auf die Frage der Selbständigkeit abgestellt wird, ist es unerheblich, wie schwer die Erkrankung oder Behinderung ist. Maßgebend sind die Auswirkungen der gesundheitlichen Beeinträchtigung auf die Selbständigkeit. Daher begründet z. B. die Blindheit allein keine Pflegebedürftigkeit. Entscheidungen über die Zuerkennung eines Behinderungsgrades oder die Feststellung einer (vollen) Erwerbsminderung sind ebenfalls kein Maßstab für die Feststellung der Pflegebedürftigkeit.

Die Selbständigkeit wird objektiv gemessen. Es ist also unerheblich, ob das zu beurteilende Kriterium von der pflegebedürftigen Person noch ausgeführt wird. So ist beispielsweise die Selbständigkeit beim Treppen steigen auch dann zu beurteilen, wenn die Wohnung im

---

[257] Richtlinien des GKV-Spitzenverbandes (Spitzenverband Bund der Pflegekassen gemäß § 53 SGB XI) zur Begutachtung von Pflegebedürftigkeit nach dem Elften Buch des Sozialgesetzbuches (Begutachtungs-Richtlinien – BRi) vom 15.04.2016. Das Bundesministerium für Gesundheit hat den Richtlinien mit Schreiben vom 17.06.2016 gemäß §§ 17 Abs. 2 und 53a SGB XI die Genehmigung erteilt bzw. zugestimmt.

[258] Die Richtlinie ist hier abrufbar: https://www.mds-ev.de/richtlinien-publikationen/richtlinien-grundlagen-der-begutachtung/pflegebeduerftigkeit.html.

Erdgeschoss liegt und in der Wohnung gar keine Treppe vorhanden sind. Für die Beurteilung der Selbständigkeit ist es auch unerheblich, welche personelle Unterstützung die Person bei einer Handlung bzw. Aktivität tatsächlich erhält.[259]

Die bereits mehrfach zitierten Beurteilungsrichtlinien der Pflegekasse führen zur Beurteilung der Selbständigkeit folgendes aus:[260]

Selbständigkeit wird in den Modulen 1, 4 und 6 mittels einer vierstufigen Skala mit folgenden Ausprägungen bewertet:

0 = selbständig

Die Person kann die Handlung bzw. Aktivität in der Regel selbständig durchführen. Möglicherweise ist die Durchführung erschwert oder verlangsamt oder nur unter Nutzung von Hilfs-/ Pflegehilfsmitteln möglich. Entscheidend ist jedoch, dass die Person keine personelle Hilfe benötigt. Vorübergehende oder nur vereinzelt auftretende Beeinträchtigungen sind nicht zu berücksichtigen.

1 = überwiegend selbständig

Die Person kann den größten Teil der Aktivität selbständig durchführen. Dementsprechend entsteht nur ein geringer, mäßiger Aufwand für die Pflegeperson. Überwiegend selbständig ist eine Person also dann, wenn lediglich folgende Hilfestellungen erforderlich sind:

- Unmittelbares Zurechtlegen, Richten von Gegenständen meint die Vorbereitung einer Aktivität durch Bereitstellung sächlicher Hilfen, damit die Person die Aktivität dann selbständig durchführen kann. Dabei wird vorausgesetzt, dass die Umgebung der antragstellenden Person so eingerichtet wird, dass die Person so weit wie möglich selbständig an alle notwendigen Utensilien herankommt und diese nicht jedes Mal angereicht werden müssen. Wenn dies aber nicht ausreicht (z. B. die Seife nicht von der Ablage am Waschbecken genommen werden kann, sondern direkt in die Hand gegeben werden muss), führt diese Beeinträchtigung zur Bewertung überwiegend selbständig.

- Aufforderung bedeutet, dass die Pflegeperson (ggf. auch mehrfach) einen Anstoß geben muss, damit die oder der Betroffene die jeweilige Tätigkeit allein durchführt. Auch wenn nur einzelne Handreichungen erforderlich sind, ist die Person als überwiegend selbständig zu beurteilen (punktueller Hilfebedarf, der lediglich an einzelnen Stellen des Handlungsablaufs auftritt). Einzelne Hinweise zur Abfolge der Einzelschritte meinen, dass zwischenzeitlich immer wieder ein Anstoß gegeben werden muss, dann aber Teilverrichtungen selbst ausgeführt werden können.

- Unterstützung bei der Entscheidungsfindung bedeutet, dass z. B. verschiedene Optionen zur Auswahl angeboten werden, die Person danach aber selbständig handelt.

---

[259] BRi, 4.8.2 Feststellung der gesundheitlichen bedingten Beeinträchtigungen der Selbständigkeit oder der Fähigkeiten, S. 35.
[260] BRi, 4.8.3 Beurteilung der Selbständigkeit, S. 36.

Kapitel 6 - Hilfen nach dem 5. bis 9. Kapitel SGB XII

- Partielle Beaufsichtigung und Kontrolle meint die Überprüfung, ob die Abfolge einer Handlung eingehalten wird (ggf. unter Hinführung zu weiteren Teilschritten oder zur Vervollständigung) sowie die Kontrolle der korrekten und sicheren Durchführung. Hierzu gehört auch die Überprüfung, ob Absprachen eingehalten werden.

- Punktuelle Übernahme von Teilhandlungen der Aktivität bedeutet, dass nur einzelne Handreichungen erforderlich sind, die Person den überwiegenden Teil der Aktivität aber selbständig durchführt.

- Anwesenheit aus Sicherheitsgründen, wenn eine Person eine Aktivität selbständig ausführen kann, aber aus nachvollziehbaren Sicherheitsgründen (z. B. Sturzgefahr, Krampfanfälle) die Anwesenheit einer anderen Person benötigt, trifft die Bewertung „überwiegend selbständig" zu.

2 = überwiegend unselbständig

Die Person kann die Aktivität nur zu einem geringen Anteil selbständig durchführen. Es sind aber Ressourcen vorhanden, so dass sie sich beteiligen kann. Dies setzt ggf. ständige Anleitung oder aufwendige Motivation auch während der Aktivität voraus oder Teilschritte der Handlung müssen übernommen werden. Zurechtlegen und Richten von Gegenständen, wiederholte Aufforderungen oder punktuelle Unterstützungen reichen nicht aus. Alle der oben genannten Hilfen können auch hier von Bedeutung sein, reichen allerdings alleine nicht aus. Weitergehende Unterstützung umfasst vor allem:

- Ständige Motivation im Sinne der motivierenden Begleitung einer Aktivität (notwendig vor allem bei psychischen Erkrankungen mit Antriebsminderung).

- Ständige Anleitung bedeutet, dass die Pflegeperson den Handlungsablauf nicht nur anstoßen, sondern die Handlung demonstrieren oder lenkend begleiten muss. Dies kann insbesondere dann erforderlich sein, wenn die oder der Betroffene trotz vorhandener motorischer Fähigkeiten eine konkrete Aktivität nicht in einem sinnvollen Ablauf durchführen kann.

- Ständige Beaufsichtigung und Kontrolle unterscheidet sich von der oben genannten „partiellen Beaufsichtigung und Kontrolle" nur durch das Ausmaß der erforderlichen Hilfe. Es ist ständige und unmittelbare Eingreifbereitschaft in die Handlung erforderlich.

- Übernahme von Teilhandlungen der Aktivität bedeutet, dass ein erheblicher Teil der Handlungsschritte durch die Pflegeperson übernommen wird.

3 = **unselbständig**

Die Person kann die Aktivität in der Regel nicht selbständig durchführen bzw. steuern, auch nicht in Teilen. Es sind kaum oder keine Ressourcen vorhanden. Ständige Motivation, Anleitung und Beaufsichtigung reichen auf keinen Fall aus. Die Pflegeperson muss alle oder nahezu alle Teilhandlungen anstelle der betroffenen Person durchführen. Eine minimale Beteiligung ist nicht zu berücksichtigen (z. B. wenn sich die antragstellende Person in sehr geringem Umfang mit Teilhandlungen beteiligt).

Das Einschätzungsinstrument beinhaltet in den Modulen 2, 3 und 5 abgewandelte Formen dieser Skala, die an den entsprechenden Stellen erläutert werden. Durchgängig gilt bei diesen Skalen, dass der Grad der Beeinträchtigung mit dem jeweiligen Punktwert steigt. „0" bedeutet stets, dass keine Beeinträchtigungen der Selbständigkeit oder der Fähigkeiten bzw. sonstigen Probleme bestehen.

6.4.3 Die Bedeutung der Pflegebedürftigkeitsgrade für die Pflegeleistungen

§ 63 SGB XII listet abschließend die Leistungsmöglichkeiten des Sozialhilfeträgers für den Fall einer festgestellten Pflegebedürftigkeit auf. Dabei ist zwischen den Leistungen für Personen mit einem festgestellten Pflegegrad 2 bis Pflegegrad 5 und den Personen mit einem festgestellten Pflegegrad 1 zu trennen.

Letzterer Personenkreis erhält – wie in der Pflegeversicherung (vgl. § 28a SGB XI) – nur einen eingeschränkten Zugang zu den möglichen Leistungen. Gemäß § 63 Abs. 2 SGB XII sind dies

- Pflegehilfsmittel (§ 64d SGB XII),
- Maßnahmen zur Verbesserung des Wohnumfeldes (§ 64e SGB XII) und
- einen Entlastungsbetrag (§ 66 SGB XII).

Weitere Leistungen sind für Personen des Pflegegrades 1 nicht vorgesehen. Eine Öffnungsklausel zur Deckung weiterer pflegerelevanter Bedarfe ist nicht vorhanden. Allerdings kommen im Einzelfall Leistungen zur Weiterführung des Haushalts nach § 70 SGB XII in Betracht. Hiernach können angemessene Aufwendungen oder angemessene Beihilfen für eine haushaltsführende Person erstattet bzw. übernommen werden, und zwar unabhängig von einem Pflegegrad. Grundsätzlich sollen diese Leistungen aber nur vorübergehend erbracht werden (vgl. § 70 Abs. 1 Satz 2 SGB XII).

Insbesondere in der gesetzlichen Pflegeversicherung ist die Höhe der Leistung abhängig vom festgestellten Pflegegrad. Die einzelnen Vorschriften der gesetzlichen Pflegeversicherung (z. B. zur Pflegesachleistung nach § 36 SGB XI oder teilstationäre Pflege nach § 41 SGB XI) sehen insofern eine zunehmende Geldleistung mit steigendem Pflegegrad vor.

Eine derartige Staffelung von Geldleistungen findet sich in der Sozialhilfe grundsätzlich nicht, weil der Sozialhilfeträger den anfallenden notwendigen Pflegebedarf aufgrund des für ihn geltenden Bedarfsdeckungsprinzips übernimmt. Eine Leistungsbegrenzung gibt es insofern nicht. Die Höhe der in Betracht kommenden Leistungen ergibt sich aus der Feststellung, inwieweit ein pflegerischer Bedarf besteht, der unter Sozialhilfegesichtspunkten notwendigerweise abzudecken ist (vgl. § 63a SGB XII).

Nur für das Pflegegeld nach § 64a SGB XII und den Entlastungsbetrag nach § 64i SGB XII bzw. 66 SGB XII werden die zu erbringenden Geldleistungen der Höhe nach konkret beziffert. Für das Sozialhilfepflegegeld nach § 64a SGB XII verweist der Gesetzgeber auf das Pflegeversicherungspflegegeld nach § 37 SGB XI, so dass sich diese beiden Leistungen der Höhe nach nicht unterscheiden und die Höhe des Pflegegeldes abhängig ist vom Pflegegrad.

6.4.4 Leistungen

Gemäß § 63 Abs. 1 SGB XII umfasst die Hilfe zur Pflege für Pflegebedürftige der Pflegegrade 2, 3, 4 oder 5

1. häusliche Pflege in Form von
   a) Pflegegeld (§ 64a),
   b) häuslicher Pflegehilfe (§ 64b),
   c) Verhinderungspflege (§ 64c),
   d) Pflegehilfsmitteln (§ 64d),
   e) Maßnahmen zur Verbesserung des Wohnumfeldes (§ 64e),
   f) anderen Leistungen (§ 64f),
   g) digitalen Pflegeanwendungen (§ 64j)
   h) ergänzender Unterstützung bei Nutzung von digitalen Pflegeanwendungen (§ 64k)

2. teilstationäre Pflege (§ 64g),

3. Kurzzeitpflege (§ 64h),

4. einen Entlastungsbetrag (§ 64i) und

5. stationäre Pflege (§ 65).

Die Vorschrift stellt einen abschließenden Leistungskatalog der Hilfe zur Pflege nach dem Zwölften Buch Sozialgesetzbuch für Personen ab dem Pflegegrad 2 dar. Der Gesetzgeber hat sich dabei sowohl inhaltlich als auch begrifflich an den Leistungen des Elften Buches Sozialgesetzbuch (vgl. § 28 SGB XI) orientiert und ist auch hinsichtlich der Leistungsarten – mit Ausnahme der Kostenübernahme im Rahmen des sog. Arbeitgebermodells (§ 64f Abs. 3 SGB XII) – nicht über den Leistungskatalog der gesetzlichen Pflegeversicherung hinaus gegangen.

In dem Zeitraum vor dem 01.01.2017 erfasste die häusliche Pflege nach dem siebten Kapitel SGB XII Leistungen, die es im Bereich des Elften Buches Sozialgesetzbuch nicht gab. Hierzu gehörten beispielsweise angemessene Beihilfen oder angemessene Aufwendungen der Pflegeperson. Diese „zusätzlichen" und in der Pflegeversicherung nicht vorhandenen Leistungen sind mit dem Dritten Pflegestärkungsgesetz aus dem 7. Kapitel SGB XII entfernt worden.

Kapitel 6 - Hilfen nach dem 5. bis 9. Kapitel SGB XII

Leistungen der Pflegeversicherung, § 28 Abs. 1 SGB XI ... ab Pflegegrad 2 u. a.	Leistungen nach dem 7. Kapitel SGB XII, § 63 Abs. 1 SGB XII ... ab Pflegegrad 2 u. a.
Nr. 1: Pflegesachleistung, § 36 SGB XI	häusliche Pflegehilfe / Pflegesachleistung, § 64b SGB XII
Nr. 2: Pflegegeld, § 37 SGB XI	Pflegegeld, § 64a SGB XII
Nr. 3: Kombinationsleistung aus Pflegegeld und Pflegesachleistung, § 38 SGB XI	Kombinationsleistung aus Pflegegeld und Pflegesachleistung, Schlussfolgerung aus § 63b Abs. 5 SGB XII
Nr. 4: Verhinderungspflege, § 39 SG XI	Verhinderungspflege, § 64c SGB XII
Nr. 5: Pflegehilfsmittel + wohnumfeldverbessernde Maßnahmen, § 40 SG XI (auch bei Pflegegrad 1)	Pflegehilfsmittel + wohnumfeldverbessernde Maßnahmen, § 64d + § 64e SGB XII (auch bei Pflegegrad 1)
Nr. 6: Tages- und Nachtpflege, § 41 SGB XI	Tages- und Nachtpflege, § 64g SGB XII
Nr. 7: Kurzzeitpflege, § 42 SGB XI	Kurzzeitpflege, § 64h SGB XII
Nr. 8: Vollstationäre Pflege, § 43 SGB XI	Vollstationäre Pflege, § 65 SGB XII
Nr. 10: Beiträge zur Alterssicherung, § 44 SGB XI	Beiträge zur Alterssicherung, § 64f Abs. 1
Nr. 13: Entlastungsbetrag, § 45b SGB XI	Entlastungsbetrag, § 64i SGB XII
	Kosten im Rahmen des Arbeitgebermodells, § 64f Abs. 3 SGB XII

Die synaptische Darstellung zeigt, dass die beiden Leistungssysteme des Elften und Zwölften Buches Sozialgesetzbuch nunmehr deutlich angeglichen wurden. Damit hat eine Harmonisierung zwischen dem Elften und Zwölften Buch Sozialgesetzbuch stattgefunden. Infolgedessen sieht die Leistungskonkurrenzregelung des § 63b SGB XII in Absatz 1 „nur" noch vor, dass die nachrangigen Leistungen der Hilfe zur Pflege nicht mehr erbracht werden, soweit Pflegebedürftige gleichartige Leistungen nach anderen Rechtsvorschriften erhalten. Entfallen ist der bisherige § 66 Abs. 4 SGB XII a. F., der noch die Vereinbarkeit von Leistungen der Hilfe zur Pflege mit „zweckentsprechenden Leistungen" vorsah.

Der Gesetzgeber geht also nach Einführung des Dritten Pflegestärkungsgesetzes davon aus, dass es keine zweckentsprechenden oder ähnlichen Leistungen zwischen den beiden Leistungssystemen mehr gibt, sondern nur noch gleichartige Leistungen.

6.4.4.1 Häusliche Pflege

Durch § 64 SGB XII wird der Träger der Sozialhilfe in aller Regel verpflichtet, darauf hinzuwirken, dass in dem Fall, in dem häusliche Pflege ausreicht, die Pflegeverrichtungen einschließlich der hauswirtschaftlichen Versorgung durch Personen, die dem Pflegebedürftigen nahe stehen, oder im Wege der Nachbarschaftshilfe übernommen werden.

Das bedeutet, dass die ehrenamtliche Pflege durch Pflegepersonen (z. B. Familienangehörige oder Nachbarn) einen „Primäranspruch" darstellt. Der Sozialhilfeträger soll darauf hinwirken, dass innerhalb der verschiedenen Leistungsmöglichkeiten im ambulanten Bereich die Pflege möglichst durch Pflegepersonen erfolgt. Erst wenn dies nicht möglich ist, kommen andere Leistungsmöglichkeiten der häuslichen Pflege in Frage.

Im Vergleich zur ambulanten Pflege kommen dann – nachrangig – die teilstationäre und schließlich die stationäre Pflege in Frage (vgl. § 13 SGB XII).

In einer stationären oder einer teilstationären Einrichtung erhalten Pflegebedürftige keine Leistungen zur häuslichen Pflege (vgl. § 63b Abs. 3 SGB XII). Dies bezieht sich auch auf Zeiten einer stationären Krankenhausbehandlung. Das gilt aber nur für Zeiten des tatsächlichen stationären Aufenthalts. Für Zeiten, in denen sich die pflegebedürftige Person nicht in der Einrichtung aufhält (sei es in Zeiten ferien- oder wochenendbedingten häuslichen Aufenthalts, sei es bei teilstationärer Pflege in den Stunden des Verweilens im häuslichen Bereich) steht § 63b Abs. 3 SGB XII der Leistung häuslicher Pflege nicht entgegen. Beispielsweise ist nach § 63b Abs. 3 Satz 2 SGB XII die Kombination von teilstationärer und häuslicher Pflege ausdrücklich vorgesehen.

Pflegegeld

Pflegebedürftige Personen ab dem Pflegegrad 2 ist ein Pflegegeld gemäß § 64a SGB XII zu leisten.

Das Pflegegeld dient der Anerkennung und der Motivation zur Aufrechterhaltung der Pflegebereitschaft von Angehörigen aus dem persönlichen Umfeld des Pflegebedürftigen. Es soll der pflegebedürftigen Person insofern ermöglichen, mit Hilfe ausreichender Geldmittel die Pflegebereitschaft von nahe stehenden (d. h. ehrenamtlichen) Personen anzuregen und zu erhalten, um so sicherzustellen, dass ihr die im Einzelfall notwendige Pflege in der häuslichen Umgebung auch wirklich zuteil wird.[261]

Das Pflegegeld dient nicht dazu, den Pflegeaufwand abzugelten bzw. die Pflegeperson(en) über einen Anerkennungsbetrag zu entlohnen. Die von nahestehenden Personen oder Nachbarn geleistete Hilfe ist ihrem Wesen nach gerade unentgeltlich. Die notwendigen Handreichungen, das Beistehen mit Rat und Tat im täglichen Leben durch die persönlich nahestehende Personen oder Nachbarn lassen sich nicht in Geld ausdrücken. Auch wenn die pflegebedürftige Person mit Hilfe des pauschalierten Pflegegeldes in die Lage versetzt wird, sich durch (kleinere) Geschenke für die geleistete Hilfe erkenntlich zu zeigen, liegt darin keine Entlohnung.

Dieser Leistung liegen keinerlei wirtschaftliche Überlegungen zugrunde. Zudem besteht der Zweck des pauschalierten Pflegegeldes nicht darin, es als Ganzes (in einem Betrag oder in Raten) der Pflegeperson zuzuwenden. Vielmehr wird es gewährt, um den Pflegebedürftigen von vornherein in den Stand zu setzen, vielfältige Aufwendungen der Pflegeperson ohne Einzelnachweis aufzufangen, weil davon ausgegangen werden kann, dass eine pflegebedürftige Person, die Pflege dauernd und in erheblichem Umfang benötigt, derartige Aufwendungen regelmäßig haben wird.[262]

Durch § 64a SGB XII wird bestimmt, dass das Pflegegeld den Leistungen nach dem Elften Buch Sozialgesetzbuch entspricht. Es beträgt

- 316,00 € für erheblich Pflegebedürftige – also Personen mit dem Pflegegrad 2 (§ 64a Abs. 1 Satz 1 i. V. mit § 37 Abs. 1 Satz 3 Nr. 1 SGB XI),
- 545,00 € für Schwerpflegebedürftige – also Personen mit dem Pflegegrad 3 (§ 64a Abs. 1 Satz 1 SGB XII i. V. mit § 37 Abs. 1 Satz 3 Nr. 2 SGB XI),
- 728,00 € für Schwerstpflegebedürftige – also Personen mit dem Pflegegrad 4 (§ 64a Abs. 1 Satz 1 i. V. mit § 37 Abs. 1 Satz 3 Nr. 3 SGB XI) und
- 901,00 € für Schwerstpflegebedürftige mit besonderen Anforderungen an den pflegerischen Bedarf – also Personen mit dem Pflegegrad 5 (§ 64a Abs. 1 Satz 1 i. V. mit § 37 Abs. 1 Satz 3 Nr. 4 SGB XI).

Der Anspruch auf das Pflegegeld setzt voraus, dass die pflegebedürftige Person und die Sorgeberechtigten bei pflegebedürftigen Kindern mit dem Pflegegeld dessen Umfang entsprechend die erforderliche Pflege in geeigneter Weise selbst sicherstellen (§ 64a Abs. 1 Satz 2 SGB XII). Hierbei ist nicht erforderlich, dass der gesamte pflegerische Bedarf mit dem Pflegegeld abgedeckt wird. Ein Nebeneinander von Pflegegeld nach § 64a SGB XII und anderen Leistungen – z. B. häusliche Pflegehilfe (Kosten des Pflegedienstes) nach § 64b SGB XII – ist bei entsprechendem Bedarf ausdrücklich vorgesehen (Schlussfolgerung aus § 63b Abs. 5 SGB XII).

---

[261] Vgl. H. Schellhorn in Schellhorn/Schellhorn/Hohm, Rn. 11 zu § 64 SGB XII mit Hinweisen auf die Rechtsprechung des Bundesverwaltungsgerichtes in: BVerwG, Urteil vom 31.01.1968, 5 C 27/67, BVerwGE 29, 108 = NDV 1968, 139 = FEVS 15, 281 und BVerwG, Beschluss vom 12.10.1981, 5 B 79/81, juris und BVerwG, Urteil vom 04.06.1992, 5 C 82/88, BVerwGE 90, 217 = NDV 1993, 27 = FEVS 43, 109.
[262] Vgl. BVerwG, Urteil vom 22.08.1974, 5 C 52/73, NDV 1975, 26 = FEVS 23, 45.

Auch im Arbeitgebermodell kommt die Zahlung von Pflegegeld nach § 64a SGB XII in Frage.[263] Dies gilt insbesondere dann, wenn neben den „besonderen Pflegekräften" im Rahmen des Arbeitgebermodells noch weitere Pflegepersonen notwendig werden und Leistungen der Pflegekasse (Pflegeversicherungspflegegeld nach § 37 SGB XI) nicht in Frage kommen.

Die Vorschrift des § 64a Abs. 1 Satz 2 SGB XII („Sicherstellung der Pflege") dient hauptsächlich der Qualitätssicherung und solle eine Zweckverfehlung der Pflegegeldgewährung etwa in Folge bestimmungswidriger Verwendung des Pflegegeldes oder bei Mängeln der selbst organisierten Pflege verhindern.[264] Es soll gewährleistet werden, dass der Pflegebedürftige die notwendige Pflege auch tatsächlich erhält. Ein Pflegegeld ist danach bspw. (nur dann) nicht zu gewähren, wenn eine Pflegeperson, die Leistungen der Pflege erbringen kann, überhaupt nicht existiert bzw. der Pflegebedürftige einer solche Pflegeperson nicht benennen kann.

Das Pflegegeld wird nach § 64a Abs. 2 Satz 3 SGB XII bis zum Ende des Kalendermonats geleistet, in dem die pflegebedürftige Person gestorben ist. Der Anspruch auf Pflegegeld steht, soweit die Leistung dem Berechtigten erbracht worden wäre, nach § 19 Abs. 6 SGB XII nach seinem Tode demjenigen zu, der die Pflege geleistet hat. Mit dieser Regelung soll eine schnelle Hilfe durch Dritte gefördert und vermieden werden, dass Einrichtungen und Pflegepersonen trotz berechtigten Vertrauens auf Leistungen der Sozialhilfe leer ausgehen, wenn die Entscheidungen bei der Hilfe in Einrichtungen oder bei ambulanter Pflege längere Zeit beanspruchen[265].

Besteht ein Anspruch auf das Pflegegeld nur für einen Teil des Monats, ist dieses anteilig zu berechnen. Bei der Kürzung des Pflegegeldes wegen eines nur anteiligen Anspruchs ist der Kalendermonat (ausnahmsweise) unabhängig von der konkreten Anzahl der Monatstage mit 30 Tagen anzurechnen.

Beispiel

Der Pflegebedürftige (Pflegegrad 3) beantragt beim zuständigen Sozialhilfeträger Pflegegeld am 17.03. Da die Sozialhilfe erst mit Kenntnis der Notlage einsetzt, ist das Pflegegeld anteilig zu berechnen bzw. zu kürzen. Bei einem Pflegegeldanspruch von 545,00 € pro Monat beläuft sich der Teilmonatsanspruch auf 15/30 von 545,00 €, also 272,50 €.

Auf das Pflegegeld nach § 64a SGB XII wird gemäß § 63b Abs. 1 SGB XII das Pflegegeld nach § 37 SGB XI angerechnet, weil es sich um gleichartige Leistungen handelt.

---

[263] Vgl. Sächsisches LSG, Beschluss vom 10.11.2020, L 8 SO 67/20 B ER, juris, Rn. 30 ff.
[264] Vgl. LSG Berlin-Brandenburg, Beschluss vom 09.01.2006, L 23 B 1009/05 SO ER, juris, Rn. 27 m.w.N.
[265] Vgl. BSG, Beschluss vom 01.09.2008, B 8 SO 12/08 B, FEVS 60, 357 = SozR 4-1500 § 183 Nr. 8 mit Hinweis auf Bundestagsdrucksache 13/3904, S. 45.

Entlastungsbetrag nach § 64i SGB XII und § 66 SGB XII

Gemäß § 64i SGB XII haben pflegebedürftige der Pflegegrade 2, 3, 4 oder 5 Anspruch auf einen Entlastungsbetrag in Höhe von bis zu 125,00 € monatlich. Der Entlastungsbetrag ist zweckgebunden einzusetzen zur

1. Entlastung pflegender Angehöriger oder nahestehender Pflegepersonen,
2. Förderung der Selbständigkeit und Selbstbestimmung der Pflegebedürftigen bei der Gestaltung ihres Alltags oder
3. Inanspruchnahme von Unterstützungsangeboten im Sinne des § 45a SGB XI.

Während die Parallelregelung in § 45b Abs. 1 SGB XI die Leistung des Entlastungsbetrages nur für häusliche Hilfe zur Pflege vorsieht, kennt § 64i SGB XII eine solche Begrenzung nicht. Aus dem systematischen Vergleich ergibt sich damit, dass der Entlastungsbetrag nach § 64i SGB XII auch bei stationärer Hilfe zur Pflege in Frage kommt.

Der Entlastungsbetrag ist eine ab dem 01.01.2017 für den Bereich der Sozialhilfe neu konzipierte Leistung, die an die Regelung des § 45b SGB XI angelehnt ist. Dort ist der Entlastungsbetrag „zweckgebunden einzusetzen für qualitätsgesicherte Leistungen zur Entlastung pflegender Angehöriger und vergleichbarer Nahestehender in ihrer Eigenschaft als Pflegende sowie zur Förderung der Selbständigkeit und Selbstbestimmtheit der Pflegebedürftigen bei der Gestaltung des Alltags" (vgl. § 45b Abs. 1 Satz 2 SGB XI).

Im Pflegeversicherungsrecht handelt es sich um einen **Kostenerstattungsanspruch** für anerkannte – also zertifizierte (vgl. § 45a Abs. 3 SGB XI, Verordnung über die Anerkennung von Angeboten zur Unterstützung im Alltag und Förderung der Weiterentwicklung der Versorgungsstruktur in Nordrhein-Westfalen, Anerkennungs- und Förderungsverordnung – AnFöVO) – Betreuungsleistungen im Sinne von § 45b Abs. 1 Satz 3 Nr. 4 i.V.m. § 45a Abs. 1 SGB XI.

Pflegedienste (z. B. AWO, Caritas, Diakonie, etc.) können ohne weitere Zulassung im Rahmen des § 45b Abs. 1 Satz 3 Nr. 3 SGB XI und damit auch im Zwölften Buch Sozialgesetzbuch Leistungen erbringen und mit dem Entlastungsbetrag abrechnen. Inhaltlich können und dürfen sie alle die Inhalte erbringen, die auch nach § 45a SGB XI als Angebote zur Unterstützung im Alltag definiert sind. Für Pflegebedürftige der Pflegegrade 2 bis 5 werden die erstattungsfähigen Leistungen auf diejenigen beschränkt, die nicht im Bereich der Selbstversorgung stattfinden. Die Selbstversorgung wird in § 14 Abs. 2 Nr. 4 SGB XI legal definiert und umfasst unter anderem das Waschen, die Toilettenbenutzung, das An- und Auskleiden, die Nahrungsaufnahme sowie das Trinken.

Der Ausschluss dieser Leistungen aus dem Bereich des Entlastungsbetrags soll dazu führen, dass die Zielsetzung des Entlastungsbetrags tatsächlich erreicht wird.

Aufgabe und Zielsetzung des Entlastungsbetrages kann wie folgt umschrieben werden:

„Als entlastende Alltagshilfen [...] kommen beispielsweise Serviceleistungen im Bereich des Haushalts oder der unmittelbaren häuslichen Umgebung, die Übernahme von Fahr- und Begleitdiensten, Einkaufs- und Botengänge, die Beratung und praktische Hilfe bei Anträgen und Korrespondenzen oder die organisatorische Unterstützung bei der Bewältigung nur vorübergehend auftretender Alltagsanforderungen wie etwa bei einem Umzug in eine kleinere, altersgerechte Wohnung in Betracht."[266]

Nach der Gesetzesbegründung sollen Serviceangebote für haushaltsnahe Dienstleistungen insbesondere der Unterstützung bei der hauswirtschaftlichen Versorgung und der Bewältigung von sonstigen Alltagsanforderungen im Haushalt dienen. Erfasst werden sollen sowohl regelmäßig als auch unregelmäßig anfallende Aufgaben im Haushalt, wie etwa das Reinigen der Wohnung und der Wäsche, das Erledigen von Einkäufen oder der Fahrdienst zu Arzt- und sonstigen Terminen. Umfasst sein können aber auch Botengänge beispielsweise zu Post, Apotheke oder Behörden, Unterstützungsleistungen bei der Korrespondenz mit Behörden, Banken oder Versicherungen sowie Hilfen bei einem pflegebedingt notwendigen Umzug.[267] [...]

Bei diesen Entlastungsleistungen sollen nicht allgemein übliche Kosten finanziert werden, die auch sonst alltäglich im Haushalt anfallen, sondern nur solche Leistungen, die die Pflegeperson tatsächlich von ihrer Pflegetätigkeit entlastet. Ziel der Leistungen ist es jeweils

- die Pflegeperson zu entlasten oder
- durch Betreuungsangebote die pflegebedürftige Person in ihrer Selbstständigkeit zu stärken.

Im Pflegeversicherungsrecht erfolgt die Bewilligung eines Entlastungsbetrages als Kostenerstattung. Der Nachweis entstandener Aufwendungen dient dazu, dass der Entlastungsbetrag nicht zu einer pauschalen Pflegegelderhöhung führt.[268]

Gemäß § 45a Abs. 2 Satz 2 SGB XI können die Leistungen des § 45a Abs. 1 SGB XI innerhalb des jeweiligen Kalenderjahres in Anspruch genommen werden; wird die Leistung in einem Kalenderjahr nicht ausgeschöpft, kann der nicht verbrauchte Betrag in das folgende Kalenderhalbjahr übertragen werden. Wenn auch die gesetzliche Regelung von einem monatlichen Anspruch spricht, so ist es im Recht der Pflegeversicherung dennoch nicht erforderlich, die Leistungen monatsweise abzurufen, um sie in voller Höhe ausschöpfen zu können.

Nicht verbrauchte Leistungen können vielmehr auch in den Folgemonaten in Anspruch genommen werden, also gleichsam „angespart" werden. Ein Vorgriff auf Leistungen für zukünftige Monate ist demgegenüber nicht möglich, weil es für diese an der Fälligkeit im Sinne des § 41 SGB I fehlt.

Aufgrund des Bedarfsdeckungsprinzips ist ein solcher Ansparvorgang in der Sozialhilfe beim Entlastungsbetrag nach § 64i SGB XII nicht denkbar. Die Leistungen beschränken sich auf maximal 125,00 € pro Monat.

---

[266] Vgl. Bundesratsdrucksache 223/14, S. 37.
[267] Vgl. Bundesratsdrucksache 223/14, S. 39.
[268] Obwohl der Gesetzgeber ausdrücklich fordert, dass die pflegebedürftige Person zunächst die Rechnungen oder Quittungen für die durchgeführten Entlastungs- und Betreuungsleistungen einfordern und diese anschließend bei der Pflegeversicherung einreichen, um anschließend eine Kostenerstattung zu erhalten, wird dies in der Praxis in vielen Fällen anders gehandhabt. Oftmals rechnen die Anbieter die Leistungen direkt mit der Pflegekasse ab.

Es soll aber auch in der Sozialhilfe mit dem Entlastungsbetrag - neben der Verhinderungspflege, Kurzzeitpflege und teilstationäre Pflege - eine Entlastung von Pflegepersonen erfolgen. Mit der Ausgestaltung als zusätzliche Leistung soll Pflegepersonen die Möglichkeit eröffnet werden, insbesondere niedrigschwellige Angebote in Anspruch nehmen zu können.[269]

Anders als bei Pflegebedürftigen des Pflegegrades 1 (vgl. § 66 SGB XII) ist der Entlastungsbetrag nach § 64i SGB XII nicht für die Inanspruchnahme von Leistungen nach § 64b SGB XII (häusliche Pflegehilfe) oder § 64e SGB XII (Maßnahmen zur Verbesserung des Wohnumfeldes) einsetzbar, weil ein Anspruch für Personen ab dem Pflegegrad 2 auf diese Leistungen ohnehin besteht. Dabei ist nach hier vertretener Auffassung jedoch zu beachten, dass der Entlastungsbetrag für die Leistungskomplexe 31 (Pflegerische Betreuung) und 32 (Hilfe bei der Sicherstellung der selbstverantworteten Haushaltsführung), die von ambulanten Pflegediensten erbracht werden, eingesetzt werden kann und entsprechende Leistungen – auch gegenüber den Pflegediensten – „eingekauft" werden können. Auch in der Sozialhilfe müssen die Kosten jedoch nachgewiesen werden, denn es handelt sich nicht um eine pauschale Leistung.

Es ist weiter fraglich, inwieweit diese Angebote wie im Bereich der Pflegeversicherung zertifiziert sein müssen. Gegen die ausschließliche Inanspruchnahme von zertifizierten Diensten spricht, dass nur in § 64i Satz 2 Nr. 3 SGB XII Bezug auf die zertifizierten Unterstützungsangebote im Sinne des § 45a SGB XI genommen wird. Daraus folgt, dass die Betreuungsangebote nach § 64i Satz 2 Nr. 1 und Nr. 2 SGB XII keiner Zertifizierung bedürfen und der Sozialhilfeträger bei der Inanspruchnahme von entlastenden Dienstleistungen großzügiger agieren kann.[270]

Für diese Sichtweise spricht auch, dass die mit dem Entlastungsbetrag honorierten Tätigkeiten keine pflegerische oder besonders qualifizierte Ausbildung erfordern. So kann beispielsweise eine Pflegefachkraft die im Leistungskomplex 31 enthaltene Leistung „Unterstützung bei Spiel und Hobby" oder Botengänge nicht besser oder anders ausführen, als dies eine Privatperson kann. Im Folgenden würde sich weiter die Frage stellen, mit welcher Wertigkeit die von einer Privatperson getätigten Leistungen honoriert werden. Maßstab kann hier die Untergrenze des Mindestlohns sein (vgl. Mindestlohnanpassungsverordnung).

Die Abrechnung von Leistungen, die im Rahmen des Entlastungsbetrages erbracht werden, müssen nachgewiesen (Quittungen, Rechnungen, Glaubhaftmachung von Leistungen) werden. Der Entlastungsbetrag wird nicht pauschaliert erbracht. Dafür spricht bereits der Wortlaut der Norm, wonach der Entlastungsbetrag „bis zu" 125,00 € monatlich betragen kann.

Der Entlastungsbetrag im Rahmen des 7. Kapitels SGB XII wird nicht erbracht, wenn die Voraussetzungen für den Entlastungsbetrag aus der Pflegeversicherung vorliegen (vgl. § 63b Abs. 2 Satz 2 Halbsatz 1 SGB XII, § 45b Abs. 3 SGB XI). Da dieser sogar ange-

---

[269] Vgl. Bundestagsdrucksache 18/9818, S. 97.
[270] In diesem Sinne auch: Meßling, JurisPK-SGB XII, § 64i SGB XII, Rn. 19.

spart werden kann und ebenfalls mindestens 125,00 € beträgt, kommt ein Entlastungsbetrag nach § 64i, § 66 SGB XII, der höchstens 125,00 € monatlich betragen kann, bei einem gleichzeitigen Anspruch gegenüber der Pflegeversicherung für Sozialhilfeempfänger grundsätzlich nicht in Betracht. Insofern stellt § 63b Abs. 2 Satz 2 Halbsatz 1 SGB XII eine Spezialregelung zum Nachranggrundsatz dar.

Den Entlastungsbetrag im Rahmen des 7. Kapitels SGB XII kann damit nur in Anspruch genommen werden, wenn Leistungen der Pflegeversicherung nicht erbracht werden können oder ein nicht zertifiziertes Angebot finanziert werden soll.

Auf alle übrigen Leistungen der Sozialhilfe wird der Entlastungsbetrag nicht angerechnet (vgl. § 63b Abs. 2 Satz 2 Halbsatz 2 SGB XII) und kann somit neben anderen Leistungen wie z. B. Pflegegeld oder häusliche Pflegehilfe erbracht werden. Da der Entlastungsbetrag der Pflegeversicherung gemäß § 45b Abs. 1 Satz 3 SGB XII auch für die Inanspruchnahme von Leistungen der Tages- oder Nachtpflege, Leistungen der Kurzzeitpflege sowie Leistungen der ambulanten Pflegedienste eingesetzt werden kann, stellt diese Regelung eine Ausnahme vom Nachrangprinzip der Sozialhilfeleistungen dar.

Eine gleichzeitige Inanspruchnahme von durch die Pflegekasse finanzierten zertifizierten Angeboten und vom Sozialhilfeträger finanzierten nicht zertifizierten Angeboten kommt nach hier vertretener Auffassung dennoch nicht in Frage. Dies würde das vom Sozialhilfeträger zu beachtende Nachrangprinzip unterlaufen. Die hilfebedürftige Person kann den konkreten Bedarf durch die Inanspruchnahme der Leistungen der Pflegekassen decken. Eine darüber hinausgehende Inanspruchnahme von weiteren nicht zertifizierten Pflegepersonen und Leistungen führt zu einer nicht gewollten Bedarfsüberdeckung.[271]

Nach hier vertretener Auffassung kann der Sozialhilfeträger die leistungsberechtigte Person (ab Pflegegrad 2) nicht auffordern, den Entlastungsbetrag der Pflegeversicherung zur Bestreitung der Kosten der häuslichen Pflegehilfe nach § 36 SGB XI einzusetzen, um hierdurch aufstockende Leistungen des Sozialhilfeträgers nach § 64b, § 63b Abs. 1 SGB XII zu senken:

Grundsätzlich haben die leistungsberechtigten Personen im Elften Buch Sozialgesetzbuch ein Wunsch- und Wahlrecht (§§ 2-4 SGB XI). Dieses Recht ist faktisch eingeschränkt, soweit zusätzlich Sozialhilfeleistungen bezogen werden.

Zum Beispiel kann die leistungsberechtigte Person von der Pflegekasse zwar Pflegegeld nach § 37 SGB XI in Anspruch nehmen; bei der Bitte an den Sozialhilfeträger, die Kosten der häuslichen Pflegehilfe zu übernehmen, wird der Sozialhilfeträger unter Hinweis auf den Nachranggrundsatz aus § 2 SGB XII und § 63b Abs. 1 SGB XII den Antrag ablehnen. Auch aus § 63b Abs. 6 Satz 1 SGB XII ist die Schlussfolgerung zu ziehen, dass Pflegebedürftige zunächst die Pflegesachleistungen der Pflegeversicherungen in vollem Umfang in Anspruch nehmen müssen. Denn hiervon gibt es nur die für das Arbeitgebermodell geregelte Ausnahme.

---

[271] A.A. Meßling, JurisPK-SGB XII, § 63b SGB XII, Rn. 28.

Die leistungsberechtigte Person muss also vorrangig die Leistungen der Pflegekasse in Anspruch nehmen und damit den Sozialhilfeträger finanziell entlasten. Es ist nicht die Aufgabe des Sozialhilfeträgers, teure Pflegeleistungen zu finanzieren, für die originär die Pflegekasse zuständig ist. Ebenso müsste die leistungsberechtigte Person auf einen Umwandlungsanspruch nach § 45a Abs. 4 SGB XI verzichten, ehe (aufstockende) Leistungen der häuslichen Pflege nach § 64b SGB XII zu erbringen sind.

Dieses Prinzip gilt gerade für den Entlastungsbetrag nicht. Der Gesetzgeber hat sowohl in § 45b Abs. 3 SGB XII als auch in § 63b Abs. 2 Satz 2 SGB XII geregelt, dass der Entlastungsbetrag „neben" den übrigen Leistungen zum Einsatz kommt; es gibt hier weder eine Kürzung noch eine Anrechnung auf andere Pflegeleistungen (Ausnahme: der Entlastungsbetrag selbst). Damit besteht hinsichtlich des Entlastungsbetrages gerade kein Vorrang-Nachrang-Verhältnis. Der Entlastungsbetrag soll unabhängig von anderen Leistungen in Anspruch genommen werden, so dass er als selbständige Leistung konzipiert ist. Innerhalb der Rechtsnormen von § 45a und § 45b SGB XI gibt es auch keine Hinweise auf eine Rangfolge, für die der Entlastungsbetrag einzusetzen ist. Nach Sinn und Zweck des Entlastungsbetrages soll die pflegebedürftige Person selbst entscheiden, wie eine Entlastung der Pflegeperson oder eine höhere Selbstständigkeit der eigenen Person erreicht werden kann. Auch dies spricht für eine eigene Wahlentscheidung, ohne dass der Sozialhilfeträger hierauf Einfluss nehmen könnte.

Im Ergebnis ist also festzustellen:

Obwohl der Entlastungsbetrag gemäß § 45b Abs. 1 Satz 3 SGB II für Leistungen der ambulanten Pflegedienste – aber auch für teilstationäre Pflege sowie Kurzzeitpflege – eingesetzt werden kann und es sich damit um eine gleichartige Leistung zu den Sozialhilfeleistungen handeln kann, wird der Sozialhilfeträger aufgrund der Konzeption des Entlastungsbetrages als eigenständige Leistung (Schlussfolgerung aus § 45b Abs. 3 und § 63b Abs. 2 Satz 2 SGB II) den Pflegebedürftigen nicht verpflichten können, den Entlastungsbetrag der Pflegeversicherung für die Leistungen nach § 45b Abs. 1 Satz 3 SGB II einzusetzen. Nur bei einer tatsächlichen und freiwilligen Inanspruchnahme des Entlastungsbetrages der Pflegeversicherung muss der Sozialhilfeträger den sich ergebenden Bedarf nicht übernehmen.

Der oben beschriebenen Entlastungsbetrag kann gemäß § 66 SGB XII ebenfalls für Personen des Pflegegrades 1 bewilligt werden. Im Vergleich zum Entlastungsbetrag nach § 64i SGB XII kann er gemäß § 66 Satz 2 Nr. 3 SGB XII zusätzlich in Anspruch genommen werden für

a) Leistungen der häuslichen Pflegehilfe im Sinne des § 64b,
b) Maßnahmen zur Verbesserung des Wohnumfeldes nach § 64e,
c) anderen Leistungen nach § 64f oder
d) Leistungen zur teilstationären Pflege im Sinne des § 64g.

Entsprechendes gilt im Recht der Pflegeversicherung gemäß § 28a Abs. 2 SGB XI.

Ein weiterer Unterschied zu § 64i SGB XII besteht darin, dass der Entlastungsbetrag nach § 66 SGB XII nicht im Rahmen stationärer Leistungen in Frage kommen kann.

Exkurs Umwandlungsanspruch gegenüber der Pflegeversicherung zugunsten von Entlastungs- und Betreuungsleistungen

Hinsichtlich des in § 63b Abs. 1 SGB XII und § 63b Abs. 2 Satz 2 SGB XII statuierten Nachrangs der Sozialhilfeleistungen gegenüber entsprechenden Leistungen der Pflegeversicherung ist zusätzlich darauf hinzuweisen, dass eine pflegebedürftige Person gegenüber der Pflegeversicherung gemäß § 45a Abs. 4 SGB XI einen sogenannten Umwandlungsanspruch hat. Danach können nicht ausgeschöpfte Sachleistungsansprüche (häusliche Pflegehilfe) nach § 36 SGB XI für die oben beschriebenen Entlastungs- und Betreuungsangebote (Angebote zur Unterstützung im Alltag) eingesetzt werden, sofern diese nach Landesrecht zugelassen sind.

Im Gegensatz zum Entlastungsbetrag, der im Zusammenhang mit der Inanspruchnahme von Leistungen der Tages- oder Nachtpflege, der Kurzzeitpflege, der ambulanten Pflegedienste oder von Angeboten zur Unterstützung im Alltag genutzt werden kann, kann der Umwandlungsanspruch lediglich zur Finanzierung von Angeboten zur Unterstützung im Alltag in Anspruch genommen werden. Dies erscheint auch sinnvoll, da die Leistungen der Tages- und Nachtpflege sowie der Kurzzeitpflege in den §§ 41, 42 SGB XI umfassend geregelt sind. Eine Umwandlung der Pflegesachleistungen nach § 36 SGB XI zugunsten dieser Leistungen widerspräche dem Zweck dieser Normen. Denn diese sollen gerade dann die Pflege sicherstellen, wenn die häusliche Pflege auch mit Leistungen nach § 36 SGB XI nicht in ausreichendem Umfang sichergestellt beziehungsweise die häusliche Pflege zeitweise nicht, noch nicht oder nicht im erforderlichen Umfang erbracht werden kann.

Der Umwandlungsanspruch kann von Pflegebedürftigen der Pflegegrade 2 bis 5 auf Antrag in Anspruch genommen werden, wenn sie sich in häuslicher Pflege befinden. Die Beschränkung hinsichtlich der Pflegegrade ergibt sich schon deshalb, weil Pflegebedürftige des Pflegegrades 1 keine Pflegesachleistungen nach § 36 SGB XI beziehen können.

Eine Umwandlung kann nur erfolgen, soweit in dem entsprechenden Monat die Pflegesachleistung nach § 36 SGB XI nicht in vollem Umfang ausgeschöpft wird.

Beispiele

- *A ist pflegebedürftig und wurde in Pflegegrad 3 eingestuft. Die häusliche Pflege erfolgt zum Teil durch einen ambulanten Pflegedienst, welcher insbesondere die körperbezogenen Pflegemaßnahmen durchführt. B übernimmt die Betreuung und sonstige notwendige Pflege, die nicht durch den Pflegedienst abgedeckt ist. Die Kosten für den ambulanten Pflegedienst betragen monatlich 1.000,00 €.*

  Zur Entlastung des B soll ein Angebot zur Unterstützung im Alltag genutzt werden. Die Kosten dafür belaufen sich monatlich auf 423,00 €. Um dieses zu finanzieren, kann A nun den Entlastungsbetrag nach § 45b SGB XI in Höhe von 125,00 € in Anspruch nehmen und zusätzlich die nicht verwendeten Mittel der Pflegesachleistung in Höhe von 298,00 € (1.298,00 €, welche gemäß § 36 Abs. 3 Nr. 2 SGB XI den Höchstleistungsbetrag darstellen abzüglich 1.000,00 €, welche bereits als Sachleistung in Anspruch genommen wurden) verwenden, um so die Kosten vollumfänglich zu decken.

Zusätzlich ist der Anspruch der Höhe nach ebenfalls insoweit begrenzt, dass maximal 40 Prozent des jeweiligen Höchstleistungsbetrags, welcher in § 36 SGB XI festgelegt ist, umwandlungsfähig sind.

- *Der ambulante Pflegedienst führt zur Pflege des A nun weniger Leistungen aus. Daher betragen die monatlichen Kosten 584,00 €. A nimmt jedoch sowohl ein Betreuungsangebot als auch ein Angebot zur Entlastung von Pflegenden in Anspruch, sodass monatliche Aufwendungen in Höhe von 774,00 € entstehen. Zur Finanzierung möchte A wiederum den Entlastungsbetrag und den Umwandlungsanspruch nutzen. Nach § 36 Abs. 3 Nr. 2 SGB XI werden 714,00 € nicht ausgeschöpft. Diese könnte A umwandeln. Dem steht jedoch die Höchstgrenze von 40 Prozent entgegen, sodass A maximal 519,20 € umwandeln kann. Somit kann A 644,20 € (125,00 € zuzüglich 519,20 €) von der Pflegekasse im Rahmen der Kostenerstattung erhalten und muss 129,80 € selber aufbringen.*

- *Eine Umwandlung nach § 45a Abs. 4 SGB XI ist auch dann möglich, wenn Pflegebedürftige Kombinationsleistungen im Sinne des § 38 SGB XI erhalten. Im Rahmen der Ermittlung des anteiligen Pflegegeldes gilt die Kostenerstattung als Inanspruchnahme der Sachleistung nach § 36 SGB XI.*

A bezieht dieselben Leistungen des ambulanten Pflegedienstes und der Angebote zur Unterstützung im Alltag wie im vorherigen Beispiel. Somit nimmt A 45 Prozent des ihm zustehenden Höchstleistungsbetrags für den ambulanten Pflegedienst in Anspruch (584,00 € von 1.298,00 €). Weitere 40 Prozent nutzt er im Rahmen der Kostenerstattung (519,20 € von 1.298,00 €). Im Rahmen der Kombinationsleistung nach § 38 SGB XI gelten folglich 85 Prozent der Pflegesachleistungen als in Anspruch genommen. Somit erhält A ein anteiliges Pflegegeld nach § 37 SGB XI in Höhe von 81,75 € (15 Prozent von 545,00 €, welche gemäß § 37 Abs. 1 Satz 3 Nr. 2 SGB XI den vollen Umfang des Pflegegeldes darstellen).

- Exkurs Ende -

Übernahme der Beiträge der Pflegeperson oder einer besonderen Pflegekraft für eine angemessene Alterssicherung

Gemäß § 64f Abs. 1 SGB XII sind zusätzlich zum Pflegegeld nach § 64a Abs. 1 SGB XII die Aufwendungen für die Beiträge einer Pflegeperson oder einer besonderen Pflegekraft für eine angemessene Alterssicherung zu erstatten, soweit diese nicht anderweitig sichergestellt ist.

Die Übernahme der Kosten für eine angemessene Alterssicherung kommt nur dann in Betracht, wenn die Alterssicherung nicht anderweitig sichergestellt ist. Die Alterssicherung ist bereits sichergestellt, wenn beispielsweise der Ehepartner über eine Altersvorsorge verfügt und die Pflegeperson hierüber abgesichert ist.

Der Vorschrift kommt in der Praxis nur eine geringe Bedeutung zu, weil die Pflegeversicherung für Pflegepersonen, die einen Pflegebedürftigen mit mindestens Pflegegrad 2 pflegen, bereits Einzahlungen in die gesetzliche Rentenversicherung vornimmt und die Pflegeperson – ggf. zusätzlich zur ausgeübten Erwerbstätigkeit – „Rentenpunkte" erwirbt. Mindestvoraussetzung hierfür ist, dass die Pflegeperson den Pflegebedürftigen mindestens 10 Stunden in der Woche, verteilt auf mindestens zwei Tage, pflegt (vgl. § 44 Abs. 1 Satz 3 SGB XI). Außerdem darf die Pflegeperson nicht mehr als 30 Stunden wöchentlich erwerbstätig sein (§ 44 Abs. 1 Satz 1 SGB XI)

Angemessene Alterssicherungsbeiträge sind auch dann zu übernehmen, wenn die Pflegeperson gleichzeitig einer Erwerbstätigkeit nachgeht und hierdurch einen Rentenanspruch erwirbt. Denn in der Zeit, in der die Pflegeleistung erbracht und durchgeführt wird, ist es der Pflegeperson nicht möglich, durch eine Erwerbstätigkeit weitere Rentenanwartschaften zu erwerben. Für die aufgewendete Pflegezeit soll der Pflegeperson also Ersatz für entgangene Anwartschaften in der Altersvorsorge zugutekommen.[272]

Sofern eine Alterssicherung im Sinne des § 64f Abs. 1 SGB XII in Frage kommt, ist die Angemessenheit nach Art der Alterssicherung im Hinblick auf die sie garantierende Institution und nach der Höhe der zu erwartenden Leistungen sowie nach den entstehenden Kosten zu beurteilen. Als Maßstab und Richtschnur kann hier von einer freiwilligen Versicherung in der gesetzlichen Rentenversicherung nach § 7 SGB VI ausgegangen werden. Auch der Abschluss einer privaten Lebens- oder Rentenversicherung kann der Art nach angemessen sein. Anhaltspunkte für die Höhe der zu entrichtenden Beiträge können der Regelung über die Leistungen zur sozialen Sicherung der Pflegeperson in § 44 SGB XI entnommen werden.[273]

Beispiel

Der 55jährige S pflegt als nicht erwerbsmäßig tätige Pflegeperson seine Mutter und erhält hierfür Pflegegeld nach § 64a SGB XII. Leistungen der Pflegekasse werden für die Mutter, für die der Pflegegrad 4 festgestellt worden ist, (rechtmäßig) nicht erbracht. Um die Pflege für seine Mutter sicherzustellen, hat S seine wöchentliche Arbeitszeit von 25 Stunden auf 15 Stunden reduziert. Er fragt bei dem zuständigen Sozialhilfeträger an, ob Beiträge für eine angemessene Alterssicherung nach § 64f Abs. 1 SGB XII übernommen werden können. Seine eigene zu erwartende Altersrente liegt knapp unterhalb des durch die Sozialhilfe zu sichernden Lebenshaltungsniveaus.

Die Übernahme von angemessenen Rentenversicherungsbeiträgen kommt aufgrund des Nachranggrundsatzes nur selten in Frage. Auch hier kann die Auffassung vertreten werden, dass Alterssicherungsbeiträge nicht übernommen werden, weil die Pflegeperson bereits eine Alterssicherung besitzt.

---

[272] Vgl. Hessisches LSG, Urteil vom 05.07.2017, L 4 SO 139/16, juris, Rn. 23.
[273] Vgl. Hessisches LSG, Urteil vom 05.07.2017, L 4 SO 139/16, juris, Rn. 20; vgl. H. Schellhorn in Schellhorn/Schellhorn/Hohm, Rn. 23 und 24 zu § 65 SGB XII; Meßling in jurisPK-SGB XII, Rn. 55 ff. zu § 65 SGB XII.

Gleichwohl ist es im konkreten Fall nachvollziehbar, wenn im Umfang der Stundenreduzierung für eine Alterssicherung gesorgt wird. Dafür spricht der Pflegegrad 4 und die daraus resultierende Notwendigkeit, wegen der Pflege die Arbeitstätigkeit zu reduzieren, so dass die hierdurch reduzierten Rentenansprüche ausgeglichen werden sollen. Auf diese Weise wird eine angemessene Alterssicherung sichergestellt, welche die Zielrichtung der Norm ist, wenn durch Pflegeleistungen die Alterssicherung nicht mehr ausreichend gewährleistet ist. Für die Übernahme zusätzlicher Alterssicherungsbeiträge spricht auch, dass diese ebenfalls im Recht der Pflegekasse übernommen werden, wenn die Pflegeperson weniger als 30 Stunden erwerbstätig ist (vgl. § 44 Abs. 1 S. 1 SGB XI).

In erster Linie bieten sich – wie bei der Pflegekasse nach § 44 SGB XI – „freiwillige" Rentenzahlungen oder sog. Sonderzahlungen (vgl. § 187a SGB VI) in die gesetzliche Rentenversicherung des S an. Zu beachten ist allerdings, dass freiwillige Rentenversicherungsbeiträge an die gesetzliche Rentenversicherung bei gesetzlich Pflichtversicherten nicht möglich sind. Insofern ist vorrangig zu prüfen, ob „Sonderzahlungen"[274] als Ausgleich für eine vorzeitige Altersrente in Frage kommen. Dies ist von S und/oder dem Sozialhilfeträger zu klären. Alternativ kommen Zahlungen in ein anerkanntes Altersvorsorgeprodukt (z. B. ein „Riester-Vertrag") in Frage.

Empfänger der Leistung ist der Pflegebedürftige, nicht die Pflegeperson. Mit dem Einverständnis des Pflegebedürftigen können die Beiträge aber direkt an die Pflegeperson gezahlt werden. Diese Beiträge können dann den Betrag erstatten, den die Pflegeperson seinerseits an die gesetzliche Rentenversicherung oder an eine private Altersvorsorgeeinrichtung entrichtet. Alternativ ist zu überlegen, ob mit dem Einverständnis der pflegebedürftigen Person und der Pflegeperson freiwillige Vorsorgezahlungen direkt an den Anbieter der Vorsorgeleistung entrichtet werden.

Entscheidend für die Höhe der zu zahlenden Beiträge ist in erster Linie der Umfang der von der Pflegeperson geleisteten Pflege. Der Träger der Sozialhilfe kann sich an den in der Pflegeversicherung geltenden Regelungen (§ 44 SGB XI) orientieren. Maßstab ist insbesondere der Pflegegrad, weil unterstellt wird, dass mit höherem Pflegegrad auch der Zeitumfang der Pflege zunimmt.

Allerdings sollte der Sozialhilfeträger nur die durch die Arbeitsaufgabe entfallenen Alterssicherungsbeiträge übernehmen. Im Gegensatz zur Pflegeversicherung gilt für den Sozialhilfeträger das Bedarfsdeckungsprinzip, so dass nur ausgefallene Beiträge zu übernehmen sind. Die Pflegeversicherung verfolgt einen anderen Ansatz, der großzügiger ausgestaltet ist, weil Anreize für die Pflegepersonen gegeben werden sollen. Dort erhält die Pflegeperson entsprechend des Pflegegrades Entgeltpunkte in der gesetzlichen Rentenversicherung. Dieser großzügige Ansatz gilt im Sozialhilferecht nicht.

---

[274] § 187a SGB VI sieht eine Kompensation der mit einer vorzeitigen Inanspruchnahme einer Altersrente eintretenden Rentenminderung unter der Voraussetzung vor, dass ganz oder teilweise die Zahlung von Ausgleichsbeiträgen erfolgt. Nach § 187a Abs. 1 Satz 1 SGB VI können Beiträge längstens bis zum Erreichen der Regelaltersgrenze (§§ 35, 235 SGB VI) zum Ausgleich der Rentenminderung bei vorzeitiger Inanspruchnahme einer Rente wegen Alters gezahlt werden. Später wird erklärt, dass entgegen der Planung keine vorzeitige Inanspruchnahme der Vollrente angestrebt wird. Die eingezahlten Beiträge bleiben dem Versicherten erhalten, so dass sich seine Rente erhöht. Ausgleichsbeiträge können nur bis zu der Höhe gezahlt werden, die sich nach der Rentenauskunft (§ 109 Abs. 4 Nr. 4 SGB VI) als höchstmögliche Minderung an persönlichen Entgeltpunkten durch eine vorzeitige Inanspruchnahme einer Rente wegen Alters ergibt.

Anhaltspunkte für die Bemessung der angemessenen Alterssicherungsbeiträge bietet § 44 SGB XI i. V. m. § 166 Abs. 2 SGB VI. Danach gelten als beitragspflichtige Einnahmen der nicht erwerbsmäßig tätigen Pflegeperson 70 Prozent der Bezugsgröße bei ausschließlichen[275] Bezug von Pflegegeld, wenn bei der pflegebedürftigen Person ein Pflegegrad 4 festgestellt worden ist.

Die Bezugsgröße des § 18 SGB IV beträgt im Jahr 2020 3.185,00 €. Die Pflegeperson muss also so gestellt werden, als würde sie jeden Monat 70 v. H. der Bezugsgröße verdienen. Dies sind mithin 70 v. H. mal 3.185,00 € gleich 2.229,50 €/Monat.

Da der aktuelle Beitragssatz in der gesetzlichen Rentenversicherung 18,6 v. H. beträgt, belaufen sich die monatlichen Rentenversicherungsbeiträge auf 414,68 € (2.229,50 € mal 18,6 v. H.).

Der Sozialhilfeträger übernimmt aufgrund des Bedarfsdeckungsprinzips nur den durch die Pflege notwendig gewordenen Alterssicherungsbeitrag. S hat seine Arbeitszeit um 40 v. H. reduziert. Der dadurch eingetretene Verlust der Alterssicherung ist durch den Träger der Sozialhilfe zu kompensieren. Mithin sind 40 v. H. mal 414,68 € gleich 165,87 € als Zahlungen in ein Altersvorsorgeprodukt zu übernehmen.

Sofern dieser Betrag monatlich für das ganze Jahr an die gesetzliche Rentenversicherung überwiesen wird, werden für das Jahr 2020 Entgeltpunkte in der gesetzlichen Rentenversicherung im Umfang von 0,2639 erworben. Dies entspricht einer (zusätzlichen) monatlichen Rente von 8,72 €.

Anmerkung: Dieser Betrag ist bei etwaigen Sozialhilfeleistungen an S nicht als Einkommen anrechenbar, weil es sich um freiwillige Altersvorsorgezahlungen im Sinne von § 82 Abs. 4, Abs. 5 SGB XII handelt.

Häusliche Pflegehilfe - Übernahme der Kosten für eine Pflegekraft

Unter „häuslicher Pflegehilfe" ist der Einsatz von ambulanten Pflegediensten wie z. B. die „Diakonie", „AWO" oder „Rotes Kreuz" zu verstehen, die ihrerseits ausgebildete Pflegekräfte beschäftigen. Neben dem Pflegegeld für „ehrenamtlich" tätige Pflegepersonen handelt es sich um die in der Praxis am häufigsten gewählte Pflegeleistung und damit um die wichtigste und umfangreichste Leistung im Rahmen der häuslichen Pflege[276].

Die häusliche Pflegehilfe ist in § 64b SGB XII geregelt. Gemäß § 64b Abs. 1 Satz 1 SGB XII haben Pflegebedürftige der Pflegegrade 2, 3, 4 oder 5 Anspruch auf körperbezogene Pflegemaßnahmen und pflegerische Betreuungsmaßnahmen sowie auf Hilfen bei der Haushaltsführung als Pflegesachleistung (häusliche Pflegehilfe), soweit die häusliche Pflege nach § 64 nicht sichergestellt werden kann.

---

[275] Sollten bei der Pflegekasse Kombinationsleistungen nach § 38 SGB XI gewählt worden sein oder sollte gleichzeitig der Bezug von Pflegesachleistungen notwendig werden, sinkt der Prozentwert. Fallabhängig ist also Bezug auf § 166 Abs. 2 SGB VI zu nehmen.

[276] Vgl. zu dieser Einschätzung auch Meßling in jurisPK-SGB XII, Rn. 31 zu § 65 SGB XII; Krahmer/Sommer in LPK-SGB XII, Rn 10 zu § 65 SGB XII; Lachwitz in Fichtner/Wenzel, Rn. 25 zu § 65 SGB XII.

Für die Übernahme der hier anfallenden Kosten sind folgende Voraussetzungen zu erfüllen:

- Pflegebedürftige Person mit mindestens dem Pflegegrad 2,
- Inanspruchnahme einer Pflegesachleistung im Sinne des § 36 SGB XI,
- Notwendigkeit der Inanspruchnahme zur Deckung eines pflegerischen Bedarfs (vgl. § 63a SGB XII),
- kein Vorrang der häuslichen Pflege nach § 64 SGB XII durch den Einsatz von Pflegepersonen.

§ 64b SGB XII bezieht sich auf eine **Pflegesachleistung**, die grundsätzlich in § 36 SGB XI näher erläutert ist. Gemäß § 36 Abs. 4 Satz 2 SGB XI wird häusliche Pflegehilfe durch geeignete Pflegekräfte erbracht, die entweder von der Pflegekasse oder bei ambulanten Pflegeeinrichtungen, mit denen die Pflegekasse einen Versorgungsvertrag abgeschlossen hat, angestellt sind. Die Pflegekraft ist im Gegensatz zur Pflegeperson eine erwerbsmäßig pflegende Person mit entsprechender fachlicher Befähigung[277]. Pflegekräfte i. S. dieser Vorschrift sind daher regelmäßig Fachkräfte wie Krankenpflegerinnen und Krankenpfleger, Familienhelferinnen und Familienhelfer, Hauswirtschafterinnen und Hauswirtschafter[278], soweit sie nicht zum Kreis der nahestehenden Personen oder Nachbarn gehören[279].

Im Normalfall vollzieht sich die Pflege im häuslichen Umfeld. Pflegeleistungen durch Pflegekräfte können aber auch an anderen Orten als „zu Hause" erbracht werden. Insofern ist der Begriff „häusliche Pflegehilfe" richtig zu interpretieren. Der Begriff „häusliche Pflegehilfe" ist als Gegenbegriff zur „stationären Pflegehilfe" gewählt worden. Deshalb kommen Leistungen nach § 64b SGB XII nicht in einer stationären Pflegeeinrichtung in Frage, wohl aber an anderen Orten als im eigenen Haushalt (vgl. § 36 Abs. 4 Satz 1 SGB XI). Für die Einstufung als häusliche Pflegehilfe kommt es also nicht auf den Aufenthaltsort des Pflegebedürftigen an, sondern allein auf die Art der Leistung. Wird die Pflege von einem ambulanten Pflegedienst oder einer einzelnen (geeigneten) Pflegekraft durchgeführt, handelt es sich um „häusliche Pflege".[280] Insofern sind Leistungen der häusliche Pflegehilfe beispielsweise am Arbeitsplatz bzw. am Arbeitsort denkbar.

§ 63a SGB XII sieht vor, dass der Sozialhilfeträger den notwendigen pflegerischen Bedarf zu ermitteln und festzustellen hat. Diese Vorschrift ist Ausdruck des Bedarfsdeckungs- und Nachrangprinzips, wonach der Sozialhilfeträger grundsätzlich nur die unerlässlich notwendigen Leistungen zu erbringen hat. § 63a SGB XII gilt daher für sämtliche Pflegeleistungen des Sozialhilfeträgers und insbesondere auch für die häusliche Pflegehilfe nach § 64b SGB XII bei der Beauftragung eines ambulanten Pflegedienstes.

---

[277] Vgl. BSG, Urteil vom 11.12.2007, B 8/9b SO 12/06 R, FEVS 59, 481 = SozR 4-3500 § 21 Nr. 1.
[278] Vgl. BSG, Urteil vom 26.08.2008, B 8/9b SO 18/07 R, FEVS 60, 385 = NVwZ-RR 2009, 287 = EuG 2009, 265.
[279] Vgl. H. Schellhorn in Schellhorn/Schellhorn/Hohm, Rn. 13 zu § 65 SGB XII.
[280] Vgl. SG Karlsruhe, Urteil vom 23.04.2018, S 5 SO 3075/17, juris, Rn. 49.

Die Leistungen nach 64b SGB XII werden nur erbracht, wenn sie erforderlich bzw. notwendig sind. Sie kommen also nur in Frage, wenn die Prüfung des Hilfebedarfs ergibt, dass die pflegebedürftige Person trotz der häuslichen Pflege durch die in § 64 SGB XII genannten Personen weitere Leistungen i. S. des § 64b SGB XII benötigt oder festgestellt wird, dass Leistungen nach § 64b SGB XII erbracht werden müssen, weil die Pflegeperson z. B. nicht das für die Pflege im Einzelfall erforderliche Fachwissen besitzt und deshalb durch eine professionelle Pflegekraft ersetzt werden muss (Pflege durch eine Pflegekraft anstelle der Pflege nach § 64 SGB XII). Insofern ist die häusliche Pflegehilfe eine Sekundärhilfe, die ehrenamtliche Pflege durch Pflegepersonen hingegen eine Primärhilfe.

Die Prüfung des notwendigen Pflegebedarfs bezieht sich sowohl auf den Inhalt als auch auf den Umfang von möglichen Pflegeleistungen. Die pflegebedürftigen Personen können bestimmte Leistungskomplexe (siehe unten) von den ambulanten Pflegediensten in Anspruch nehmen. Zunehmend werden deshalb beim Sozialhilfeträger angestellte Pflegefachkräfte den konkreten Bedarf im Einzelfall aus pflegefachlicher Sicht im häuslichen Umfeld ermitteln müssen.

Mit der Einführung des neuen Pflegebedürftigkeitsbegriffs mit Wirkung zum 01.01.2017 ist die Feststellung des notwendigen pflegerischen Bedarfs durch den Sozialhilfeträger noch wichtiger geworden (vgl. § 63a SGB XII), weil mit der Feststellung der Pflegegrade „lediglich" eine Beeinträchtigung der Selbstständigkeit ermittelt wird. Aus der Feststellung der Pflegebedürftigkeit sind daher keine unmittelbaren Rückschlüsse auf den notwendigen Bedarf der Pflegebedürftigen an pflegerischen Leistungen möglich (im Gegensatz zu früheren gutachtlichen Feststellungen des medizinischen Dienstes bis zum 31.12.2016).

Ist der notwendige pflegerische Bedarf bzw. sind die im Einzelfall notwendigen Leistungskomplexe ermittelt worden, ergeben sich durch die den Leistungskomplexen zugeordneten Punktwerte auf der Grundlage des Vergütungssystems die anzuerkennenden – angemessenen – Kosten.

Für die Beurteilung der Angemessenheit der Kosten beim Einsatz von anerkannten ambulanten Pflegediensten, die einen Versorgungsvertrag nach § 72 SGB XI haben, ist für die Vergütung von Pflegeleistungen, die sich auf relevante Verrichtungen beziehen, die nach § 89 SGB XI zwischen dem Träger des Pflegedienstes und den Leistungsträgern (Pflegekassen und Träger der Sozialhilfe) geschlossene Vergütungsvereinbarung maßgebend. Dabei erfolgt die Vergütung in der Regel in pauschalierter Form nach sog. Leistungskomplexen. Das Vergütungssystem basiert auf der Festlegung einer pauschalierten Bewertung (Punktwert, z. B. 0,044 €/Punkt) für jeden einzelnen Leistungskomplex unabhängig von Dauer und Leistungsaufwand.

Nachfolgend sind die Leistungskomplexe mit ihren Inhalten und dem jeweiligen Punktwert für das Land Nordrhein-Westfalen dargestellt. Die Leistungskomplexe beschreiben verrichtungsbezogene (und nicht zeitabhängige) Tätigkeiten für pflegebedürftige Personen. Dabei sind einem einzelnen Leistungskomplex die Leistungsart und verschiedene Leistungsinhalte zugeordnet. Welche Leistungskomplexe mit welcher Bewertung abgerechnet werden können, ergibt sich aus den jeweiligen Versorgungsverträgen und Vergütungsvereinbarungen mit den einzelnen Anbietern (Pflegediensten). Bei gleichzeitiger Erbringung von mehreren Leistungskomplexen sind - soweit möglich - die verbundenen Leistungskomplexe 18 bis 26 oder 29 abzurechnen.

Die entsprechend dem Leistungskatalog vereinbarten Leistungsinhalte richten sich nach dem individuellen Pflegebedarf, den Selbstpflegemöglichkeiten des Pflegebedürftigen sowie den Möglichkeiten und Fähigkeiten der beteiligten Pflegepersonen.

Übersicht über die Leistungskomplexe NRW

Leistungskomplex	Leistungsart	Leistungsinhalte	Punkte	Erläuterungen
1	**Ganzwaschung** ist in einem Einsatz nicht abrechnungsfähig mit LK 2, 15a - 21, 23 - 29	1. Waschen, Duschen, Baden 2. Mund-, Zahn- und Lippenpflege 3. Rasieren 4. Hautpflege 5. Haarpflege 6. Nagelpflege 7. An- und Auskleiden 8. Vorbereiten/Aufräumen des Pflegebereiches 9. Zusätzlich anleitende, motivierende und/oder auffordernde Pflege zur Erhaltung und Stärkung der Selbstversorgungspotentiale	426	Ganzkörperwaschung soweit notwendig, mindestens Ober- und Unterkörper
2	**Teilwaschung** ist in einem Einsatz nicht abrechnungsfähig mit LK 1, 15a - 21, 23 - 29	1. Teilwaschung (z. B. Intimbereich) 2. Mund-, Zahn- und Lippenpflege 3. Rasieren 4. Hautpflege 5. Haarpflege 6. Nagelpflege 7. An- und Auskleiden 8. Vorbereiten/Aufräumen des Pflegebereiches 9. Zusätzlich anleitende, motivierende und/oder auffordernde Pflege zur Erhaltung und Stärkung der Selbstversorgungspotentiale	228	Teilkörperwaschung (Ober- und Unterkörper) soweit notwendig oder mindestens Waschung des Intimbereiches

3	**Ausscheidung** ist in einem Einsatz nicht abrechnungsfähig mit LK 16 - 21, 23 - 28	1. Utensilien bereitstellen, anreichen 2. zur Toilette führen 3. Unterstützung und allgemeine Hilfestellung 4. Überwachung d. Ausscheidung 5. Entsorgen, Reinigen des Gerätes und des Bettes 6. Katheterpflege 7. Empfehlung zum Kontinenz-training, Inkontinenzversorgung 8. Nachbereiten des Pflegebedürftigen, ggf. Intimpflege 9. Zusätzlich anleitende, motivierende und/oder auffordernde Pflege zur Erhaltung und Stärkung der Selbstversorgungspotentiale	104	
4	**Selbstständige Nahrungsaufnahme** ist in einem Einsatz nicht abrechnungsfähig mit LK 5, 16 - 18, 20, 24 - 28	1. Mundgerechtes Vorbereiten der Nahrung 2. Lagern und Vorbereiten des Pflegebedürftigen 3. Entsorgen der benötigten Materialien 4. Säubern des Arbeitsplatzes 5. Kenntnisvermittlung (keine Ernährungsberatung) über richtige Ernährung (z. B. Diabetiker), ausreichende Flüssigkeitszufuhr incl. Beratung über Esshilfen 6. Zusätzlich anleitende, motivierende und/oder auffordernde Pflege zur Erhaltung und Stärkung der Selbstversorgungspotentiale	104	

5	**Hilfe bei der Nahrungsaufnahme** ist in einem Einsatz nicht abrechnungsfähig mit LK 4, 15a - 18, 20, 24, 27, 28	1. Mundgerechtes Vorbereiten der Nahrung 2. Lagern und Vorbereiten des Pflegebedürftigen 3. Darreichung der Nahrung 4. Entsorgen der benötigten Materialien 5. Säubern des Arbeitsplatzes 6. Versorgung des Pflegebedürftigen (Hygiene im Zusammenhang mit der Nahrungsaufnahme) 7. Kenntnisvermittlung (keine Ernährungsberatung) über richtige Ernährung (z. B. Diabetiker), ausreichende Flüssigkeitszufuhr incl. Beratung über Esshilfen 8. Zusätzlich anleitende, motivierende und/oder auffordernde Pflege zur Erhaltung und Stärkung der Selbstversorgungspotentiale	260	
6	**Sonderernährung bei implantierter Magensonde (PEG)**	1. Vorbereiten und Richten der Sondennahrung 2. Sachgerechtes Verabreichen der Sondennahrung 3. Nachbereitung 4. Zusätzlich anleitende, motivierende und/oder auffordernde Pflege zur Erhaltung und Stärkung der Selbstversorgungspotentiale	104	
7	**Lagern/Betten** ist in einem Einsatz nicht abrechnungsfähig mit LK 16 - 18, 20, 23 - 30	1. Richten des Bettes 2. Wechseln der Bettwäsche 3. Körper- und situationsgerechtes Lagern 4. Vermittlung von Lagertechniken, ggf. Einsatz von Lagerungshilfen 5. Zusätzlich anleitende, motivierende und/oder auffordernde Pflege zur Erhaltung und Stärkung der Selbstversorgungspotentiale	104	Lagern umfasst alle Maßnahmen, die dem Pflegebedürftigen das körper- und situationsgerechte Liegen und Sitzen innerhalb und außerhalb des Bettes ermöglichen

8	**Mobilisation** (Mindesteinsatzdauer 15 Minuten; nur als selbständige Leistung abrechenbar) ist in einem Einsatz nicht abrechnungsfähig mit LK 16 - 17, 27 - 29	1. Aufrichten des Pflegebedürftigen im Bett 2. An- / Auskleiden 3. Aufstehen / Zubettgehen 4. Sitz-, Geh- und Stehübungen (ggf. unter Verwendung von Hilfsmitteln), bei Bettlägerigen passives, assistiertes oder aktives, funktionsgerechtes Bewegen 5. Hilfe beim Verlassen und Wiederaufsuchen der Wohnung 6. Hilfe beim Treppensteigen 7. Zusätzlich anleitende, motivierende und/oder auffordernde Pflege zur Erhaltung und Stärkung der Selbstversorgungspotentiale	187	Anfang und Ende der Mobilisation sind zu dokumentieren
9	**Behördengänge und Arztbesuche** ist in einem Einsatz nicht abrechnungsfähig mit LK 16 - 17	Begleiten des Pflegebedürftigen, wenn persönliches Erscheinen bei Behörden oder Ämtern unumgänglich ist	360	
10	**Beheizen des Wohnbereiches** ist in einem Einsatz nicht abrechnungsfähig mit LK 16 - 17	1. Besorgen, entsorgen von Heizmaterial im Wohnungsumfeld 2. Inbetriebnahme des Heizofens (nicht Fernwärme, Gas-Zentralheizung) 3. Leistungskomplex gilt nur für den Wohnbereich des Pflegebedürftigen	60	Leistungsinhalt 1 und/oder 2 sind zu erbringen
11	**Einkaufen** (Abrufempfehlung bis zu 2 x je Woche) ist in einem Einsatz nicht abrechnungsfähig mit LK 15a - 17	1. Zusammenstellen des Einkaufszettels für Gegenstände des täglichen Bedarfs 2. Einkaufen (incl. Arzneimittelbeschaffung) und notwendige Besorgungen (z. B. Bank- und Behördengänge) 3. Unterbringung und Versorgung der eingekauften Lebensmittel 4. Anleitung und Beachtung von Genieß- und Haltbarkeit von Lebensmitteln 5. Ggf. Wäsche zur Reinigung bringen und abholen	150	Einkaufen (auch in mehreren Geschäften)

12	Zubereiten von warmen Speisen ist in einem Einsatz nicht abrechnungsfähig mit LK 16, 17, 27, 28	1. Anleitung zum Umgang mit Lebensmitteln und Vorbereitung der Lebensmittel 2. Zubereiten von warmen Speisen 3. Säubern des Arbeitsbereiches (z. B. Spülen) 4. Entsorgen des verbrauchten Materials	150	
13	Reinigen der Wohnung (Abrufempfehlung alle 14 Tage)	1. Reinigen des allgemeinüblichen Lebensbereiches (z. B. Wohnraum, Bad, Toilette, Küche) 2. Trennen und Entsorgen des Abfalls 3. Keine Grundreinigung	540	
14	Waschen und Pflegen der Wäsche und Kleidung (Abrufempfehlung 1 x wöchentlich)	1. Waschen und trocknen 2. Bügeln 3. Ausbessern 4. Sortieren und einräumen 5. Schuhpflege	360	
15	Hausbesuchs-pauschale (bis zu 2 x je Tag abrechenbar) Eine 3. Abrechnung ist nur in Verbindung mit LK 29 oder 30 möglich. Es besteht insgesamt eine Begrenzung auf max. 3 Hausbesuchspauschalen im Rahmen der Leistungserbringung nach diesem Vertrag pro Tag	1. Anfahrt 2. Dokumentation		Darüber hinaus sind keine weiteren Hausbesuchspauschalen (auch nicht privat) abrechenbar
15a	Erhöhte Haus-besuchspauschale (bis 1 x je Tag; daneben ist Pos. 15 max. 1 x je Tag abrechenbar) Der LK 15a ist ohne Begrenzung bei der Erbringung von LK 31 und/oder 32 abrechenbar	1. Anfahrt 2. Dokumentation bei Abruf von ausschließlich einem der Leistungskomplexe 03, 04, 06 bis 08, 10, 12, 27, 28, 29, 30, 31 oder 32 je Einsatz oder bei Abruf der LK 31 oder LK 32 zusammen mit weiteren Leistungskomplexen in einem Einsatz		Darüber hinaus sind keine weiteren Hausbesuchspauschalen (auch nicht privat) abrechenbar

16	Erstgespräch (vor Aufnahme der Pflege)	1. Erfassung des häuslichen Pflegeumfeldes 2. Feststellung der Pflegeprobleme 3. Feststellung Ressourcen des Pflegebedürftigen 4. Beratung über Kosten, Erstellung Kostenvoranschlag und Erörterung des Pflegevertrages 5. Planung der Pflegeeinsätze 6. Informationen über weitere Hilfen 7. Gespräche mit Angehörigen/Arzt 8. Ganzheitliche Erfassung des häuslichen Pflegeumfeldes (wie z. B. soziale, kultursensible Aspekte) 9. Beratung über Präventions- und Entlastungsangebote 10. Beratung über geeignete Leistungen sowie über Prophylaxen unabhängig von deren rechtliche Zuordnung	1600	
16a	Folgebesuch	Insbesondere Erfassung von Veränderungen im häuslichen Umfeld	900	
17	Beratungsbesuch nach § 37 Abs. 3 SGB XI nach Stufe 1	1. Beratung und Unterstützung der Pflegeperson 2. Pflegeeinsatz mit Beratung des Pflegebedürftigen 3. Prüfung von Pflegehilfsmitteln 4. Hinweise auf Pflegekurse 5. Erstellung einer Ergebnis-Kurzmitteilung 6. incl. Hausbesuchspauschale	Grad 1 Bis zu 23,00 €	Leistungsinhalte 1 bis 5 sind verpflichtend. Der Einsatz ist durch Pflegefachkräfte zu erbringen.
17a	Beratungsbesuch nach § 37 Abs. 3 SGB XI nach Stufe 2	1. Beratung und Unterstützung der Pflegeperson 2. Pflegeeinsatz mit Beratung des Pflegebedürftigen 3. Prüfung von Pflegehilfsmitteln 4. Hinweise auf Pflegekurse 5. Erstellung einer Ergebnis-Kurzmitteilung 6. incl. Hausbesuchspauschale	Grad 2 und 3 Bis zu 23,00 €	Leistungsinhalte 1 bis 5 sind verpflichtend. Der Einsatz ist durch Pflegefachkräfte zu erbringen.

Kapitel 6 - Hilfen nach dem 5. bis 9. Kapitel SGB XII

17b	Beratungsbesuch nach § 37 Abs. 3 SGB XI nach Stufe 3	1. Beratung und Unterstützung der Pflegeperson 2. Pflegeeinsatz mit Beratung des Pflegebedürftigen 3. Prüfung von Pflegehilfsmitteln 4. Hinweise auf Pflegekurse 5. Erstellung einer Ergebnis-Kurzmitteilung 6. incl. Hausbesuchspauschale	Grad 4 und 5 Bis zu 33,00 €	Leistungsinhalte 1 bis 5 sind verpflichtend. Der Einsatz ist durch Pflegefachkräfte zu erbringen.

Verbundene Leistungskomplexe (sog. Verbundkomplexe)

18	Große Grundpflege mit Lagern/Betten und selbstständiger Nahrungsaufnahme	Leistungskomplexe: 01 Ganzwaschung 03 Ausscheidungen 04 Selbstständige Nahrungsaufnahme 07 Lagern/Betten	633	
19	Große Grundpflege	Leistungskomplexe: 01 Ganzwaschung 02 Ausscheidungen	467	
20	Kleine Grundpflege mit Lagern/Betten und selbstständiger Nahrungsaufnahme	Leistungskomplexe: 02 Teilwaschung 03 Ausscheidungen 04 Selbstständige Nahrungsaufnahme 07 Lagern/Betten	467	
21	Kleine Grundpflege	Leistungskomplexe: 02 Teilwaschung 03 Ausscheidungen	301	
22	Große hauswirtschaftliche Versorgung	Leistungskomplexe: 13 Reinigen der Wohnung 14 Waschen und Pflegen der Wäsche und Kleidung	760	
23	Große Grundpflege mit Lagern/Betten	Leistungskomplexe: 01 Ganzwaschung 03 Ausscheidungen 07 Lagern/Betten	540	

24	Große Grundpflege mit Lagern/Betten und Hilfe bei der Nahrungsaufnahme	Leistungskomplexe: 01 Ganzwaschung 03 Ausscheidungen 05 Hilfe bei der Nahrungsaufnahme 07 Lagern/Betten	768	
25	Kleine Grundpflege mit Lagern/Betten	Leistungskomplexe: 02 Teilwaschung 03 Ausscheidungen 07 Lagern/Betten	363	
26	Kleine Grundpflege mit Lagern/Betten und Hilfe bei der Nahrungsaufnahme	Leistungskomplexe: 02 Teilwaschung 03 Ausscheidungen 05 Hilfe bei der Nahrungsaufnahme 07 Lagern/Betten	602	
27	Kleine pflegerische Hilfestellung 1 ist in einem Einsatz nicht abrechnungsfähig mit LK 1 - 15, 16.- 30	1. Hilfe beim Aufsuchen oder Verlassen des Bettes oder anderen Sitz- und Liegegelegenheiten 2. Reinigen von Gesicht und/oder Händen 3. Richten des Bettes 4. Zusätzlich anleitende, motivierende und/oder auffordernde Pflege zur Erhaltung und Stärkung der Selbstversorgungspotentiale	104	
28	Kleine pflegerische Hilfestellung 2 ist in einem Einsatz nicht abrechnungsfähig mit LK 1 - 15, 16 - 30	1. An- und/oder Auskleiden 2. Reinigen von Gesicht und/oder Händen 3. Richten des Bettes 4. Zusätzlich anleitende, motivierende und/oder auffordernde Pflege zur Erhaltung und Stärkung der Selbstversorgungspotentiale	104	Kleiderwechsel in Zusammenhang mit Bettruhe
29	Kleine pflegerische Hilfestellung 3 ist in einem Einsatz nicht abrechnungsfähig mit LK 1, 2, 7, 8, 13, 14, 16 - 28	Leistungskomplexe: 27 Kl. pflegerische Hilfestellung 1 28 Kl. pflegerische Hilfestellung 2	176	Kleiderwechsel in Zusammenhang mit Bettruhe

30	**Kleine pflegerische Hilfestellung 4** ist in einem Einsatz nicht abrechnungsfähig mit LK 7, 13, 14, 16 - 18, 20, 22, 23 - 28	1. Wechseln der Bettwäsche 2. Richten des Bettes	80	Kompletter Wechsel der Bettwäsche
31	**Pflegerische Betreuung** **(Zeitvergütung)** Der LK ist abrechnungsfähig, wenn mindestens eine der Leistungen Begleitung, Unterstützung, Beaufsichtigung oder Hilfen erbracht wurde (ist in einem Einsatz nicht abrechnungsfähig mit LK 15)	**Begleitung: z. B.** 1. Ermöglichung des Besuchs von Freunden und Verwandten, Teilnahme an sonstigen Aktivitäten mit anderen Menschen, 2. Spaziergänge, 3. Begleitung zum Friedhof, Begleitung zu kulturellen, religiösen und Sportveranstaltungen (z.B. Konzert, Theater, Fußballspiel), 4. Behördengänge **Unterstützung: z. B.** 1. Unterstützung bei Spiel und Hobby 2. Unterstützung bei der Versorgung von Haustieren 3. Unterstützung bei emotionalen Problemlagen 4. Unterstützung bei der Kontaktpflege zu Personen 5. Unterstützung bei Vornehmen von in die Zukunft gerichteten Planungen **Beaufsichtigung: z. B.** 1. Anwesenheit, u. a. um Sicherheit zu vermitteln 2. Hilfen zur Verhinderung bzw. Reduzierung von Gefährdungen 3. Orientierungshilfen **Hilfen: z.B.** 1. Hilfen beim Erinnern an wesentliche Ereignisse oder Beobachtungen 2. Hilfen beim Beteiligen an einem Gespräch 3. Hilfe bei der Gestaltung des Tagesablaufs und Anpassung an Veränderungen 4. Hilfen zur Entwicklung und Aufrechterhaltung einer Tagesstruktur 5. kognitiv fördernde Maßnahmen 6. Hilfen zur Durchführung bedürfnisgerechter Beschäftigungen 7. Hilfen zur Einhaltung eines bedürfnisgerechten Tag-Nacht-Rhythmus		

32	**Hilfe bei der Sicherstellung der selbstverantworteten Haushaltsführung** (Es muss sich um Aktivitäten handeln, die aus pflegefachlicher Sicht besonders wichtig sind, um im eigenen Haushalt verbleiben zu können) **(Zeitvergütung)**	1. Unterstützung bei der Organisation / Organisation von Dienstleistungen, z. B. Haushaltshilfen, Notrufsysteme, Gärtnerdienste, Fahrdiensten, Putzhilfen, Hol- und Bringdiensten (auch: bspw. Einkaufszettel schreiben) etc. 2. Unterstützungsleistungen bei der Regelung von finanziellen und administrativen Angelegenheiten, z. B. Antragsstellungen Bankgeschäften, etc. 3. Unterstützung bei der Organisation / Organisation von Terminen, z. B. Arztterminen, Besuche bei Therapeuten etc.
33	**Hauswirtschaftliche Versorgung** **(Zeitvergütung)**	Hauswirtschaftliche Versorgung wie zum Beispiel 1. Einkaufen 2. Zubereiten von warmen Speisen 3. Aufräumen und / oder Reinigen der Wohnung 4. Waschen und Pflegen der Kleidung 5. Beheizen des Wohnbereiches etc.

Zusammenfassend ist festzustellen, dass folgende Leistungen Bestandteil der häuslichen Pflegehilfe sind:

Die körperbezogenen Pflegemaßnahmen umfassen

- Waschen, Duschen und Baden,
- Mund- und Zahnpflege,
- Kämmen,
- Rasieren,
- Darm- oder Blasenentleerung,
- mundgerechtes Zubereiten oder die Aufnahme der Nahrung,
- selbstständig Aufstehen und Zu-Bett-Gehen,
- An- und Auskleiden,
- Gehen, Stehen, Treppensteigen und
- das Verlassen und Wiederaufsuchen der Wohnung.

Die pflegerischen Betreuungsmaßnahmen umfassen

- die Entwicklung und Aufrechterhaltung einer Tagesstruktur,
- Unterstützungsleistungen zur Einhaltung eines Tag-/Nacht-Rhythmus,
- die Unterstützung bei der räumlichen und zeitlichen Orientierung,
- die Unterstützung bei Hobby und Spiel, z. B. beim Musik hören, Zeitung lesen, Betrachten von Fotoalben, Gesellschaftsspiele spielen sowie
- Spaziergänge in der näheren Umgebung, Ermöglichung des Besuchs von Verwandten und Bekannten, Begleitung zum Friedhof oder zum Gottesdienst.

Die Hilfe bei der Haushaltsführung umfasst

- Einkaufen,
- Kochen,
- Reinigen der Wohnung,
- Spülen,
- Wechseln und Waschen der Wäsche und Kleidung oder
- Beheizen,
- Unterstützung bei der Nutzung von Dienstleistungen und
- Unterstützung bei der Regelung von finanziellen und behördlichen Angelegenheiten.

Die Übernahme der angemessenen Kosten für eine Pflegekraft im Rahmen des § 64b SGB XII kommt für alle Pflegebedürftigen der Pflegegrade 2 bis 5 in Betracht.

Die Vorschrift des § 36 SGB XI sieht als Sachleistung ebenfalls die Übernahme der Kosten für den Einsatz eines Pflegedienstes bzw. für den Einsatz einer Pflegekraft (häusliche Pflegehilfe) vor. Der Anspruch auf häusliche Pflegehilfe umfasst je Kalendermonat

- für Pflegebedürftige des Pflegegrades 2 (erheblich Pflegebedürftige) Pflegeeinsätze bis zu einem Gesamtwert von 689,00 € (vgl. § 36 Abs. 3 Nr. 1 SGB XI),

- für Pflegebedürftige des Pflegegrades 3 (Schwerpflegebedürftige) Pflegeeinsätze bis zu einem Gesamtwert von 1.298,00 € (vgl. § 36 Abs. 3 Nr. 2 SGB XI),

- für Pflegebedürftige des Pflegegrades 4 (Schwerstpflegebedürftige) Pflegeeinsätze bis zu einem Gesamtwert von 1.612,00 € (vgl. § 36 Abs. 3 Nr. 3 SGB XI),

- für Pflegebedürftige des Pflegegrades 5 (Schwerstpflegebedürftige mit besonderen Anforderungen an die pflegerische Versorgung) Pflegeeinsätze bis zu einem Gesamtwert von 1.995,00 € (vgl. § 36 Abs. 3 Nr. 4 SGB XI).

Diese Leistungen gehen der Hilfe zur Pflege nach dem 7. Kapitel SGB XII vor. Wegen der Deckelung der Leistungen der gesetzlichen Pflegeversicherung kann eine Aufstockung aus Mitteln der Sozialhilfe erforderlich sein. Dabei sind die Vorschriften über die Leistungskonkurrenz in § 63b, insbesondere in § 63b Abs. 1 und § 63b Abs. 5 SGB XII, zu beachten.

Sonderfall der Sicherstellung der erforderlichen Pflege durch eigene Pflegekräfte bzw. Assistenzkräfte (sog. „Arbeitgebermodell")

In § 64f Abs. 3 SGB XII ist geregelt, dass die pflegebedürftige Person die Sicherstellung der Pflege auch durch (eine oder mehrere) selbst beschaffte Pflegekräfte organisieren kann (Arbeitgeber- bzw. Assistenzmodell[281]).

Eine entsprechende Regelung oder Leistung sieht das Elfte Buch Sozialgesetzbuch nicht vor. Aus der Sicht der Pflegekasse kann dort nur ein Vertrag mit Einzelpersonen unter den Voraussetzungen des § 77 SGB XI abgeschlossen werden (vgl. auch § 36 Abs. 4 Satz 3 SGB XI). Ein solcher Einzelvertrag einerseits und das Arbeitgebermodell andererseits

---

[281] Vgl. Fallbearbeitung von Weber in DVP 2015, 282 - 293.

schließen sich gegenseitig aus, weil ein Leistungsbeschaffungsvertrag nach § 77 SGB XI nur in Frage kommt, wenn die Pflegekräfte die Qualitäts- und Leistungsanforderungen der Pflegeversicherung erfüllen.

Soweit danach die Sicherstellung der häuslichen Pflege für Pflegebedürftige der Pflegegrade 2, 3, 4 oder 5 im Rahmen des Arbeitgebermodells erfolgt, sollen die angemessenen Kosten übernommen werden (vgl. § 64f Abs. 3 SGB XII). Die Sicherstellung der Pflege erfolgt über sogenannte **besondere** Pflegekräfte (vgl. auch Wortlaut in § 63b Abs. 5 SGB XII).

Besondere förmliche Qualifikationsanforderungen sind zumindest im Arbeitgebermodell wegen der mit der Arbeitgeberstellung der zu pflegenden Person verbundenen Gestaltungshoheit und der vom Gesetzgeber gewollten Privilegierung des Arbeitgebermodells nicht zu stellen, sodass es unerheblich ist, ob die beschäftigten Pflegekräfte über eine besondere Ausbildung oder Qualifizierung im pflegerischen Bereich verfügen. Es genügt, dass sie von der pflegebedürftigen Person angelernt und in ihre Arbeit eingewiesen worden sind.[282]

Familienangehörige oder sonstige Personen aus dem persönlichen Umfeld des Pflegebedürftigen können in der Regel nicht als besondere Pflegekräfte im Rahmen des Arbeitgebermodells angesehen werden, die für ihre Tätigkeit eine entsprechende Entlohnung erhalten. Vielmehr ist grundsätzlich davon auszugehen, dass die Pflege durch Angehörige oder nahestehende Personen unentgeltlich geleistet wird, selbst wenn die Pflegeperson eine ausgebildete Pflegekraft ist. Dies entspricht auch der Regelung des § 77 Abs. 1 Satz 1 Halbsatz 2 SGB XI, wonach Verträge zwischen der Pflegekasse und Verwandten, Verschwägerten bis zum 3. Grad sowie Personen, die mit der pflegebedürftigen Person in Haushaltsgemeinschaft leben, unzulässig sind.

Im Rahmen des Arbeitgebermodells übernimmt die pflegebedürftige Person die Funktion eines Arbeitgebers, der eigenverantwortlich die Pflegeperson(en) bzw. Pflegekräfte auswählt, sie in ihre Tätigkeit einweist und für die Entlohnung einsteht.

Mit der in § 64f Abs. 3 SGB XII und § 63b Abs. 6 SGB XII (vgl. auch § 63b Abs. 4 Satz 1 SGB XII) zum Ausdruck gebrachten sozialhilferechtlichen Privilegierung des Arbeitgebermodells soll generell die Bedarfsdeckung in dieser Form erlaubt werden[283]. Die Beschäftigung von Assistenzkräften ermöglicht es damit der pflegebedürftigen Person, die Pflege so zu gestalten, dass ein möglichst selbst bestimmtes Leben geführt werden kann.

Sofern die pflegebedürftige Person mit der von ihr beschafften Pflegekraft einen Arbeitsvertrag schließt, ist der Bezug von Pflegesachleistungen nach § 36 SGB XI ausgeschlossen, da bei Bestehen eines entsprechenden Beschäftigungsverhältnisses vertragliche Vereinbarungen zwischen den Pflegekräften und der Pflegekasse nicht möglich sind bzw. im Rahmen eines Leistungsbeschaffungsvertrages regelmäßig nicht in Frage kommen (vgl. §§ 36 Abs. 4 Satz 3, 77 Abs. 1 Satz 3 SGB XI).

---

[282] Vgl. BSG, Urteil vom 28.02.2013, B 8 SO 1/12 R, juris, Rn. 17 = BSGE 113, 92 = FEVS 65, 66.
[283] Vgl. Bundestagsdrucksache 13/3696, S. 11.

„Die Pflegekassen werden einem Vertrag nur zustimmen, wenn bestimmte Qualitätsanforderungen bei der Durchführung der Pflegeleistungen garantiert sind (vgl. §§ 77 Abs. 1 Satz 2, 36 Abs. 4 Satz 3 SGB XI). Maßstab dieser auch im Rahmen des § 77 SGB XI zu stellenden Qualitätsanforderungen sind die Sachleistungen, die von den Pflegediensten erbracht werden. Demgegenüber kennzeichnet sich das Arbeitgebermodell durch eine große Gestaltungshoheit der pflegebedürftigen Person aus. Die inhaltliche Ausrichtung der häuslichen Pflege durch Einzelpersonen, die von der Pflegekasse als geeignete Pflegekräfte anerkannt bzw. „beschäftigt" werden (hohe fachliche Anforderungen, konkrete Vorgaben der Leistungsdurchführung etc.), ist damit nicht deckungsgleich mit dem in der Regel flexibel ausgestaltbaren Arbeitgebermodell, so dass ein Vertragsabschluss durch die Pflegekasse nach § 77 SGB XI keine vorrangige Alternative darstellt."[284]

Gemäß § 63b Abs. 6 Satz 1 SGB XII können Pflegebedürftige, die ihre Pflege im Rahmen des Arbeitgebermodells sicherstellen, nicht auf die Inanspruchnahme von Sachleistungen aus der Pflegeversicherung verwiesen werden. Anstelle der Sachleistung kann die pflegebedürftige Person nur das betraglich niedrigere Pflegegeld aus der Pflegeversicherung nach § 37 SGB XI in Anspruch nehmen. Voraussetzung für den Bezug von Pflegegeld ist lediglich, dass hiermit die Pflege sichergestellt wird, so dass die Gewährung des Pflegegeldes dem Einsatz von besonderen Pflegekräften nicht entgegensteht.

Als sozialhilferechtlich anzuerkennender Bedarf im Rahmen des § 64f Abs. 3 SGB XII kommen insbesondere die Lohn- und Lohnnebenkosten (einschließlich der Beiträge zur gesetzlichen Unfallversicherung) in Betracht (sog. „Arbeitgeber - Brutto"). Neben den Personalkosten sind im Einzelfall auch erforderliche Sachkosten zu übernehmen, die aufgrund der Mitbenutzung der Wohnung durch die Pflegeperson(en) – beispielsweise für ein Assistenzzimmer – entstehen.[285] Auf den sozialhilferechtlich anzuerkennenden Bedarf ist das nach § 37 SGB XI geleistete Pflegegeld anzurechnen (vgl. § 63b Abs. 6 Satz 2 SGB XII.

Daneben kommt auch ein „Sozialhilfe" - Pflegegeld nach § 64a SGB XII in Betracht. Dieses kann im Rahmen der Leistungskonkurrenz nach § 63b Abs. 5 SGB XII um bis zu zwei Drittel gekürzt werden. Ein Absehen von der Kürzung des Pflegegeldes (auch in Höhe des disponiblen Teils) dürfte in entsprechenden Fällen kaum vertretbar sein.

Eine Anrechnung des SGB XI - Pflegegeldes im Rahmen der Leistungskonkurrenz nach § 63b Abs. 1 SGB XII kann in entsprechenden Fällen nach der hier vertretenen Auffassung dagegen nicht in Betracht kommen. Auch im Arbeitgebermodell kann sich die pflegebedürftige Person als Arbeitgeber nicht nur darauf beschränken, lediglich nur den nach Vertrag vereinbarten Lohn zu zahlen. Die pflegebedürftige Person soll mit dem Pflegegeld in die Lage versetzt werden, sich für weitere kleine Gefälligkeiten auch gegenüber anderen Personen im Rahmen der Nachbarschaftshilfe erkenntlich zeigen zu können. In diesem Zusammenhang ist zu berücksichtigen, dass das Pflegegeld eine pauschalierte Leistung darstellt, dessen Zielrichtung eben nicht nur darin besteht, die Pflege sicherzustellen.[286]

---

[284] Weber in DVP 2015, 282 - 293.
[285] Vgl. BSG, Urteil vom 28.02.2013, B 8 SO 1/12 R, BSGE 113, 92 = FEVS 65, 66.
[286] Ähnlich auch BVerwG, Urteil vom 05.07.2003, 5 C 7/02, juris und LSG Berlin-Brandenburg, Beschluss vom 09.01.2006, L 23 B 1009/05 SO ER, juris.

Im Rahmen der Ausführungen zur Leistungskonkurrenz (vgl. 6.4.4.3 Leistungskonkurrenz) wird darauf hingewiesen, dass die verschiedenen Regelungen des § 63b nebeneinander anzuwenden sind. Danach würde auch bei den Leistungen des Arbeitgebermodells in Anwendung des § 63b Abs. 1 SGB XII eine Anrechnung des „Pflegeversicherungspflegegeld nach § 37 SGB XI" auf das „Sozialhilfepflegegeld" nach § 64a SGB XII erfolgen. Hiervon ist im Rahmen des Arbeitgebermodells eine Ausnahme zu machen. Das Pflegegeld nach § 37 SGB XI ist bereits im Rahmen des § 63b Abs. 6 Satz 2 SGB XII durch eine Anrechnung auf den anerkannten Bedarf des Arbeitgebermodells „verbraucht", so dass § 63b Abs. 1 SGB XII nicht mehr zum Zuge kommt. Im Ergebnis ist es daher möglich, dass Pflegegeld nach § 64a SGB XII im Arbeitgebermodell zusätzlich bewilligt wird, und zwar auch dann, wenn die Pflegekasse das Pflegegeld nach ihren Bestimmungen auszahlt.[287]

Für eine Kostenübernahme im Rahmen des § 64f Abs. 3 SGB XII muss der Einsatz einer Assistenzkraft erforderlich sein (vgl. § 63a SGB XII). Dies wird regelmäßig dann der Fall sein, wenn Angehörige oder sonstige nahe stehende Personen aus dem Umfeld des Pflegebedürftigen nicht vorhanden sind oder nicht bereit sind, die erforderlichen Pflegeverrichtungen zu übernehmen oder die Betreuung in einer stationären Einrichtung im Einzelfall (z. B. aus Altersgründen oder wegen der Aufrechterhaltung sozialer Kontakte) nicht zumutbar ist.

Die Erforderlichkeit verlangt aber auch eine Prüfung hinsichtlich des Umfangs der eingesetzten Pflegekräfte. Im Arbeitgebermodell ist daher ein konkretes Pflegemodell bzw. **Pflegekonzept** nachzuweisen, dass die Sicherstellung der Pflege belegt und dem festgestellten pflegerischen Bedarf entspricht.

Der Träger der Sozialhilfe muss die Kosten für Assistenzkräfte nur übernehmen, wenn die anfallenden Kosten angemessen sind. Auch im Rahmen des Arbeitgebermodells findet der Ausschluss unverhältnismäßiger Mehrkosten nach § 13 Abs. 1 Satz 3 bis Satz 5 SGB XII Anwendung. Eine Orientierung können branchenübliche Tariflöhne für Pflegekräfte sowie die Vergütungssätze für anerkannte ambulante Pflegedienste im Bereich der gesetzlichen Pflegeversicherung (vgl. § 89 SGB XI) und die entsprechend vereinbarten Leistungskomplexvergütungen geben.

In entsprechenden Fällen ist gemäß § 63b Abs. 6 SGB XII das im Rahmen des Elften Buches Sozialgesetzbuch geleistete Pflegegeld vorrangig auf die Leistung nach § 64f Abs. 3 SGB XII anzurechnen.

---

[287] Im Ergebnis ebenso: Sächsisches LSG, Beschluss vom 10.11.2020, L 8 SO 67/20 B ER, juris, Rn. 33.

Beispiel (angemessene Kosten für eine selbst beschäftigte Pflegekraft im Arbeitgebermodell)

Gesamtbedarf pro Woche / Arbeitszeit (Berechnung ausgehend von einem Brutto-Stundenlohn von 14,00 €, gerechnet für einen Monat bei 30 Wochenstunden, Pflegegrad 3)	30 Stunden
30 Std. x 4,339 Wochen = ca. 131 Std. x 14,00 € (Arbeitnehmer-Brutto) + Arbeitgeberanteile (Sozialversicherung) = Arbeitgeber-Brutto + 17% (8% für Krankheits- und 9% für Urlaubsvertretung) + Beitrag Unfallkasse NRW (ca. 70,00 € pro Jahr) + ggf. Pauschale für Lohnabrechnung (Steuerberater o. ä.)	1.834,00 € 371,15 € 2.205,15 € 374,84 € 5,84 € 40,00 €
Gesamtbedarf pro Monat	**2.625,83 €**

Verhinderungspflege (§ 64d SGB XII)

Ist eine Pflegeperson im Sinne von § 64 SGB XII wegen Erholungsurlaub, Krankheit oder aus sonstigen Gründen an der häuslichen Pflege gehindert, sind die angemessenen Kosten einer notwendigen Ersatzpflege zu übernehmen (§ 64d SGB XII). Diese Leistungsart steht Personen ab einem Pflegegrad 2 zur Verfügung (vgl. § 63 Abs. 1 Nr. 1 Buchstabe c) SGB XII).

Ziel der Vorschrift ist die Entlastung der Pflegeperson sowie die Aufrechterhaltung der Pflege im häuslichen Umfeld, so dass den Bedürfnissen der pflegebedürftigen Person weiterhin Rechnung getragen werden kann.

Durch die Übernahme von angemessenen Kosten kann im Rahmen der Verhinderungspflege beispielsweise der Pflegedienst finanziert werden oder die „Ersatz-Pflegeperson" Pflegegeld erhalten. Generell sind die „angemessenen Kosten" bzw. Aufwendungen im Rahmen der Verhinderungspflege zu übernehmen; Pflegegeld und Pflegesachleistungen bieten hierfür nur den Orientierungsrahmen. Sachaufwendungen der Pflegeperson sind beispielsweise auch „angemessene Kosten" im Sinne der Vorschrift.

Die Frage, welche Maßnahme zur Entlastung der Pflegeperson geboten ist, ist für den jeweiligen Einzelfall zu entscheiden. Selbst auswärtige Ferienaufenthalte der pflegebedürftigen Person können im Einzelfall in Betracht kommen, wenn dadurch eine Entlastung der Pflegeperson eintritt.

Für den Bereich der sozialen Pflegeversicherung wurde entschieden, dass die Leistungen der Verhinderungspflege (im konkreten Fall: Fahrt- und Unterkunftskosten) auch während eines vorübergehenden Aufenthalts im Ausland gezahlt werden können. Voraussetzung ist allerdings, dass die entstandenen Kosten im engen Zusammenhang mit der Durchführung der Ersatzpflege stehen.

Der Anspruch ist hingegen „zu versagen, wenn die geltend gemachten Kosten überwiegend der Ersatzpflegeperson selbst zur Teilnahme an einem gemeinsamen Familienurlaub dienen und unter dem Anschein der Übernahme von Leistungen der Verhinderungspflege eine Urlaubsfinanzierung für die Ersatzpflegeperson beabsichtigt ist. Das liegt insbesondere bei Angehörigen nahe, die dem Pflegebedürftigen die Leistungen der Verhinderungspflege aufgrund gesetzlicher Unterhaltspflichten ohnehin in einem gewissen Rahmen schulden, wie beispielsweise die Eltern minderjähriger Pflegebedürftiger."[288]

Aufgrund des Nachrangprinzips in der Sozialhilfe (vgl. § 63b Abs. 1 SGB XII, § 2 SGB XII) kommt die Leistung nach § 64d SGB XII nur in Betracht, wenn die Voraussetzungen für eine Verhinderungspflege durch die Pflegekasse nach § 39 SGB XI ausscheiden. Dort ist u. a. geregelt, dass die Verhinderungspflege eine mindestens sechsmonatige vorangegangene Pflege voraussetzt. Ebenfalls ist die Leistungshöhe und die Leistungsdauer in der Pflegekasse begrenzt. Im Gegensatz zur Pflegeversicherung setzt der Anspruch nach § 64d SGB XII nicht voraus, dass die Pflegeperson bereits eine bestimmte Mindestpflegezeit tätig war; nach Auslaufen des Anspruchs der Pflegeversicherungs-Verhinderungspflege kann der Sozialhilfeträger die Verhinderungspflege fortsetzen, wenn die Notwendigkeit der Pflege (vgl. § 63a SGB XII) bejaht wird.

Hilfsmittel zur Erleichterung der Beschwerden des Pflegebedürftigen

Die Hilfe zur Pflege um fasst nach § 64d SGB XII u. a. auch Hilfsmittel. Eine entsprechende Leistungsmöglichkeit existiert im Elften Buch Sozialgesetzbuch. Die Pflegeversicherung übernimmt die Kosten für Pflegehilfsmittel und technische Hilfen nach §§ 28 Abs. 1 Nr. 5, 40 SGB XI.

Pflegebedürftige haben danach Anspruch auf eine Versorgung mit Pflegehilfsmitteln, die zur Erleichterung der Pflege oder zur Linderung ihrer Beschwerden wirksam beitragen oder ihnen eine selbstständige Lebensführung ermöglichen, soweit die Hilfsmittel nicht wegen Krankheit oder Behinderung von der Krankenversicherung oder anderen zuständigen Leistungsträgern zu leisten sind (vgl. § 64d SGB XII, § 40 Abs. 1 Satz 1 SGB XI). Bei der Prüfung, ob es sich im Einzelfall um ein Pflegehilfsmittel handelt, ist in erster Linie das Pflegehilfsmittelverzeichnis (vgl. § 78 SGB XI) heranzuziehen. Allerdings ist der Sozialhilfeträger auf dieses Verzeichnis angesichts des für ihn geltenden Bedarfsdeckungsprinzips nicht beschränkt.

Als Beispiele typischer Hilfsmittel lassen sich nennen: Hebe- und Stützvorrichtungen, insbesondere am Bett, im Bad und an der Toilette, ebenso Zimmerinventar, wie z. B. Zimmertoiletten, Urinflaschen oder Bettpfannen, außerdem am Körper zu tragende Produkte wie Bruchbänder und Stützkorsetts und schließlich zum Verbrauch bestimmte Gegenstände wie Desinfektionsmittel, Einmalhandschuhe, Windeln und Bettschutzeinlagen; auch technische Hilfsmittel wie Hausnotrufsysteme gehören zu den Hilfsmitteln[289].

---

[288] BSG, Urteil vom 20.04.2016, B 3 P 4/14 R, juris, Rn. 18; vgl. auch LSG Schleswig-Holstein, Urteil vom 26.11.2014, L 9 SO 33/11, juris, Rn. 25 ff.
[289] Vgl. Bundestagsdrucksache 12/5262, S. 113.

Macht ein Hilfsmittel die leistungsberechtigte Person unabhängiger von Pflege, kommt eine Beschaffung nicht im Rahmen der Hilfe zur Pflege, sondern der Eingliederungshilfe für behinderte Menschen nach Teil 2 des Neunten Buches Sozialgesetzbuch (§§ 90 ff. SGB IX) in Betracht. So werden die Kosten für einen Krankenfahrstuhl (Rollstuhl) für den häuslichen Gebrauch oder für den Straßengebrauch immer im Rahmen der Eingliederungshilfe für behinderte Menschen zu übernehmen sein.

Mit Blick auf die Krankenversicherung kann eine Leistungspflicht unter dem Gesichtspunkt des Behinderungsausgleichs in Betracht kommen. Dann muss es um gesundheitlich bedingte Einschränkungen gehen und das Hilfsmittel muss in praktisch gleicher Weise von anderen ähnlich körperlich Beeinträchtigten benötigt werden müssen. Kommt es hingegen auf eine individuelle (Wohn-) Situation an, ist die Krankenkasse der nicht zuständige Tröger. Eine Zuständigkeit wird also z. B. dann verneint, wenn es um Hilfen des Wohnraums geht, die mit einer Veränderung der Wohnung der leistungsberechtigten Person verbunden sind.

Ist insoweit eine Zuständigkeit der Krankenversicherung für wohnungsverändernde Maßnahmen nicht gegeben, gibt es im Folgenden auch Abgrenzungsfragen zu der Leistung der „wohnumfeldverbessernden Maßnahmen" zu klären. Ein Treppenlift gehört z. B. zu den wohnumfeldverbessernden Maßnahmen. Hingegen zählt eine elektronische Treppensteighilfe zu den Hilfsmitteln. Hilfsmittel sind solche, die bei einem Wohnungswechsel von der leistungsberechtigten Person mitgenommen werden können. Das ist bei einer Treppensteighilfe der Fall, nicht jedoch bei einem fest eingebauten Treppenlift.[290]

Pflegehilfsmittel stehen sowohl für Personen mit dem Pflegegrad 1 (§ 63 Abs. 2 Nr. 1 SGB XII) als auch für Personen ab einem Pflegegrad 2 (vgl. § 63 Abs. 1 Nr. 1 Buchstabe d) SGB XII) als Leistung zur Verfügung.

Maßnahmen zur Verbesserung des Wohnumfeldes (§ 64e SGB XII)

Für alle pflegebedürftigen Personen ab Pflegegrad 1 (vgl. § 63 Abs. 1 Nr. 1 Buchstabe e) SGB XII; § 63 Abs. 2 Nr. 2 SGB XII) kommen Maßnahmen zur Verbesserung des Wohnumfeldes in Frage. Gemäß § 64e SGB XII können solche Maßnahmen im Rahmen einer Ermessensentscheidung gewährt werden,

1. soweit sie angemessen sind und
2. durch sie
   a) die häusliche Pflege ermöglicht oder erheblich erleichtert werden kann oder
   b) eine möglichst selbständige Lebensführung der Pflegebedürftigen wiederhergestellt werden kann.

Als konkrete Maßnahmen zur Verbesserung des individuellen Wohnumfeldes kommen Umbaumaßnahmen innerhalb der Wohnung und technische Hilfen im Haushalt in Frage (z. B. Treppenlift, Einbau von Fenstern mit Griffen in rollstuhlgerechter Höhe, Rampen, Türverbreiterung, unterfahrbare Dusche, Hausnotrufsysteme) in Frage.

---

[290] Vgl. BSG, Urteil vom 16.07.2014, B 3 KR 1/14 R, juris,

Entsprechende Leistungen der Pflegeversicherung nach § 40 Abs. 4 SGB XI sind gegenüber den Leistungen des Sozialhilfeträgers vorrangig in Anspruch zu nehmen (vgl. § 63b SGB XII, § 2 SGB XII).

Digitale Pflegeanwendungen und ergänzende Unterstützung bei Nutzung von digitalen Pflegeanwendungen (§§ 64j, § 64k SGB XII)

Ab dem 01.07.2021 werden als neue Leistungsart der häuslichen Hilfe zur Pflege „digitale Pflegeanwendungen" eingeführt. § 64j SGB XII lautet wie folgt:

(1) Pflegebedürftige haben Anspruch auf eine notwendige Versorgung mit Anwendungen, die wesentlich auf digitalen Technologien beruhen, die von den Pflegebedürftigen oder in der Interaktion von Pflegebedürftigen, Angehörigen und zugelassenen ambulanten Pflegeeinrichtungen genutzt werden, um insbesondere Beeinträchtigungen der Selbständigkeit oder der Fähigkeiten des Pflegebedürftigen zu mindern und einer Verschlimmerung der Pflegebedürftigkeit entgegenzuwirken (digitale Pflegeanwendungen).

(2) Der Anspruch umfasst nur solche digitalen Pflegeanwendungen, die vom Bundesinstitut für Arzneimittel und Medizinprodukte in das Verzeichnis für digitale Pflegeanwendungen nach § 78a Absatz 3 des Elften Buches aufgenommen wurden.

Nach der Gesetzesbegründung[291] der Bundesregierung zum Teilhabestärkungsgesetz soll mit den digitalen Pflegeanwendungen folgende Ziele erreicht werden:

„Digitale Pflegeanwendungen können in der Häuslichkeit die Pflege sowie die pflegerische Betreuung durch professionelle Pflege- und Betreuungskräfte oder pflegende Angehörige unterstützen und damit dem Vorrang der häuslichen Pflege nach § 64 Rechnung tragen. Entsprechend der neuen Regelung des § 40a des Elften Buches, [...], wird daher auch im Siebten Kapitel des SGB XII mit § 64j ein neuer Anspruch der Pflegebedürftigen auf Versorgung mit digitalen Pflegeanwendungen geschaffen.

Digitale Pflegeanwendungen bestehen in vorrangig software- oder webbasierten Versorgungsangeboten, die die Pflegebedürftigen und deren Angehörige - ggf. unter Beteiligung professioneller Pflegefachkräfte - in konkreten pflegerischen Situationen anleitend begleitend oder einen Beitrag zur Erhaltung der Selbstständigkeit des Pflegebedürftigen leisten.

Die digitale Pflegeanwendung ist ein digitaler Helfer auf mobilen Endgeräten oder als browserbasierte Webanwendung. Die Nutzung von Daten, die der Anwendung etwa von Alltagsgegenständen des täglichen Lebens wie Fitnessarmbänder oder Hilfsmitteln zur Verfügung gestellt werden, fallen nicht unter den Leistungsanspruch.

---

[291] Vgl. Entwurf eines Gesetzes zur Stärkung der Teilhabe von Menschen mit Behinderungen sowie zur landesrechtlichen Bestimmung der Träger der Sozialhilfe (Teilhabestärkungsgesetz) der Bundesregierung, Seiten 53 ff.

Durch das Erfordernis, wonach digitale Pflegeanwendungen wesentlich auf digitalen Technologien beruhen müssen, werden umfangreiche Hardwareausstattungen von dem Anspruch ausgeschlossen.

Neben Anwendungen zur Organisation und Bewältigung des pflegerischen Alltags unterfallen dem neuen Leistungsanspruch auch Angebote, die zur Bewältigung besonderer pflegerischer Situationen, etwa im Bereich der Erhaltung der Mobilität oder bei Demenz eingesetzt werden können. Einige für die Pflege entwickelte digitale Anwendungen zielen direkt auf die Nutzung durch Pflegebedürftige ab wie beispielsweise die Stabilisierung bzw. Verbesserung des Gesundheitszustandes der pflegebedürftigen Person durch Übungen und Trainings. So ist etwa die Sturzprävention ein ganz wesentliches Element, um ältere Menschen in ihrer Autonomie zu stärken und diese darin zu unterstützen, länger in den eigenen vier Wänden zu verbleiben. Durch digitale Pflegeanwendungen kann die individuelle Sturzprävention unterstützt werden, etwa indem mit der Smartphone-Kamera der Gang des pflegebedürftigen Menschen aufgenommen wird, um KI-basierte Analysen und Anleitungen durchzuführen, die das Sturzrisiko minimieren können.

Weiter können digitale Pflegeanwendungen Menschen mit einer Demenzerkrankung helfen, im Alltag auch im Zusammenspiel mit Angehörigen besser zu Recht zu kommen, therapeutische Maßnahmen per passgenauen Apps anzuleiten sowie passgenaue Informationen an die Hand zu geben und weitere Services anzubieten wie zum Beispiel personalisierte Gedächtnisspiele.

[...]

Darüber hinaus können digitale Pflegeanwendungen auch dazu beitragen, den Austausch zwischen Pflegefachkräften und Angehörigen sowie den Pflegebedürftigen erheblich zu verbessern und diese passgenauer als andere Kommunikationsdienste auf den Pflegealltag auszurichten. Damit können Angehörige in ihrem Wunsch unterstützt werden, sich um ihre pflegebedürftigen Verwandten zu kümmern. Erfasst von dem Leistungsanspruch werden daher auch solche Anwendungen, die schwerpunktmäßig von pflegenden Angehörigen eingesetzt werden."

Welche digitalen Pflegeanwendungen im Rahmen der Hilfe zur Pflege ab dem Jahr 2022 zur Verfügung stehen und – aus dem Blickwinkel der Pflegekasse – anzuerkennen sind, wird sich aus dem Verzeichnis der digitalen Pflegeanwendungen nach § 78a Abs. 3 Satz 1 SGB XI ergeben. Voraussetzung für eine Anerkennung ist, dass die Software einen pflegerischen Nutzung hat. Denkbar sind Programme, die an die pünktliche Medikamenteneinnahme erinnern und die Angehörigen über die Einnahme informieren. Ein weiterer Anwendungsbereich liegt in der Kommunikation zwischen Pflegebedürftigen und seinen Angehörigen.

6.4.4.2 Stationäre Pflege

In zunehmendem Maße erhält die Hilfe zur Pflege in Einrichtungen eine besondere Bedeutung, da die Pflege im ambulanten (häuslichen) Bereich in vielen Fällen nicht mehr ausreichend ist.

Hier sind zu unterscheiden die

- teilstationäre Pflege (§ 64g SGB XII),
- Kurzzeitpflege (§ 64g SGB XII) und
- vollstationäre Pflege (§ 65 SGB XII).

Die Pflegekosten umfassen hier nur diejenigen im engeren Sinne. Die Leistungen zum Lebensunterhalt sind über § 27b SGB XII dem 3. und/oder 4. Kapitel SGB XII zuzuordnen.

Der Inhalt der Leistungen nach dem Zwölften Buch Sozialgesetzbuch bestimmt sich – ohne dass sich ein ausdrücklicher Verweis im Zwölften Buch Sozialgesetzbuch auf das Elfte Buch Sozialgesetzbuch befindet –nach den Regelungen der Pflegeversicherung für die in § 28 Abs. 1 Nr. 1, Nr. 5 bis Nr. 8 SGB XI aufgeführten Leistungen.

Hilfen zur häuslichen Pflege werden für Pflegebedürftige in stationären oder teilstationären Einrichtungen grundsätzlich nicht geleistet (vgl. §§ 63b Abs. 3 SGB XII, 63b Abs. 4 SGB XII). Eine Ausnahme hiervon gilt nach § 63b Abs. 4 SGB XII nur für Pflegebedürftige, die ihre ambulante Pflege im Rahmen des Arbeitgebermodells (vgl. § 64f Abs. 3 SGB XII) selbst organisieren. Wenn sie sich vorübergehend in einer stationären Einrichtung aufhalten, haben sie weiterhin einen Anspruch auf Pflegegeld, denn sie benötigen dies, um ihrer Pflicht zur Lohnzahlung nachzukommen und ihre Pflegekräfte „halten" zu können. Daher besteht in einer solchen Situation der dem Anspruch auf Pflegegeld zugrundeliegende Bedarf fort, auch wenn die unmittelbare Pflege vorübergehend durch die Einrichtung erbracht wird.

Pflegepersonen und Pflegedienste werden vor diesem Hintergrund während eines stationären (Krankenhaus-)Aufenthalts keine Sozialhilfeleistungen erhalten.[292] Bereits im Voraus erbrachte Leistungen sind aufzuheben und zurückzufordern. Etwas anderes kann nur dann gelten, wenn persönliche Assistenzkräfte auch während eines stationären Krankenhausaufenthaltes für die Durchführung der Pflege unabdingbar notwendig sind.[293]

Die Leistungen für Hilfe zur Pflege in Einrichtungen nach dem Zwölften Buch Sozialgesetzbuch kommen für Pflegebedürftige ab dem Pflegegrad 2 in Frage (vgl. § 63 Abs. 1 Nr. 2, Nr. 3, Nr. 5 SGB XII). Wünschen der Leistungsberechtigten, den Bedarf stationär oder teilstationär zu decken, soll nur entsprochen werden, wenn dies nach der Besonderheit des Einzelfalls erforderlich ist, weil anders der Bedarf nicht oder nicht ausreichend gedeckt werden kann und wenn mit der Einrichtung Vereinbarungen nach den Vorschriften des 10. Kapitels SGB XII bestehen (vgl. § 9 Abs. 2 Satz 2 SGB XII, § 13 SGB XII).

Das Wunschrecht der pflegebedürftigen Person nach § 9 Abs. 2 SGB XII korrespondiert mit dem in § 13 Abs. 1 Satz 2 SGB XII normierten Rangverhältnis zwischen den Leistungen. Dabei gilt der Grundsatz „ambulant vor stationär". Die teilstationären Leistungen haben wiederum Vorrang vor den stationären Leistungen. Nach § 13 Abs. 1 Satz 3

---

[292] Vgl. LSG Niedersachsen-Bremen, Urteil vom 25.02.2016, L 8 SO 366/14, juris.
[293] Vgl. Bayerisches LSG, Urteil vom 28.01.2014, L 8 SO 166/12, juris; SG München, Beschluss vom 21.03.2011, juris.

SGB XII gilt der Vorrang der ambulanten Leistungen nicht, wenn die Unterbringung in einer stationären Einrichtung zumutbar und eine ambulante Leistung mit unverhältnismäßigen Mehrkosten verbunden ist. Unverhältnismäßige Mehrkosten liegen in der Regel vor, wenn die ambulanten in etwa doppelt so hoch sind wie die stationären Aufwendungen.

Der Anspruch der leistungsberechtigten Person auf Hilfe in einer Einrichtung steht, soweit die Leistung der leistungsberechtigten Person erbracht worden wäre, nach ihrem Tode demjenigen zu, der die Leistung erbracht hat (vgl. § 19 Abs. 6 SGB XII).

Teilstationäre Pflege (Tages- oder Nachtpflege)

Unter Tages- und Nachtpflege (teilstationäre Versorgung) versteht man die zeitweise Betreuung von pflegebedürftigen Menschen im Tagesverlauf in einer Pflegeeinrichtung.

Anspruch auf teilstationäre Pflege in Einrichtungen der Tages- und Nachtpflege nach dem Elften Buch Sozialgesetzbuch haben Pflegebedürftige, wenn häusliche Pflege nicht in ausreichendem Umfang sichergestellt werden kann oder wenn dies zur Ergänzung oder Stärkung der häuslichen Pflege erforderlich ist (vgl. § 64g SGB XII). Die teilstationäre Pflege umfasst neben den pflegebedingten Aufwendungen der teilstationären Pflege, den Aufwendungen der sozialen Betreuung auch die notwendige Beförderung des Pflegebedürftigen von der Wohnung zur Einrichtung und zurück (vgl. § 64g Satz 2 SGB XII).

Die Pflegekasse übernimmt für den anspruchsberechtigten Personenkreis die genannten Aufwendungen als vorrangiger Leistungsträger (vgl. § 63b Abs. 1 SGB XII, § 2 SGB XII)

- für Pflegebedürftige des Pflegegrades 2 einen Wert bis zu 689,00 € (§ 41 Abs. 2 Satz 2 Nr. 1 SGB XI),
- für Pflegebedürftige des Pflegegrades 3 einen Wert bis zu 1.298,00 € (§ 41 Abs. 2 Satz 2 Nr. 2 SGB XI),
- für Pflegebedürftige des Pflegegrades 4 einen Wert bis zu 1.612,00 € (§ 41 Abs. 2 Satz 2 Nr. 3 SGB XI)
- für Pflegebedürftige des Pflegegrades 5 einen Wert bis zu 1.995,00 € (§ 41 Abs. 2 Satz 2 Nr. 4 SGB XI)

je Kalendermonat.

Die Leistungen der Tages- und Nachtpflege können neben der ambulanten Pflegesachleistung und dem Pflegegeld in vollem Umfang in Anspruch genommen werden (vgl. § 41 Abs. 3 SGB XI einerseits und § 63b Abs. 3 SGB XII andererseits).

Die Leistungen nach dem Zwölften Buch Sozialgesetzbuch richten sich inhaltlich nach den genannten Merkmalen, gehen aber betragsmäßig über die Leistungen der Pflegeversicherung hinaus, wenn diese nicht bedarfsdeckend sind.

Kurzzeitpflege

Kurzzeitpflege nach dem Elften und Zwölften Buch Sozialgesetzbuch wird in vollstationären Einrichtungen geleistet und kommt in Betracht, wenn häusliche Pflege **zeitweise** nicht, z. B. wegen eines Urlaubs der Pflegeperson, noch nicht oder nicht im erforderlichen Umfang erbracht werden kann und auch teilstationäre Pflege nicht ausreicht (vgl. § 42 Abs. 1 Satz 1 SGB XI, § 64h SGB XII).

Dies gilt nach § 42 Abs. 1 Satz 2 SGB XI für eine Übergangszeit im Anschluss an eine stationäre Behandlung des Pflegebedürftigen oder in sonstigen Krisensituationen, in denen vorübergehend häusliche oder teilstationäre Pflege nicht möglich oder nicht ausreichend ist. Entsprechendes gilt auch für den Sozialhilfeträger, ohne dass dies ausdrücklich in § 64h SGB XII erwähnt ist.

Als Bedarf sind bei der Kurzzeitpflege die pflegebedingten Aufwendungen, die Aufwendungen der sozialen Betreuung und die Aufwendungen für Leistungen der medizinischen Behandlungspflege zu berücksichtigen (vgl. § 42 Abs. 2 Satz 2 SGB XI).

Nach dem Elften Buch Sozialgesetzbuch übernimmt die Pflegekasse für den anspruchsberechtigten Personenkreis (Pflegegrad 2 oder höher) die genannten Aufwendungen, bis zu dem Gesamtbetrag von 1.612,00 € im Kalenderjahr (vgl. § 42 Abs. 2 Satz 2 SGB XI). Der Leistungsbetrag kann um bis zu 1.612,00 € aus noch nicht in Anspruch genommenen Mitteln der Verhinderungspflege nach § 39 Abs. 1 Satz 3 SGB XI auf insgesamt bis zu 3.224,00 € im Kalenderjahr erhöht werden. Der für die Kurzzeitpflege dann in Anspruch genommene Erhöhungsbetrag wird auf den Leistungsbetrag für eine Verhinderungspflege nach § 39 Abs. 1 Satz 3 SGB XI angerechnet (vgl. § 42 Abs. 2 Satz 3, Satz 4 SGB XI).

Umgekehrt kann der Leistungsbetrag der Verhinderungspflege um bis zu 806,00 € auf insgesamt 2.418,00 € im Kalenderjahr erhöht werden. Der für die Verhinderungspflege in Anspruch genommene Erhöhungsbetrag wird dann auf den Leistungsbetrag für eine Kurzzeitpflege angerechnet (vgl. § 39 Abs. 2 SGB XI)

Die Leistungen nach dem Zwölften Buch Sozialgesetzbuch richten sich inhaltlich nach den genannten Merkmalen, gehen aber über nicht bedarfsdeckende Leistungen der gesetzlichen Pflegeversicherung hinaus.

Vollstationäre Pflege

Pflegebedürftige haben Anspruch auf Pflege in vollstationären Einrichtungen nach dem Elften und Zwölften Buch Sozialgesetzbuch, wenn häusliche oder teilstationäre Pflege nicht möglich ist oder wegen der Besonderheit des einzelnen Falles nicht in Betracht kommt (§ 43 Abs. 1 SGB XI, § 65 SGB XII).

Als Bedarf sind bei der vollstationären Pflege die pflegebedingten Aufwendungen, die Aufwendungen der sozialen Betreuung und die Aufwendungen für Leistungen der medizinischen Behandlungspflege zu berücksichtigen (vgl. § 43 Abs. 2 Satz 1 SGB XI). Der Anspruch umfasst auch Betreuungsmaßnahmen im Sinne des § 64b Abs. 2 SGB XII.

Nach § 43 Abs. 2 Satz 2 SGB XI übernimmt die Pflegekasse diese Aufwendungen pauschal

- für Pflegebedürftige des Pflegegrades 2 in Höhe von 770,00 € monatlich (§ 43 Abs. 2 Satz 2 Nr. 1 SGB XI),
- für Pflegebedürftige des Pflegegrades 3 in Höhe von 1.262,00 € monatlich (§ 43 Abs. 2 Satz 2 Nr. 2 SGB XI),
- für Pflegebedürftige des Pflegegrades 4 in Höhe von 1.775,00 € monatlich (§ 43 Abs. 2 Satz 2 Nr. 3 SGB XI),
- für Pflegebedürftige des Pflegegrades 5 in Höhe von 2.005,00 € monatlich (§ 43 Abs. 2 Satz 2 Nr. 4 SGB XI).

Das Heimentgelt bei stationärer Pflege umfasst die Vergütung für die allgemeinen Pflegeleistungen (Pflegevergütung) einschließlich der medizinischen Behandlungspflege und ein angemessenes Entgelt für Unterkunft und Verpflegung (vgl. § 82 Abs. 1 Satz 1 SGB XI). Damit nicht erfasst sind die betriebsbedingten Investitionsaufwendungen (z. B. Kosten für den Erwerb und die Erschließung von Grundstücken, Miete, Pacht etc.) nach § 82 Abs. 2 SGB XI, die die Pflegeeinrichtung den Pflegebedürftigen gesondert berechnen kann (vgl. § 82 Abs. 3 Satz 1 und Abs. 4 SGB XI).

Das angemessene Entgelt für Unterkunft und Verpflegung sowie der Barbetrag zur persönlichen Verfügung sind **nicht** der Hilfe zur Pflege, sondern den Leistungen zum Lebensunterhalt nach dem 3. und 4. Kapitel SGB XII zuzuordnen, wobei Leistungen nach dem 4. Kapitel SGB XII Vorrang haben (vgl. § 19 Abs. 2 Satz 2 SGB XII).

Einige Länder haben Landespflegegesetze erlassen (z. B. Alten- und Pflegesetz Nordrhein-Westfalen – APG NRW), um eine leistungsfähige, bedarfsgerechte und wirtschaftliche Angebotsstruktur für alle Pflegebedürftigen zu gewährleisten. Das Landespflegegesetz Nordrhein-Westfalen sieht in seinem § 12 die Zahlung eines bewohnerorientierten Aufwendungszuschusses für Investitionskosten vollstationärer Pflegeeinrichtungen (Pflegewohngeld) vor.

Wie bei der teilstationären Pflege und der Kurzzeitpflege richten sich die Leistungen nach dem Zwölften Buch Sozialgesetzbuch inhaltlich nach den genannten Merkmalen, gehen aber auch hier betragsmäßig über die nicht bedarfsdeckenden Leistungen der Pflegeversicherung hinaus.

6.4.4.3 Leistungskonkurrenz

Regelungen über die Konkurrenz der Leistungen der Hilfe zur Pflege nach dem Zwölften Buch Sozialgesetzbuch zu anderen Leistungen enthält § 63b SGB XII. Dabei wird zwischen **Anrechnungs- und Kürzungstatbeständen** unterschieden. Ziel der Vorschrift ist es, den Nachranggrundsatz zu verwirklichen und ungerechtfertigte Doppelleistungen des Staates an die leistungsberechtigte Person zu vermeiden.

Nachrang aller Pflegeleistungen gegenüber gleichartigen Leistungen (§ 63b Abs. 1 SGB XII)

Die Vorschrift des § 63b Abs. 1 SGB XII wiederholt den Nachranggrundsatz des § 2 SGB XII und bestimmt, dass Leistungen der Hilfe zur Pflege nicht erbracht werden, **soweit** Pflegebedürftige gleichartige Leistungen nach anderen Rechtsvorschriften erhalten.

Um gleichartige Leistungen in diesem Sinne handelt es sich z. B. bei Pflegegeldern der Pflegeversicherung nach § 37 Abs. 1 SGB XI, beim Pflegegeld aus einer privaten Pflegeversicherung, der Unfallversicherung nach §§ 45 ff. SGB VII und Pflegegeldern nach § 26c Abs. 8 BVG. Ebenfalls dazuzurechnen sind die Pflegezulagen nach § 35 BVG und nach §§ 267 Abs. 1 Satz 3 bis Satz 6 und 269 Abs. 2 LAG sowie Leistungen nach den Beihilfevorschriften des Bundes und der Länder.

Durch die Formulierung „soweit" wird deutlich, dass der Träger der Sozialhilfe ggf. „aufstockendes" Pflegegeld bei Vorliegen der übrigen Voraussetzungen zu zahlen hat, wenn die vorrangigen Leistungen betragsmäßig unter dem Pflegegeld nach § 64a SGB XII bleiben (z. B. bei einer in Anspruch genommenen Kombinationsleistung nach § 38 SGB XI).

Bei § 63b Abs. 1 SGB XII handelt es sich um eine Anrechnungsvorschrift. Das heißt z. B., dass auf das Sozialhilfepflegegeld das gezahlte Pflegegeld aus der Pflegeversicherung „angerechnet" wird.

Die generalklauselartige Vorschrift des § 63b Abs. 1 SGB XII erfasst aber nicht nur Pflegegelder, sondern alle gleichartigen Leistungen. Durch die Harmonisierungsbestrebungen des Sozialhilfegesetzgebers mit den Leistungen der Pflegeversicherung (vgl. 6.4.4) sind identische Leistungen der Sozialhilfe in der Regel auch in der Pflegeversicherung zu finden.

Deshalb kommen Leistungen der häusliche Pflegehilfe, der Verhinderungspflege, Pflegehilfsmittel oder wohnumfeldverbessernde Maßnahmen nach dem 7. Kapitel SGB XII nicht in Betracht, wenn der Bedarf durch Leistungen der Pflegeversicherung bereits gedeckt ist. Das Wort „soweit" macht deutlich, dass aufstockende Leistungen der Hilfe zur Pflege erbracht werden können, wenn die Leistungen der Pflegeversicherung nicht bedarfsdeckend sind.

Beispiel

Die pflegebedürftige Person P (Pflegegrad 3) wird durch einen ambulanten Pflegedienst gepflegt. Von den notwendigen Pflegeleistungen (§ 63a SGB XII) im Umfang von 1.500,00 € monatlich werden 1.298,00 € durch die Pflegekasse getragen und finanziert (§ 36 SGB XI). Auf den auch sozialhilferechtlich anzuerkennenden Bedarf von 1.500,00 € (§ 64b SGB XII) werden die Leistungen der Pflegeversicherung im Rahmen der Leistungskonkurrenz angerechnet, so dass der Sozialhilfeträger noch 202,00 € zu erbringen hat.

Damit wird vorrangig die Pflegeversicherung und nachrangig der Sozialhilfeträger in Anspruch genommen, weil die Leistungen der Pflegeversicherung den notwendigen Bedarf nicht decken.

Der Sozialhilfeträger wird noch zu prüfen haben, ob auf der Bedarfsseite ein Pflegegeld nach § 64a Abs. 1 SGB XII in Betracht kommt und ob Einkommen oder Vermögen zur Bedarfsdeckung einzusetzen ist.

§ 63b Abs. 1 SGB XII formuliert, dass Pflegebedürftige gleichartige Leistungen „erhalten". Deshalb wird – auch unter Bezug auf den Willen des Gesetzgebers - angenommen, nur der tatsächliche Bezug von vorrangigen Leistungen löst den Anrechnungsvorgang aus.[294] Wird diese Auffassung vertreten, ist einzelfallabhängig dennoch auf den Nachranggrundsatz zu verweisen. Danach erhält Sozialhilfe nicht, wer gleicharte Leistungen bei anderen Leistungsträgern „einfach" realisieren kann. Ist ein Verweis auf die Leistung eines vorrangigen Leistungsträgers nicht möglich oder für die leistungsberechtigte Person zeitverzögert oder nur unter erschwerten Bedingungen realisierbar, muss der Sozialhilfeträger in Vorleistung gehen und einen Kostenerstattungsanspruch nach §§ 102 ff. SGB X realisieren.

Nach hier vertretener Auffassung hat es der Gesetzgeber versäumt, die Wörter „in der Lage ist" in die Vorschrift aufzunehmen. Aufgrund des Nachranggrundsatzes kommen Sozialhilfeleistungen also auch dann nicht in Frage, wenn die anspruchsberechtigte Person in der Lage wäre, gleichartige Leistungen in Anspruch zu nehmen (str.). Es ist nicht die Aufgabe des Sozialhilfeträgers kostenaufwendigere Pflegeleistungen zu finanzieren, für die originär ein anderer Träger zuständig ist. § 63b Abs. 1 SGB XII ist deshalb wie folgt zu lesen:

Leistungen der Hilfe zur Pflege werden nicht erbracht, soweit Pflegebedürftige in der Lage sind, gleichartige Leistungen nach anderen Rechtsvorschriften zu erhalten.

Beispiel

Die pflegebedürftige Person P (Pflegegrad 3) wird durch einen ambulanten Pflegedienst gepflegt. Für den Einsatz entstehen notwendige Kosten (§ 63a SGB XII) im Umfang von 1.298,00 € im Monat. P nimmt im Rahmen ihres Wahlrechts von der Pflegeversicherung das Pflegegeld nach § 37 SGB XII in Anspruch. Sie wendet sich anschließend an den Sozialhilfeträger und bittet diesen, die Kosten für den Einsatz des Pflegedienstes zu übernehmen, da die Leistungsmöglichkeiten der Pflegeversicherung mit der Inanspruchnahme des Pflegegeldes ausgeschöpft sind.

*§ 63b Abs. 1 SGB XII ist Ausdruck des Nachrangprinzips und führt dazu, dass bereits die **Möglichkeit der Inanspruchnahme einer vorrangigen Leistung** zu einer Leistungsablehnung führt. Es ist nicht die Aufgabe des nachrangig verpflichteten Sozialhilfeträgers, kostenintensive Pflegesachleistungen (häusliche Pflegehilfe) zu überneh-*

---

[294] Vgl. Meßling, Juris-PK-SGB XII, § 63b SGB XII, Rn. 14 ff., unter Hinweis auf die Gesetzgebungsmaterialien (BT-Drs. 18/9959, S. 77).

men, während dadurch der vorrangige Träger der Pflegeversicherung finanziell entlastet wird. Das wäre eine Umkehr der vom Gesetzgeber gewünschten Verhältnisse (vgl. auch § 13 Abs. 3 SGB XI).

Der Sozialhilfeträger wird daher bis zur Höhe der Leistungsverpflichtung der Pflegeversicherung keine Leistungen übernehmen. Die Leistungsverpflichtung des Sozialhilfeträgers beginnt erst dort, wo die Leistungsmöglichkeit der Pflegeversicherung endet. Das gilt jedenfalls für die kostenintensiven Pflegesachleistungen nach § 36 SGB XI.

Das im Elften Buch Sozialgesetzbuch vorhandene Wahlrecht einer pflegeversicherten Person wird insoweit faktisch eingeschränkt, will diese nicht auf Teilen der entstehenden Kosten sitzen bleiben.

Sofern man diese Auffassung nicht teilt, müsste der Sozialhilfeträger in Vorleistung gehen und einen Kostenerstattungsanspruch bei der Pflegekasse anmelden. Die Pflegekasse hat allerdings ihre Leistung (hier: Pflegegeld) bereits „mit befreiender Wirkung" erbracht. Ein Kostenerstattungsanspruch des Sozialhilfeträgers z. B. gegenüber der Pflegekasse ist also nicht ohne weiteres möglich. Es bliebe dann nur ein – ebenfalls problematischer – Rückgriff auf § 105 SGB XII.

§ 63b Abs. 1 SGB XII ist „lex generalis" im Verhältnis zu den nachfolgenden Absätzen des § 63b SGB XII. Die Vorschrift wird daher nur nachrangig angewandt, wenn die speziellen Regelungen in den Absätzen § 63b Abs. 2 bis § 63b Abs. 6 SGB XII einschlägig sind bzw. eine rechtliche Konkurrenzlage existiert.

Nachrang von Pflegegeld gegenüber Leistungen der Blindenhilfe nach § 72 SGB XII oder gleichartigen Leistungen (§ 63b Abs. 2 Satz 1 SGB XII)

Die Regelung des § 63b Abs. 2 Satz 1 SGB XII behandelt Fälle der Leistung von Blindenhilfe nach § 72 SGB XII und gleichartigen Leistungen (z. B. Leistungen, die nach landesrechtlichen Bestimmungen - Gesetz über die Hilfen für Blinde und Gehörlose (GHBG) - an blinde bzw. hochgradig sehbehinderte Menschen zu zahlen sind). Der Gesetzgeber formuliert, dass „abweichend von Absatz 1" ein Anrechnungsvorgang stattzufinden hat und macht damit deutlich, dass es sich um eine Spezialregelung zu § 63b Abs. 1 SGB XII handelt.

Auf das Pflegegeld nach § 64a SGB XII sind Leistungen nach § 72 SGB XII oder gleichartige Leistungen nach anderen Rechtsvorschriften mit 70 v. H. anzurechnen. Der Gesetzgeber geht damit davon aus, dass der Zweck von Pflegegeld und Blindengeld teilidentisch bzw. nicht vollständig deckungsgleich sind.

Nachrang des Entlastungsbetrages gegenüber zweckentsprechenden Leistungen der Pflegeversicherung (§ 63b Abs. 2 Satz 2 Halbsatz 1 SGB XII), kein Nachrang der Entlastungsbeträge gegenüber anderen Sozialhilfeleistungen (§ 63b Abs. 2 Satz 2 Halbsatz 2 SGB XII)

Gemäß § 63b Abs. 2 Satz 2 SGB XII gehen Leistungen nach § 45b SGB XI den Leistungen nach den §§ 64i SGB XII und 66 SGB XII vor; auf die übrigen Leistungen der Hilfe zur Pflege werden sie nicht angerechnet.

§ 63b Abs. 2 Satz 2 SGB XII regelt daher

- das Zusammentreffen des SGB XI - Entlastungsbetrages mit den Entlastungsbeträgen der Sozialhilfe in § 64i SGB XII und § 66 SGB XII (Halbsatz 1) sowie

- das Zusammentreffen der SGB XII - und SGB XI - Entlastungsbeträge mit den übrigen Sozialhilfeleistungen im Rahmen der Hilfe zur Pflege (Halbsatz 2).

Die in § 63b Abs. 2 Satz 2 SGB XII genannten Vorschriften regeln das Verfahren, das im Zusammenhang mit der Leistungserbringung des jeweiligen Entlastungsbetrages der Pflegeversicherung und der Sozialhilfe entstehen. Es soll die Frage beantwortet werden, wie der Sozialhilfeträger mit der Leistungsgewährung umzugehen hat, wenn die Entlastungsbeträge gleichzeitig erbracht werden können. Eine solche Konkurrenzregel wäre überflüssig, wenn der Gesetzgeber von „gleichartigen Leistungen" ausginge. Wäre dies der Fall, könnte ein Zusammentreffen eines SGB XI - Entlastungsbetrages mit einem SGB XII - Entlastungsbetrages bereits über § 63b Abs. 1 SGB XII gelöst werden. Da der Gesetzgeber sich aber zu einer speziellen Regelung veranlasst sah, deutet dies bereits darauf hin, dass es sich bei den Entlastungsbeträgen der verschiedenen Rechtsbereiche um nicht gleichartige Leistungen handelt.

Ein Vergleich der Normen zum Entlastungsbetrag im Pflegeversicherungsrecht einerseits und in der Sozialhilfe andererseits zeigt, dass die Inhalte des § 45b SGB XI und des § 64i SGB XII bzw. des § 66 SGB XII nur teilweise gleich sind. Konsequenterweise findet sich in § 45b Abs. 3 Satz 2 SGB XI die gesetzgeberische Feststellung, dass es sich bei dem SGB XI - Entlastungsbetrag auch nicht um eine gleichartige Leistung im Sinne von § 63b Abs. 1 SGB XII handelt.

Gemäß § 45b Abs. 3 Satz 1 SGB XI findet der Entlastungsbetrag im Rahmen der Pflegeversicherung bei den Fürsorgeleistungen nach dem 7. Kapitel SGB XII keine Berücksichtigung, d. h., dass der Entlastungsbetrag der Pflegeversicherung keine vorrangige Leistung darstellt, sondern eine gleichberechtigte Leistung, die neben den übrigen Leistungen der Sozialhilfe in Frage kommt. Entsprechendes bestimmt § 63b Abs. 2 Satz 2 Halbsatz 2 SGB XII.

Wenngleich der SGB XI - Entlastungsbetrag grundsätzlich neben den (übrigen) Sozialhilfeleistungen erbracht werden kann, findet dies seine Grenze, soweit es um die Entlastungsbeträge der Sozialhilfe geht. § 63b Abs. 2 Satz 2 **Halbsatz 1** SGB XII macht dies deutlich. Der Gesetzgeber möchte erreichen, dass zwei **zweckgleiche** Leistungen nicht gleichzeitig erbracht werden.

Die Formulierung in § 63b Abs. 2 Satz 2 Halbsatz 1 SGB XII ist dennoch missverständlich, weil lediglich von einem Vorrang der Pflegeversicherungsleistungen gesprochen wird und deshalb angenommen werden könnte, dass ergänzende Leistungen des Sozialhilfeträgers in Frage kommen.

Im Ergebnis ist dieses Verständnis der Norm abzulehnen. Der Gesetzgeber will erreichen, dass neben dem SGB XI - Entlastungsbetrag kein Entlastungsbetrag im Rahmen der Sozialhilfe in Betracht kommt:

„Zur Vermeidung der doppelten Leistung des Entlastungsbetrags nach SGB XI und SGB XII an Pflegebedürftige ist der Wortlaut anzupassen. Mit der Änderung wird sichergestellt, dass Pflegebedürftige entweder nur nach SGB XI oder nur nach SGB XII Anspruch auf den Entlastungsbetrag haben."[295]

Aus dem Umkehrschluss zu § 63b Abs. 2 Satz 2 Halbsatz 2 SGB XII folgt, dass eine **Anrechnung** des SGB XI - Entlastungsbetrages nach § 45b SGB XI erfolgen soll, soweit es sich um die zweckgleichen Leistungen nach § 64i SGB XII und § 66 SGB XII handelt - oder anders ausgedrückt:

Eine Anrechnung des SGB XI - Entlastungsbetrages findet bei den Leistungen nach den §§ 64i SGB XII und § 66 SGB XII statt.

Letztlich ist die Vorschrift dahingehend zu deuten, dass der SGB XI - Entlastungsbetrag vorrangig in Anspruch zu nehmen ist und auf den SGB XII - Entlastungsbetrag anzurechnen ist. Damit wird es niemals zu einem Nebeneinander beider Entlastungsbeträge kommen, weil der SGB XI - Entlastungsbetrag mindestens 125,00 € beträgt und der Entlastungsbetrag im Rahmen der Sozialhilfe höchstens 125,00 € beträgt.

Beispiel

Im März nimmt Frau Müller (Pflegegrad 3) – zur Entlastung der pflegenden Tochter (Pflegeperson) – ein Betreuungsangebot im Sinne von § 45a Abs. 1 Satz 1 Nr. 1, Nr. 3 SGB XI in Anspruch. Die Kosten des Betreuungsangebots belaufen sich auf 500,00 €. Fraglich ist, ob Frau Müller, die seit Anfang des Jahres pflegebedürftig ist, von der Pflegekasse oder dem Sozialhilfeträger eine Kostenübernahme erwarten kann (§ 45b SGB XI, § 64i SGB XII, § 63b Abs. 2 SGB XII).

Für die Entlastungspflege (Finanzierung des Betreuungsangebotes) ist ein Entlastungsbetrag nach § 45b SGB XI vorgesehen. Dabei handelt es sich um einen Kostenerstattungsanspruch für anerkannte (vgl. § 45a Abs. 3 SGB XI) Betreuungsleistungen im Sinne von § 45b Abs. 1 Satz 3 Nr. 4 SGB XI i. V. m. § 45a Abs. 1 SGB XI. Ein solcher Kostenerstattungsanspruch setzt einen Antrag voraus, indem die Inanspruchnahme der zertifizierten Entlastungspflege durch Rechnungen oder Quittungen belegt wird.

---

[295] Vgl. Bundestagsdrucksache 18/9518, S. 91.

Gemäß § 45b Abs. 1 Satz 5 SGB XI können die beschriebenen Leistungen innerhalb des jeweiligen Kalenderjahres in Anspruch genommen werden; werden die Leistungen in einem Kalenderjahr nicht ausgeschöpft, kann der nicht verbrauchte Betrag in das folgende Kalenderhalbjahr übertragen werden. Unterstellt man einen Leistungsanspruch gegenüber der Pflegeversicherung seit dem Jahresbeginn, beläuft sich der Anspruch auf einen Entlastungsbetrag für drei Monate auf 375,00 €. Der Entlastungsbetrag der Pflegeversicherung wird monatlich in Höhe von 125,00 € erbracht (§ 45b Abs. 1 SGB XI) und kann innerhalb eines Kalenderjahres in Anspruch genommen werden, so dass sich dieser Betrag für nicht in Anspruch genommene Monate addiert.

Wenn auch die gesetzliche Regelung von einem monatlichen Anspruch spricht, so ist es dennoch nicht erforderlich, die Leistungen monatsweise abzurufen, um sie in voller Höhe ausschöpfen zu können. Nicht verbrauchte Leistungen können vielmehr auch in den Folgemonaten in Anspruch genommen werden, also gleichsam „angespart" werden.

Damit bleiben 125,00 € ungedeckt, um die Kosten für die Betreuungsleistungen zu finanzieren.

Die Voraussetzungen für einen SGB XII - Entlastungsbetrag nach § 64i Satz 2 Nr. 3 SGB XII liegen vor, so dass als Bedarf 125,00 € anerkannt werden kann. Aufgrund des Bedarfsdeckungsprinzips ist - anders als in der Pflegeversicherung - eine Kumulierung von nicht in Anspruch genommenen Entlastungsbeträgen jedoch nicht möglich. Es handelt sich um einen monatlichen Anspruch von maximal 125,00 €.

Auf diesen Anspruch werden gemäß § 63b Abs. 2 Satz 2 Halbsatz 1 SGB XII die Pflegeversicherungsleistungen angerechnet (also 125,00 € abzgl. 375,00 €), so dass kein Anspruch auf einen Entlastungsbetrag im Rahmen der Sozialhilfe existiert.

Der SGB XII - Entlastungsbetrag wird dann relevant, wenn es

- entweder keine Pflegeversicherungsleistung für die leistungsberechtigte Person gibt oder
- ein SGB XI - Entlastungsbetrag nicht gewährt werden kann, weil der Anbieter nicht im Sinne von § 45a Abs. 3 SGB XII zertifiziert ist. Dies setzt voraus, dass der Sozialhilfeträger auch für nicht zertifizierte Betreuungsleistungen einen Entlastungsbetrag erbringen kann.

Keine häusliche Pflegeleistung in stationären Einrichtungen; Kürzung des Pflegegeldes bei teilstationärer Betreuung (§ 63b Abs. 3 SGB XII); Ausnahmen in § 63b Abs. 4 SGB XII

Pflegebedürftige haben während ihres Aufenthalts in einer teilstationären oder vollstationären Einrichtung dort keinen Anspruch auf häusliche Pflege. Dies bezieht sich auch auf Zeiten einer stationären Krankenhausbehandlung. Abweichend hiervon kann das Pflegegeld nach § 64a SGB XII während einer teilstationären Pflege nach § 64g SGB XII oder einer vergleichbaren nicht nach dem Zwölften Buch Sozialgesetzbuch durchgeführten Maßnahme angemessen gekürzt werden (vgl. § 63b Abs. 3 SGB XII).

In der genannten Vorschrift sind die Wörter „in" und „dort" zu betonen. Wer Leistungen in einer vollstationären Einrichtung erhält, kann keine häuslichen Pflegeleistungen mehr erhalten, weil der Bedarf der nachfragenden Person in diesen Fällen vollständig durch die Leistungen der Einrichtung gedeckt ist. Der Gesetzgeber wollte also erreichen, dass ambulante und stationäre Leistungen bei Zweckgleichheit nicht zugleich erbracht werden.

Solange sich die pflegebedürftige Person bei Tages- oder Nachtpflege „in" der Einrichtung aufhält, gilt dies auch bei teilstationärer Betreuung. Verlässt die pflegebedürftige Person dann aber die Einrichtung, kann auch ein Bedarf „außerhalb" der Einrichtung anfallen. Insofern kommen dann Leistungen wie z. B. die Gewährung eines Pflegegeldes oder die Übernahme von Pflegesachleistungen (vgl. auch hierzu § 41 Abs. 3 SGB XI) in Frage.

Bei teilstationärer Betreuung von Pflegebedürftigen oder einer vergleichbaren nicht nach dem Zwölften Buch Sozialgesetzbuch durchgeführten Maßnahme ist die Möglichkeit einer angemessenen Kürzung des Pflegegeldes gegeben (vgl. § 63b Abs. 3 Satz 2 SGB XII). Es handelt sich mithin um eine Kürzungsvorschrift (und keine Anrechnungsvorschrift); die Kürzung steht im pflichtgemäßen Ermessen (vgl. § 39 SGB I) des Sozialhilfeträgers.

Grundlage einer nachvollziehbaren Ermessensentscheidung für eine Kürzung des Pflegegeldes kann nicht das tatsächliche Verhältnis zwischen der zeitlichen Abwesenheit vom und Anwesenheit im häuslichen Bereich sein. Als Kriterium kommt vielmehr die Berücksichtigung des eingesparten Pflegeaufwandes in Betracht. Andererseits muss neben der Entlastungsfrage durch teilstationäre Betreuung berücksichtigt werden, dass mit dem Pflegegeld die Pflegebereitschaft der Pflegeperson gefördert bzw. aufrechterhalten werden soll. Letzteres spricht für eine prozentual geringere Kürzung des Pflegegeldes im Vergleich zur eingetretenen Entlastung, die ohnehin nur schwer messbar ist.

Pflegt die Pflegeperson in den Abendstunden und zusätzlich vollumfänglich am Wochenende, kommt eine Kürzung des Pflegegeldes von ca. 20 v. H. in Frage.[296] Die Frage der angemessenen Kürzung ist allerdings eine Ermessensfrage und damit eine Einzelfallentscheidung.

Eine Ausnahme von der Regel „keine häusliche Pflege bei stationärer Leistung" gilt nach § 63b Abs. 4 SGB XII auch für Pflegebedürftige, die ihre ambulante Pflege im Rahmen des Arbeitgebermodells selbst organisieren. Wenn sich pflegebedürftige Personen vorübergehend in einem Krankenhaus oder in einer Vorsorge- oder Rehabilitationseinrichtung (§ 108, § 107 Abs. 2 SGB V) aufhalten, haben sie weiterhin einen Anspruch auf das Pflegegeld nach § 64a SGB XII. In einer solchen Situation besteht der dem Anspruch auf SGB XII - Pflegegeld zugrundeliegende Bedarf fort, auch wenn die unmittelbare Pflege vorübergehend innerhalb der o. g. stationären Einrichtungen sichergestellt ist.

Flankierend dazu bestimmt § 34 Abs. 2 Satz 2 SGB XI: Pflegegeld nach § 37 SGB XI oder anteiliges Pflegegeld nach § 38 SGB XI ist in den ersten vier Wochen einer vollstationären Krankenhausbehandlung oder bei einer Aufnahme in Vorsorge- oder Rehabilitationseinrichtungen nach § 107 Absatz 2 SGB V weiter zu zahlen; bei Pflegebedürftigen, die ihre

---

[296] Als Ermessensgerecht gesehen von BVerwG, Urteil vom 15.12.1995, 5 C 3/94, juris, Rn. 12 = FEVS 46, 403; VGH Baden-Württemberg, Urteil vom 16.12.2002, 7 S 1082/00, juris, Rn. 27, 43 = FEVS 54, 455.

Pflege durch von ihnen beschäftigte besondere Pflegekräfte sicherstellen und bei denen § 63b Abs. 6 Satz 1 SGB XII Anwendung findet, wird das Pflegegeld nach § 37 SGB XI oder anteiliges Pflegegeld nach § 38 SGB XI auch über die ersten vier Wochen hinaus weiter gezahlt.

Vor diesem Hintergrund bestimmt § 63b Abs. 4 Satz 2 SGB XII klarstellungshalber, dass das nach dem Elften Buch Sozialgesetzbuch gezahlte Pflegegeld auf die Leistungen der Hilfe zur Pflege im Rahmen des Arbeitgebermodells anzurechnen ist, wenn es während der Leistungserbringung im Rahmen des Arbeitgebermodells zu einer Krankenhausaufnahme oder einer Aufnahme in einer Vorsorge- oder Rehabilitationseinrichtung kommt.

In diesem Zusammenhang ist auch die Regelung des § 11 Abs. 3 SGB V relevant. Bei stationärer Behandlung umfassen die Leistungen der Krankenversicherung auch die aus medizinischen Gründen notwendige Mitaufnahme einer Begleitperson des Versicherten oder bei stationärer Behandlung in einem Krankenhaus nach § 108 SGB V oder einer Vorsorge- oder Rehabilitationseinrichtung nach § 107 Absatz 2 SGB V die Mitaufnahme einer Pflegekraft, soweit Versicherte ihre Pflege nach § 63b Abs. 6 Satz 1 SGB XII von ihnen beschäftigte besondere Pflegekräfte sicherstellen.

Beim Zusammentreffen der Kürzungsvorschriften nach § 63b Abs. 3 Satz 2 SGB XII und § 63b Abs. 5 SGB XII ist Ausgangspunkt für die Kürzung jeweils das volle bzw. ungekürzte Pflegegeld nach § 64a SGB XII. Im Ergebnis kann sich daher auch eine Kürzung des Pflegegeldes über die Obergrenze des § 63b Abs. 5 SGB XII hinaus (also um mehr als zwei Drittel) ergeben. Es ist allerdings zu beachten, dass der pflegebedürftigen Person noch ein angemessenes „Restpflegegeld" zur Bestreitung sonstiger Aufwendung bzw. Bedürfnisse zu belassen ist.[297]

Kürzung des Pflegegeldes bei Heranziehung einer besonderen Pflegekraft (§ 63b Abs. 5 SGB XII)

Das Pflegegeld kann um bis zu zwei Drittel gekürzt werden, soweit die Heranziehung einer besonderen Pflegekraft erforderlich ist, Pflegebedürftige Leistungen der Verhinderungspflege nach § 64c oder gleichartige Leistungen nach anderen Rechtsvorschriften erhalten (§ 63b Abs. 5 SGB XII).

Hauptanwendungsfall dieser Regelung ist das Zusammentreffen von Leistungen nach § 64a SGB XI (Pflegegeld für ehrenamtlich tätige Pflegepersonen) mit Leistungen nach § 36 SGB XI und/oder § 64b SGB XII (Leistungen für den Einsatz von „besonderen Pflegekräften", d. h. professionell tätigen Pflegekräften, die in der Regel bei anerkannten Pflegediensten oder im Rahmen des Arbeitgebermodells beschäftigt sind).

Auf der Rechtsfolgeseite kann das Pflegegeld nach § 64a SGB XII ermessensgerecht um bis zu zwei Drittel (sog. disponibler Teil) gekürzt werden. Aus dem Umkehrschluss folgt, dass ein Drittel des Pflegegeldes verbleiben muss und eine Kürzung von mehr als zwei Drittel eine Ermessensüberschreitung darstellt.

---

[297] Ähnlich auch VGH Baden-Württemberg, Urteil vom 16.12.2002, 7 S 1082/00, FEVS 54, 455.

Da maximal eine Kürzung des Pflegegeldes nach § 64a SGB XII um zwei Drittel möglich ist, ist Regelungscharakter der Norm, dass das SGB XII - Pflegegeld einerseits und Leistungen für besondere Pflegekräfte andererseits nebeneinander und gleichzeitig erbracht werden können.

Über die Kürzung des Pflegegeldes entscheidet der Träger der Sozialhilfe nach pflichtgemäßem Ermessen. Hier ist zunächst im Rahmen des Entschließungsermessens zu entscheiden, ob eine Kürzung vorgenommen wird. Entscheidet sich der Träger der Sozialhilfe für eine Kürzung, ist im Rahmen des Auswahlermessens der Umfang der Kürzung zu bestimmen. Basis für die Kürzung ist dabei das volle, noch nicht nach § 63b Abs. 1 SGB XII anrechnungsgeminderte Pflegegeld[298] und auch nicht das nach § 63b Abs. 3 SGB XII gekürzte Pflegegeld.

Der Umfang der etwaigen Kürzung ist ermessensgerecht zu erklären (§ 35 Abs. 1 Satz 3 SGB X). Dabei ist zu beachten, dass das Pflegegeld in erster Linie der Förderung und Erhaltung der Pflegebereitschaft dient und der pflegebedürftigen Person ermöglichen soll, mit Hilfe ausreichender Geldmittel die Pflegebereitschaft der nahestehenden Personen oder Nachbarn anzuregen und zu erhalten, um so sicherzustellen, dass ihr die notwendige Pflege in ihrer häuslichen Umgebung auch wirklich zuteil wird[299]. Damit hängt die vom Sozialhilfeträger zu treffende Ermessensentscheidung, ob und ggf. in welchem Umfang eine Kürzung des Pflegegeldes vorgenommen wird, von den Besonderheiten des Einzelfalles ab.

Eine Orientierung an den (Zeit)Anteilen der Leistungen durch ehrenamtliche und professionelle Pflegekräfte an der erforderlichen Gesamtleistung ist möglich. Es muss aber sichergestellt werden, dass das verbleibende Pflegegeld seine Anreizfunktion zur Aufrechterhaltung der Pflegebereitschaft behält. Pauschale und schematische Kürzungen ohne Berücksichtigung der Besonderheit des Einzelfalles entsprechen nicht einer pflichtgemäßen Ermessensausübung. Eine volle Kürzung um zwei Drittel wird in der Regel nur dann in Betracht kommen können, wenn die erforderlichen pflegerischen Verrichtungen ausschließlich bzw. zu einem ganz überwiegenden Teil durch besondere Pflegekräfte sichergestellt wird.[300]

Nachfolgend ist ein mögliches Kürzungsverfahren dargestellt, dessen Besonderheit darin besteht, dass nur der „disponible Teil" Gegenstand der Ermessensüberlegungen ist. Ergebnis der Kürzung ist die Gewährung eines sog. **Restpflegegeldes**.

Beispiel

Herr N ist pflegebedürftig. Die für ihn zuständige Pflegekasse hat den Pflegegrad 3 (Schwerpflegebedürftige – schwere Beeinträchtigung der Selbständigkeit) anerkannt und übernimmt bedarfsdeckend die Kosten für den Einsatz eines Pflegedienstes nach § 36 SGB XI.

---

[298] Vgl. BVerwG, Urteil vom 15.12.1995, 5 C 3/94, BVerwGE 100, 183 = ZFSH/SGB 1996, 369 = FEVS 46, 403 = NDV-RD 1996, 91.
[299] Vgl. BVerwG, Urteil vom 22.08.1974, 5 C 52/73, NDV 1975, 26 = FEVS 23, 45.
[300] Zum ermessensgerechten Kürzungsverfahren Cordes, Kürzungsverfahren nach § 69c Abs. 2 BSHG in der Praxis der Sozialämter, ZfF 5/2000, S. 100-104.

Neben dem Pflegedienst werden die für Herrn N erforderlichen Pflegeleistungen von seiner im Haushalt lebenden Ehefrau übernommen. Der zeitliche Anteil am Gesamtumfang der Pflege beträgt dabei etwa 50 v. H. Zu prüfen ist, ob und ggf. in welchem Umfang das nach § 64a Abs. 1 SGB XII in Betracht kommende Pflegegeld gekürzt werden kann.

Gemäß § 63b Abs. 5 SGB XII kann das Pflegegeld um bis zu zwei Drittel gekürzt werden, soweit die Heranziehung einer besonderen Pflegekraft erforderlich ist. Die Voraussetzungen der Norm liegen vor. Es wird Pflegegeld nach § 64a SGB XII gewährt und es werden die Kosten für den Einsatz einer „besonderen Pflegekraft" übernommen. Pflegedienste beschäftigen „geeignete Pflegekräfte" (vgl. § 36 Abs. 4 Satz 2 SGB XI), deren Qualifikationsniveau über dem der „besonderen Pflegekräfte" liegen kann. Insofern beschäftigen Pflegedienste auch „besondere Pflegekräfte" im Sinne des § 63b Abs. 5 SGB XII.

Die Kürzung wird weiter davon abhängig gemacht, dass der Einsatz der besonderen Pflegekraft erforderlich bzw. notwendig ist. Es soll unterstellt werden, dass der Einsatz des Pflegedienstes hier im Umfang von 50 Prozent des Pflegeaufwandes erforderlich ist und in dem Umfang eine Entlastung der Pflegeperson (Ehefrau) herbeigeführt wird. Über die Kürzung des Pflegegeldes entscheidet der zuständige Träger der Sozialhilfe nach pflichtgemäßem Ermessen.

*Im Rahmen des Entschließungsermessens („ ... kann ...") ist zu entscheiden, **ob** eine Kürzung vorgenommen wird. Da Frau N durch den Einsatz des Pflegedienstes bei der Pflege ihres Ehemannes erheblich entlastet wird, wird von einer Kürzung im Regelfall nicht abgesehen werden können. Im Rahmen des Auswahlermessens („ ... um bis zu zwei Drittel ...") ist der Umfang der Kürzung zu bestimmen. Dabei können insbesondere die jeweiligen Zeitanteile für erforderlichen Pflegeverrichtungen (hier jeweils 50%) entscheidungserheblich herangezogen werden.*

Insofern ist es sachgerecht, das Pflegegeld um 50 v. H. des disponiblen Teils (also 50 v. H. von zwei Drittel) zu kürzen. Damit kommt die Zahlung eines im Rahmen der Leistungskonkurrenz gekürzten Pflegegeldes nach § 64a SGB XII in Höhe von 181,66 € (545,00 € x 2/3 x 50 v. H.) in Betracht, wenn auch die wirtschaftlichen Voraussetzungen nach dem 11. Kapitel SGB XII vorliegen.

Eine Kürzung von Pflegegeld nach § 64a SGB XII kommt weiter bei dem Einsatz von Ersatzpflegepersonen oder Ersatzpflegekräften (vgl. § 64c SGB XII, § 39 SGB XI, § 37 Abs. 2 SGB XI) in Frage, weil durch die Verhinderungspflege ebenfalls eine Entlastung der originären Pflegeperson eintritt.

Zu den gleichartigen Leistungen gehören z. B. Leistungen der häuslichen Krankenpflege nach § 37 SGB V.

Anrechnung des SGB XI – Pflegegeldes auf Leistungen nach § 64f Abs. 3 SGB XII bei selbst beschäftigten Pflegekräften – sog. „Arbeitgebermodell" (§ 63b Abs. 6 SGB XII)

Auf die Inanspruchnahme der Sachleistung nach § 36 SGB XI im Zusammenhang mit der Betreuung durch geeignete Pflegekräfte, die entweder von der Pflegekasse oder bei ambulanten Pflegeeinrichtungen, mit denen die Pflegekasse einen Versorgungsvertrag abgeschlossen hat, angestellt sind, kann der Pflegebedürftige gemäß § 63b Abs. 6 Satz 1 SGB XII nicht verwiesen werden, wenn er seine Pflege im Rahmen des sog. Arbeitgebermodells (vgl. § 64f Abs. 3 SGB XII) sichergestellt hat.

Hintergrund dieser Regelung ist, dass mit den vom Pflegebedürftigen beschäftigten Pflegekräften kein Versorgungs- und Vergütungsvertrag seitens der Pflegeversicherung abgeschlossen worden ist, so dass die hierfür anfallenden Kosten nicht durch die Sachleistung gemäß § 36 SGB XI bezuschusst werden können.

Stellt der Pflegebedürftige seine Pflege durch von ihm beschäftigte besondere Pflegekräfte sicher (sog. „Arbeitgebermodell" nach § 64f Abs. 3 SGB XII), ist ein nach dem Elften Buch Sozialgesetzbuch geleistetes Pflegegeld vorrangig auf die Leistung nach § 64f Abs. 3 SGB XII (insbesondere die Übernahme der Lohn- und vom Arbeitgeber zu tragenden Lohnnebenkosten) anzurechnen (vgl. § 63b Abs. 6 Satz 2 SGB XII).

Die pflegebedürftige Person hat also die Verpflichtung, das SGB XI-Pflegegeld in Anspruch zu nehmen, um hierdurch den Sozialhilfeträger teilweise von den finanziellen Aufwendungen im Zusammenhang mit der Organisation der Pflege des Arbeitgebermodells zu entlasten. Eine solche Inanspruchnahme des SGB XI - Pflegegeldes ist möglich, weil dessen Bewilligung nur davon abhängig ist, dass die Pflege sichergestellt wird. Wie die Pflege im Einzelfall sichergestellt wird, ist für die Gewährung von Pflegegeld unerheblich.[301]

Gleichzeitige Inanspruchnahme mehrerer Leistungen

Es ist möglich, dass eine leistungsberechtigte Person mehrere Leistungen gleichzeitig in Anspruch nimmt. Beispielsweise könnte eine pflegebedürftige Person teilstationäre Leistungen für die Tagespflege erhalten und abends sowie am Wochenende von einem Pflegedienst und/oder einer Pflegeperson gepflegt werden. Wählt eine pflegebedürftige Person eine Kombinationsleistung nach § 38 SGB XI, kommen als Leistungen die Pflegesachleistung (§ 36 SGB XI), das Pflegegeld (§ 37 SGB XI), aufstockende häusliche Pflegehilfe (§ 64b SGB XII) sowie Pflegegeld nach § 64a SGB XII in Betracht.

In derartigen Fallkonstellationen stellt sich die Frage, ob und wie die verschiedenen Pflegeleistungen miteinander kombiniert werden können. Zur Lösung ist die Leistungskonkurrenzvorschrift des § 63b SGB XII heranzuziehen, wobei insbesondere umstritten ist, in welcher Reihenfolge die verschiedenen Absätze bei mehreren Leistungen geprüft werden sollen[302]. Eine unterschiedliche Prüfungsreihenfolge der Absätze des § 63b SGB XII führt

---

[301] Vgl. Übungsfall von Weber, Das Arbeitgebermodell bei der Hilfe zur Pflege nach dem SGB XII, DVP 2015, 282-293.
[302] Vgl. nur Meßling, Juris-PK, § 66 SGB XII, Rn. 27 sowie Rn. 35 m. w. N. zur Literatur- und Praxismeinung. Danach geht die wohl überwiegende Meinung davon aus, dass die verschiedenen Regelungen

zu unterschiedlichen Ergebnissen, wenn mit dem jeweils ermittelten Restpflegegeld „weiter gerechnet" wird.

Derjenige, der für eine bestimmte Reihenfolge in der Anwendung der Regelungen des § 63b SGB XII plädiert (z. B. Anrechnungsvorschrift vor Kürzungsvorschrift), sieht die Notwendigkeit, alle in § 63b SGB XII genannten Vorschriften in einem Zusammenhang zu sehen und zu stellen. Um die richtige Reihenfolge der verschiedenen Vorschriften zu wählen, muss ermittelt werden, durch welche Prüfungsreihenfolge Doppelleistungen am ehesten vermieden werden.

Ausgehend von der Überlegung, dass alle in § 63b SGB XII genannten Vorschriften von einem vollen und ungekürzten Pflegegeld[303] ausgehen und alle relevanten Absätze einen eigenen, selbständigen und unabhängigen Regelungskomplex haben, kommt man zu einer plausiblen und tragfähigen Lösung.

Hier wird damit folgendes vertreten:

Die Kürzungs- und Anrechnungsvorschriften des § 63b SGB XII bauen nicht aufeinander auf, so dass eine vorgenommene Anrechnung oder Kürzung bei der nächsten Anrechnungs- oder Kürzungsvorschrift nicht „aufgegriffen" oder berücksichtigt werden müsste. Die Kürzungsvorschriften des § 63b Abs. 3 Satz 2 SGB XII sowie des § 63b Abs. 5 SGB XII und die Anrechnungsvorschrift des § 63b Abs. 1 SGB XII stehen unabhängig zueinander und rechtfertigen jede für sich eine Reduzierung des Pflegegeldes; sie sind nicht im Sinne einer Priorität des einen oder anderen Aspekts zu sehen (Kürzung vor Anrechnung oder Anrechnung vor Kürzung).

Sieht man eine Eigenständigkeit und Unabhängigkeit jeder einzelnen Kürzungs- und Anrechnungsvorschrift, ist die Berechnung des Ausmaßes von Kürzung und Anrechnung nicht von der Reihenfolge - Kürzung vor Anrechnung oder Anrechnung vor Kürzung - abhängig. Die vorgenommenen einzelnen Anrechnungen und Kürzungen müssen dann später in einer Gesamtschau berücksichtigt werden und das volle Pflegegeld muss aus der Summe aller Anrechnungen und Kürzungen reduziert werden.[304]

Beispiel

Herr P (Pflegegrad 3) wird zur Entlastung der Tochter (Pflegeperson) tagsüber in einer Einrichtung der Tagespflege betreut. Die Einrichtung verlangt hierfür angemessene und notwendige Pflegekosten im Umfang von 1.600,00 €. Die Pflegekasse übernimmt Kosten in Höhe von 1.298,00 € (vgl. § 41 SGB XI).

---

in § 63b SGB XII (§ 66 SGB XII a. F.) in einem Abhängigkeitsverhältnis stehen und mit einer bereits vorgenommenen Kürzung des Pflegegeldes „aufbauend weiterzurechnen" ist. Ein dann gekürztes Restpflegegeld ist also Ausgangspunkt für eine weitere Kürzung oder Anrechnung in einer anderen Vorschrift des § 63b SGB XII.

[303] So auch VGH Baden-Württemberg, 7 S 1082/00, Urteil vom 16.12.2002, juris, Rn.42 = FEVS 54, 455.
[304] In diesem Sinne auch BVerwG, Urteil vom 15.12.1995, 5 C 3/94, juris, Rn. 19 = FEVS 46, 403 = BVerwGE 100, 183 - 187.

Die Tochter, die insbesondere in den frühen Morgenstunden und an den Wochenenden die Pflege (ohne Unterstützung durch einen Pflegedienst) durchführt, beantragt für die Abendstunden die Übernahme der Kosten für den Einsatz eines Pflegedienstes (in Höhe von 1.298,00 €). Herr P möchte sich insbesondere für die geleistete Pflege durch seine Tochter erkenntlich zeigen.

Für Personen des Pflegegrades 3 erbringt die Pflegekasse Leistungen der teilstationären Pflege nach § 41 SGB XI. Zusätzlich kann die pflegebedürftige Person Pflegesachleistungen nach § 36 SGB XI erhalten, ohne dass eine gegenseitige Anrechnung beider Ansprüche erfolgt (§ 41 Abs. 3 SGB XI). Herr P kann also von der Pflegeversicherung 1.298,00 € für die teilstationäre Tagespflege erhalten sowie 1.298,00 €, um die Kosten des Pflegedienstes zu finanzieren.

Im Rahmen des 7. Kapitels SGB XII kommt die Übernahme der ungedeckten Pflegekosten für die teilstationäre Unterbringung nach § 64g SGB XII und § 63b Abs. 1 SGB XII in Betracht.

Daneben kommt zusätzlich die Gewährung Pflegegeld nach § 64a SGB XII in Frage. Der Sozialhilfeträger kann nicht auf den Nachranggrundsatz (§§ 2 SGB XII, 63b Abs. 1 SGB XII) verweisen, weil die möglichen Leistungen der Pflegeversicherung ausgeschöpft sind. Das beschriebene Zwischenergebnis lässt sich grafisch wie folgt darstellen:

Leistungen der sozialen Pflegeversicherung
§§ 41 Abs. 2, 41 Abs. 3 SGB XI i. V. m. § 36 Abs. 3 Nr. 2 SGB XI

Tagespflege: 1.298,00 € (100 %)   Pflegesachleistung: 1.298,00 € (100 %)

Leistungen des Sozialhilfeträgers
§§ 64g, 64a, 64b SGB XII

Tagespflege: 1.600,00 €   Pflegegeld: 545,00 €   Pflegesachleistung*: 1.298,00 €

---

§ 63b Abs. 1 SGB XII (Anrechnungsvorschrift)

Anrechnung der Pflegesachleistung (§ 36 SGB XI) auf die häusliche Pflegehilfe nach § 64b SGB XII (1.298,00 € ./. 1.298,00 € = 0,00 €)

---

§ 63 Abs. 1 SGB XII (Anrechnungsvorschrift)

Anrechnung der Leistungen für die Tagespflege der Pflegeversicherung auf die Leistungen des Sozialhilfeträgers für die Kosten der Tagespflege
(1.600,00 € ./. 1.298,00 = 302,00 €)

---

* häusliche Pflegehilfe (Kosten für den Einsatz des Pflegedienstes)

*Zu prüfen ist, in welcher Höhe Pflegegeld im Rahmen der Sozialhilfe zu gewähren ist. Der „nominelle" Anspruch des Pflegegeldes nach § 64a SGB XII i.V.m. § 37 Abs. 1 Satz 3 Nr. 2 SGB XI in Höhe von 545,00 € unterliegt möglicherweise einer ermessensgerechten Kürzung nach § 63b Abs. 3 Satz 2 SGB XII **und** § 63b Abs. 5 SGB XII. Die Voraussetzungen beider Normen liegen vor, da nach § 63b Abs. 3 Satz 2 SGB XII eine Kürzung des Pflegegeldes bei gleichzeitiger teilstationärer Leistung in Frage kommt und in § 63b Abs. 5 SGB XII eine Kürzung des Pflegegeldes bei gleichzeitigem Einsatz von besonderen Pflegekräften zu prüfen ist.*

Die Kürzungs- und Anrechnungsvorschriften sind (ggf. mit Ausnahme von § 63b Abs. 1 SGB XII, die bei einer Kollisionslage als allgemeine Vorschrift nachrangig anzuwenden ist) in keiner zwingenden Reihenfolge anzuwenden. Denn es handelt sich jeweils um unterschiedliche, auf voneinander unabhängigen Gründen beruhende Regelungen, die jeweils für sich eine nach Anlass und Ausmaß eigenständige Verringerung des Pflegegeldes rechtfertigen. Da § 63b Abs. 3 SGB XII und § 63b Abs. 5 SGB XII nebeneinander anwendbar sind, müssen die jeweils vorgenommenen Kürzungen kumulativ berücksichtigt werden.

Maßgebend für die Kürzung ist somit das „nominelle" bzw. „volle" Pflegegeld, da der Gesetzgeber in § 63b Abs. 3 Satz 2 SGB XII und § 63b Abs. 5 SGB XII die Formulierung gewählt hat, dass das „Pflegegeld" angemessen gekürzt werden kann. Damit wird jeweils Bezug auf das volle und nicht das gekürzte Rest-Pflegegeld genommen. § 63b Abs. 3 Satz 2 SGB XII spricht sogar vom „Pflegegeld nach § 64a SGB XII" und kann damit nur das volle Pflegegeld meinen.

Sowohl im Fall des § 63b Abs. 3 Satz 2 SGB XII als auch im Fall des § 63b Abs. 5 SGB XII spielt die Frage eine Rolle, inwieweit die teilstationäre Pflege bzw. die Pflegesachleistung jeweils für sich genommen zu einer Entlastung der Pflegeperson führt. Beide Vorschriften dienen dazu, ungerechtfertigte Doppelleistungen zu vermeiden. Allerdings muss das Pflegegeld auch bei Berücksichtigung einer nach § 63b Abs. 3 Satz 2 SGB XII erfolgten Kürzungsentscheidung seine Anreizfunktion für die Pflegeperson(en) behalten.

Die teilstationäre Pflege entlastet die Pflegeperson an fünf Tagen in der Woche. Gleichzeitig werden aber in den Morgenstunden von der Pflegeperson pflegerische Verrichtungen ausgeführt. Ein voller Pflegeaufwand bleibt für die Pflegeperson an den Wochenenden. Es ist daher gerechtfertigt, das Pflegegeld in Anwendung des § 63b Abs. 3 Satz 2 SGB XII um 40 v. H. zu kürzen.

Zu einem ähnlichen Entlastungseffekt führt der Einsatz des Pflegedienstes. Aber auch der Pflegedienst unterstützt die Pflegeperson nicht an den Wochenenden. Es ist weiter davon auszugehen, dass pflegerische Verrichtungen bei der Pflegeperson trotz Einsatzes des Pflegedienstes verbleiben. Auch hier erscheint es ermessensgerecht, das Pflegegeld um 40 v. H. zu kürzen.[305]

---

[305] Auch eine Kürzung des disponiblen Teils (also 40 v. H. von zwei Drittel) ist denkbar.

Problematisch ist weiter, ob dem Pflegebedürftigen insgesamt ein Drittel des Pflegegeldes verbleiben muss. Dagegen spricht der Wortlaut des § 63b Abs. 5 SGB XII, der auf der Rechtsfolgeseite nur vorsieht, dass das Pflegegeld gekürzt werden kann – jedoch nicht, dass mindestens ein Drittel des Pflegegeldes verbleiben muss. Die Drittel-Grenze ist nur für den Kürzungsvorgang relevant, nicht jedoch für das letztlich verbleibende Restpflegegeld.

Der Sozialhilfeträger ist damit nicht daran gehindert, beim Zusammentreffen der Kürzungsregelungen des § 63b Abs. 5 SGB XII und des § 63b Abs. 3 Satz 2 SGB XII eine das Ausmaß von zwei Dritteln übersteigende Kürzung des Pflegegeldes vorzunehmen.

Der Verwaltungsgerichtshof Baden-Württemberg führt dazu aus[306]*:*

„Wäre es Absicht des Gesetzgebers gewesen, dem Pflegebedürftigen - vor Anrechnung gleichartiger Leistungen nach § 66 Abs. 1 Satz 2 SGB XII a. F. (§ 63b Abs. 1 SGB XII n.F.) - stets ein Drittel des Pflegegeldes zu belassen, hätte er im Gesetz eine Obergrenze für den Fall der Doppelkürzung vorgesehen, wie sie der Deutsche Verein für öffentliche und private Fürsorge in seiner Stellungnahme zum Regierungsentwurfs eines Gesetzes zur Reform des Sozialhilferechts - BT-Drucks. 13/2440 - skizziert hat (vgl. NDV 1995, 436, 437). Hiervon hat er jedoch abgesehen, obwohl im Entwurf des Gesetzes zur sozialen Absicherung des Risikos der Pflegebedürftigkeit (Pflegeversicherungsgesetz), der von der Regierung und den Fraktionen der CDU/CSU und der FDP eingebracht worden ist, eine entsprechende Regelung vorgesehen war (vgl. BT-Drucks. 12/5902, S. 126). Hiernach ist jedoch die Annahme gerechtfertigt, dass bei einer Doppelkürzung die Gesamtkürzung das in § 66 Abs. 2 SGB XII (a. F.) (§ 63b Abs. 5 SGB XII n. F.) gesetzte Höchstmaß von zwei Dritteln überschreiten darf."

Damit ist im Ergebnis ein Restpflegegeld von 109,00 € (545,00 € abzüglich zweimal 40 v. H. von 545,00 €) zu gewähren.

Geht man in der beschriebenen Weise vor, ist es gleichgültig, in welcher Reihenfolge die Kürzungsvorschriften bzw. Anrechnungsvorschriften angewendet werden.

---

[306] VGH Baden-Württemberg, Urteil vom 16.12.2002, 7 S 1082/00, juris, Rn. 42 = FEVS 54, 455. Die genannten Rechtsnormen wurden in der Zitation auf die aktuelle Rechtslage geändert.

§ 63b Abs. 5 SGB XII (Kürzungsvorschrift)

Pflegesachleistung nach § 36 SGB XI und Pflegegeld nach § 64a SGB XII können Nebeneinander erbracht werden; ermessensgerechte Kürzung des Pflegegeldes um 40 v. H. (= 218,00 €) möglich

§ 63b Abs. 3 Satz 2 SGB XII (Kürzungsvorschrift)

Kürzung des SGB XII - Pflegegeldes (§ 64a SGB XII) um 40 v. H. von 545,00 € (= 218,00 €) bei gleichzeitiger teilstationärer Leistung

Verbleibendes Restpflegegeld im Umfang der Kürzungen und Anrechnungen (kumulatives Nebeneinander der Kürzungs- und Anrechnungsvorschriften);

Kürzung des vollen Pflegegeldes von 545,00 € um 2 x 218,00 € auf 109,00 €. Es ist unerheblich, dass das verbleibende Restpflegegeld weniger als 1/3 des vollen Pflegegeldes beträgt.

6.4.4.4 Trägerübergreifendes persönliches Budget

Nach § 63 Abs. 3 Satz 1 SGB XII kann die Hilfe zur Pflege auf Antrag auch als Teil eines trägerübergreifenden persönlichen Budgets erbracht werden. Dabei sind die Vorschriften des §§ 17 Abs. 2 bis Abs. 4, 159 Abs. 5 SGB IX insoweit anzuwenden (vgl. § 63 Abs. 3 Satz 2 SGB XII). Zum trägerübergreifenden Budget vgl. die Ausführungen zur Eingliederungshilfe für behinderte Menschen unter 8.4.3.11.

6.4.4.5 Abgrenzung zu anderen Hilfearten

Abgrenzungsschwierigkeiten können sich zur Hilfe bei Krankheit, zur Eingliederungshilfe für behinderte Menschen und zur Hilfe zur Weiterführung des Haushalts ergeben (vgl. dazu die Ausführungen zu 8.3.3.4, zu 8.4.3.13).

Bei der Abgrenzung der Hilfe zur Pflege zur Eingliederungshilfe für behinderte Menschen nach dem 6. Kapitel SGB XII ist zu beachten, dass beide Hilfearten unterschiedliche Zielsetzungen verfolgen. Die Hilfe zur Pflege will die personenbezogenen grundpflegerischen Verrichtungen sicherstellen sowie krankheits- oder behinderungsbedingte Beschwerden lindern.

Die Hilfe zur Pflege will also den regelwidrigen Körper- oder Geisteszustand kompensieren. Die Eingliederungshilfe hat u. a. das Ziel, den behinderten Menschen in die Gesellschaft (u. a. auch durch eine berufliche Rehabilitation) einzugliedern, bzw. ihm die Teilnahme am Leben in der Gemeinschaft zu ermöglichen oder zu erleichtern.

Die Leistungen nach dem 6. und 7. Kapitel SGB XII schließen sich nicht gegenseitig aus, sondern können ggf. auch nebeneinander in Betracht kommen. Dies folgt insbesondere aus der Formulierung des § 53 Abs. 3 Satz 2 SGB XII, wonach die Eingliederungshilfe für behinderte Menschen auch darauf zielt, die leistungsberechtigte Person soweit wie möglich unabhängig von Pflege zu machen.

6.4.4.6 Übungen

Sachverhalt

Herr C ist wegen eines Tumors am dritten Rückenwirbel querschnittsgelähmt und kann weder Beine noch Arme bewegen. Er benötigt rund um die Uhr, auch nachts, Hilfe bei diversen personenbezogen Verrichtungen. Viele Aktivitäten kann Herr C in der Regel nicht selbständig durchführen bzw. steuern. Es sind kaum eigene Ressourcen vorhanden.

Der Medizinische Dienst der für ihn zuständigen Pflegekasse (MDK) hat eine ausgeprägte Unselbständigkeit festgestellt, bei der eine Pflegeperson nahezu alle Teilhandlungen des täglichen Lebens anstelle der pflegebedürftigen Person durchführen müsste. Vor diesem Hintergrund hat die Pflegekasse festgestellt, dass Herr C zu den Personen mit einem Pflegegrad 4 (schwerste Beeinträchtigung der Selbständigkeit) zählt.

Herr C wird von seiner mit im Haushalt lebenden Tochter versorgt, die allerdings auf die Unterstützung einer Berufspflegekraft eines anerkannten Pflegedienstes angewiesen ist, die den wesentlichen Teil der relevanten Pflegeverrichtungen übernimmt. Für den Einsatz der Berufspflegekraft (Pflegedienst) entstehen Herrn C monatliche angemessene Kosten von 2.550,00 €.

Die Pflegekasse übernimmt als Pflegesachleistung nach § 36 SGB XI für den Einsatz der Berufspflegekraft einen Betrag von monatlich 1.612,00 €. Die Entscheidung der Pflegekasse beruht auf Tatsachen, die sowohl bei der Entscheidung der Pflegekasse als auch bei der Entscheidung des Trägers der Sozialhilfe zu berücksichtigen sind.

Aufgabe

Prüfen Sie, ob Herr C zum leistungsberechtigten Personenkreis nach dem 7. Kapitel SGB XII gehört und welche Leistungen ggf. in Betracht kommen. Gehen Sie davon aus, dass der Einsatz des Pflegedienstes erforderlich ist und die Höhe der in diesem Zusammenhang anfallenden Kosten nach Überprüfung des Sozialhilfeträgers aus pflegefachlicher Sicht angemessen ist.

Lösung

Gemäß § 19 Abs. 3 i.V.m. § 61 SGB XII wird Hilfe zur Pflege geleistet, soweit den Leistungsberechtigten und ihren nicht getrennt lebenden Ehegatten oder Lebenspartnern die Aufbringung der Mittel aus dem Einkommen und Vermögen nach den Vorschriften des Elften Kapitels dieses Buches nicht zuzumuten ist. Zu prüfen ist hier, ob Herr C zum anspruchsberechtigten Personenkreis nach dem 7. Kapitel SGB XII gehört (§§ 61 ff. SGB XII), er also die sachlichen Voraussetzungen für die Hilfe zur Pflege erfüllt.

Zunächst muss Herr C pflegebedürftig sein (§ 61 SGB XII). Pflegebedürftig sind Personen, die gesundheitlich bedingte Beeinträchtigungen der Selbständigkeit oder der Fähigkeiten aufweisen und deshalb der Hilfe durch andere bedürfen (§ 61a Abs. 1 Satz 1 SGB XII).

Die Pflegekasse hat bei Herrn C schwerste Beeinträchtigungen der Selbständigkeit festgestellt und den Pflegegrad 4 ermittelt. Die Entscheidung der Pflegekasse über den Pflegegrad ist für den Träger der Sozialhilfe bindend, soweit sie auf Tatsachen beruht, die bei beiden Entscheidungen zu berücksichtigen sind (§ 62a Satz 1 SGB XII). Das ist laut Sachverhalt der Fall. Herr C gehört damit zum leistungsberechtigten Personenkreis nach § 61a bis § 61c SGB XII.

Als Leistung im Rahmen der Hilfe zur Pflege kommt nach § 64b Abs. 1 SGB XII die Übernahme der angemessenen Kosten der häuslichen Pflegehilfe in Betracht. Danach haben Pflegebedürftige der Pflegegrade 2, 3, 4 oder 5 Anspruch auf körperbezogene Pflegemaßnahmen und pflegerische Betreuungsmaßnahmen sowie auf Hilfen bei der Haushaltsführung als Pflegesachleistung (häusliche Pflegehilfe), soweit die häusliche Pflege nach § 64 SGB XII nicht sichergestellt werden kann. Voraussetzungen für Leistungen im Rahmen der häuslichen Pflegehilfe im Sinne von § 64b Abs. 1 SGB XII sind danach

- mindestens Pflegegrad 2 der nachfragenden Person,
- eine Pflegesachleistung,
- die Erforderlichkeit bzw. Notwendigkeit der Pflegesachleistung (vgl. § 63a SGB XII), auch unter dem Aspekt,
- dass die häusliche Pflege nicht nach § 64 SGB XII sichergestellt werden kann.

Der Begriff „Pflegesachleistung" nimmt Bezug auf § 36 SGB XI. Danach erhalten die Pflegebedürftigen körperbezogene Pflegemaßnahmen, pflegerische Betreuungsmaßnahmen und Hilfen bei der Haushaltsführung (häusliche Pflegehilfe) als Sachleistung durch geeignete Pflegekräfte. Kennzeichen einer Pflegesachleistung ist der Einsatz von fachlich qualifizierten, in der Regel ausgebildeten Pflegekräften. Diese Pflegekräfte müssen mittelbar oder unmittelbar in einem Vertragsverhältnis zur Pflegekasse stehen. Infrage kommen Pflegekräfte,

- die bei der Pflegekasse angestellt sind,
- die bei einer ambulanten Pflegeeinrichtung nach den §§ 71 Abs. 1, 72 SGB XI angestellt sind,
- mit denen die Pflegekasse einen Vertrag nach § 77 Abs. 1 SGB XI abgeschlossen hat.

Herr C wird durch eine Berufspflegekraft versorgt, die bei einem anerkannten bzw. zugelassenen Pflegedienst angestellt ist. Insofern erhält Herr C eine Pflegesachleistung im Sinne des § 64b SGB XII.

Angesichts des beschriebenen Umfangs der Pflegebedürftigkeit und der Einordnung von Herrn C in den Pflegegrad 4 erscheint der Einsatz des Pflegedienstes auch erforderlich, um den pflegerischen Bedarf abzudecken (§ 63a SGB XII).

Ein Verweis auf die nach § 64 SGB XII vorrangige Hilfe durch Pflegepersonen ist nicht möglich. Zum einen kann niemand (auch nahen Angehörige) zur Pflege gezwungen werden. Zum anderen wird dem Vorrang der ehrenamtlichen Pflege durch Pflegepersonen im vorliegenden Fall bereits dadurch ausreichend Rechnung getragen, dass die Tochter Teile der notwendigen pflegerischen Versorgung übernimmt.

Insofern entsteht ein sozialhilferechtlich anzuerkennender Bedarf auf häusliche Pflegehilfe nach § 64b SGB XII im Umfang von 2.550,00 €. Es ist auch davon auszugehen, dass die Kosten aus pflegefachlicher Sicht angemessen sind.

Weiterhin kommt die Gewährung von Pflegegeld nach § 64a SGB XII in Frage. Gemäß § 64a Abs. 1 SGB XII haben Pflegebedürftige der Pflegegrade 2, 3, 4 oder 5 bei häuslicher Pflege Anspruch auf Pflegegeld in Höhe des Pflegegeldes nach § 37 Absatz 1 SGB XI. Der Anspruch auf Pflegegeld setzt voraus, dass die Pflegebedürftigen die erforderliche Pflege mit dem Pflegegeld in geeigneter Weise selbst sicherstellen. Für Herrn C wurde der Pflegegrad 4 festgestellt. Er stellt seine Pflege auch durch seine Tochter in geeigneter Weise sicher, in dem diese Teile der notwendigen Pflege übernimmt. Für Herrn C kommt daher die Gewährung von Pflegegeld nach § 64a Abs. 1 Satz 1 SGB XII i. V. m. § 37 Abs. 1 Satz 3 Nr. 3 SGB XI in Höhe von 728,00 € in Betracht.

Die genannten Leistungen und Bedarfe der Pflegekasse und des Sozialhilfeträgers stehen aber unter dem Vorbehalt einer weiteren Prüfung. Nach § 63b SGB XII sollen Doppelleistungen vermieden werden und das Nachrangprinzip in der Sozialhilfe verwirklicht werden. Es ist deshalb zu untersuchen, ob Leistungen der Hilfe zur Pflege nach dem 7. Kapitel SGB XII in der genannten Bedarfshöhe erbracht werden können.

Gemäß § 63b Abs. 1 SGB XII werden Leistungen der Hilfe zur Pflege nicht erbracht, soweit Pflegebedürftige gleichartige Leistungen nach anderen Rechtsvorschriften erhalten. Als gleichartige Leistung zu der häuslichen Pflegehilfe nach § 64b SGB XII kommen die Pflegesachleistungen der Pflegeversicherung nach § 36 SGB XI in Frage. Der Klammerzusatz in § 36 Abs. 1 Satz 1 SGB XI macht deutlich, dass es auch aus dem Blickwinkel der Pflegeversicherung bei den Pflegesachleistungen um „häusliche Pflegehilfe" geht. Es handelt sich daher um inhaltlich gleichartige Leistungen.

§ 63b Abs. 1 SGB XII ist die spezielle Ausformung des Nachrangprinzips der Sozialhilfe hinsichtlich vorrangiger gleichartiger Leistungen anderer Leistungsträger. Aus dem Wort „soweit" folgt, dass Sozialhilfeleistungen soweit nicht erbracht werden, wie die leistungsberechtigten Personen der Höhe nach andere Leistungen erhalten. Aus dem Umkehrschluss des § 63b Abs. 1 SGB XII folgt, dass der Sozialhilfeträger Leistungen erbringen kann, soweit vorrangige Leistungen nicht ausreichen. Herr C muss daher als leistungsberechtigte

Person die maximalen Leistungen der Pflegeversicherung in Anspruch nehmen, bevor der Sozialhilfeträger Leistungen erbringen kann.

Vorliegend nimmt Herr C von der Pflegekasse Leistungen zur Deckung der Kosten des Pflegedienstes im Umfang von 1.612,00 € in Anspruch. Dabei handelt es sich um den Höchstbetrag. Dieser wird auf den Bedarf von 2.550,00 € angerechnet, so dass der Sozialhilfeträger den notwendigen Bedarf von 938,00 € anerkennen muss.

Gemäß § 63b Abs. 5 SGB XII kann das Pflegegeld um bis zu zwei Drittel gekürzt werden, soweit die Heranziehung einer besonderen Pflegekraft erforderlich ist.

Hier treffen Maßnahmen nach § 64a und nach § 64b SGB XII sowie gleichartige Leistungen nach § 36 SGB XI aufeinander. Bei Leistungen nach § 64b SGB XII und § 36 SGB XI handelt es sich um die Kosten für den Einsatz von (geeigneten und damit gleichzeitig besonderen) Pflegekräften. Es kann auch unterstellt werden, dass der Einsatz des Pflegedienstes erforderlich ist, da sich Herr C in Pflegegrad 4 befindet. Die Voraussetzungen der Norm liegen vor.

Auf der Rechtsfolgeseite ist zu prüfen, ob und inwieweit das Pflegegeld ermessensgerecht gekürzt werden kann. Maximal ist eine Kürzung um bis zu zwei Drittel möglich. Da die Berufspflegekraft bzw. der Pflegedienst wesentliche Teile der Pflegeverrichtungen übernimmt, andererseits aber die Pflegebereitschaft der Tochter erhalten bleiben soll, erscheint eine Kürzung um die Hälfte als angemessen. Es wird daher Pflegegeld im Umfang von 364,00 € gewährt.

Es sind demnach 938,00 € für die besondere Pflegekraft und das im Rahmen der Leistungskonkurrenz nach § 63b Abs. 5 SGB XII auf 364,00 € gekürzte Pflegegeld zu leisten, sofern die wirtschaftlichen Voraussetzungen des 11. Kapitels SGB XII dem nicht entgegenstehen.

6.5 Hilfe zur Überwindung besonderer sozialer Schwierigkeiten (§§ 67 bis 69 SGB XII)

6.5.1 Rechtscharakter und Aufgabe

Personen, bei denen besondere Lebensverhältnisse mit **sozialen Schwierigkeiten** verbunden sind, erhalten nach § 67 Satz 1 SGB XII Hilfe zur Überwindung besonderer sozialer Schwierigkeiten, wenn sie aus eigener Kraft nicht dazu fähig sind, diese Schwierigkeiten zu überwinden. Es handelt sich um eine **Pflichtleistung** der Sozialhilfe. Allerdings steht die Entscheidung über Art und Maß der Hilfeleistung im pflichtgemäßen Ermessen des zuständigen Leistungsträgers (vgl. § 9 SGB XII).

Die Hilfe soll dazu beitragen, Personen, deren Teilnahme am Leben in der Gemeinschaft dadurch nicht möglich oder erheblich beeinträchtigt ist, eine Integration in die Gesellschaft zu ermöglichen. Ziel der Hilfe ist es dabei, durch Befähigung zur Selbsthilfe am Leben in der Gemeinschaft teilzuhaben und die Führung eines menschenwürdigen Lebens zu sichern.

6.5.2 Voraussetzungen

Personen, bei denen besondere Lebensverhältnisse mit sozialen Schwierigkeiten verbunden sind, ist Hilfe zur Überwindung dieser Schwierigkeiten zu leisten, wenn sie aus eigener Kraft hierzu nicht fähig sind (vgl. § 67 Satz 1 SGB XII). Danach fordert die Vorschrift eine Kausalität zwischen den **besonderen Lebensverhältnissen** und den vorhandenen **sozialen Schwierigkeiten**, wobei sich das Wort „besondere" auf die Lebensverhältnisse bezieht. Dabei kommt es lediglich auf einen erkennbaren Zusammenhang zwischen beiden Elementen an, eine eindeutige kausale Zuordnung ist nicht erforderlich; es kann durchaus eine Wechselseitigkeit vorliegen[307].

Damit ist der Weg zu einer ganzheitlichen und systematischen Betrachtung des sozialen Geschehens eröffnet. Nicht erforderlich ist eine lineare Beschreibung der Problematik als anamnestische Falldarstellung mit entsprechenden Kausalketten[308].

Der Wortlaut der Norm lässt es nicht zu, nur den besonderen Lebensverhältnissen oder nur den sozialen Schwierigkeiten entgegenzuwirken. Damit ist es nicht möglich, nur den sozialen Schwierigkeiten entgegenzuwirken, wenn sich die Lebensführung als Ausdruck der Individualität darstellt (z. B. bei Landfahrern, die nicht zu einer grundsätzlichen Änderung ihrer Lebensverhältnisse bereit sind).

Die Voraussetzungen für die Hilfeleistung werden näher durch die auf der Basis der Ermächtigung des § 69 SGB XII erlassenen Verordnung zur Durchführung der Hilfe zur Überwindung besonderer sozialer Schwierigkeiten (nachfolgend VO nach § 69 SGB XII) bestimmt.

---

[307] Vgl. OVG Schleswig-Holstein, Urteil vom 07.08.2002, 2 L 70/01, FEVS 54, 111 = NDV-RD 2002, 86.
[308] Vgl. Roscher in LPK-SGB XII, Rn. 7 zu § 67 SGB XII; Michalla-Munsche in jurisPK-SGB XII, Rn. 20 zu § 67 SGB XII.

Nach § 1 Satz 1 VO zu § 69 SGB XII leben Personen in besonderen sozialen Schwierigkeiten, wenn besondere Lebensverhältnisse derart mit sozialen Schwierigkeiten verbunden sind, dass die Überwindung der besonderen Lebensverhältnisse auch die Überwindung der sozialen Schwierigkeiten erfordert.

„Das Tatbestandsmerkmal der "besonderen Lebensverhältnisse" bezieht sich auf die soziale Lage des Betroffenen, die durch eine besondere Mangelsituation - etwa an Wohnraum - gekennzeichnet sein muss und wird in § 1 Abs. 2 Satz 1 der VO zu § 69 SGB XII durch eine abstrakte Beschreibung verschiedener typischer Situationen konkretisiert, in denen aus Sicht des Verordnungsgebers von solchen besonderen Lebensverhältnissen ausgegangen werden kann. Demgegenüber geht es bei den "sozialen Schwierigkeiten" nicht in erster Linie um wirtschaftliche Schwierigkeiten, sondern um die Beeinträchtigung der Interaktion mit dem sozialen Umfeld und damit um die Einschränkung der Teilhabe am Leben in der Gemeinschaft (vgl. § 1 Abs. 3 der VO zu § 69 SGB XII). Es muss sich insoweit um soziale Schwierigkeiten handeln, die typischerweise mit besonderen Lebensverhältnissen einhergehen und die über solche sozialen Schwierigkeiten hinausgehen, die bereits für die Inanspruchnahme anderer Sozialhilfeleistungen nach dem SGB XII vorausgesetzt werden."[309]

Die besonderen sozialen Schwierigkeiten können in der Person der nachfragenden Person, in ihren derzeitigen Lebensverhältnissen oder in ihrem sozialen Umfeld (z. B. Familie, Arbeitsplatz, Nachbarschaft) begründet sein. Obwohl der Begriff „soziale Schwierigkeiten" großzügig auszulegen ist, ist es für eine Hilfeleistung Voraussetzung, dass es sich um Schwierigkeiten handelt, die sich von denen unterscheiden, die fast jeden Menschen im Laufe seines Lebens einmal treffen (z. B. Ehekrise, Probleme am Arbeitsplatz). Dabei ist es unwesentlich, ob die leistungsberechtigte Person die Ursachen, die hierzu geführt haben, selbst zu verantworten hat.

Besondere Lebensverhältnisse, die zu sozialen Schwierigkeiten führen, können vor allem bestehen bei Personen ohne ausreichende Unterkunft (Obdachlose), bei Nichtsesshaften, bei Personen mit Persönlichkeitsstörungen, die dem Personenkreis der sog. „Messies" zuzuordnen sind, bei Haftentlassenen oder verhaltensgestörten jungen Menschen, für die Hilfe zur Erziehung nach dem Achten Buch Sozialgesetzbuch nicht (mehr) in Betracht kommt.

Ein vergleichsweise häufiger Fall ist die Frage, ob Leistungen zum Erhalt der Wohnung für die Zeit nach einer Haftentlassung übernommen werden können. Die Zeit der Haftdauer spielt dabei eine untergeordnete Rolle. Stattdessen ist der Frage nachzugehen, ob bei einem Verlust der Mietwohnung während der Haft besondere soziale Schwierigkeiten zu erwarten sind. Diese können in einer gesundheitlichen Beeinträchtigung oder aus Gründen der Persönlichkeitsstruktur bestehen, müssen aber von der Leistungsberechtigten Person konkret dargelegt werden.[310]

---

[309] BSG, Urteil vom 12.12.2013, B 8 SO 24/12 R, juris, Rn. 15 = FEVS 66, 11.
[310] Vgl. BSG, Urteil vom 12.12.2013, B 8 SO 24/12 R, jurisFEVS 66, 11; SG Detmold, Urteil vom 08.07.2014, S 8 SO 147/13, juris.

Soweit der Hilfebedarf durch Leistungen nach anderen Bestimmungen des Zwölften Buches Sozialgesetzbuch oder nach dem Achten Buch Sozialgesetzbuch (Kinder- und Jugendhilfe) gedeckt wird, gehen diese Leistungen der Hilfe zur Überwindung besonderer sozialer Schwierigkeiten vor (vgl. § 67 Satz 2 SGB XII).

Die Hilfe wird ohne Rücksicht auf Einkommen und Vermögen geleistet, soweit im Einzelfalle Dienstleistungen erforderlich sind (vgl. § 68 Abs. 2 Satz 2 SGB XII), im Übrigen kommen eine Berücksichtigung von Einkommen und Vermögen der in § 19 Abs. 3 SGB XII genannten Personen sowie eine Inanspruchnahme nach bürgerlichem Recht Unterhaltspflichtiger nicht in Betracht, soweit dies den Erfolg der Hilfe gefährden würde (vgl. § 68 Abs. 2 Satz 3 SGB XII).

6.5.3 Leistungen

Die Leistungen nach § 67 SGB XII umfassen alle Maßnahmen, die notwendig sind, um die Schwierigkeiten

- abzuwenden,

- zu beseitigen,

- zu mildern oder

- ihre Verschlimmerung zu verhüten,

vor allem

- Beratung und persönliche Betreuung für die Leistungsberechtigten und ihre Angehörigen,

- Hilfen zur Ausbildung,

- Erlangung und Sicherung eines Arbeitsplatzes sowie

- Maßnahmen im Zusammenhang mit der Beschaffung und Erhaltung einer Wohnung (vgl. § 68 Abs. 1 Satz 1 SGB XII).

In der Verordnung nach § 69 SGB XII werden einzelne Maßnahmen konkretisiert. Zur Durchführung der erforderlichen Maßnahmen ist in geeigneten Fällen ein Gesamtplan zu erstellen (§ 68 Abs. 1 Satz 3 SGB XII).

6.5.3.1 Beratung und persönliche Unterstützung (§ 3 VO nach § 69 SGB XII)

Die Beratung im Sinne des § 3 VO nach § 69 SGB XII ist weitergehender als die Beratung nach § 14 SGB I, nach § 10 Abs. 2 und § 11 Abs. 2 SGB XII, persönliche Unterstützung wiederum weitergehender als die nach § 11 Abs. 3 SGB XII. Auch die Beratung durch

Schuldner- und Fachberatungsstellen im Sinne des § 11 Abs. 5 Satz 2 SGB XII wird, bezogen auf die spezifischen Probleme des durch die Hilfe zur Überwindung besonderer sozialer Schwierigkeiten erfassten Personenkreises, nicht immer ausreichend sein. Bei Beratung und Unterstützung handelt sich um Dienstleistungen, die gegenüber materiellen Hilfen vorrangig sind.

Zur Beratung und persönlichen Unterstützung gehört vor allem

- den Hilfebedarf zu ermitteln,

- die Ursachen der besonderen Lebensumstände sowie der sozialen Schwierigkeiten festzustellen,

- sie bewusst zu machen,

- über die zur Überwindung der besonderen Lebensverhältnisse und sozialen Schwierigkeiten in Betracht kommenden Maßnahmen und geeigneten Hilfeangebote und -organisationen zu unterrichten,

- diese soweit erforderlich zu vermitteln und

- ihre Inanspruchnahme und Wirksamkeit zu fördern (vgl. § 3 Abs. 1 VO nach § 69 SGB XII).

§ 3 Abs. 2 VO nach § 69 SGB XII fordert, dass Beratung und Unterstützung darauf ausgerichtet sein müssen, die Bereitschaft und Fähigkeit zu erhalten und zu entwickeln, bei der Überwindung der besonderen sozialen Schwierigkeiten nach Kräften mitzuwirken und so weit wie möglich unabhängig von Sozialhilfe zu leben. Dazu gehören auch erforderliche Hilfestellungen bei der Inanspruchnahme von Sozialleistungen, von Schuldnerberatung oder allgemein bei der Erledigung von Angelegenheiten mit Behörden und Gerichten.

Die Maßnahmen nach § 3 Abs. 3 VO nach § 69 SGB XII erstrecken sich, soweit erforderlich, auch darauf, in der Umgebung der leistungsberechtigten Person Verständnis für die Art der Lebensführung und die damit verbundenen sozialen Schwierigkeiten zu wecken, Vorurteilen entgegenzuwirken und den Einflüssen zu begegnen, welche die Bemühungen und Fähigkeiten zur Überwindung besonderer sozialer Schwierigkeiten beeinträchtigen (vgl. § 3 Abs. 3 VO nach § 69 SGB XII).

6.5.3.2 Beschaffung und Erhaltung einer Wohnung (§ 4 VO nach § 69 SGB XII)

Gerade die Wohnung und das Wohnumfeld haben für den für die Hilfe in Betracht kommenden Personenkreis besondere Bedeutung. Vielfach sind es keine finanziellen Ursachen, die zu Problemen mit Vermietern und Hausbewohnern führen, sondern Verhaltensweisen der einzelnen Personen oder ihrer Familien, die von den allgemein in der Bevölkerung anerkannten Normen abweichen und zu Spannungen führen. Diese anderen Verhaltensweisen sind mit den früheren Lebensgewohnheiten (z. B. bei Personen, die lange in Obdachlosenunterkünften gelebt haben) zu erklären. Hier gilt es, im Rahmen der Beratung und Unterstützung nach § 3 VO nach § 69 SGB XII auf die Leistungsberechtigten und ihre Umgebung einzuwirken.

Soweit die Maßnahmen es erfordern, umfasst die Hilfe zur Überwindung besonderer sozialer Schwierigkeiten auch sonstige Leistungen zur Erhaltung und Beschaffung einer Wohnung nach dem 3. Kapitel SGB XII, insbesondere nach § 36 SGB XII (vgl. § 4 Abs. 2 VO nach § 69 SGB XII). Die entsprechenden Leistungen werden damit Bestandteil der Hilfe zur Überwindung besonderer sozialer Schwierigkeiten.

Beispiel

Befindet sich eine Wohnung in einem verwahrlosten Zustand und ist dieser Zustand aus einer Persönlichkeitsstörung zu erklären, kommt als Anspruchsgrundlage für das Aufräumen einer solchen sog. „Messie-Wohnung" § 67 SGB XII i. V. m. § 4 VO zu § 69 SGB XII in Betracht. Art und Maß der Hilfeleistung steht im pflichtgemäßen Ermessen des Leistungsträgers (§ 9 SGB XII). Daher kommen auch eine Grundreinigung und eine Renovierung der „Messie-Wohnung" in Frage.

6.5.3.3 Ausbildung, Erlangung und Sicherung eines Arbeitsplatzes (§ 5 VO nach § 69 SGB XII)

Diese Maßnahme ist darauf ausgerichtet, die Fähigkeiten und Fertigkeiten sowie die Bereitschaft zu erhalten und zu entwickeln, einer regelmäßigen Erwerbstätigkeit nachzugehen und den Lebensunterhalt für sich und Angehörige aus Erwerbseinkommen zu bestreiten (vgl. § 5 Abs. 1 VO nach § 69 SGB XII). Die Bestimmungen des Zweiten Buches Sozialgesetzbuch sehen zwar auch entsprechende Möglichkeiten vor, schließen die Maßnahmen nach § 5 der VO nach § 69 SGB XII aber nicht aus.

Der Unterschied zu den Leistungen nach dem Zweiten Buch Sozialgesetzbuch besteht in einer Umkehr der Bedeutung der Arbeit für die Bedarfsbefriedigung. Im Zweiten Buch Sozialgesetzbuch steht die materielle Sicherung durch Selbsthilfe im Vordergrund, während bei der Hilfe zur Überwindung besonderer sozialer Schwierigkeiten die sozialen Funktionen im Vordergrund stehen und die materielle Sicherung durch Arbeit eine ergänzende Funktion hat.[311]

§ 5 Abs. 2 VO nach § 69 SGB XII enthält eine nicht abschließende Aufzählung über die möglichen Maßnahmen, zu denen insbesondere solche gehören, die

- dem drohenden Verlust eines Ausbildungs- oder Arbeitsplatzes entgegenwirken (§ 5 Abs. 2 Nr. 1 VO nach § 69 SGB XII),

- es ermöglichen, den Ausbildungsabschluss allgemeinbildender Schulen nachzuholen und die für die Ausübung einer Erwerbstätigkeit auf dem allgemeinen Arbeitsmarkt notwendigen Fähigkeiten und Fertigkeiten zu erwerben (§ 5 Abs. 2 Nr. 2 VO nach § 69 SGB XII),

---

[311] Vgl. Roscher in LPK-SGB XII, Rn. 11 zu § 68 SGB XII.

- eine Ausbildung für einen angemessenen Beruf ermöglichen (§ 5 Abs. 2 Nr. 3 VO nach § 69 SGB XII),

- der Erlangung und Sicherung eines geeigneten Arbeitsplatzes oder einer sonstigen angemessenen Tätigkeit dienen (§ 5 Abs. 2 Nr. 4 VO nach § 69 SGB XII),

- den Abschluss sozialversicherungspflichtiger Beschäftigungsverhältnisse ermöglichen oder den Aufbau einer Lebensgrundlage durch selbständige Tätigkeit fördern (§ 5 Abs. 2 Nr. 5 VO nach § 69 SGB XII).

Die Hilfe ist in Zeiten einer durch eine hohe Arbeitslosenquote geprägten Arbeitsmarktsituation von besonderer Bedeutung, da gerade Personen mit besonderen sozialen Schwierigkeiten nur schwer zu vermitteln bzw. dauerhaft in den allgemeinen Arbeitsmarkt zu integrieren sind. Hier gilt es, in enger Zusammenarbeit mit den Leistungsträgern nach dem Zweiten und Dritten Buch Sozialgesetzbuch, geeignete Arbeitsplätze oder Beschäftigungsmaßnahmen zur Verfügung zu stellen. Häufig ist eine erfolgreiche Arbeitsplatzvermittlung nur möglich, wenn vorher in persönlichen Gesprächen mit potentiellen Arbeitgebern und ggf. zukünftigen Mitarbeitern um Verständnis für die speziellen Probleme der leistungsberechtigten Person (z. B. Situation nach Haftentlassung) geworben wird.

6.5.3.4 Hilfe zum Aufbau und zur Aufrechterhaltung sozialer Beziehungen und zur Gestaltung des Alltags (§ 6 VO nach § 69 SGB XII)

Die in dem Katalog des § 6 der VO nach § 69 SGB XII aufgezählten Hilfen sollen Kontaktmöglichkeiten schaffen und somit besonderen sozialen Schwierigkeiten (z. B. Vereinsamung) entgegenwirken. Eine Aufrechterhaltung sozialer Beziehungen und eine Gestaltung des Alltags wird vor allem für die Personen zum Problem, die keiner oder nur unregelmäßiger Arbeit nachgehen (z. B. Nichtsesshafte, Haftentlassene). In diesen Fällen besteht die Chance, über gezielte Hilfen nach § 6 VO nach § 69 SGB XII zur Wiedereingliederung beizutragen.

§ 6 Satz 2 VO nach § 69 SGB XII nennt insbesondere Maßnahmen der persönlichen Hilfe, die

- die Begegnung und den Umgang mit anderen Personen (§ 6 Satz 2 Nr. 1 VO nach § 69 SGB XII),

- eine aktive Gestaltung, Strukturierung und Bewältigung des Alltags (§ 6 Satz 2 Nr. 2 VO nach § 69 SGB XII),

- eine wirtschaftliche und gesundheitsbewusste Lebensweise (§ 6 Satz 2 Nr. 3 VO nach § 69 SGB XII),

- den Besuch von Einrichtungen oder Veranstaltungen, die der Geselligkeit, der Unterhaltung oder kulturellen Zwecken dienen (§ 6 Satz 2 Nr. 4 VO nach § 72 SGB XII) und

- eine gesellige, sportliche oder kulturelle Betätigung

fördern oder ermöglichen.

6.5.4 Übung

Sachverhalt

Die Restfreiheitsstrafe des 25jährigen Herrn O wird zur Bewährung ausgesetzt. Herr O wird aus der Justizvollzugsanstalt in Dortmund entlassen. Er hat wegen schweren Raubes mit Körperverletzung sechs Jahre von einer insgesamt achtjährigen Haftstrafe verbüßt. Sein Bewährungshelfer empfiehlt ihm, nicht umgehend in seine frühere Umgebung zurückzukehren. Es ist zu befürchten, dass er bei einer zu frühen Kontaktaufnahme zu seinen ehemaligen Mittätern rückfällig wird.

Herr O hat noch nie regelmäßig gearbeitet, hat keine abgeschlossene Schulbildung und sieht für sich selbst keine Chance, einen Arbeitsplatz zu finden. Seine persönliche Situation sieht er als hoffnungslos an, zumal seine Eltern den Kontakt zu ihm abgebrochen haben.

Aufgabe

Stellen Sie fest, welche geeigneten Hilfen für Herrn O in Betracht kommen. Gehen Sie dabei davon aus, dass es in Dortmund ein Wohnheim für haftentlassene, unter Bewährung stehende, junge Männer gibt, in das Herr O aufgenommen werden kann. Ziel dieser Einrichtung ist es, diesen Personen Hilfen zu leisten, die auf die Wiedereingliederung in die Gesellschaft ausgerichtet sind.

Lösung

Personen, bei denen besondere Lebensverhältnisse mit sozialen Schwierigkeiten verbunden sind, sind Leistungen zur Überwindung dieser Schwierigkeiten zu erbringen, wenn sie aus eigener Kraft hierzu nicht fähig sind (§ 67 Satz 1 SGB XII). Besondere Lebensverhältnisse, die zu sozialen Schwierigkeiten führen, können u. a. bei Haftentlassenen bestehen. Um solche Personen handelt es sich, wenn sie aus einer richterlich angeordneten Freiheitsentziehung in ungesicherte Lebensverhältnisse entlassen worden sind.

Nach dem Sachverhalt ist Herr O dem in § 67 Satz 1 SGB XII genannten Personenkreis zuzurechnen.

Die Hilfe umfasst alle Maßnahmen, die notwendig sind, um die Schwierigkeiten abzuwenden, zu beseitigen, zu mildern oder ihre Verschlimmerung zu verhüten, vor allem Beratung und persönliche Betreuung des Leistungsberechtigten, Hilfen zur Ausbildung, Erlangung und Sicherung eines Arbeitsplatzes, sowie Maßnahmen bei der Erhaltung und Beschaffung einer Wohnung (vgl. § 68 Abs. 1 SGB XII).

Im Einzelnen können für Herrn O folgende Maßnahmen in Betracht kommen:
- Beratung und persönliche Unterstützung (vgl. § 3 VO nach § 69 SGB XII),
- Beschaffung einer Wohnung (vgl. § 4 VO nach § 69 SGB XII),

- Ausbildung mit dem Ziel, einen Schulabschluss nachzuholen (vgl. § 5 VO nach § 69 SGB XII),
- Hilfe zum Aufbau und zur Aufrechterhaltung sozialer Beziehungen und zur Gestaltung des Alltags (vgl. § 6 VO nach § 69 SGB XII).

Der Verpflichtung zur Beratung und persönlichen Unterstützung und zur Beschaffung einer Wohnung könnte dadurch Rechnung getragen werden, dass die mit einer Aufnahme in das Wohnheim verbundenen Kosten übernommen würden. Für den Fall, dass Herr O dieser Aufnahme zustimmt, wäre damit gleichzeitig auch die Hilfe zum Aufbau und zur Aufrechterhaltung sozialer Beziehungen und zur Gestaltung des Alltags sichergestellt.

In Zusammenarbeit mit dem Träger der Einrichtung ist weiter darauf hinzuwirken, dass Herr O einen geeigneten Arbeitsplatz erhält, wobei unter Hinzuziehung von Fachkräften (z. B. Psychologen, Berater der Agentur für Arbeit bzw. des Jobcenters) festzustellen ist, ob vor einer Arbeitsplatzvermittlung ein Ausbildungsabschluss einer allgemeinbildenden Schule (z. B. Hauptschulabschluss) nachgeholt werden kann. Hierzu müsste Herr O allerdings bereit sein.

Weiter müsste im Rahmen der persönlichen Unterstützung versucht werden, bei den Eltern des Herrn O Verständnis für seine Situation zu wecken und den Kontakt zu ihm wieder herzustellen.

Da der Aufenthalt in dieser Einrichtung nur von vorübergehender Dauer sein kann, ist Herrn O frühzeitig bei der Suche nach einer geeigneten Wohnung zu helfen.

6.6 Hilfe in anderen Lebenslagen (§§ 70 bis 74 SGB XII)

6.6.1 Hilfe zur Weiterführung des Haushalts (§ 70 SGB XII)

6.6.1.1 Rechtscharakter und Aufgabe

Personen mit eigenem Haushalt **sollen** nach § 70 Abs. 1 Satz 1 SGB XII Hilfe zur Weiterführung des Haushalts erhalten, wenn keiner der Haushaltsangehörigen den Haushalt führen kann und die Weiterführung des Haushalts geboten ist. Es handelt sich um eine gebundene Ermessensleistung, die in aller Regel erbracht werden muss, wenn nicht atypische Ausnahmefälle es gebieten, von dieser Regel abzuweichen.

Eine spezielle Form dieser Hilfe, die anderweitige Unterbringung Haushaltsangehöriger gemäß § 70 Abs. 4 SGB XII, ist als **Kannleistung** normiert.

Die Hilfe zur Weiterführung des Haushalts hat die Aufgabe, die Betreuung und Versorgung der Haushaltsangehörigen sicherzustellen, wenn die haushaltsführende Person hierzu **vorübergehend** nicht in der Lage ist. Diese ist zugleich Anspruchsinhaberin der Hilfe. Die Haushaltsangehörigen, die durch die Hilfe entlastet werden, zählen nicht zu den Berechtigten der Regelung.

Die Hilfe kommt nunmehr auch dann in Frage, wenn der Haushalt nur aus einer Person besteht und diese ihren Haushalt nicht mehr führen kann („... wenn sie selbst noch ..."). Leistungsberechtigten mit Pflegegrad 1 oder ohne Pflegegrad sind bei Bedarf ebenfalls Hilfen nach § 70 SGB XII zu gewähren.

6.6.1.2 Voraussetzungen

Hilfe zur Weiterführung des Haushalts erhalten nur Personen, die einen eigenen Haushalt führen. Dabei ist entscheidend, dass

- kein anderer Haushaltsangehöriger in der Lage ist, diese Aufgabe zu übernehmen **und**
- die Weiterführung des Haushalts geboten ist (vgl. § 70 Abs. 1 Satz 1 SGB XII).

Haushaltsangehörige sind alle Personen, die gemeinsam wirtschaften. Auf besondere verwandtschaftliche oder familiäre Bindungen oder die Zugehörigkeit zu einer Einsatzgemeinschaft im Sinne von §§ 19 Abs. 3, 27 Abs. 2 Satz 2 und Satz 3, 43 Abs. 1 Satz 2 SGB XII kommt es nicht an. Haushaltsangehörige können z. B. auch Mitglieder einer Wohngemeinschaft sein.

In der Regel werden diese Voraussetzungen erfüllt sein, wenn in einer Familie mit minderjährigen Kindern der den Haushalt führende Elternteil dazu nicht in der Lage ist. Fällt der haushaltsführende Elternteil aus, ist die Frage zu klären, ob der andere Elternteil die Haushaltsführung übernehmen kann. Dies ist eine Frage der Zumutbarkeit und / oder der objektiven Fähigkeit. Ist dieser bspw. erwerbstätig, kommt es hinsichtlich der Zumutbarkeit der notwendigen Haushaltsführung auf den Umfang der verbleibenden Haushaltsführungsaufgaben unter Berücksichtigung des Alters und der Anzahl der Kinder an.

Ein weiterer Anwendungsbereich der Norm liegt in den Fällen vor, in denen ein Partner krankheits- oder pflegebedingt (vorübergehend) aus dem Haushalt ausscheidet und der andere und zu Hause verbleibende Partner Schwierigkeiten in der Bewältigung der Haushaltsführung hat.

Unwesentlich ist, ob die an sich haushaltsführende Person im häuslichen Bereich lebt, aber die Aufgaben der Haushaltsführung nicht ausführen kann (z. B. wegen Krankheit) oder aus besonderen Gründen abwesend sein muss (z. B. Krankenhausaufenthalt, Kur).

Die Leistungen sollen nach § 70 Abs. 1 Satz 2 SGB XII in der Regel nur vorübergehend erbracht werden. Der Begriff „vorübergehend" bezieht sich in der Regel auf einen Zeitraum von höchstens sechs Monaten[312]. Das gilt nicht, wenn durch sie die Unterbringung in einer stationären Einrichtung vermieden oder aufgeschoben werden kann (vgl. § 70 Abs. 1 Satz 3 SGB XII). Dann kann die Hilfeleistung auch über einen längeren Zeitraum erfolgen.

---

[312] Vgl. OVG Lüneburg, Beschluss vom 28.12.1993, 4 M 2984/93, FEVS 45, 293.

Eine Notwendigkeit zu einer längeren Hilfeleistung kann sich z. B. auch dann ergeben, wenn eine Person, die bisher die Versorgung von Kindern übernommen hatte, voraussichtlich nur noch eine bedingte Lebenserwartung hat und im häuslichen Bereich gepflegt wird, wobei die Kinder aber unversorgt sind. Hier käme vor allem unter Berücksichtigung der Zielsetzung des § 16 SGB XII (familiengerechte Leistungen) auch eine längerfristige Hilfe zur Weiterführung des Haushalts in Betracht.

6.6.1.3 Leistungen

Die Hilfe zur Weiterführung des Haushalts unterscheidet zwei Leistungsgruppen, die

- Hilfen im Haushalt und die
- Hilfen außerhalb des Haushalts.

Gemäß § 70 Abs. 3 SGB XII sind Personen im Sinne des Absatzes 1 die angemessenen Aufwendungen für eine haushaltsführende Person zu erstatten. Es können auch angemessene Beihilfen geleistet sowie Beiträge der haushaltsführenden Person für eine angemessene Alterssicherung übernommen werden, wenn diese nicht anderweitig sichergestellt ist. Der Begriff „Aufwendungen" bezieht sich auf Sachaufwendungen, die die haushaltsführende Person in der Regel Monat für Monat nachweisen muss. „Beihilfen" sind pauschalierte Zahlungen für die Aufwendungen der haushaltsführenden Person, die aus Vereinfachungsgründen nicht die konkreten monatlichen Aufwendungen nachweisen muss.

Hilfen im Haushalt

Grundsätzlich ist darauf hinzuwirken, dass die erforderliche Hilfe im Haushalt der leistungsberechtigten Person erbracht wird. Dabei steht die persönliche Betreuung der Haushaltsangehörigen, vor allem diejenige von minderjährigen Kindern, im Vordergrund. Zur persönlichen Betreuung zählt u. a. Kinderpflege, Zubereitung der Mahlzeiten, Körperpflege, Beaufsichtigung von Schularbeiten und die Freizeitgestaltung.

Nicht eingeschlossen sind Hilfen, die nach anderen Bestimmungen des Zwölften Buches Sozialgesetzbuch zu leisten sind (z. B. Pflege der pflegebedürftigen Person, die üblicherweise den Haushalt führt).

Neben der persönlichen Betreuung sind auch sonstige zur Weiterführung des Haushalts erforderliche Tätigkeiten sicherzustellen. Hierzu zählen u. a. Wohnungs-, Wäsche-, Kleiderpflege, Einkauf von Nahrungsmitteln und sonstigen Bedarfsgegenständen.

Hilfen außerhalb des Haushalts

Die Hilfe kann nach § 70 Abs. 4 SGB XII auch durch die Übernahme der angemessenen Kosten für eine vorübergehende anderweitige Unterbringung von Haushaltsangehörigen geleistet werden. Voraussetzung ist, dass diese Unterbringung in besonderen Fällen neben oder statt der Weiterführung des Haushalts geboten ist.

Eine anderweitige Unterbringung eines Haushaltsangehörigen kann geboten sein, wenn für eine Familie mit mehreren betreuungsbedürftigen Angehörigen nur stundenweise eine Person zur Übernahme dieser Aufgaben zur Verfügung steht, eine Person aber ganztägig der Betreuung bedarf.

Eine Unterbringung anstelle der Weiterführung des Haushalts wird vorwiegend dann in Betracht kommen, wenn eine haushaltsangehörige Person einer besonders zeitintensiven Betreuung bedarf, die nicht sichergestellt werden kann oder aus anderen Gründen keine Betreuungsperson zur Verfügung steht.

Leistungsempfänger ist bei einer anderweitigen Unterbringung nicht mehr, wie bei der konkreten Weiterführung des Haushalts, die Person, die bisher den Haushalt geführt hat, sondern die Person, die untergebracht wird.

6.6.1.4 Abgrenzung zu anderen Hilfearten

Hilfe zur Pflege

Voraussetzung für die Hilfe zur Weiterführung des Haushaltes ist regelmäßig der Ausfall der bisher haushaltsführenden Person, wobei es auf die Ursache für den Ausfall nicht ankommt. Im Vordergrund steht hier die Sicherstellung von hauswirtschaftlichen Verrichtungen und die persönliche Betreuung der Haushaltsangehörigen. Die Hilfe zur Weiterführung des Haushalts soll dabei aufgrund des Ausfalls einer Person regelmäßig nur vorübergehend erbracht werden.

Hilfe zur Pflege nach den §§ 61 ff. SGB XII steht in Anwendungskonkurrenz zur Hilfe zur Weiterführung des Haushalts, weil ein Leistungsanspruch nach den §§ 61 ff. SGB XII auch bei ausschließlichem hauswirtschaftlichen (d. h. ohne eine grundpflegerischen) Bedarf denkbar ist.[313] Liegt ein solcher Fall ausnahmsweise vor, kann Hilfe zur Pflege in Frage kommen, wenn mehrere und wesentliche Tätigkeiten der Haushaltsführung nicht nur vorübergehend erbracht werden müssen. Vor allem kommt Hilfe zur Pflege in Frage, wenn der Haushalt nur aus einer einzigen Person besteht.

Andererseits ist zu berücksichtigen, dass Personen unterhalb eines Punktwertes von 12,5 (vgl. § 61b SGB XII) als nicht pflegebedürftig gelten. Selbst in Pflegegrad 1 kann nur ein Entlastungsbetrag in Höhe von 125,00 € gewährt werden, um hieraus häusliche Pflegehilfe nach § 64b SGB XII zu finanzieren, die ihrerseits auch hauswirtschaftliche Hilfe umfasst (vgl. § 66 Satz 2 Nr. 3 Buchstabe a) SGB XII). Insofern gewinnen Leistungen nach § 70 SGB XII auch in der Praxis an Bedeutung.

---

[313] BSG, Urteil vom 26.08.2008, B 8/9b SO 18/07 R, NVwZ-RR 2009, 287 = FEVS 60, 385. Zum Urteil kritisch: Utz Krahmer, Keine Leistungen nach §§ 61 ff. SGB XII bei alleinigem Bedarf von Hauswirtschaftshilfe, ZFSH/SGB, 2011, S. 399-401.

Leistungen zum Lebensunterhalt nach § 27 Abs. 3 SGB XII, § 21 Abs. 6 SGB II

Hilfe zur Weiterführung des Haushaltes nach § 70 SGB XII stellt auf die gesamte Haushaltsführung und die persönliche Betreuung der Haushaltsangehörigen ab, die Leistungen zum Lebensunterhalt nach § 27 Abs. 3 SGB XII oder die Anerkennung eines Mehrbedarfes im Rahmen der Grundsicherung für Arbeitsuchende nach § 21 Abs. 6 SGB II hingegen nur auf einzelne hauswirtschaftliche Tätigkeiten (z. B. Putzhilfe für eine querschnittsgelähmte Person). Die Vorschrift des § 27 Abs. 3 SGB XII kommt allerdings nur zur Anwendung, wenn die nachfragende Person ihren laufenden Lebensunterhalt sicherstellen kann.

Leistungen außerhalb der Sozialhilfe

Im Einzelfall ist festzustellen, ob andere Leistungsträger entsprechende Leistungen vorrangig (vgl. § 2 SGB XII) erbringen können. Zu nennen sind u. a.:

- Haushaltshilfe für Schwangere (§ 24h SGB V)
- Haushaltshilfe bei Krankenhausbehandlung (§ 38 SGB V)
- Haushaltshilfe im Rehabilitationsrecht bei Maßnahmen zur Teilhabe am Arbeitsleben (§ 42 SGB VII, § 64 Abs. 1 Nr. 6 SGB IX) sowie der sozialen Teilhabe (§ 113 Abs. 2 Nr. 2 i. V. m. § 78 SGB IX)

Im Jugendhilferecht ist in § 20 SGB VIII vorgesehen, dass bei Ausfall eines Elternteils der andere Elternteil Unterstützung bei der Betreuung und Versorgung des im Haushalt lebenden Kindes erhält. In einem solchen Fall sind Jugendhilfeleistungen gemäß § 10 Abs. 4 SGB VIII vorrangig vor der Sozialhilfe zu leisten.

6.6.2 Altenhilfe (§ 71 SGB XII)

Die Vorschrift des § 71 SGB XII richtet sich an „alte Menschen". Dieser Begriff ist im Zwölften Buch Sozialgesetzbuch nicht definiert; auch höchstrichterliche Rechtsprechung dazu liegt nicht vor. Die Bestimmung einer Altersgrenze verbietet sich auch, da der Prozess des Alterns, möglicherweise verbunden mit einem Abfallen der körperlichen und in gewissem Maße auch der geistigen Kräfte, individuell verschieden verläuft.

Eine exakte Abgrenzung ist auch nicht erforderlich, da § 71 Abs. 3 SGB XII auch dann Leistungen vorsieht, wenn sie der Vorbereitung auf das Alter dienen. Um den weiten Anwendungsbereich des § 71 SGB XII zu verdeutlichen, wäre es sinnvoll, den Begriff des „alten" durch den des „älteren" Menschen zu ersetzen.

6.6.2.1 Rechtscharakter und Aufgabe

Die Altenhilfe **soll** neben den anderen Leistungen nach dem Zwölften Buch Sozialgesetzbuch erbracht werden (vgl. § 71 Abs. 1 Satz 1 SGB XII). Es handelt sich um eine Ermessensleistung, die in aller Regel erbracht werden muss, wenn nicht atypische Ausnahmefälle es gebieten, von dieser Regel abzuweichen.

Die Altenhilfe soll nach § 71 Abs. 1 Satz 2 SGB XII dazu beitragen, Schwierigkeiten, die durch das Alter entstehen, zu verhüten, zu überwinden oder zu mildern und alten Menschen die Möglichkeit zu erhalten, am Leben in der Gemeinschaft teilzunehmen bzw. sie auf das Alter vorzubereiten (§ 71 Abs. 3 SGB XII).

Oberstes Ziel der Altenhilfe ist die Erhaltung der Selbstständigkeit des älteren Menschen. Voraussetzung dafür sind u. a. die gesellschaftliche Anerkennung und die materielle Sicherheit. Die materielle Sicherheit spielt, sofern die entsprechenden Hilfen, insbesondere die Leistungen der Grundsicherung im Alter und bei Erwerbsminderung nach dem 4. Kapitel SGB XII oder die Hilfe zum Lebensunterhalt nach dem 3. Kapitel SGB XII von den Betroffenen angenommen werden, nur eine untergeordnete Rolle.

Die heute oftmals mangelnde Anerkennung älterer Menschen ist gravierender. Sie führt überwiegend zu den Problemen, denen mit Hilfe der Bestimmungen des § 71 SGB XII begegnet werden soll. Wegen der besonderen sozialpolitischen Bedeutung der Altenhilfe, der zukünftig aufgrund des steigenden Anteils der älteren Bürger noch mehr Gewicht zukommen muss, sollen hier skizzenhaft einige Gesichtspunkte dargelegt werden, die für die heutige Situation dieser Bevölkerungsgruppe bezeichnend sind.

Rollen- und Funktionsverlust durch Alter

Prestige in der Gesellschaft hängt weitgehend von der Stellung im Beruf ab. Die Aufgabe des Berufs ist oft nicht nur mit einem Einkommens-, sondern auch Prestigeverlust verbunden. Häufig tritt nach der Aufgabe des Berufs ein sogenannter „Pensionsschock" ein, der von vielen Betroffenen nur schwer überwunden werden kann. Personen mit höherem Bildungsgrad, qualifizierter Berufstätigkeit und höherem Einkommen haben vielfach weniger Schwierigkeiten beim Ausgleich des Verlustes der Berufsrolle.

Verstärkt wird diese für viele negative Situation durch die sich in den letzten Jahrzehnten vollzogene Veränderung der Familienstruktur. Lebte man früher weitgehend bis zum Tode in der Großfamilie und hatte somit nicht nur einen engen Kontakt zu den übrigen Familienangehörigen sondern auch Aufgaben, so ist dies heute die Ausnahme. Vielen älteren Menschen ist es nicht einmal mehr möglich, in der Nähe ihrer Kinder zu wohnen.

Vorurteile gegenüber dem Alter

Alter wird vielfach mit der Vorstellung von mangelnder körperlicher und geistiger Beweglichkeit und Wendigkeit, Anfälligkeit für Krankheiten usw. verbunden. Solche Einstellungen wirken auf die Betroffenen zurück. Sie glauben schließlich selbst daran, richten ihr

Verhalten sowie ihre Selbsteinschätzung darauf aus und geben Vorurteilen ihrer Umwelt dadurch weitere Nahrung.

Aus den Vorurteilen gegen das Altern resultieren eine Anzahl von Vorurteilen gegenüber dem älteren Menschen. Unmittelbare Folge dieser Vorurteile ist oftmals die Isolation in der Gesellschaft, die den Status einer Randgruppenexistenz nach sich ziehen kann.

6.6.2.2 Voraussetzungen

Wie bereits unter 0 aufgezeigt, ist es nicht möglich, die Altenhilfe auf eine bestimmte Grenze des Lebensalters abzustellen. Die Hilfe kommt daher für alle in Betracht, die aufgrund ihres Alters Schwierigkeiten haben bzw. bei denen solche zu erwarten sind.

Altenhilfe soll nach § 71 Abs. 4 SGB XII ohne Rücksicht auf vorhandenes Einkommen oder Vermögen geleistet werden, soweit im Einzelfall Beratung und Unterstützung erforderlich sind.

6.6.2.3 Leistungen

Leistungen der Altenhilfe sind in erster Linie auf persönliche Hilfe in Form von Beratung und Unterstützung ausgerichtet. Auch wird bei der Bewertung der einzelnen Leistungen deutlich, dass zwischen der Altenhilfe nach § 71 SGB XII und den Bestimmungen der §§ 5 Abs. 3 Satz 2 SGB XII (Unterstützung der Verbände der freien Wohlfahrtspflege) und 75 SGB XII (Schaffung von Einrichtungen und Diensten) eine enge Verbindung besteht. Eine Hilfe im Einzelfall ist überwiegend nur möglich, wenn die entsprechenden Einrichtungen und Veranstaltungen angeboten werden. Gerade im Bereich der Altenhilfe kommt den Aktivitäten der Verbände und Kirchen besondere Bedeutung zu, die auch finanziell gefördert werden sollten.

Eine nicht abschließende Aufzählung der Maßnahmen der Altenhilfe enthält § 71 Abs. 2 SGB XII.

Leistungen zu einer Betätigung und zum gesellschaftlichen Engagement, wenn sie vom alten Menschen gewünscht wird (§ 71 Abs. 2 Nr. 1 SGB XII)

Als Hilfe kommt hier die Vermittlung einer Beschäftigung in Betracht, die der bisherigen beruflichen Tätigkeit entspricht oder für die der alte Mensch besondere Interessen hat. Das gesellschaftliche Engagement kann in einer Betätigung für verschiedenste gesellschaftliche Gruppierungen, wie z. B. karitative Verbände, Kirchen und politische Parteien bestehen. Die Aufgabe des Trägers der Sozialhilfe wird in erster Linie darin bestehen, geeignete Angebote (einschließlich Räumlichkeiten) zu unterbreiten bzw. Angebote freier Verbände zu fördern.

Leistungen bei der Beschaffung und zur Erhaltung einer Wohnung, die den Bedürfnissen des alten Menschen entspricht (§ 71 Abs. 2 Nr. 2 SGB XII)

Hierdurch soll erreicht werden, dass älteren Menschen Wohnungen zur Verfügung stehen, die ihren besonderen Bedürfnissen Rechnung tragen (altersgerechte Wohnungen). Altersgerechte Wohnungen sollten möglichst folgende Kriterien erfüllen. Sie sollten

- nicht zu groß sein (z. B. ca. 60 qm für zwei Personen),

- im Erdgeschoss oder 1. Obergeschoss liegen bzw. durch einen Aufzug erreichbar sein,

- eine Mindestausstattung besitzen (Zentralheizung, Elektro- und Sanitäranlagen, Lärmschutz),

- zentral, aber ruhig gelegen sein (fußläufige Erreichbarkeit öffentlicher Verkehrsmittel, Einkaufsmöglichkeiten, ärztliche Versorgung).

Die Versorgung älterer Menschen mit entsprechenden Wohnungen hat den Vorteil, dass sie relativ lange selbstständig und meist in vertrauter Umgebung bleiben können. Die Beschaffung oder Erhaltung altersgerechter Wohnungen ist grundsätzlich zu begrüßen, macht jedoch ein breites Angebot an ambulanten Hilfsdiensten erforderlich.

In der Bundesrepublik Deutschland ist der Bedarf an altersgerechten Wohnungen noch nicht in erforderlichem Umfang gedeckt. Altenwohnungen gibt es in unterschiedlichen Formen, z. B. einzelne oder mehrere in einem Wohnhaus, in einem Altenwohnheim, betreuten Wohngruppen und in Anbindung an Alten- und Pflegeheime.

Die Hilfe nach § 71 Abs. 2 Nr. 2 SGB XII wird in erster Linie in Form von Dienstleistungen zu erbringen sein, z. B. dadurch, dass der Träger der Sozialhilfe Wohnungen dieser Art vermittelt. Im Zusammenhang damit kommen Geldleistungen zur finanziellen Förderung der Errichtung von Altenwohnungen oder des Umbaus älterer Wohnungen in Betracht. Diese Leistungen können auch im Zusammenhang mit Maßnahmen zur Ausstattung der Wohnung, wie der Verbesserung der sanitären Einrichtungen oder der Ausstattung mit rutschfesten Bodenbelägen erbracht werden.

Beratung und Unterstützung in allen Fragen der Aufnahme in eine Einrichtung, die der Betreuung alter Menschen dient, insbesondere bei der Beschaffung eines geeigneten Heimplatzes (§ 71 Abs. 2 Nr. 3 SGB XII)

Die umfassende Beratung vor einer möglichen Heimaufnahme, die Vermittlung eines Heimplatzes sowie die Hilfe beim Umzug oder der Auflösung der Wohnung stehen bei dieser Maßnahme im Vordergrund. In Betracht kommen alle Arten von Einrichtungen, in der Regel wird es sich um Alten- oder Altenpflegeheime handeln. Empfehlenswert ist die Einrichtung eines zentralen Nachweises freier Plätze (ggf. verbunden mit einer Pflegeberatung). Hierdurch kann die oft mühsame Suche nach einem geeigneten Platz erleichtert werden.

Hilfen in allen Fragen der Inanspruchnahme altersgerechter Dienste (§ 71 Abs. 2 Nr. 4 SGB XII)

Die Inanspruchnahme altersgerechter Dienste kann in besonderem Maße dazu beitragen, das Verbleiben der älteren Menschen in ihrer gewohnten Umgebung zu sichern und damit auch ihre Selbstständigkeit zu unterstützen. In Betracht kommen vor allem die ambulanten Dienste (z. B. Pflege-, Mahlzeitendienste, sonstige Hilfs- und Besorgungsdienste).

Die materielle Hilfe im Einzelfall ist im Rahmen der speziellen Bestimmungen des Zwölften Buches Sozialgesetzbuch zu leisten, z. B. durch Hilfe für einzelne für den Lebensunterhalt erforderliche Tätigkeiten nach § 27 Abs. 3 SGB XII bzw. durch eine abweichende Bemessung des Regelsatzes, durch Hilfe zur Weiterführung des Haushaltes oder durch die Übernahme der Kosten für eine besondere Pflegekraft nach § 64b SGB XII.

Leistungen zum Besuch von Veranstaltungen oder Einrichtungen, die der Geselligkeit, der Unterhaltung, der Bildung oder den kulturellen Bedürfnissen alter Menschen dienen (§ 71 Abs. 2 Nr. 5 SGB XII)

Die hier angesprochenen Möglichkeiten sind vielfältig. Neben einzelnen regelmäßigen oder unregelmäßigen Veranstaltungen (z. B. Altennachmittage, Altenwochen, Konzerte, Theaterbesuche, Feste, Vorträge, Ausflüge, Kurse) sind hier ständige Einrichtungen zu nennen (Altenbegegnungsstätten, -clubs, usw.).

Die genannten Maßnahmen sind besonders geeignet, die Selbstverwirklichung des Einzelnen zu fördern, die Teilnahme am Leben in der Gemeinschaft zu erleichtern und der Vereinsamung vorzubeugen.

Die Träger der Sozialhilfe werden diese Aufgaben nur in beschränktem Umfang selbst wahrnehmen können. Vorrangig kommt daher die Förderung von Aktivitäten der Verbände der freien Wohlfahrtspflege, Kirchen und sonstigen Institutionen in Betracht.

Leistungen, die alten Menschen die Verbindung mit nahe stehenden Personen ermöglicht (§ 71 Abs. 2 Nr. 6 SGB XII)

Der Begriff „nahe stehende Personen" kann sich nicht nur auf Verwandte oder Verschwägerte beschränken. Dazu zählen auch Freunde, ehemalige Mitarbeiter und nähere Bekannte. Als Hilfe kommt hier z. B. die Übernahme von Reisekosten zum Besuch der nahe stehenden Personen in Betracht.

Weitere Hilfen

Neben den in § 71 Abs. 2 SGB XII genannten Hilfen werden in der Praxis vor allem noch Maßnahmen im Rahmen der Altenerholung angeboten. Außerdem sollten alle Träger der Sozialhilfe um eine umfassende Information der älteren Menschen bemüht sein. Neben der Übersendung von Informationsbroschüren (Ratgeber für ältere Bürger) bieten sich feste Beratungsstunden sowie Informationsveranstaltungen an.

Maßnahmen zur Vorbereitung auf das Alter

Nach § 71 Abs. 3 SGB XII soll Altenhilfe auch zur Vorbereitung auf das Alter erbracht werden. Neben gezielten Einzelhilfen (z. B. frühzeitige Vermittlung einer altersgerechten Wohnung) kommen allgemeine Informationen in Betracht, die geeignet sind, auf das Alter vorzubereiten.

6.6.3 Blindenhilfe (§ 72 SGB XII)

6.6.3.1 Rechtscharakter und Aufgabe

Blinden Menschen wird nach § 72 Abs. 1 Satz 1 Nr. 1 SGB XII zum Ausgleich der durch die Blindheit bedingten Mehraufwendungen Blindenhilfe geleistet. Es handelt sich um eine **Pflichtleistung** des Trägers der Sozialhilfe.

6.6.3.2 Voraussetzungen

Blinden Menschen ist zum Ausgleich der durch die Blindheit bedingten Mehraufwendungen Blindenhilfe zu leisten, soweit sie keine gleichartigen Leistungen nach anderen Rechtsvorschriften erhalten (§ 72 Abs. 1 Satz 1 SGB XII). Den blinden Menschen (diejenigen Menschen, die von Geburt an kein Augenlicht haben oder die es später vollständig verloren haben), werden nach § 72 Abs. 5 SGB XII die Personen gleichgestellt, deren beidäugige Gesamtsehschärfe nicht mehr als ein Fünfzigstel beträgt oder bei denen dem Schweregrad dieser Sehschärfe gleich zu achtende, nicht nur vorübergehende Störungen des Sehvermögens vorliegen.

Die Statusentscheidung wird in aller Regel durch die zuständige Stelle nach § 69 SGB IX getroffen. Die Entscheidung ist für den Träger der Sozialhilfe bindend[314].

Gleichartige Leistungen nach anderen Rechtsvorschriften schließen grundsätzlich, in der Höhe, in der sie geleistet werden, die Blindenhilfe aus (vgl. § 72 Abs. 1 Satz 1 SGB XII). Sonderregelungen enthalten § 72 Abs. 1 Satz 2 und Satz 3 SGB XII für die Leistungen bei häuslicher Pflege nach dem Elften Buch Sozialgesetzbuch, für die Leistungen nach dem Elften Buch aus einer privaten Pflegeversicherung und für die entsprechenden Leistungen nach beamtenrechtlichen Vorschriften. Hier erfolgt bei Pflegebedürftigen des Pflegegrades 2 (erheblich Pflegebedürftige) eine Anrechnung in Höhe von 50 v. H. des Pflegegeldes des Pflegegrades 2, bei Pflegebedürftigen der Pflegegrade 3, 4 und 5 (Schwerpflegebedürftige und Schwerstpflegebedürftige) eine Anrechnung in Höhe von 40 v. H. des Pflegegeldes der des Pflegegrades 3. Die Anrechnung ist begrenzt auf 50 v. H. der Blindenhilfe (des Blindengeldes) nach § 72 Abs. 2 SGB XII.

---

[314] Vgl. BVerwG, Urteil vom 27.02.1992, 5 C 48/88, BVerwGE 90, 65 = NDV 1992, 266 = ZFSH/SGB 1992, 364; BSG, Urteil vom 06.10.1981, 9 RVs 3/81, BSGE 52, 168; VGH Baden-Württemberg, Beschluss vom 18.06.1990, 6 S 316/90, zitiert nach Juris.

Vorrangige Leistungen nach anderen Rechtsvorschriften sind vor allem die Pflegezulage für Kriegsblinde nach dem Bundesversorgungsgesetz, das Pflegegeld der gesetzlichen Unfallversicherung und die Leistungen nach den Landesblindengeldgesetzen oder entsprechenden anderen landesrechtlichen Regelungen.

Besteht im Einzelfall eine Pflegebedürftigkeit und ist sie ausschließlich durch die Blindheit bedingt, kommen neben der Blindenhilfe Leistungen der häuslichen Pflege nicht in Betracht (vgl. § 72 Abs. 4 Satz 1 SGB XII). Bei einer Pflegebedürftigkeit, deren Ursache nicht allein aus der Blindheit resultiert, wird die Blindenhilfe im Rahmen der Leistungskonkurrenz mit 70 v. H. auf das Pflegegeld angerechnet (vgl. § 63b Abs. 2 Satz 1 SGB XII).

Wird Hilfe zum Lebensunterhalt in einer Einrichtung geleistet, kommt neben der Blindenhilfe die Berücksichtigung eines Barbetrages zur persönlichen Verfügung nach § 35 Abs. 2 SGB XII nicht in Betracht (vgl. § 72 Abs. 4 Satz 1 SGB XII)

6.6.3.3 Leistung

Als Leistung kommt nach § 72 Abs. 2 SGB XII die Zahlung eines Geldbetrages (Blindengeld) in Betracht.

Zurzeit (01.07.2019) beträgt das Blindengeld für Blinde bzw. für die nach § 72 Abs. 5 SGB XII gleichgestellten Personen in Nordrhein-Westfalen, die das 60. Lebensjahr noch nicht vollendet haben, 739,91 € monatlich, für Personen, die das 18. Lebensjahr noch nicht vollendet haben, 370,59 € monatlich und für Personen, die das 60. Lebensjahr vollendet haben, 473,00 € monatlich.

Lebt der blinde Mensch in einer stationären Einrichtung und werden die Kosten ganz oder teilweise aus Mitteln öffentlich-rechtlicher Leistungsträger getragen, so verringern die sich aus § 72 Abs. 2 SGB XII ergebenden Beträge um die aus diesen Mitteln getragenen Kosten, höchstens jedoch um 50 v. H. der Beträge nach § 72 Abs. 2 SGB XII (§ 72 Abs. 3 Satz 1 SGB XII).

6.6.3.4 Landesrechtliche Regelungen

Die Leistungen nach landesrechtlichen Regelungen gehen den Leistungen nach § 72 SGB XII vor. Sie unterscheiden sich von den Bestimmungen des Zwölften Buches Sozialgesetzbuch im Wesentlichen dadurch, dass bei den Leistungen nach dem jeweiligen Landesrecht der Einsatz Einkommen und Vermögen nicht gefordert wird.

6.6.4 Hilfe in sonstigen Lebenslagen (§ 73 SGB XII)

6.6.4.1 Rechtscharakter und Aufgabe

Nach § 73 Satz 1 SGB XII können auch in sonstigen Lebenslagen Leistungen erbracht werden. Es handelt sich um eine **Ermessensleistung** des Trägers der Sozialhilfe.

Aufgabe der Hilfe ist es, Problemsituationen zu begegnen, die sich aus veränderten sozialen Verhältnissen ergeben, sei es um auf neue, bisher unbekannte Notlagen reagieren oder um auf neue Bedürfnisse eingehen zu können, die im Zusammenhang mit schon bekannten sozialen Situationen entstehen.

6.6.4.2 Personenkreis und Voraussetzungen

Leistungen nach § 73 Satz 1 SGB XII kommen in Betracht, wenn

- es sich um besondere Lebenslagen handelt, für die keine anderweitigen gesetzlichen Hilfemöglichkeiten bestehen und
- die Leistungen den Einsatz öffentlicher Mittel rechtfertigen.

Es muss sich hierbei um besondere Notlagen handeln, denen nicht durch eine Maßnahme der im Katalog des § 8 SGB XII aufgeführten Hilfen oder durch Leistungen zum Lebensunterhalt abgeholfen werden kann. Eine Hilfe nach § 73 Satz 1 SGB XII muss auch ausgeschlossen werden, wenn Hilfemöglichkeiten nach anderen Bestimmungen gegeben sind, die dem Zwölften Buch Sozialgesetzbuch vorgehen. Die Hilfe nach § 73 Satz 1 SGB XII hat damit keine Aufstockungs- oder Erweiterungsfunktion für anderweitig bereits normierte Bedarfe[315].

Die Ermächtigung des § 73 Satz 1 SGB XII ist nicht auf den Einzelfall bezogen, sondern ermächtigt den Träger der Sozialhilfe zur Fortentwicklung des Sozialhilferechts für seinen Bereich, wenn er zu der Überzeugung gelangt, dass außer den vom Gesetzgeber erkannten und im Zwölften Buch Sozialgesetzbuch durchnormierten besonderen Lebenslagen noch weitere besondere Lebenslagen bestehen oder infolge gesellschaftlicher Veränderungen nach Verabschiedung des jeweils letzten Änderungsgesetzes zum Zwölften Buch Sozialgesetzbuch entstanden sind.[316]

Als Beispiel sieht der Deutsche Verein für öffentliche und private Fürsorge die Übernahme von Kosten der Weiter- oder Rückwanderung von Migranten an, für die entsprechende Fördermittel des Bundes nicht zur Verfügung stehen.

Weitere Voraussetzung für die Anwendung des § 73 Satz 1 SGB XII ist, dass die Hilfeleistung den Einsatz öffentlicher Mittel rechtfertigt. Mit dieser Forderung werden auch wirtschaftliche Belange in die Entscheidungsfindung einbezogen.

Daraus folgt, dass auch im Rahmen des § 73 Satz 1 SGB XII nur Leistungen erbracht werden können, die sich nach Art und Dringlichkeit mit den normierten Hilfen des Zwölften Buches vergleichen lassen, wobei auch zu berücksichtigen ist, ob durch einen umgehenden, rechtzeitigen Einsatz öffentlicher Mittel etwaige spätere und unter Umständen höhere Kosten vermieden werden können[317].

---

[315] Vgl. auch Schlette in Hauck/Noftz, Rn. 5 zu § 73 SGB XII m. w. N.
[316] Vgl. Gutachten des Deutschen Vereins für öffentliche und private Fürsorge vom 15.01.1988, NDV 1988, 121.
[317] Vgl. Berlit in LPK-SGB XII, Rn. 11 zu § 73 SGB XII.

Geldleistungen können als Beihilfe oder als Darlehen erbracht werden (§ 73 Satz 2 SGB XII). Die Entscheidung darüber liegt in pflichtgemäßem Ermessen des Trägers der Sozialhilfe. Der Träger hat damit neben dem Entschließungsermessen nach § 73 Satz 1 SGB XII im Zusammenhang mit der Entscheidung, ob Hilfe geleistet wird, auch ein Auswahlermessen bezüglich der Form der Hilfe auszuüben.

6.6.5 Bestattungskosten (§ 74 SGB XII)

6.6.5.1 Rechtscharakter und Aufgabe

Nach § 74 SGB XII werden die erforderlichen Kosten einer Bestattung übernommen, wenn dem Verpflichteten die Kostentragung nicht zuzumuten ist. Es handelt sich um eine Pflichtleistung des Trägers der Sozialhilfe.

6.6.5.2 Voraussetzungen und Maßnahme

Nach § 74 SGB XII werden die erforderlichen Kosten einer Bestattung übernommen, soweit es den hierzu Verpflichteten nicht zugemutet werden kann, die Kosten zu tragen.

Dieser Anspruch ist ein sozialhilferechtlicher Anspruch „eigener Art", dem nicht entgegensteht, dass die Bestattung bereits vor Unterrichtung des Trägers der Sozialhilfe durchgeführt worden ist und die Kosten vor seiner Entscheidung beglichen worden sind[318]. Der Grundsatz, keine Sozialhilfe für die Vergangenheit zu leisten (vgl. § 18 SGB XII), ist im Falle der Übernahme von Bestattungskosten deshalb nicht anzuwenden. Damit erkennt das Gesetz in § 74 SGB XII ausnahmsweise eine Verbindlichkeit als sozialhilferechtlichen Bedarf an. Bei der Übernahme der Bestattungskosten ist es unerheblich, ob der Tote zu Lebzeiten Sozialhilfe erhalten hat oder nicht.

Zu den erforderlichen Kosten gehören z. B. die Aufwendungen für die Leichenschau, einen Sarg in einfacher Ausführung, das Einkleiden und Einsargen der Leiche, Leichenträger, Grabgebühren und die Anlegung und einfache Herrichtung des Grabes (einschließlich Grabschmuck). Nicht zu den erforderlichen Kosten gehören u. a. Ausgaben für Feierlichkeiten, Todesanzeigen und laufende Grabpflege. Keine Übernahmepflicht besteht auch für Kosten, die durch Bergung von Leichen in Unglücksfällen oder durch polizeiliche bzw. gerichtliche Sicherstellung entstehen.

Anspruchsinhaber aus § 74 SGB XII ist derjenige, der verpflichtet ist, die Bestattungskosten zu tragen. Für die Verpflichtung zur Kostentragung gilt folgende Reihenfolge:

1. Der nach § 844 Abs. 1 BGB Ersatzpflichtige
   Nach § 844 Abs. 1 BGB muss im Fall der Tötung der Ersatzpflichtige die Kosten der Beerdigung demjenigen erstatten, der verpflichtet ist, diese Kosten zu tragen. Die Vorschrift erfordert als Anspruchsvoraussetzung, dass der Tod in Verwirklichung einer unerlaubten Handlung i. S. des Bürgerlichen Gesetzbuches eingetreten ist (vgl. §§ 823 ff., § 829, § 839, § 833 BGB)

---

[318] Vgl. BVerwG, Urteil vom 05.06.1997, 5 C 13/96, BVerwGE 105, 51 = FEVS 48, 1 = ZFSH/SGB 1998, 47.

2. der vertraglich Verpflichtete (z. B. die im Rahmen eines Immobilienübergabevertrages übernommene Verpflichtung des Übernehmers, die Beerdigungskosten zu tragen[319])

3. der Erbe bzw. die Erben
Nach § 1968 BGB trägt der Erbe die Kosten der Beerdigung des Erblassers im Rahmen der Nachlassverbindlichkeiten. Bei einer Mehrheit von Erben ist Verpflichteter im Sinne von § 74 SGB XII jeder (Mit-)Erbe[320].

4. der Unterhaltspflichtige
Soweit die Kosten der Beerdigung von den Erben nicht zu erlangen sind, haftet der Unterhaltsverpflichtete (vgl. § 1615 Abs. 2, § 1360a Abs. 3 BGB, § 1361 Abs. 4 Satz 4 BGB, § 5 LPartG),

5. derjenige, der in Erfüllung einer öffentlich-rechtlichen Bestattungspflicht zum Verpflichteten wird (z. B. aufgrund ordnungsbehördlicher Landesregelungen zum Bestattungsrecht)
Gleiches gilt, wenn ein Angehöriger in Erfüllung der öffentlich-rechtlichen Bestattungspflicht die Bestattung veranlasst (ohne vorher die Ordnungsbehörde einzuschalten) und deshalb Bestattungskosten zu tragen hat[321].

Verpflichteter im Sinne des § 74 SGB XII ist dagegen nicht, wer (nur) Veranlasser bzw. Auftraggeber der Bestattung ist, auch wenn er damit eine werkvertragliche Zahlungsverpflichtung gegenüber dem Bestattungsunternehmen eingeht[322].

Die Kosten der Bestattung werden gemäß § 74 SGB XII nur übernommen, soweit dem Verpflichteten die Kostentragung nicht zugemutet werden kann. Weitere Hinweise zur Auslegung des unbestimmten Rechtsbegriffs „Zumutbarkeit" gibt das Gesetz nicht. Für den Einkommens- und Vermögenseinsatz im Zusammenhang mit den Leistungen nach dem 5. bis 9. Kapitel SGB XII gelten die Vorschriften der §§ 85 ff. SGB XII. Bei der Übernahme von Bestattungskosten sind allerdings einige Besonderheiten zu beachten. So ist die Kostentragung einem Erben immer zuzumuten, wenn sie aus dem Nachlass gedeckt werden kann, wobei die Vorschriften über den Vermögensschutz in diesem Falle nicht anzuwenden sind[323].

Ansprüche aus einer Sterbegeldversicherung oder aus Schadensersatzansprüchen (z. B. nach § 844 BGB oder § 19 Abs. 1 Satz 2 StVG) sind vorrangig geltend zu machen und kostenmindernd zu berücksichtigen.

---

[319] Vgl. BFH, Urteil vom 19.01.2010, X R 17/09, juris, Rn. 15.
[320] Vgl. OVG Münster, Urteil vom 30.10.1997, 8 A 3515/95, FEVS 48, 446, ZFSH/SGB 2001, 549, NDV-RD 1998, 76, NJW 1998, 2154.
[321] Vgl. BVerwG, Urteil vom 22.02.2001, 5 C 8/00, BVerwGE 114, 57 = FEVS 52, 441 = ZFSH/SGB 2001, 539 = NDV-RD 2001, 89.
[322] Vgl. OVG Schleswig-Holstein, Urteil vom 18.03.1999, 1 L 37/98, FEVS 51, 231.
[323] Vgl. BVerwG, Beschluss vom 04.02.1999, 5 B 133/98, FEVS 51, 5.

6.6.6 Übungen

Sachverhalt 1

Frau N lebt mit ihrer 4jährigen Tochter zusammen. Für Frau N wird Arbeitslosengeld II und für ihre Tochter Sozialgeld nach dem Zweiten Buch Sozialgesetzbuch geleistet. Frau N soll sich auf ärztliches Anraten hin dringend einer Kurmaßnahme (voraussichtliche Dauer sechs Wochen) unterziehen. Frau N hat in ihrem Verwandten- und Bekanntenkreis niemanden, der die Betreuung ihrer Tochter in dieser Zeit sicherstellen kann.

Aufgabe

Prüfen Sie, ob die Voraussetzungen des 9. Kapitels SGB XII für eine Hilfeleistung erfüllt sind und welche Maßnahmen ggf. in Betracht kommen.

Lösung

Hier könnte es sich um Hilfe zur Weiterführung des Haushalts nach § 70 SGB XII handeln. Der Einsatz einer Familienpflegerin gemäß § 70 Abs. 2 SGB XII kommt im vorliegenden Fall nicht in Betracht. Das Kind bedarf einer ganztägigen Betreuung (Tag und Nacht), so dass ein solcher Einsatz nicht als angemessen angesehen werden kann. Gemäß § 70 Abs. 4 SGB XII besteht die Möglichkeit, die Kosten für eine vorübergehende anderweitige Unterbringung zu übernehmen, wenn diese Unterbringung geboten ist. Dieses trifft in diesem Fall zu. In Betracht käme entweder eine Aufnahme in einem Kinderheim oder in einer Pflegefamilie.

Da aber hier der Anspruch des Kindes auf Erziehung gleichzeitig nicht erfüllt ist, ist hier als vorrangige Leistung Hilfe nach dem Achten Buch Sozialgesetzbuch und nicht Hilfe zur Weiterführung des Haushalts zu erbringen.

Sachverhalt 2

Die Eheleute R, beide 70 Jahre alt, wohnen in einer 150 qm großen 6-Zimmerwohnung, die mit einer Etagenkoksheizung zu beheizen ist. Obwohl die beiden noch ausreichend für sich sorgen können, sind sie nicht mehr in der Lage, die große Wohnung zu reinigen und die Heizung zu betätigen. Sie sehen sich schon längere Zeit nach einer Wohnung mit einer geringeren Quadratmeterzahl um.

Aufgabe

Prüfen Sie, ob die Voraussetzungen des 9. Kapitels SGB XII für eine Hilfeleistung erfüllt sind und welche Maßnahmen ggf. in Betracht kommen.

Lösung

In Betracht kommen könnte die Altenhilfe nach § 71 SGB XII. Alten Menschen soll nach § 71 Abs. 1 Satz 1 SGB XII außer den Hilfen nach den übrigen Bestimmungen des Sozialgesetzbuches Altenhilfe erbracht werden. Die Eheleute R sind diesem Personenkreis zuzurechnen. Altenhilfe soll dazu beitragen, Schwierigkeiten, die durch das Alter entstehen, zu verhüten, zu überwinden oder zu mildern (vgl. § 71 Abs. 1 Satz 2 SGB XII). Die Eheleute R haben, bedingt durch ihr Alter, das Problem, ihre große Wohnung nicht mehr reinigen und die Heizung nicht mehr betätigen zu können.

Als Leistung kommt hier nach § 71 Abs. 2 Nr. 2 SGB XII die Unterstützung bei der Beschaffung einer Wohnung in Betracht, die den Bedürfnissen des alten Menschen entspricht. Da es sich hier nicht um einen atypischen Fall handelt, der es gebietet, im Rahmen der Soll-Leistung von einer Hilfe abzusehen, hat der Träger der Sozialhilfe dazu beizutragen, dass die Eheleute R eine altersgerechte Wohnung erhalten und ggf. Hilfestellung bei der Organisation des Umzugs zu geben.

Die hier in Betracht kommende Beratung und Unterstützung soll gemäß § 71 Abs. 4 SGB XII unabhängig vom Einkommen und Vermögen der Eheleute R geleistet werden.

6.7 Einsatz des Einkommens und des Vermögens bei den Hilfen nach dem 5. bis 9. Kapitel SGB XII

In diesem Abschnitt des Lehrbuches wird insbesondere der Einsatz des Einkommens bei den Leistungen nach dem 5. bis 9. Kapitel SGB XII behandelt.

Hilfen zur Gesundheit, Hilfe zur Pflege, Hilfe zur Überwindung besonderer sozialer Schwierigkeiten und Hilfen in anderen Lebenslagen werden nach dem 5. bis 9. Kapitel SGB XII (Personenkreis, Maßnahme, Bedarf, ggf. Erfolgsaussicht) geleistet, soweit den Leistungsberechtigten, ihren nicht getrennt lebenden Ehegatten oder Lebenspartnern und, wenn sie minderjährig und unverheiratet sind, auch ihren Eltern oder einem Elternteil die Aufbringung der Mittel aus dem Einkommen und Vermögen nach den Vorschriften des 11. Kapitels SGB XII **nicht zuzumuten** ist (vgl. § 19 Abs. 3 SGB XII). Der Anspruch hängt somit ab vom Einkommens- und Vermögenseinsatz

- der (volljährigen und/oder verheirateten) leistungsberechtigten Person und der nicht getrennt lebenden Ehegattin oder des nicht getrennt lebenden Ehegatten und der nicht getrennt lebenden Lebenspartnerin oder des nicht getrennt lebenden Lebenspartners

oder

- der minderjährigen unverheirateten leistungsberechtigten Person und ihrer bzw. seiner Eltern bzw. eines Elternteils.

Eine **Einsatzgemeinschaft** im Sinne von § 19 Abs. 3 SGB XII bilden damit bei den Leistungen nach dem 5. bis 9. Kapitel SGB XII entweder die Partner miteinander oder alternativ die Eltern bzw. Elternteile mit dem nachfragenden unverheirateten minderjährigen Kind. Im letzten Fall wird nicht vorausgesetzt, dass die Kinder im Haushalt der Eltern leben. Es wird deshalb die Auffassung vertreten, dass eine Einsatzgemeinschaft zugunsten des Kindes auch dann besteht, wenn das nachfragende minderjährige Kind nicht im Haushalt der (zusammenlebenden) Eltern wohnt.

Die Vorschrift des § 19 Abs. 3 SGB XII schafft für die dort genannten Personen eine öffentlich-rechtliche Verpflichtung, Einkommen und Vermögen gemeinsam einzusetzen, um insoweit eine Sozialhilfeleistung entbehrlich zu machen. Das Gesetz unterstellt dabei, dass die zu ermittelnde Eigenleistung auch tatsächlich von den Verpflichteten erbracht wird.

Einkommen und Vermögen der Eltern oder des Elternteils, die in einem gemeinsamen Haushalt mit einer leistungsberechtigten Person leben, werden nach § 19 Abs. 4 SGB XII nicht berücksichtigt, wenn diese schwanger ist oder ihr leibliches Kind bis zur Vollendung des sechsten Lebensjahres betreut. § 19 Abs. 4 SGB XII erfasst nur minderjährige Leistungsberechtigte. Der Anspruch volljähriger Leistungsberechtigter ist nicht vom Einkommen und Vermögen der Eltern bzw. eines Elternteils abhängig. Für sie kommt die Inanspruchnahme als Unterhaltspflichtige in Betracht, verbunden mit dem Übergang eines ggf. bestehenden Unterhaltsanspruchs nach den Bestimmungen des § 94 SGB XII. Hier enthält § 94 Abs. 1 Satz 4 SGB XII eine dem § 19 Abs. 4 SGB XII entsprechende Regelung.

Kommen die in § 19 Abs. 3 SGB XII genannten Personen ihrer Verpflichtung nicht nach, kommt eine **erweiterte Hilfe** nach § 19 Abs. 5 SGB XII in Betracht, die einen Aufwendungsersatz der Verpflichteten zur Folge hat. Die Besonderheit einer erweiterten Hilfe besteht in der Abweichung vom sog. Netto-Prinzip. Beim Netto-Prinzip wird die Sozialhilfeleistung in Höhe der Differenz zwischen Hilfebedarf und dem anrechenbaren bzw. dem leistungsmindernden Einkommen und Vermögen erbracht. Soweit erweiterte Hilfe geleistet wird, wird der sozialhilferechtliche Bedarf vollständig ausgezahlt (Brutto-Prinzip) und das einzusetzende Einkommen im Rahmen der Einsatzgemeinschaft als Aufwendungsersatz von den leistungsverpflichteten Personen verlangt.

Die Bestimmungen des § 20 Satz 1 SGB XII über die eheähnliche und lebenspartnerschaftsähnliche Gemeinschaft (vgl. 7.1.2) gelten auch für die Hilfen nach dem 5. bis 9. Kapitel SGB XII. Die in eheähnlicher oder lebenspartnerschaftsähnlicher Gemeinschaft lebenden Personen dürfen hinsichtlich der Voraussetzungen sowie des Umfanges der Sozialhilfe nicht besser gestellt werden als Ehegatten, d. h. sie sind, da das Zwölfte Buch Sozialgesetzbuch eine Schlechterstellung nicht vorsieht, bei der Prüfung des Einkommens- und Vermögenseinsatzes wie nicht getrennt lebende Ehegatten bzw. nicht getrennt lebende Lebenspartner zu behandeln.

Die Vorschriften über die Vermutung der Bedarfsdeckung nach § 39 SGB XII gelten nur für die Hilfe zum Lebensunterhalt nach dem 3. Kapitel SGB XII und finden bei Entscheidungen über Leistungen im Rahmen der Hilfen nach dem 5. bis 9. Kapitel SGB XII keine Anwendung.

6.7.1 Vermögenseinsatz

§ 90 SGB XII und die Verordnung zur Durchführung des § 90 Abs. 2 Nr. 9 SGB XII enthalten Bestimmungen über das zu verwertende Vermögen und über das sogenannte Schonvermögen. Die hier getroffenen Regelungen gelten für alle im Zwölften Buch Sozialgesetzbuch enthaltenen Hilfearten.

Eine Sonderregelung für die Hilfe zur Pflege stellt § 66a SGB XII dar. Danach gilt für hilfe- und pflegebedürftige Personen ein zusätzlicher Betrag von bis zu 25.000,00 € für die Lebensführung und die Alterssicherung im Sinne von § 90 Abs. 3 Satz 2 SGB XII als angemessen, sofern dieser Betrag ganz oder überwiegend als Einkommen aus selbständiger und nichtselbstständiger Tätigkeit der Leistungsberechtigten während des Leistungsbezugs erworben wird; § 90 Absatz 3 Satz 1 bleibt unberührt.

Voraussetzung für die Einräumung dieses erhöhten Freibetrages ist ein Ansparvorgang

- während des Leistungsbezugs der Hilfe zur Pflege und
- aus Erwerbstätigkeit.

Vermögen aus anderen Quellen, z.B. aus Entschädigungsrenten, Altersrenten oder aus vor dem Leistungsbezug erworbenem Vermögen, wird vom Vermögensfreibetrag nicht umfasst.

Die Einräumung des Freibetrages kommt daher für den eher seltenen aber durchaus existenten Fall in Frage, in denen eine pflegebedürftige Person gleichzeitig erwerbstätig ist. Die Verwertung etwaigen Vermögens bis auf den üblichen Schonbetrag von 5.000,00 € würde für den in Frage kommenden Personenkreis eine Härte bedeuten, weil dann die besondere Leistung der pflegebedürftigen Personen nicht anerkannt wird. Zu Recht wird daher in § 66a SGB XII der Bezug auf die allgemeine Härtevorschrift des § 90 Abs. 3 Satz 2 SGB XII hergestellt.

Das Bundessozialgericht hatte bereits vor der Einführung des § 66a SGB XII für erwerbstätige Pflegebedürftige entschieden, dass diese der Höhe nach über einen Freibetrag einer erwerbsfähigen leistungsberechtigten Person nach dem Zweiten Buch Sozialgesetzbuch verfügen dürfen[324]. Rechtsgrundlage dafür stellte vor der Einführung des § 66a SGB XII im Zwölften Buch Sozialgesetzbuch § 2 Abs. 1 VO zu § 90 Abs. 2 Nr. 9 SGB XII dar.

Der erhöhte Freibetrag nach § 66a SGB XII ist zusätzlich zum Freibetrag nach § 90 Abs. 2 Nr. 9 SGB XII zu gewähren. Dies wird dadurch zum Ausdruck gebracht, dass der Freibetrag zum geschützten Vermögen nach § 90 Abs. 3 SGB XII zählt.

6.7.2 Einkommenseinsatz

Die §§ 82 bis 84 SGB XII und die Verordnung zur Durchführung des § 82 SGB XII enthalten Bestimmungen über das zu berücksichtigende Einkommen (vgl. 6.6), die für **alle Hilfearten** gelten.

Bei Leistungen nach dem 5. bis 9. Kapitel SGB XII spielt allerdings die normative Zuordnungsnorm des § 82 Abs. 1 Satz 3 SGB XII, also die Zuordnung des Kindergeldes als Einkommen beim Kind, keine Rolle. Nach der genannten Norm ist das Kindergeld dem jeweiligen Kind als Einkommen zuzurechnen, soweit es bei diesem zur Deckung des notwendigen Lebensunterhalts benötigt wird.

Die Norm will den Lebensunterhalt beim Kind sicherstellen, so dass sie nur für die Leistungen zum Lebensunterhalt nach dem 3. und 4. Kapitel SGB XII maßgebend ist. Bei den Leistungen nach dem 5. bis 9. Kapitel SGB XII wird der Bedarf der Kinder durch die Anerkennung eines Familienzuschlags (vgl. § 85 Abs. 1 Nr. 3 SGB XII, § 85 Abs. 2 Satz 1 Nr. 3 SGB XII) Rechnung getragen. Eine Zuordnung des Kindergeldes beim Kind ist deshalb nicht notwendig.[325] Kindergeld wird dann als Einkommen beim kindergeldberechtigten Elternteil berücksichtigt. Das gilt unabhängig davon, ob das Kindergeld an das jeweilige Kind weitergeleitet wird oder nicht.

Die Berücksichtigung eines Freibetrages für Erwerbstätige nach § 82 Abs. 3 SGB XII ist nur für die Hilfe zum Lebensunterhalt nach dem 3. Kapitel SGB XII sowie für die Grundsicherung im Alter und bei Erwerbsminderung nach dem 4. Kapitel SGB XII vorgesehen. Auch diese Norm spielt somit bei Leistungen nach dem 5. bis 9. Kapitel SGB XII keine Rolle.

---

[324] BSG, Urteil vom 28.08.2018, B 8 SO 1/17 R, juris, Rn. 23 ff.
[325] Vgl. BSG, Urteil vom 25.04.2013, B 8 SO 8/12 R, juris, Rn. 20.

Mit Wirkung zum 01.01.2017[326] ist für anspruchsberechtigte Personen nach dem 7. Kapitel SGB XII (Hilfe zur Pflege) geregelt, dass diese Personen einen Erwerbstätigenfreibetrag erhalten können. Gemäß § 82 Abs. 6 SGB XII ist für Personen, die Leistungen der Hilfe zur Pflege erhalten, ein Betrag in Höhe von 40 Prozent des Einkommens aus selbstständiger und nichtselbstständiger Tätigkeit der Leistungsberechtigten abzusetzen, höchstens jedoch 65 v. H. der Regelbedarfsstufe 1 nach der Anlage zu § 28 SGB XII. Übergangsweise gilt diese Regelung auch für Personen, die Leistungen der Eingliederungshilfe für behinderte Menschen erhalten.

Für Personen, die sowohl die Voraussetzungen eines Einkommensfreibetrags im Rahmen des § 82 Abs. 3 SGB XII als auch im Rahmen des § 82 Abs. 6 SGB XII erfüllen, soll die jeweils im Einzelfall für den Leistungsberechtigten günstigere Regelung Anwendung finden.[327] Der vom Anwendungsbereich des Erwerbstätigenfreibetrages erfasste Personenkreis dürfte als gering einzuschätzen sein, weil es nur schwer vorstellbar ist, dass pflegebedürftige Personen gleichzeitig einer Erwerbstätigkeit nachgehen, wenngleich dies natürlich in seltenen Fällen – insbesondere bei behinderten jüngeren Personen – relevant sein dürfte.

Teilweise wird überlegt, ob das anrechenbare Einkommen erwerbsfähiger und erwerbstätiger Personen, die selbst oder deren Partner Leistungen nach dem 5. bis 9. Kapitel SGB XII beziehen (z. B. Hilfe zur Pflege), nach dem Zweiten Buch Sozialgesetzbuch ermittelt werden soll.[328] Weder die nach dem Zwölften Buch Sozialgesetzbuch nachfragende Person noch der zur Einsatzgemeinschaft gehörende Partner müssten danach für die besonderen sozialhilferechtlichen Bedarfe Einkommen einsetzen, das für sie in dem jeweils geltenden Existenzsicherungssystem bereits nicht für die Hilfe zum Lebensunterhalt zur Verfügung steht bzw. für andere Zwecke genutzt werden darf.

Es könnte aus Gleichbehandlungsgründen angezeigt sein, von leistungsberechtigten Personen nicht einen Einkommenseinsatz im Zwölften Buch Sozialgesetzbuch zu verlangen, den sie nach dem Zweiten Buch Sozialgesetzbuch ebenfalls nicht leisten müssten.

Dieser für gemischte Bedarfsgemeinschaften entwickelte Grundsatz[329] gilt nach hier vertretener Auffassung **nicht** in den Fällen, in denen der Einkommenseinsatz vom Einkommen oberhalb einer Einkommensgrenze verlangt wird. In diesen Fällen folgt die Prüfung des Einkommenseinsatzes einem eigenen System. Die Einkommensgrenze soll verhindern, dass die zum Einkommenseinsatz verpflichteten Personen (vgl. § 19 Abs. 3 SGB XII) rechnerisch hilfebedürftig im Sinne der Leistungen zur Sicherung des Lebensunterhalts werden.

Ziel der Gegenüberstellung von Einkommen und Einkommensgrenze ist die Berechnung einer angemessenen Beteiligung an den Sozialhilfeaufwendungen und nicht der vollständige Einsatz des bereinigten Einkommens zur Deckung des Bedarfs. Eine Ungleichbehandlung kann also schon deshalb nicht stattfinden, weil der Einkommenseinsatz hier anders geregelt

---

[326] Gesetz zur Stärkung der Teilhabe und Selbstbestimmung von Menschen mit Behinderungen (Bundesteilhabegesetz - BTHG) vom 23.12.2016, BGBl. I S. 3234 (Nr. 66).
[327] Vgl. Bundestagsdrucksache 18/9522, S. 330.
[328] Vgl. BSG, Urteil vom 25.04.2013, B 8 SO 8/12 R, juris, Rn. 23, 24.
[329] Vgl. BSG, Urteil vom 09.06.2011, B 8 SO 20/09 R, juris, Rn. 24.

ist; es mithin an einer für eine Ungleichbehandlung notwendigen Vergleichsgruppe fehlt.[330] Aufgrund des eigenen Systems zur Ermittlung eines angemessenen und zumutbaren Einkommenseinsatzes ist es nicht notwendig, eine Vergleichsberechnung nach dem Zweiten Buch Sozialgesetzbuch vorzunehmen.

Etwas anderes gilt nur für die Frage des Vermögenseinsatzes. Hier kann auf die Regelungen des Zweiten Buches Sozialgesetzbuch zurückgegriffen werden. Die Vermögensschutzvorschriften gelten im Zwölften Buch Sozialgesetzbuch für alle Hilfearten und folgen keinem eigenen System für Leistungen nach dem 5. bis 9. Kapitel SGB XII. Es erscheint beispielsweise ungerecht und nicht hinnehmbar, dass eine erwerbsfähige und erwerbstätige Person, deren Kraftfahrzeug im Zweiten Buch Sozialgesetzbuch geschützt ist, ein Kraftfahrzeug wegen der Zugehörigkeit zur Einsatzgemeinschaft in der Sozialhilfe verwerten müsste.

Von wem und in welchem Umfang bei den Hilfen nach dem 5. bis 9. Kapitel SGB XII Einkommen einzusetzen ist, regeln die §§ 85 bis 89 SGB XII, die die Regelung des § 19 Abs. 3 SGB XII weiter ausgestalten bzw. konkretisieren.

Für die in § 19 Abs. 3 SGB XII genannten Personen, die nicht direkt nach dem 11. Kapitel SGB XII zu einem Einkommens- und Vermögenseinsatz verpflichtet werden (z. B. ein Elternteil, der bei Getrenntleben der Eltern nicht mit der minderjährigen nachfragenden Person zusammenlebt), kommt ggf. der Übergang eines bürgerlich-rechtlichen Unterhaltsanspruchs nach § 94 SGB XII in Betracht.

6.7.3 Einkommensgrenze

Dem nach den §§ 82 bis 84 SGB XII und der Verordnung zu § 82 SGB XII ermittelten bereinigten Einkommen wird die Einkommensgrenze (vgl. § 85 SGB XII) gegenübergestellt.

Die Einkommensgrenze ist ein **rechnerisches Hilfsmittel** für die Auslegung des unbestimmten Rechtsbegriffes „zumutbar" i. S. des § 19 Abs. 3 SGB XII. Sie soll als „**Schutzgrenze**" sicherstellen, dass eine nachfragende Person bzw. die Personen der Einsatzgemeinschaft bei Leistungen nach dem 5. bis 9. Kapitel SGB XII nicht so viel Einkommen einsetzen müssen, dass Leistungen zum Lebensunterhalt nach dem 3. oder 4. Kapitel SGB XII in Anspruch genommen werden müssen. Um dies sicherzustellen, hat der Gesetzgeber u. a. durch den Ansatz eines doppelten Regelbetrags der Regelbedarfsstufe 1 versucht, die Einkommensgrenze so auszugestalten, dass ihr ermittelter rechnerischer Wert oberhalb eines „Brutto"- Bedarfs im Rahmen der Leistungen zum Lebensunterhalt liegt.

Die Einkommensgrenze verfolgt also das Ziel, ein Lebenshaltungsniveau sicherzustellen, welches sich oberhalb der Leistungen zum Lebensunterhalt bewegt. Dies setzt voraus, dass überhaupt ein Einkommen oberhalb der Einkommensgrenze in der Einsatzgemeinschaft vorhanden ist. Sollte dies der Fall sein, wird bei ambulanten Leistungen nach dem 5. bis

---

[330] Vgl. zu diesem Problem Weber, Das Arbeitgebermodell bei der Hilfe zur Pflege nach dem SGB XII, DVP, S. 282 - 293 (290 - 291).

9. Kapitel SGB XII in der Regel nur ein Einkommenseinsatz oberhalb der Einkommensgrenze verlangt.

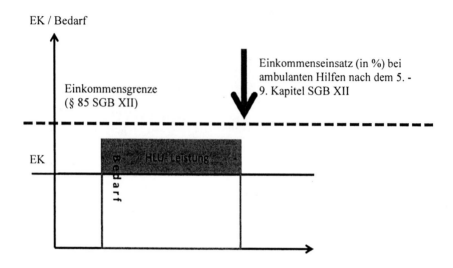

Daraus ist zu schlussfolgern:

Wer bereits Leistungen zum Lebensunterhalt nach dem 3. oder 4. Kapitel SGB XII oder Leistungen im Rahmen der Grundsicherung für Arbeitsuchende nach dem Zweiten Buch Sozialgesetzbuch bezieht, ist gleichzeitig hilfebedürftig, wenn ein Bedarf auf Leistungen nach dem 5. bis 9. Kapitel SGB XII bejaht wird. Eine Prüfung der wirtschaftlichen Voraussetzungen – also eine Prüfung des „zumutbaren" Einkommenseinsatzes – ist entbehrlich, weil kein Einkommen oberhalb der Einkommensgrenze vorhanden sein dürfte. In diesen Fällen ist eine Prüfung der sachlichen bzw. persönlichen Voraussetzungen für die Leistungen nach dem 5. bis 9. Kapitel SGB XII ausreichend.

Die Zusammensetzung der Einkommensgrenze bestimmt sich nach § 85 SGB XII. Ist die nachfragende Person minderjährig und unverheiratet, ist die Einkommensgrenze nach § 85 Abs. 2 SGB XII, in allen übrigen Fällen nach § 85 Abs. 1 SGB XII zu ermitteln.

Die Einkommensgrenze besteht aus

- dem Grundbetrag,
- den Aufwendungen für die Unterkunft,
- dem Familienzuschlag bzw. den Familienzuschlägen.

6.7.3.1 Grundbetrag

Fester Bestandteil jeder Einkommensgrenze ist der Grundbetrag. Er ist in Höhe des Zweifachen der Regelbedarfsstufe 1 nach der Anlage zu § 28 SGB XII zu berücksichtigen.

Die Länder und, soweit nicht landesrechtliche Regelungen entgegenstehen, auch die Träger der Sozialhilfe können für bestimmte Arten der Hilfe nach dem 5. bis 9. Kapitel SGB XII bei der Ermittlung der Einkommensgrenze einen höheren Grundbetrag zugrunde legen (vgl. § 86 SGB XII).

6.7.3.2 Aufwendungen für die Unterkunft

Die Aufwendungen für die Unterkunft werden berücksichtigt, soweit diese den nach der Besonderheit des Einzelfalles angemessenen Umfang nicht übersteigen.

Wegen des gleichen Wortlauts in § 35 SGB XII ist nicht davon auszugehen, dass bei der Festsetzung der Einkommensgrenze nach § 85 SGB XII im Rahmen der Angemessenheitsprüfung ein anderer Maßstab anzulegen ist, als bei den Leistungen nach dem 3. und 4. Kapitel SGB XII. Überzeugend wird vertreten, dass bei Leistungen nach dem 5. bis 9. Kapitel SGB XII höhere „angemessene Unterkunftskosten" akzeptiert werden können, weil mit der Ermittlung der Einkommensgrenze ein Lebenshaltungsniveau oberhalb der Leistungen zum Lebensunterhalt sichergestellt werden soll[331].

Bei der Ermittlung der Einkommensgrenze sind nur die als „angemessen" anzusehenden Aufwendungen für die Unterkunft in Ansatz zu bringen. Soweit sie den der Besonderheit des Einzelfalles angemessenen Umfang übersteigen, sind sie nicht - auch nicht übergangsweise für eine begrenzte Zeit - zu berücksichtigen. Eine unmittelbare oder entsprechende Anwendung des § 35 Abs. 2 SGB XII im Rahmen der Vorschrift des § 85 SGB XII ist ausgeschlossen. Es bleibt den leistungsberechtigten Personen überlassen, ob und auf welche Weise sie die den angemessenen Umfang übersteigenden Aufwendungen mindern oder ob sie diese aus dem verbleibenden Einkommen aufbringen.

Von den Aufwendungen für die Unterkunft sind die Kopfanteile für im Haushalt lebende Personen abzusetzen, die nicht zur so genannten Einsatzgemeinschaft nach § 19 Abs. 3 SGB XII gehören **und** für die kein Familienzuschlag berücksichtigt wird. Sie haben ihren Unterkunftsanteil aus eigenen Mitteln selbst zu tragen (z. B. ein in Haushalt lebendes erwachsenes Kind der pflegebedürftigen Person mit eigenem ausreichendem Einkommen).

Wohngeld

Ebenfalls abzusetzen ist das an Mitglieder der Einsatzgemeinschaft gezahlte Wohngeld. Zwar begegnet die Absetzung des Wohngeldes rechtlichen Bedenken, ist im Ergebnis aber gut vertretbar. Wohngeld ist (abstrakt) zweckbestimmt zur Deckung von Unterkunftskosten und könnte somit als Einkommen i. S. des § 83 Abs. 1 SGB XII berücksichtigt werden, wenn Sozialhilfe demselben Zweck dient.

---

[331] Vgl. Conradis in LPK-SGB XII, Rn. 8 zu § 85 SGB XII.

Im Falle der Hilfen nach dem 5. bis 9. Kapitel SGB XII sind die Aufwendungen für die Unterkunft aber nur ein rechnerisches Hilfsmittel im Zusammenhang mit der Zumutbarkeitsprüfung. Folgte man wörtlich den Bestimmungen des Zwölften Buches Sozialgesetzbuch, bliebe Wohngeld regelmäßig bei diesen Hilfen unberücksichtigt. Eine solche Handhabung würde zu unbefriedigenden Ergebnissen führen, da dann nicht mehr die tatsächlichen Aufwendungen für die Unterkunft berücksichtigt würden. Wohngeld ist deshalb ggf. von den Aufwendungen für die Unterkunft abzusetzen.[332]

Bedarfe für die Heizung

Trotz des Urteils des Bundessozialgerichts vom 20.04.2020[333] wird hier weiterhin vertreten, dass die Aufwendungen für die Heizung in der Berechnung der Einkommensgrenze unberücksichtigt bleiben sollen.[334,335]

Die Berücksichtigung von Heizkosten bei den „angemessenen Unterkunftskosten" nach § 85 Abs. 1 Nr. 2 SGB XII bzw. § 85 Abs. 2 Nr. 2 SGB XII war seit einem Urteil des Bundessozialgerichts im Jahr 2013[336] umstritten. Das Bundessozialgericht vertrat die Auffassung, dass die Heizkosten Bestandteil der Unterkunftskosten seien. Deshalb sei die Bruttowarmmiete und nicht die Bruttokaltmiete in der Einkommensgrenze zu berücksichtigen.

Der Gesetzgeber wollte für Klarheit sorgen, indem er mit Wirkung zum 01.01.2016 § 85 SGB XII redaktionell dahingehend änderte, dass die Formulierung „Kosten der Unterkunft" durch „Aufwendungen für die Unterkunft" ersetzt wurde, so dass damit eine Angleichung an die im 3. und 4. Kapitel SGB XII übliche Begrifflichkeit in § 35 SGB XII (Bedarfe für Unterkunft und Bedarfe für Heizung) stattgefunden hat. Durch die Wortlautanpassung wurde gesetzgeberisch angedeutet, es sei Ziel der Norm, Aufwendungen für die Heizung unberücksichtigt zu lassen.[337,338]

Vor diesem Hintergrund gilt hinsichtlich einer **Wortlautauslegung** der Norm:

Bedarfe für die Heizung sind bei der Berechnung der Einkommensgrenze **nach dem Wortlaut** des § 85 SGB XII **nicht** zu berücksichtigen. Dies ergibt sich aus einem Vergleich mit § 35 SGB XII. Im Rahmen der Hilfe zum Lebensunterhalt und der Grundsicherung im

---

[332] Vgl. auch Wolf in Fichtner/Wenzel, § 85 SGB XII, Rn. 9; Hohm in Schellhorn/Schellhorn/Hohm, § 85 SGB XII, Rn. 27; Conradis in LPK-SGB XII, § 85 SGB XII, Rn. 7; .a.A. Gutzler in jurisPK-SGB XII, § 85 SGB XII, Rn. 35 (Wohngeld als Einkommen);

[333] Vgl. BSG, Urteil vom 30.04.2020, B 8 SO 1/19 R, juris, Rn. 18 ff.

[334] Für diese Auffassung bislang: Gutzler in jurisPK-SGB XII, § 85 SGB XII, Rn. 37; Giere in Grube/Wahrendorf, § 85 SGB XII, Rn. 21; Conradis in Bieritz-Harder/Conradis/Thie, § 85 SGB XII, Rn. 5; a.A. Pattar in Berlit/Conradis/Pattar, Existenzsicherungsrecht, 3. Auflage 2019, Seite 419, Rn. 270; a.A. Ehmann in Ehmann/Kamanski/Kuhn-Zuber, Gesamtkommentar SRB, 2. Auflage 2018, §§ 85-89 SGB XII, Rn. 15.

[335] Ebenfalls kritisch: Kirchhoff, Die Einkommensgrenze nach § 85 SGB XII, SGb 2021, 261 (264), Rein, Die Berücksichtigung von Aufwendungen für die Unterkunft (und Heizung?) bei § 85 SGB XII, ZfSH/SGB 2021, 81.

[336] BSG, Urteil vom 25.04.2013, B 8 SO 8/12 R, juris, Rn. 25 = SGb 2013, 413 (Kurzwiedergabe).

[337] Vgl. Bundestagsdrucksache 18/6284, S. 30 ff.

Alter und bei Erwerbsminderung sind sie neben den Aufwendungen für die Unterkunft spezieller Bestandteil des Bedarfs (vgl. § 35 Abs. 4 Satz 1 SGB XII). Wenn § 35 SGB XII zwischen den Bedarfen für die Unterkunft und Bedarfen für die Heizung trennt, in § 85 SGB XII aber eine solche Trennung nicht vorgenommen wird, ist daraus zu schließen, dass die Heizkosten bei der Ermittlung der Einkommensgrenze unberücksichtigt bleiben. Dies bestätigt auch das Urteil des Bundessozialgerichts vom 20.04.2020, weil der Gesetzgeber den Wortlaut von § 35 Abs. 2 Satz 1 SGB XII und § 85 Abs. 1 Nr. 2 SGB XII angeglichen hat[339].

Das Bundessozialgericht hat erstmals im Jahr 2013[340] und nun – im Jahr 2020[341] – dieser Auffassung widersprochen. Eine Auslegung **nach Sinn und Zweck des § 85 SGB XII** widerspräche dem per Wortlautauslegung gefundenen Ergebnis und sei deshalb maßgebend:

Danach sind Aufwendungen für die Heizung **nach Sinn und Zweck** der Vorschrift als „Kosten der Unterkunft" zu berücksichtigen. Der Verweis auf die differenzierte Behandlung von Unterkunfts- und Heizkosten in § 35 SGB XII wäre zu vernachlässigen. Eine Korrektur über § 87 SGB XII wäre systemwidrig, weil es sich bei den Heizkosten gerade nicht um besondere, sondern übliche Belastungen handelt, die bei jedem unabhängig von den in § 87 Abs. 1 Satz 2 und Satz 3 SGB XII bezeichneten Kriterien entstehen.

Die Aufwendungen für die Heizung seien zwingend in die Berechnung einzustellen, weil auf diese Weise die Funktion der Einkommensgrenze als Schutzgrenze sichergestellt werden könne. Den Leistungsberechtigten müsse ein Lebensstandard oberhalb der Bedürftigkeit der Hilfe zum Lebensunterhalt gesichert werden. Durch die Berücksichtigung der Heizkosten in der Einkommensgrenze werde normativ und tatsächlich sichergestellt, dass genügend Geldmittel für den allgemeinen Lebensunterhalt zur Verfügung stünden. Diese Auslegung trage der herausragenden Stellung des Wohnens als wesentlichen Teil des physischen Existenzminimums Rechnung[342]. Sind und Zweck des § 85 SGB XII sei es insbesondere, den leistungsberechtigten Personen genügend Einkommen für die Bedarfe des Dritten oder Vierten Kapitels zu belassen, so dass auch die Heizkosten, die dort standardmäßig berücksichtigt würden, in der Einkommensgrenze aufgenommen werden müssten.

Diese Begründung überzeugt auch nach der neueren Rechtsprechung weiterhin nicht bzw. nicht restlos. Sie wäre nur dann vollständig überzeugend, wenn die Heizkosten zwingend in die Berechnung der Einkommensgrenze eingestellt werden müssten, um ein Lebenshaltungsniveau oberhalb der Existenzsicherung zu verwirklichen. Dieses Ziel wird aber auch ohne Berücksichtigung der Heizkosten nach wie vor erreicht, weil im Gegensatz zu der Berechnung von Leistungen zum Lebensunterhalt weiterhin ein doppelter Regelsatz der Regelbedarfsstufe 1 der Berechnung zugrunde gelegt wird. Damit wird die fehlende Berücksichtigung von Aufwendungen für die Heizung kompensiert. Zwar sind die Heizkosten in den vergangenen Jahren teilweise deutlich gestiegen. Dennoch ist die Einkommensgrenze der Höhe nach immer noch ausreichend, um ein Einkommensniveau oberhalb der Existenzsicherungsleistungen zu gewährleisten.

---

[339] BSG, Urteil vom 30.04.2020, B 8 SO 1/19 R, juris, Rn. 21.
[340] BSG, Urteil vom 25.04.2013, B 8 SO 8/12 R, juris, Rn. 25 = SGb 2013, 413 (Kurzwiedergabe).
[341] BSG, Urteil vom 30.04.2020, B 8 SO 1/19 R, juris, Rn. 18 ff.
[342] Vgl. BSG, Urteil vom 30.04.2020, B 8 SO 1/19 R, juris, Rn. 20.

Das Urteil stellt im Wesentlichen darauf ab, dass die Berücksichtigung von Heizkosten zwingend notwendig wäre, um ein Lebenshaltungsniveau oberhalb der Existenzsicherungsleistungen – tatsächlich – zu gewährleisten. Insofern vermittelt das Urteil den Eindruck, dass durch die Bildung der Einkommensgrenze und die Berücksichtigung von Heizkosten der tatsächliche Bedarf notwendigerweise gesichert werden müsse, um so die angemessene Beheizung der Wohnung zur Gewährleistung eines menschenwürdigen Existenzminimums zu realisieren[343].

Dem wäre entgegen zu halten, dass bereits der Grundbetrag des § 85 Abs. 1 Nr. 1 SGB XII für eine ausreichende „Einkommenssicherung" sorgt und „nur" ein Einkommenseinsatz in angemessenem Umfang oberhalb der Einkommensgrenze verlangt wird.

Insgesamt sorgt die Berechnung der Einkommensgrenze weiterhin dafür, dass – auch ohne Berücksichtigung von Aufwendungen für die Heizung – genügend Einkommen verbleibt, um ein Lebenshaltungsniveau oberhalb der Leistungen zur Sicherung des Lebensunterhalts zu realisieren. Auch geht es bei der Ermittlung der Einkommensgrenze nicht um die Deckung eines konkreten Bedarfs, sondern um die Erhaltung eines angemessenen Einkommensstandards. Unverhältnismäßig hohe Heizkosten können ggf. teilweise nach § 87 Abs. 1 SGB XII als besondere Belastung berücksichtigt werden.

Das Bundessozialgericht setzt sich in seinen Urteilen unzureichend damit auseinander, dass die Einkommensgrenze lediglich ein rechnerisches Hilfsmittel darstellt, um die Zumutbarkeit eines Einkommenseinsatzes zu prüfen. Es kommt gerade nicht ausschließlich darauf an, dass die Heizkosten Bestandteil der Einkommensgrenze sein müssen, um die Funktion einer Schutzgrenze aufrechtzuerhalten. Sollte nach Sinn und Zweck des § 85 SGB XII der **tatsächliche Bedarf** in der Einkommensgrenze berücksichtigt werden, so hätte der Gesetzgeber z. B. auch Mehrbedarfe, einmalige Bedarfe oder Bildungs- und Teilhabeleistungen in die Berechnung der Einkommensgrenze aufgenommen.

Es wird deshalb weiterhin an der Auffassung festgehalten, nur die Kosten der Unterkunft (d. h. also ohne die Heizkosten) in die Einkommensgrenze einzubeziehen. Der Gesetzgeber ist aufgerufen, nun endgültig für Klarheit zu sorgen.

Das Niedersächsische Ministerium für Soziales, Gesundheit und Gleichstellung ist in Abstimmung mit dem Bundesministerium für Arbeit und Soziales der hier vertretenen Meinung zum ersten Urteil des Bundessozialgerichts zur obigen Fragestellung im Jahr 2013 beigetreten. Als Begründung wird angeführt, dass eine im Wege eines Obiter Dictum geäußerte Rechtsansicht nicht als hinreichend höchstrichterlich geklärt angesehen werden könne. Darüber hinaus würde die ganz überwiegende Kommentarliteratur sowie die Rechtsprechung eine andere Ansicht vertreten.[344]

---

[343] Vgl. BSG, Urteil vom 30.04.2020, B 8 SO 1/19 R, juris, Rn. 20.
[344] Vgl. Niedersächsisches Ministerium für Soziales, Gesundheit und Gleichstellung, Rundschreiben vom 13.11.2014, Az. 101.11 – 20 00 05/10.11.85-1.

6.7.3.3 Familienzuschlag

Berücksichtigung des Familienzuschlags

Bei einer Entscheidung über die Berücksichtigung des Familienzuschlags ist zwischen § 85 Abs. 1 SGB XII und § 85 Abs. 2 SGB XII zu unterscheiden.

Höhe des Familienzuschlags

Der Familienzuschlag ist in Höhe des auf volle Euro **aufgerundeten** Betrages von 70 vom Hundert der Regelbedarfsstufe 1 nach der Anlage zu § 28 SGB XII zu berücksichtigen (§ 85 Abs. 1 Nr. 3 und Abs. 2 Satz 1 Nr. 3 SGB XII).

Die für den Familienzuschlag maßgebende Regelbedarfsstufe 1 richtet sich nach dem Ort, an dem die leistungsberechtigte Person die Leistung erhält (vgl. § 85 Abs. 3 Satz 1 SGB XII), bei der Leistung in Einrichtungen nach dem gewöhnlichen Aufenthalt der leistungsberechtigten Person oder ihrer Eltern bzw. eines Elternteils, wenn auch deren Einkommen maßgebend ist (vgl. § 85 Abs. 3 Satz 2 SGB XII). Ist ein gewöhnlicher Aufenthalt im Inland nicht vorhanden oder nicht zu ermitteln, richtet sich der Familienzuschlag auch bei der Hilfe in Einrichtungen nach dem Ort, an dem die leistungsberechtigte Person die Leistung erhält (§ 85 Abs. 3 Satz 3 SGB XII).

Familienzuschlag im Rahmen der Einkommensgrenze des § 85 Abs. 1 SGB XII

Ein Familienzuschlag ist zu berücksichtigen für

- die nicht getrennt lebende Ehegattin bzw. den nicht getrennt lebenden Ehegatten oder die nicht getrennt lebende Lebenspartnerin bzw. den nicht getrennt lebenden Lebenspartner (erfasst sind hier über § 20 SGB XII auch Partnerinnen und Partner in eheähnlichen oder lebenspartnerschaftsähnlichen Gemeinschaften),

- für jede Person, die von der nachfragenden Person oder seinem nicht getrennt lebenden Ehegatten oder seinem Lebenspartner **überwiegend unterhalten** worden ist oder der sie nach der Entscheidung über die Erbringung der Sozialhilfe unterhaltspflichtig werden.

Neben einem Familienzuschlag für nicht getrennt lebende Ehegattinnen bzw. Ehegatten oder Lebenspartnerinnen bzw. Lebenspartner ist auch ein solcher für andere Personen vorgesehen. Hierbei ist es unerheblich, um welche Personen es sich handelt. Besondere rechtliche Bindungen (z. B. eine gesetzliche Unterhaltspflicht) zu den zum Einsatz des Einkommens Verpflichteten werden **in der ersten Alternative** des § 85 Abs. 1 Nr. 3 SGB XII nicht gefordert. Ein Familienzuschlag wird berücksichtigt, wenn eine Person überwiegend unterhalten worden ist. Insofern ist der Begriff „Familienzuschlag" irreführend.

Für die Entscheidung bezüglich eines **überwiegenden** Unterhalts kann auf den Bedarf im Rahmen der Hilfe zum Lebensunterhalt zurückgegriffen werden. Überwiegend unterhalten wird danach jemand, wenn mehr als die Hälfte des nach den Maßstäben der Hilfe zum

Lebensunterhalt ermittelten Bedarfs gedeckt wird. Bei **minderjährigen Kindern**, die im Haushalt der pflegebedürftigen Person leben, kann davon ausgegangen werden, dass diese – unabhängig von finanziellen Zuwendungen – allein durch den erzieherischen Beitrag von den Eltern bzw. einem Elternteil überwiegend unterhalten werden (Betreuungsunterhalt).

Die Formulierung des § 85 Abs. 1 Nr. 3 SGB XII und auch des § 85 Abs. 2 Satz 1 Nr. 3 SGB XII, der im Wortlaut aus dem Bundessozialhilfegesetz übernommen worden ist, fordert, dass eine Person überwiegend unterhalten worden sein muss. Durch das Reformgesetz zum Bundessozialhilfegesetz von 1996 ist das Wort „bisher", das darauf hindeutete, dass es für die Beurteilung auf die Zeit **bis** zum Bekanntwerden der sozialhilferechtlichen Notlage ankam, gestrichen worden. Damit wurde ursprünglich der Zweck verfolgt, Familienzuschläge für andere Personen als die nicht getrennt lebenden Ehegatten nur noch dann zu berücksichtigen, wenn diese zum Zeitpunkt des Sozialhilfebezugs überwiegend unterhalten werden.[345] Da diese Formulierung aufgegeben wurde, sind auch Familienzuschläge zu berücksichtigen, bei denen im Zeitpunkt der Sozialhilfebewilligung oder während der Sozialhilfebewilligung **notwendige** Unterhaltsleistungen (**tatsächlich**) erbracht werden.

Die **zweite Alternative** des § 85 Abs. 1 Nr. 3 SGB XII sieht einen Familienzuschlag auch dann vor, wenn die nachfragende Person oder der Partner „nach der Entscheidung über die Gewährung der Sozialhilfe unterhalts**pflichtig** werden". Dies dürfte selten vorkommen. Angesprochen sind Fallkonstellationen, in denen durch Heirat oder Geburt eine Unterhaltspflicht eintritt. Außerdem ist es möglich, dass eine Unterhalts**berechtigung** z. B. eines Kindes erst im laufenden Leistungsbezug des Unterhaltspflichtigen (leistungsberechtigte Person oder Partner) entsteht.

Entsprechend dem Bedarfsdeckungsprinzip müssen in den Fallkonstellationen des § 85 Abs. 1 Nr. 3 und des § 85 Abs. 2 Nr. 3 SGB XII tatsächlich Unterhaltszahlungen erfolgen. Eine rechtliche Unterhaltspflicht alleine genügt nicht. Weiterhin sind – ebenfalls wegen der Nachrangigkeit der Sozialhilfeleistungen – nur notwendige Unterhaltszahlungen zu akzeptieren. Überobligatorische Zahlungen oberhalb gesetzlicher Unterhaltspflichten werden weder bei der Frage, ob ein Familienzuschlag (der nur in den Fällen zu gewähren ist, in denen mehr als die Hälfte des Bedarfs des Unterhaltsberechtigten übernommen wird) anzuerkennen ist noch bei den besonderen Belastungen in § 87 Abs. 1 SGB XII berücksichtigt.

Regelung des § 85 Abs. 2 SGB XII

In § 85 Abs. 2 SGB XII werden drei Anwendungsfälle unterschieden, wenn die nachfragende Person **minderjährig und unverheiratet** ist:

- Die Eltern der nachfragenden Person leben zusammen (§ 85 Abs. 2 Satz 1 sowie § 85 Abs. 2 Satz 2, Satz 3 SGB XII i.U.).

---

[345] Vgl. Bundestagsdrucksache 13/3904, S. 46.

Ein **Familienzuschlag** ist immer zu berücksichtigen für

- einen Elternteil,
- die nachfragende Person,

und zusätzlich für

- jede Person, die von den Eltern oder der nachfragenden Person überwiegend unterhalten worden ist oder der sie nach der Entscheidung über die Erbringung der Sozialhilfe unterhaltspflichtig werden.

Es ist **nicht** erforderlich, dass die nachfragende Person vor Bekanntwerden der Notlage bei den Eltern gelebt hat oder während der Dauer der Hilfeleistung bei ihnen lebt.

Im Gegensatz zu § 85 Abs. 1 SGB XII wird der **Grundbetrag** nicht der nachfragenden Person selbst, sondern **einem Elternteil** gewährt, während für die nachfragende Person ebenso wie für den anderen Elternteil ein Familienzuschlag berücksichtigt wird.

- Die Eltern der nachfragenden Person leben nicht zusammen und die nachfragende Person lebt bei einem Elternteil (§ 85 Abs. 2 Satz 2 SGB XII).

Ein Familienzuschlag ist immer zu berücksichtigen für

- die nachfragende Person,

zusätzlich für

- jede Person, die von dem Elternteil oder der nachfragenden Person überwiegend unterhalten worden ist oder der sie nach der Entscheidung über die Erbringung der Sozialhilfe unterhaltspflichtig werden.

Es wird der Grundbetrag dem Elternteil zugeordnet, bei dem die nachfragende Person lebt. § 85 Abs. 2 Satz 2 SGB XII regelt dann, dass in der beschriebenen Fallkonstellation es keinen Familienzuschlag für den getrennt lebenden Elternteil gibt.

In einem solchen Fall wird in der Einkommensgrenze somit nur ein Elternteil berücksichtigt. Nur dieser Elternteil muss nach § 19 Abs. 3 SGB XII sein Einkommen und Vermögen zur Bedarfsdeckung einsetzen. Die Hilfe wird (zunächst) unabhängig vom Einkommen des anderen Elternteils geleistet. Ein bestehender Unterhaltsanspruch geht ggf. nach § 94 SGB XII auf den Träger der Sozialhilfe über.

Wenn es in § 85 Abs. 2 Satz 2 SGB XII heißt, dass die Eltern „nicht zusammen leben" ist damit gemeint, dass die Eltern „getrennt leben". Die Begriffe „Getrennt leben" zielen nicht auf eine räumliche Trennung, sondern auf eine fehlende „innere Bindung" der Partner, z. B. nach einer Scheidung der Ehe.

- Die Eltern der nachfragenden Person leben nicht zusammen und die nachfragende Person lebt bei keinem Elternteil (§ 85 Abs. 2 Satz 3 SGB XII).

Die Einkommensgrenze richtet sich nach § 85 **Abs. 1** SGB XII. Bei der Entscheidung über die Hilfeleistung wird nur das Einkommen der nachfragenden Person berücksichtigt. Bestehende Unterhaltsansprüche der minderjährigen nachfragenden Person gehen ggf. nach § 94 SGB XII auf den Träger der Sozialhilfe über.

§ 85 Abs. 2 Satz 3 SGB XII, der auf die Anwendung von § 85 Abs. 1 SGB XII verweist, schließt nach hier vertretener Auffassung an Satz 2 an und setzt voraus, dass die Eltern getrennt leben.[346] Im Umkehrschluss folgt daraus: Leben die Eltern weiterhin zusammen, richtet sich die Einkommensgrenze nicht nach § 85 Abs. 1 SGB XII, sondern nach § 85 Abs. 2 SGB XII, und zwar auch dann, wenn das Kind nicht bei den zusammenlebenden Eltern wohnt.

6.7.3.4 Übung zur Ermittlung von Einkommensgrenzen

Sachverhalte

Die nachfolgend genannten Personen sind pflegebedürftig i. S. der §§ 61a bis 61c SGB XII (Pflegegrad 2) und erfüllen die Voraussetzungen für die Leistung eines Pflegegeldes nach § 64a Abs. 1 i. V. m. § 37 Abs. 1 Satz 3 Nr. 1 SGB XII .

Albert A (60 Jahre alt) lebt mit seiner nicht getrennt lebenden Ehefrau in einem gemeinsamen Haushalt. Die angemessenen Aufwendungen für die Unterkunft betragen monatlich 450,00 €, die angemessenen Heizkosten monatlich 40,00 €.

Birgit B (17 Jahre alt) lebt bei ihren Großeltern. Unterkunftskosten bei den Großeltern entstehen für Birgit nicht, da die Großeltern die gesamten Unterkunftskosten tragen.

Die Eltern von Birgit B leben zusammen. Zu deren Haushalt gehören drei schulpflichtige Kinder, die von den Eheleuten B überwiegend unterhalten werden. Die angemessenen Kosten der Unterkunft betragen 600,00 €.

Christine C (10 Jahre alt) lebt mit ihrer Mutter in einem gemeinsamen Haushalt. Die angemessenen Kosten der Unterkunft betragen 500,00 €. Die Eltern von Christine sind geschieden.

Dietmar D (8 Jahre alt) lebt bei seinen Großeltern. Seine Eltern leben getrennt. Kosten der Unterkunft für Dietmar D fallen nicht an, da die Großeltern die gesamten Unterkunftskosten tragen.

Aufgabe

Ermitteln Sie die Einkommensgrenzen.

---

[346] So auch Kirchhoff, Die Einkommensgrenze nach § 85 SGB XII, SGb 2021, 261 (263).

Lösung

Albert A

Die Einkommensgrenze ist nach § 85 Abs. 1 SGB XII zu ermitteln, da Albert A mit einem Alter von 60 als nachfragende Person nicht minderjährig ist. Sie setzt sich wie folgt zusammen:

Grundbetrag (§ 85 Abs. 1 Nr. 1 SGB XII)	892,00 €
Aufwendungen für die Unterkunft (§ 85 Abs. 1 Nr. 2 SGB XII; die Kosten sind lt. Sachv. angemessen)	450,00 €
Familienzuschlag für den nicht getrennt lebenden Ehegatten (§ 85 Abs. 1 Nr. 3 SGB XII)	313,00 €
Einkommensgrenze	1.655,00 €

Eine Berücksichtigung von Heizkosten sieht § 85 SGB XII nicht vor.

Birgit B

Die Einkommensgrenze ist nach § 85 Abs. 2 SGB XII zu ermitteln, da Birgit B als nachfragende Person minderjährig und unverheiratet ist. Die Eltern von ihr werden in die Berechnung einbezogen, da sie zusammenleben und damit die Voraussetzungen von § 85 Abs. 2 Satz 2, 3 SGB XII nicht vorliegen. § 85 Abs. 2 Satz 3 SGB XII, der auf die Anwendung von § 85 Abs. 1 SGB XII verweist, schließt nach hier vertretener Auffassung an Satz 2 an und setzt voraus, dass die Eltern getrennt leben.

Für die Zusammenfassung der Hilfesuchenden zu einer Einsatzgemeinschaft mit den Eltern ist es ohne Bedeutung, dass die nachfragende Person nicht bei ihren Eltern lebt. Die Anspruchsgrundlage des § 19 Abs. 3 SGB XII regelt nicht, dass in einer solchen Einsatzgemeinschaft alle Personen in einem Haushalt leben müssen. Maßgebend ist allein das Zusammenleben der Eltern, die insofern zugunsten des hilfesuchenden Kindes einstandsverpflichtet sind.

Die Einkommensgrenze setzt sich wie folgt zusammen:

Grundbetrag (§ 85 Abs. 2 Satz 1 Nr. 1 SGB XII)	892,00 €
Aufwendungen für die Unterkunft für die Eltern (§ 85 Abs. 2 Satz 1 Nr. 2 SGB XII; die Kosten sind lt. Sachverhalt angemessen, für die nachfragende Person selbst entstehen keine Kosten der Unterkunft, müssten aber ggf. noch zusätzlich berücksichtigt werden)	600,00 €
Familienzuschlag für einen Elternteil (§ 85 Abs. 2 Satz 1 Nr. 3 SGB XII)	313,00 €
Familienzuschlag für Birgit B als nachfragende Person (§ 85 Abs. 2 Satz 1 Nr. 3 SGB XII)	313,00 €
Familienzuschläge für die drei Kinder, die von den Eltern überwiegend unterhalten werden (§ 85 Abs. 2 Satz 1 Nr. 3 SGB XII)	939,00 €
Einkommensgrenze	3.057,00 €

Weitere Anmerkungen zur Lösung „Birgit B":

Ausgangspunkt ist die besondere Fallkonstellation, dass die Eltern zwar zusammenleben, das Kind aber bei keinem Elternteil lebt, also mit den Eltern keine Haushaltsgemeinschaft bildet.

Die dargestellte Lösung geht davon aus, dass § 85 Abs. 2 Satz 3 auf den vorherigen Satz 2 aufbaut. Obwohl der Wortlaut von § 85 Abs. 2 Satz 3 SGB XII dies nicht ausführt, geht die Norm nach hier vertretener Auffassung wie der vorhergehende Satz von einem getrennt lebenden Elternpaar aus.[347] Das ist historisch darauf zurückzuführen, dass die Vorgängerregelung zwischen dem heutigen Satz 2 und Satz 3 nur ein Semikolon vorsah – die heutigen Sätze 2 und 3 also einen Satz darstellten. § 79 Abs. 2 Satz 2 BSHG lautete: „Leben die Eltern nicht zusammen, richtet sich die Einkommensgrenze nach dem Elternteil, bei dem der Hilfesuchende lebt; lebt er bei keinem Elternteil, bestimmt sich die Einkommensgrenze nach Absatz 1." Der heutige Satz 3 knüpft damit an den Satz 2 an. Also verlangt Satz 3, dass die Eltern erstens getrennt leben und zweitens die minderjährige nachfragende Person bei keinem Elternteil lebt.

Für die Lösung des Falles „Birgit B" ist nach historischer Betrachtung maßgebend, dass die Eltern zusammenleben, B minderjährig und unverheiratet ist, § 85 Abs. 2 Satz 3 SGB XII mangels getrennt lebender Elternteile nicht einschlägig ist und sich die Einkommensgrenze deshalb nach § 85 Abs. 2 Satz 1 SGB XII richtet.

Ein Verweis auf § 85 Abs. 1 SGB XII findet durch § 85 Abs. 2 Satz 2, Satz 3 SGB XII nicht statt, weil es in dieser Verweisnorm nach der hier vertretenen Auslegung auch auf das „getrennt lebend" der Eltern ankommt.

---

[347] So auch Kirchhoff, Die Einkommensgrenze nach § 85 SGB XII, SGb 2021, 261 (263).

Es gibt Argumente für und gegen die dargestellte Lösung.

Leben die Eltern zusammen, liegen nach obiger Auslegung erstens die Voraussetzungen des § 85 Abs. 2 Satz 2, Satz 3 SGB XII nicht vor. Zweitens sind die Eltern einsatzverpflichtet.

Letzteres ist umstritten. § 19 Abs. 3 Halbsatz 2 SGB XII regelt nicht, ob eine Einsatzgemeinschaft der Eltern mit ihren minderjährigen und hilfebedürftigen Kindern nur dann zu bejahen ist, wenn auch eine Haushaltsgemeinschaft besteht. Nach der Rechtsprechung des Bundesverwaltungsgerichtes entfällt eine sozialhilferechtliche Einsatzverpflichtung der Eltern aber nur dann, wenn

- die Eltern getrennt leben und
- die leistungsberechtigte Person bei keinem Elternteil lebt[348].

Für die Einsatzverpflichtung kommt es also nach hier vertretener Auffassung nicht auf die häusliche Gemeinschaft an. Es genügt, dass die Eltern zusammenleben. Insofern ist es sinnvoll, dem „höheren" Einkommen der zusammenlebenden und einsatzverpflichteten Eltern die „höhere" Einkommensgrenze nach § 85 Abs. 2 SGB XII zu bilden, indem

- der Grundbetrag einem Elternteil zugebilligt wird,
- für einen Elternteil ein Familienzuschlag berücksichtigt wird,
- auch für die leistungsberechtigte Person einen Familienzuschlag berücksichtigt wird und
- zusätzlich die Aufwendungen für die Unterkunft berücksichtigt werden.

Es ist aber auch die – hier nicht favorisierte – Ansicht vertretbar, die Einkommensgrenze nach § 85 Abs. 1 SGB XII zu bilden.

Gegenüber der Altregelung in § 79 Abs. 2 BSHG sieht § 85 Abs. 2 Satz 2, Satz 3 SGB XII kein „Semikolon" mehr vor. Insofern kann angenommen werden, dass es sich um zwei voneinander unabhängig gestaltete Regelungen handelt. In einem solchen Fall würde § 85 Abs. 2 Satz 3 SGB XII nur noch voraussetzen, dass die leistungsberechtigte Person bei keinem Elternteil mehr lebt; auf das zusammen- oder getrennt leben der Eltern käme es nicht mehr an. Dies unterstellt, verweist § 85 Abs. 2 Satz 3 SGB XII auf die Anwendung von § 85 Abs. 1 SGB XII.

Befürwortet man diese Auslegung, kann es nicht mehr auf den Einkommenseinsatz der Eltern ankommen. Zusammenlebende Eltern und das leistungsberechtigte Kind bilden keine Einsatzgemeinschaft mehr. Diese Auffassung geht davon aus, dass eine Einsatzverpflichtung der Eltern nur dann besteht, wenn Eltern und Kind zusammenleben und in einem gemeinsamen Haushalt wirtschaften. Eine Heranziehung der Eltern käme nur im Rahmen des Unterhaltsrechts in Frage (vgl. § 94 SGB XII).

Dem geringeren Einkommen (des Kindes) steht in diesem Fall eine geringere Einkommensgrenze nach § 85 Abs. 1 SGB XII gegenüber.

---

[348] BVerwG, Urteil vom 12.01.1984, 5 C 107/83, juris, Rn. 9.

Fazit:

Da auch die Anspruchsgrundlage des § 19 Abs. 3 SGB XII keine Haushaltsgemeinschaft zwischen den nachfragenden minderjährigen und unverheirateten Kindern und deren Eltern oder Elternteil vorsieht, sprechen bessere Gründe für die als erstes dargestellte Auffassung.[349] Es entspricht auch dem Nachranggrundsatz sowie der sozialhilferechtlichen Systematik von Einsatzgemeinschaften, dass zusammenlebende Eltern weiterhin für ihr Kind einstandsverpflichtet sind. Würde man dies so nicht sehen, wäre der Verweis auf Unterhaltsleistungen keine Alternative, um sich an den Sozialhilfeaufwendungen zu beteiligen. § 94 Abs. 1a SGB XII sieht seit dem 01.01.2020 vor, dass eine Unterhaltsverpflichtung der Eltern nur bei einem Jahresbruttoeinkommen von 100.000 € pro Elternteil in Frage kommt.

Unabhängig davon, für welche Lösung man sich ausspricht: Es ist jeweils nur das Einkommen der Eltern zu berücksichtigen, die auch in der Einkommensgrenze durch Grundbetrag oder Familienzuschlag einbezogen worden sind.

Christine C

Christine C als nachfragende Person ist minderjährig und unverheiratet. Die Einkommensgrenze richtet sich nach § 85 Abs. 2 SGB XII.

Die Eltern der nachfragenden Person leben nicht zusammen, da durch die Scheidung ein getrennt leben anzunehmen ist.

Christine C lebt bei ihrer Mutter. In diesem Fall richtet sich die Einkommensgrenze nach dem Elternteil, bei dem die nachfragende Person lebt (vgl. § 85 Abs. 2 Satz 2 SGB XII). Ein Familienzuschlag ist nur für Birgit B anzusetzen, jedoch nicht für den getrennt lebenden Vater.

Da nur die Mutter durch den Grundbetrag in der Einkommensgrenze berücksichtigt wird, kann der zu bildenden Einkommensgrenze auch nur das Einkommen der Mutter (und von Christine C) gegenüber gestellt werden. Es wird also nur das Einkommen des Elternteils berücksichtigt, bei dem die leistungsberechtigte Person lebt[350]. Indirekt regelt die Bildung der Einkommensgrenze damit auch, wessen Einkommen zu berücksichtigen ist. Der Anspruch ist also nicht von einem Einkommenseinsatz des Vaters nach den Bestimmungen des 11. Kapitels SGB XII abhängig.

Die Einkommensgrenze setzt sich wie folgt zusammen:

---

[349] So auch Giere in Grube/Wahrendorf/Flint, § 85 SGB XII, Rn. 38; Grutzler in JurisPK-SGB XII, § 85 SGB XII, Rn. 48.
[350] BVerwG, Urteil vom 08.07.1982, 5 C 39/81, juris, Rn. 12.

Grundbetrag (§ 85 Abs. 2 Satz 1 Nr. 1 SGB XII)	892,00 €
Aufwendungen für die Unterkunft (§ 85 Abs. 2 Satz 1 Nr. 2 SGB XII; die Kosten sind lt. Sachverhalt angemessen)	500,00 €
Familienzuschlag für Christine C als nachfragende Person (§ 85 Abs. 2 Satz 1 Nr. 3 SGB XII)	313,00 €
Einkommensgrenze	1.705,00 €

Dietmar D

Dietmar D als nachfragende Person ist minderjährig und unverheiratet. Damit ist grundsätzlich § 85 Abs. 2 SGB XII anzuwenden. § 85 Abs. 2 Satz 2, 3 SGB XII regeln in Fallkonstellationen, dass erstens die Eltern nicht zusammen (also getrennt) leben und zweitens die nachfragende Person bei keinem Elternteil lebt, dass sich die Einkommensgrenze nach den Vorgaben des § 85 Abs. 1 SGB XII richtet.

Die Einkommensgrenze besteht hier nur aus dem Grundbetrag.

Grundbetrag (§ 85 Abs. 1 Nr. 1 SGB XII)	892,00 €
Aufwendungen für die Unterkunft (§ 85 Abs. 1 Nr. 2 SGB XII)	0,00 €
Familienzuschlag (§ 85 Abs. 1 Nr. 3 SGB XII)	0,00 €
Einkommensgrenze	892,00 €

Aufwendungen für die Unterkunft für Dietmar fallen nicht an. Familienzuschläge kommen nicht in Betracht.

Leben die Eltern getrennt und lebt die leistungsberechtigte Person bei keinem Elternteil, ist kein Elternteil für das Kind sozialhilferechtlich einsatzverpflichtet[351]. Dann kommt es nur auf das Einkommen der leistungsberechtigten Person an; das Einkommen der Eltern spielt keine Rolle. Insofern wird dem Einkommen der leistungsberechtigten Person (und nicht der Eltern) eine Einkommensgrenze gegenübergestellt, die sich aus „seinem" Grundbetrag nach § 85 Abs. 1 Nr. 1 SGB XII und ggf. „seinen" anteiligen Unterkunftskosten ergibt. In dieser Fallkonstellation müsste geprüft werden, ob die Eltern zu einem zivilrechtlichen Unterhaltsbeitrag herangezogen werden können.

---

[351] BVerwG, Urteil vom 12.01.1984, 5 C 107/83, juris, Rn. 9.

6.7.4 Bemessung und Festsetzung des Eigenanteils

6.7.4.1 Grundsatz der Gleichzeitigkeit (Monatsprinzip)

Bei den Hilfen nach dem 5. bis 9. Kapitel SGB XII ist der nachfragenden Person und ihrer nicht getrennt lebenden Ehegattin bzw. ihrem nicht getrennt lebenden Ehegatten oder ihrer nicht getrennt Lebenspartnerin bzw. ihrem nicht getrennt lebenden Lebenspartner und, wenn sie minderjährig und unverheiratet ist, auch ihren Eltern die Aufbringung der Mittel nicht zuzumuten, wenn während der Dauer des Bedarfs ihr monatliches Einkommen zusammen eine bestimmte Einkommensgrenze nicht übersteigt (vgl. § 85 Abs. 1 und Abs. 2 Satz 1 SGB XII).

Aus der Formulierung „während der Dauer des Bedarfs" leitet sich der Grundsatz der Gleichzeitigkeit ab, der zum Inhalt hat, dass ein Einkommenseinsatz grundsätzlich nur für den Zeitraum verlangt werden kann, für den auch Hilfe geleistet wird.

Bei laufendem Bedarf ist der Einkommensgrenze mindestens das Monatseinkommen gegenüberzustellen (bei Anwendung von § 87 Abs. 2 und Abs. 3 SGB XII ggf. das Einkommen mehrerer Monate), bei einmaligem und kurzfristigem Bedarf das Monatseinkommen zur Zeit der Hilfeleistung, auch wenn der Bedarf für einen kleineren Zeitraum als einen Monat besteht.

Ein Monatseinkommen ist sozialhilferechtlich die kleinste, nicht weiter teilbare Einheit für die Einkommensberücksichtigung. Verteilt sich der Bedarf auf zwei Monate, sind zwei Monatseinkommen zu berücksichtigen[352].

Vom Grundsatz der Gleichzeitigkeit gibt es zwei Regelungen, die als Ausnahmetatbestände erst **nach** der Anwendung von § 87 Abs. 1 SGB XII zu prüfen sind:

- Verlust von Einkommen der nachfragenden Person durch den Eintritt des Bedarfsfalls (§ 87 Abs. 2 SGB XII; vgl. 6.7.4.4),
- Beschaffung von Bedarfsgegenständen (§ 87 Abs. 3 SGB XII; vgl. 6.7.4.4).

Bei der Gegenüberstellung von Einkommen und Einkommensgrenze ist vom bereinigten Einkommen auszugehen (zur Einkommensbereinigung vgl. die Ausführungen unter 6.6.5).

Das weitere Vorgehen richtet sich danach, ob das Einkommen die Einkommensgrenze übersteigt oder nicht übersteigt. Übersteigt das Einkommen die Einkommensgrenze nicht, besteht ggf. ein Anspruch auf Hilfe in Höhe des Bedarfs. Hiervon bildet allerdings § 88 SGB XII (Einsatz des Einkommens unter der Einkommensgrenze) eine Ausnahme.

Übersteigt das Einkommen die Einkommensgrenze, sind die §§ 87 und 88 SGB XII nebeneinander anzuwenden.

---

[352] BVerwG, Urteil vom 14.12.1989, 5 C 61/86, BVerwGE 84, 206 = FEVS 39, 353 = NDV 1990, 224.

6.7.4.2 Einsatz des Einkommens über der Einkommensgrenze (§ 87 SGB XII)

Soweit das Einkommen die Einkommensgrenze übersteigt, ist die Aufbringung der Mittel in angemessenem Umfang zuzumuten (§ 87 Abs. 1 Satz 1 SGB XII). Die Vorschrift verweist die leistungsberechtigte Person zwingend auf vorhandene eigene Mittel. Bei der Festsetzung der zumutbaren Eigenleistung ist der unbestimmte Rechtsbegriff „angemessen" auszulegen. Dabei sind vor allem folgende Merkmale zu berücksichtigen (vgl. § 87 Abs. 1 Satz 2 SGB XII):

- **Art des Bedarfs**

  Hier kann die Art der Entstehung des Bedarfs oder eine besondere sozialpolitische Zielsetzung einer Leistung der Sozialhilfe berücksichtigt werden. Im Zusammenhang mit der Art der Entstehung des Bedarfs können z. B. Betroffenheit von Schicksalsschlägen oder längere Krankheit berücksichtigt werden[353]. Die besondere sozialpolitische Zielsetzung einer Leistung ist in der Regel schon in den Bestimmungen für die einzelnen Hilfearten enthalten (z. B. in § 68 Abs. 2 SGB XII für die Hilfe zur Überwindung besonderer sozialer Schwierigkeiten).

  Bei der Hilfe zur Pflege nach dem 7. Kapitel SGB XII kann auch eine Differenzierung nach den unterschiedlichen Leistungsarten vorgenommen werden. Insbesondere das Pflegegeld soll weiterhin Anreiz bieten, die Pflege durch Familienmitglieder aufrechtzuerhalten. Insofern ist dies ein Grund, den Einsatz von Einkommen bei dieser Leistungsart etwas geringer einzusetzen, sofern dies nicht bereits durch die Ermessensentscheidung des § 63b Abs. 5 SGB XII berücksichtigt wurde.

- **Art oder Schwere der Behinderung oder der Pflegebedürftigkeit**

  Im bis zum 31.12.2004 geltenden Bundessozialhilfegesetz wurde der Art oder Schwere der Behinderung oder der Pflegebedürftigkeit durch die Berücksichtigung unterschiedlicher Grundbeträge bei der Berechnung der Einkommensgrenze Rechnung getragen. Für bestimmte Hilfearten galt damit eine erhöhte Einkommensgrenze, so dass ein geringerer Einkommenseinsatz in Betracht kam (vgl. § 81 BSHG).

  Der auf Empfehlung des Ausschusses für Gesundheit und Soziales ausdrücklich aufgenommene Hinweis auf die Art oder Schwere der Behinderung oder der Pflegebedürftigkeit soll im Hinblick auf die Vereinheitlichung der Einkommensgrenzen in § 85 SGB XII klarstellen, dass die gesamte durch die Behinderung oder Pflegebedürftigkeit geprägte Situation der leistungsberechtigten Person bei der Prüfung des angemessenen Einsatzes von Einkommen zu berücksichtigen ist. Dadurch können Härtefälle, die in einzelnen Fällen durch die Vereinheitlichung der Einkommensgrenzen entstehen können, vermieden werden.[354]

---

[353] Vgl. Giere in Grube/Wahrendorf/Flint, Rn. 13 zu § 87 SGB XII
[354] Vgl. Bundestagsdrucksache 15/1761, S. 7.

Das Kriterium ist **vor allen anderen** in § 87 Abs. 1 Satz 2 SGB XII genannten Kriterien zu berücksichtigen, wenn es sich um schwerstpflegebedürftige Personen bzw. um Personen der Pflegegrade 4 oder 5 (schwerste Beeinträchtigung der Selbständigkeit) - oder blinde Personen handelt.[355]

Das Kriterium „Art oder Schwere der Behinderung oder der Pflegebedürftigkeit" findet in § 87 Abs. 1 Satz 3 SGB XII eine spezielle Klarstellung zur Frage des angemessenen Einkommenseinsatzes. Nach § 87 Abs. 1 Satz 3 SGB XII ist bei Pflegebedürftigen der Pflegegrade 4 und 5 und blinden Menschen nach § 72 SGB XII ein Einsatz des Einkommens über der Einkommensgrenze in Höhe von mindestens 60 v. H. nicht zuzumuten. Im Umkehrschluss folgt also aus § 87 Abs. 1 Satz 3 SGB XII ein maximaler Einkommenseinsatz oberhalb der Einkommensgrenze von 40 v. H. in den Fällen, in denen die nachfragenden Personen schwerste Beeinträchtigung der Selbstständigkeit oder Fähigkeiten aufweist oder blind sind.

Das Kriterium legt damit die Höchstgrenze der Belastung in Abhängigkeit der Schwere der Pflegebedürftigkeit bzw. Behinderung fest. Die Festlegung einer solchen Höchstgrenze macht nur dann Sinn, wenn erst anschließend (nachrangig) die weiteren - teilweise pflege- und behinderungsgrad unabhängigen - Kriterien herangezogen werden, um den angemessenen Einkommenseinsatz zu ermitteln und damit eine weitere geringere Belastung zu bewirken.

Umstritten ist die Frage, auf welche Fallkonstellationen § 87 Abs. 1 Satz 3 SGB XII anzuwenden ist. Einerseits kann vertreten werden, dass es unabhängig von der zu leistenden Hilfe nur darauf ankommt, ob es sich um eine schwerstpflegebedürftige oder blinde Person handelt. Der Bezug von Pflegegeld oder Hilfe zur Pflege ist dann keine Voraussetzung für die Anwendung der Norm.[356]

Beispiel

Eine behinderte Person des Pflegegrades 4 (schwerste Beeinträchtigung der Selbstständigkeit) beantragt im Jahr 2019 als Leistung der Eingliederungshilfe nach dem 6. Kapitel SGB XII einen Personenaufzug. Die nachfragende Person verfügt über Einkommen oberhalb der Einkommensgrenze. Versteht man § 87 Abs. 1 Satz 3 SGB XII so, dass es nur darauf ankommt, dass die nachfragende Person dem Pflegegrad 4 (schwerste Beeinträchtigung der Selbstständigkeit) zuzuordnen ist, sind (einmalig) maximal 40 v. H. als Einkommenseinsatz zu verlangen.

---

[355] Vgl. BSG, Urteil vom 25.04.2013, B 8 SO 8/12 R, juris, Rn. 28, 29; LSG Baden-Württemberg, Urteil vom 23.02.2012, L 7 SO 3580/11, juris, Rn. 35.

[356] SG Hamburg, Urteil vom 26.01.2007, S 56 SO 209/06, juris, Rn. 18 ff.; SG Gotha, Urteil vom 02.06.2008, S 14 SO 998/06, juris, Rn. 32 ff.; SG Karlsruhe, Urteil vom 28.05.2009, S 1 SO 2233/08, juris, Rn. 36; SG Duisburg, Urteil vom 19. April 2010, S 2 SO 8/08, juris, Rn. 27 ff.; Schellhorn in Schellhorn/Schellhorn/Hohm, SGB XII, § 87 Rn. 21; unter Aufgabe der bisherigen Auffassung nun auch Lippert/Zink in Mergler/Zink, SGB XII, § 87 Rn. 31 ff.

Andererseits wird vertreten, dass sich § 87 Abs. 1 Satz 3 SGB XII durch den Bezug auf pflegebedürftige oder blinde Menschen nur auf Personen bezieht, die Leistungen im Rahmen der Hilfe zur Pflege oder Blindenhilfe erhalten.[357] Danach kommt es also nur auf die zu gewährende Hilfeart an.

Hier wird die Auffassung vertreten, dass sich die Regelung des § 87 Abs. 1 Satz 3 SGB XII auf alle Personen der Pflegegrade 4 oder 5 und nicht nur auf Leistungen der Hilfe zur Pflege für Personen der Pflegegrade 4 oder 5 und Leistungen im Rahmen der Blindenhilfe bezieht. Voraussetzung ist aber ein der Pflegebedürftigkeit oder der Blindheit entsprechend nachgefragter Hilfebedarf.

Im o. g. Beispielsfall würde das bedeuten, dass ein privilegierter Einkommenseinsatz von maximal 40 v. H. nicht durch § 87 Abs. 1 Satz 3 SGB XII zwingend vorgegeben, aber möglich ist. Es erscheint nicht sachgerecht, bei einem kostenaufwändigen einmaligen Bedarf für eine bauliche Maßnahme und einem ggf. hohem Einkommen oberhalb der Einkommensgrenze den Einkommenseinsatz bei Personen der Pflegegrade 4 oder 5 auf 40 v. H. „automatisch" zu beschränken. Darüber hinaus würde dies auch der Gesetzeshistorie, wonach nur bei bestimmten Leistungsarten (nicht aber bei bestimmten Personengruppen) eine Einkommensprivilegierung stattfinden sollte (vgl. § 81 Abs. 2 BSHG, s. o.), nicht gerecht.

Soweit der Gesetzgeber für die Personengruppe der schwerstpflegebedürftigen Menschen (Pflegegrad 4 oder Pflegegrad 5) oder der blinden Menschen eine Höchstgrenze vorsieht, kann tendenziell ein höherer Einkommenseinsatz bei Menschen vorgesehen werden, deren Behinderungsgrad weniger stark ausgeprägt ist. Nach hier vertretener Auffassung bietet ein abgestuftes System des Einkommenseinsatzes Orientierungs-hilfe.

Danach kann ein Einkommenseinsatz wie folgt vorgesehen werden[358]:

- Maximal 40 v. H. des Einkommens oberhalb der Einkommensgrenze für die in § 87 Abs. 1 Satz 3 SGB XII genannte Personengruppe (pflegebedürfte Personen mit den Pflegegraden 4 oder 5 bzw. Blinde),

- 60 v. H. des Einkommens oberhalb der Einkommensgrenze für Personen des Pflegegrades 3,

- 80 v. H. des Einkommens oberhalb der Einkommensgrenze für Personen des Pflegegrades 2,

- 90 oder 100 v. H. des Einkommens oberhalb der Einkommensgrenze für Personen des Pflegegrades 1.

Diese Werte können als Anhaltspunkte verstanden werden. Zusätzlich bedarf es der Einbeziehung besonderer persönlicher – ggf. atypischer – Umstände sowie der weiteren Kriterien und einer individuellen Prüfung jedes Einzelfalles.

---

[357] Vgl. SG Düsseldorf, Urteil vom 14.10.2005, S 23 SO 165/05, juris; Lücking in Hauck/Noftz, SGB XII Kommentar, § 87 Rn. 21.

[358] Ähnlicher Vorschlag von Jürgens, NDV 2005, 9 (11).

- **Dauer und Höhe der erforderlichen Aufwendungen**

Mit „Aufwendungen" sind hier in erster Linie die Aufwendungen für die Leistungen nach dem 5. bis 9. Kapitel SGB XII (der Bedarf) gemeint[359]. Bei längerfristigen oder dauerhaften Bedarfsfällen ergeben sich regelmäßig stärkere Belastungen für die zum Einkommenseinsatz verpflichteten Personen als bei kurzfristigen oder einmaligen Notlagen, so dass hier ein tendenziell geringerer Einkommenseinsatz zu verlangen ist.

Bei einmaligen Leistungen zur Beschaffung von Bedarfsgegenständen ist § 87 Abs. 3 SGB XII zu beachten.

Zusätzlich können **Nebenaufwendungen** berücksichtigt werden, die zusätzlich durch den Bedarfseintritt entstehen (zusätzliche Kleiderbeschaffung, Fahrtkosten, Geschenke), sofern sie nicht als besondere Belastung berücksichtigt werden.

- **Besondere Belastungen**

Besondere Belastungen sind solche, die über den normalen Lebensbedarf hinausgehen und bei den Hilfen nach dem 3. und 4. Kapitel SGB XII nicht aus dem Regelbedarf abzudecken sind, aber auch solche, die die dort vorgesehenen Beträge übersteigen, soweit sie notwendig sind und aus dem Einkommen tatsächlich gedeckt werden.[360]

Andererseits können nur solche Umstände berücksichtigt werden, die nicht bereits Gegenstand anderer Sozialhilfeleistungen sind. Es sind Belastungen **nicht** abzusetzen, die nach der gesetzgeberischen Wertung bereits mit dem freizulassenden Einkommen abzudecken sind, weil sie gleichermaßen bei allen nachfragenden Personen vorkommen und aus dem Einkommen bestritten werden können bzw. durch die gebildete Einkommensfreigrenze abgedeckt sind (z. B. Fortbildungskosten, Fahrtkosten für Besuche von Angehörigen).[361]

Als besondere Belastungen können z. B. berücksichtigt werden

- Schuldverpflichtungen, insbesondere aus Ratenkäufen, deren Begründung die Gesichtspunkte wirtschaftlicher Lebensführung nicht verletzt[362],

- angemessene Aufwendungen für Familienereignisse (Geburten, Hochzeiten, Todesfälle, in der Familie übliche religiöse Feiern)[363],

- Unterhaltsverpflichtungen, **soweit** sie nicht bereits durch einen Familienzuschlag berücksichtigt worden sind und ihre Höhe den Leistungsverpflichtungen von zivilrechtlichen Unterhaltszahlungen nicht überschreiten,

---

[359] Vgl. Gutzler in jurisPK SGB XII, Rn. 25 zu § 87 SGB XII.
[360] Schoch in LPK-SGB XII, Rn. 12 zu § 87 SGB XII.
[361] Vgl. BSG, Urteil vom 25.04.2013, B 8 SO 8/12 R, juris, Rn. 29, 30.
[362] Vgl. Schoch in LPK-SGB XII, Rn. 12 zu § 87 SGB XII.
[363] Vgl. Gutzler in jurisPK SGB XII, Rn. 28 zu § 87 SGB XII, Schoch in LPK-SGB XII, Rn. 12 zu § 87 SGB XII.

Kapitel 6 - Hilfen nach dem 5. bis 9. Kapitel SGB XII

- Fahrtkosten zur Wahrnehmung des Umgangsrechts[364],
- Bildung angemessener Reparatur- und Instandhaltungsrücklagen[365],
- Mietschulden, wenn sie aus Anlass des Hilfefalles entstehen, z. B. bei Aufnahme in eine stationäre Einrichtung[366],
- Aufwendungen für sonstige gerechtfertigte Zwecke, z. B. Anwalts- und Gerichtskosten[367],

Unter Berücksichtigung dieser und anderer Merkmale (z. B. Alter, Familienstand, Ursache der Notlage) die sich aus der Besonderheit des Einzelfalls ergeben, ist der (angemessene) Eigenanteil festzusetzen.

6.7.4.3 Übung

Sachverhalt

Frau E (55 Jahre alt) benötigt Hilfe bei fast allen gewöhnlichen und regelmäßig wiederkehrenden Verrichtungen im Ablauf des täglichen Lebens. Die für sie zuständige Pflegekasse hat den Pflegegrad 3 anerkannt. Die Pflege wird von ihrem Ehemann und einer Berufspflegekraft eines anerkannten Pflegedienstes ausgeübt. Frau E nimmt die volle Sachleistung aus der gesetzlichen Pflegeversicherung nach § 36 SGB XI in Anspruch.

Die sachlichen bzw. persönlichen Voraussetzungen des 7. Kapitels SGB XII für die Hilfe zur Pflege sind erfüllt. Der zuständige Träger der Sozialhilfe berücksichtigt als Bedarf ein Pflegegeld nach § 64a Abs. 1 SGB XII i. V. m. § 37 Abs. 1 Satz 3 Nr. 2 SGB XI in Höhe von 545,00 €, das im Rahmen der Leistungskonkurrenz nach § 63b Abs. 5 SGB XII unter Berücksichtigung der Besonderheit des Einzelfalles um die Hälfte auf 272,50 € gekürzt wird. Die Kosten für den Einsatz des Pflegedienstes werden durch die Leistungen der Pflegekasse gedeckt.

Die angemessenen Aufwendungen für die Unterkunft betragen monatlich 450,00 €. Die Eheleute E verfügen über ein bereinigtes Einkommen in Höhe von 1.755,00 € monatlich.

Aufgabe

Prüfen Sie, ob und ggf. in welcher Höhe eine Eigenleistung zur Bedarfsdeckung verlangt werden kann.

---

[364] Vgl. Vgl. Gutzler in jurisPK SGB XII, Rn. 28 zu § 87 SGB XII, Schoch in LPK-SGB XII, Rn. 12 zu § 87 SGB XII, Lippert/Zink in Mergler/Zink, Rn. 22 zu § 87 SGB XII.
[365] Vgl. Gutzler in jurisPK SGB XII, Rn. 28 zu § 87 SGB XII, Schoch in LPK-SGB XII, Rn. 12 zu § 87 SGB XII, Giere in Grube/Wahrendorf/Flint, Rn. 18 zu § 87 SGB XII.
[366] Vgl. BVerwG, Beschluss vom 30.12.1997, 5 B 21/97, FEVS 48, 241.
[367] Vgl. Schoch in LPK-SGB XII, Rn. 12 zu § 87 SGB XII.

Lösung

In Betracht kommt Hilfe zur Pflege nach den § 19 Abs. 3 i. V. m. §§ 61 ff. SGB XII. Die sachlichen bzw. persönlichen Voraussetzungen des 7. Kapitels SGB XII sind laut Sachverhalt erfüllt. Der zuständige Träger der Sozialhilfe hat einen Bedarf von monatlich 272,50 € anerkannt.

Hilfe zur Pflege wird nach dem 7. Kapitel SGB XII geleistet, soweit den Leistungsberechtigten und ihren nicht getrennt lebenden Ehegatten die Aufbringung der Mittel aus dem Einkommen und Vermögen nach den Vorschriften des 11. Kapitels SGB XII nicht zuzumuten ist (vgl. § 19 Abs. 3 SGB XII i. V. m. § 61 SGB XII). Die Aufbringung der Mittel ist nach § 85 Abs. 1 SGB XII nicht zuzumuten, wenn während der Dauer des Bedarfs ihr Einkommen zusammen die Einkommensgrenze nicht übersteigt.

Die Einkommensgrenze ist nach § 85 Abs. 1 SGB XII zu ermitteln, da Frau E als nachfragende Person nicht minderjährig und unverheiratet ist. Sie setzt sich wie folgt zusammen:

Grundbetrag (§ 85 Abs. 1 Nr. 1 SGB XII)	892,00 €
Aufwendungen für die Unterkunft (§ 85 Abs. 1 Nr. 2 SGB XII)	450,00 €
Familienzuschlag (§ 85 Abs. 1 Nr. 3 SGB XII)	313,00 €
Einkommensgrenze	1.655,00 €
anrechenbares, bereinigtes Einkommen	1.755,00 €
Einkommen über der Einkommensgrenze	**100,00 €**

Das Einkommen übersteigt die Einkommensgrenze um 100,00 €. Nach § 87 Abs. 1 Satz 1 SGB XII ist in dem Fall die Aufbringung der Mittel in angemessenem Umfang zuzumuten. Bei der Auslegung des unbestimmten Rechtsbegriffes „angemessen" sind die Vorgaben des § 87 Abs. 1 Satz 2 SGB XII zu beachten. Danach sind insbesondere die Art des Bedarfs, die Art oder Schwere der Behinderung oder der Pflegebedürftigkeit, die Dauer und Höhe der erforderlichen Aufwendungen sowie besondere Belastungen der nachfragenden Person und ihrer unterhaltsberechtigten Angehörigen zu berücksichtigen.

Von den genannten Merkmalen genießt das Kriterium „Art oder Schwere der Behinderung oder der Pflegebedürftigkeit" einen prinzipiellen Vorrang, weil durch dieses Kriterium die durch die Behinderung oder Pflegebedürftigkeit geprägte Situation im Einzelfall eine besondere Berücksichtigung finden kann.

Darüber hinaus liefert § 87 Abs. 1 Satz 3 SGB XII zu diesem Kriterium eine Hilfestellung bei der Frage, welcher Einkommenseinsatz angemessen ist. Zwar bezieht sich § 87 Abs. 1 Satz 3 SGB XII nur auf Personen, die schwerstpflegebedürftig (Pflegegrade 4 oder 5) oder blind sind, so dass die Rechtsnorm im vorliegenden Fall nicht unmittelbar einschlägig ist und auch nicht vorgeschrieben ist, 60 v. H. des Einkommens über der Einkommensgrenze unberücksichtigt zu lassen. Wenn allerdings bei Pflegebedürftigen der Pflegegrade 4 oder 5 ein Einkommenseinsatz in Höhe von maximal 40 v. H. des Einkommens oberhalb der Einkommensgrenze möglich ist, dann ist ein höherer Einkommenseinsatz bei Personen mit geringerer Pflegebedürftigkeit denkbar bzw. sachgerecht.

Wegen des dauerhaften Bedarfs und der Schwere der Pflegebedürftigkeit ist es in Anlehnung an die Regelung des § 87 Abs. 1 Satz 3 SGB XII für Personen des Pflegegrades 3 (erhebliche Beeinträchtigung der Selbstständigkeit oder der Fähigkeiten) sachgerecht, den Einsatz des Einkommens in Höhe von 40 v. H. des Einkommens über der Einkommensgrenze nicht zuzumuten. Eine (zumutbare) Eigenleistung ist unter ausschließlicher Anwendung des genannten Kriteriums in Höhe von 60 v. H. bzw. 60,00 € von den Eheleuten E zu fordern.

Für die Berücksichtigung von weiteren (der genannten) Kriterien liefert der Sachverhalt keine Anhaltspunkte. U. a. entstehen keine zusätzlichen Aufwendungen und keine besonderen Belastungen. Es handelt sich in diesem Fall um einen langfristigen, wenn nicht dauernden Bedarf einer schwerpflegebedürftigen Person.

Die Regelungen des § 88 SGB XII (Einsatz des Einkommens unter der Einkommensgrenze) finden keine Anwendung.

Damit sind insgesamt 60,00 € zu fordern und 40,00 € als Hilfe zu leisten.

6.7.4.4 Ausnahmen vom Grundsatz der Gleichzeitigkeit (Abweichen vom Monatsprinzip)

Vom Grundsatz der Gleichzeitigkeit (vgl. 6.7.4.1) gibt es zwei Ausnahmen, die in § 87 Abs. 2 SGB XII und in § 87 Abs. 3 SGB XII geregelt sind. Die Bestimmungen sehen vor, dass auch Einkommen berücksichtigt werden kann, das nach Wegfall des Bedarfs erzielt wird.

Verlust von Einkommen der hilfesuchenden Person durch den Eintritt des Bedarfsfalles (§ 87 Abs. 2 SGB XII)

§ 87 Abs. 2 SGB XII sieht den Einsatz von Einkommen für eine Zeit nach dem Wegfall des Bedarfs vor, wenn die nachfragende Person durch den Bedarfseintritt ihr Einkommen ganz oder teilweise verliert und deshalb der Einkommensgrenze während der Bedarfsdauer kein oder nur ein geringeres Einkommen gegenübergestellt werden kann.

Die Vorschrift ist anwendbar, wenn folgende Voraussetzungen erfüllt sind:

- Sachzusammenhang zwischen dem Eintritt des Bedarfs und dem Verlust des Einkommens der nachfragenden Person,
- Bedarf von kurzer Dauer.

Hier kommt der Verlust des gesamten Einkommens wie auch von Teilen davon in Betracht. Es muss sich aber um Einkommen der nachfragenden Person handeln, auf das Einkommen der übrigen zum Einkommenseinsatz Verpflichteten i. S. des § 19 Abs. 3 SGB XII stellt § 87 Abs. 2 SGB XII nicht ab.

Die Vorschrift könnte in solchen Fällen Anwendung finden, in denen das Einkommen direkt mit der Arbeitsleistung der nachfragenden Person zusammenhängt und wegfällt, wenn die Tätigkeit nicht ausgeübt wird. Das wäre z. B. bei Selbstständigen der Fall, die nicht pflichtversichert in der gesetzlichen Sozialversicherung sind und für den Fall der Arbeitsverhinderung (z. B. durch Krankheit) keine entsprechende Vorsorge (z. B. Privatversicherung mit Krankengeldanspruch) getroffen haben.

Unter „kurzer Dauer" ist ein Bedarfszeitraum von ca. einem Monat zu verstehen[368].

Wenn beide Tatbestandsvoraussetzungen gegeben sind und § 87 Abs. 2 SGB XII Anwendung findet, **kann** bei der Bemessung der zumutbaren Eigenleistung auch Einkommen berücksichtigt werden, das die nachfragende Person innerhalb eines angemessenen Zeitraums nach Wegfall des Bedarfs erwirbt. Als angemessener Zeitraum können etwa drei Monate angesehen werden[369].

Der Einkommenseinsatz kann nur aus dem Einkommen der nachfragenden Person verlangt werden, das die Einkommensgrenze übersteigt. Der Eigenanteil darf nach § 87 Abs. 2 SGB XII den Betrag nicht überschreiten, der ohne Wegfall des Einkommens zu fordern gewesen wäre. Bei der Vorschrift des § 87 Abs. 2 SGB XII handelt es sich um eine Kannbestimmung. Die Anwendung liegt somit im pflichtgemäßen Ermessen des Trägers der Sozialhilfe.

Die Vorschrift des § 103 Abs. 1 Satz 1 SGB XII bleibt bezüglich einer Kostenersatzforderung wegen der möglicherweise schuldhaft herbeigeführten Voraussetzungen für die Sozialhilfeleistung unberührt.

---

[368] Vgl. Schoch LPK-SGB XII, Rn. 19 zu § 87 SGB XII, Hohm in Schellhorn/Schellhorn/Hohm, Rn. 27 zu § 87 SGB II, Lücking in Hauck/Noftz, Rn. 24 zu § 87 SGB XII.
[369] H. M., vgl. Schoch in LPK-SGB XII, Rn. 20 zu § 87 SGB XII, Hohm in Schellhorn/Schellhorn/ Hohm, Rn. 28 zu § 87 SGB XII, Lücking in Hauck/Noftz, Rn. 25 zu § 87 SGB XII.

Beschaffung von Bedarfsgegenständen (§ 87 Abs. 3 SGB XII)

§ 87 Abs. 1 SGB XII regelt als **Grundnorm** die Frage, wie hoch der angemessene Einkommenseinsatz bei einem Einkommen oberhalb der Einkommensgrenze sein kann. Dabei geht § 87 Abs. 1 SGB XII von der Gegenüberstellung von Einkommen und Einkommensgrenze im Monat des Bedarfs aus. Bei dieser zunächst anzustellenden Überlegung verbleibt es auch bei der Anwendung von § 87 Abs. 3 SGB XII.

§ 87 Abs. 3 SGB XII eröffnet allerdings die Möglichkeit der Durchbrechung des Monatsprinzips bei Vorliegen folgender Voraussetzungen:

- einmalige Leistung zur Beschaffung von Bedarfsgegenständen, die einer gewissen Abnutzung unterliegen,

- voraussichtlicher Gebrauch für mindestens ein Jahr.

In diesen Fällen findet **nicht** eine ausschließliche Gegenüberstellung des sozialhilferechtlichen Bedarfs und des zu berücksichtigenden Einkommens im Bedarfsmonat statt (sog. Einmonatstheorie, vgl. 6.7.4.1), denn es widerspricht dem, das Sozialhilferecht nach § 2 Abs. 1 SGB XII beherrschenden Vorrang der Selbsthilfe, die in § 19 Abs. 3 SGB XII genannten Personen in diesen Fällen so weitgehend vom Einsatz ihres Einkommens freizustellen.

Zudem würde die leistungsberechtigte Person besser gestellt als der Nichthilfeempfänger, der bei der Beschaffung teurer und langlebiger Gebrauchsgegenstände in der Regel auch nicht nur auf das Einkommen eines Monats zurückgreifen kann. § 87 Abs. 3 SGB XII begrenzt also die Leistungserbringung des Sozialhilfeträgers, wenn es sich um Bedarfsgegenstände handelt, die der Bedarfsdeckung für einen längeren Zeitraum dienen, der Einkommensüberhang **eines** Monats jedoch für die Aufbringung der Kosten nicht ausreicht.

Einmalig sind Leistungen der Sozialhilfe dann, wenn der Bedarf durch **eine** Leistung abgedeckt wird.

Es muss sich um die Beschaffung von Bedarfsgegenständen handeln. Hierunter sind Gegenstände zu verstehen, die für den individuellen und unmittelbaren Gebrauch durch die leistungsberechtigte Person bestimmt sind und die einer Abnutzung unterliegen (z. B. orthopädische oder andere Hilfsmittel, Fahrzeuge)[370].

Bei der geforderten Gebrauchsdauer ist nicht auf die tatsächliche Gebrauchsdauer, sondern die durchschnittliche Gebrauchsdauer abzustellen, die ein Gegenstand nach der Verkehrsanschauung hat[371].

---

[370] Vgl. Hohm in Schellhorn/Schellhorn/Hohm, Rn. 37 zu § 87 SGB XII; a. A. bezüglich der Abnutzung Gutzler in jurisPK-SGB XII, Rn. 44 zu § 87 SGB XII.
[371] Vgl. Hohm in Schellhorn/Schellhorn/Hohm, Rn. 38 zu § 87 SGB XII.

Bei Vorliegen der Voraussetzungen **kann** demnach **neben** dem Einkommen des Monats, in dem über die Hilfe entschieden wird, **auch das Einkommen der drei Folgemonate** berücksichtigt werden[372]. Bei der zu treffenden Ermessensentscheidung des Einkommenseinsatzes für die folgenden drei Monate ist der aus dem Bedarfsgegenstand gezogene Nutzung sowie die Frage der Gleichbehandlung von Fällen einzubeziehen.

6.7.4.5 Einsatz des Einkommens unter der Einkommensgrenze (§ 88 SGB XII)

Bei den Leistungen nach dem 5. bis 9. Kapitel SGB XII soll nur ein „zumutbarer" Einkommenseinsatz gefordert werden (vgl. § 19 Abs. 3 SGB XII). Der Gesetzgeber realisiert einen lediglich „zumutbaren" Einkommenseinsatz dadurch, dass er maximal einen Einkommenseinsatz oberhalb einer Einkommensgrenze fordert. Die Einkommensgrenze hat die Bedeutung einer Schutzgrenze und soll sicherstellen, dass die nachfragende Person bzw. die Personen in der Einsatzgemeinschaft ein Lebenshaltungsniveau oberhalb der existenzsichernden Leistungen zum Lebensunterhalt behalten. Maximal ist also ein Einkommenseinsatz bis zur Grenze des Lebenshaltungsniveaus von Leistungen zum Lebensunterhalt nach dem Zweiten Buch Sozialgesetzbuch bzw. nach dem 3. oder 4. Kapitel SGB XII zu fordern.

Sofern nach § 88 SGB XII ein Einkommenseinsatz auch unterhalb der Einkommensgrenze in besonderen Fallkonstellationen ermöglicht wird, macht der Gesetzgeber von dem beschriebenen Regelfall eines Einkommenseinsatzes oberhalb der Einkommensgrenze eine Ausnahme. Daraus resultieren folgende juristische Schlüsse:

- Wenn in den **Ausnahmefällen** des § 88 SGB XII ein Einkommenseinsatz unterhalb der Einkommensgrenze verlangt werden kann, dann erst recht, wenn ein Einkommen oberhalb der Einkommensgrenze vorliegt (Erst-Recht-Schluss). Es wäre z. B. nicht plausibel, wenn bei einer stationären Heimunterbringung nach § 88 Abs. 1 Satz 2 SGB XII ein Einkommen unterhalb der Einkommensgrenze verlangt werden kann, aber kein Einkommen oberhalb der Einkommensgrenze. Vielmehr gilt in den Fällen der stationären Leistung, dass (fast) ein vollständiger Einkommenseinsatz gefordert werden kann (Ausnahmeregelungen in § 92 SGB XII).

- § 88 SGB XII ist folglich – entgegen dem Wortlaut der Überschrift – sowohl bei einem Einkommen unterhalb der Einkommensgrenze als auch bei einem Einkommen oberhalb der Einkommensgrenze anwendbar. Verfügt die leistungsberechtigte Person z. B. über zweckbestimmte Leistungen, ist die Höhe des Einkommens insgesamt unerheblich. Ein Einkommenseinsatz ist ggf. sowohl vom Einkommen unter als auch vom Einkommen über der Einkommensgrenze zu fordern.

- § 88 SGB XII genießt einen logischen **Anwendungsvorrang** vor der Prüfung des § 87 SGB XII, weil der hier geregelte Einkommenseinsatz unabhängig von der Höhe des Einkommens immer möglich ist. Im Rahmen einer gutachtlichen Prüfung sollte daher zunächst auf § 88 SGB XII eingegangen werden. Soweit ein Einkommenseinsatz nach

---

[372] Vgl. Schoch in LPK-SGB XII, Rn. 26 zu § 87 SGB XII, Hohm in Schellhorn/Schellhorn/Hohm, Rn. 39 zu § 87 SGB XII, Gutzler in jurisPK-SGB XII, Rn. 47 zu § 87 SGB XII.

dieser Vorschrift gefordert wird, kann dies eine Bedeutung bei der Frage des „angemessenen" Einkommenseinsatzes nach § 87 SGB XII haben, weil die nachfragende Person bereits einen Teil seines Einkommens zur Bedarfsdeckung beisteuert.

In folgenden Fällen kommt der Einsatz des Einkommens unterhalb der maßgebenden Einkommensgrenze in Betracht (unabhängig davon, ob das Einkommen insgesamt unter oder über der Einkommensgrenze liegt):

Leistungen für einen besonderen Zweck (§ 88 Abs. 1 Satz 1 Nr. 1 SGB XII)

Durch § 88 Abs. 1 Satz 1 Nr. 1 SGB XII wird noch einmal das Nachrangprinzip hervorgehoben, nach dem Leistungen der Sozialhilfe insoweit nicht in Betracht kommen, als Leistungen von anderen für einen besonderen Zweck erbracht werden. Gemeint sind solche Leistungen, bei denen zwischen dem nachgefragten sozialhilferechtlichen Bedarf nach dem 5. bis 9. Kapitel SGB XII und der Zuwendung eine **Zweckidentität** besteht.

Würde man in diesem Fall die zweckbestimmte Leistung als einzusetzendes Einkommen unberücksichtigt lassen, würde die nachfragende Person Doppelleistungen für den identischen Zweck (Bedarf) erhalten (also im Rahmen der Sozialhilfe einerseits und vom Zuwendungsgeber andererseits). Dies wäre mit dem Nachrangprinzip der Sozialhilfe nicht vereinbar.

Beispiele sind also dort zu suchen, wo Bedarfe bereitgestellt werden, zu dessen Beseitigung auch die Hilfen nach dem 5. bis 9. Kapitel SGB XII erbracht werden. Beispiele für solche zweckbestimmten Leistungen können unter Berücksichtigung der konkreten Bedarfssituationen nach dem 5. bis 9. Kapitel SGB XII sein:

- Bewilligung von Eingliederungshilfe für einen behindertengerechten Umbau eines Kraftfahrzeugs und Zuwendung einer Stiftung in Höhe von 9.000,00 € für ein Rollstuhlverladesystem des behindertengerechten Kraftfahrzeugs. Es handelt sich um nach §§ 83, 84 SGB XII zu berücksichtigendes Einkommen, welches demselben Zweck wie die Eingliederungshilfe dient, so dass der Anwendungsbereich des § 88 Abs. 1 Satz 1 Nr. 1 SGB XII eröffnet ist[373],

- Private Unfall-[374], Kranken- und/oder Pflegeversicherungsleistungen (z. B. Leistungen einer privaten Unfallversicherung nach einem „privaten" Unfall zum Ausgleich einer Behinderung bei gleichzeitiger Erbringung von Eingliederungshilfe),

- Schenkungen zur Bedarfsdeckung sowie Leistungen der Wohlfahrtsverbände,

---

[373] BSG, Urteil vom 23.08.2013, B 8 SO 24/11 R, juris, Rn. 23 = ZFSH/SGB 2013, 696.
[374] Die Frage, wann eine zweckidentische Leistung vorliegt, ist häufig schwierig zu beantworten. Abzustellen ist jeweils auf den konkreten Zweck der Sozialhilfeleistungen. Invaliditätsleistungen aus einer privaten Unfallversicherung werden nach der Rechtsprechung z. B. nicht „für denselben Zweck" gewährt wie die Eingliederungshilfe zu einer angemessenen Schulbildung. Die Invaliditätsleistungen dienen als Ersatz für den immateriellen Schaden sowie als Ausgleich für ein entgehendes Einkommen. Damit geht es hier nicht um die Überwindung der unmittelbaren Folgen der Behinderung im Rahmen einer Förderung der Schulbildung für einen Behinderten. Vgl. VGH Baden-Württemberg, Urteil vom 12.12.1994, 7 S 530/94, juris, Rn. 24 f.

- Der Rückforderungsanspruch des verarmten Schenkers gemäß § 528 BGB i. V. m. §§ 812, 818 Abs. 2 BGB und die daraus resultierenden zurückfließenden Geldbeträge an den Schenker zur Bestreitung seines Lebensunterhalts (insbesondere Wertersatzzahlungen bei Grundbesitzübertragungen) sind Einkommen und werden nach Auffassung des Bundesverwaltungsgerichts[375] auch bei einem Einkommen unter der Einkommensgrenze – z. B. bei häuslicher Hilfe zur Pflege – übergeleitet, weil es sich um zweckbestimmte Einnahmen i. S. des § 88 Abs. 1 Satz 1 Nr. 1 SGB XII handeln soll[376].

- Verpflichtungen zur „Wart und Pflege" in Übergabe- und Altenteilsverträgen (Leibgedinge).[377] Bei vertraglich geschuldeten Pflegeleistungen kann das in § 88 Abs. 1 Satz 1 SGB XII auszuübende Ermessen („ ... kann ...") einzelfallabhängig dahingehend ausgeübt werden, dass nur ein Teil der geschuldeten Geldleistungen verlangt wird, um auch bei vertraglicher Verpflichtung die Pflegebereitschaft zu erhalten und dem Vorrang der häuslichen Pflege gerecht zu werden.

Bei vertraglich geschuldeten Pflegeleistungen ist ein zu prüfender Einkommenseinsatz nach § 88 SGB XII der – teilweise praktizierten – Leistungskürzung des Pflegegeldes im Rahmen der Leistungskonkurrenz nach § 63b Abs. 1 SGB XII[378] vorzuziehen. Die Anwendbarkeit des § 63b Abs. 1 SGB XII ist bereits fraglich, weil es sich bei vertraglich geschuldeten Pflegeversprechen nicht um „Leistungen nach anderen Rechtsvorschriften" handelt.

Die Norm des § 88 Abs. 1 Satz 1 Nr. 1 SGB XII hat eine Schnittmenge mit § 83 Abs. 1 SGB XII. Danach ist eine Leistung, die auf Grund einer öffentlich-rechtlichen Vorschrift erbracht wird und mit einer ausdrücklichen Zweckbestimmung versehen ist, nur soweit zu berücksichtigen, als die Sozialhilfe im Einzelfall demselben Zweck dient. Diese zweckbestimmten Leistungen aufgrund öffentlich-rechtlicher Vorschriften werden von § 88 Abs. 1 Nr. 1 SGB XII immer erfasst. Zusätzlich kommt die Anwendung von § 88 Abs. 1 Satz 1 Nr. 1 SGB XII in Betracht, wenn die Leistung eines Dritten ohne öffentlich-rechtliche Zweckbestimmung erkennbar demselben Zweck wie die Sozialhilfe dient.

Beispiel[379]

Ein blinder Student beantragt im Jahr 2019 Leistungen der Eingliederungshilfe nach § 13 Abs. 1 Nr. 5 VO zu § 60 SGB XII (Hochschulhilfe). Konkret begehrt er die Übernahme der Kosten der für sein Hochschulstudium erforderlichen Vorlesehilfe. Gleichzeitig bezieht er Landesblindengeld nach den Vorschriften des einschlägigen Landesblindengeldgesetzes.

---

[375] BVerwG, Urteil vom 25.06.1992, 5 C 37/88, NJW 1992, 3312 = FEVS 43, 104 = NDV 1993, 162.
[376] Ebenso Lücking in Hauck/Noftz § 88 SGB XII, Rn. 5.
[377] Vgl. OVG NRW, Urteil vom 25.01.1988, 8 A 1052/86, juris, Rn. 20 f. = FEVS 38, 64; a. A. BVerwG, Urteil vom 18.05.1995, 5 C 1/93, juris, Rn. 14 = FamRZ 1995, 1345 = FEVS 46, 20.
[378] Vgl. BVerwG, Urteil vom 18.05.1995, 5 C 1/93, juris, Rn. 15 ff. = FamRZ 1995, 1345 = FEVS 46, 20.
[379] Vgl. LSG Niedersachsen-Bremen, Urteil vom 27.01.2011, L 8 SO 171/08, juris, Rn. 20 = FEVS 63, 133.

In diesem Fall ist der Anwendungsbereich des § 88 Abs. 1 Satz 1 Nr. 1 SGB XII nicht eröffnet. Bei den Leistungen nach dem Landesblindengeldgesetz handelt es sich zwar um Einkommen im Sinne des § 82 Abs. 1 Satz 1 SGB XII. Es handelt sich aber auch um eine zweckbestimmte Leistung nach § 83 Abs. 1 SGB XII, die aufgrund öffentlich-rechtlicher Vorschriften erbracht wird, so dass das Einkommen unberücksichtigt bleibt.

Das Landesblindengeldgesetz dient im konkreten Fall nicht demselben Zweck wie die Eingliederungshilfe, weil es pauschal die durch die Blindheit bedingten Nachteile und Mehraufwendungen des blinden Menschen ausgleichen, nicht aber die konkrete Vorlesehilfe finanzieren soll. Es besteht also keine Zweckidentität für eine identische Bedarfssituation, so dass auch keine Doppelleistung vorliegt.

Das Landesblindengeld bleibt also als Einkommen bereits nach § 83 Abs. 1 SGB XII unberücksichtigt.

Zu beachten ist, dass § 88 Abs. 1 Satz 1 Nr. 1 SGB XII nach dem Wortlaut („ ... kann ...") eine Ermessensentscheidung erfordert. Die Ausübung von Ermessensgesichtspunkten wird regelmäßig dahin tendieren, einen Einkommenseinsatz zur Verwirklichung des Nachrangprinzips und zur Vermeidung von Doppelleistungen zu verlangen. Insbesondere über die Höhe des Einkommenseinsatzes unter der Einkommensgrenze kann aber ermessensgerecht entschieden werden (z. B. bei vertraglicher Verpflichtung aus „Wartung und Pflege" und der Frage, wie hoch der Einkommenseinsatz unter der Einkommensgrenze sein soll, wenn gleichzeitig mit dem beantragten Pflegegeld die Pflegebereitschaft gesichert werden soll. Dann kann es angezeigt sein, nicht den vollständigen Wert der vertraglichen Verpflichtung zu fordern.).

Im Rahmen der Ermessensentscheidung ist ggf. weiter zu berücksichtigen, dass sich nach Sinn und Zweck der Vorschriften der §§ 85 ff. SGB XII die nachfragende Person durch den verlangten Einkommenseinsatz nicht auf einem Lebenshaltungsniveau in Höhe der Leistungen zum Lebensunterhalt bewegen soll.

Geringfügige Mittel (§ 88 Abs. 1 Satz 1 Nr. 2 SGB XII)

Sinn des § 88 Abs. 1 Satz 1 Nr. 2 SGB XII ist es, **Bagatellfälle** von den Trägern der Sozialhilfe fernzuhalten. Damit folgt die Vorschrift der allgemeinen Überlegung, dass Bagatellfälle nicht zum Gegenstand staatlicher Maßnahmen gemacht werden sollten, wenn der zur Beseitigung der Notlage notwendige Aufwand in einem unangemessenen Verhältnis zum Nutzen steht oder der Bedarf nach der allgemeinen Verkehrsanschauung so gering ist, dass er sich einer wirtschaftlichen Betrachtung entzieht[380].

Ob ein bestimmter Geldbetrag bei objektiver Betrachtung wirtschaftlich nicht ins Gewicht fällt und ob damit zur Deckung des konkret in Rede stehenden Bedarfs nur geringfügige Mittel erforderlich sind, hängt, wie dies auch dem Individualisierungsgrundsatz entspricht,

---

[380] Vgl. BVerwG, Urteil vom 05.11.1969, 5 C 43/69, BVerwGE 34, 164 = FEVS 17, 1 = ZfS 1970, 115.

ausschlaggebend davon ab, wie sich der zur Bedarfsbefriedigung benötigte Geldbetrag zu dem im Einzelfall verfügbaren, nach den §§ 82 bis 84 SGB XII bestimmten Einkommen des jeweiligen Hilfesuchenden verhält[381]. Mithin ist die Geringfügigkeit durch Gegenüberstellung des sozialhilferechtlich anzuerkennenden Bedarfs und des verfügbaren bereinigten Einkommens zu ermitteln. Außerdem wird es eine Rolle spielen, ob der vermeintlich geringfügige Bedarf laufend anfällt oder nur von einmaliger Natur (dann ist ein Einkommenseinsatz eher denkbar) ist.

Die Grenze für Bagatellfälle (z. B. Batterien für ein Hörgerät, Armband für eine Blindenuhr) kann für laufende Leistungen bei ca. 10,00 €, für einmalige Leistungen bei ca. 15,00 € gesehen werden.

Die Regelung thematisiert allein den Bagatellfall. Das heißt, der gesamte nachgefragte Bedarf selbst muss in diesem Sinne geringfügig sein.

Von der Vorschrift werden also nicht die Fälle erfasst, in denen bereits ein Einkommenseinsatz oberhalb der Einkommensgrenze nach § 87 SGB XII erfolgt und nur ein geringer Rest an Aufwendungen verbleibt. In diesen Fällen handelt es sich nicht mehr um einen Bagatellfall, weil es sich aus der Sicht des Betroffenen nicht mehr um einen geringfügigen Bedarf handelt. Auch wird der Sozialhilfeträger von weiterem Verwaltungsaufwand nicht entlastet, weil er bereits einen Einkommenseinsatz nach § 87 SGB XII geprüft hat, so dass auch dem Zweck der Regelung in einer solchen Fallkonstellation nicht nachgekommen werden kann.

Wenn der geringfügige Betrag bei einer Maßnahme anfällt, die nicht selbstständig zu sehen ist, sondern einen Teil des Gesamtbedarfs darstellt, ist § 88 Abs. 1 Nr. 2 SGB XII nicht anzuwenden.

Längerer stationärer Aufenthalt (§ 88 Abs. 1 Satz 2 SGB XII)

Über die zweckbestimmten Leistungen und geringfügigen Mittel nach § 88 Abs. 1 Satz 1 Nr. 1 und Nr. 2 SGB XII hinaus soll nach § 88 Abs. 1 Satz 2 SGB XII in angemessenem Umfang die Aufbringung der Mittel verlangt werden, wenn eine Person für „voraussichtlich längere Zeit" Leistungen in einer Einrichtung bedarf. Es kann sich hierbei grundsätzlich um alle Leistungen nach dem 5. bis 9. Kapitel SGB XII handeln.

Unter „voraussichtlich längere Zeit" ist ein Zeitraum von mindestens sechs Monaten zu verstehen.[382] Der zusätzliche Einkommenseinsatz kann bis zu 100 Prozent des gesamten Einkommens betragen. Ein geringerer Einkommenseinsatz kommt in Frage, wenn die Voraussetzungen der §§ 92 SGB XII vorliegen.

---

[381] Vgl. BVerwG, Urteil vom 17.06.1993, 5 C 11/91, BVerwGE 92, 336 = NDV 1993, 480 = FEVS 44, 265.
[382] Vgl. Gutzler in jurisPK-SGB XII, Rn. 32 zu § 88 SGB XII mit weiteren Nachweisen.

Entgeltliche Beschäftigung in Einrichtungen (§ 88 Abs. 2 SGB XII)

§ 88 Abs. 2 SGB XII enthält eine Sonderregelung bezüglich des Einkommenseinsatzes bei Leistungen nach dem 5. bis 9. Kapitel SGB XII in stationären Einrichtungen. Hier wird von dem Einkommen, das die leistungsberechtigte Person aus einer entgeltlichen Beschäftigung bezieht, die Aufbringung der Mittel in Höhe von einem Achtel der Regelbedarfsstufe 1 nach der Anlage zu § 28 SGB XII zuzüglich 50 vom Hundert des diesen Betrag übersteigenden Einkommens aus der Beschäftigung nicht verlangt.

Eine entsprechende Regelung für die Hilfe zum Lebensunterhalt und die Grundsicherung im Alter und bei Erwerbsminderung enthält § 82 Abs. 3 Satz 2 SGB XII. Damit ist eine Gleichstellung von Leistungsberechtigten in den Bereichen der ambulanten und der stationären Hilfen erreicht worden. Im Falle der stationären Hilfeleistung nach den Kapiteln 5 bis 9 SGB XII ist § 82 Abs. 3 SGB XII nicht anzuwenden (vgl. § 88 Abs. 2 Satz 2 SGB XII).

6.7.4.6 Übungen

Sachverhalt 1

Frau H (65 Jahre alt) leidet an multipler Sklerose und benötigt Hilfe bei fast allen gewöhnlichen und regelmäßig wiederkehrenden Verrichtungen im Ablauf des täglichen Lebens. Die für sie zuständige Pflegekasse hat den Pflegegrad 3 anerkannt. Die Pflege wird von der Schwiegertochter von Frau H und einer Berufspflegekraft eines zugelassenen Pflegedienstes ausgeübt. Für den Einsatz der Berufspflegekraft entstehen angemessene Kosten in Höhe von monatlich 1.398,00 €. Frau H nimmt die volle Sachleistung der Pflegeversicherung nach § 36 SGB XI in Höhe von 1.298,00 € in Anspruch.

Die sachlichen bzw. persönlichen Voraussetzungen des 7. Kapitels SGB XII sind aufgrund der Entscheidung der zuständigen Pflegekasse erfüllt.

Der zuständige Träger der Sozialhilfe berücksichtigt als Bedarf ein Pflegegeld nach § 64a Abs. 1 SGB XII i. V. m. § 37 Abs. 1 Satz 3 Nr. 2 SGB XI in Höhe von 545,00 €, das im Rahmen der Leistungskonkurrenz nach § 63b Abs. 5 SGB XII unter Berücksichtigung der Besonderheiten des Einzelfalles um die Hälfte auf 272,50 € gekürzt wird und die ungedeckten Kosten für die häusliche Pflegehilfe (besondere Pflegekraft) in Höhe von 100,00 € nach § 64b SGB XII unter Berücksichtigung der Leistungskonkurrenz nach § 63b Abs. 1 SGB XII (Anrechnung der Pflegesachleistung der Pflegeversicherung nach § 36 SGB XI auf die häusliche Pflegehilfe nach § 64b SGB XII als gleichartige Leistung).

Die angemessenen Aufwendungen für die Unterkunft betragen monatlich 400,00 €. Frau H bezieht eine Altersrente aus der gesetzlichen Rentenversicherung in Höhe von 1.000,00 € (netto) monatlich. Aus einer privaten Pflegezusatzversicherung erhält sie eine monatliche Zahlung in Höhe von 200,00 €.

Aufgabe

Prüfen Sie, ob und ggf. in welcher Höhe eine Eigenleistung verlangt werden kann.

Lösung

In Betracht kommt Hilfe zur Pflege nach den §§ 61 ff. SGB XII. Die sachlichen bzw. persönlichen Voraussetzungen des 7. Kapitels SGB XII sind aufgrund der Entscheidung der zuständigen Pflegekasse (Pflegegrad 3) und der Bindungswirkung aus § 62a SGB XII als erfüllt anzusehen.

Der anzuerkennende sozialhilferechtliche Gesamtbedarf besteht in Höhe von 372,50 €.

Näher zu betrachten sind die wirtschaftlichen Voraussetzungen für eine Leistungserbringung nach dem 11. Kapitel SGB XII.

Die Leistungen der privaten Pflegeversicherungen sind als anrechenbares und zu berücksichtigendes Einkommen zu bewerten. U. a. ist § 83 Abs. 1 SGB XII nicht einschlägig, weil es an der Voraussetzung fehlt, dass Leistungen aufgrund „öffentlich-rechtlicher Vorschrift" erbracht werden.

Unabhängig von der Höhe des Einkommens ist in den genannten Fällen des § 88 Abs. 1 SGB XII grundsätzlich ein Einkommenseinsatz zu fordern. § 88 Abs. 1 SGB XII genießt deshalb einen logischen Anwendungsvorrang vor § 87 SGB XII, der nur dann zu prüfen ist, wenn ein Einkommen oberhalb der Einkommensgrenze vorhanden ist. Es ist deshalb nach § 88 Abs. 1 Satz 1 Nr. 1 SGB XII zu untersuchen, ob eine Leistung für einen „besonderen Zweck" erbracht wird. Wenn dies der Fall sein sollte, kann diese Leistung als Eigenleistung gefordert werden.

Die private Pflegezusatzversicherung verfolgt den Zweck, Pflegeaufwendungen für den Pflegefall zu senken. Diese Zielsetzung ist mit der Zahlung von Pflegegeld nach § 64a SGB XII und der Übernahme der Kosten für den Einsatz einer häuslichen Pflegehilfe (besonderen Pflegekraft) identisch. Zur Vermeidung von Doppelleistungen ist es daher auch ermessensgerecht, die Leistungen zur Bedarfsdeckung – unabhängig von der Höhe des Einkommens – zu fordern. Andernfalls würde man dem Nachrangprinzip der Sozialhilfe nicht gerecht. Die Leistung der privaten Pflegezusatzversicherung ist deshalb als eine zumutbare Eigenleistung nach § 88 Abs. 1 Satz 1 Nr. 1 SGB XII in Höhe von 200,00 € zu fordern.

Es bleibt noch die Frage zu klären, ob ein Einkommenseinsatz auch vom Einkommen über der Einkommensgrenze in angemessenem Umfang gefordert werden kann (vgl. §§ 19 Abs. 3 SGB XII, 85 Abs. 1 SGB XII, 87 Abs. 1 SGB XII).

Die Einkommensgrenze ist nach § 85 Abs. 1 SGB XII zu ermitteln, da Frau H als nachfragende Person nicht minderjährig und unverheiratet ist. Sie setzt sich wie folgt zusammen:

Grundbetrag (§ 85 Abs. 1 Nr. 1 SGB XII)	892,00 €
Aufwendungen für die Unterkunft (§ 85 Abs. 1 Nr. 2 SGB XII)	400,00 €
Familienzuschlag (§ 85 Abs. 1 Nr. 3 SGB XII)	0,00 €
Einkommensgrenze	1.292,00 €
anrechenbares, bereinigtes Einkommen (ohne Leistung für einen besonderen Zweck)	1.000,00 €
Einkommen über der Einkommensgrenze	**0,00 €**

Das Einkommen übersteigt die Einkommensgrenze nicht. Ein Einkommenseinsatz nach § 87 Abs. 1 SGB XII kann nicht verlangt werden. Die Leistung für einen besonderen Zweck wurde nach § 88 Abs. 1 Satz 1 Nr. 1 SGB XII bereits berücksichtigt. Es besteht ein Anspruch auf Hilfe zur Pflege nach dem 7. Kapitel SGB XII in Höhe von monatlich 172,50 € (Bedarf abzüglich zumutbarer Eigenleistung).

Sachverhalt 2

Herr K (70 Jahre alt) muss wegen seiner Pflegebedürftigkeit in einem Pflegeheim betreut werden. Die sachlichen bzw. persönlichen Voraussetzungen des 7. Kapitels SGB XII für die Hilfe zur Pflege liegen vor. Es ist davon auszugehen, dass Herr K das Heim nicht mehr verlassen kann und dauerhaft Pflegeleistungen in Anspruch nehmen muss.

Der Vergütungssatz der Einrichtung beträgt 100,00 € täglich. Davon entfallen auf die Maßnahmepauschale für die Pflegeleistungen 70,00 €, auf die Grundpauschale für Unterkunft und Verpflegung 20,00 € und auf den Investitionsbetrag 10,00 €. Der Investitionsbetrag wird durch das Pflegewohngeld gedeckt (und soll in der weiteren Darstellung deshalb unberücksichtigt bleiben).

Die durchschnittlichen angemessenen tatsächlichen Aufwendungen für die Warmmiete eines Einpersonenhaushaltes im Bereich des zuständigen Trägers der Sozialhilfe betragen monatlich 250,00 €.

Die Pflegekasse hat bei Herrn K den Pflegegrad 2 anerkannt und übernimmt nach § 43 Abs. 2 Satz 2 Nr. 1 SGB XI die Kosten in einer Höhe von 770,00 € monatlich.

Herr K verfügt über eine Regelaltersrente aus der gesetzlichen Rentenversicherung in Höhe von monatlich 1.500,00 € (netto).

Der zuständige Träger der Sozialhilfe hat den Barbetrag zur persönlichen Verfügung in Höhe des Mindestbetrages festgesetzt.

Aufgabe

Prüfen Sie, ob und ggf. in welcher Höhe Leistungen nach dem Zwölften Buch Sozialgesetzbuch in einem Kalendermonat mit 30 Tagen in Betracht kommen.

Lösung

Zu prüfen ist laut Aufgabenstellung, ob im vorliegenden Fall Hilfe zur Pflege nach dem 7. Kapitel SGB XII zu leisten ist. Zuvor ist aber festzustellen, ob Leistungen der Grundsicherung im Alter und bei Erwerbsminderung nach dem 4. Kapitel SGB XII und Leistungen der Hilfe zum Lebensunterhalt in Einrichtungen nach dem 3. Kapitel SGB XII in Betracht kommen, da sichergestellt werden muss, dass Herr K durch die Forderung einer Eigenleistung im Rahmen der Hilfe zur Pflege nicht bedürftig im Sinne der Vorschriften des Zwölften Buches Sozialgesetzbuch über die Lebensunterhaltsleistungen wird.

<u>Berechnung der Grundsicherung im Alter und bei Erwerbsminderung</u>

Grundsicherung im Alter und bei Erwerbsminderung ist nach den besonderen Voraussetzungen des 4. Kapitels SGB XII zu leisten, sofern der notwendige Lebensunterhalt nicht aus eigenen Kräften und Mitteln, insbesondere aus dem Einkommen und Vermögen beschafft werden kann (vgl. § 19 Abs. 2 Satz 1 SGB XII).

Regelbedarf (§ 42 Nr. 1 i. V. m. § 27a Abs. 3, Abs. 4 Satz 1 SGB XII und der Anlage zu § 28 SGB XII)	446,00 €
Mehrbedarf (§ 42 Nr. 2 i. V. m. § 30 Abs. 1 Nr. 1 SGB XII)	75,82 €
Durchschnittliche angemessene tatsächliche Aufwendungen für die Warmmiete eines Einpersonenhaushaltes (§ 42 Nr. 4 Buchst. b) SGB XII)	250,00 €
Gesamtbedarf	771,82 €
Einkommen	1.500,00 €
Ungedeckter Bedarf	0,00 €

Auf Leistungen der Grundsicherung im Alter und bei Erwerbsminderung nach dem 4. Kapitel SGB XII besteht kein Anspruch.

Berechnung der Leistung zum Lebensunterhalt in Einrichtungen

Der notwendige Lebensunterhalt in Einrichtungen umfasst den darin erbrachten (vgl. § 27b Abs. 1 SGB XII) sowie in stationären Einrichtungen zusätzlich den weiteren notwendigen Lebensunterhalt (§ 27b Abs. 2 SGB XII), wobei der notwendige Lebensunterhalt in Einrichtungen dem Umfang der Leistungen der Grundsicherung nach § 42 Nr. 1, Nr. 2 und Nr. 4 SGB XII entspricht (vgl. § 27b Abs. 1 SGB XII)[383].

Bei stationärer Unterbringung wird die leistungsberechtigte Person regelmäßig in die Regelbedarfsstufe 3 der Anlage zu § 28 SGB XII eingeordnet, da es sich um eine erwachsene leistungsberechtigte Person handelt, die weder einen eigenen, noch als Ehegatte, Lebenspartner oder in eheähnlicher oder lebenspartnerschaftsähnlicher Gemeinschaft einen gemeinsamen Haushalt führt. Die Regelbedarfsstufe 3 bezieht sich auch ausdrücklich auf Leistungen nach § 27b SGB XII. [384]

Grundsätzlich können als Leistungen zum Lebensunterhalt auch Mehrbedarfe übernommen werden, sofern die Voraussetzungen hierfür vorliegen. Bei stationärer Unterbringung beinhaltet der Lebensunterhalt immer einen Mehrbedarf nach § 42 Nr. 1 i. V. m. § 30 Abs. 1 Nr. 1 SGB XII.[385]

Der weitere notwendige Lebensunterhalt umfasst nach § 27b Abs. 2 Satz 1 SGB XII u. a. einen angemessenen Barbetrag zur persönlichen Verfügung, der nach § 27b Abs. 2 Satz 2 SGB XII für Leistungsberechtigte, die das 18. Lebensjahr vollendet haben, mindestens 27 v. H. der Regelbedarfsstufe 1 nach der Anlage zu § 28 SGB XII beträgt. Der zuständige Träger hat laut Sachverhalt den Barbetrag in Höhe des Mindestbetrages festgesetzt. Der pauschalierte Barbetrag erfasst als Teil der Hilfe zum Lebensunterhalt und damit als Leistung nach dem Dritten Kapitel SGB XII[386] alle durch die Einrichtung und den Träger der Sozialhilfe nicht gedeckten Aufwendungen.

Damit ergibt sich die folgende Berechnung:

---

[383] Die Leistungen zum Lebensunterhalt werden bei Leistungen in stationären Pflegeeinrichtungen regelmäßig als Leistungen nach dem 4. Kapitel SGB XII erbracht. Für diese Leistungen ist nach § 46a SGB XII der Bund Kostenträger.

[384] Arbeitsausschuss der Sozialdezernenten Ostwestfalen-Lippe, Empfehlungen zum Sozialhilferecht, § 27b SGB XII (Stand: 01.07.2013).

[385] Arbeitsausschuss der Sozialdezernenten Ostwestfalen-Lippe, Empfehlungen zum Sozialhilferecht, § 27b SGB XII (Stand: 01.07.2013).

[386] Diese Feststellung hat Bedeutung für die Frage, welcher Leistungsträger die anfallenden Kosten übernimmt. Für Leistungen zum Lebensunterhalt trägt die Kosten der Sozialhilfeträger, also der zuständige Kreis, die kreisfreie Stadt oder der Landschaftsverband.

Regelbedarf
(§ 27b Abs. 1 SGB XII i.V.m. § 42 Nr. 1 und der Anlage zu § 28   357,00 €
SGB XII)

Mehrbedarf
(§ 27b Abs. 1 SGB XII i. V. m. § 42 Nr. 2 i. V. m. § 30 Abs. 1 Nr. 1   60,69 €
SGB XII)

Durchschnittliche angemessene tatsächliche Aufwendungen für die
Warmmiete eines Einpersonenhaushaltes   250,00 €
(§ 27b Abs. 1 i.V.m. § 42 Nr. 3 SGB XII)

Barbetrag zur persönlichen Verfügung
(§ 27b Abs. 2 Satz 2 SGB XII)   120,42 €

Gesamtbedarf   **788,11 €**

Der ermittelte Bedarf nach § 27b Abs. 1 SGB XII (der oben ermittelte Betrag abzüglich des Barbetrages) ist eine fiktive Rechengröße. Die Funktion besteht darin, die Höhe des Anteils des notwendigen Lebensunterhalts in Form der „Grundsicherung im Alter und bei Erwerbsminderung" an den tatsächlich erbrachten Leistungen in der Einrichtung festzulegen. Der ermittelte Betrag wird nicht unmittelbar gewährt. Er fließt vielmehr in die Grundpauschale der Vergütungsvereinbarung ein und ist von der leistungsberechtigten Person selbst zu zahlen, soweit ihr Einkommen und Vermögen – wie im konkreten Fall - hierzu ausreicht.

Die Aufbringung der Mittel kann von Personen, die Leistungen in stationären Einrichtungen erhalten, nach § 92 Abs. 1 SGB XII verlangt werden, soweit Aufwendungen für den häuslichen Lebensunterhalt erspart werden. Die Vorschrift erfasst den Fall, in denen eine Person vergleichsweise kurz (d. h. bis zu sechs Monaten, vgl. § 7 Abs. 4 SGB II) stationär oder teilstationär untergebracht ist und deshalb eine „häusliche Ersparnis" durch die Unterbringung erzielt.

Herr K wird laut Sachverhalt das Heim nicht mehr verlassen können, so dass er – prognostisch betrachtet – dauerhaft Leistungen in einer stationären Einrichtung erhält. § 92 Abs. 1 SGB XII schränkt daher den Mitteleinsatz im Vergleich zu § 88 Abs. 1 Satz 2 SGB XII nicht ein.

§ 92 Abs. 2 SGB XII regelt den Mitteleinsatz (Kostenbeitrag) für den im häuslichen Umfeld verbleibenden Partner. Herr K ist alleinlebend. Auch § 92 Abs. 2 SGB XII bedeutet daher keine Einschränkung hinsichtlich des Einkommens- und Vermögenseinsatzes. § 92 SGB XII kann daher unberücksichtigt bleiben.

Ein Anspruch auf Leistungen der Grundsicherung im Alter und bei Erwerbsminderung in Einrichtungen besteht nicht.

Berechnung der Hilfe zur Pflege

Grundpauschale (30 Tage x 20,00 €)	600,00 €
Maßnahmenpauschale (30 Tage x 70,00 €)	2.100,00 €
./. Leistung der Pflegekasse (§ 43 SGB XI)	- 770,00 €
Barbetrag	120,42 €
Gesamtbedarf	**2.050,42 €**
./. Bedarf Lebensunterhalt in der Einrichtung	- 788,11 €
Bedarf Hilfe zur Pflege	**1.262,31 €**

Hilfe zur Pflege nach dem 7. Kapitel SGB XII wird geleistet, soweit den Leistungsberechtigten die Aufbringung der Mittel aus dem Einkommen und Vermögen nach den Bestimmungen des 11. Kapitels SGB XII nicht zuzumuten ist (vgl. § 19 Abs. 3 SGB XII).

Im Rahmen der Prüfung, ob eine Eigenleistung verlangt werden kann, ist zunächst eine Einkommensgrenze zu ermitteln, deren Zusammensetzung sich im vorliegenden Fall nach § 85 Abs. 1 SGB XII richtet, da die nachfragende Person nicht minderjährig und unverheiratet ist.

Grundsätzlich ist die Aufbringung der Mittel nicht zuzumuten, wenn während der Dauer des Bedarfs das monatliche Einkommen diese Einkommensgrenze nicht übersteigt (vgl. § 85 Abs. 1 SGB XII). Ausnahmen von diesem Grundsatz enthält § 88 Abs. 1 SGB XII[387]. Auch wird ein ggf. in Betracht kommender Vermögenseinsatz durch § 85 Abs. 1 SGB XII nicht ausgeschlossen.

Grundbetrag (§ 85 Abs. 1 Nr. 1 SGB XII)	892,00 €
Aufwendungen für die Unterkunft (§ 85 Abs. 1 Nr. 2 SGB XII)	250,00 €
Einkommensgrenze	1.142,00 €

---

[387] Es ist vertretbar, zunächst mit einer Prüfung nach § 88 SGB XII zu beginnen. Wird im konkreten Fall § 88 Abs. 1 Satz 2 SGB XII bejaht, kann die Prüfung eines Einkommenseinsatzes oberhalb der Einkommensgrenze entfallen (sog. Erst-Recht-Schluss). Wenn ein Einkommenseinsatz unterhalb der Einkommensgrenze in Frage kommt, dann kann erst recht ein Einkommenseinsatz oberhalb der Einkommensgrenze verlangt werden. Aus didaktischen Gründen erfolgt hier noch einmal die Prüfung eines Einkommenseinsatzes oberhalb der Einkommensgrenze.

Zusätzliche Kosten für eine Unterkunft außerhalb des Pflegeheimes fallen nicht an, Familienzuschläge kommen nicht in Betracht.

Einkommen 1.500,00 €

Das Einkommen übersteigt die Einkommensgrenze um 356,00 €, so dass die Anwendung des § 87 Abs. 1 SGB XII in Betracht kommen könnte. Nach § 87 Abs. 1 Satz 1 SGB XII ist die Aufbringung der Mittel in angemessenem Umfang zuzumuten, soweit das Einkommen die maßgebende Einkommensgrenze übersteigt. Bei der Prüfung der Angemessenheit sind nach § 87 Abs. 1 Satz 2 SGB XII insbesondere die Art des Bedarfs, die Art oder Schwere der Behinderung, die Dauer und Höhe der erforderlichen Aufwendungen sowie besondere Belastungen zu berücksichtigen.

Vor dem Hintergrund der Tatsache, dass Herr K das Heim nicht mehr verlassen wird und der gesamte Bedarf einschließlich der persönlichen Bedürfnisse des täglichen Lebens in der Einrichtung gedeckt wird, ist es angemessen, das gesamte Einkommen über der Einkommensgrenze zu fordern. Auch die in § 87 Abs. 1 Satz 2 SGB XII genannten Merkmale führen nicht zu einem anderen Ergebnis. Eine Bedürftigkeit im Sinne der Vorschriften über die Hilfe zum Lebensunterhalt tritt durch die Forderung der Eigenleistung nach § 87 Abs. 1 SGB XII nicht ein.

Daneben kann die Aufbringung der Mittel nach § 88 SGB XII auch verlangt werden, wenn das Einkommen unter der Einkommensgrenze liegt. In Betracht kommt hier die Anwendung des § 88 Abs. 1 Satz 2 SGB XII. Für Fälle, in denen eine Person für voraussichtlich längere Zeit Leistungen in einer stationären Einrichtung bedarf, bestimmt § 88 Abs. 1 Satz 2 SGB XII, dass ein Einkommenseinsatz über die Forderung von zweckbestimmten Leistungen und geringfügigen Mitteln nach § 88 Abs. 1 Satz 1 Nr. 1 und Nr. 2 Satz 1 SGB XII hinaus verlangt werden soll.

Herr K bedarf der Leistung in einer stationären Einrichtung. Er wird voraussichtlich auf Dauer in der Einrichtung bleiben. Die Voraussetzungen für die Anwendung des § 88 Abs. 1 Satz 2 SGB XII sind erfüllt. Durch die Formulierung „soll" ist das Ermessen des Trägers der Sozialhilfe bezüglich der Anwendung der Bestimmung stark eingeschränkt. Um von der Forderung abzusehen, müssen besondere Gründe vorliegen, die im vorliegenden Fall nicht ersichtlich sind.

Es ist angemessen, einen Eigenanteil in Höhe des gesamten noch vorhandenen Einkommens zu fordern.

Ergebnis:

Bedarf	1.262,31 €
Eigenleistung nach § 87 Abs. 1 SGB XII	356,00 €
Eigenleistung nach § 88 Abs. 1 Satz 2 SGB XII (1.500,00 € ./. 356,00 € ./. 788,11 €)	355,89 €
Hilfe zur Pflege	550,42 €

6.7.4.7 Einsatz des Einkommens bei mehrfachem Bedarf (§ 89 SGB XII)

Wie zu verfahren ist, wenn ein **mehrfacher Bedarf** innerhalb der Hilfen nach dem 5. bis 9. Kapitel SGB XII besteht, wird durch § 89 Abs. 1 SGB XII geregelt.

Die Vorschrift bezieht sich nicht auf das Zusammentreffen von Bedarfen nach dem 3. und 4. Kapitel SGB XII und auch nicht auf das Zusammentreffen eines Bedarfs nach dem 3. oder 4. Kapitel mit einem aus dem 5. bis 9. Kapitel SGB XII.

Leistungen zum Lebensunterhalt sind aus systematischen Gründen vor den Hilfen nach dem 5. bis 9. Kapitel SGB XII zu prüfen, da bei Leistungen zum Lebensunterhalt - im Gegensatz zu den Hilfen nach dem 5. bis 9. Kapitel SGB XII - regelmäßig der Einsatz des gesamten (bereinigten) Einkommens gefordert wird.

Die Regelung des § 89 SGB XII erfasst verschiedene Bedarfstatbestände bei einer oder mehreren Personen (innerhalb einer Einsatzgemeinschaft) oder auch gleiche Bedarfstatbestände bei mehreren Personen innerhalb derselben Hilfeart. In solchen Fällen muss der Teil des Einkommens, der einmal zur Deckung eines bestimmten Bedarfs zugemutet oder verlangt wird, bei der Entscheidung über den Einsatz des Einkommens für einen anderen gleichzeitig bestehenden Bedarf unberücksichtigt bleiben (vgl. § 89 Abs. 1 SGB XII).

§ 89 Abs. 2 SGB XII regelt das Verfahren bei mehrfachem Bedarf. Danach hat der Träger der Sozialhilfe unter Berücksichtigung der Kriterien „Bedarfseintritt" und „Zuständigkeit" über die Hilfen zu entscheiden. Zur Vorgehensweise bei einer Zuständigkeit desselben Trägers für verschiedene Leistungen enthält die Vorschrift keine Hinweise.

Gleiche Einkommensgrenzen bei Zuständigkeit verschiedener Träger (§ 89 Abs. 2 SGB XII)

In diesen Fällen hat die Entscheidung über die Leistung für den zuerst eingetretenen Bedarf den Vorrang (vgl. § 89 Abs. 2 Satz 1 SGB XII). Abzustellen ist hier auf den Zeitpunkt des Bekanntwerdens des Bedarfs.

Treten die Bedarfsfälle gleichzeitig ein, ist das über der Einkommensgrenze liegende Einkommen nach § 89 Abs. 2 Satz 2 SGB XII zu gleichen Teilen bei den Bedarfsfällen zu berücksichtigen. Die Aufteilung kann nur beim Einkommen über der Einkommensgrenze vorgenommen werden, da sich der Einsatz von Einkommen unter der Einkommensgrenze nur durch die Besonderheiten der einzelnen Hilfen ergibt.

Gleiche Einkommensgrenzen bei Zuständigkeit desselben Trägers

Die Reihenfolge für das Vorgehen in einem solchen Fall ist in § 89 SGB XII nicht geregelt.

Eine Zusammenfassung der einzelnen Bedarfe mit einer einmaligen Ermittlung der Einkommensgrenze und mit der Festsetzung eines Eigenanteils und der Anrechnung auf den Gesamtbedarf ist für die Entscheidung in einem solchen Fall untauglich, da für die Festsetzung der zumutbaren Eigenleistung nach § 87 Abs. 1 Satz 2 SGB XII bestimmte Merkmale zu berücksichtigen sind, die sich bei den einzelnen in Betracht kommenden Leistungen in der Regel unterschiedlich darstellen.

Will man diesen Anforderungen gerecht werden, bietet sich eine Vorgehensweise in Anlehnung an § 89 Abs. 2 SGB XII an. Die Entscheidung über den zuerst eingetretenen Bedarf hat den Vorrang.

Treten die Bedarfsfälle gleichzeitig ein, ist zunächst der Eigenanteil bei der Leistung mit dem geringsten Einkommenseinsatz zu ermitteln. In der Regel dürfte ein geringerer Einkommenseinsatz auch bei einem laufenden als bei einem einmaligen Bedarf (vgl. § 87 Abs. 3 SGB XII) zu fordern sein, so dass z. B. zunächst der Eigenanteil für den laufenden Bedarf und erst anschließend der Eigenanteil für den einmaligen Bedarf zu prüfen ist. Der Bedarf mit dem geringsten Eigenanteil ist als erstes zu ermitteln, weil dies regelmäßig die Höchstgrenze des Einkommenseinsatzes darstellt.

Grundsätzlich gilt: Der in der Regel prozentual zu ermittelnde Eigenanteil muss ausreichen, um den als erstes zu prüfenden Bedarf zu finanzieren. Nur wenn der oder die leistungsberechtigten Personen den Bedarf aus dem ermittelten Eigenanteil vollständig decken kann, folgt die Prüfung, ob auch ein weiterer Bedarf (ggf. auch teilweise) aus dem ermittelten maximalen Eigenanteil getragen werden kann.

Beispiel

Die leistungsberechtigte Person Berthold Blei (B) verfügt über ein sozialhilferechtlich bereinigtes Einkommen als Klavierstimmer in Höhe von 2.000,00 €. im Monat. Die ermittelte Einkommensgrenze liegt bei 1.000,00 €. Herr B ist seit dem 01.03. pflegebedürftig (Pflegegrad 2). Der Pflegedienst erbringt sozialhilferechtlich anzuerkennende Leistungen im Umfang von 200,00 €. Da Herr B auch blind ist, benötigt er im März einen neuen Blindenführhund (einmalige Anschaffungskosten = 25.000,00 €) und beantragt Futtergeld für den Führhund (monatliche Kosten = 154,00 €).

Fragestellung

Wie hoch ist der jeweilige nach § 87 SGB XII zu ermittelnde zumutbare Eigenanteil, wenn (ggf. durch Delegation) ausschließlich der örtliche Träger der Sozialhilfe zuständig ist?

Lösung

Gemäß § 89 Abs. 1 SGB XII ist bei der Ermittlung des nach § 87 SGB XII festzustellenden Eigenanteils zu beachten, dass der Einsatz eines Teils des Einkommens zur Deckung eines bestimmten Bedarfs nur einmal verlangt werden kann, wenn gleichzeitig ein anderer Bedarf besteht (vgl. § 89 Abs. 1 SGB XII). § 89 Abs. 1 SGB XII stellt damit klar, dass derselbe (bereits einmal verbrauchte) Einkommensteil nicht mehrfach berücksichtigt und gleichzeitig zur Deckung mehrerer Bedarfsfälle herangezogen werden darf. Das Merkmal der **Gleichzeitigkeit** *ist erfüllt, wenn mehrere Bedarfe im selben Monat auftreten und zu decken sind. Hier entstehen im Monat März drei Bedarfe.*

Auch wenn hier nur ein Sozialhilfeträger zuständig sein sollte (bei einer vorgenommenen Delegation dürfte das nicht anzunehmen sein), bringt § 89 Abs. 2 SGB XII unter verfahrensrechtlichen Aspekten zum Ausdruck, dass über den zuerst eingetretenen Bedarf zu entscheiden ist. Dies ist der bereits seit dem 01.03. existierende Bedarf an Hilfe zur Pflege im Umfang von 200,00 €.

Die Bemessung des Einkommenseinsatzes über der Einkommensgrenze richtet sich nach § 87 Abs. 1 SGB XII. Aus den dort genannten Kriterien ergibt sich, dass sich die Höhe des angemessenen Einkommenseinsatzes aus dem konkreten Einzelfall ergibt. Maßgebend für die Höhe des Eigenanteils ist damit auch der konkrete und nachgefragte Hilfebedarf und nicht nur die Person und ihr Behinderungsgrad oder ihre Pflegebedürftigkeit.

Nach hier vertretener Auffassung kommt es also nicht ausschließlich darauf an, dass für blinde Menschen (oder schwerstpflegebedürftige Personen) die Höchstgrenze des Eigenanteils auf 40 v. H. des Einkommens über der Einkommensgrenze festgesetzt ist. Dies ergibt sich zum einen aus den in § 87 Abs. 1 Satz 2 SGB XII genannten Kriterien, die neben der Person selbst auch die Hilfeart in die Entscheidung über den angemessenen Einkommenseinsatz einbeziehen (z. B. das Kriterium „Art des Bedarfs").

Die Kriterien sind auch nicht abschließend („insbesondere"), so dass auch der Einzelfall (vgl. § 9 SGB XII) als wichtiger Grundsatz des Sozialhilferechts in die Betrachtung einzubeziehen ist. Zum anderen sah bereits § 81 BSHG für bestimmte Hilfearten eine erhöhte Einkommensgrenze und damit einen geringeren Einkommenseinsatz vor. Soweit § 85 SGB XII nur noch eine Einkommensgrenze vorsieht, will § 87 Abs. 1 Satz 3 SGB XII gerade hilfeartspezifisch einen Höchstbetrag vorsehen.[388]

Hier ist zunächst über die Hilfe zur Pflege zu entscheiden (vgl. § 89 Abs. 2 SGB XII). Bei erheblicher Pflegebedürftigkeit (Pflegegrad 2) kommt ein Eigenanteil von 80 v. H. des Einkommens über der Einkommensgrenze in Frage. Dies sind 800,00 €. Damit können die Kosten des Pflegedienstes finanziert werden.

Gleichzeitig treten die Bedarfe „Futtergeld" und „Anschaffung des Blindenführhunds" ein. Die Blindheit von Herrn B ist für die beiden Bedarfe ausschlaggebend. In solchen Fällen sieht § 87 Abs. 1 Satz 3 SGB XII einen maximalen Einkommenseinsatz von B in Höhe von 40 v. H. von 800,00 € vor. Dieser Betrag ergibt sich aus dem Einkommensüberhang von 1.000,00 € abzüglich der Kosten für den Einsatz des Pflegedienstes in Höhe von 200,00 € (vgl. § 89 Abs. 1 SGB XII).

Dieser so ermittelte Eigenanteil in Höhe von hier 320,00 € bildet die Höchstgrenze des Einkommenseinsatzes. Der Gesetzgeber hat zum Ausdruck gebracht, dass bei einem blindenspezifischen Bedarf und einer blinden Person nicht mehr als dieser Betrag

---

[388] In diesem Sinne wohl auch Lücking, in: Hauck/Noftz, § 87 SGB XII, Rn. 18, der unter Bezug auf den historischen Kontext (§ 81 BSHG) und den Gesetzesmaterialien darauf abstellt, dass der maximale Einkommenseinsatz von 40 v. H. über der Einkommensgrenze sogar nur für schwerstpflegebedürftige Personen anzuwenden ist, die Pflegegeld erhalten.

als Eigenanteil gefordert werden kann, und zwar auch bei einem mehrfachen Bedarf. Der in § 87 Abs. 1 SGB XII ermittelte Eigenanteil gilt also für den gesamten Einkommenseinsatz über der Einkommensgrenze.

Da hier derselbe Sozialhilfeträger für den mehrfachen Bedarf zuständig ist, kann § 89 Abs. 2 Satz 2 SGB XII ignoriert werden (§ 89 Abs. 2 Satz 2 SGB XII will nur die paritätische Beteiligung am Eigenanteil sicherstellen, wenn zwei unterschiedliche Träger der Sozialhilfe für mehrere Bedarfe zuständig sind).

Treten die Bedarfsfälle - wie hier - gleichzeitig ein, ist der Eigenanteil der Maßnahme mit dem geringsten Einkommenseinsatz zu ermitteln. Der geringere Einkommenseinsatz liegt hier beim laufenden Bedarf „Futtergeld". Im Gegensatz zur Anschaffung des Blindenführhunds (vgl. § 87 Abs. 3 SGB XII) kommt hier nur ein Einkommenseinsatz für einen Monat in Frage.

Damit kann das Futtergeld aus dem möglichen Eigenanteil finanziert werden. Es verbleibt somit noch ein Eigenanteil von 166,00 € (320,00 € ./. 154,00 €).

Nach § 87 Abs. 3 SGB XII kann im Rahmen einer Ermessensentscheidung der verbleibende Eigenanteil für insgesamt 4 Monate gefordert werden. Maximal können daher von Herrn B 664,00 € zur Beteiligung an den Anschaffungskosten des Blindenführhunds verlangt werden.

Diese hier gewählte Vorgehensweise entspricht auch der Grundregel, wonach zunächst über den laufenden Bedarf und erst dann über den einmaligen Bedarf zu entscheiden ist (vgl. z. B. § 31 Abs. 2 SGB XII).

6.7.4.8 Übung

Sachverhalt

Die Eheleute M sind pflegebedürftig. Die Voraussetzungen des 7. Kapitels SGB XII liegen vor. Bei Frau M ist von der zuständigen Pflegekasse der Pflegegrad 3 nach dem Elften Buch Sozialgesetzbuch anerkannt worden. Zur Finanzierung der Kosten für den Einsatz eines Pflegedienstes nimmt sie die volle Sachleistung nach § 36 SGB XI in Anspruch. Ein weitergehender Bedarf besteht nicht. Der zuständige Träger der Sozialhilfe hat unter Berücksichtigung der Besonderheiten des Einzelfalles nach § 64a SGB XII einen Pflegegeldbedarf von 272,50 € (Kürzung des Pflegegeldes im Rahmen der Leistungskonkurrenz um 50 v. H. nach § 63b Abs. 5 SGB XII) anerkannt.

Bei Herrn M ist der Pflegegrad 4 anerkannt worden. Auch er nimmt die volle Sachleistung der Pflegeversicherung zur Finanzierung des Pflegedienstes in Anspruch. Ein weitergehender Bedarf für die Kosten einer besonderen Pflegekraft besteht nicht. Der zuständige Träger der Sozialhilfe hat einen Pflegegeldbedarf nach § 64a SGB XII von 364,00 € (Kürzung des Pflegegeldes um 50 v. H. nach § 63b Abs. 5) anerkannt.

Kapitel 6 - Hilfen nach dem 5. bis 9. Kapitel SGB XII 445

Die Pflege wird von den Töchtern der Eheleute M und Pflegekräften eines anerkannten Pflegedienstes ausgeführt.

Die angemessenen Aufwendungen für die Unterkunft betragen monatlich 444,00 €. Die Eheleute M verfügen über ein bereinigtes Einkommen in Höhe von 2.349,00 € monatlich.

Die Bedarfstatbestände sind gleichzeitig eingetreten.

Aufgabe

Prüfen Sie, ob und ggf. in welcher Höhe eine Eigenleistung verlangt werden kann.

Lösung

In Betracht kommt Hilfe zur Pflege nach den §§ 61 ff. SGB XII. Die sachlichen bzw. persönlichen Voraussetzungen des 7. Kapitels SGB XII sind wegen der Feststellungen der Pflegekasse und der Bindungswirkung aus § 62a SGB XII als erfüllt anzusehen. Der Bedarf im Rahmen der Hilfe zur Pflege nach dem 7. Kapitel SGB XII (Pflegegeld nach § 64a SGB XII) beträgt für Frau M 272,50 € und für Herrn M 364,00 €.

Hilfe nach dem 5. bis 9. Kapitel SGB XII wird geleistet, soweit den Leistungsberechtigten und ihren nicht getrennt lebenden Ehegatten die Aufbringung der Mittel nach den Bestimmungen des 11. Kapitels SGB XII nicht zuzumuten ist (vgl. § 19 Abs. 3 SGB XII).

Hier handelt es sich um einen mehrfachen Bedarf bei zwei Personen der Einsatzgemeinschaft in der Zuständigkeit desselben Trägers der Sozialhilfe. Die Vorgehensweise bei mehrfachem Bedarf regelt § 89 Abs. 2 SGB XII. Der vorliegende Fall (d. h. Zuständigkeit desselben Trägers für mehrere Bedarfe) ist in der Vorschrift aber nicht erfasst.

Allerdings folgt aus der materiell-rechtlichen Regelung des § 89 Abs. 1 SGB XII zunächst folgende (selbstverständliche) Grundregel:

Wird im Einzelfall der Einsatz eines Teils des Einkommens zur Deckung eines bestimmten Bedarfs zugemutet oder verlangt, darf dieser Teil des Einkommens bei der Prüfung, inwieweit der Einsatz des Einkommens für einen anderen gleichzeitig bestehenden Bedarf zuzumuten ist oder verlangt werden kann, nicht berücksichtigt werden (§ 89 Abs. 1 SGB XII). Die Vorschrift des § 89 Abs. 1 SGB XII stellt damit klar, dass derselbe (bereits einmal verbrauchte) Einkommensteil nicht mehrfach berücksichtigt und gleichzeitig zur Deckung mehrerer Bedarfsfälle herangezogen werden darf. Das Merkmal der Gleichzeitigkeit ist erfüllt, wenn mehrere Bedarfe im selben Monat auftreten und zu decken sind.

Innerhalb einer, wie hier vorliegenden, Einsatzgemeinschaft ist der gesamte Bedarf dem gemeinsamen Einkommen und Vermögen gegenüber zustellen. Deshalb ist hier die Frage zu klären, welcher Bedarf aus dem gemeinsamen Einkommen zuerst gedeckt werden soll. Dieser Einkommensanteil ist anschließend nicht noch einmal zur Bedarfsdeckung einzusetzen (vgl. § 89 Abs. 1 SGB XII).

Es ist zu berücksichtigen, dass der in § 87 Abs. 1 SGB XII ermittelte Eigenanteil für den gesamten Einkommenseinsatz über der Einkommensgrenze gelten soll. Das gilt auch für den Fall, dass mehrere Personen in einer Einsatzgemeinschaft leistungsberechtigt sind und ein mehrfacher Bedarf existiert. Der in § 87 Abs. 1 SGB XII ermittelt Eigenanteil bildet also die Höchstgrenze des Einkommenseinsatzes – auch bei einem mehrfachen Bedarf.

Um der Intention des Gesetzes gerecht zu werden, muss mit der Ermittlung des geringsten möglichen Eigenanteils begonnen werden.

Würde man dieser Vorgehensweise nicht folgen, würde ggf. ein Eigenanteil von einer schwerstpflegebedürftigen Person (Pflegegrad 4) gefordert, der für diese Person nicht vorgesehen ist. Würde z. B. hier zunächst der Eigenanteil von Frau M in Höhe von 60 v. H. des Einkommens gefordert, würde eine Eigenanteilsforderung entstehen, die für Herrn M als Person mit einem Pflegegrad 4 nicht vorgesehen ist (vgl. § 87 Abs. 1 Satz 3 SGB XII).

Berechnung für Herrn M

Zunächst ist die Einkommensgrenze zu ermitteln, die sich im vorliegenden Fall nach § 85 Abs. 1 SGB XII richtet, da die Leistungsberechtigten nicht minderjährig und unverheiratet sind. Sie setzt sich wie folgt zusammen:

Grundbetrag (§ 85 Abs. 1 Nr. 1 SGB XII)	892,00 €
Aufwendungen für die Unterkunft (§ 85 Abs. 1 Nr. 2 SGB XII)	444,00 €
Familienzuschlag (§ 85 Abs. 1 Nr. 3 SGB XII)	313,00 €
Einkommensgrenze	1.649,00 €
anrechenbares, bereinigtes Einkommen	2.349,00 €
Einkommen über der Einkommensgrenze	**700,00 €**

Übersteigt das Einkommen die Einkommensgrenze, ist den in § 19 Abs. 3 SGB XII genannten Personen die Aufbringung der Mittel in angemessenem Umfang zuzumuten (vgl. § 87 Abs. 1 SGB XII).

Der Bedarf von Herrn M ist langfristig. Nicht zum Bedarf gehörende Aufwendungen und besondere Belastungen sind dem Sachverhalt nicht zu entnehmen. Unter Berücksichtigung seiner Schwerstpflegebedürftigkeit (Pflegegrad 4) ist gemäß § 87 Abs. 1 Satz 3 SGB XII ein Einsatz des Einkommens über der Einkommensgrenze in Höhe von mindestens 60 v. H. nicht zuzumuten (Eigenanteil damit max. 40 v. H. von 700,00 € = 280,00 €).

Bedarf	364,00 €
Mögliche Eigenleistung	280,00 €
Hilfe zur Pflege (Pflegegeld nach § 64a SGB XII) für Herrn M	84,00 €

Eine Berechnung für Frau M kann entfallen. Der Einkommensüberhang genügt nicht, um den Bedarf von Herrn M zu decken. Ein weiterer Einkommenseinsatz kommt nicht in Frage, weil der Einkommenseinsatz von 40 v. H. der maximale Einkommenseinsatz für Personen des Pflegegrades 4 darstellt, auch wenn sie innerhalb einer Einsatzgemeinschaft leben - oder anders ausgedrückt:

Bei Personen einer Einsatzgemeinschaft i. S. des § 19 Abs. 3 SGB XII, bei der eine Person dem Pflegegrad 4 zuzuordnen ist, soll ein Einkommen von 60 v. H. anrechnungsfrei bleiben. Sollte also das Gesamteinkommen der Einsatzgemeinschaft nicht ausreichen, um den Gesamtbedarf einer Person zu decken, steht ein weiterer Einkommenseinsatz nicht zur Disposition.

Nur dann, wenn der mögliche Einkommenseinsatz (Eigenanteil) größer als der Hilfebedarf ist, kann das dann verbleibende Einkommen auf den Hilfebedarf (Pflegegeld) der Ehefrau angerechnet werden. Im vorliegenden Fall ist aber kein weiterer Einkommensüberschuss vorhanden, so dass eine zumutbare Eigenleistung bei der Ehefrau nicht verlangt werden kann.

7 Träger der Sozialhilfe, Zuständigkeiten

Zuständig für Sozialleistungen sind nach § 12 Satz 1 SGB I die in den §§ 18 bis 29 SGB I genannten Körperschaften, Anstalten und Behörden (Leistungsträger). Die Abgrenzung ihrer Zuständigkeiten ergibt sich aus den besonderen Teilen (übrigen Büchern) des Sozialgesetzbuches (vgl. § 12 Satz 2 SGB I). In § 28 SGB I werden die Sozialhilfeträger als Leistungsträger des Sozialgesetzbuches genannt.

Konkrete Vorschriften über Träger und Zuständigkeiten enthalten – voraussichtlich bis Ende 2021 – die §§ 3 und 97 ff. SGB XII sowie die jeweiligen landesrechtlichen Bestimmungen. Für Nordrhein-Westfalen ist dies das Ausführungsgesetz zum Zwölften Buch Sozialgesetzbuch (AG-SGB XII NRW).

7.1 Vorbemerkung zum geplanten Teilhabestärkungsgesetz

Das Bundesverfassungsgericht hat mit Beschluss vom 7. Juli 2020 (2 BvR 696/12) Teile des kommunalen Bildungspakets im Zwölften Buch Sozialgesetzbuch für nicht mit dem Grundgesetz vereinbar erklärt. Die betreffenden Regelungen des Dritten Kapitels des SGB XII stellen nach der Entscheidung des Bundesverfassungsgerichts in Verbindung mit der Aufgabenzuweisung in § 3 Abs. 1 und § 3 Abs. 2 Satz 1 SGB XII eine aufgrund des Durchgriffsverbots nach Artikel 84 Abs. 1 Satz 7 GG unzulässige Aufgabenübertragung durch Bundesgesetz auf Kommunen dar und verletzen diese in ihrem kommunalen Selbstverwaltungsrecht.

Voraussichtlich werden daher mit Wirkung zum 01.01.2022 die in den weiteren Ausführungen dargestellten Rechtsnormen, insbesondere §§ 3, 98 und 99 SGB XII, geändert.[389] Im Zwölften Buch Sozialgesetzbuch wird darauf hingewiesen werden (§ 97 Abs. 1 SGB XII n.F.), dass **es Aufgabe der Länder** ist, die (sachliche) Zuständigkeit zu regeln. Es ist zu prognostizieren, dass die bisherigen Regelungen in §§ 3, 98 und 99 SGB XII in das jetzige Ausführungsgesetz des Landes Nordrhein-Westfalen zum Zwölften Buch Sozialgesetzbuch überführt werden, sofern diese dort nicht ohnehin bereits verankert sind, und es daher zu keinen inhaltlichen Änderungen hinsichtlich der Zuständigkeit kommen wird.

7.2 Träger der Sozialhilfe

Die Sozialhilfe wird nach § 3 Abs. 1 SGB XII von örtlichen und überörtlichen Trägern geleistet, die Leistungsträger (vgl. § 28 SGB I) i. S. von § 12 SGB I sind. Sie sind nach § 17 Abs. 1 SGB I verpflichtet, darauf hinzuwirken, dass dem Berechtigten die ihm zustehenden Sozialleistungen in zeitgemäßer Weise, umfassend und zügig zur Verfügung gestellt werden.

---

[389] Vgl. Entwurf eines Gesetzes zur Stärkung der Teilhabe von Menschen mit Behinderungen sowie zur landesrechtlichen Bestimmung der Träger der Sozialhilfe (Teilhabestärkungsgesetz) der Bundesregierung.

Aus der Formulierung „wird geleistet" in § 3 Abs. 1 SGB XII folgt nicht, dass Sozialhilfeleistungen von den Trägern tatsächlich erbracht werden müssen, sie sind lediglich sicherzustellen. Das wird beispielsweise auch daran deutlich, dass das Zwölfte Buch Sozialgesetzbuch Hilfe in Einrichtungen vorsieht, die Träger aber nach Maßgabe des § 75 Abs. 2 SGB XII nur in Ausnahmefällen eigene Einrichtungen unterhalten sollen.

Durch § 3 Abs. 2 Satz 1 SGB XII werden die kreisfreien Städte und die Kreise vorbehaltlich einer anderen Regelung durch Landesrecht zu **örtlichen Trägern** der Sozialhilfe bestimmt. Der Landesgesetzgeber hat dabei nach § 3 Abs. 2 Satz 2 SGB XII zu gewährleisten, dass

- die zukünftigen örtlichen Träger mit der Übertragung dieser Aufgaben einverstanden sind,

- nach ihrer Leistungsfähigkeit zur Erfüllung der Aufgaben nach dem Zwölften Buch Sozialgesetzbuch geeignet sind und

- die Erfüllung der Aufgaben in dem gesamten Kreisgebiet sichergestellt ist.

Überörtliche Träger der Sozialhilfe werden nach § 3 Abs. 3 SGB XII von den Ländern bestimmt. Von den Bundesländern sind folgende überörtliche Träger bestimmt worden:

Baden-Württemberg	Kommunalverband für Jugend und Soziales Baden-Württemberg
Bayern	Die Bezirke (Mittelfranken, Schwaben, Oberfranken, Niederbayern, Oberbayern, Oberpfalz und Unterfranken)
Berlin	Senatsverwaltung für Integration, Arbeit und Soziales
Brandenburg	Landesamt für Soziales und Versorgung des Landes Brandenburg
Bremen	Die Senatorin Soziales, Kinder, Jugend und Frauen
Hamburg	Die Freie und Hansestadt Hamburg vertreten durch die Behörde für Soziales, Familie, Gesundheit und Verbraucherschutz - Amt für Soziales und Integration
Hessen	Der Landeswohlfahrtsverband Hessen
Mecklenburg-Vorpommern	Kommunaler Sozialverband Mecklenburg-Vorpommern
Niedersachsen	Niedersächsisches Landesamt für Soziales, Jugend und Familie - Landessozialamt -
Nordrhein-Westfalen	Die Landschaftsverbände (Rheinland und Westfalen-Lippe)
Rheinland-Pfalz	Landesamt für Soziales, Jugend und Versorgung
Saarland	Landesamt für Soziales, Gesundheit und Verbraucherschutz
Sachsen	Kommunaler Sozialverband Sachsen
Sachsen-Anhalt	Sozialagentur Sachsen-Anhalt
Schleswig-Holstein	Ministerium für Arbeit, Soziales und Gesundheit, des Landes Schleswig-Holstein
Thüringen	Thüringer Landesverwaltungsamt - Soziales -

Träger der Sozialhilfe sind jeweils die Körperschaften und nicht die jeweiligen Fachbereiche, Fachabteilungen oder Fachämter. Das Zwölfte Buch Sozialgesetzbuch schreibt nicht, wie z. B. das Achte Buch Sozialgesetzbuch, die Einrichtung bestimmter Dienststellen vor (vgl. § 69 Abs. 3 SGB VIII - Jugendamt und Landesjugendamt). In der Sozialhilfe sind die Körperschaften bezüglich der organisatorischen Regeln frei.

Die örtlichen Träger der Sozialhilfe führen die Aufgabe als Selbstverwaltungsangelegenheit durch (vgl. § 1 Abs. 1 AG-SGB XII). Sie handeln in eigener Zuständigkeit und Verantwortung. Die Aufsicht ist auf eine Rechtmäßigkeitskontrolle beschränkt. Die Finanzierung von Sozialhilfeaufgaben erfolgt durch die Mittel des örtlichen Trägers.

In den Fällen, in denen die Länder kommunale Körperschaften zu überörtlichen Trägern bestimmt haben (z. B. in Nordrhein-Westfalen die Landschaftsverbände), führen diese die Sozialhilfeaufgaben ebenfalls als Selbstverwaltungsaufgaben durch (vgl. § 1 AG-SGB XII).

Eine Ausnahme bildet die Grundsicherung im Alter und bei Erwerbsminderung nach dem 4. Kapitel SGB XII. Da der Bund ab dem Jahr 2014 100 Prozent der Nettoausgaben trägt, handelt es sich nicht mehr um eine Selbstverwaltungsaufgabe, sondern gemäß Art. 104a Abs. 3 Satz 2 GG i.V.m. Art. 85 GG im Verhältnis Bund zu Land um eine Bundesauftragsverwaltung, mithin um eine staatliche Aufgabe (vgl. § 1 Abs. 2 Satz 1 AG-SGB XII NRW). Bei der Wahrnehmung von staatlichen Aufgaben ist das Weisungsrecht unbeschränkt. Es besteht eine Fachaufsicht (vgl. Art. 85 Abs. 4 GG).

Dieses unbeschränkte Weisungsrecht gilt auch für die örtlichen Träger der Sozialhilfe. Dies ergibt sich aus § 1 Abs. 2 Satz 1 AG-SGB XII NRW und § 2 Abs. 4 AG-SGB XII NRW.

Im Verhältnis des Landes Nordrhein-Westfalen zu den letztlich beauftragten Behörden in Nordrhein-Westfalen handelt es sich um Pflichtaufgaben zur Erfüllung nach Weisung (vgl. § 1 Abs. 2 Satz 2 AG-SGB XII, § 5 Abs. 3 Satz 2, Satz 3 LOG NRW). Dies hängt damit zusammen, dass es gemäß Art. 78 LV NW in Nordrhein-Westfalen keine neuen Bundesauftragsangelegenheiten mehr geben darf. Mit den Aufgaben der Grundsicherung im Alter und bei Erwerbsminderung sind letztlich auch die Kreise vom Gesetzgeber beauftragt. Die Zuständigkeit der Kreise folgt aus folgender Normenkette: § 46b SGB XII i. V. m. § 1 Abs. 3 Satz 2 AG-SGB XII NRW i. V. m. § 97 SGB XII i. V. m. § 2a AG-SGB XII NRW).

Gemäß § 46b SGB XII wird für die Ausführung der Aufgaben nach dem 4. Kapitel SGB XII der Landesgesetzgeber ermächtigt, die Zuständigkeit zu regeln. Die Regelung wurde notwendig, weil nach Art. 85 Abs. 1 GG auch bei Bundesauftragsangelegenheiten die Einrichtung der Behörden Angelegenheit der Länder bleibt, aber nur unter der Bedingung, dass das Bundesgesetz nicht bereits selbst Regelungen enthält. Da im Bundesgesetz „Zwölftes Buch Sozialgesetzbuch" bereits Zuständigkeitsregelungen vorhanden sind (vgl. §§ 97 ff. SGB XII), hätten die Länder nicht mehr die Möglichkeit, eigene Zuständigkeiten zu begründen.

In Nordrhein-Westfalen ist die Ermächtigung in § 46b SGB XII durch § 1 Abs. 3 Satz 2 AG-SGB XII realisiert. Danach gilt: Soweit keine abweichende landesrechtliche Regelung besteht, gilt das Zwölfte Kapitel SGB XII über die Regelungen der sachlichen und örtlichen Zuständigkeit für das Vierten Kapitel SGB XII entsprechend. Das zwölfte Kapitel des Zwölften Buches Sozialgesetzbuch sind die §§ 97 ff. SGB XII. Letztlich werden also über § 1 Abs. 3 Satz 2 AG-SGB XII dieselben Zuständigkeiten für die Aufgaben nach dem 4. Kapitel begründet wie für die übrigen Aufgaben der Sozialhilfe.

Allerdings ergibt sich die örtliche Zuständigkeit der Aufgaben nach dem 4. Kapitel SGB XII direkt aus § 1 Abs. 3 Satz 1 AG-SGB XII NRW. Für die Leistungen nach dem 4. Kapitel SGB XII ist danach der Träger örtlich zuständig, in dessen Bereich der gewöhnliche Aufenthaltsort des Leistungsberechtigten liegt. Insoweit findet § 98 SGB XII für die Leistungen nach dem 4. Kapitel SGB XII keine Anwendung.

Im Übrigen aber gilt über § 1 Abs. 3 Satz 2 SGB XII das in den nachfolgenden Ausführungen Gesagte entsprechend für die Aufgaben nach dem 4. Kapitel SGB XII.

7.2.1 Heranziehung von örtlichen Trägern, Gemeinden und Gemeindeverbänden

Um Notlagen effektiv und bürgerfreundlich begegnen zu können, ist eine ortsnahe Erledigung der Aufgaben unerlässlich. Das Zwölfte Buch Sozialgesetzbuch sieht deshalb eine Heranziehung anderer (ortsnaher) Gebietskörperschaften zur Erledigung von Sozialhilfeaufgaben vor.

Die Länder können nach § 99 SGB XII bestimmen, dass und inwieweit

- die Kreise ihnen zugehörige Gemeinden und Gemeindeverbände (vgl. § 99 Abs. 1 SGB XII) und
- die überörtlichen Träger örtliche Träger sowie diesen zugehörigen Gemeinden und Gemeindeverbände (vgl. § 99 Abs. 2 SGB XII)

zur Durchführung von Aufgaben heranziehen und ihnen dabei Weisungen erteilen können. Das Zwölfte Buch Sozialgesetzbuch spricht von einer Heranziehung zur Durchführung von Aufgaben.

Durch die Heranziehung wird nicht die Eigenschaft eines Trägers der Sozialhilfe begründet, d. h., eine kreisangehörige Gemeinde oder ein kreisangehöriger Gemeindeverband wird nicht örtlicher, eine kreisfreie Stadt oder ein Kreis nicht überörtlicher Träger der Sozialhilfe. Die sachliche Zuständigkeit gemäß § 97 SGB XII bleibt bestehen. Den beauftragten Stellen obliegt lediglich eine Art der „Bearbeitungszuständigkeit", die im eigenen Namen (vgl. § 3 Abs. 1 Satz 1 Halbsatz 2 AG-SGB XII NRW) ausgeführt wird.

Art und Weise der Heranziehung zur Durchführung von Aufgaben ist den Landesgesetzgebern überlassen worden. Die Beteiligung der kreisangehörigen Gemeinden und Gemeindeverbände sowie der örtlichen Träger und der ihnen zugehörigen Gemeinden und Gemeindeverbände soll am Beispiel Nordrhein-Westfalens dargestellt werden:

Die überörtlichen Träger (Landschaftsverbände) können örtliche Träger und kreisangehörige Gemeinden und die Kreise als örtliche Träger können kreisangehörige Gemeinden zur Durchführung der ihnen als Trägern der Sozialhilfe obliegenden Aufgaben durch Satzung heranziehen; diese entscheiden dann in eigenem Namen (vgl. § 3 Abs. 1 AG-SGB XII NRW). In den Satzungen ist zu bestimmen, welche Aufgaben ganz oder teilweise zu erfüllen sind (§ 3 Abs. 1 Satz 2 AG-SGB XII NRW).

Träger (Landschaftsverbände) und die Kreise nach § 89 Abs. 5 SGB X die Möglichkeit, die beauftragten Stellen an ihre Auffassung zu binden. Sie führen somit die Fachaufsicht.

7.2.1.1 Organisatorischer Rahmen der Aufgabendurchführung bei erfolgter Heranziehung

§ 99 SGB XII und § 3 AG-SGB XII sind Ermächtigungsgrundlagen, Zuständigkeiten zur Durchführung von Sozialhilfeaufgaben z. B. auf kreisangehörige Städte und Gemeinden zu verlagern.

Verwaltungsrechtlich ist die Verlagerung von Zuständigkeiten durch Formen der (echten und unechten) Delegation oder eines Mandats bekannt. Bei der Delegation wird eine bestimmte Kompetenz auf ein anderes Rechtssubjekt übertragen; der Delegatar (Angewiesener) handelt dann im eigenen Namen und als eigene Instanz, so dass der Delegatar auch im Prozess Klagegegner ist und nicht mehr der Rechtsträger, welcher die Zuständigkeit delegiert hat. Bei der echten Delegation werden Kompetenzen dauerhaft übertragen, wohingegen bei der unechten Delegation eine Rückholung der Kompetenzen vorbehalten ist.

Von der Delegation zu unterscheiden ist das organisationsrechtliche Mandat, durch welches der Inhaber einer Zuständigkeit ein anderes öffentlich-rechtliches Subjekt beauftragt und bevollmächtigt, die Kompetenz des Mandanten in dessen Namen auszuüben. Bei der Mandatserteilung bleibt demgemäß der Mandant – z. B. der (Land-)Kreis – Inhaber der Zuständigkeit. Die beauftragte Gemeinde handelt dann quasi als „Außenstelle" des Sozialhilfeträgers. In einem solchen Fall muss darauf hingewiesen werden, dass im Namen und im Auftrag des Landkreises gehandelt wird.

In der Regel ist ein solches Mandatsverhältnis in den Ausführungsgesetzen des jeweiligen Bundeslandes nicht mehr vorhanden. In Nordrhein-Westfalen ist in § 3 Abs. 1 Satz 1 Halbsatz 2 AG-SGB XII NRW ausdrücklich geregelt, dass die herangezogenen Stellen „im eigenen Namen" handeln. Damit ist klargestellt, dass - vorbehaltlich der fachaufsichtlichen Befugnisse des Sozialhilfeträgers (vgl. § 99 SGB XII, § 3 Abs. 1 Satz 4 AG-SGB XII NRW) – die herangezogene Gebietskörperschaft selbstständig und eigenverantwortlich, d. h. im „eigenen Namen"[390], handelt. Genau genommen handelt die Behörde der Gebietskörperschaft und dort dann der/die Sachbearbeiter/in kraft Gemeindeordnung als Beauftragter „seines" Bürgermeisters (vgl. § 68 Abs. 3 GO NRW). Die herangezogene Gemeinde handelt also unter „eigener Flagge".

---

[390] So auch BSG, Urteil vom 02.02.2010, B 8 SO 21/08 R, juris, Rn. 11.

Um eine Delegation der Aufgaben handelt es sich gleichwohl nicht. Denn dann müsste der Sozialhilfeträger seine Aufgabenzuständigkeit verlieren. Dass das nicht der Fall ist, ergibt sich schon aus ihrer Weisungsbefugnis des § 99 SGB XII. Andererseits handelt es sich auch nicht um ein „Mandat", weil die herangezogene Stelle nicht im Namen des Sozialhilfeträgers, sondern in eigenem Namen handelt.

Da weder eine Delegation noch ein Mandat vorliegt, spricht man von einem „**Auftragsverhältnis besonderer Art**".[391] Es werden bei diesem Auftragsverhältnis also nicht die Aufgaben übertragen, sondern es wird lediglich die Ausführung auf eine andere Stelle verlagert.

Die Besonderheit des „Auftragsverhältnisses besonderer Art" besteht darin, dass durch die Delegation **keine Änderung der Zuständigkeitsordnung** stattfindet. Der Sozialhilfeträger bleibt, insbesondere zum Leistungsberechtigten, für die ordnungsgemäße Leistungsgewährung verantwortlich[392].

Gemäß § 3 Abs. 2 AG-SGB XII NRW gelten § 89 Abs. 3 und § 89 Abs. 5 SGB X entsprechend. Nach § 89 Abs. 3 SGB X hat dann die herangezogene Stelle die erforderlichen Mitteilungen zu machen, auf Verlangen über die Durchführung der übertragenen Aufgaben Auskunft zu erteilen und darüber Rechenschaft abzulegen. Gemäß § 89 Abs. 5 SGB X ist der Sozialhilfeträger berechtigt, den Beauftragten an seine Auffassung zu binden. Die Regelungen entsprechen den fachaufsichtlichen Befugnissen des Sozialhilfeträgers und dienen daher eher der Klarstellung von Befugnissen. Der fehlende Verweis auf die übrigen Regelungen (z. B. in § 89 SGB XII) machen deutlich, dass diese gerade nicht gelten sollen.

Die herangezogenen Stellen entscheiden im eigenen Namen. In § 99 SGB XII ist ferner geregelt, dass die **Widerspruchsbescheide** durch die Sozialhilfeträger erlassen werden. Trotz dieser Regelung sind Klagen gegen die zur Aufgabenerfüllung herangezogene Gebietskörperschaft zu richten. Denn nach § 95 SGG ist Gegenstand der Klage, auch wenn ein Vorverfahren stattgefunden hat, der ursprüngliche Verwaltungsakt (der herangezogenen Stelle). Wird z. B. Widerspruch gegen einen Sozialhilfebescheid der jeweils herangezogenen Gebietskörperschaft erhoben, ist Beklagter die herangezogene Stelle, z. B. der Bürgermeister der Stadt oder Gemeinde (§ 70 Nr. 3 SGG).[393]

Da Gegenstand eines gerichtlichen Verfahrens gemäß § 95 SGG der **Ausgangsbescheid** ist, muss ein Vertreter der herangezogenen Gebietskörperschaft vor dem Sozialgericht die Vertretung übernehmen. Ein Mitarbeiter eines Sozialhilfeträgers kann dies nur, wenn er wiederum mit der Rechtsvertretung der herangezogenen Stelle beauftragt worden ist.

---

[391] BSG, Urteil vom 20.09.2012, B 8 SO 13/11 R, juris, Rn. 10; BSG, Urteil vom 19.05.2009, B 8 SO 7/08 R, juris, Rn. 13.
[392] Instruktiv Hessischer VGH, Urteil vom 18.02.1992, 9 UE 3473/88, juris, Rn. 23 - 26.
[393] BSG, Urteil vom 20.09.2012, B 8 SO 13/11 R, juris, Rn. 10

7.2.1.2 Widerspruch und Klage bei erfolgter Heranziehung zur Durchführung von Aufgaben

Für förmliche Rechtsbehelfe gegen Verwaltungsakte gelten nach § 62 SGB X, wenn der Sozialrechtsweg gegeben ist, das Sozialgerichtsgesetz (SGG), wenn der Verwaltungsrechtsweg gegeben ist, die Verwaltungsgerichtsordnung (VwGO). Für die Sozialhilfe ist nach § 51 Abs. 1 Nr. 6a SGG der Sozialrechtsweg gegeben. Eine Ausnahme stellt der Übergang von Unterhaltsansprüchen dar. Hier ist im Zivilrechtsweg zu entscheiden (vgl. § 94 Abs. 5 Satz 3 SGB XII).

Vor Erhebung der Anfechtungsklage sind Rechtmäßigkeit und Zweckmäßigkeit des Verwaltungsaktes in einem Vorverfahren (Widerspruchsverfahren) nachzuprüfen (§ 78 Abs. 1 Satz 1 SGG). Diese Regelung gilt für Verpflichtungsklagen entsprechend (§ 78 Abs. 3 SGG).

Über einen Widerspruch entscheidet im Falle einer Heranziehung zur Aufgabenerfüllung zunächst stets die beauftragte Stelle (Ausgangsbehörde). Wird der Widerspruch für begründet erachtet, so ist ihm abzuhelfen (§ 85 Abs. 1 SGG).

Hilft die Behörde dem Widerspruch nicht ab, so ergeht ein Widerspruchsbescheid (vgl. § 85 Abs. 2 Satz 1 SGG). Der Widerspruchsbescheid wird im Sozialhilferecht nach erfolgter Heranziehung vom zuständigen Träger und nicht von der beauftragten Stelle (Ausgangsbehörde) erlassen (vgl. § 99 Abs. 1 Halbsatz 2 und § 99 Abs. 2 Halbsatz 2 SGB XII).

7.2.1.3 Haftung

Bei fehlerhafter Bearbeitung von Sozialhilfeangelegenheiten trifft die Haftung grundsätzlich den Träger der Sozialhilfe, der die Aufgabenausführung übertragen hat. Die herangezogene Gemeinde oder der herangezogene Kreis haftet nur, wenn der Schaden auf grobe Fehler bei der beauftragten Stelle zurückzuführen ist.

7.2.2 Heranziehung der Verbände der freien Wohlfahrtspflege

Die örtlichen und überörtlichen Träger der Sozialhilfe können die Verbände der freien Wohlfahrtspflege an der Durchführung der Aufgaben nach dem Zwölften Buch Sozialgesetzbuch beteiligen oder ihnen die Durchführung solcher Aufgaben übertragen, wenn die Verbände mit der Beteiligung oder Übertragung einverstanden sind (vgl. § 5 Abs. 5 Satz 1 SGB XII). Der Träger der Sozialhilfe hat in Zusammenarbeit mit gemeinnützigen und freien Einrichtungen, wozu auch die Verbände der freien Wohlfahrtspflege gehören, darauf hinzuwirken, dass sich die Tätigkeit von Trägern der Sozialhilfe und Verbänden der freien Wohlfahrtspflege zum Wohl der Leistungsempfänger wirksam ergänzen (§ 17 Abs. 3 Satz 1 SGB I).

Beteiligung und Aufgabenübertragung liegen im Ermessen des Trägers der Sozialhilfe. Im Falle der Aufgabenübertragung handelt es sich um ein besonderes öffentlich-rechtliches Auftragsverhältnis (zu regeln durch öffentlich-rechtlichen Vertrag), für das § 97 Abs. 1

SGB X unmittelbar Anwendung findet. Hingegen ist die Anwendung von § 97 Abs. 2 SGB X mit dem Verweis auf die entsprechende Anwendung der Bestimmungen über die Ausführung des Auftrags in § 89 Abs. 3 bis 5 SGB X, der Erstattung von Aufwendungen in § 91 Abs. 1 bis 3 SGB X und der Kündigung des Auftrages in § 92 SGB X durch § 17 Abs. 3 Satz 4 Halbsatz 2 SGB I ausgeschlossen.

Rein hoheitliche Befugnisse der Träger der Sozialhilfe (Erlass von Verwaltungsakten) sind nicht übertragbar.

Im Falle einer Heranziehung bleiben die Träger der Sozialhilfe dem Hilfesuchenden gegenüber verantwortlich (§ 5 Abs. 5 Satz 2 SGB XII).

7.2.3 Kostenträger

Häufig bestimmen landesrechtliche Regelungen, dass die Träger der Sozialhilfe die Kosten für die ihnen obliegenden Aufgaben tragen. Im Falle der Aufgabenübertragung werden die Kosten mit Ausnahme der persönlichen und sächlichen Verwaltungskosten regelmäßig den herangezogenen Stellen durch den Sozialhilfeträger erstattet (vgl. § 5 AG-SGB XII).

Mit der Neufassung des Ausführungsgesetzes SGB XII im Juni 2016 können nunmehr die Städte und Gemeinden, an die die Sozialhilfeausgaben delegiert worden sind, an den Kosten beteiligt werden. Um die Zusammenführung der Aufgaben- und Finanzverantwortung zu erproben, können Kreise und kreisangehörige Gemeinden gemäß § 6 AG-SGB XII NRW auch eine von § 5 Abs. 1 AG-SGB XII abweichende Verteilung der Sozialhilfeaufwendungen vereinbaren. Ziel, Inhalt, Dauer und Verfahren entsprechender Vorhaben teilen die Kreise dem für das Sozialhilferecht zuständigen Ministerium mit.

7.3 Sachliche Zuständigkeit

Regelungen über die sachliche Zuständigkeit enthalten § 97 SGB XII und Bestimmungen der Ausführungsgesetze der Länder. § 97 SGB XII gilt über § 1 Abs. 3 Satz 2 AG-SGB XII auch für die Aufgaben nach dem 4. Kapitel SGB XII.

7.3.1 Sachliche Zuständigkeit des örtlichen Trägers

Der örtliche Träger (vgl. § 3 Abs. 2 SGB XII, § 1 Abs. 1 AG-SGB XII NRW, § 1 Abs. 2 AG-SGB XII NRW) ist nach § 97 Abs. 1 SGB XII für alle Leistungen zuständig, für die nicht der überörtliche Träger sachlich zuständig ist. Es ist daher danach zu fragen, für welche Aufgaben nach dem Zwölften Buch Sozialgesetzbuch der überörtliche Träger zuständig ist.

7.3.2 Sachliche Zuständigkeit des überörtlichen Trägers

Die sachliche Zuständigkeit des überörtlichen Trägers wird gemäß § 97 Abs. 2 Satz 1 SGB XII ausschließlich nach Landesrecht bestimmt. Die Länder sollen dabei berücksichtigen, dass so weit wie möglich für die in § 8 Nr. 1 bis 6 SGB XII genannten Leistungen jeweils eine einheitliche sachliche Zuständigkeit gegeben ist (vgl. § 97 Abs. 2 Satz 2 SGB XII). Aus welchem Grund hier die Nr. 7 ausgenommen worden ist, ist nicht ersichtlich, auch bei den Hilfen in anderen Lebenslagen nach den §§ 70 bis 74 SGB XII sollte der in § 97 Abs. 2 Satz 2 normierte Grundsatz gelten[394]. Für den Fall, dass Landesrecht keine Regelung enthält, bestimmt § 97 Abs. 3 SGB XII die Leistungen, die in die Zuständigkeit des überörtlichen Trägers der Sozialhilfe fallen.

Alle Länder haben in ihren Ausführungsgesetzen Regelungen i. S. von § 97 Abs. 2 Satz 1 SGB XII getroffen, die allerdings höchst uneinheitlich sind, so dass festzustellen ist, dass das in § 97 Abs. 2 Satz 2 SGB XII genannte Ziel einer einheitlichen sachlichen Zuständigkeit bisher nicht erreicht wurde.

Nachfolgend soll beispielhaft die sachliche Zuständigkeit nach dem Landesausführungsgesetz zum Zwölften Buch Sozialgesetzbuch für das Land Nordrhein-Westfalen (AG-SGB XII NRW) dargestellt werden

In Nordrhein-Westfalen ist die Zuständigkeit der Landschaftsverbände Rheinland und Westfalen-Lippe als überörtliche Träger der Sozialhilfe (vgl. § 1 AG-SGB XII NRW) in § 2a AG-SGB XII NRW geregelt.

Damit ergibt sich in Nordrhein-Westfalen die Zuständigkeit des überörtlichen Trägers für folgende Leistungen der Sozialhilfe:

7.3.2.1 Zuständigkeit nach § 2a Abs. 1 Nr. 1 Buchstabe a) AG-SGB XII NRW

Der überörtliche Träger ist nach § 2a Abs. 1 Nr. 1 Buchstabe a) AG-SGB XII NRW zuständig für Leistungen nach dem 5. bis 9. Kapitel SGB XII für Personen, die in § 99 SGB IX i.V.m. § 53 Abs. 1 Satz 1 SGB XII in der Fassung vom 31.12.2019 genannt sind. Dies sind Menschen mit einer geistigen Behinderung, Menschen mit einer seelischen Behinderung oder Störung, Anfallskranke und Suchtkranke bis zur Vollendung des 65. Lebensjahres, wenn es wegen der Beeinträchtigung oder der Krankheit in Verbindung mit den Besonderheiten des Einzelfalles erforderlich ist, die Hilfe in einer teilstationären oder stationären Einrichtung oder in einer gemeinschaftlichen Wohnform nach § 42a Abs. 2 Satz 1 Nummer 2 SGB XII zu leisten.

Die Zuständigkeit des überörtlichen Trägers nach § 2a Abs. 1 Nr. 1 Buchstabe a) AG-SGB XII NRW ist also nur bei Vorliegen folgender Voraussetzungen gegeben:

- **Leistungen nach dem 5. bis 9. Kapitel SGB XII**

    Hier kommt jede Leistung nach dem 5. bis 9. Kapitel SGB XII in Betracht.

---

[394] So auch Frieser in Linhart/Adolph, Rn. 16 zu § 97 SGB XII.

- **für die in § 99 SGB XII i. V. m. § 53 Abs. 1 Satz 1 SGB XII (Fassung 2019) genannten Personen: Menschen mit einer geistigen Behinderung, Menschen mit einer seelischen Behinderung oder Störung, Anfallskranke und Suchtkranke**

    Zunächst werden hier die Personen erfasst, die durch eine Behinderung im Sinne von § 2 Abs. 1 Satz 1 SGB IX mit hoher Wahrscheinlichkeit länger als sechs Monate wesentlich in ihrer Fähigkeit, an der Gesellschaft teilzuhaben eingeschränkt (nicht nur vorübergehend körperlich, geistig oder seelisch wesentlich behinderte Menschen) oder von einer solchen wesentlichen Behinderung bedroht sind.

    Da Menschen mit einer geistigen Behinderung, Menschen mit einer seelischen Behinderung oder Störung, Anfallskranke und Suchtkranke in § 2 Abs. 1 Nr. 1 Buchstabe a) AG-SGB XII genannt werden, sind von den behinderten Menschen bzw. von den von einer Behinderung bedrohten Menschen nur folgende Personen nicht durch diese Norm erfasst:

    – körperlich für weniger als sechs Monate oder nicht wesentlich behinderte Menschen und
    – von einer nicht wesentlichen oder vorübergehenden Behinderung bedrohte Personen.

- **Erfordernis der Unterbringung in einer teilstationären oder stationären Einrichtung**

    Eine Definition des Begriffs „Einrichtung" enthält § 13 Abs. 2 SGB XII. Danach sind alle Einrichtungen gemeint, die der Pflege, der Behandlung oder sonstigen nach dem Zwölften Buch Sozialgesetzbuch zu deckenden Bedarfe oder der Erziehung dienen.

    Die „teilstationäre Einrichtung" unterscheidet sich von der stationären Einrichtung durch eine Begrenzung des Aufenthaltes auf Teile des Tages oder der Nacht. Beispiele für teilstationäre Einrichtungen sind Tages- und Nachtkliniken, Wochenendkliniken und Werkstätten für behinderte Menschen. Außerdem rechnen dazu Tagesstätten für behinderte Menschen, Blindenschulen und Sonderschulen für Lernbehinderte.

    § 2 Abs. 1 Nr. 1 Buchstabe a) AG-SGB XII NRW stellt nicht darauf ab, ob die leistungsberechtigte Person tatsächlich in einer stationären oder teilstationären Einrichtung untergebracht wird, sondern darauf, dass die Leistung in der Einrichtung erforderlich ist. Das wird regelmäßig auf der Grundlage einer ärztlichen Beurteilung zu bestimmen sein. Wenn die Leistung in der Einrichtung erforderlich ist, fallen in den Zuständigkeitsbereich des überörtlichen Trägers auch die Transportkosten, die im Zusammenhang damit entstehen.

- **Kausalität zwischen dem Erfordernis der Leistung in einer Einrichtung und der Behinderung**

Die Leistung in der Einrichtung muss wegen der Behinderung oder des Leidens in Verbindung mit den Besonderheiten des Einzelfalls und nicht überwiegend aus einem anderen Grund erforderlich sein. So mangelt es z. B. an der Kausalität, wenn ein körperbehinderter Mensch sich in ein Krankenhaus begibt, um sich einer Blinddarmoperation zu unterziehen.

Ein Beispiel für die Berücksichtigung der Besonderheiten des Einzelfalles ist die Leistung in der Einrichtung, die deshalb erforderlich wird, weil Personen fehlen, die die Betreuung im häuslichen Bereich übernehmen können.

- **Keine Vollendung des 65. Lebensjahres**

§ 2 Abs. 1 Nr. 1 Buchstabe a) AG-SGB XII NRW begründet die Zuständigkeit nur bis zur Vollendung des 65. Lebensjahres der leistungsberechtigten Person. Wird das 65. Lebensjahr vollendet, tritt die Zuständigkeit des örtlichen Trägers der Sozialhilfe ein.

7.3.2.2 Zuständigkeit nach § 2 Abs. 1 Nr. 1 Buchstabe b) AG-SGB XII NRW

Der Wechsel in den Zuständigkeitsbereich des örtlichen Trägers bei Vollendung des 65. Lebensjahres erfolgt nach § 2 Abs. 1 Nr. 1 Buchstabe b) AG-SGB XII NRW nicht bei Personen, die zu diesem Zeitpunkt seit zwölf Monaten Eingliederungshilfe für behinderte Menschen in einer stationären Einrichtung erhalten haben, wenn die Leistung weiterhin in einer stationären Einrichtung erbracht wird.

7.3.2.3 Gleichzeitige Erbringung von Leistungen nach dem 5. bis 9. Kapitel SGB XII und Eingliederungshilfe (§ 2 Abs. 1 Nr. 2 AG-SGB XII NRW)

§ 2 Abs. 1 Nr. 2 AG-SGB XII NRW begründet die Zuständigkeit des überörtlichen Trägers der Sozialhilfe für alle gleichzeitig zu erbringenden Leistungen nach dem Fünften bis Neunten Kapitel des Zwölften Buches Sozialgesetzbuch in den Fällen des § 103 Absatz 2 SGB IX.

§ 103 Abs. 2 SGB IX erfasst die Fallkonstellationen, in denen neben ambulanten Eingliederungshilfeleistungen zusätzlich Leistungen der ambulanten Hilfe zur Pflege nach §§ 64a bis 64f, § 64i und § 66 SGB XII in Frage kommen. Somit wird sichergestellt, dass Leistungen nur von einem Träger der Sozial- bzw. Eingliederungshilfe erbracht werden. Damit wird dem Grundsatz der Leistungserbringung aus einer Hand Rechnung getragen und vermeidet Abgrenzungsschwierigkeiten bei gleichzeitiger Erbringung von Eingliederungshilfe und Hilfe zur Pflege.

7.3.2.4 Hilfe zur Überwindung besonderer sozialer Schwierigkeiten (§ 2 Abs. 1 Nr. 3 AG-SGB XII NRW)

Die Hilfe zur Überwindung besonderer sozialer Schwierigkeiten nach § 67 bis 69 SGB XII bis zur Vollendung des 65. Lebensjahres fällt in den Zuständigkeitsbereich des überörtlichen Trägers, wenn es erforderlich ist, die Hilfe in einer teilstationären oder stationären Einrichtung zu leisten. Zu den Begriffen teilstationäre und stationäre Einrichtung vgl. die Ausführungen zu § 2 Abs. 1 Nr. 1 Buchstabe a) AG-SGB XII NRW, zur Hilfe zur Überwindung besonderer sozialer Schwierigkeiten die Ausführungen zu 6.6.

7.3.2.5 Blindenhilfe (§ 2 Abs. 1 Nr. 4 AG-SGB XII NRW)

Blindenhilfe nach § 72 SGB XII kommt in Nordrhein-Westfalen nur ergänzend zu den Leistungen nach dem Gesetz über die Hilfen für Blinde und Gehörlose (GHBG) in Betracht.

7.3.2.6 Sozialhilfeleistungen nach dem Zwölften Buch Sozialgesetzbuch und Eingliederungshilfeleistungen für die Betreuung in einer Pflegefamilie (§ 2 Abs. 1 Nr. 5 AG-SGB XII NRW)

Der überörtliche Sozialhilfeträger ist zuständig für alle Leistungen nach dem Zwölften Buch Sozialgesetzbuch, die gleichzeitig mit der Eingliederungshilfe (§§ 90 ff. SGB IX) für die Betreuung in einer Pflegefamilie gemäß § 80 SGB IX oder für die Betreuung über Tag und Nacht entsprechend § 27c Absatz 1 Nummer 1 und 2 SGB XII zu erbringen sind; für Volljährige in einer Pflegefamilie gilt dies nicht für Leistungen nach dem Dritten und Vierten Kapitel.

7.3.3 Zuständigkeit nach § 97 Abs. 4 SGB XII

Die Vorschrift des § 97 Abs. 4 SGB XII verhindert in den Fällen einer stationären Leistung die nebeneinander bestehende Zuständigkeit eines örtlichen und eines überörtlichen Trägers dadurch, dass alle gleichzeitig mit diesen Hilfemaßnahmen anfallenden Leistungen und ggf. Bestattungskosten vom überörtlichen Träger zu tragen sind.

Die Vorschrift ist nicht anzuwenden, wenn die Leistungen teilstationär erbracht werden.

7.3.4 Sachliche Zuständigkeit bei der Sozialhilfe für Deutsche im Ausland (§ 24 SGB XII)

Für die Leistung von Sozialhilfe an Deutsche im Ausland ist der überörtliche Träger sachlich zuständig (vgl. § 24 Abs. 4 SGB XII).

7.4 Örtliche Zuständigkeit

Vorschriften über die örtliche Zuständigkeit enthalten § 2 SGB X, die §§ 98 und 24 SGB XII und Vorschriften des Landesrechts. Diese Bestimmungen regeln, welcher sachlich zuständige Träger zur Gewährung der Hilfe verpflichtet ist.

Die Regelungen über die örtliche Zuständigkeit in § 2 SGB X stehen unter dem Vorbehalt abweichender Regelungen in den übrigen Büchern des Sozialgesetzbuches (§ 37 Satz 1 SGB I) einschließlich der bis zu ihrer Einordnung nach § 68 SGB I als besondere Teile geltenden Gesetze (vgl. § 37 Satz 2 SGB I).

Ergänzend zu den Vorschriften des Zwölften Buches Sozialgesetzbuch ist § 2 Abs. 3 SGB X anzuwenden. Danach hat bei einem Wechsel der Zuständigkeit der bisher zuständige Träger weiter zu leisten, bis die Hilfe durch den neu zuständigen Träger aufgenommen wird. Auf Anforderung hat die neu zuständige Behörde dem weiterleistenden Träger die nach dem Zuständigkeitswechsel noch erbrachten Leistungen zu erstatten. Für den Erstattungsanspruch gilt § 102 Abs. 2 SGB X entsprechend.

Das Zwölfte Buch Sozialgesetzbuch unterscheidet folgende Regelungen über die örtliche Zuständigkeit:

- Hilfeleistungen nach dem 3. und dem 5. bis 9. Kapitel SGB XII außerhalb von stationären Einrichtungen (§ 98 Abs. 1 Satz 1 und Satz 3 SGB XII),
- Hilfeleistungen nach dem 4. Kapitel SGB XII (§ 46b Abs.1 SGB XII i. V. m. § 1 Abs. 3 Satz 1 SGB XII),
- Hilfeleistungen in stationären Einrichtungen für die Hilfen nach dem 3. und dem 5. bis 9. Kapitel SGB XII (§ 98 Abs. 2 Satz 1 und Satz 2 SGB XII),
- vorläufige Hilfeleistungen bei der Sozialhilfe in Einrichtungen bei Unklarheiten über den gewöhnlichen Aufenthalt oder in Eilfällen (§ 98 Abs. 2 Satz 3 SGB XII),
- Geburt in Einrichtungen (§ 98 Abs. 2 Satz 4 SGB XII),
- Hilfeleistungen nach § 74 SGB XII (§ 98 Abs. 3 SGB XII),
- Hilfeleistungen bei Aufenthalt in Einrichtungen zum Vollzug richterlich angeordneter Freiheitsentziehung (§ 98 Abs. 5 SGB XII) und
- Sozialhilfe für Deutsche im Ausland (§ 24 SGB XII).

7.4.1 Örtliche Zuständigkeit für die Hilfeleistungen nach dem 3. und dem 5. bis 9. Kapitel SGB XII außerhalb von stationären Einrichtungen (§ 98 Abs. 1 Satz 1 und Satz 3 SGB XII)

Nach § 98 Abs. 1 Satz 1 SGB XII ist für die Sozialhilfe örtlich zuständig der Träger der Sozialhilfe, in dessen Bereich sich die Leistungsberechtigten tatsächlich aufhalten (§ 98 Abs. 1 Satz 1 SGB XII). Die Begründung der örtlichen Zuständigkeit nach dem **Aufenthaltsprinzip** ist von folgenden Voraussetzungen abhängig:

- Sozialhilferechtliche Bedürftigkeit,

- Anwesenheit an einem im Bereich des sachlich zuständigen Trägers gelegenen Ort (entscheidend ist hierbei die rein körperliche Anwesenheit, Wohnung oder behördliche Anmeldung sind nicht erforderlich),

- Kenntnis im Sinne von § 18 SGB XII des Trägers der Sozialhilfe oder einer beauftragten Stelle zu einem Zeitpunkt, zu dem sich die Leistungsberechtigten in dessen Bereich aufhalten.

Das Aufenthaltsprinzip gilt grundsätzlich nur für die Sozialhilfe außerhalb von stationären Einrichtungen.

Die nach § 98 Abs. 1 Satz 1 SGB XII begründete Zuständigkeit bleibt bis zur Beendigung der Hilfe auch dann bestehen, wenn die Leistung außerhalb seines Bereichs erbracht wird (vgl. § 98 Abs. 1 Satz 2 SGB XII). Diese Regelung schafft für den Träger der Sozialhilfe flexiblere Handlungsmöglichkeiten bei einem Aufenthaltswechsel und ermöglicht es, eine leistungsberechtigte Person bei einem (in der Regel vorübergehenden) Aufenthalt außerhalb seines Bereichs in seiner Betreuung zu behalten, z. B. bei der Hilfeleistung in einem Frauenhaus.

Der Umzug von Leistungsberechtigten in das Gebiet eines anderen Trägers der Sozialhilfe stellt keinen Fall dar, in dem die Hilfe außerhalb des Bereichs des Trägers der Sozialhilfe erbracht wird, in dessen Gebiet die leistungsberechtigte Person bisher gewohnt hat. Würde man § 98 Abs. 1 Satz 2 SGB XII schlechthin auf jede Fallgestaltung eines Umzugs während des Bezugs von Sozialhilfe anwenden, so würde das den Grundsatz des § 98 Abs. 1 Satz 1 SGB XII nicht nur modifizieren, sondern nach einem Wohnungswechsel völlig außer Kraft setzen. § 98 Abs. 1 Satz 2 SGB XII ist auch dann nicht anzuwenden, wenn der für den bisherigen Wohnsitz örtlich zuständige Träger der Sozialhilfe an dem Umzug aktiv mitwirkt.

7.4.2 Örtliche Zuständigkeit für die Hilfeleistungen nach dem 4. Kapitel SGB XII (§ 46b Abs. 1 SGB XII i. V. m. § 1 Abs. 3 Satz 1 AG-SGB XII NRW)

Die Regelung über die örtliche Zuständigkeit für Leistungen der Grundsicherung im Alter und bei Erwerbsminderung nach dem 4. Kapitel des SGB XII in § 46b Abs. 1 SGB XII i. V. m. § 1 Abs. 3 Satz 1 AG-SGB XII NRW knüpft an den gewöhnlichen Aufenthalt der leistungsberechtigten Person an.

Nach § 30 Abs. 3 Satz 2 SGB I hat jemand den gewöhnlichen Aufenthalt dort, wo er sich unter Umständen aufhält, die erkennen lassen, dass er an diesem Ort oder in diesem Gebiet nicht nur vorübergehend verweilt.

§ 30 Abs. 3 SGB I knüpft in erster Linie an die Bestimmung über den personellen Geltungsbereich des Gesetzes in § 30 Abs. 1 SGB I, gilt aber auch in anderen Fällen[395], in denen Rechtsvorschriften auf den Wohnsitz oder gewöhnlichen Aufenthalt Bezug nehmen und eine eigene Begriffsbestimmung nicht enthalten.

Das Zwölfte Buch Sozialgesetzbuch enthält keine Definition des Begriffs „gewöhnlicher Aufenthalt", so dass § 30 Abs. 3 Satz 2 SGB I für die Zuständigkeitsregelungen anzuwenden ist.

§ 30 Abs. 3 Satz 2 SGB I entspricht im Wesentlichen der durch die Rechtsprechung geprägten Definition des gewöhnlichen Aufenthaltes. Danach hat eine Person den gewöhnlichen Aufenthalt an dem Ort, den sie bis auf weiteres und nicht nur vorübergehend oder besuchsweise zum Mittelpunkt der Lebensbeziehungen gewählt hat[396].

Das Bundessozialgericht sieht § 30 Abs. 3 Satz 2 SGB I als grundlegende, einheitlich zu verstehende und anzuwendende Regelung an[397] und löst sich damit von der Auffassung, dass wegen des Vorbehalts abweichender Regelungen und der unterschiedlichen Funktion des Begriffs innerhalb einzelner Regelungsbereiche der Begriff des „gewöhnlichen Aufenthalts" nur hinreichend unter Berücksichtigung des Zwecks des Gesetzes bestimmt werden kann, in welchem der Begriff gebraucht wird[398].

Maßgebend für die Begründung eines gewöhnlichen Aufenthaltes sind sowohl objektive als auch subjektive Umstände, wie

- der vorhandene Wille, einen bestimmten Ort bis auf weiteres und nicht nur vorübergehend zum Mittelpunkt der Lebensbeziehungen zu machen (subjektives Tatbestandsmerkmal) und

- die tatsächliche Verwirklichung dieses Willens durch den Aufenthalt an einem Ort (objektives Tatbestandsmerkmal).

Allerdings ist § 30 Abs. 3 Satz 2 SGB I insoweit unbrauchbar, als die Begriffsbestimmung dort auch auf ein „Gebiet" abstellt, in dem der gewöhnliche Aufenthalt begründet werden kann. Hier fehlt es an der erforderlichen Genauigkeit für die Bestimmung des zuständigen Trägers.

Ein dauerhafter oder längerer Aufenthalt ist dabei nicht erforderlich, es genügt vielmehr, dass sich die betreffende Person an dem Ort „bis auf weiteres" im Sinne eines zukunftsoffenen Verbleibs aufhält und dort den Mittelpunkt seiner Lebensbeziehungen hat[399].

---

[395] Vgl. Hauck/Noftz, Rn. 9 zu § 30 SGB I.
[396] Vgl. z. B. BVerwG, Urteil vom 31.08.1995, 5 C 11/94, BVerwGE 99, 158 = FEVS 46, 133 = NDV-RD 1996, 18.
[397] Vgl. BSG, Urteil vom 18.02.1998, B 5 RJ 12/97 R, BSGE 82, 23 = NVwZ 1999, Beilage Nr. 3, 31.
[398] Vgl. BSG, Urteil vom 28.07.1992, 5 RJ 24/91, BSGE 71, 78 = FEVS 44, 215.
[399] Vgl. z. B. BVerwG, Urteil vom 18.03.1999, 5 C 11/98, NDV-RD 1999, 73 = FEVS 49, 434 = ZFSH/SGB 2000, 29.

Das völlige Fehlen einer Unterkunft wird in der Regel der Erfüllung des objektiven Tatbestandsmerkmals entgegenstehen, es sei denn, es handelt sich um Personen, die auf eine feste Unterkunft verzichten, wie z. B. Nichtsesshafte.

Auf die Art der Unterkunft kommt es nicht an. Es ist nicht erforderlich, dass sie sozialhilferechtlichen Anforderungen an eine Unterkunft entspricht. Es kann sich um jede Art von Behausungsmöglichkeit handeln[400].

Eine Person kann im Gegensatz zum Wohnsitz (vgl. § 7 Abs. 2 BGB) nur **einen** gewöhnlichen Aufenthalt haben.

An die Aufgabe des gewöhnlichen Aufenthaltes sind dieselben Bedingungen zu knüpfen, wie an die Begründung. Es kommt darauf an, ob der tatsächliche Wille zur Aufgabe des gewöhnlichen Aufenthalts vorhanden ist und ob dieser Wille verwirklicht wird. Die Aufgabe der Wohnung kann zwar wichtiges Indiz für die Aufgabe des gewöhnlichen Aufenthalts sein, ist aber nicht entscheidend.

7.4.3 Örtliche Zuständigkeit für die Hilfeleistungen in stationären Einrichtungen

Für die Begründung der örtlichen Zuständigkeit bei Hilfeleistungen in Einrichtungen nach dem 3. und 5. bis 9. Kapitel SGB XII ist der gewöhnliche Aufenthalt im Zeitpunkt der Aufnahme in die Einrichtung oder der letzte gewöhnliche Aufenthalt in den zwei Monaten vor der Aufnahme maßgebend (vgl. § 98 Abs. 2 Satz 1 SGB XII).

Der gewöhnliche Aufenthalt als Anknüpfungspunkt für die örtliche Zuständigkeit bei einer stationären Leistung ist gewählt worden, um die Träger, in deren Bereich sich Einrichtungen befinden, vor unverhältnismäßig hohen finanziellen Belastungen zu schützen. Eine Definition des Begriffs „Einrichtung" enthält § 13 Abs. 2 SGB XII. Danach sind alle Einrichtungen gemeint, die der Pflege, der Behandlung oder sonstigen nach dem Zwölften Buch Sozialgesetzbuch zu deckenden Bedarfe oder der Erziehung dienen.

Bei stationären Einrichtungen muss es sich um Volleinrichtungen handeln (Unterbringung für Tag und Nacht). Die Einrichtungen zur teilstationären Betreuung werden durch § 98 Abs. 2 SGB XII nicht erfasst und begründen keine Zuständigkeit nach dieser Norm.

Wenn eine leistungsberechtigte Person den Mittelpunkt ihrer Lebensbeziehungen in einer stationären Einrichtung hat, hat sie dort auch ihren gewöhnlichen Aufenthalt. Dies ist aber für die Bestimmung des örtlich zuständigen Trägers der Sozialhilfe nicht entscheidend, da er nach § 109 SGB XII bei der Anwendung der Vorschriften des 12. und des 13. Kapitels SGB XII nicht gilt. Es wäre sonst der Schutz des Einrichtungsortes nicht gewährleistet.

Für die Begründung der örtlichen Zuständigkeit ist zunächst der Zeitpunkt der Aufnahme in die stationäre Einrichtung maßgebend. Hatte die leistungsberechtigte Person zu diesem Zeitpunkt keinen im Rahmen der Zuständigkeitsregelungen beachtlichen gewöhnlichen

---

[400] Vgl. OVG Thüringen, Urteil vom 01.07.1997, 2 KO 38/96, NDV-RD 1998, 13 = ZfF 1998, 253.

Aufenthalt, ist der Träger zuständig, in dessen Bereich die leistungsberechtigte Person in den letzten zwei Monaten vor der Aufnahme zuletzt einen gewöhnlichen Aufenthalt hatte. Die Zweimonatsfrist wird nach den §§ 187, 188 BGB berechnet (vgl. § 26 Abs. 1 SGB X).

War bei Einsetzen der Sozialhilfe die leistungsberechtigte Person aus einer Einrichtung im Sinne von § 98 Abs. 2 Satz 1 SGB XII in eine andere Einrichtung oder von dort in weitere Einrichtungen übergetreten oder tritt nach dem Hilfebeginn ein solcher Fall ein, ist der gewöhnliche Aufenthalt entscheidend, der für die erste Einrichtung maßgebend war (§ 98 Abs. 2 Satz 2 SGB XII). Es muss sich bei diesem Übertritt um einen lückenlosen Übergang handeln, d. h. um das Verlassen einer Einrichtung mit dem Ziel, in einer anderen Einrichtung aufgenommen zu werden. Ein zeitlicher Zwischenraum darf nur durch die notwendige Zeit für den Transport begründet sein.

7.4.4 Unterbringung in einer anderen Familie (§ 107 SGB XII)

Bei einer Unterbringung in einer anderen Familie gilt § 98 Abs. 2 SGB XII entsprechend (§ 107 SGB XII), so dass bei Minderjährigen, die bei anderen Personen als den Eltern untergebracht sind und Sozialhilfe beziehen, die Zuständigkeitsregelungen des § 98 Abs. 2 SGB XII anzuwenden sind.

7.4.5 Örtliche Zuständigkeit bei vorläufigen Hilfeleistungen in Einrichtungen (§ 98 Abs. 2 Satz 3 SGB XII).

Steht nicht spätestens innerhalb von vier Wochen fest, ob und wo der gewöhnliche Aufenthalt nach § 98 Abs. 2 Satz 1 oder Satz 2 SGB XII begründet worden ist oder liegt ein Eilfall vor, hat der nach dem Aufenthaltsprinzip (vgl. § 98 Abs. 1 Satz 1 SGB XII) zuständige Träger über die Hilfe unverzüglich zu entscheiden und vorläufig einzutreten (vgl. § 98 Abs. 2 Satz 3 SGB XII).

In einem solchen Fall hat der vorläufig leistende Träger nach § 106 Abs. 1 Satz 1 SGB XII einen Kostenerstattungsanspruch gegen den Träger, in dessen Bereich der gewöhnliche Aufenthalt des Hilfeempfängers bestand. Zu den Kostenerstattungsregelungen vgl. Ausführungen in Kapitel 13 dieses Buches.

7.4.6 Örtliche Zuständigkeit bei Geburt in einer Einrichtung (§ 98 Abs. 2 Satz 4 SGB XII)

Ein in einer Einrichtung geborenes Kind kann einen für die Zuständigkeitsfeststellung maßgebenden gewöhnlichen Aufenthalt nicht begründen, da ein Aufenthalt in einer Einrichtung nach § 109 SGB XII nicht gilt und zuvor ein gewöhnlicher Aufenthalt noch nicht erworben werden konnte.

Wird ein Kind in einer Einrichtung im Sinne von § 98 Abs. 2 Satz 1 SGB XII geboren, tritt an die Stelle von dessen gewöhnlichem Aufenthalt der gewöhnliche Aufenthalt der Mutter (vgl. § 98 Abs. 2 Satz 4 SGB XII).

7.4.7 Örtliche Zuständigkeit bei einer Hilfeleistung nach § 74 SGB XII (§ 98 Abs. 3 SGB XII)

In den Fällen einer Übernahme von Bestattungskosten nach § 74 SGB XII ist der Träger der Sozialhilfe örtlich zuständig, der bis zum Tode der leistungsberechtigten Person Sozialhilfe leistete, in den anderen Fällen der Träger der Sozialhilfe, in dessen Bereich der Sterbeort liegt (vgl. § 98 Abs. 3 SGB XII).

§ 97 Abs. 4 SGB XII bleibt unberührt (vgl. 7.3.3).

7.4.8 Örtliche Zuständigkeit bei Aufenthalt in Einrichtungen zum Vollzug richterlich angeordneter Freiheitsentziehung (§ 98 Abs. 4 SGB XII)

Für Hilfen an Personen, die sich in Einrichtungen zum Vollzug richterlich angeordneter Freiheitsentziehung aufhalten, gelten § 98 Abs. 1 und Abs. 2 SGB XII entsprechend (§ 98 Abs. 5 SGB XII). Durch diese Regelung werden die Einrichtungen zum Vollzug richterlich angeordneter Freiheitsentziehung (z. B. Justizvollzugsanstalten, psychiatrische Krankenhäuser) wie Einrichtungen im Sinne des § 98 Abs. 2 SGB XII behandelt. Das hat zur Folge, dass bei einer Hilfeleistung an die genannten Personen wie bei § 98 Abs. 2 Satz 1 SGB XII für die Begründung der örtlichen Zuständigkeit der gewöhnliche Aufenthalt im Zeitpunkt der Aufnahme in die Einrichtung maßgebend ist. Hatte die leistungsberechtigte Person zu diesem Zeitpunkt keinen gewöhnlichen Aufenthalt, ist der Träger zuständig, in dessen Bereich sie in den letzten zwei Monaten vor der Aufnahme zuletzt einen gewöhnlichen Aufenthalt hatte.

7.4.9 Örtliche Zuständigkeit bei Leistungen in Formen ambulanter betreuter Wohnmöglichkeiten (§ 98 Abs. 5 SGB XII)

Für Leistungen an Personen, die diese in Formen ambulanter betreuter Wohnmöglichkeiten (sog. „Betreutes Wohnen") erhalten, bleibt nach § 98 Abs. 5 SGB XII der Träger der Sozialhilfe örtlich zuständig, der vor Eintritt in diese Wohnform zuletzt örtlich zuständig war.

Die Norm stellt eine Sonderregelung dar, die die allgemeinen Zuständigkeitsregelungen verdrängt. Neben der klaren Bestimmung für den Fall, dass eine Hilfeleistung und somit die Zuständigkeit eines Trägers der Sozialhilfe bei Beginn der Leistungen schon gegeben war, kommt die Anwendung aber auch in Betracht, wenn die Sozialhilfeleistung erstmals im Rahmen des betreuten Wohnens erforderlich wird. In diesen Fällen ist der Träger der Sozialhilfe örtlich zuständig, der für eine hilfeauslösende Entscheidung zuvor zuständig gewesen wäre.

7.4.10 Örtliche Zuständigkeit bei der Sozialhilfe für Deutsche im Ausland (§ 24 SGB XII)

Örtlich zuständig ist nach § 24 Abs. 4 Satz 2 SGB XII der überörtliche Träger der Sozialhilfe, in dessen Bereich die antragstellende Person geboren ist. Liegt der Geburtsort im Ausland oder ist er nicht zu ermitteln, wird der örtlich zuständige Träger von einer Schiedsstelle bestimmt (vgl. § 24 Abs. 4 Satz 2 SGB XII). Schiedsstelle ist nach § 108 Abs. 2 Satz 1 SGB XII das Bundesverwaltungsamt. Die Länder können gemäß § 108 Abs. 2 Satz 2 SGB XII eine andere Schiedsstelle bestimmen.

§ 24 Abs. 5 SGB XII regelt die örtliche Zuständigkeit in Fällen, in denen Ehegatten, Verwandte und Verschwägerte bei Einsetzen der Sozialhilfe zusammenleben. Die örtliche Zuständigkeit richtet sich dann nach der ältesten Person von ihnen, die im Inland geboren ist (vgl. § 24 Abs. 5 Satz 1 SGB XII). Für den Fall, dass keine der Personen im Inland geboren ist, ist ein gemeinsamer örtlich zuständiger Träger zu bestimmen (§ 24 Abs. 5 Satz 2 SGB XII).

Die Zuständigkeit bleibt nach § 24 Abs. 5 Satz 3 SGB XII bestehen, solange eine der Personen der Sozialhilfe bedarf.

7.5 Übungen

Sachverhalt 1

Herr A, der im Bereich der kreisfreien Stadt Dortmund in Nordrhein-Westfalen wohnt (Bereich des überörtlichen Trägers Landschaftsverband Westfalen-Lippe) und sich dort auch tatsächlich aufhält, spricht beim Sozialamt der Stadt Dortmund vor und bittet um Hilfe. Herr A ist anspruchsberechtigt nach den Vorschriften des 3. Kapitels SGB XII.

Aufgabe

Prüfen Sie, welcher Träger für die Entscheidung über eine Sozialhilfeleistung sachlich und örtlich zuständig ist.

Bearbeitungshinweis

Durch landesrechtliche Bestimmungen wird die Zuständigkeit eines überörtlichen Trägers nicht begründet. In Nordrhein-Westfalen sind ausschließlich die kreisfreien Städte und die Kreise örtliche Träger der Sozialhilfe.

Lösung

Es kommt Hilfe zum Lebensunterhalt außerhalb von Einrichtungen nach dem 3. Kapitel SGB XII in Betracht.

Sachlich zuständig ist nach § 97 Abs. 1 SGB XII ein örtlicher Träger, soweit nicht ein überörtlicher Träger sachlich zuständig ist. Für die hier in Betracht kommende Hilfe zum Lebensunterhalt außerhalb von Einrichtungen wird die Zuständigkeit des überörtlichen Trägers laut Bearbeitungshinweis durch Landesrecht (vgl. § 2a AG-SGB XII NRW) nicht begründet. Sachlich zuständig ist somit ein örtlicher Träger der Sozialhilfe.

Örtliche Träger der Sozialhilfe sind die kreisfreien Städte und die Kreise, soweit nicht durch Landesrecht etwas anderes bestimmt wird (§ 3 Abs. 2 Satz 1 SGB XII). Eine abweichende Bestimmung durch Landesrecht ist laut Bearbeitungshinweis in Nordrhein-Westfalen nicht vorgenommen worden (vgl. § 1 Abs. 1 AG-SGB XII NRW).

Für die Sozialhilfe örtlich zuständig ist der Träger der Sozialhilfe, in dessen Bereich sich die Leistungsberechtigten tatsächlich aufhalten (§ 98 Abs. 1 Satz 1 SGB XII). Herr A hält sich in Dortmund auf, ist hilfebedürftig und gibt der Stadt Dortmund seine Notlage zur Kenntnis. Die kreisfreie Stadt Dortmund ist für die Entscheidung über eine Sozialhilfeleistung sachlich und örtlich zuständig.

Sachverhalt 2

Frau B (68 Jahre alt), lebt seit ihrer Geburt in der kreisfreien Stadt Münster in Nordrhein-Westfalen (Bereich des überörtlichen Trägers Landschaftsverband Westfalen-Lippe). Sie hat Anspruch auf Leistungen der Grundsicherung im Alter nach dem 4. Kapitel SGB XII, die sie beim Sozialamt der Stadt Münster beantragt.

Aufgabe

Prüfen Sie, welcher Träger für die Entscheidung über eine Sozialhilfeleistung sachlich und örtlich zuständig ist.

Bearbeitungshinweis

Durch landesrechtliche Bestimmungen wird die Zuständigkeit eines überörtlichen Trägers nicht begründet (vgl. § 2a AG-SGB XII NRW). In Nordrhein-Westfalen sind ausschließlich die kreisfreien Städte und die Kreise örtliche Träger der Sozialhilfe.

Lösung

Es kommt Grundsicherung im Alter und bei Erwerbsminderung nach dem 4. Kapitel SGB XII in Betracht.

Sachlich zuständig ist nach § 46b SGB XII i. V. m. § 1 Abs. 3 Satz 2 AG-SGB XII NRW i. V. m. § 97 Abs. 1 SGB XII ein örtlicher Träger, soweit nicht ein überörtlicher Träger sachlich zuständig ist. Für die hier in Betracht kommende Leistung der Grundsicherung im Alter wird die Zuständigkeit des überörtlichen Trägers laut Bearbeitungshinweis (vgl. § 46b SGB XII i. V. m. § 1 Abs. 3 Satz 2 AG-SGB XII NRW i. V. m. § 97 Abs. 2

SGB XII i. V. m. § 2a AG-SGB XII NRW) durch Landesrecht nicht begründet. Sachlich zuständig ist somit ein örtlicher Träger der Sozialhilfe.

Örtliche Träger der Sozialhilfe sind die kreisfreien Städte und die Kreise, soweit nicht durch Landesrecht etwas anderes bestimmt wird (§ 3 Abs. 2 Satz 1 SGB XII). Eine abweichende Bestimmung durch Landesrecht ist laut Bearbeitungshinweis in Nordrhein-Westfalen nicht vorgenommen worden. Nach § 1 Abs. 1 AG-SGB XII sind die Kreise und kreisfreien Städte örtlicher Träger der Sozialhilfe (örtliche Träger).

Für Leistungen der Grundsicherung im Alter und bei Erwerbsminderung nach dem 4. Kapitel SGB XII ist nach § 46b Abs. 1 SGB XII i. V. m. § 1 Abs. 3 Satz 1 AG-SGB XII NRW der Träger der Sozialhilfe örtlich zuständig, in dessen Bereich der gewöhnliche Aufenthalt des Leistungsberechtigten liegt.

Den gewöhnlichen Aufenthalt hat jemand dort, wo er sich unter Umständen aufhält, die erkennen lassen, dass er an diesem Ort oder in diesem Gebiet nicht nur vorübergehend verweilt (§ 30 Abs. 3 Satz 2 SGB I). Frau B lebt laut Sachverhalt seit ihrer Geburt in der kreisfreien Stadt Münster, verweilt damit an diesem Ort nicht nur vorübergehend und hat deshalb dort ihren gewöhnlichen Aufenthalt.

Sachlich und örtlich zuständig für eine Entscheidung über die Leistung der Grundsicherung im Alter ist die kreisfreie Stadt Münster.

Sachverhalt 3

Die Eheleute C und ihr gemeinsames zweijähriges Kind erfüllen die Voraussetzungen für Leistungen nach dem 3. Kapitel SGB XII und erhalten von der kreisfreien Stadt Solingen in Nordrhein-Westfalen (Bereich des überörtlichen Trägers Landschaftsverband Rheinland) laufende Hilfe zum Lebensunterhalt außerhalb von Einrichtungen. Nach schweren Streitigkeiten in der Familie verlässt Frau C mit ihrem Kind ihren Ehemann.

Ihr wird vom Sozialamt der Stadt Solingen ein Platz in einem Frauenhaus in der kreisfreien Stadt Leverkusen in Nordrhein-Westfalen (Bereich des überörtlichen Trägers Landschaftsverband Rheinland) vermittelt. Dort wird ihr eine Unterkunft zur Verfügung gestellt. Das Sozialamt der Stadt Solingen beabsichtigt, Frau C in seiner Betreuung zu behalten, da die Möglichkeit besteht, dass Frau C nach einer gewissen Zeit der Trennung mit ihrem Kind in die eheliche Wohnung zurückkehren wird.

Aufgabe

Prüfen Sie, welcher Träger für die Entscheidung über eine Sozialhilfeleistung sachlich und örtlich zuständig ist.

Kapitel 7 - Träger der Sozialhlfe, Zuständigkeiten

Bearbeitungshinweis

Landesrechtliche Bestimmungen begründen die Zuständigkeit eines überörtlichen Trägers nicht. In Nordrhein-Westfalen sind ausschließlich die kreisfreien Städte und die Kreise örtliche Träger der Sozialhilfe. Bei dem Frauenhaus handelt es sich nicht um eine Einrichtung im Sinne von § 98 Abs. 2 SGB XII.

Lösung

Es kommt Hilfe zum Lebensunterhalt außerhalb von Einrichtungen nach dem 3. Kapitel SGB XII in Betracht (vgl. Bearbeitungshinweis).

Sachlich zuständig ist nach § 97 Abs. 1 SGB XII ein örtlicher Träger, soweit nicht der überörtliche Träger sachlich zuständig ist. Für die hier in Betracht kommende Hilfe zum Lebensunterhalt wird die Zuständigkeit des überörtlichen Trägers laut Bearbeitungshinweis durch Landesrecht nicht begründet. Sachlich zuständig ist somit ein örtlicher Träger der Sozialhilfe.

Örtliche Träger der Sozialhilfe sind die kreisfreien Städte und die Kreise, soweit nicht durch Landesrecht etwas anderes bestimmt wird (§ 3 Abs. 2 Satz 1 SGB XII). Eine abweichende Bestimmung durch Landesrecht ist laut Bearbeitungshinweis in Nordrhein-Westfalen nicht vorgenommen worden.

Für die Sozialhilfe örtlich zuständig ist der Träger der Sozialhilfe, in dessen Bereich sich die Leistungsberechtigten tatsächlich aufhalten (§ 98 Abs. 1 Satz 1 SGB XII). Frau C hält sich mit ihrem Kind in Leverkusen auf, so dass die kreisfreie Stadt Leverkusen nach § 98 Abs. 1 Satz 1 SGB XII für die Sozialhilfeleistung sachlich und örtlich zuständig wäre. Im vorliegenden Fall war die Stadt Solingen vorher für die Hilfe zum Lebensunterhalt in ihrem Bereich sachlich und örtlich zuständig und beabsichtigt, die Hilfeleistung auch außerhalb des eigenen Bereichs sicherzustellen. Nach § 98 Abs. 1 Satz 2 SGB XII bleibt eine Zuständigkeit bestehen, wenn die Leistung durch einen Träger außerhalb seines Bereichs erbracht wird.

Somit ist die kreisfreie Stadt Solingen auch für die Entscheidung über eine Sozialhilfeleistung in Leverkusen sachlich und örtlich zuständig.

Sachverhalt 4

Frau D (64 Jahre alt) lebt seit Jahren in der kreisfreien Stadt Essen in Nordrhein-Westfalen (Bereich des überörtlichen Trägers Landschaftsverband Rheinland). Sie ist wegen fortschreitenden Muskelschwundes nicht nur vorübergehend wesentlich körperlich behindert im Sinne des § 99 SGB IX i. V. m. § 53 Abs. 1 Satz 1 SGB XII (Fassung 2019) und benötigt wegen benötigt wegen ihrer Behinderung Hilfe zur Pflege in einem Pflegeheim, da häusliche Pflege nicht mehr ausreicht. Die Voraussetzungen für Leistungen nach dem 7. Kapitel SGB XII sind erfüllt.

Kapitel 7 - Träger der Sozialhlfe, Zuständigkeiten

Da ein geeigneter Heimplatz in Essen nicht zur Verfügung steht, wird Frau D in einem Pflegeheim in Bochum (Bereich des überörtlichen Trägers Landschaftsverband Westfalen-Lippe) aufgenommen. Sie wird das Pflegeheim nicht mehr verlassen können. Die Wohnung in Essen wird von ihr aufgegeben.

Aufgabe

Prüfen Sie, welcher Träger für die Entscheidung über eine Sozialhilfeleistung sachlich und örtlich zuständig ist.

Bearbeitungshinweise

Überörtliche Träger sind in Nordrhein-Westfalen die Landschaftsverbände (§ 97 Abs. 2 Satz 1 SGB XII, § 1 Abs. 1 AG-SGB XII NRW, § 5 Abs. 1 Nr. 1 Buchstabe a) LVerbO).

Nach § 2a Abs. 1 Nr. 1 Buchstabe a) AG-SGB XII NRW ist der überörtliche Träger der Sozialhilfe sachlich zuständig Der überörtliche Träger ist sachlich zuständig für Leistungen nach dem 5. bis 9. Kapitel des Zwölften Buches Sozialgesetzbuch für Personen nach § 99 SGB IX und für Menschen mit einer sonstigen geistigen oder seelischen Beeinträchtigung, mit Anfallserkrankung oder einer Suchterkrankung bis zur Vollendung des 65. Lebensjahres, wenn es wegen der Beeinträchtigung oder der Krankheit dieser Personen in Verbindung mit den Besonderheiten des Einzelfalls erforderlich ist, die Hilfe in einer teilstationären oder stationären Einrichtung oder in einer gemeinschaftlichen Wohnform nach § 42a Abs. 2 Satz 1 Nummer 2 SGB XII zu gewähren.

Auf eine Übertragung der Aufgabenausführung ist nicht einzugehen.

Lösung

In Betracht kommt die Hilfe zur Pflege in einer stationären Einrichtung nach dem 7. Kapitel des SGB XII.

Sachlich zuständig ist nach § 97 Abs. 1 SGB XII ein örtlicher Träger, soweit nicht ein überörtlicher Träger sachlich zuständig ist. Die sachliche Zuständigkeit des überörtlichen Trägers wird nach Landesrecht bestimmt, im vorliegenden Fall nach dem Ausführungsgesetz des Landes Nordrhein-Westfalen (vgl. § 97 Abs. 2 SGB XII). Hier könnte die sachliche Zuständigkeit eines überörtlichen Trägers nach § 2a Abs. 1 Nr. 1 Buchstabe a) AG-SGB XII NRW gegeben sein. § 2 Abs. 1 Nr. 1 Buchstabe a) AG-SGB XII NRW nennt fünf Voraussetzungen, die im vorliegenden Fall alle erfüllt sind.

- Es handelt sich um Hilfe zur Pflege, also um eine Leistung nach dem 5. bis 9. Kapitel SGB XII.

- Frau D gehört zum Personenkreis des § 99 SGB IX i. V. m. § 53 Abs. 1 Satz 1 SGB XII (Fassung 2019). Sie gehört aufgrund des Muskelschwundes zu den Personen, die durch eine Behinderung im Sinne von § 2 Abs. 1 Satz 1 SGB IX wesentlich in ihrer Fähigkeit, an der Gesellschaft teilzuhaben, eingeschränkt sind (vgl. § 1 Nr. 1 VO nach § 60 SGB XII [2019]).

- Sie hat das 65. Lebensjahr noch nicht vollendet.
- Es ist erforderlich, die Hilfe in einer stationären Einrichtung zu leisten.
- Die als Folge der Behinderung eingetretene Pflegebedürftigkeit ist kausal für die Notwendigkeit, die Hilfe in einer stationären Einrichtung zu leisten.

Überörtliche Träger werden nach § 97 Abs. 2 Satz 1 SGB XII von den Ländern bestimmt. In Nordrhein-Westfalen sind durch Landesrecht die Landschaftsverbände bestimmt worden (vgl. Bearbeitungshinweis).

Bei der Hilfe im Pflegeheim handelt es sich um eine stationäre Leistung im Sinne des § 98 Abs. 2 SGB XII. Die Bestimmung des örtlich zuständigen Trägers richtet sich nach § 98 Abs. 2 Satz 1 SGB XII. Für die stationäre Leistung ist der Träger der Sozialhilfe örtlich zuständig, in dessen Bereich die leistungsberechtigte Person ihren gewöhnlichen Aufenthalt im Zeitpunkt der Aufnahme in die Einrichtung hat oder in den zwei Monaten vor der Aufnahme zuletzt gehabt hat. Den gewöhnlichen Aufenthalt hat jemand dort, wo er sich unter Umständen aufhält, die erkennen lassen, dass er an diesem Ort oder in diesem Gebiet nicht nur vorübergehend verweilt (§ 30 Abs. 3 Satz 2 SGB I).

Mit der Aufnahme erwirbt Frau D ihren gewöhnlichen Aufenthalt in der Einrichtung. Dieser gewöhnliche Aufenthalt gilt aber nach § 109 SGB XII nicht für die Zuständigkeitsfeststellung nach § 97 Abs. 2 SGB XII. Es kommt deshalb auf den letzten gewöhnlichen Aufenthalt innerhalb von zwei Monaten vor der Aufnahme an. Diesen gewöhnlichen Aufenthalt hat Frau D in Essen (Bereich des Landschaftsverbandes Rheinland) gehabt, so dass der Landschaftsverband Rheinland für die Entscheidung über eine Hilfeleistung sachlich und örtlich zuständig ist.

Sachverhalt 5 (Fortsetzung von Sachverhalt 4)

Nach einigen Monaten des Aufenthaltes in dem Pflegeheim stirbt Frau D. Sie soll in der kreisfreien Stadt Bochum beigesetzt werden. Die Voraussetzungen für eine Hilfeleistung nach § 74 SGB XII sind erfüllt, da den verpflichteten Personen die Aufbringung der Mittel nicht zuzumuten ist.

Aufgabe

Prüfen Sie, welcher Träger für die Entscheidung über eine Sozialhilfeleistung sachlich und örtlich zuständig ist.

Lösung

Nach § 97 Abs. 4 SGB XII umfasst die sachliche Zuständigkeit für eine stationäre Leistung auch die sachliche Zuständigkeit für Leistungen, die gleichzeitig nach anderen Kapiteln zu erbringen sind sowie für die Hilfe nach § 74 SGB XII. Der Landschaftsverband Rheinland ist auch für die Entscheidung über die Übernahme der Bestattungskosten sachlich und örtlich zuständig. § 97 Abs. 4 SGB XII tritt hier an die Stelle von § 98 Abs. 3 SGB XII.

Sachverhalt 6

Herr E (zeitlich befristet voll erwerbsgemindert) aus der kreisfreien Stadt Dortmund in Nordrhein-Westfalen (Bereich des überörtlichen Trägers Landschaftsverband Westfalen-Lippe) ist rechtskräftig zu einer sechsmonatigen Freiheitsstrafe verurteilt worden, die er in der Justizvollzugsanstalt Bochum verbüßt. Er beantragt über die Verwaltung der Justizvollzugsanstalt beim Sozialamt der kreisfreien Stadt Bochum (Bereich des überörtlichen Trägers Landschaftsverband Westfalen-Lippe) die Übernahme der in Dortmund anfallenden Mietkosten, da ihm im Falle der Nichtzahlung der Miete nach der Haftentlassung Obdachlosigkeit droht.

Herr E erfüllt die Voraussetzungen für ein Leistungen nach dem 3. Kapitel SGB XII (Hilfe zum Lebensunterhalt).

Aufgabe

Prüfen Sie, ob die Stadt Bochum für die Entscheidung über die Sozialhilfeleistung sachlich und örtlich zuständig ist.

Bearbeitungshinweis

Landesrechtliche Bestimmungen begründen die Zuständigkeit eines überörtlichen Trägers nicht. In Nordrhein-Westfalen sind ausschließlich die kreisfreien Städte und die Kreise örtliche Träger der Sozialhilfe.

Lösung

In Betracht kommt Hilfe zum Lebensunterhalt in Sonderfällen nach § 36 SGB XII zur Sicherung der Unterkunft.

Sachlich zuständig ist nach § 97 Abs. 1 SGB XII ein örtlicher Träger, soweit nicht ein überörtlicher Träger sachlich zuständig ist. Für die hier in Betracht kommende Hilfe zum Lebensunterhalt ist die Zuständigkeit eines überörtlichen Trägers nicht gegeben, da Landesrecht keine sachliche Zuständigkeit eines überörtlichen Trägers begründet. Sachlich zuständig ist somit ein örtlicher Träger der Sozialhilfe.

Örtliche Träger der Sozialhilfe sind die kreisfreien Städte und die Kreise, soweit nicht durch Landesrecht etwas anderes bestimmt wird (§ 3 Abs. 2 Satz 1 SGB XII). Eine abweichende Bestimmung durch Landesrecht ist laut Bearbeitungshinweis in Nordrhein-Westfalen nicht vorgenommen worden.

Herr E befindet sich in einer Justizvollzugsanstalt und verbüßt dort eine richterlich angeordnete Freiheitsstrafe. Für Hilfe an Personen, die sich in Einrichtungen zum Vollzug richterlich angeordneter Freiheitsentziehung aufhalten, gelten nach § 98 Abs. 4 SGB XII die Bestimmungen über die örtliche Zuständigkeit nach § 98 Abs. 2 SGB XII entsprechend. Für die Hilfe ist der Träger der Sozialhilfe örtlich zuständig, in dessen Bereich die leistungsberechtigte Person ihren gewöhnlichen Aufenthalt im Zeitpunkt der Aufnahme in die Einrichtung (hier die Justizvollzugsanstalt) hat oder in den zwei Monaten vor der Aufnahme zuletzt gehabt hat (vgl. § 98 Abs. 2 Satz 1 SGB XII).

Diesen gewöhnlichen Aufenthalt hatte Herr E in Dortmund, so dass die Stadt Dortmund für die Entscheidung über eine Hilfeleistung sachlich und örtlich zuständig ist.

Stichwortverzeichnis
Die Zahlen verweisen auf die Seiten.

Abgrenzung Hilfe zur Pflege vs. Krankenhilfe 296
Aktualitätsprinzip 40
Allgemeine Regelungen der Sozialhilfe 14
Altenhilfe 387
   Aufgabe 388
   Leistungen 389
   Rechtscharakter 388
   Voraussetzungen 389
Altersgerechte Dienste 391
Altershilfe für Landwirte 3
Alterssicherung 327
Andere Einkünfte 157
Angemessenes Hausgrundstück 186
Angemessenheit von Unterkunftskosten 93
Angestelltenversicherungsgesetz 1
Anrechnungsvorschrift 356
Ansparprinzip 72
Anspruch auf Sozialhilfe 30
Anspruchsgrundlage 30
Anteilige Monatsberechnung in der Sozialhilfe 44
Antrag beim unzuständigen Leistungsträger 37
Antragseingang in der Sozialhilfe 37
Antragserfordernis 256
Antragstellung in der Sozialhilfe 37
Antragsunabhängige Leistung in der Sozialhilfe 36
Arbeiterwohlfahrt 9
Arbeitgebermodell 344
Arbeitsbereich 224, 226
Arbeitsförderungsgeld 145, 163
Arbeitsgemeinschaften 55
Arbeitskraft 203
Arbeitsmittel 162
Art des Bedarfs 27
Arzneimittel 295, 299
Ärztliche Behandlung 294
Assistenzkraft 343
Aufbau einer Lebensgrundlage 182
Aufenthaltsgestattung 210
Aufgabe der Sozialhilfe 14
Aufgabenübertragung eigener Art 453
Aufrechnung 52, 126, 218, 253
Aufrechterhaltung sozialer Beziehungen 381
Aufwendungen für Unterkunft und Heizung
   besondere Wohnform 237
   sonstige Unterkünfte 231, 241
   Wohnungen 231, 232
Aufwendungsersatz 69, 400
Ausbildungsgeld 145
Ausführungsgesetze
   der Länder 457
   SGB XII 14
Ausgleich 12
Ausländer 31
Ausländerinnen und Ausländer
   Darlehen für die Kosten der Rückreise 208
   fünfjährigem Aufenthalt 214
   Leistungen bei mehr als fünfjährigem Aufenthalt 214
   Leistungsausschluss für Leistungsberechtigte nach dem Asylbewerberleistungsgesetz 209
   Sozialhilfe für Ausländerinnen und Ausländer 207
   Überbrückungsleistungen 213
   Unterrichtungspflichten gegenüber Leistungsberechtigten 215
   Verstoß gegen Wohnsitzauflage bzw. Wohnsitzregelung 215
Ausschluss des Anspruchs auf Hilfe 34
Ausschlusstatbestände
   Anspruchsberechtigung nach dem Asylbewerberleistungsgesetz 209
Auszubildende 206

Barbetrag 130
   zur persönlichen Verfügung 131, 437
Bedarfsdeckungsprinzip 43
   Absetzung von Versicherungsbeiträgen 160
Bedarfsgegenstände 427
Bedarfsgemeinschaft
   gemischte 165, 271, 282
Behindertentestament 148
Beiträge
   für Berufsverbände 163
   für die Kranken- und Pflegeversicherung 115
   für Rentenantragsteller 116
   für Weiterversicherte 116
Bekleidung 109
Bekleidungspauschale 130, 131
Bereinigung des Einkommens 158
Bereite Mittel 19, 21, 140, 142
Berufsbildungsbereich 225, 226
Berufsverbände 163
Beschaffung und Erhaltung einer Wohnung 379
Besondere Pflegekraft 330
Besondere Wohnform 230
Besonderheit des Einzelfalles 25
Bestattungskosten 395
   Zuständigkeit 466
Bestattungsvorsorgevertrag 193, 396
Betreutes Wohnen
   Zuständigkeit 466
Betreuungsbereich 226

Bewilligungszeitraum 258
Bezugszeitraum 157
Bildung und Teilhabe 119
  Übergangsregelung COVID-19-Pandemie 265
Blindenhilfe 392
  Leistung 393
  Voraussetzungen 392
  Zuständigkeit 460
Brutto-Prinzip 400
Budget 371
Bundesauftragsverwaltung 451
Bundesentschädigungsgesetz 143

Caritasverband 9
Conterganstiftung 145
Coronavirus SARS-CoV-2 260
COVID-19-Pandemie 260

Darlehen 48, 194
  bei am Monatsende fälligen Einkünften 128
  bei vorübergehender Notlage 132
Datenschutz 37
Dauerhafte volle Erwerbsminderung 223
Delegation
  echte und unechte 453
Deutsche im Ausland 31
Deutscher Paritätische Wohlfahrtsverband 9
Deutsches Rotes Kreuz 9
Diakonisches Werk 9
Dienstleistungen 48
Digitale Pflegeanwendungen 350
Direktzahlung der Miete 99
Doppelmiete 101
Doppelte Haushaltsführung 163
Duldung 210

Eheähnliche Gemeinschaft 63
Eigenheime 93
Eigentumswohnungen 93
Eilfall 33
Eingangs- und Berufsbildungsbereich 224
Eingangsverfahren 225, 226
Einkommen 137
  Abgrenzung zum Vermögen 138
  Begriff 137
  Bereinigung 158
  Bezugszeitraum 157
  Darlehen unter Verwandten 153
  Persönliche Zuordnung 140
  Vorleistung Dritter 153
  Zuordnung 137
  Zweckbestimmte Leistungen 149
Einkommens- oder Vermögensminderung 217
Einkommens- und Verbrauchsstichprobe 73
Einkommenseinsatz 401
Einkommensgrenze 403
  als Schutzgrenze 403
  Heizkosten 406
  Wohngeld 405

Einkommensverteilung
  Kaskadenmethode 282
  Kopfteilmethode 282
  Verhältnismethode 282
Einkünfte
  aus Gewerbebetrieb 155
  aus Kapitalvermögen 156
  aus Land- und Forstwirtschaft 155
  aus nichtselbstständiger Arbeit 154
  aus selbstständiger Arbeit 155
  aus Vermietung und Verpachtung 156
  in Geld 137
  in Geldeswert 138
Einkunftsarten 154
Einmalige Bedarfe 105
Einmalige Einnahmen 154
Einrichtungen
  der Sozialhilfe 53
  stationäre 458
  teilstationäre 458
  zum Vollzug richterlich angeordneter
    Freiheitsentziehung 466
Einsatz
  der Arbeitskraft 203
  des Einkommens bei mehrfachem Bedarf 441
  des Einkommens über der Einkommensgrenze
    419
  des Einkommens unter der Einkommensgrenze
    428
  von Vermögen 177
Einsatzgemeinschaft 60
Einsatzverpflichtung
  Ausnahme 67
Einschränkung der Hilfe 34
Einschränkung der Leistung 204
Einsetzen der Sozialhilfe 35
Einzelanspruch 60
Einzelfall 25
Elternbegriff 66
Empfängnisregelnde Mittel 297
Entbindung 298
Entlastungsbetrag 359
Entschädigung 12
Erbstücke 185
Ergänzende Darlehen 126
Erhat der Wohnung
  Haft 377
Erhebliches Vermögen
  Übergangsregelung COVID-19-Pandemie 262
Erholungskur 293
Ermessensausübung 50
Ermessensleistung 46
Ernährungsbedingter Mehrbedarf 88
Erreichen der Altersgrenze 222
Erstattungsansprüche zwischen Trägern 254
Erstausstattung
  bei Schwangerschaft und Geburt 109
  für Bekleidung 109
  für die Wohnung 105

Stichwortverzeichnis 477

Erweiterte Hilfe 22, 68, 246, 400

Fachausschuss 224
Fahrten zwischen Wohnung und Arbeitsstätte 162
Fahrtkosten 162
Faktizitätsprinzip 19
Familien- und Erbstücke 185
Familienplanung 297
Fiktives Einkommen 142
Förderbereich 226
Förderung 12
Form der Sozialhilfe 27
Fortschreibung
   Verbot bei Kürzungsbeträgen gemäß § 27a Abs. 4 Satz 3 und 4 SGB XII 80
Freibetrag für Erwerbstätige 163
Freie Wohlfahrtspflege 8, 52
Freiwillige Krankenversicherung 116
Fremdvergleich 154
fünfjähriger Aufenthalt 214
Fürsorge 11
Fürsorgeabkommen 14

Geburt in einer Einrichtung
   Zuständigkeit 465
Gegenwärtigkeitsprimzip 40
Gegenwartsorientierte Hilfe 40
Geldleistungen 48
Gemeinschaftliche Mittagsverpflegung 261
Gemischte Bedarfsgemeinschaft 60, 165, 271, 282
Gerechtfertigkeitsprüfung 151
Geringfügige Mittel 431
Gesamtbedarf 252
Gesamtfallgrundsatz 38
Geschenke
   Konfirmation, Kommunion, Jugendweihe, Geburtstag 153
Geschütztes Einkommen 142
Geschütztes Vermögen 181
Gesetz über eine Altershilfe für Landwirte 3
Gesetz über Invalidität und Altersversorgung der Arbeiter 1
Gesetzgebungszuständigkeit 7
Gestaltung des Alltags 381
Getrenntleben 62
   Inhaftierung 62
Grabpflegevertrag 193
Grade der Pflegebedürftigkeit 315
Grundbetrag 405
Grundlagen des Sozialrechts 1
Grundrente 171
   nach dem Bundesversorgungsgesetz 143
Grundrentenzeiten 170
Grundsatz der Einheit der Verwaltung 36
Grundsatz der Gleichzeitigkeit 418
Grundsatz der Individualität 25, 29
Grundsatz der Subsidiarität 17

Grundsätze der Sozialhilfe 14
Grundsicherung 243
Grundsicherung im Alter und bei Erwerbsminderung 221
   Anspruchsvoraussetzungen 227
   Bedarf 228
   Bedarfe für Vorsorge 243
   Besondere Verfahrensregelungen 256
   Bewilligungszeitraum 258
   Darlehen 243
   einmalige Bedarfe 243
   Einsatz eigener Kräfte und Mittel 244
   Korrektur von Bescheiden 260
   Kranken- und Pflegeversicherung 243
   Leistungsbeginn 257
   Leistungsumfang 243
   Mehrbedarfe 243
   vorübergehender Auslandsaufenthalt 248
Gründung eines Hausstandes 182
Gruppenprophylaxe 292
Gruppenvorsorge 11
Gutschein in der Sozialhilfe 50

Haft
   Erhalt der Wohnung 377
Haftpflichtversicherung 159
   für Hundehalter 159
   für Kraftfahrzeuge 159
Haftung 455
Handwerkerversicherungsgesetz 3
Härteregelung 192
Hausgrundstück 186
Haushaltsgemeinschaft 66, 133
Haushaltsgeräte 105
Haushaltshilfe 295
Häusliche Krankenpflege 295
Häusliche Pflege 318
Häusliche Pflegeleistungen 299
Hausrat 184
Hausratversicherung 160
Hebammenhilfe 298
Heilmittel 295, 299
Heimkehrerstiftung 145
Heimunterbringungskosten 435
Heizkosten 45, 103
Heizmaterial 45
Heranziehung zur Durchführung von Aufgaben 452
   Widerspruch und Klage 455
Hilfe bei Krankheit 293
   Aufgabe 293
   Maßnahmen 294
   Rechtscharakter 293
   Voraussetzungen 293
Hilfe bei Schwangerschaft und Mutterschaft 298
   Maßnahmen 298
   Rechtscharakter 298
   Voraussetzungen 298

Hilfe bei Sterilisation 300
   Maßnahmen 301
   Rechtscharakter 301
   Voraussetzungen 301
Hilfe zum Lebensunterhalt 59
   Anspruchsvoraussetzungen 60
   außerhalb von Einrichtungen 71
   Beschränkungen des Anspruchs 206
   in Einrichtungen 130
   Leistungsspektrum 70
   Vorrang der Grundsicherung 228
Hilfe zum Lebensunterhalt in Einrichtungen 438
Hilfe zur Familienplanung 297
   Maßnahmen 297
   Rechtscharakter 297
   Voraussetzungen 297
Hilfe zur Pflege 302
   Abgrenzung zu anderen Hilfearten 371
   in Einrichtungen 351
   Leistungskonkurrenz 355
   Rechtscharakter 306
Hilfe zur Selbsthilfe 16
Hilfe zur Überwindung besonderer sozialer Schwierigkeiten 376
   Aufgabe 376
   Leistungen 378
   Rechtscharakter 376
   Voraussetzungen 376
   Zuständigkeit 460
Hilfe zur Weiterführung des Haushalts 383
   Abgrenzung zu anderen Hilfearten 386
   Aufgabe 383
   Leistungen 385
   Rechtscharakter 383
   Voraussetzungen 384
Hilfeleistung Dritter in der Sozialhilfe 20
Hilfen außerhalb des Haushalts 385
Hilfen für einzelne Tätigkeiten 205
Hilfen im Haushalt 385
Hilfen zur Gesundheit 288
Hilfen zur Sicherung der Unterkunft 124
Hilfsmittel 295, 348
HIV-Hilfegesetz 144

Individualanspruch 61
Individualität 25, 29
Individualprophylaxe 292
Inhalt der Sozialhilfe 23
Institutionelle Nachrangigkeit 52

Jahreseinkünfte 157
Jugendwohlfahrtsgesetz 3

Kaiserliche Botschaft 1
Kannleistung 46
Kaskadenmethode 282, 284
Keine Sozialhilfe für die Vergangenheit 40
Kenntnisgrundsatz 40
Kinderbonus 147

Kindererziehungsleistungen 144
Kindergeld
   übersteigendes 176
Kindergeldgesetz 2
Kirchen 8
Klassenfahrten 120
Kleinere Barbeträge 189
Kopfteilmethode 282, 283
Körperbehindertengesetz 2
Kosten der Heizung 92, 230
Kosten der Rückreise 215
Kosten der Unterkunft 92, 230
Kostenträger 456
Kranken- und Pflegeversicherung 115
Krankenhaus 295
Krankenhausbehandlung 295
Krankenhausersatzpflege 295
Krankenversicherungsgesetz 1
Krankheit 293
Kur 293
Kurzzeitpflege 354

Lebenspartner 61
Lebenspartnerschaftsähnliche Gemeinschaft 63
Lebensversicherung 180
   Verwertungsausschlusses SGB II 179
Leibgedinge 430
Leistungen bei mehr als fünfjährigem Aufenthalt 214
Leistungen für Bildung und Teilhabe 119
Leistungen für die Unterkunft 92
Leistungen für die Vergangenheit
   bei Selbsthilfe 41
Leistungen in Einrichtungen 244
Leistungsabsprachen 51
Leistungsarten 10
Leistungsausschluss 39, 247
   für Leistungsberechtigte nach dem Asylbewerberleistungsgesetz 209
Leistungsbeginn 257
Leistungserbringung 46, 291
   unabhängig von den Ursachen 39
Leistungsfähigkeit 136
Leistungskonkurrenz
   Anrechnungsvorschrift 356
   bei der Hilfe zur Pflege 355
   Blindenhilfe 358
   Entlastungsbetrag 359
   Kürzung des Pflegegeldes 363
   Kürzung des Pflegegeldes bei teilstationärer Pflege 361
Lernförderung 122

Mandat 453
Maß der Leistungserbringung 27
Mehrbedarf 85
   bei dezentraler Warmwassererzeugung 89
   bei gemeinschaftlicher Mittagsverpflegung 90
   für Alleinerziehende 85

für behinderte Menschen 87, 251
für kostenaufwändige Ernährung 88
für Schulbücher oder gleichstehende
  Arbeitshefte 90
für werdende Mütter 85
im Alter und bei Erwerbsminderung 83
Kumulierung 89
Mehrfacher Bedarf 441
Menschenwürde 15
Merkmale der Pflegebedürftigkeit 307
Messie-Wohnung 377, 380
Mietkautionen 102
Mietschulden 124
Mietspiegel 94
Mietwohnungen 92
Mischfälle 60, 269
Mittagsverpflegung 122
  Übergangsregelung COVID-19-Pandemie 265
Mittagsverpflegung in Werkstätten für behinderte
Menschen
  Übergangsregelung COVID-19-Pandemie 266
Mittelpunkt der Lebensbeziehungen 463
Mitwirkungspflicht 17
  des Hilfeempfängers 16
Monatsprinzip 418

Nachgehende Hilfe 47
Nachholen eines Antrags in der Sozialhilfe 37
Nachrang 20
  der Sozialhilfe 17
Nachrangprinzip
  Programmsatz 21
  Rechtsanwendungsregel 21
Nachzahlung 42
Nettoprinzip 69, 400
Nicht getrennt lebende Ehegatten 61
Nothelfer 32
Notwendiger Lebensunterhalt 70
  in Einrichtungen 130

Obdachlosenwohnungen 93
Obrigkeitsstaat 6
Öffentliche Träger 8
Öffentliche Vorkehrungen 11
Orthopädische Schuhe 111
Örtliche Zuständigkeit 461
Örtlicher Träger 450

Pauschalierung von Unterkunftskosten 100
Persönliche Hilfe 47
Persönlicher Wohnraum 230
Persönliches Budget 371
Pfändung 52
Pflege 302
Pflegegeld 318
Pflegeheim 435
Pflegesachleistung 343
Pflichtbeiträge zur Sozialversicherung 158
Pflichtleistung 46

Prinzip der Gegenwärtigkeit 40
Private Träger 8
Private Vorkehrungen 10
Privathaftpflichtversicherung 160
Produkttheorie 96
Prozentmethode 65

Rechtsanspruch 61
Rechtsnachfolge 52
Rechtsschutz 51
Rechtsverordnungen SGB XII 13
Regelbedarf 229
  Erhöhung 79
  Höhe 78
  Inhalt 71
  Kürzung 79
Regelbedarfsstufe 73
  Festsetzung 78
Regelsätze
  Individuelle Anpassung 79
Rehabilitationseinrichtung 295
Reichsgesetz für Jugendwohlfahrt 2
Reichsgrundsätze 1
Reichsknappschaftsgesetz 2
Reichsversicherungsordnung 1
Religionsgemeinschaften 8
Rentenantragsteller 116
Restpflegegeld 364
Richtlinien 14
Rückforderung 52
Rückforderungsanspruch des verarmten
Schenkers
  Einkommen bei Wertersatzzahlungen 430
Rückreise 215
Rückwirkende Änderung der Pflegestufe 41

Sachbezüge 138
Sachleistungen in der Sozialhilfe 49
Sachliche Zuständigkeit 456
  des örtlichen Trägers 456
  des überörtlichen Trägers 457
Satzungen 14
Schmerzensgeld 150
Schulausflüge 120
Schulbedarf 121
Schulden 40
Schuldenübernahme 40
Schülerbeförderungskosten 121
Schwangerschaft 298
Selbstbeschaffung 42
Selbsthilfe 16, 18
  Leistung für die Vergangenheit 41
Selbsthilfeobliegenheiten 22
Selbsthilfeorganisationen 10
Selbstverwaltungsaufgabe 451
Sicherung der Unterkunft 124
Sicherung einer Lebensgrundlage 182
Sicherung eines Arbeitsplatzes 380
Sicherungspflege 295

Soforthilfegesetz 2
Solleistung 46
Sonderregelung für Auszubildende 206
Sonstige Unterkunft 230
Soziale Entschädigung 12
Soziale Förderung 12
Soziale Sicherung 12
Soziale Vorsorge 12
Sozialer Ausgleich 12
Sozialer Rechtsstaat 6
Sozialgeheimnis 37
Sozialhilfe
  Anspruch 30
  Anspruchsgrundlage 30
  Aufgabe 14
  Einsetzen 35
  Form 27
  Grundsätze 14
  Individualität 25
  Inhalt 23
  Leistungsarten 46
  Leistungsformen 46
  Nachrang 17
  Verzicht 39
  Ziel 15
Sozialhilfe als Darlehen 194
Sozialhilfe für Ausländer 31
Sozialhilfe für Ausländerinnen und Ausländer 207
Sozialhilfe für Deutsche im Ausland
  Örtliche Zuständigkeit 467
  Zuständigkeit 460
Sozialrecht
  geschichtliche Entwicklung 1
  Grundlagen 1
Sozialrechtsweg 455
Sozialschutz-Paket 260
Sozialschutzpaket II 265
Sozialschutzpaket III 267
Sozialstaatsprinzip 5
  soziale Gerechtigkeit 5
  soziale Sicherheit 5
Sozialversicherung 11
Sozialwesen 7
  Aufbau 7
  Träger 7
Stationäre Einrichtung 458
Stationäre Hilfe zur Pflege
  Beispielberechnung 435
Sterbegeldversicherung 118, 160, 193, 396
Sterilisation 300
Steuerfreie Pauschalen 147
Steuern 158
Subsidiarität 17
Suprakonstruktionen 294

Taggenaue Berechnung in der Sozialhilfe 44
Teilstationäre Einrichtung 458
Teilstationäre Pflege 353

Therapeutische Geräte 111
Tilgungsleistungen 93, 125
Träger der Sozialhilfe 449
Träger des Sozialwesens 7
Tuberkulosehilfegesetz 3

Überbrückungsleistungen 207, 213
Übergangsregelung
  zu Bedarfen für Unterkunft und Heizung 243
Übergangsregelungen
  aus Anlass der Corona-Pandemie 260
Übergangswohnungen 93
Überörtlicher Träger 450
Übersteigendes Kindergeld 67, 140
Übertragung 52
Umwandlungsanspruch (SGB XI) 326
Umzug 101
Umzugskosten 103
Unfallversicherungsgesetz 1
Unterbringung in einer anderen Familie 81
  Zuständigkeit 465
Unterkunft und Heizung
  Übergangsregelung COVID-19-Pandemie 264
Unterkunftskosten 92
  Angemessenheit 93
  anteilige Berücksichtigung 98
  Direktzahlung der Miete 99
  Kopfteil 98
  Pauschalierung 100
  Schlüssigen Konzept 96
Unterkunftskosten in besonderen Wohnformen 238
  obere Angemessenheitsgrenze 238
  untere Angemessenheitsgrenze 238
  Zusatzkosten 231, 238
Unterstützungswohnsitzgesetz 1
Untersuchungsgrundsatz 38
Unwirtschaftliches Verhalten 217
Ursachen der Hilfebedürftigkeit 39

Verbände der freien Wohlfahrtpflege 8
  Heranziehung 455
Verbandmittel 295, 299
Vereinfachter Zugang 262
Vererbung 52
Verfassungsrechtliche Grundlagen 5
Vergleichsmieten 94
Vergütung 291
Verhältnismethode 282, 283
Verjährung 52
Vermietung 156
Vermögen 177
  Abgrenzung zum Einkommen 138
  Begriff 178
  eingeschränkte Berücksichtigung 262
  eingeschränkte Berücksichtigung -
    Übergangsregelung COVID-19-Pandemie 262
  fiktiver Vermögensverbrauch 181

Stichwortverzeichnis

kein Monatsprinzip 181
Verwertbarkeit 178
Vermögensbegriff 178
Vermögensfreibetrag (§ 66a SGB XII)
   erhöhter 400
Vermögenswirksame Leistungen 172
Vermutung der Bedarfsdeckung 133
Verordnung über die Reichsfürsorgepflicht 2
Verpachtung 156
Verpfändung 52
Verpflichtung zur Wart und Pflege 430
Verpflichtungen anderer in der Sozialhilfe 20
Verrechnung 52, 252, 253
Versicherungen - gesetzlich vorgeschrieben 159
Versorgung 11
Verstoß gegen Wohnsitzauflage bzw.
   Wohnsitzregelung 215
Vertikale Einkommensanrechnung 65, 245
Vertragliche Pflegeverpflichtung
   Einkommenseinsatz unter der
   Einkommensgrenze 430
Verwaltungsrechtsweg 455
Verwertbarkeit von Vermögen 178
Verzicht auf Sozialhilfe 39
Vollstationäre Pflege 354
Volumentheorie 96
Vorbeugende Gesundheitshilfe 292
   Maßnahmen 292
   Rechtscharakter 292
   Voraussetzungen 292
Vorbeugende Hilfe 47
Vordrucke 37
Vorläufige Bewilligung
   Übergangsregelung COVID-19-Pandemie 265
Vorläufige Entscheidung 253
Vorläufiger Verwaltungsakt 253
Vorschuss
   Übergangsregelung COVID-19-Pandemie 265
Vorsorge 12
Vorsorgebeiträge 118
Vorsorgeeinrichtung 295
Vorsorgekur 293
Vorsorgeuntersuchung 292
Vorübergehender Auslandsaufenthalt 248

Wart und Pflege
   Einkommenseinsatz unter der
   Einkommensgrenze 430
Weiterversicherte 116
Werbungskosten 161
Werkstatt für behinderte Menschen 164, 226, 261
   Bereiche 226
   Übergangsregelung COVID-19-Pandemie 266
Wohlfahrtsstaat 6
Wohnflächenobergrenzen 187
Wohngeld 405
Wohngeldgesetz 3
Wohngemeinschaft 135
Wohnraumförderungsgesetz 94
Wohnsitzauflage 215
Wohnsitzregelung 215
Wohnung 230
Wohnungsbeschaffungskosten 101
Wünsche des Hilfeempfängers 27
Wunschrecht des Leistungsberechtigten 27
Würde des Menschen 14

Zahlungsanspruch 252
Zahnärztliche Behandlung 294
Zahnersatz 294
Zahnkronen 294
Zeitliche Zuordnung und Zahlung von Beiträgen für eine Kranken- und Pflegeversicherung 117
Zentrale Warmwasserversorgung 103
Zentralwohlfahrtsstelle der Juden 9
Ziel der Sozialhilfe 15
Zuflusstheorie 138
Zukunftsorientierte Hilfe 40
Zumutbarkeit der Kostensenkung 97
Zumutbarkeit einer Tätigkeit 203
Zusätzliche Räumlichkeiten 230
Zuständigkeit 449
Zuwendungen anderer 152
Zuwendungen der freien Wohlfahrtspflege 151
Zweckbestimmte Leistungen 149
   bei Leistungen nach dem 5. bis 9. Kapitel SGB XII 429